MICHAIL CHODORKOWSKI
MIT NATALIJA GEWORKJAN

# Mein Weg
Ein politisches Bekenntnis

Aus dem Russischen von
Steffen Beilich

Deutsche Verlags-Anstalt

Das für dieses Buch verwendete FSC®-zertifizierte Papier *EOS* liefert Salzer, St. Pölten.

1. Auflage
© 2012 by MBK IP Limited
© 2012 by Natalija Geworkjan
Copyright © 2012 der deutschsprachigen Ausgabe
Deutsche Verlags-Anstalt, München,
in der Verlagsgruppe Random House GmbH
Alle Rechte vorbehalten
Lektorat: Olga Radetzkaja, Berlin
Typografie und Satz: Brigitte Müller/DVA
Gesetzt aus der Giovanni
Druck und Bindung: GGP Media GmbH, Pößneck
Printed in Germany
ISBN 978-3-421-04510-2

www.dva.de

# Inhalt

7 Vorwort  *Michail Chodorkowski*

12 Anstelle eines Vorworts  *Natalija Geworkjan*

14 EINFÜHRUNG  *Natalija Geworkjan*
Ein russischer Kafka

51 KAPITEL 1  *Michail Chodorkowski*
»Borissytsch« – ein Fremder, der doch
Respekt verdient

75 KAPITEL 2  *Natalija Geworkjan*
Der Angriff

103 KAPITEL 3  *Michail Chodorkowski*
Ich wollte der Beste sein

137 KAPITEL 4  *Natalija Geworkjan*
»Furchtbar jung!«

189 KAPITEL 5  *Michail Chodorkowski*
Politik

217 KAPITEL 6  *Natalija Geworkjan*
Die goldene Zeit der Laienbankiers

264 KAPITEL 7  *Michail Chodorkowski*
Rosprom und Yukos

294 KAPITEL 8  *Natalija Geworkjan*
Vor dem Öl

331 KAPITEL 9  *Michail Chodorkowski*
Verantwortung

372 KAPITEL 10  *Natalija Geworkjan*
Yukos

429 KAPITEL 11  *Michail Chodorkowski*
1998

442 KAPITEL 12  *Natalija Geworkjan*
Nach Jelzin

518 KAPITEL 13  *Michail Chodorkowski*
Unter Putin

549 KAPITEL 14  *Natalija Geworkjan*
Richtungswechsel

597 KAPITEL 15  *Michail Chodorkowski*
Über Russlands Zukunft

623 Anstelle eines Nachworts  *Michail Chodorkowski*

634 Namenregister

MICHAIL CHODORKOWSKI

## Vorwort

Als mir 2004, nach knapp einem Jahr in der Gefängniszelle, zum ersten Mal angetragen wurde, meine Memoiren oder wenigstens eine ausführliche Selbstauskunft zu verfassen, lehnte ich nach kurzer Überlegung ab. In meinen Augen sind Memoiren vor allem eine Art Bilanz des eigenen Lebensweges, und das bedeutet unweigerlich, dass man sein Innerstes, das, was man sein Leben lang in sich trägt, offenlegt – vorausgesetzt, man ist ehrlich mit sich selbst. Damals schien mir der Zeitpunkt dafür noch nicht gekommen.

Die Welle von Verhaftungen von Yukos-Mitarbeitern, die erzwungene Ausreise meiner Geschäftspartner und vieler mir nahestehender Freunde aus Russland, die enormen Steuerforderungen, die letztlich die erzwungene Pleite und Zerschlagung des Unternehmens zur Folge hatten – all das war noch zu »heiß«, und ich hatte das Gefühl, meine Offenheit könnte diejenigen gefährden, die noch in Freiheit waren. Und was ich am wenigsten mag, ist, meine Pflichten zu verletzen – auch wenn es in diesem Fall keine konkreten Verpflichtungen gab, den Inhalt von Gesprächen, Unterredungen etc. geheim zu halten.

Nachdem ich in die praktische Politik eingetaucht war, stellte ich mit einem vielleicht etwas naiven Erstaunen fest, dass Moral hier wirklich keinen Platz hat, dass selbst elementarer Anstand nichts gilt, und dass Verrat und Lüge ganz einfach die gängigen Verhaltensweisen sind. In der Politik wird ununterbrochen gelogen, mit und ohne Grund, es wird gelogen, weil es »so sein muss«, und je weiter oben in der Machtpyramide jemand steht, desto tiefer reißt ihn dieser Strudel der Lüge hinab.

## Vorwort

Auch jetzt, im neunten Jahr meiner Haft, fällt mir hier im Straflager in Karelien, während ich im Fernsehen den Ablauf der sogenannten »Wahlen« verfolge, unweigerlich auf, wie da eine Art Teufelskreis der Lüge entsteht, der »Lüge im Quadrat« oder sogar »im Kubik«, deren simple Winkelzüge auch ein Häftling ohne Zugang zum Internet erkennt. Die Abgeordneten der Staatsduma lauschen mit verständigem Blick den Ausführungen der Staatsführung zur Korruption. Dabei wissen sie nur zu gut, dass die Korruption längst sämtliche Bereiche unseres Lebens durchdringt und dass sich durch bloße Worte, und sei es der höchsten »Entscheidungsträger«, nichts ändern wird, solange es nicht zu einem Regimewechsel kommt und sich kein anderes Regierungssystem in Russland etabliert. Auch der Redner auf der großen Tribüne der Staatsduma weiß bestens über die Korruption Bescheid; ihm ist außerdem klar, dass die Abgeordneten ihm nicht glauben, sondern nur einen »verständigen Gesichtsausdruck« aufsetzen. Der Fernsehzuschauer, der diese neuerliche Lügenspirale verfolgt, erträgt das alles nicht mehr und schaltet, wann immer es geht, auf TV-Serien um. Aber das Schlimmste ist, dass sowohl dem »Korruptionsbekämpfer« am Rednerpult als auch den Duma-Abgeordneten ebenso wie der gesamten Regierung nur allzu klar ist, dass der Fernsehzuschauer ihnen nicht glaubt und die Bevölkerung das alles nicht mehr sehen will. An die Effizienz einer solchen »Korruptionsbekämpfung« glaubt niemand mehr, aber alle reden sich ein, die Lüge sei ein integraler Bestandteil der Politik, und anders gehe es nun einmal nicht.

Für mich war es in meinem früheren Leben als Unternehmer unmöglich zu lügen: Entgegen den vielen Gerüchten über meine angebliche »Unfähigkeit zu verhandeln« (und das ist einer der Lieblingsmythen des Kreml) wussten alle, mit denen ich in den Jahren meines Unternehmerdaseins direkt zu tun hatte, dass ich kein einfacher Verhandlungspartner war und sehr zäh sein konnte. Aber niemals – niemals! – habe ich Verpflichtungen, die ich übernommen hatte, nicht erfüllt. Ich kann mir nicht einmal vorstellen, wie man unternehmerisch tätig sein kann, wenn man Vereinbarungen nicht einhält – schließlich kommt man dann entweder aus den Prozessen nicht mehr heraus, oder man stirbt keines natürlichen Todes... Das »Eintauchen« in die Politik hat mich jedenfalls erschüttert: Worte und Verpflichtungen kamen den Politikern leicht über die Lippen, ebenso leicht wurden sie auch wieder gebrochen.

Und obwohl ich, wie schon erwähnt, niemandem gegenüber konkret verpflichtet war, Vereinbarungen und anderes geheim zu halten, bin ich heute nach wie vor überzeugt, dass ich, ehe ich von jemand anderem berichte als mir selbst (und ohne das geht es in Memoiren nun einmal nicht), ihn zuvor fragen muss, ob es ihm recht ist, dass sein Handeln öffentlich wird, oder ob es dafür noch zu früh ist.

Der zweite Grund, warum ich 2004 noch nicht bereit war, meine Memoiren zu verfassen, hatte damit zu tun, dass ich, kurz nachdem ich ins Gefängnis gekommen war, zu schreiben begonnen hatte. Am Anfang war das sehr schwer. Artikel sind keine Interviews – hier will jeder Satz gut bedacht sein. Angesichts meiner besonderen Lage war mir klar, dass meine Texte nicht nur von meinen Freunden gelesen würden – und alle anderen würden nach Schwachstellen suchen, um später umso schmerzhafter »zuzuschlagen«. Nach den ersten Artikeln gab es viele Zweifel: Ob ich selber schreibe, wozu ich das mache und überhaupt... Es gab viele Fragen. Umso wertvoller war da für mich die Unterstützung der Verlage (*Wedomosti* und *Nowaja gaseta*), die als erste an mich glaubten und meine Arbeiten veröffentlichten. Gleichzeitig gab es auch unter meinen Angehörigen und Freunden viele Zweifler, denn der Autor Chodorkowski in meinen Artikeln entsprach oft nicht dem öffentlich verbreiteten Chodorkowski-Bild, das vor meiner Verhaftung geprägt worden war. Es war nicht einfach für mich, das alles über mich zu lesen und zu hören...

Vorwort

Damals, im Jahr 2004, beschloss ich für mich, dass die Zeit für Memoiren noch nicht gekommen war. Ich muss den Leser aber gleich enttäuschen oder auch erfreuen: Auch jetzt ist die Zeit nicht reif dafür. Es ist immer noch zu früh. Wann ich zu einer Autobiografie im eigentlichen Sinn bereit sein werde, kann ich nicht sagen. Das hängt sowohl mit meiner derzeitigen Situation zusammen als auch damit, dass ich noch nicht Bilanz ziehen will – ich hoffe noch auf eine Zukunft!

Zu diesem Buch habe ich mich auch deshalb entschlossen, weil ich Natascha Geworkjan schon seit über 15 Jahren als wunderbare, aufrichtige Journalistin und einfach als guten Menschen kenne. Natascha, die zu den Journalisten zählt, deren Meinung mir äußerst wichtig ist, zweifelte zunächst selbst daran, ob die Beiträge, die in der *Nowaja gaseta* unter meinem Namen veröffentlicht wurden, tatsächlich von mir waren. Ausgerechnet ihre 2004 formulierte kritische Haltung zu meinen literarischen »Talenten« und meiner Autorschaft haben sich die Kreml-Propagandisten zunutze gemacht und tun dies bis heute. Als sie mir vorschlug, gemeinsam ein Buch zu schreiben, war mir deshalb auch gleich klar, dass dies keine leichte Aufgabe werden würde.

Das Buch hat zwei Autoren, die in der Bewertung, Auslegung und Beschreibung mancher Ereignisse oft unterschiedlicher Meinung sind. Das ist ganz normal. Auch in der Frage, inwieweit sie den Aussagen einzelner im Buch vorkommender Personen Glauben schenken, sind sich die Autoren nicht immer einig. Jeder von uns zeichnet für seinen Teil verantwortlich, für das, was er in der Ich-Form sagt. Während der Arbeit an diesem Buch (in Form eines Briefwechsels) haben Natascha und ich viel gestritten, und das, was der Leser zu sehen bekommt, ist im Großen und Ganzen das Ergebnis eines Kompromisses. Das Wichtigste, was die Autoren dieses Buches eint, ist ihre Loyalität gegenüber den gemeinsamen Werten der europäischen Zivilisation, deren integraler Bestandteil auch mein Land ist – ungeachtet der vergeblichen

Bemühungen kleiner und großer Politiker und Politintriganten, Russland in den verschiedenen Phasen seiner Entwicklung vom einmal gewählten Weg abzubringen.

Jetzt, da Sie dieses Buch lesen, haben Platon Lebedew und ich nach Verbüßung der ersten Achtjahresfrist in Haft bereits eine zweite Haftstrafe erhalten und warten auf das Jahr 2016; reich sind wir längst nicht mehr. Wladimir Putin hat sich selbst erneut für das Amt des Präsidenten nominiert. Der Chefjurist unseres Unternehmens, Rechtsanwalt Wassja Alexanjan, ist gestorben, bevor er die Aussagen machen konnte, die die Ermittlungsbeamten von ihm wollten. Die Staatsanwälte, Richter und Ermittlungsbeamten, die an unserem Verfahren beteiligt waren, haben inzwischen weitere Beförderungen, Sternchen und Prämien erhalten. Die russische *Forbes*-Liste hat sich nicht wesentlich verändert; die Reichen sind im Landesdurchschnitt insgesamt noch reicher und die Armen noch ärmer geworden.

Aber man kann auch noch etwas anderes beobachten, und das ist selbst aus dem Fenster einer Gefängniszelle in Sibirien oder Karelien zu sehen: Es gibt mit jedem Jahr, jedem Monat und Tag mehr aufrichtige Menschen, Menschen, die ein Gewissen haben, Menschen, die Veränderungen wollen. Bei aller Befangenheit wage ich zu behaupten: Dass diese Veränderungen kommen, ist nur eine Frage der Zeit.

Ich selbst habe jedenfalls vor, zum Wohl der Generationen zu wirken, die dieses Land schon sehr bald übernehmen werden. Der Generationen, die wirklich Veränderungen wollen. Der Generationen, mit denen neue Werte und neue Hoffnungen auf den Plan treten.

NATALIJA GEWORKJAN

## Anstelle eines Vorworts

Es ging auf Weihnachten zu, und ich war auf der Suche nach einer passenden Karte. Der einzigen, die ich verschicken wollte. Der Besitzer des Geschäfts in der Rue du Geoffroy kannte mich. Ich bin ganz vernarrt in dieses Pariser Geschäft, das wie aus einer anderen Welt ist: mit Federhaltern, handgeschöpftem Papier und naiv gestalteten Karten. Er wies auf die Ecke, wo die Weihnachtskarten zu finden waren; ich setzte mich einfach auf den Fußboden und begann die Karten zu durchstöbern. Plötzlich fragte jemand neben mir: »Aber sagen Sie mal, wozu denn noch Karten schicken, wenn alle schon E-Mails schreiben?« »Da, wo ich sie hinschicke, kommen keine Mails an«, sagte ich, ohne aufzublicken. Die junge Frau ließ nicht locker: »Wo soll das denn sein, wo keine Mails ankommen?« »In Sibirien, im Gefängnis«, antwortete ich, ohne meine Suche zu unterbrechen. Eine Pause, unerwartete Stille. Endlich blickte ich auf und sah, wie die wenigen Kunden im Geschäft und auch der Besitzer mich irgendwie betreten ansahen. Die Frau war eine Reporterin von *France 2*, neben ihr stand ein junger Mann mit einer Kamera und noch einer mit einem Mikrofon. »Sibirien? GULAG?«, fragte die Frau weiter nach. »Ganz genau«, nickte ich. Sie bat mich, das noch einmal in die Kamera zu sagen. Ich habe ein Prinzip: Journalistenkollegen schlage ich solche Bitten nicht aus. Also stand ich auf und wiederholte: »Ich möchte meinem Bekannten eine Karte nach Sibirien schicken. Er ist Geschäftsmann. Er sitzt dort im Gefängnis. Und ich hoffe sehr, dass er sie bekommt.« Die Kamera wurde ausgeschaltet. Die Leute im Geschäft traten nun näher und sagten, dass alles gut würde, dass die Karte auf jeden Fall ankäme und man ihn gewiss freilassen würde. Erstaunlicherweise fragte niemand, wofür mein Bekannter eigentlich einsitzt. Für diese Leute ist Sibirien, ist der Gulag ein Symbol der Ungerechtigkeit. Punkt. Der Besitzer des Geschäfts winkte ab, als ich zahlen wollte, und legte noch einen passenden Umschlag zur Karte und einige Blatt Papier mit handgearbeiteten Monogrammen dazu – für einen Brief. Die Journalistin holte mich draußen ein. »Darf ich fragen, wie er heißt, Ihr Bekannter?« »Chodorkowski«, antwortete ich. Die junge Frau gab sich alle Mühe, den schwierigen Namen aufzuschreiben. Er sagte ihr nichts. Sie sah mich an: »Und wer ist das?« Ich überlegte. »Die einen sagen: ein Genie, die anderen: ein Krimineller.«

NATALIJA GEWORKJAN

EINFÜHRUNG

# Ein russischer Kafka

Ein Schwächling, Lügner, Volksbetrüger,
als tatenloser Geck bekannt,
durch Zufall nur berühmt als Sieger,
beherrschte damals unser Land.
ALEXANDER S. PUSCHKIN, *Eugen Onegin* \*

MBC – so nennen ihn alle. Die drei Initialen von Michail Borissowitsch Chodorkowski. Er selbst unterschreibt auch so. Seine Freunde nennen ihn manchmal »Chaider«. Außerdem war er bekannt als der reichste Russe, Eigentümer von Yukos, der besten Erdölgesellschaft im Land. Jetzt nennt man ihn »Russlands wichtigsten Gefangenen«. Die kürzeste Geschichte über MBC habe ich bei einem französischen Fremdenführer aufgeschnappt, der russischen Touristen in Vaux-le-Vicomte, einem nahe Paris gelegenen Schloss des 17. Jahrhunderts, von dessen einstigem Besitzer Fouquet erzählte – eben jenem Oberintendanten Fouquet, der auf Geheiß Ludwigs XIV. von d'Artagnan verhaftet wurde. Der Fremdenführer erzählte in etwa Folgendes: »Und so kam also der König in dieses prunkvolle Schloss. Über dem Eingang sah er das Motto, das, aus dem Lateinischen übersetzt, lautet: ›Es gibt keine Höhen, die ich nicht erreichen könnte‹; er sah auch den wunderbaren Park, in dem ihm zu Ehren ein zauberhaftes Schauspiel inszeniert worden war. Colbert aber machte wegen

---

\* Alexander S. Puschkin: *Eugen Onegin. Roman in Versen.* Leipzig 1965. Aus dem Russischen von Theodor Commichau und Martin Remané.

Fouquets unehrlich erworbenen Reichtums Stimmung. Außerdem sagte man damals, er hätte es auf die Macht abgesehen. Der König war eine Zeitlang bei Fouquet zu Gast, danach gab er den Befehl, ihn zu verhaften. Und weiter verlief alles so wie in der Geschichte über Herrn Putin und Herrn Chodorkowski.«

Allerdings erlaubte man dem Häftling Fouquet im 17. Jahrhundert erst 15 Jahre nach dem Urteil einen Besuch seiner Gemahlin. Der Häftling Chodorkowski erhielt im 21. Jahrhundert immerhin schon fünf Jahre nach Beginn des zweiten Strafverfahrens im Jahr 2006 einen längeren Besuch von seiner Familie. Wir waren gerade dabei, dieses Buch zu Ende zu schreiben, als er nach all diesen Jahren zum ersten Mal wieder seine Frau und seine Kinder in die Arme schließen konnte – in der Strafkolonie Nr. 7 im Kreis Segesha, Karelien, wo er, wenn kein Wunder geschieht, die verbleibenden fünf von vierzehn Jahren, zu denen er nach dem zweiten Verfahren verurteilt wurde, absitzen muss (abzüglich der zu diesem Zeitpunkt bereits verbüßten sieben Jahre). Segesha liegt rund 700 Kilometer nördlich von Petersburg, die Temperaturen schwanken zwischen −25 Grad im Winter und +25 Grad im Sommer. Und doch ist das näher an Moskau und klimatisch schonender als in der Strafkolonie im sibirischen Krasnokamensk, wo er nach dem ersten, 2005 gefällten Urteil einsaß.

Inna, Chodorkowskis Frau, erzählte mir einmal von ihrem allerersten längeren Wiedersehen nach der Verhaftung, in Sibirien: »*Unsere Tochter war damals zwölf, die Zwillinge vier Jahre alt, ich nahm sie nicht mit dorthin. Jetzt, in Segesha, konnten sie ihren Papa besuchen. Aber nach Krasnokamensk ... Dahin ist es fast wie mit der Postkutsche, man brauchte drei volle Tage für die Reise. Es war Oktober, dort war es schon kalt. Wie soll ich dir das erklären ... Seit seiner Verhaftung waren zwei Jahre vergangen. Und als wir zusammen waren, hatte ich das erste Mal seit zwei Jahren das Gefühl der Geborgenheit. Ich verschlief die ganzen drei Tage. Ich machte die Augen auf, hörte, dass jemand mit ihm spricht, und machte sie wieder zu. Ich*

## Einführung

*konnte einfach nicht aufstehen. Ich musste ihm nichts erklären. Er machte Rührei, gab mir zu essen. Und ich schlief wieder ein. Ich hatte das Gefühl, mich entspannen zu können. Das war eine Art ›Loslassen‹ von dieser Anspannung, die seit der Verhaftung keinen Moment ausgesetzt hatte. Und auch danach lange nicht wegging.«*

Von Dezember 2006 bis Juni 2011 war Chodorkowski permanent im Gefängnis oder im Gerichtssaal, in dieser Zeit waren Besuche nur einmal monatlich erlaubt. Zwei winzige Stühlchen vor einer vergitterten Glasscheibe, ein Telefon. Und er auf der anderen Seite der Scheibe. Einmal im Monat kamen seine Eltern, im nächsten Monat seine Frau – entweder mit der Tochter oder den Söhnen. Die gesamte Familie in diesem winzigen Raum unterzubringen, wäre schlichtweg unmöglich gewesen.

Wie viel ist passiert, seit die Idee zu diesem Buch entstand! Und in all der Zeit nur ein freudiges Ereignis: Swetlana Bachmina, Juristin bei Yukos, kam wieder frei. Die Mutter von zwei kleinen Kindern, die in der Strafkolonie ein drittes zur Welt brachte, war im Jahr 2006, mit 37 Jahren, einfach zwischen die Mühlsteine der einmal angeworfenen Repressionsmaschinerie geraten und zu sieben Jahren verurteilt worden, weil sie wer weiß was und zu wessen Gunsten unterschlagen haben sollte. Sie wurde 2009 entlassen, nach einem Begnadigungsgesuch und Tausenden von Unterschriften, die im Internet für ihre Freilassung gesammelt worden waren.

Im Oktober 2011 verstarb, keine 40 Jahre alt, Wassili Alexanjan, ein schöner und kluger Mann, Absolvent der Universitäten Moskau und Harvard, der die Rechtsabteilung des Yukos-Konzerns geleitet hatte. Er hatte gegen Chodorkowski und Lebedew aussagen sollen. Aber er hatte nicht ausgesagt. Das Gefängnis hat ihn umgebracht: Innerhalb von zwei Jahren wurde er dort zum Invaliden, beinahe erblindet, an Krebs, AIDS und Tuberkulose erkrankt. Zum Sterben ließ man ihn nach Hause – gegen eine Kaution von 50 Millionen Rubel.

## Ein russischer Kafka

In der Zeit, in der dieses Buch geschrieben wurde, ist die Hoffnung auf Präsident Medwedew als einen wirklichen Präsidenten und professionellen Juristen aufgekeimt und wieder erstorben. Chodorkowski war und bleibt Putins Gefangener, es ist Putin, der Chodorkowski seine Frist zumisst. Mit Recht hat diese ganze Geschichte nicht mehr zu tun als Putins Wahl für eine dritte Amtszeit mit einer Wahl im herkömmlichen Sinne des Wortes.

Als wir den Plan zu diesem Buch fassten, war Chodorkowskis Schlussplädoyer im zweiten Prozess noch nicht gesprochen, sein Satz »Ich schäme mich für mein Land« noch nicht gefallen. In seiner Rede hieß es weiter:

»Ich bin keineswegs ein idealer Mensch, aber ich bin ein Mensch der Ideen. Wie jedem fällt es mir schwer, im Gefängnis zu leben, und ich will nicht darin sterben. Aber wenn es sein muss, werde ich nicht schwanken. Meine Überzeugung ist mir mein Leben wert. Ich glaube, das bewiesen zu haben.

Und die Ihre, meine Herren Opponenten? An was glauben Sie? An das Recht der Obrigkeit? An das Geld? Daran, dass das »System« straflos ausgeht? Ich weiß es nicht, das müssen Sie entscheiden.

Euer Ehren!

In Ihren Händen liegt sehr viel mehr als nur zwei Schicksale. Hier und jetzt wird über das Schicksal eines jeden Bürgers unseres Landes entschieden. Über das Schicksal derjenigen in Moskau und Tschita, Petersburg und Tomsk und in anderen Städten und Dörfern, die darauf zählen, nicht ein Opfer der Gesetzlosigkeit der Miliz zu werden, derjenigen, die ein eigenes Geschäft gegründet, ein Haus gebaut, Erfolg gehabt haben und möchten, dass dies ihren Kindern und nicht Plünderern in Uniform zugutekommt, und schließlich derjenigen, die ehrlich für ein gerechtes Gehalt ihre Pflicht tun wollen, ohne jede Minute befürchten zu müssen, unter einem beliebigen Vorwand von einer korrumpierten Obrigkeit entlassen zu werden.

Einführung

Es geht nicht um Lebedew und mich, jedenfalls nicht nur. Es geht um die Hoffnung vieler unserer Mitbürger. Um die Hoffnung, dass das Gericht morgen ihre Rechte wird verteidigen können, sollte es irgendwelchen Bürokraten wieder in den Sinn kommen, diese Rechte dreist und demonstrativ zu verletzen.

Ich weiß, dass es Menschen gibt – ich habe ihre Namen während des Prozesses genannt –, die uns weiter im Gefängnis sehen wollen. Für immer! Und daraus machen sie auch keinen Hehl, nein, sie betonen sogar öffentlich, der Fall Yukos sei längst nicht abgeschlossen.

Warum sie das tun? Weil sie demonstrieren wollen: Sie stehen über dem Gesetz, sie erreichen immer das, was sie vorhaben. Bisher haben sie allerdings das Gegenteil erreicht: Sie haben aus gewöhnlichen Menschen ein Symbol des Widerstands gegen die Willkür gemacht. Das ist ihnen gelungen. Das ist nicht unser Verdienst, sondern ihres. Jetzt brauchen sie einen Schuldspruch, um nicht selbst zu ›Sündenböcken‹ zu werden.«[*]

Und dann kam das Schlusswort von Michails Mutter Marina Chodorkowskaja. Knapp und schonungslos, dem Richter ins Gesicht: »Seien Sie verflucht! Und Ihre Nachkommen auch!«

Die Arbeit an diesem Buch begann, als der zweite Prozess in Moskau noch lief. In seiner Absurdität schien er der Fantasie eines Kafka entsprungen.

Wenn Sie auf dem Smolenskaja-Platz in Moskau stehen, dem russischen Außenministerium dort den Rücken zukehren, ein Stückchen bergab Richtung Moskwa-Ufer gehen und dann nach links abbiegen, landen Sie auf der Rostowski-Gasse. Dieser Gasse folgen Sie bis zu dem unscheinbaren Haus mit der Nr. 21. Und wenn Sie nun noch einen Pass dabei haben (egal welchen Landes), gehen Sie einfach durch die Eingangstür dieses Hauses, brin-

---

[*] Michail Chodorkowski, Schlussplädoyer vom 2. November 2010, in: *Briefe aus dem Gefängnis*, München 2011, S. 21–22.

## Ein russischer Kafka

gen die diskrete Prozedur der Durchsuchung und Anmeldung am Eingang hinter sich, versichern, dass Sie keine Foto- oder Videotechnik bei sich haben und begeben sich in die zweite Etage. Sie sind nun im Gericht des Stadtteils Chamowniki. Gerichtssaal Nr. 7 – dort müssen Sie hin. Genau hier standen Michail Chodorkowski und sein Freund und Partner Platon Lebedew von März 2009 bis Dezember 2010 vor Gericht.

Gegen 10 Uhr früh oder etwa 14 Uhr konnte man beobachten, wie im Treppenhaus zwei Männer, die mit Handschellen an zwei weitere Männer in Uniform gekettet waren, mit leichtem, munterem Schritt den Weg von der dritten in die zweite Etage zurücklegten. Manchmal wurden die beiden Männer zur Abwechslung auch aneinandergekettet, dann gingen die Uniformierten vorneweg und hinterher. Die Männer in Uniform wechselten. Die Männer in Handschellen waren stets dieselben.

Der größere und ältere von beiden, der völlig ergraut war und gewöhnlich eine Sportjacke trug, war Platon Lebedew. Er war 54 Jahre alt. Der jüngere, mit Brille und sehr kurz geschnittenem Haar, der normalerweise Jeans, ein T-Shirt, eine Jacke oder einen Pullover trug, war Michail Chodorkowski. Er war 47 Jahre alt.

Das war auch der einzige Augenblick, in dem man die beiden bekanntesten Häftlinge Russlands nicht hinter Gittern, nicht hinter kugelsicherem Glas, sondern sozusagen »real« zu sehen bekam – in den kurzen Minuten, in denen sie unter Bewachung in den Gerichtssaal und wieder hinausgebracht wurden. Diese beiden Inhaftierten waren ehemalige Teilhaber der ehemaligen Erdölgesellschaft Yukos.

Im Jahr 2003 errechnete *Forbes*, dass Michail Chodorkowski acht Milliarden Dollar »wert« sei. Der 40-jährige Geschäftsmann wurde nun als reichster Russe geführt. Im Jahr 2003 lag sein Unternehmen bei der Ölfördermenge erstmals vor dem russischen Ölgiganten Lukoil, in puncto Börsenkapitalisierung sogar noch vor Gazprom. Damals auch listete die Zeitschrift *Fortune*

Einführung

Yukos hinsichtlich der Kapitalrendite als das in der Weltwirtschaft führende Unternehmen, beim Verkaufserlös kam es auf Rang zwei; Yukos hatte damit in diesen Kategorien selbst Microsoft, die Citigroup und den Pharmakonzern Pfizer hinter sich gelassen. Chodorkowski führte dieses Unternehmen, das zwei Prozent der Ölmenge der Welt und 20 Prozent des russischen Erdöls lieferte. Zum 2. September 2003, anderthalb Monate vor Chodorkowskis Verhaftung, wurde der Börsenwert von Yukos mit 32,8 Milliarden Dollar veranschlagt.

Dieser Junge aus einer durchschnittlichen sowjetischen Ingenieursfamilie, der zu dem Zeitpunkt, als Gorbatschow an die Macht kam, 22 Jahre alt war, hatte den Weg von einem Einser-Komsomolzen der späten 1980er zum Ölmagnaten der späten 1990er Jahre zurückgelegt. Er war einer von denen, die auf der Welle der jelzinschen Reformen »mitgeritten« waren und die 1990er Jahre in Russland mit all den Möglichkeiten, Vorzügen und Nachteilen dieses stürmischen Jahrzehnts höchst effektiv genutzt hatten. Den einen brachte dieses Jahrzehnt Tränen und Verluste, den anderen Milliarden und den Beinamen »Oligarchen«, der ihnen wohl auf ewig anhaften wird.

Im Jahr 2003, als der Ölpreis gestiegen war und sich das Preisniveau für Öl der Marke Urals bei knapp unter 30 Dollar pro Barrel einpendelte, belief sich der Reingewinn von Yukos in den ersten neun Monaten auf 3,546 Milliarden Dollar (gegenüber 2,07 Milliarden Dollar im gleichen Zeitraum des Jahres 2002), der Erlös stieg sprunghaft von 7,95 auf 12,2 Milliarden Dollar an. Chodorkowski verhandelte mit großen ausländischen Mineralölkonzernen über eine mögliche Fusion. Praktisch abgeschlossen war das Geschäft für eine Fusion mit einem anderen russischen Konzern: Sibneft.

Das Jahr 2003 sollte zum erfolgreichsten und gleichzeitig letzten Jahr von Yukos unter Chodorkowski werden. Heute existiert die Gesellschaft nicht mehr. Und so seltsam es klingt: Auch das Land, in dem es ein solches Unternehmen gab, existiert nicht mehr. Die Verhaftung Chodorkowskis im Jahr 2003 markiert die Linie, die das Russland Jelzins von Putins Russland trennt. Putin, der 2000 ins Amt des Präsidenten gekommen war, proklamierte eine stärkere Rolle des Staates, die untergeordnete Position der Wirtschaft, den Aufbau einer Machtvertikale und die Schaffung von Stabilität, wie er und sein engeres Umfeld sie auffasste. In Putins Russland wurde nicht nur Chodorkowskis Unternehmen zugrunde gerichtet, sondern auch seine gemeinnützige gesellschaftliche Bildungsorganisation »Offenes Russland«, wie übrigens auch viele andere Nichtregierungsorganisationen, die dem ehemaligen KGB-Mann Wladimir Putin verdächtig waren. Während seiner Amtszeit schrumpfte die Zivilgesellschaft auf ein Minimum. Die größten Medienunternehmen, allen voran das Fernsehen, gerieten unter die Kontrolle des Staates. Ein Parlament im eigentlichen Sinn gibt es nicht mehr. Die Gouverneurswahlen wurden abgeschafft.

Chodorkowski war kein Revolutionär. Er kannte die Spielregeln unter Putin nur allzu gut. Und er verstand es, nach diesen Regeln zu spielen. Jedenfalls bis zu einem bestimmten Zeitpunkt. Alle wichtigen Projekte stimmte er mit dem Kreml oder sogar persönlich mit Putin ab, angefangen von geschäftlichen Dingen bis hin zur Unterstützung, auch der finanziellen, von oppositionellen Parteien. In der Spätphase der Jelzin-Ära hatte es eine derartige direkte Abhängigkeit der Unternehmer vom Kreml nicht gegeben. Später aber wurde sie zu einer notwendigen und, wie es schien, auch hinreichenden Bedingung für den reibungslosen Betrieb eines jeden großen Unternehmens, so auch für Yukos.

Von außen betrachtet hatte es den Anschein, als sei mit Yukos alles in bester Ordnung: Noch im April 2003 gratulierte Präsident Putin herzlich zum zehnjährigen Bestehen des Unternehmens. Das Grußwort des Präsidenten verlas der Chef der Präsidialadministration, Alexander Woloschin: »Dank einer effektiven Arbeitsorganisation, einem hohen Maß an Professionalität und dem verantwortungsbewussten Handeln der Mitarbeiter kann das Unternehmen seine Positionen auf dem heimischen und dem internationalen Markt nicht nur halten, sondern auch weiter ausbauen«, zitierte Woloschin den Präsidenten. Doch schon zwei Monate später wurde der Leiter der Abteilung für interne Wirtschaftssicherheit bei Yukos, Alexej Pitschugin, festgenommen. Im Juli wurde einer der Hauptgesellschafter von Yukos, Platon Lebedew, verhaftet. Niemand zweifelte nun mehr daran, dass dies ein echter »Angriff« war, wie man in Russland sagt. Im Oktober 2003 kam Chodorkowski in Haft.

Bis dahin war Chodorkowski nicht interessanter gewesen als jeder andere der sieben führenden Oligarchen, die mit der Welle des Jahres 1996 hochgespült worden waren – damals hatten sie, nach dem Motto »alles oder nichts«, trotz des unübersehbaren Vorsprungs der Kommunisten unter Gennadi Sjuganow in allen Umfragen bei den Präsidentschaftswahlen auf Boris Jelzin gesetzt. Im weiteren Verlauf gestaltete sich das Schicksal dieser Geschäftsleute mehr als glücklich. Jelzin blieb als Präsident im Amt, und den Unternehmern wurde zum Zeichen der Dankbarkeit die Möglichkeit eingeräumt, überaus vielversprechende Stücke vom Kuchen des staatlichen Eigentums zu privatisieren, das nun, unter anderem im Rohstoffbereich, zum Verkauf stand. Die Oligarchen schienen die Macht in Händen zu halten, bis sie sich 1997, ein Jahr nach der Wahl, wegen unterschiedlicher Interessen zerstritten und zerstreuten. Dieses effektive Bündnis der Oligarchen, die bereit waren, zugunsten einer gemeinsamen politischen Richtungsentscheidung alles, selbst ihr Leben und ihren gesamten Besitz, aufs Spiel zu setzen, sollte in der Geschichte des Landes einmalig bleiben. Als Chodorkowski verhaftet wurde, war von einem gemeinsamen Willen der Oligarchen, ihm beizuspringen, nichts mehr zu spüren.

Wer nach seiner Verhaftung zu verstehen versuchte, warum gerade er zum Vorzeigeopfer der nachjelzinschen Machthaber gekürt worden war, und sich etwas mehr in die Details vertiefte, der erkannte, dass Chodorkowski trotz aller nach außen bezeigten Loyalität der neuen Macht gegenüber anders als die anderen war. Aus irgendeinem Grund hatte er die Eigentumsstruktur des Unternehmens transparent gemacht, was in Russland unüblich war. Aus irgendeinem Grund bemühte er sich im Ausland ernsthaft und durchaus erfolgreich um sein eigenes Image und das des Konzerns. Er begann, gemeinnützige Organisationen zu gründen. Er kümmerte sich um einen verbesserten Zugang der Menschen zu Computern, um die Modernisierung des Landes. Aus irgendeinem Grund lag ihm die Bildung und der Erhalt des geistigen Potenzials in Russland am Herzen. Und aus irgendeinem Grund hatte er sich in den Kopf gesetzt, eine Pipeline nach China zu bauen. Er stand in Verhandlungen mit einem großen westlichen Partner und hatte damit faktisch die Expansion des russischen *Business* gen Westen eingeleitet.

Michail Chodorkowski: »*Nachdem die Krise vom August 1998 wie ein Wirbelwind vorübergezogen war, richteten sich in der ersten Zeit all unsere Gedanken darauf, Yukos zu retten und die Unternehmen, mit denen die Menatep-Gruppe zu tun hatte, noch einmal aus dem Abgrund zu holen.*

*Dann kam der 31. Dezember 1998, und es wurde klar, dass unsere Schulden zwar nicht beglichen waren, doch der Horizont war immerhin schon zu sehen. Heute wird das wohl niemand glauben wollen, aber damals war die gemeinsame Menatep-Kasse leer. Hätte sich also die Frage gestellt, was unter den Teilhabern aufgeteilt werden sollte, wäre lediglich die Verantwortung für die Schulden zu teilen gewesen. Trotzdem waren wir grundsätzlich optimistisch, und es zeichnete sich ab, dass wir durchkommen würden, obwohl wir buchstäblich an allem sparen mussten. Alle Investitionsanträge, die nicht vorher schon ordnungsgemäß genehmigt worden waren, wurden nun abgewiesen.*

*Just zu diesem Zeitpunkt schafften es ein paar junge Leute, trotz Sekretariat, Stellvertretern und Assistenten zu mir durchzudringen –*

Einführung

*Leute, die weder äußerlich noch innerlich viel mit denen gemeinsam hatten, mit denen wir Yukos aus Ruinen auferstehen lassen und eine neue russische Industrie aufbauen wollten. In einer großen bürokratischen Struktur das Spalier der ›Sperrverbände‹ zu durchbrechen, war sehr schwer, aber diese Leute waren durchgekommen. Heute sind sie bekannte Journalisten, Top-Blogger, Politiker und einige sogar Duma-Abgeordnete...*

*Es gab mehrere Vorschläge, alle voneinander unabhängig: die Gründung einer Internet-Zeitung, die Einrichtung einer gemeinnützigen Organisation zur Verbreitung und Entwicklung des Internet in Russland unter besonderer Berücksichtigung der Regionen, und die Einrichtung von Computerklassen. Damals, Ende der 1990er Jahre, war es so gut wie unmöglich, auch nur irgendeinem Unternehmer in Russland die kommerziellen Vorzüge von Internetprojekten klarzumachen. Angesichts des allgegenwärtigen Fernsehens erschien die Idee, eine alternative Informationsquelle zu entwickeln, als Verwegenheit und Hirngespinst.*

*Ich habe dennoch daran geglaubt. An die Menschen, und an ihre Ideen. Auch wenn es mir persönlich keinen kommerziellen Nutzen brachte: In der russischen Provinz wurden nun erste Internet-Kurse eingerichtet, das Internet wurde propagiert, und im Jahr 2000 entstand die gemeinnützige Organisation ›Föderation Internet-Bildung‹, die heute für viele ihrer Aufklärungsprojekte bekannt ist. Genau zu dieser Zeit, an der Schwelle zum 21. Jahrhundert, wurde auch die Netzzeitung* gazeta.ru *ins Leben gerufen, deren Lektüre heute praktisch allen, die ihre Informationen aus dem Netz beziehen, unverzichtbar geworden ist.*

*Ich hätte selbst nicht erwartet, dass die Aufgaben und Ziele, die seinerzeit formuliert wurden, schon jetzt Früchte tragen. Die Entwicklung des Internet hat dem ganzen Land genützt, das Netz ist heute eine eigenständige alternative Informationsquelle. Und was besonders erfreulich ist: In einer bestimmten Phase wurden die Projekte selbstständig und konnten sich ›freischwimmen‹. Das Internet ist inzwischen*

## Ein russischer Kafka

*ein Teil unseres Lebens, unserer Politik; es ist ein neuer Stein im Fundament für den Aufbau einer Zivilgesellschaft in Russland.«*

Wären alle seine Pläne umgesetzt worden, Chodorkowski hätte eine sehr starke und einflussreiche Figur in Russland werden können, und nicht nur dort. Zu stark und zu einflussreich, um ihn noch an der kurzen Leine zu halten, wie die neuen Machthaber das in ihren Beziehungen mit den Großunternehmern bevorzugten. Zu stark und einflussreich, als dass dies den anderen Oligarchen und geschäftlichen Konkurrenten hätte gefallen können. Und dazu kam dieser Satz, den er irgendwann einmal in einem Interview hatte fallen lassen: mit 45 wolle er aus der Wirtschaft aussteigen. Aber wohin wollte er gehen? In die Politik? Außerdem gab es auch noch die von ihm gegründete Organisation »Offenes Russland« mit ihren Aufklärungs- und Bildungsprojekten im ganzen Land, eine Organisation, die ganz offensichtlich ein Modernisierungsvorhaben war und Chodorkowski in intellektuellen Kreisen sehr werbewirksam ins Licht rückte. Chodorkowski hatte aufgehört, mit dem Strom zu schwimmen. Er tat sich hervor, machte auf sich aufmerksam, war seinem Umfeld und seiner Zeit voraus. Seine Führungsqualitäten offenbarten sich nun immer deutlicher auch außerhalb der Firma, die er aufgebaut hatte. Die einzige Möglichkeit, Chodorkowskis Expansion im In- und Ausland zu stoppen, bestand darin, ihn aus dem Verkehr zu ziehen. Und das taten die Machthaber auch: Sie brachten ihn hinter Gitter.

Warum aber wählten sie gerade diesen Weg? Der Gedanke stammt nicht von mir, dass die Entstehung von Putins Regime mit einem ursprünglichen Gewaltakt zusammenhängt, mit dem Blutvergießen im Tschetschenienkrieg, und dass das dazu beitrug, »Gewalt als eines der grundlegenden Elemente sozialer Beziehungen zu sanktionieren«, schreibt Tatjana Woroshejkina in der Zeitung *Wedomosti*. »Gewalt, verübt in pseudorechtlichen Formen, [...] ist in Putins Jahrzehnt zu einem Hauptfaktor der Demodernisierung, der Retraditionalisierung der Herrschaftsbeziehungen geworden. Die auf Gewalt beruhende politische Herrschaft repressiver Strukturen, auf die sich […] autoritäre Regime stützen, hinterlässt in der Psyche von Menschen, die es gewohnt sind, sich als Untergebene zu betrachten, in ihren Beziehungen zum Staat eine Spur, die kaum zu tilgen ist.«[*]

Zum Instrument der Selbstbehauptung an der Macht wurden unter Putin natürlich die Sicherheitsministerien, die ihm als Präsidenten direkt unterstellt waren. Die scheinbar schon vergessene Praxis, Verhaftungen und formale Strafverfahren im Kampf gegen die Unbequemen, die Unbotmäßigen und »Anderen« einzusetzen, kehrte zurück. Gegenüber sowjetischen Zeiten kam hier jedoch eine Neuerung hinzu: Das Ausplündern von Unternehmen, die gewaltsame Aneignung von Firmen, deren Eigentümer mithilfe der Sicherheitsressorts neutralisiert wurden, faktisch also die Umverteilung von Eigentum, wurde nach dem Yukos-Verfahren zur gängigen Praxis. Nach Berechnungen von Spezialisten sitzt ein Drittel der Inhaftierten in Russland heute wegen Wirtschaftsdelikten ein. Das sind etwa dreihunderttausend Menschen, deren Unternehmen entweder zerstört oder enteignet wurden. Das »Telefonrecht«, also die direkte Einflussnahme der Exekutive auf die Entscheidungsfindung der Gerichte als der letzten Instanz, die die gewaltsamen Lösungen legitimieren soll, hat seine Aktualität in Russland nie verloren.

In der »Risikogruppe« fanden sich natürlich die Großunternehmer, die in den neunziger Jahren zu Geld und Einfluss gekommen waren. In ihrem Besitz befanden sich nun die besten Rohstoff-Assets des Landes. Gleichzeitig waren die Ergebnisse der jelzinschen Privatisierungen noch immer nicht juristisch festgeschrieben, weshalb die Oligarchen mit all ihrem Vermögen vom Willen

---

[*] Posnajotsja w srawnenii: rassejanny awtoritarism, in: *Wedomosti*, 21.7.2010.

des Staates abhängig blieben. Die Frage war nur, ob der Staat den Status quo verletzen und sich diese Gesetzeslücke zunutze machen wollte. Jelzin tat das nicht, aus welchen Gründen auch immer. Putin tat genau das und erinnerte die Unternehmer einmal mehr daran, dass der Staat alles kann. Das hatten alle schnell begriffen.

In der Staatsanwaltschaft tauchte nun eine ziemlich interessante Figur auf: Salawat Karimow, Ermittler der russischen Generalstaatsanwaltschaft in besonders wichtigen Verfahren, seit Beginn der 2000er Jahre bekannt unter dem Namen »Oligarchenkiller«. Heute bekleidet er das auf den ersten Blick bescheidene Amt eines Beraters des russischen Generalstaatsanwalts Juri Tschaika, allerdings unter Beibehaltung seines Büros und seines Dienstwagens, was in Russland Macht und Einfluss symbolisiert.

Es war Karimow, der das Verfahren gegen den Medienmagnaten Wladimir Gussinski leitete, den Inhaber von NTW, dem größten privaten Fernsehsender. NTW gehört heute Gazprom, und Gussinski hat, anders als Chodorkowski, alles unterschrieben, was der Staat von ihm verlangte, und nach einigen Tagen im Gefängnis das Land verlassen. Chodorkowski war übrigens unter denjenigen, die seinerzeit die Forderung nach Freilassung Gussinskis unterzeichnet hatten. Interessant ist auch, dass Gussinski unmittelbar nach seiner Entlassung aus dem Gefängnis warnte, es werde ein »Angriff« auf weitere Oligarchen vorbereitet, darunter »einige Leute im Management von Yukos«. Er sollte Recht behalten.

Derselbe Karimow leitete auch die Ermittlungen gegen den ehemaligen Verkehrsminister Nikolai Axjonenko, der im Jahre 2000 im Kampf um das Präsidentenamt gegen Putin angetreten war. Axjonenko starb 2003 an Krebs. Er stand unter Hausarrest, auch zu den Behandlungen ließ man ihn nicht; als er schließlich (angeblich nach persönlicher Intervention Jelzins) doch noch in die Schweiz ausreisen durfte, war es bereits zu spät.

Ein weiterer Karimow-Fall war das Verfahren gegen Jakow Goldowski, den Inhaber des Öl- und Gasunternehmens Sibur. Im

Jahr 2002 wurde Goldowski direkt im Gazprom-Gebäude verhaftet. Er legte seine Vollmachten als Chef des Unternehmens nieder und willigte in eine Übertragung der Sibur-Anteile an Gazprom ein. Daraufhin wurde er aus dem Gefängnis entlassen und reiste nach Österreich aus.

Ebenfalls unter Karimows Leitung stand das Strafverfahren gegen einen derjenigen, die Wladimir Putin gemacht und protegiert hatten: den späteren erbitterten Putin-Kritiker Boris Beresowski. Beresowski wurde vorgeworfen, Gelder des Automobilkonzerns Awtowas, der ihm seinerzeit unterstanden hatte, unterschlagen zu haben. Es war dieses Verfahren, das die russischen Behörden mehrfach in ihren erfolglosen Bemühungen um eine Auslieferung Beresowskis aus Großbritannien ins Feld führten. An Russland ausgeliefert wurde bis heute übrigens keiner der russischen Unternehmer, die aus politischen Gründen das Land verlassen haben.

Und Karimow war es schließlich auch, der die erste und die zweite Anklageschrift gegen Chodorkowski und Lebedew unterschrieb. Sein Name findet sich auf beinahe allen Prozessunterlagen, bis in das Jahr 2007 hinein. De facto zeichnet er für die operative Leitung der staatlichen Ankläger sowohl im ersten als auch im zweiten Prozess gegen Chodorkowski und Lebedew verantwortlich. Es ist kein Geheimnis, dass Karimow in direktem Kontakt zu dem Mann steht und von ihm Anweisungen erhält, der – nicht dem Amt, aber dem Einfluss nach – die dritte Stelle im Staat einnimmt: Igor Setschin.

Der 1960 geborene Setschin war früher als Militärdolmetscher in Mosambik tätig. Er ist studierter Romanist, spricht Portugiesisch und Französisch. Seit er 1990 Putin kennenlernte, sind die beiden unzertrennlich. Gemeinsam arbeiteten sie in der Petersburger Stadtverwaltung, gemeinsam kamen sie auch nach Moskau. Während Putins Präsidentschaft bekleidete Setschin das Amt des Stellvertretenden Leiters der Präsidialadministration und

Präsidentenberaters. Unter Premierminister Putin ist Setschin nach wie vor dessen rechte Hand – im Amt eines Vizepremierministers. Bis 2003 war Setschin eine überaus einflussreiche, wenngleich nur im Schatten agierende Figur aus Putins Umfeld. Publik wurde sein Name just im Zusammenhang mit dem Yukos-Prozess: Er gilt als Organisator und Pate dieser Geschichte, und er kontrolliert seither auch Chodorkowskis ehemaliges Unternehmen. Setschin selbst bemüht sich, dieses Thema zu meiden, er kommentiert es öffentlich nicht. Die einzige Ausnahme war ein Interview mit der *Financial Times* vom 21. 6. 2010, in dem Setschin den Journalisten empfahl, die Wahrheit im Fall Chodorkowski bei den Staatsanwälten zu suchen – und nicht etwa beim Gericht, wo der Prozess gegen Chodorkowski und Lebedew zu dieser Zeit gerade lief.

Inzwischen erinnert Chodorkowskis Geschichte immer mehr an die Geschichte des »Mannes mit der eisernen Maske« – nicht, weil sie so geheimnisvoll wäre, sondern weil auch hier auf Geheiß von oben ein Häftling für lange Zeit oder gar für immer »weggesperrt« wird. Sobald nur der Name Chodorkowski fällt, ist Putin außerstande, seine Gereiztheit zu verbergen; er bemüht sich gar nicht erst, unparteiisch zu wirken. Vielleicht glaubt er ja tatsächlich an eine Verschwörung der Oligarchen gegen ihn – ein Gerücht, das der bis dahin nicht sonderlich bekannte PR-Mann Stanislaw Belkowski (Direktor und Gründer des Instituts für nationale Strategien, heute Kritiker Putins und Autor zweier Bücher über ihn: »Wladimir Putins Geschäfte« und »Wladimir Putins Imperium«) 2003 in Umlauf brachte. Laut dieser Version soll der Hauptverschwörer Chodorkowski vorgehabt haben, das russische Parlament zu kaufen und einen Staatsstreich zu veranstalten. Die Vorstellung, im russischen Parlament säßen 300 käufliche Abgeordnete, die der Oligarch angeblich ohne Weiteres kaufen könne, schien erstaunlicherweise niemand abwegig zu finden. Diese Geschichte hat absurd angefangen, und sie geht ebenso absurd weiter.

Einführung

Trotz seiner juristischen Ausbildung erlaubt sich der ehemalige Präsident, heutige Premierminister und wahrscheinlich abermals zukünftige Präsident des Landes, Chodorkowski öffentlich mit Mordfällen in Verbindung zu bringen, wegen derer er nie angeklagt wurde. Zugleich gab er sich noch im zweiten Jahr des zweiten Prozesses gegen Chodorkowski in einem Interview mit der Zeitung *Kommersant* erstaunt über das Zustandekommen dieses Verfahrens.[*] Zehn Tage später aber, während eines Treffens mit russischen und ausländischen Politikexperten, schlug er einen radikal anderen Ton an. Adam Michnik, der den Premierminister nach Chodorkowskis Schicksal gefragt hatte, berichtete nach der Begegnung: »Mich verblüffte, wie sich sein Gesicht plötzlich veränderte, wie es rot anlief. Leidenschaftlich fing er zu sprechen an: ›Der Chef seiner Wachmannschaft hat Menschen umgebracht. Und das soll er nicht gewusst haben?! Wir sind doch keine Kinder!‹ Bis dahin war er in Bestform gewesen, entspannt, geistreich. Aber dann wurde er plötzlich sehr hart, sehr emotional: Das Thema hat ihn persönlich tief getroffen.«[**]

In Russland, wo kein Wort Putins ungehört bleibt, kann man eine solche Erklärung während eines laufenden Gerichtsverfahrens wohl kaum als Nichteinmischung in die Angelegenheiten des Gerichts betrachten – zumal, da es nicht die erste ihrer Art ist. Über den Fall Alexej Pitschugins, des erwähnten »Chefs der Wachmannschaft«, der ohne Beweise für seine Schuld an der Ermordung mehrerer Menschen zu lebenslanger Haft verurteilt wurde, wissen noch weniger Menschen Bescheid als über Chodorkowskis Fall – ein Umstand, den Putin in Gesprächen mit dem »Volk« und mit Ausländern immer wieder geschickt zu nutzen weiß.

Dieser ganzen Geschichte haftet etwas zutiefst Persönliches an. Viele Beobachter hegen denn auch keinen Zweifel, dass Cho-

---

[*] *Kommersant*, 30. 8. 2010.
[**] *Nowaja gaseta*, 8. 9. 2010.

dorkowski Putins persönlicher Gefangener ist. Oder, wenn man so will, der persönliche Gefangene einer von Putin angeführten Vereinigung der *Silowiki*.*

Seit 2003 sitzen Michail Chodorkowski und Platon Lebedew hinter Gittern. In dieser Zeit sind ihre Kinder herangewachsen, Chodorkowski wurde eine Enkelin geboren. Platon Lebedews jüngste Tochter war zwei Wochen alt, als er verhaftet wurde. Er hat vier Kinder aus zwei Ehen, wie auch Chodorkowski. Chodorkowskis jüngste Kinder, die Zwillinge, waren 2003 vier Jahre alt. In den Erinnerungen der jüngeren Kinder sind ihre Papas ganz und gar keine Oligarchen, sondern einfach nur Inhaftierte.

Das Urteil im ersten Verfahren lautete auf acht Jahre Freiheitsentzug wegen Betrugs und Steuerhinterziehung. Davon verbüßten Chodorkowski und Lebedew wenig mehr als ein Jahr im Lager, also einer Sonderzone für verurteilte Straftäter, den Rest der Zeit verbrachten sie in Gefängniszellen. Nach dem Urteil im zweiten Verfahren sind sie seit Juli 2011 abermals im Lager. Insgesamt rund 17 Milliarden Rubel fordern die Behörden von Chodorkowski und Lebedew, und das, obwohl ihnen gleichzeitig Yukos genommen und das Unternehmen anschließend zerschlagen wurde.

Die Gesamtsumme der Steuerforderungen gegenüber Yukos einschließlich der Bußgelder und Säumniszuschläge belief sich für den Zeitraum von 2000 bis 2003 auf 582 Milliarden Rubel; berücksichtigt man darüber hinaus die Forderungen gegenüber den Tochtergesellschaften, sogar auf 703 Milliarden Rubel oder

---

* Im modernen Sprachgebrauch gängige Bezeichnung für die Vertreter der russischen Geheimdienste, des Verteidigungsministeriums und der Armee, des Innenministeriums und der Miliz sowie anderer staatlicher Behörden mit ähnlich gelagerten Aufgaben. Die Silowiki gelten traditionell als Anhänger einen starken Staates und werden üblicherweise als politische Kraft gesehen, die den Verfechtern liberal-demokratischer Ideen entgegenstehen. (Anm. d. Ü.)

über 25 Milliarden Dollar zum damaligen Kurs. Dabei erreichten die Steuerforderungen gegenüber dem Unternehmen einschließlich Bußgeldern allein für das Jahr 2002 einen Wert von 111 Prozent der Bruttoeinnahmen des Unternehmens. Laut Angaben von Yukos lagen die Forderungen für 2004 wesentlich über den für dieses Jahr verbuchten Erträgen des Unternehmens. Diese unglaublichen Summen lassen sich mit den exorbitanten Bußgeldern erklären, die gegenüber Chodorkowskis Unternehmen zur Anwendung gebracht wurden, nämlich 40 Prozent der Hauptschuld anstelle der sonst üblichen 20 Prozent. Geldstrafen in dieser atemberaubenden Höhe hatte es in der Geschichte Russlands zuvor noch nie gegeben.

Das Urteil im ersten Verfahren gegen Chodorkowski und Lebedew wurde am 31. Mai 2005 gesprochen. Offensichtlich um den Angeklagten den Rest zu geben, erklärte Putin im Juni 2004, noch vor dem Urteilsspruch, die Firma werde nicht zerschlagen, aber schon am 24. Juli 2004 wurde der Zwangsverkauf des Ölförderunternehmens Yuganskneftegaz (YUNG), der Perle von Yukos, angekündigt. Dabei war das Konkursverfahren zu diesem Zeitpunkt noch nicht einmal eröffnet. Das lukrativste Yukos-Asset ging an das staatliche Unternehmen Rosneft, in dessen Direktorium* selbstverständlich sogleich eben jener Igor Setschin den Vorsitz übernahm.

Das Konkursverfahren sollte erst später, im Jahr 2006, eröffnet werden, zu einem Zeitpunkt, da das Guthaben von Yukos, und dies wurde von russischen Gerichten bestätigt, nach wie vor die Verbindlichkeiten des Unternehmens überstieg, wodurch das Verfahren von vornherein gesetzeswidrig war. Doch der Kreml war bestrebt, den Namen Yukos so schnell wie möglich aus der Geschichte, aus den Meldungen, aus der Presse zu tilgen. Mit

---

* Der »sowjet direktorow« (wörtlich Direktorenrat) in Russland entspricht etwa dem hiesigen Aufsichtsrat. (Anm. d. Ü.)

demselben Eifer wurde der Firmenname denn auch von allen Produkten der Marke Yukos gestrichen, in Neftejugansk wurden Tafeln übermalt, Werbeplakate abgerissen, Uniformen ausgewechselt und auf den großen Plakatwänden oberhalb des übertünchten »Yukos« der Schriftzug »Rosneft« angebracht. Ob das, was da geschah, legal oder illegal war, wurde nicht bei Gericht entschieden, sondern einzig und allein an einem Ort und von einer Person: im Kreml, von Putin.

Selbst bei unbeteiligten Beobachtern, die Chodorkowski keine Sympathien entgegenbrachten, kamen Zweifel auf: Ging es hier wirklich um nicht gezahlte Steuern, oder war dies im Grunde eine politische Geschichte mit einer ausgeprägten kommerziellen Komponente? Schließlich war Yukos jährlich, eigentlich sogar mehrmals pro Jahr, von staatlicher Seite geprüft worden. Woher kamen also die Milliarden nicht gezahlter Steuern? Und warum wurden die Steuerprüfer nicht belangt, die entweder Berichte gefälscht oder schlecht gearbeitet hatten? Und wenn dem Staat tatsächlich daran gelegen war, die Steuerschuld des Ölkonzerns einzutreiben, dann war es doch einfach dumm, ihn auf der Welle eines steigenden Ölpreises zugrunde zu richten. Und schon gar keinen Sinn hatte es, ein Unternehmen ausbluten zu lassen, indem man ihm das beste Asset zur Tilgung der Schulden nahm, wenn es auch andere Aktiva gab und auf den Konten nach wie vor Geld vorhanden war. Doch das galt nur, wenn es wirklich um Steuern ging. Wenn das Ziel dagegen war, die Eigentümer beiseite zu schaffen und ihre Besitzstände an sich zu bringen, dann war es natürlich richtig, diese Eigentümer einzusperren und unverhältnismäßige Forderungen an sie zu stellen, dann musste das beste Asset eingezogen, die Firma in Einzelteile zerlegt und unter Freunden und Bekannten aufgeteilt werden. Das war keine Verstaatlichung (in diesem Fall hätte der Staat ja eine Entschädigung zahlen müssen), sondern de facto eine Enteignung im Interesse einer kleinen Gruppe »natürlicher Personen«, die »schon viele Jahre im Bereich der Energiewirtschaft tätig sind«, wie Putin selbst während eines Besuchs in Deutschland im Dezember 2004 den Wechsel der Eigentümer von YUNG kommentierte. Genau genommen war das gelogen, denn eines der besten Öl-Assets des Landes gelangte über eine Tarnfirma in den Besitz des staatlichen Unternehmens Rosneft. Und gleichzeitig sagte der Präsident im Grunde die Wahrheit: Dieses Asset unterstand nun der direkten Kontrolle zumindest einer natürlichen und Putin sehr nahestehenden Person: Igor Setschin.

Der Westen hat diese Geschichte geschluckt, ohne sich daran zu verschlucken. Zunächst unterband Putin mit einem einzigen Zuruf die zugegebenermaßen recht kläglichen Versuche russischer Unternehmer, ihrem Kollegen beizuspringen. Danach lud er ausländische Investoren zu sich ein und beschwichtigte: Chodorkowski sei ein besonderer, ein Einzelfall. Ziemlich treffend beschrieb Erik Berglöf, Direktor des Stockholmer Instituts für Transformationsökonomie, die Reaktion des Westens auf das erste Verfahren gegen Chodorkowski: »Die internationale Businesswelt nickte die offizielle Version des Chodorkowski-Falls, die die russischen Behörden präsentierten, erstaunlich schnell ab. Ja, man ist vielleicht nicht begeistert, wie das Gerichtsverfahren selbst gelaufen ist, aber die Erklärung, Chodorkowski sei zweifelsfrei ein Krimineller, wurde akzeptiert. Wir sind freilich daran gewöhnt, dass Geschäftsleute ihre Meinung schnell ändern können, aber mit welcher Geschwindigkeit sie das dieses Mal fertiggebracht haben, ist einfach verblüffend. Das ist Pragmatismus in Reinform und höchster Konzentration. […] Ich nehme an, die [westlichen] Unternehmer werden nun bemüht sein, in Russland mit den staatlichen statt mit den privaten Strukturen zu arbeiten, besonders im Rohstoffbereich. Zumal wir sehen, dass die russische Regierung selbst immer aktiver versucht, sich als Hauptakteur auf diesem Markt zu etablieren. Unter diesen Bedingungen ist eine engere Zusammenarbeit mit dem Staat eine durchaus natürliche Reaktion seitens der westlichen Unternehmer.«[*]

Da Yukos im Gegensatz zu anderen russischen Erdölkonzernen im Jahr 2002 seine Eigentumsstrukturen offengelegt hatte, sind die Inhaber, denen man die Firma nahm, auch namentlich bekannt. Den größten Teil der Yukos-Aktien besaß die Menatep-Gruppe, deren Gesellschafter sieben natürliche Personen waren. Namentlich genannt wurden Michail Chodorkowski (der 59,5% der Aktien kontrollierte), Leonid Newslin (8%), Platon Lebedew (7%), Wladimir Dubow (7%), Michail Brudno (7%) und Wassili Schachnowski (7%). Ich erinnere mich noch genau an diese Liste mit den entsprechenden Anteilen neben jedem Namen, weil sie in der Zeitung *Kommersant*, wo ich damals arbeitete, veröffentlicht wurde und eine Sensation werden sollte. Kein russisches Unternehmen dieser Größenordnung hatte sich bis dahin »geöffnet«. Jemand, der nicht benannt wurde, verbarg sich hinter der Zahl 4,5%, neben der kein Name stand. Später erfuhr ich, dass es Alexej Golubowitsch war, der 2001 die Firma verlassen hatte, aber Aktionär geblieben war.

Und so interessant gestaltete sich das Schicksal der Aktionäre: Zwei von ihnen, Chodorkowski und Lebedew, sitzen im Gefängnis. Vier sind im Ausland. Sie sind im Einvernehmen mit Chodorkowski ausgereist, die einen noch vor seiner Verhaftung, die anderen erst danach. Chodorkowski hatte offenbar gehofft, den Konzern erhalten und die Kontrolle der Eigentümer über das Unternehmen bewahren zu können, und sei es auch vom Ausland aus. Golubowitsch ist der einzige der Gesellschafter, der bereit war, gegen Chodorkowski auszusagen.

Alles in allem verfolgte und verfolgt die russische Staatsanwaltschaft im Rahmen des Yukos-Verfahrens über 60 Personen (sowohl Mitarbeiter von Yukos als auch andere), darunter sämt-

---

[*] http://www.svobodanews.ru/content/article/107456.html

liche Gesellschafter mit Ausnahme Golubowitschs, der als einziger unbehelligt in Russland leben und seinen geschäftlichen Aktivitäten nachgehen kann.

Platon Lebedew wurde nach dem Urteil im ersten Prozess in eine Strafkolonie mit strengen Haftbedingungen gebracht, in der Siedlung Charp im Kreis der Jamalen und Nenzen. Charp liegt in Westsibirien, 60 Kilometer nördlich des Polarkreises. Acht Monate im Jahr ist dort Winter, die Tiefsttemperaturen können bis auf −59 Grad absinken, im Sommer steigen die Temperaturen auf +30 Grad. Chodorkowski wurde nach Krasnokamensk verbannt. Das ist in der Region Transbaikal, Ostsibirien, nur 90 Kilometer von der chinesischen Grenze entfernt. Vom Verwaltungszentrum der Region, der Stadt Tschita, trennen Krasnokamensk fast 600 Kilometer. Die Flugzeit von Moskau nach Tschita beträgt sechs Stunden. Unweit der Stelle, wo die Strafkolonie Krasnokamensk entstand, wurden in den sechziger Jahren des vorigen Jahrhunderts Uranvorkommen entdeckt. Für die Förderung und Verarbeitung, die extrem gesundheitsschädigend sind, wurden Arbeitskräfte gebraucht. Daher auch die Strafkolonie: Das Leben der Häftlinge hatte keinen Wert. Heute werden die Gefangenen nicht mehr in den Gruben eingesetzt, der Tagebau scheint stillgelegt zu sein, obwohl die Halden noch immer nicht verwahrt sind und ganz in der Nähe Wagen für den Abtransport des Urans stehen, mit dem Warnschild »Vorsicht, radioaktiv!«. Der Untertagebau geht weiter. Und die Strafkolonie ist immer noch an derselben Stelle – ungefähr eintausend Häftlinge, die hauptsächlich wegen Diebstahls einsitzen, zwischen drei und fünf Jahren.

Bis auf ein Jahr und neun Monate in der Strafkolonie (Stand Januar 2012) haben Chodorkowski und Lebedew ihre gesamte Haft, also fast sechs Jahre, im Gefängnis verbracht – zunächst in Moskau, dann in Tschita, dann wieder in Moskau, in verschiedenen Gebäudekomplexen des Gefängnisses Matrosskaja

Tischina, wo die Haftbedingungen viel härter sind als in der Kolonie. Chodorkowski spricht nur ungern über Einzelheiten seines Alltags.

Michail Chodorkowski: »*Hier, im Untersuchungsgefängnis 99/1, sind die Lebensbedingungen ›Sahne‹, selbst im Vergleich mit Tschita, wo man extra für Platon Lebedew und mich eine eigene Wohneinheit eingerichtet hatte.*

*Wir sind zu dritt (normal sind vier Häftlinge in einer Zelle). Die Zelle ist 16 bis 18 Quadratmeter groß (einschließlich Sanitärbereich). Der Sanitärbereich ist durch eine Trennwand (allerdings nicht bis zur Decke und ohne Tür) mit Vorhang abgetrennt. Dort gibt es eine normale Kloschüssel, ein Waschbecken mit warmem und kaltem Wasser. Alles ist ziemlich neu und sauber. Ein (kleiner) Fernseher, ein (alter, aber anständiger) Kühlschrank, ein Ventilator. 4 Bettstellen auf 2 Etagen. Metallbetten. Wie im Zugabteil, nur aus Metall. Das Fenster ist mit einer undurchsichtigen Folie beklebt, 2 Gitter (vor und hinter der Scheibe). Das kleine Lüftungsfenster lässt sich öffnen. Einmal pro Woche duschen. Es ist alles sauber. Die Bettwäsche wird gewechselt. Sie ist auch schon etwas alt, aber sauber.*

*Zum Kiosk darf man einmal pro Monat. Keine ›Delikatessen‹, aber es gibt alles. Milch, Kefir, saure Sahne, Äpfel, Möhren, Orangen usw. Das ist das einzige, was in anderen Gefängnissen besser ist, weil dort mehr Insassen sind und es ›interessierte Personen‹ gibt. Außerdem gibt es noch die Päckchen von zu Hause, aber da ist fast nichts erlaubt, und das, was geht, wird erbarmungslos ›portioniert‹, also in kleine Stücke geschnitten. Das einzig Gute daran ist also, dass es von zu Hause kommt. Aber das allein ist schon sehr wichtig.*

*Im Gericht kein Essen, sonst wird man schläfrig. Ich esse abends. Ausgang ist zweimal in der Woche, je eine Stunde (wegen der Verhandlungen). Ich laufe wie eine Katze umher: auf dem Dach unseres Gebäudes. Aber das ist noch überdacht. Also keine Sonne. Leider. Ein Radio läuft. Die billige Popmusik und diese idiotischen ›Hörerzuschriften‹ machen mich wahnsinnig.*

Einführung

*Beim Arbeiten stört niemand, nur mit dem Zugang zu Informationen sieht es schlecht aus.*

*Ein Telefon macht der Verwaltung hier viel mehr Angst als ein Putin-Porträt auf dem Toilettenpapier. Das ist empirisch bewiesen, wenn auch nicht von mir persönlich.*

*Jeden Tag Leibesvisitation und Durchsuchung der Zelle. Höflich, aber gründlich. Kurz, ein vorbildliches Gefängnis.*

*Ich werde nicht ›bedrängt‹, das wird hier nicht gern gemacht. Wenn jemand ›bedrängt‹ werden muss, wird er rausgebracht. Beispiele gibt es. Zurück kommt man erst, wenn keine blauen Flecken mehr da sind. Nachts brennt Licht.*

*Der Gefängnisfraß ist Mist. Ich habe natürlich keine Zweifel, dass da genug Fette und Kohlenhydrate drin sind, aber wie die hier kochen ... Deshalb nehmen wir nur selten davon, obwohl das auch vorkommt. Aber das sind Kleinigkeiten. Im Lager habe ich von der sprichwörtlichen Wassersuppe gelebt und alles war bestens. Allerdings bei frischer Luft. Wassersuppe und Zelle – ich denke, das wäre schwierig.«*

Der zweite Prozess gegen Chodorkowski und Lebedew begann am 3. März 2009. Dieses Mal versuchte man ihnen vor Publikum, in einem öffentlichen Verfahren, einzureden, sie hätten sich selbst im Zeitraum von 1998 bis 2003 »als organisierte kriminelle Gruppe« 350 Millionen Tonnen Öl gestohlen. Und sie versuchten ihrerseits, nach dem Studium von 188 Bänden der Strafakte, bei Gericht in Erfahrung zu bringen, was denn die Anklage genau damit meint und wie sie sich das vorstellt.

Es fällt schwer, die Anschuldigungen ernst zu nehmen. Zum Vergleich: Im Jahr 2001 wurden in Russland 341 Millionen Tonnen gefördert. Yukos und seine drei Tochterunternehmen hatten nach offiziellen Angaben im Zeitraum von 1998 bis 2003 345,44 Millionen Tonnen gefördert. Das heißt, dass diese Herren, so die Version der Anklage, alles »gemopst« haben sollen, was sie gefördert hatten und noch ein kleines bisschen mehr. Darüber hinaus hatten sie angeblich irgendwie – wie genau, ist wohl ihrem Umfeld und selbst der Regierung entgangen – knapp ein Fünftel des im selben Zeitraum in Russland insgesamt geförderten Öls (2014 Millionen Tonnen) gestohlen. Und zwar sich selbst. Entweder sitzen in der Regierung Idioten – oder sie sitzen bei der Staatsanwaltschaft. 350 Millionen Tonnen Öl zu stehlen und dabei das Unternehmen weiter Profite erwirtschaften und Dividende auszahlen zu lassen ist, beim besten Willen physisch unmöglich. Erst recht unter den wachsamen Augen der Wirtschafts- und Steuerprüfer.

Zugleich hätten die neuen Anschuldigungen, wofern man sie für nachvollziehbar und begründet hielte, automatisch das Urteil wegen Steuerhinterziehung aufgehoben, nachdem die Angeklagten schon fast ihr ganzes Strafmaß abgesessen hatten. Denn wenn sie sich selbst alles so virtuos gestohlen hatten – worauf waren dann nach der ersten Anklage all die Milliarden Steuern angerechnet worden, wie konnten sie all diese Steuern hinterziehen, und wofür sitzen sie dann überhaupt ein? Die Anklage im zweiten Verfahren widersprach nicht nur einem Teil der Anklage im ersten Verfahren, sondern auch der offiziellen Position der Russischen Föderation in Straßburg (Yukos gegen die Russische Föderation). »Die Grundkonstruktion ist hier die: Auch wenn das erste Verfahren, wegen Steuerhinterziehung, eine ziemlich harte Strafe nach sich zog, so war doch die unternehmerische Tätigkeit, auf die die Steuern nicht gezahlt wurden, zweifelsfrei legal und kann nicht als Unterschlagung, Diebstahl und so weiter angesehen werden«, bemerkte dazu ganz folgerichtig Alexander Schochin, der Vorsitzende des russischen Verbandes der Industriellen und Unternehmer.

Michail Kassjanow, der zum Zeitpunkt der Verhaftung Chodorkowskis Premierminister gewesen war und im Sommer 2010 als Zeuge Chodorkowskis und Lebedews aussagte, erklärte beim Verlassen des Gerichtssaals, ein Diebstahl von 350 Millionen Tonnen Erdöl sei eine absurde Vorstellung: »Es ist der reinste Hohn, diese Frage ernsthaft diskutieren zu müssen«. Wiktor

Gerastschenko, der zweimal Vorsitzender der Zentralbank Russlands und daneben im Jahr 2004 auch Vorsitzender des Direktoriums von Yukos war, wurde vor Gericht noch deutlicher, als er die neuerlichen Anschuldigungen gegen Chodorkowski und Lebedew als »Schwachsinn« bezeichnete. Weder der vormalige Minister für Wirtschaftsentwicklung und heutige Zentralbankchef German Gref noch der ehemalige Vizepremierminister und heutige Minister für Industrie und Handel, Wiktor Christenko, die auf Drängen der Verteidiger Chodorkowskis als Zeugen geladen wurden, hatten jemals etwas davon gehört, dass in Russland 350 Millionen Tonnen Öl verschwunden wären. Die Vorladung von Premierminister Putin, seinem Stellvertreter Igor Setschin und Finanzminister Kudrin – von Personen also, mit denen der heute inhaftierte Chodorkowski mehrfach geschäftlich zu tun hatte –, lehnte Richter Wiktor Danilkin ab.

Der Zeitplan, nach dem die Strafsachen gegen Chodorkowski und Lebedew auftauchen, richtet sich nicht nach neuen, gerade erst bekannt gewordenen Umständen oder irgendeiner Logik der Ermittlungen. Täuschen wir uns nicht: Selbst wenn ein Wunder geschehen und die Geschichte mit den angeblich gestohlenen 350 Millionen Tonnen Öl in sich zusammengebrochen wäre, könnte es jederzeit eine neue, genauso exotische Geschichte und einen weiteren Prozess geben. Das Schicksal der beiden Geschäftsleute hängt im Wesentlichen von einer einfachen Frage ab: Ob Putin glaubt, dass sie, wenn sie wieder in Freiheit wären, keine Gefahr für diejenigen darstellen würden, die sie hinter Gitter gebracht haben, und auch nicht für diejenigen, die sich das Yukos-Vermögen angeeignet haben – wobei Erstere und Letztere identisch sind. Der Einsatz ist wirklich hoch: Das staatliche Unternehmen Rosneft, das heute die besten Yukos-Assets besitzt, ist über Nacht von einem ziemlich durchschnittlichen Unternehmen zum Marktführer aufgestiegen. Zum Vergleich: Von 1998 bis 2003 stiegen die Kennziffern des Unternehmens in puncto Ölförderung von 12,5 auf

19,6 Millionen Tonnen pro Jahr. Aber schon 2005 konnte die Firma ein Ergebnis von 74,6 Millionen Tonnen jährlich vorweisen. Was war 2004 geschehen? Richtig, Rosneft hatte Yuganskneftegaz erhalten. In einem Interview mit der *Sunday Times* vom Mai 2008 sprach Chodorkowski denn auch Klartext und benannte Igor Setschin, den Vorsitzenden des Direktoriums von Rosneft, als Organisator des »Angriffs« auf Yukos und seine Inhaber: »Das erste Verfahren gegen mich hat er aus Gier angezettelt, das zweite aus Feigheit.«

Ende 2011 legte der beim Präsidenten Russlands angesiedelte Rat für Menschenrechte ein unabhängiges Gutachten zum zweiten Strafverfahren gegen Chodorkowski und Lebedew vor. Die Experten empfahlen Präsident Medwedew eine Revision des Verfahrens. Sie begründeten dies damit, dass Beweise für eine Schuld der Unternehmer fehlten, gegen den Grundsatz der Unschuldsvermutung verstoßen worden sei und das Gericht einfach die Positionen der Anklage übernommen habe.

Die Verfolgung Chodorkowskis fällt auf eigentümliche Weise mit den politischen Zyklen in Russland zusammen. Seine Verhaftung 2003, im Jahr vor den Wahlen, bescherte Putin politischen Erfolg bei einem Volk, das Reiche nicht mag. Außerdem hatte diese Gewaltmaßnahme noch eine Reihe weiterer Vorzüge, darunter die Loyalität der aufgeschreckten Unternehmer und die Ausschaltung der demokratischen Opposition, von der sich nach der Geschichte mit Chodorkowski alle Sponsoren erschreckt abwandten und die sie auch heute noch fürchten wie die Pest.

Zur nächsten Wahl im Jahr 2008 gab es – abermals pünktlich im Vor-Wahljahr – neue Vorwürfe gegen Chodorkowski und Lebedew. Der Prozess selbst begann erst nach der Wahl, im Jahr 2009. Die Haftzeit nach dem ersten Verfahren wäre für beide Inhaftierten 2011 zu Ende gewesen, also wiederum ein Jahr vor einer Wahl, der Präsidentenwahl von 2012, die, nach dem neuen Modell, eine Verlängerung der präsidialen Amtszeit auf sechs Jahre vorsieht. Es ist offensichtlich, dass Chodorkowski, der für

Putin nicht zuletzt ein politischer Gegner ist, nicht vor der Wahl aus dem Gefängnis entlassen werden durfte – eben deshalb gab es ein zweites Verfahren. Die Absurdität der Anschuldigungen war dabei nebensächlich angesichts des Ziels, das es zu erreichen galt: Chodorkowski durfte nicht freikommen. Niemals? Womöglich. Aus meiner Sicht zumindest bis zur Verkündung der Wahlergebnisse im Jahre 2012. Um ihn aber über das formale Ende der Haftzeit nach dem ersten Verfahren hinaus isoliert halten zu können, brauchte man ein neues Urteil. Und somit einen neuen Prozess. *The show must go on.*

Die absurde Anklage zog ein absurdes Verfahren und ein oft unangemessenes Auftreten der Staatsanwälte nach sich. Deren größtes Problem war gar nicht einmal nur ihre mangelnde Kenntnis der von ihnen selbst vorgelegten Strafakte, sondern vielmehr, dass sie sich nur unzureichend darüber im Klaren waren, was sie den »Ölbaronen« eigentlich zur Last legten. Und während die Angeklagten sich nach Jahren in Haft in juristischen Fragen bestens auskannten, verstanden die Ankläger bis zum Schluss nicht, worin sich Bohrlochflüssigkeit von Erdöl unterscheidet, wem das Öl gehört, wenn es in die staatliche Pipeline von Transneft eintritt, wie der Preis für Öl auf dem Inlands- und auf dem Auslandsmarkt zustande kam und weiter zustande kommt und warum eigentlich der Inlandspreis niedriger ist als der Preis in Rotterdam, was ebenfalls Chodorkowski und Lebedew angelastet wurde. Eine einfache Frage wie die, ob sie angesichts des nach wie vor sehr niedrigen Einkommensniveaus in Russland etwa lieber den europäischen Preis für Benzin zahlen würden, also anderhalb statt 0,50 Euro pro Liter, löste bei den Staatsanwälten ehrliche Verwunderung aus. Das war ein großes Problem: Die Staatsanwälte legten den Angeklagten Dinge zur Last, in denen diese sich bestens auskannten, sie selbst dagegen nicht im Geringsten. Das Ergebnis grenzte manchmal ans Komische: Ein Staatsanwalt, der das englische Wort »oil« in einem Dokument völlig abwegig als »null eins«

liest – aber dem Profi, der im selben Prozess ganze Vorlesungen über Erdöl, Preisbildung, vertikal integrierte Unternehmen und über Förder- und Transportsysteme hält, widerspricht. Die Hälfte der im Saal Anwesenden kannte sich in den Nuancen des Ölgeschäfts und der Buchführung irgendwann besser aus als die Staatsanwälte. Und was tat Staatsanwalt Lachtin, der Hauptvertreter der Anklage, in dieser Situation? Er benahm sich wie ein Schüler, der seine Hausaufgaben schlecht gemacht hat: Er setzte sich aggressiv zur Wehr, wurde laut, lehnte Experten der Verteidigung ab, warf den von der Verteidigung geladenen Spezialisten Inkompetenz, Eigennutz oder unzulängliche Kenntnisse der Verfahrensunterlagen vor (die sie ja auch nicht zu kennen brauchten). Richter Wiktor Danilkin unterbrach die Staatsanwälte nicht, wenn sie Experten und Zeugen beleidigten, und teilte auffällig oft die Position der Anklage. Und was taten die wenigen Minister, deren Vorladung als Zeugen der Richter zugestimmt hatte? Trotz aller Wendigkeit ihres Beamtenverstandes blieb ihnen nichts anderes übrig, als die Wahrheit zu sagen, und so sagten sie gegen die Anklage und zugunsten von Lebedew und Chodorkowski aus.

»Der reinste Kafka«, sagte gedankenversunken eine ausländische Freundin von mir, die hervorragend Russisch spricht; drei Tage lang hatte sie zuvor den Prozess besucht. Dann steckte sie sich eine Zigarette an und setzte hinzu: »Ein russischer Kafka ... Kafka selbst hätte sich bestimmt gefreut, dass man seine Absurdität noch vervollkommnen und zu so einer Hyper-Absurdität steigern kann.«

Dieser »russische Kafka« zog sich fast zwei Jahre lang hin. Jeden Tag, außer mittwochs, samstags und sonntags, wurden Michail Chodorkowski und Platon Lebedew um 6.45 Uhr, manchmal auch früher, geweckt, durchsucht, in ein Sonderfahrzeug mit zwei Metallkapseln – eine für Chodorkowski und eine für Lebedew – gesetzt und mit einer Eskorte vom Gefängnis Matrosskaja Tischina in das Gericht des Stadtteils Chamowniki gebracht.

Das Auto wurde von einem anderen Fahrzeug mit Angehörigen eines Sondereinsatzkommandos begleitet. Häufig schafften es die Inhaftierten gerade noch, sich zu rasieren, für das Frühstück blieb keine Zeit. Wenn in Moskau Stau war, und in Moskau ist immer Stau, konnte sich der Weg vom Gefängnis zum Gericht bis zu zwei Stunden hinziehen. Hätte es, Gott bewahre, einen Unfall gegeben, so wären die Chancen der Angeklagten, in einer solchen Metallzwinge zu überleben, gegen null gegangen.

Jeden Tag wurden sie aus der Gefängniszelle gebracht und dann aus dem Gefängnisfahrzeug heraus in das »Aquarium« im Gerichtssaal geführt – eine Glasmetallkonstruktion von etwa 3 × 1,5 × 2 Meter, mit einer Verriegelung, einem Schloss und einer Kette, wo sie den größten Teil des Tages verbringen mussten, mit einer Mittagspause und kurzen Unterbrechungen auf Antrag der Parteien. Der wunderbare russische Schauspieler und Regisseur Sergej Jurski, der mehrere Male zu den Verhandlungen kam, besah das gerichtliche Spektakel mit den Augen des Regisseurs und wies darauf hin, dass das Bühnenbild nicht zufällig so angeordnet war: »Ich kann diesen ›Schrank‹, das Demütigende dieses Bühnenbildes nicht mehr ertragen. Das stört den Prozess doch nur. Ein Mensch, dessen Augen nicht zu sehen sind, der in eine Ritze hineinspricht und gezwungen ist, sich dabei vornüberzubeugen – das ist eine ungeheuerliche Demütigung, eine Schande für das Verfahren.«

Seit Beginn des zweiten Prozesses machte das Gericht nicht mehr Urlaub. Diese ganze Zeit über waren die Angeklagten praktisch nicht an der frischen Luft und erhielten kein warmes Mittagessen. Sie brachten sich jeder eine Flasche Wasser mit ins »Aquarium«; Chodorkowski kaute häufiger Kaugummi, um das Hungergefühl zu überwinden. Bisweilen griff er sich an den Kopf, wenn die Kopfschmerzen kamen. Ich muss zugeben, dass beide Angeklagten in Anbetracht dieser Lebensweise nicht schlecht aussahen. Platon Lebedew war freilich merklich abgemagert, er hatte seinerzeit an Hepatitis gelitten und die Leber machte ihm

Probleme. Beide waren blass und natürlich in diesen Jahren, die sie vornehmlich in der Gefängniszelle zubringen mussten, nicht jünger geworden. Sie bekamen zu wenig Sonne und Bewegung. Aber sie zeigten sich kein bisschen verzagt. Sie hielten sich aufrecht, waren stets adrett gekleidet und gut rasiert. Beide konnten klar denken, trugen ausgezeichnet vor, stellten präzise Fragen und machten treffende Anmerkungen. Und hatten sich ihren Sinn für Humor bewahrt, was besonders beeindruckend war.

Auf der Anklagebank saßen hochintelligente, hochqualifizierte Männer mit ausgezeichnetem Gedächtnis, die die Akte seitenweise auswendig kannten, Profis auf ihrem Gebiet: von der Erdölförderung bis hin zu den Finanztransaktionen des Unternehmens. Ihnen standen vier Staatsanwälte gegenüber, von denen keiner den Angeklagten das Wasser reichen konnte. Sie vertraten den Staat, und der Staat gab mit solchen Vertretern ein erbärmliches Bild ab. Den Staat vertrat auch der Richter, von dem alle wussten, dass er lediglich formal das Urteil sprach. In Wirklichkeit wurde das Urteil von anderen Leuten gefällt – denjenigen, die sich all das ausgedacht hatten und von denen die Karriere, das Gehalt und die Zukunft der Staatsanwälte und des Richters abhingen. Interessanterweise waren an der Decke des Gerichtssaals drei Videokameras angebracht. In keinem anderen Saal des Gerichts von Chamowniki habe ich solche Kameras gesehen. Eine hatte den Richter im Visier, die zweite war auf die Staatsanwälte und die dritte auf die Angeklagten gerichtet. Der Prozess wurde offensichtlich in Gänze mitgeschnitten. Von diesen Kameras wurde er wohl teilweise auch in das Pressezimmer übertragen. Ich weiß nicht, wo diese Aufzeichnungen noch angesehen wurden, aber es war klar, dass sowohl der Richter als auch die Staatsanwälte keine Sekunde vergaßen, dass der »Große Bruder« nicht schlief und alles sah. Zumindest war das offenbar die Absicht.

Die Anschuldigungen gegen Chodorkowski und Lebedew galten als nicht schwerwiegend genug, als dass der Prozess einem

## Einführung

Geschworenengericht hätte übergeben werden können. Ich bin mir nicht sicher, ob ein Geschworenengericht angesichts des in Russland herrschenden Klassenhasses gegenüber Reichen – eines Hasses, der selbst in einigen Einwürfen der Staatsanwälte durchkam – objektiv geurteilt hätte; aber es liegt auf der Hand, dass es schwieriger gewesen wäre, ein Geschworenengericht zu beeinflussen als einen einzelnen Richter. Und dabei drohten Chodorkowski und Lebedew wegen der als »nicht schwerwiegend genug« bezeichneten Anschuldigen bis zu 22 Jahre Haft.

Das Gefährliche an diesem Prozess war, dass er den Anschein eines echten Gerichtsverfahrens weckte, das er aber eigentlich nicht war. Ja, es konnte zwar jedermann einfach von der Straße in den Saal Nr. 7 kommen und verfolgen, was sich hier abspielte. Aber der Richter schloss sich verblüffend oft praktisch wortwörtlich der bisweilen vollständig sinnentleerten Beweisführung der Anklage an oder begründete seine Entscheidungen erst gar nicht (»das Gericht sieht keine rechtliche Grundlage«). Und allzu häufig ignorierte er absolut stichhaltige Argumente der Verteidigung. Er brachte es sogar fertig, Änderungen gesetzlicher Bestimmungen zu vergessen, die den Angeklagten ihr Schicksal erleichtert hätten. So tat der Richter beispielsweise so, als gäbe es jene vom Präsidenten selbst initiierten Gesetzesänderungen gar nicht, wonach Angeklagte, denen Wirtschaftsdelikte im Sinn der Paragrafen zur Last gelegt werden, nach denen Chodorkowski, Lebedew und Tausende anderer Kollegen einsitzen, nicht in Haft behalten werden dürfen. Chodorkowski trat deshalb in den Hungerstreik, gewissermaßen stellvertretend für alle »Wirtschaftsangeklagten« des Landes, ohne dabei seine Teilnahme am Prozess zu unterbrechen. Präsident Medwedew und der Vorsitzende des Obersten Gerichtshofs, Wjatscheslaw Lebedew, gaben sogleich über die Presse zu verstehen, dass sie auf dem Laufenden seien. Chodorkowski brach den Hungerstreik ab, und das Land musste erfahren, dass die Gesetzesänderungen des Präsidenten schlichtweg keine

Wirkung hatten und von den Richtern ignoriert wurden. Richter Danilkin hinderte all das nicht, die Haftfrist für Chodorkowski und Lebedew zu verlängern und dieselbe Nummer drei Monate später noch einmal zu bringen. Die beiden waren eben »besondere« Angeklagte, für die eine »besondere« Art der Rechtsanwendung (oder eben Nichtanwendung) galt.

Im Gegensatz zum ersten Prozess, bei dem Chodorkowski, wohl aus Angst, er könnte vor allem den Yukos-Mitarbeitern und dem Unternehmen selbst schaden, das er immer noch zu retten hoffte, nicht bereit war, über den rein rechtlichen Rahmen hinauszugehen, unterstrich er bei diesem Verfahren zweimal den politischen Charakter seiner Verfolgung: ganz zu Beginn des Prozesses und in seinem Schlussplädoyer. Seinen Auftritt im zweiten Prozess leitete er mit einer politischen Erklärung ein, trotz der Bemühungen des Staatsanwalts, ihn zu unterbrechen. Chodorkowski bestätigte noch einmal, dass er sich nicht schuldig bekenne, und sagte: »Ich meine, dass dieser Gerichtsprozess politisch und durch Korruption motiviert ist. Ausgelöst wurde er von der Furcht meiner Widersacher vor meiner Freilassung. Die politische Motivation besteht sowohl in der Ablehnung meiner Unterstützung für die unabhängige Opposition als auch in dem Wunsch, sich die Vermögenswerte anzueignen, die sich aus meinem Eigentumsrecht am größten und erfolgreichsten russischen Erdölkonzern, Yukos, ergeben.«

Die Machthabenden fürchten, dass Chodorkowski, einmal in Freiheit, sich wie der Graf von Monte Christo aufführen, dass er Rache nehmen und versuchen wird, sich sein Eigentum zurückzuholen. Davon sind sie überzeugt, obwohl Chodorkowski mehrmals öffentlich betont hat, dieses Kapitel sei abgeschlossen und für die Zukunft habe er andere Pläne. Ich persönlich glaube ihm, dass er andere Interessen und Pläne hat, denke auch nicht, dass er auf Rache sinnt, aber ich bin sicher, dass Chodorkowski diese Jahre, die auf Geheiß anderer aus seinem Leben gestrichen wurden, nicht vergessen und nicht verzeihen wird.

Einführung

Der Regisseur, der diese Show ersann, hatte wohl die Anklage über- und die Angeklagten unterschätzt. Aus einem Gerichtsverfahren mit vorher bekanntem Ausgang, das öffentlich in Moskau stattfand, musste eine Farce werden. Ein Schuldspruch war in dieser Situation weitaus schwieriger als noch vor ein paar Jahren. Hinzu kam, dass die Autoren des Prozesses nicht alle Umstände voraussehen und berücksichtigen konnten: die Krise, den Rückgang des Ölpreises, die Rezession der russischen Wirtschaft und den dadurch bedingten Verlust des Vertrauens zu Behörden und Strafverfolgungssystem, die Naturkatastrophen, mit denen die Staatsmacht nicht zurande kam, die wachsende Proteststimmung im Land, die geänderte Taktik der Angeklagten, die Einbeziehung internationaler Gerichte, welche Klagen im Fall Chodorkowski und Lebedew zuließen, sowie die unter anderem auf materiellen Forderungen von Aktionären im Ausland beruhenden Klagen gegen Russland und die langsam aber sicher steigenden Sympathiewerte der Angeklagten in Russland selbst wie im Ausland. Immer häufiger ließen sich landesweit bekannte Schauspieler, Musiker, Künstler, Schriftsteller, internationale Beobachter, Oppositionspolitiker, Fernsehstars und Bürgerrechtler im Gerichtssaal sehen. Doch über den Prozess berichtete kein einziger der großen Fernsehkanäle, die ganze Idiotie war zunächst also nur einem Publikum offensichtlich, das zahlenmäßig durch die in Saal Nr. 7 des Gerichts in Chamowniki zur Verfügung stehenden Plätze begrenzt war. Den Machthabern war klar, dass das Land nicht mit der Wimper zucken würde, egal wie das Urteil ausfiel, denn es konnte den Prozess weder sehen noch sonst irgendwie verfolgen.

Das Paradoxe ist, dass die Verantwortung für diesen Prozess auf Dmitri Medwedew zurückfallen wird, der, wie es heißt, kein großer Befürworter der gewaltsamen Variante im Umgang mit den Yukos-Inhabern war. Medwedew ist allein schon deshalb verantwortlich, weil die Judikative dem Zuständigkeitsbereich und der Aufsicht des Präsidenten untersteht. Auch eine Entscheidung, die tatsächlich von Putin (mit oder ohne Setschin) getroffen wurde, wird dennoch als Medwedews Entscheidung gelten – selbst wenn er persönlich mit ihr gar nichts zu tun hatte. Dmitri Medwedew, der sich diese ganze Geschichte nicht ausgedacht hat, steckt in einer Falle – dieser Prozess ist de facto auch zu seinem Prozess geworden. Und Chodorkowskis Schicksal ist insofern nicht mehr nur mit Putin, sondern auch mit Medwedew verbunden. Angesichts des Prozessausgangs war im Grunde klar, dass Putin 2012 wieder als Präsident kandidieren würde. Und damit schließt sich der Kreis: Chodorkowski war und ist weiter abhängig von der Entscheidung einer Person, solange diese Person, in welcher Funktion auch immer, auf der politischen Bühne bleibt. Solange Putin da ist, können alle übrigen Figuren auf dieser Bühne allenfalls beratend in Erscheinung treten.

Das Schicksal hat Chodorkowski eine überaus seltsame Rolle zugedacht, die er sich gewiss nicht erträumt hat. Vielleicht wird sein Schicksal, wie seinerzeit das des Dissidenten und Wissenschaftlers Sacharow, der einzige reale Indikator für Russlands politische Wahl sein. Gorbatschow holte Sacharow zu einer Zeit aus der Verbannung zurück, als das ganze Land gemeinsam mit dem Kultrocksänger Wiktor Zoi sang: »Wir wollen Veränderungen«. Das war in der zweiten Hälfte der 1980er Jahre. Die Gesellschaft wollte Veränderungen, doch um daran glauben zu können, dass die Staatsmacht nicht nur in Verlautbarungen, sondern tatsächlich auf Veränderungen setzte, brauchte sie ein Zeichen. Damals rief Gorbatschow Sacharow an und forderte ihn auf, nach Moskau zurückzukehren.

In Chodorkowskis neuntem Jahr in Haft begann sich ein solches Bedürfnis nach Veränderungen wieder ein klein wenig bemerkbar zu machen. Es war anfangs sehr schwach. Ganz allmählich fingen die Menschen an, auf die Straße zu gehen und die Einhaltung der Verfassung zu fordern oder konkrete Probleme ihrer Region, ihrer Stadt, ihres Kreises vorzubringen. Sie fingen an, offen über die

Einführung

Defizite der Epoche Putin zu sprechen. Doch selbst diese schwachen Anzeichen der Wiedergeburt einer Zivilgesellschaft trafen auf eine unangemessen harte Reaktion der russischen Staatsmacht, die ihren Horror vor »farbigen Revolutionen« kultivierte. Angst ist eines der Hauptmerkmale des russischen Regimes unter Putin. Die Staatsmacht fürchtet das eigene Volk und das Erscheinen einer starken Führungspersönlichkeit. Putin fürchtet Chodorkowski unter anderem deshalb, weil er über stark ausgeprägte Führungsqualitäten und über Charisma verfügt – Dinge, die den meisten russischen Oppositionellen fehlen.

Die Einstellung der strafrechtlichen Verfolgung Chodorkowskis würde keineswegs nur für das persönliche Schicksal eines einzelnen Mannes etwas bedeuten. Sie wäre ein Zeichen dafür, für welches politische Modell sich der russische Staat für die nächsten sechs Jahre entscheidet: das herkömmliche Modell der Gewalt, das das Land zugrunde richtet, oder das Modell der Modernisierung und Integration, wie man heute gern sagt. Einen anderen, genaueren Indikator als das Schicksal Chodorkowskis haben dafür weder wir, die russischen Beobachter, noch unsere westlichen Kollegen.

Strategisches Denken war nie Putins Stärke. Sein persönlicher Feind Chodorkowski, den er doch scheinbar neutralisiert hatte, indem er ihn ins Gefängnis stecken ließ, ist nun schon seit über acht Jahren eine der wichtigsten Figuren in den Schlagzeilen des Landes, ungeachtet der vollständigen Blockade durch die zentralen russischen Medien. Mehr noch: Aus einem Geschäftsmann, den 2003 nur wenige kannten, wurde in den Jahren seiner Haft eine der wichtigsten Figuren auf der politischen Bühne des Landes. Ich glaube nicht, dass Putin, als er an einem kalten Oktobermorgen des Jahres 2003 grünes Licht für die Verhaftung Chodorkowskis gab, sich die Zukunft so vorgestellt hat.

MICHAIL CHODORKOWSKI

KAPITEL 1

## »Borissytsch« – ein Fremder, der doch Respekt verdient

Wenn ich von der Strafkolonie [im sibirischen Krasnokamensk] erzähle, muss man wissen, dass ich mich nur relativ kurz dort aufgehalten habe: von Oktober 2005 bis Dezember 2006. Danach wurde ich in das Untersuchungsgefängnis in Tschita und anschließend, im Februar 2009, zurück in das Untersuchungsgefängnis 99/1 in Moskau überstellt.

Die Lebensbedingungen sind in der Strafkolonie generell viel besser als im Gefängnis. Im Gefängnis ist man den ganzen Tag – mit Ausnahme der einen Stunde Hofgang – mit ein und denselben Leuten in einem kleinen Raum eingesperrt. In der Strafkolonie ist es genau umgekehrt: In der Baracke und auf dem Gelände brodelt das Leben, man kann herumlaufen, bis es einem zuviel wird.

Die Sonne, die man im Gefängnis nicht zu sehen bekommt, der Himmel, im Sommer das Grün – das ist alles sehr wichtig für einen Menschen. Nach ungefähr einem Jahr merkt man erst wirklich, wie sehr einem diese einfachen Dinge fehlen. Auch die Gesundheit leidet zweifellos: die Augen, die Muskeln, das Immunsystem...

Die Organe des menschlichen Körpers sind nicht für den Kerker gemacht, sie »protestieren« lautstark, besonders bei ganz jungen Leuten.

Die Verlegung aus dem Gefängnis in die Strafkolonie war eine Geschichte für sich. Wohin es ging, war geheim. Wie lange die

Kapitel 1

Fahrt dauern würde, war geheim. Allein im »Stolypin-Wagen«.*
Dazu haufenweise Begleitposten. Einer steht mir die ganze Zeit
gegenüber und sieht mich unverwandt an. Schon auf der ersten
Station (nach einer Stunde) kam die Ansage aus einem Bahnhofs-
lautsprecher: »Der Zug von Moskau nach Tschita fährt von Gleis
zwei ab.« So viel zur Geheimhaltung...

Sechs Tage und Nächte lang las ich (ich hatte eine ganze Tasche
voll Bücher im Gepäck), und dann – sei gegrüßt, Krasnokamensk!

Raus aus dem Waggon, rein in den Gefangenentransporter,
allerdings ohne die üblichen Hunde. Die neugierigen Blicke der
örtlichen Wachmannschaften.

Die Zone. Das »Abschreiten der Formation« beim Eintreten –
kläffende Tölen und die Soldaten aus der Wachabteilung, die sie
zurückhalten. Mir ist zum Lachen, und ich bin gespannt. Eine
Gruppe Offiziere nimmt mich in Empfang. Ich soll meine Mütze
abnehmen und mich vorstellen. Ich nehme sie ab, obwohl die Forderung rechtswidrig ist, das weiß ich, ich habe das Gesetz auswendig
gelernt, will aber wegen solcher Kleinigkeiten keinen Ärger machen.

Wir gehen weiter zum Gebäude mit den Arrestzellen (später bin ich hier häufiger zu Gast). Durchsuchung. Eingezogen
wird alles, was in dieser konkreten Zone »nicht gestattet« ist. Ich
erhebe keinen Einspruch, aber ich habe auch nichts besonders
Wichtiges dabei. Die Bücher und Hefte lassen sie mir, die werden
nur durchgeblättert – das ist die Hauptsache.

* Benannt nach dem ehemaligen Premierminister des zaristischen Russlands, Pjotr Stolypin. Diese Waggons waren eigentlich für den Transport
von bäuerlichem Inventar und Vieh bestimmt, nach dem Tode Stolypins
ging man jedoch dazu über, darin Häftlinge in die Lager zu bringen. Die
Wagen verwandelten sich somit in Gefängnisse auf Rädern. Diese Waggons
sind mit Hilfe von Trennwänden in Zellen unterteilt, in denen jeweils eine
Seite vom Fußboden bis unter die Decke vergittert ist; in jeder Zelle gibt
es drei Etagen mit Liegeplätzen, vor der Zelle gehen ständig Wachmannschaften auf und ab. (Anm. Natalija Geworkjan)

Einige Tage später die »Zuweisung«. Die Kommission, angeführt vom Lagerkommandanten, fragt: »Was machst du im normalen Leben?«. Ich sage nichts dazu, gucke aber befremdet. Er geht zum »Sie« über, »fürs Erste« wahrscheinlich.

Welche Ausbildung haben Sie, welche Arbeit wollen Sie verrichten?

Ich könnte unterrichten, ich habe mehrere berufliche Fachrichtungen.

Wir bieten Ihnen eine Arbeit in der Näherei an und raten Ihnen, das nicht abzulehnen ...

Einige Monate später erzählen die Jungs aus der Operativabteilung (sie sind alle fast noch Kinder), sie hätten mich eigentlich in die Bäckerei schicken wollen, die vom Lager abgetrennt ist, um keine Probleme zu haben. Aber dann sei ein Anruf aus Moskau gekommen und sie hätten mich in die Näherei stecken müssen.

Um als Näher arbeiten zu können, braucht man eine Ausbildung. Ich sah mir die Anlagen an und wusste: Das ist eine Falle. An solchen Maschinen schafft man die Norm nicht, die Nähte werden Mist. Die lassen mich auflaufen.

Ich schrieb meine erste Eingabe und verwies auf meine schlechten Augen. Die Prüfung »schaffte ich nicht« – nachdem ich angekündigt hatte, wenn ihr fälscht, gibt es einen Skandal.

Die erste Reaktion war klar: Wir pfeifen auf deine Augen, wir pfeifen auf die Prüfung! Es wird trotzdem gearbeitet.

Ach so ist das? Als nächstes schreibe ich drei Eingaben: an den Leiter der Kolonie, den Staatsanwalt und an *Gostrudnadsor*.[*]

Meine Ingenieursausbildung, meine Erfahrung im Betrieb und meine Vergangenheit in diversen Baubrigaden versetzen mich in die Lage, auf zwei Seiten eine ganze Liste mit Verstößen gegen die

---

[*] Staatliche Aufsichts- und Kontrollbehörde für die Einhaltung des Arbeitsrechts und der Arbeitsschutzbestimmungen. (Anm. Natalija Geworkjan)

## Kapitel 1

Sicherheitsbestimmungen darzulegen, die eine Einstellung der Produktion bis zur Behebung der Mängel erforderlich machen würden.

Höflich überreiche ich dem Leiter die Schreiben.

Zwei Tage später bin ich Komplettierer (Verlader) in derselben Werkstatt. Das ist in Ordnung. Das ist Arbeit auf Zeit, ohne schlechte Anlagen: Hier kann ich die Qualität garantieren, weil sie nur von der Arbeit meiner Hände abhängt.

Bald darauf lässt der Leiter der Kolonie mich zu sich holen – zum »Reden«. Ich weiß gleich, er hat einen Befehl erhalten und will sich ein Bild machen, wie er ihn am besten umsetzen kann. Ich sage ihm direkt: Wenn man Ihnen sagt, Sie sollen mich »fertigmachen«, sollten wir uns besser absprechen, wie das genau aussehen soll, damit Sie Ihren Bericht schreiben können und ich Ihnen nichts nachtragen muss.

Sehr gern hätte er das gemacht, aber entweder traute er sich nicht oder er hielt mich für schwach und versuchte, auf eigene Faust klarzukommen.

Eine Disziplinarstrafe, dann noch eine, dann der Karzer[*] – und nun gehe ich vor Gericht. Die Administration ist schockiert. Eine Gerichtsverhandlung in der Kolonie wird anberaumt. Der Vorsitzende des Stadtgerichts kommt. Ein »Zeuge« aus den Reihen der Gefangenen wird vorgeladen. Ich bin auf alles gefasst. Ich habe meine Erfahrungen mit der tendenziösen »Basmanny-Justiz«.[**] Da zeigt der Zeuge plötzlich mit dem Finger auf den Leiter der Operativabteilung und sagt zum Richter: »Er hat mich gezwungen zu

---

[*] Spezieller Raum für Häftlinge, die gegen die Lagerordnung verstoßen haben. Für Gefangene im Karzer gelten besonders strenge Haftbedingungen. (Anm. Natalija Geworkjan)

[**] Nach dem Gericht des Moskauer Stadtteils Basmanny, das für seine tendenziösen Beschlüsse bekannt ist, unter anderem im Fall Chodorkowski. (Anm. Natalija Geworkjan)

lügen, hat mir Zigaretten gegeben. Hier sind sie. Ich werde die Wahrheit sagen.«

Wieder ein Schock. Dieses Mal auch für mich. Meine Nerven sind am Ende. Ich reiße mich zusammen. Der Richter zum Leiter: »Wenn Sie den Zeugen bestrafen, gebe ich das Protokoll in den Geschäftsgang. Die Disziplinarstrafe wird aufgehoben.«

Übrigens sagte der Leiter der Kolonie (bereits ein anderer) drei Jahre später, während der Verhandlungen zur Strafaussetzung auf Bewährung,* dem Richter ganz direkt: »Ich hatte den ›Auftrag‹, Chodorkowski strenge Haftbedingungen aufzuerlegen, aber wegen seiner ständigen Eingaben und Klagen ging das nicht.«

Für mich wurde das bald zum regulären Rhythmus: Disziplinarstrafe – Karzer – Gerichtsverfahren – Aufhebung der Disziplinarstrafe... Dazwischen Arbeit in der Näherei, Gespräche mit den Leuten der Strafkolonie.

Eine bunte Gesellschaft ist das: von ungebildeten Schafhirten aus den umliegenden (»gerade mal« 300 bis 400 Kilometer entfernten) Siedlungen bis zu Bergarbeitern von den Uranlagerstätten mit mittlerer technischer Ausbildung. Von ganz gewöhnlichen, gesetzestreuen Bürgern bis hin zu »aussichtsreichen« Führungsfiguren im Verbrechermilieu. Von ganz normalen Menschen bis zu bösartigen Kriminellen, die noch nach dem Jugendstrafrecht zehn Jahre für Serienmorde aufgebrummt bekommen haben und jetzt den Rest ihrer Haft in einer Strafkolonie für Erwachsene absitzen, und die nicht begreifen, dass der nächste Mord ihnen lebenslang einbringt. Von moralischen Hemmschwellen braucht man hier nicht zu reden.

Diese bizarre Mischung wird ständig im selben Kessel verrührt. Im Zaum gehalten wird sie weniger unmittelbar von der Administration oder den Chefs des kriminellen Milieus als vielmehr

---

* Auf eine Strafaussetzung auf Bewährung darf ein Häftling hoffen, wenn keine Disziplinarstrafen gegen ihn vorliegen. (Anm. Natalija Geworkjan)

Kapitel 1

von einem allgemeinen Verständnis dessen, wo die Grenzen der persönlichen Freiheit liegen, und dem Gefühl einer gewissen Gemeinsamkeit und gegenseitigen Abhängigkeit. Wirklich asoziale Persönlichkeiten sind in der Kolonie selten, sie werden von der Administration und vom Kollektiv im Lager »zurechtgestutzt«. Die Methoden sind natürlich unterschiedlich: von der Aussiedlung in eigens dafür geschaffene »Ghettos« bis hin zu »schwerer Körperverletzung«.

Meine Position war in dieser Hinsicht eine ganz eigene, angefangen schon damit, dass die Lagergesellschaft über ein Jahr lang nicht imstande war, mich einer bestimmten »Farbe«, also einer Kaste innerhalb der Lagerhierarchie zuzuordnen. Da gibt es ja ziemlich einfache Kriterien: Wer mit der Administration »kooperiert«, ist ein »Roter«; wer anderen »seinen Willen aufdrängt« oder »herumgammelt«, ist ein »Schwarzer«. Wer arbeitet und sich den »Autoritäten« unterordnet, ist ein »Bauer«. Wer nicht arbeitet, wer sich Gehör verschafft und die Idee der Unabhängigkeit des Einzelnen vom Staat vertritt, ist eine »Autorität«. Ich aber habe sowohl gearbeitet als auch mit der Administration auf allen Ebenen gesprochen, gleichzeitig habe ich länger als alle anderen im Strafarrest gesessen, und auf den Gedanken, ich könnte ein Spitzel sein, wäre niemand gekommen. Ich habe mit allen Vertretern aus dem »Komitee der *Blatnye*«* gesprochen, mich ihnen aber niemals und in keinem Punkt unterworfen.

Gegen Ende meines Aufenthalts im Lager hatte ich ein interessantes Gespräch mit einem der am meisten geachteten Vertreter der dortigen »Schattenadministration«. Er sollte in ein Lager bei Blagowestschensk verlegt werden, wo solche Leute inhaftiert und gebrochen werden. Er wusste, was ihn erwartet, und ging sehenden Auges darauf zu, beharrte aber weiterhin auf seiner

---

* Die *Blatnye* – in der Regel Berufsverbrecher – sind die höchste »Kaste« in der Hierarchie der Gefängnisse und Straflager. (Anm. Natalija Geworkjan)

eigenen Ideologie und Weltsicht, die ich als eine Art kommunistischen Anarchismus à la Kropotkin beschreiben würde. Er war noch keine 30 Jahre alt und hatte keinen Hochschulabschluss, aber er war ein sehr tiefsinniger Mensch. Seine Willenskraft und Meinungsstärke stand außer Frage. Er sagte mir, dass wir im normalen Leben sicher Feinde gewesen wären, da mein Ziel – ein starker Staat – seinem Ziel zuwiderlaufe, nun aber kämpften wir beide, er und ich, gegen einen ungerechten Staat, nur eben mit unterschiedlichen Methoden. Wahrscheinlich war das die Quintessenz der Haltung, mit der man mir im Lager begegnete: Ich war ein Fremder, der aber Respekt verdiente. Mir war das recht, ebenso wie auch die Anrede »Borissytsch«, in der derselbe Respekt mitschwang. Allerdings ist das nur das ganz allgemeine Bild – Ausnahmen davon gab es reichlich.

In der Baracke, wo mir ein Platz zugewiesen wurde, waren (zu verschiedenen Zeiten) zwischen 70 und 100 Menschen untergebracht. Es war eine spezielle Transitbaracke, in der man nicht sehr lange blieb: drei bis sechs Monate, dann ging es woanders hin. Wenn jemand hier offen auf mich zukam, war es entweder ein »Spion« der Administration oder jemand, den man unter irgendeinem Vorwand in die Arrestzelle stecken wollte. Natürlich war das lächerlich, aber so wollte die Lagerverwaltung mich »unter Kontrolle halten« und mein menschliches Umfeld organisieren.

Das Problem war nur, dass die Leute, die unter solchen Umständen mit der Administration kooperieren, in der Regel solche sind, denen irgendetwas fehlt, die bestimmte (reale oder ausgedachte) »Schwierigkeiten« mit dem Kollektiv haben. Einer dieser Helden, den die Operativabteilung neben mir untergebracht hatte, hatte extreme Angst davor, in eine andere Baracke umquartiert zu werden, wo sein »Widersacher« saß. Damit erpresste man ihn, und irgendwann kam er im Stillen zu dem Schluss, dass der beste Weg, sich diesem Druck zu entziehen, die Verlegung in ein anderes Lager wäre. Keine einfache Aufgabe, aber er fand einen interessanten Weg (der übrigens zumindest teilweise erfolgreich war): eine Messerstecherei. Er stach mir also eines Nachts, während ich schlief, ins Gesicht. Er zielte auf mein Auge, traf aber im Dunkeln daneben und verpasste mir nur einen tiefen Schnitt im Gesicht. Es floss viel Blut...

Die überaus weise Lagerleitung nutzte diesen Vorwand, um mich zum Paria zu machen, und verlegte mich in eine Einzelzelle, nicht ohne öffentlich zu verkünden, ich hätte aus Angst um mein Leben darum gebeten, »an einen sicheren Ort« gebracht zu werden. Das konnte ich nicht zulassen. Der »sichere Ort« ist der direkte Weg zum Friedhof, im wörtlichen wie im übertragenen Sinn: Danach wird jede Rückkehr in die Zone oder auch jede Verlegung zu einer tödlichen Gefahr. Abgesehen davon ist man selbst am »sichersten Ort« nicht gegen Überraschungen gefeit.

Wenn also schon sterben, dann mit Musik. Ich trete in den »trockenen Hungerstreik«. Den zweiten, seit ich in Haft bin. Der erste war noch im Gefängnis Matrosskaja Tischina, als Platon in den Karzer geworfen wurde. Sechs Tage. Als sie ihn rausließen, stand ich auf der Kippe. Beim trockenen Hungerstreik dickt das Blut ein, der Blutdruck steigt dramatisch an. Ich hatte 180 (die Aufseher mussten den Blutdruck messen). Als nächstes kommt die Thrombose oder der Schlaganfall. Der Vorteil eines solchen Hungerstreiks ist, dass er eine schnelle Lösung des Problems erzwingt. Ab dem dritten Tag wird es riskant. Mehr als zehn Tage überlebt fast niemand. Der normale (»nasse«) Hungerstreik wird erst nach 30 bis 60 Tagen lebensgefährlich.

Also ein »trockener«. Es geht sehr schwer. Meine Gesundheit ist offenbar nicht mehr die alte. Am vierten Tag kann ich nicht mehr laufen. Mir ist schwindlig. Der Arzt kommt: Der Lagerleiter habe meine Bedingung akzeptiert, es sei bekanntgegeben worden, dass ich auf seine Entscheidung hin in Einzelhaft verlegt wurde. Die Aussage des Arztes wird vom Leiter selbst und vom *Blatnye-*

Komitee bestätigt. Ich komme auf die Krankenstation, wo ich ein paar Tage lang gnadenlos mit meinem Körper abrechne (genauer gesagt: er mit mir).

Rückkehr ins Lager. Wieder Strafarrest, wieder ein Gerichtsverfahren, wieder wird die Strafe aufgehoben.

Dann die neue Anklage. Verlegung nach Tschita. Der Leiter der Operativabteilung persönlich schleppt meine Sachen ins Auto. Sogar die Matratze und eine Decke bringt er. »Kommen Sie bloß nicht zurück!« Wir verabschieden uns überaus freundlich.

Gulag oder schon etwas anderes?

Hat sich das Gulag-System verändert? Ja und nein. Die allgemeinen Veränderungen sind selbstverständlich enorm. Erstens lässt man niemanden mehr hungern. Einzelne Fälle kamen und kommen vor, es gibt sogar ganze »Hungerzonen«, doch das ist eher auf mangelnde organisatorische Fähigkeiten einzelner Lagerleiter oder auf Diebstahl zurückzuführen, nicht auf eine systematische staatliche Politik wie unter Stalin. Zweitens gibt es, anders als damals, keine lebensbedrohlich schwere Sklavenarbeit mehr. Eher gibt es in den »Zonen« überhaupt keine Arbeit. Die Menschen verdummen, verrohen, verlieren (so sie sie denn hatten) ihre sozialen Kompetenzen. Aber es wird niemand mehr dafür bestraft, dass er nicht arbeitet – für Todesfälle und Fluchtversuche dagegen sehr wohl. Folglich gibt es schlicht keine Arbeit, oder aber sie ist weder sinnvoll noch konstruktiv. Drittens kann man einen Häftling nicht mehr einfach töten. So etwas zieht gewaltige Papiermengen nach sich. Schlagen und quälen – das geht, aber töten ist tatsächlich verboten. Natürlich wird gegen das Verbot, wie auch gegen jedes andere, verstoßen, aber das ist doch eine andere Situation als zu einer Zeit, als das Töten einfach erlaubt war. Viertens sind die Lebensbedingungen zwar hart, aber nicht lebensbedrohlich. So ist man beispielsweise bemüht, im Winter

## Kapitel 1

keine Minustemperaturen in den Baracken zuzulassen; es gibt Wasser, wenn auch nur kaltes; ziemlich regelmäßig kann man duschen und seine Wäsche waschen. Natürlich klingt das lächerlich und traurig, aber gerade von solchen Kleinigkeiten hängt es ab, ob einem ein Recht zu leben eingeräumt wird oder nicht.

Nun zu den Ähnlichkeiten mit dem Gulag: Nach wie vor ist ein Häftling nicht ganz Mensch, sondern eher ein Stück Vieh, dessen Wert für seinen »Herren« im Vergleich zur ersten Hälfte des vergangenen Jahrhunderts allerdings wesentlich gestiegen ist. Man darf ihn nicht töten, aber schlagen kann und muss man ihn. Man darf ihn nicht hungern lassen, aber über die Qualität seiner Nahrung braucht man sich keine Gedanken zu machen. Moral ist in Bezug auf den Gefangenen überhaupt ein Begriff ohne Relevanz: lügen, Menschen entzweien, gegeneinander aufhetzen, seine Verachtung äußern – all das kann und muss man. Zwar gibt es hier, wie überall, auch Ausnahmen. Es gibt Angestellte, die sich derlei Dinge grundsätzlich nicht erlauben, und es gibt Häftlinge, die derlei Dinge grundsätzlich nicht mit sich machen lassen. Aber das gab es auch im Gulag. Nur riskierte der Häftling damals sein Leben, während er heute nur seine Gesundheit und die Chance einer vorzeitigen Entlassung aufs Spiel setzt.

Apropos Gesundheit. Die Gesundheit ist in unserem Land überhaupt ein zweitrangiger Wert, und die Qualität der Gesundheitsfürsorge lässt auch in der Freiheit zu wünschen übrig. Wie es in der »Zone« aussieht, kann man sich auf dieser Grundlage leicht vorstellen. Obwohl ich persönlich Glück hatte – und zwar schon zweimal. Das erste Mal, als ich aufgeschnitten wurde, geriet ich an einen Militärchirurgen mit geschickten Händen. Das zweite Mal wiederum, als ich genäht wurde, war der angebliche Zahnarzt in Wirklichkeit zum Glück ein Gesichtschirurg – dank ihm ist die Narbe in meinem Gesicht heute kaum zu sehen. Ihm gilt mein Respekt. Aber das sind wohl eher die Ausnahmen. Viel häufiger sind solche Fälle wie dieser, dessen Zeuge ich wurde:

## »Borissytsch« – ein Fremder, der doch Respekt verdient

Ein Häftling, den ich kannte, wurde brutal zusammengeschlagen. Er kam in die Krankenstation, die von unserer Baracke nur durch einen Zaun getrennt war, und da man durch den Stacheldraht hindurch miteinander reden konnte, erkundigte ich mich gegen Abend, wie es ihm ging. Man rief mir zu, es gehe ihm schlecht und er werde wohl sterben, denn nachdem sich sein Zustand zunächst gebessert hätte, liege er jetzt wieder und sei die meiste Zeit bewusstlos. Der Feldscher aber, der erste Hilfe geleistet hätte, kümmere sich nicht mehr um ihn.

Ich bat darum, der Lagerverwaltung auszurichten, dass ich im Fall seines Todes nicht schweigen würde. Eine Stunde später war ein Arzt aus der Stadt da. Das Telefon in der Krankenstation ging nicht, und so konnte das ganze Lager zusehen, wie erst der Arzt zur diensthabenden Einheit rannte und dann (das einzige Mal in der ganzen Zeit) ein Notarztwagen auf das Gelände fuhr.

Der junge Mann wurde gerettet. Er hatte einen Milzriss und in dem Moment, als er auf dem OP-Tisch landete, wegen innerer Blutungen bereits mehr als zwei Liter Blut verloren.

Generell ist in der heutigen »Zone« wie auch schon seinerzeit im Gulag dringend davon abzuraten, krank zu werden. Gleichzeitig sind aber auch die Chancen, ohne gesundheitliche Schäden aus dem Lager herauszukommen, minimal.

Lässt sich der Föderale Strafvollzugsdienst (FSIN) ändern, ohne zugleich die allgemeine Situation im Land zu verändern? Ich weiß es nicht, aber man kann und muss es versuchen.

Dabei sollte man nicht vergessen, dass es im heutigen Gulag verschiedene Typen von Menschen gibt. Da sind erstens, und das ist das Traurigste, die Unschuldigen. Ihr Anteil lässt sich leicht ermitteln, indem man die Anzahl der Freisprüche unserer »Basmanny-Justiz« – 0,8 Prozent – mit der Anzahl der Ermittlungsfehler vergleicht, die von den Geschworenengerichten bei uns (20 Prozent) und den Gerichten in den europäischen Ländern (15 bis 30 Prozent), wo die Qualität der Arbeit der Strafverfolgungsbehörden der unseres Systems gelinde gesagt kaum nachstehen dürfte, als solche anerkannt werden. Selbst wenn man annimmt, dass ein Teil der tatsächlich begangenen Straftaten einfach nicht bewiesen wurde, ist doch jeder fünfte bis siebte Häftling unschuldig: 150 000 Menschen, 150 000 Schicksale, Familien, Individuen, die ihre Gesundheit eingebüßt und Jahre ihres Lebens unwiederbringlich verloren haben...

Zweitens ist da die Gruppe der Straftäter, denen die Gesellschaft letztendlich doch zu verzeihen bereit ist und an deren sozialer Wiedereingliederung sie ein Interesse hat. Wie groß diese Gruppe ist, hängt von der allgemeinen Moral und der Humanität einer Gesellschaft ab, aber selbst im heutigen Russland macht sie schon den größeren Teil der Gefangenen aus. »Langfinger«, »Gauner«, Rowdys und Beziehungsmörder sind in den Augen unserer insgesamt grausamen Gesellschaft nicht für immer verloren. Und während es bei der ersten Gruppe von Häftlingen eher um die Rechtsprechung geht, so fällt doch die zweite Gruppe unmittelbar in den Aufgabenbereich des Föderalen Strafvollzugsdienstes.

Das Problem verschärft sich dadurch, dass ein erheblicher Anteil der Inhaftierten schon ohne die notwendigen sozialen Fähigkeiten ankommt; bei den übrigen zerstört die »Zone«, was vorhanden war. Erstens brauchen Menschen Arbeit. Und zwar eine Arbeit, die ihnen sowohl ermöglicht, wie gewohnt täglich etwas zu leisten, als auch ihre Familien zu unterstützen, die ohne Ernährer zurückgeblieben sind (ein riesiges Problem: auf diese Weise werden Familien zusätzlich zerrüttet, es kommt zu Verwahrlosung und neuer Kriminalität), eine Arbeit, die ihnen hilft, die Klageforderungen zu bezahlen und dann, wenn sie wieder in Freiheit sind, ehrlich ihre Brötchen zu verdienen, statt sich abermals in ihren »alten Beruf« zu flüchten. Das ist natürlich keine leichte Aufgabe, besonders in unserer Zeit der Marktwirtschaft, aber eine durchaus lösbare. Vor allem aber eine, die höchste Aufmerksamkeit verdient. Denn gerade hier liegt die Ursache von 50 Prozent aller Rückfalldelikte, also von Hunderttausenden, ja Millionen neuer Straftaten, die der Gesellschaft gewaltigen Schaden zufügen. Der Geizige zahlt doppelt, und er hat Glück, wenn es dabei bleibt.

In ähnlicher Weise muss man auch andere Probleme betrachten: die Kleidung, Treffen mit der Familie, Haftbedingungen, Bildung. Was ist uns wichtiger? Leute noch mehr zu bestrafen, denen man das Wichtigste bereits genommen hat – die Freiheit? Oder wollen wir diese Leute in ein normales Leben zurückführen? Um nicht später doppelt oder dreifach dafür zu bezahlen, dass wir das unterlassen haben? Die Psychologie des Gefängniswärters kennt nur Ersteres. Wenn die Gesellschaft aber Letzteres braucht, dann müssen diese Probleme von ganz anderen Leuten gelöst werden, die mit den Gefängnisbehörden nichts zu tun haben.

Der Föderale Strafvollzugsdienst hat seinen Auftrag zu erfüllen, selbst wenn das dem Personal das Leben schwer macht. Schließlich tut jeder von uns an seinem Arbeitsplatz das, was der Auftraggeber braucht, und nicht das, was ihm selbst leichter fällt. Auch wenn man das lieber hätte. Das ist übrigens ein weiterer Grund, warum der Föderale Strafvollzugsdienst, wenn wir wirklich etwas ändern wollen, bei den Veränderungen nicht die erste Geige spielen darf.

Schließlich gibt es noch das Problem der Menschen, denen die Gesellschaft niemals zu vergeben bereit ist. Auch hier sind mehrere Komponenten zu berücksichtigen. Die erste und wichtigste sind die Justizirrtümer. Ihre Zahl ist gewaltig, und oft sind am Tod eines Menschen, dem zu Unrecht ein unverzeihliches Verbrechen zur Last gelegt wird, gerade diejenigen interessiert, die die Spuren ihrer eigenen Verbrechen, ihres eigennützigen Verhaltens oder ihrer sträflich schlechten Arbeit verwischen wollen. Die zweite Komponente ist die Humanisierung der Gesellschaft selbst. Die

Kapitel 1

Bereitschaft, denen zu vergeben, die bereut haben und denen wir früher nicht vergeben konnten. Die dritte Komponente schließlich ist die Frage, wie wir uns gegenüber Menschen, denen wir nicht zu vergeben bereit sind, aus unserer Sicht würdig verhalten sollen. Auf all diese Fragen kann es leider nur eine allgemeine Antwort geben, da die endgültige Erkenntnis der Wahrheit dem Menschen verwehrt ist. Für mich sind die Einstellung zu Straftätern, die Unverzeihliches getan haben, der nie ganz auszuräumende Zweifel an der Schuld eines jeden von ihnen und die innere Bereitschaft, denen zu vergeben, die bereut haben, nicht nur Indikatoren für das Niveau einer Gesellschaft, sondern auch Beispiele für eine Ethik, nach der wir alle streben sollten. Genau diese Haltung und genau die Menschen, die dazu bereit sind, können uns die richtigen Antworten aufzeigen.

Noch eine Tatsache ist in diesem Zusammenhang wichtig: Sich wieder an die Freiheit zu gewöhnen ist nach fünf Jahren in der »Zone« schwierig, nach zehn Jahren meist unmöglich. Die menschliche Psyche ist danach oft dauerhaft beschädigt. Dies zu der Frage, was wir, die Gesellschaft, vom Gefängnis erwarten.

### Anpassung an die Unfreiheit

Bei der Abfahrt weiß ich: Die »Zone« ist nicht so schlimm. Dort leben normale Menschen, und dein Platz in dieser Welt hängt von dir selbst ab. Und zwar mehr von deinem Willen als von deiner Kraft. Angst darf man nicht haben. Sonst führt man ein nichtswürdiges, schmutziges Leben, das schlimmer ist als der Tod. Der Tod – was ist schon der Tod? Das Risiko ist nicht groß: zwei bis drei pro tausend Gefangene im Jahr. Außerdem geht es schnell und ist deshalb nicht schlimm.

Die Vorzüge der »Zone«: die Sonne und die Besuche. Ein Besuch in der »Zone«, das sind drei Tage, einmal pro Quartal, in einem Raum von der Art eines kleinen Provinzhotels. Die eigene Mutter, die eigene Frau, die Tochter, und alle kann man berühren, umarmen. Die Zeit fliegt vorbei, drei Tage sind wie ein Augenblick. Generell besteht kein Zweifel, dass die Haft die Familien zerstört. Regelmäßig Besuch erhält einer von zwanzig Häftlingen. Die Frauen verlassen ihre Männer, die Kinder vergessen ihre Väter. In der Regel verliert ein Mensch innerhalb von fünf Jahren seine sozialen Wurzeln. Hinter dem Tor erwartet ihn eine Wüste, deshalb kommen auch so viele zurück. Von wem und wozu genauso ein System geschaffen wurde und aufrechterhalten wird, ist mir unbegreiflich. Vielleicht ist es nicht böser Wille, sondern Tradition. Aber die Folgen dieser Tradition sind grauenvoll. Eine ganze Schicht weggeworfener Menschen. Millionen zerstörter Familien und Schicksale. Dabei gibt es durchaus Alternativen, und sie sind allseits bekannt; die Beschränkung der Kontakte zu den Familien ist offensichtlich überflüssig. Trotzdem bleibt bislang alles, wie es ist.

Andererseits ist gerade das Problem mit dem anderen Geschlecht zwar vorhanden, aber nur als eines von vielen. Für die Gefangenen zwischen 20 und 35 Jahren fällt es am meisten ins Gewicht. Diejenigen, die noch jünger sind, kommen für gewöhnlich aus einer Kolonie für Minderjährige und haben keine Erfahrung mit einem regelmäßigen Sexualleben. Die, die älter sind, empfinden dieses Problem, vielleicht wegen der Stresssituation, als nicht so schwerwiegend. Jedenfalls kann man getrost darüber reden. Die Familie ist etwas anderes. Das ist buchstäblich ein Minenfeld, auf dem die kleinste Bewegung schon schlimmste Konflikte, Depressionen und sogar Selbstmorde nach sich ziehen kann.

Zwanghaft wiederkehrende Gedanken und Erinnerungen sind eine Art Depression, mit der ziemlich viele Häftlinge zu tun haben, von der ich im Großen und Ganzen aber nicht betroffen war. Ich kann mich allenfalls an ein paar schlaflose Nächte erinnern. Natürlich war besonders das erste Jahr in Haft, als jeden Tag auf mehreren Fernsehkanälen und Radiostationen von der

Kapitel 1

Zerschlagung des Unternehmens berichtet wurde, sehr unangenehm. Die Propaganda belastete meine Psyche. Aber ich kann mein Bewusstsein ziemlich gut kontrollieren. Ich machte mich zum Beispiel daran, in Gedanken einen Brief zu verfassen oder ein Haus zu bauen oder irgendein Zimmer einzurichten. Irgendwann wurde mir klar, dass ich mir am besten Luft verschaffe, indem ich meine Gedanken zu Papier bringe. Ich begann, Redetexte, Briefe und Eingaben zu schreiben, aber keine Artikel. Etwas, womit man sich »abreagiert«, eignet sich nicht dazu, dass andere es lesen. Später liest man nach und sieht: Es ist unangemessen. Aber gleichzeitig wird es so zur Gewohnheit, Gedanken zu Papier zu bringen. In den letzten acht Jahren habe ich das gelernt. Vielleicht nicht so geschickt wie ein Profi, aber für mich ist auch das schon eine Errungenschaft. Schließlich habe ich in der Schule immer meine Freundinnen gebeten, mir die Aufsätze zu schreiben. Ich selbst mochte und konnte das nie.

Um auf meine vorigen Gedanken zurückzukommen, möchte ich von einem erstaunlichen Vorfall in der Kolonie berichten. Generell war ich immer ziemlich unbesorgt wegen meiner Familie. Erstens sind sie alle wirklich tapfer. Zweitens wusste ich, dass ich immer aktuelle Informationen erhalten würde und um Hilfe bitten könnte. Aber plötzlich bin ich, wie man so sagt, völlig neben mir. Ich kann den ganzen Tag an nichts anderes denken als an meine Frau. Daran, dass es ihr nicht gut geht. Völliger Blödsinn. Und doch ist das Gefühl so stark, dass ich in meinem Tagebuch davon schreibe (das einzige Mal) und mich am nächsten Tag mit meinem Anwalt in Verbindung setze. Nein, anscheinend ist alles in Ordnung. Mir fällt jedenfalls ein Stein vom Herzen. Trotzdem frage ich meine Frau, als sie zu Besuch kommt – und erfahre, dass es sie »erwischt« hatte: fast 40 Grad Fieber den ganzen Tag. Danach ist mir so etwas nie mehr passiert, aber jetzt kann ich so manches glauben.

Haft und Freiheit

Das Gefängnis ist eine Art Vergrößerungsglas für die Beobachtung gesellschaftlicher Prozesse. Wenn der Lebensstandard im Land deutlich sank, wurde einige Zeit später in den Haftanstalten im wahrsten Sinne des Wortes immer Gras gefressen. Das letzte Mal, habe ich gehört, sei so etwas in den Jahren 1999 und 2000 passiert: Die Zahl der Unterernährten sei damals in die Hunderte gegangen. Das habe ich zum Glück nicht mehr erlebt, aber ich war verblüfft, wie viele komplette Analphabeten es unter den Jungen gibt. Also Leute, die mit gut 20 Jahren überhaupt nicht lesen oder schreiben können.

Ich konnte beobachten, wie sich der Wechsel des »Kontingents« im Gefängnis Matrosskaja Tischina vollzog, als anstelle der Psychopathen und Verbrecher von der Straße auf einmal massenhaft Leute eintrafen, denen Unternehmensplünderer in Uniform ihr Eigentum abgenommen hatten. Ich habe gesehen, wie sie, nachdem sie ihr Eigentum hatten abgeben müssen, mit oder ohne Gefängnisstrafe wieder herauskamen. Ich habe gesehen, wie aufgrund von internen Fehden zwischen verschiedenen Ämtern Mitarbeiter der Strafverfolgungsbehörden und ihre geschäftstüchtigen Handlanger ins Gefängnis kamen, wie misstrauisch sie Medwedews Initiativen aufnahmen und wie sie, nach einiger Zeit, dank dieser Initiativen wieder freikamen und sich ihr Hab und Gut zurückholten. Sei es vorerst auch nur teilweise. Nein, im Gefängnis bekommt man trotz aller Einschränkungen vieles von dem mit, was draußen in der Freiheit passiert.

Zweifellos verändert sich der Mensch in der Haft. Die Haft gleicht einer Form der Versehrtheit, bei der der Ausfall eines Sinnes durch eine Verschärfung der übrigen kompensiert wird. An die Stelle der äußeren Reize, von denen es nun weniger gibt, tritt eine gesteigerte Sensibilität gegenüber den verbliebenen Reizen. Wer lange einsitzt, sieht gern Zeichentrickfilme, reagiert stärker

## Kapitel 1

auf Ereignisse in der Außenwelt und nimmt seine Mitmenschen wesentlich differenzierter wahr. Leute, die nach langen Haftstrafen freigekommen sind, erzählen, dass sie in den ersten Monaten Menschen lesen konnten wie ein offenes Buch. Später vergeht diese »Hypersensibilität«.

Auch die ethischen Normen verändert die Haft zweifellos. Besonders bei jungen, geistig noch nicht gefestigten Leuten. Während 95 Prozent der Menschen in Freiheit Lügen im Allgemeinen eher missbilligen und Brutalität nicht für normal halten, ist in der Haft alles anders. Nur die »eigenen Leute«, also die Mitgefangenen, darf man hier nicht belügen und bestehlen. Brutalität ist die Norm. Diese Regeln werden einem nicht nur und vielleicht auch nicht in erster Linie von der Gemeinschaft der Kriminellen aufgezwungen. Nach denselben Regeln leben diejenigen, die »mit der Administration kooperieren«, aber auch die Administration selbst. Die »Zone« ist ein großes Dorf. Hier weiß jeder alles über alle. Es verheimlicht auch keiner groß etwas. Die »Operativen« versuchen, alle zu spalten und ihnen Fallen zu stellen, sie klauen ohne Ausnahme alles, sie prügeln in der Arrestzelle (und übrigens nicht nur dort), erkaufen sich Dienstleistungen und so weiter. Womöglich läuft nur der Drogenhandel einigermaßen geheim ab. Obwohl man natürlich auch über die Drogen bestens Bescheid weiß. Ich selbst habe zum Beispiel allein in der »Zone« Haschischriegel, Joints und Haschischextrakt gesehen, und Marihuana rauchten dort während der Saison fast alle. Dieser seltsame, süßliche Rauch war sehr charakteristisch. Im Grunde war es komisch: Als ich in der »Zone« ankam, konnte ich anfangs nicht begreifen, wieso die Leute sich wie Betrunkene benahmen, aber keine »Fahne« hatten. Später wurde mir alles klar...

## Mensch oder wandelnder Computer

Mich persönlich hat die Haft zweifellos auch verändert, obwohl ich bereits erwachsen und gefestigt war, als ich verhaftet wurde. Am meisten gewandelt hat sich die Bedeutung, die das Verhältnis zu mir nahestehenden Menschen, zu meiner Familie für mich hat. Auch mein Weltbild hat sich verändert. Ich denke, meine Artikel lassen das erkennen. Besser als alle anderen wird aber meine Frau diese Veränderungen beurteilen können, wenn wir uns endlich wiedersehen.

Ob es in der Haft zu Wutausbrüchen oder Verzweiflungsanfällen kommt? Oder kann man sich kontrollieren? Beides ja. Bei mir hat es sowohl Verzweiflung gegeben als auch Wut. Mir hilft es, wenn ich Emotionen dieser Art auf Papier nachgeben kann. Letzten Endes musste ich mich auch im normalen Leben immer »sehr kontrollieren«. Meine Mitmenschen halten mich für gefühllos. Für eine Art wandelnden Computer. Vielleicht stimmt das irgendwo auch. Meine emotionale Reizschwelle ist wirklich ungewöhnlich hoch. Um mich in Wut zu bringen, muss schon etwas Außergewöhnliches passieren. Trotzdem setzt einem die offensichtliche Ungerechtigkeit des Geschehens selbst in Kleinigkeiten am Anfang doch sehr zu, auch wenn man alles durchschaut.

Die erste Gerichtsverhandlung im Basmanny-Gericht war ein Schock für mich. Man wird einfach nicht gehört. Hey, Moment mal, und was ist mit der Begründung? Vielleicht haben Sie sich das alles nur ausgedacht? Warum gilt Ihr Wort mehr als meines? Warum soll ich wegen Ihrer Paranoia im Gefängnis sitzen? Niemanden interessieren deine Fragen. Genauso wenig wie der nichtssagende Wisch mit den Gesetzen. Glauben Sie, das macht einen nicht fertig? Und ob! Irgendwann fängt man aber an zu begreifen, dass man bei Außerirdischen in Gefangenschaft geraten ist. Das sind keine Feinde, keine Faschisten, sondern einfach fremde Wesen, die uns nur äußerlich ähnlich sehen. Mit denen

# Kapitel 1

es nichts zu reden gibt. Dann beruhigt man sich. Mit der Zeit nahm ich die Gefängnisse, Gerichte und Ermittler nur noch als Naturphänomene wahr, die man zwar studieren kann, auf die man aber nicht emotional reagieren darf.

Emotional am schwierigsten ist die Ungewissheit. Nicht darüber, was mit einem selber wird, sondern was zu Hause passiert, mit der Familie, mit den Freunden. Manchmal dauert es Tage, ja Wochen, bis man wieder Klarheit hat. Bis man nachfragen, etwas in Erfahrung bringen kann. Telefone gibt es in den Haftanstalten natürlich genug, und für viele ist das die Rettung, aber längst nicht alle haben Zugang dazu. Ich zum Beispiel nicht.

Das eigene Schicksal wird vor einem geheim gehalten, sogar im Kleinen. Psychischer Druck, klar. Wohin man vorgeladen wird, weshalb man abgeführt wird – nie sagt einem jemand etwas. Es heißt einfach nur: »mit Sachen«, »ohne Sachen«, »mit Papieren«, »ohne Papiere«, »nach Jahreszeit« (womit die Oberbekleidung gemeint ist, die man anziehen soll). Mehr noch, wenn ein Ermittler kommt und Unterlagen mitbringt, oder wenn Unterlagen im Gefängnis ankommen und man seinen Anwalt trifft, dann werden einem diese Unterlagen mit Sicherheit erst später ausgehändigt. Der Zweck ist klar: Man soll wenigstens noch ein paar Tage lang keine Gelegenheit haben, sich zu beratschlagen.

Die demütigenden Durchsuchungen, die in Tschita bis zu sechsmal pro Tag stattfanden, werden einem allmählich gleichgültig. Natürlich ist das schlecht. Aber die Messlatte für menschenwürdige Lebensbedingungen liegt inzwischen auf einer anderen Höhe. Leider. Dennoch, wenn man nicht abrutschen will, muss man innerlich um jede alltägliche Kleinigkeit kämpfen. Regelmäßige sportliche Übung, Sauberkeit, tägliche Arbeit, Höflichkeit im Umgang mit allen – scheinbar alles einfach und selbstverständlich, aber nicht dann, wenn jahraus, jahrein versucht wird, einen mit Resignation, Vergessen und zermürbenden Gefängnistraditionen zu brechen.

Die Knastgesellschaft

Das Leben in der Haft begünstigt lange Gespräche über die verschiedensten Themen. Wichtig ist dabei das Bildungsniveau der Zellengenossen. Beratungen »zum Verfahren« sind im Gefängnis ziemlich üblich, weil es nicht allzu häufig vorkommt, dass jemand einen eigenen Anwalt hat, und die Pflichtverteidiger selten mit dem Herzen bei der Sache sind. Ein guter Anwalt ist überhaupt ein großes Glück.

Diese »professionellen« Beratungen sind nicht sehr kompliziert, so komisch das auch ist. Die meisten Richter kennen gerade einmal das Strafgesetzbuch, die Strafprozessordnung und ein paar Entscheidungen des Plenums des Obersten Gerichtshofs: »Über das Gerichtsurteil« und »Über die Festsetzung des Strafmaßes«. Und selbst das kennen sie nicht besonders gut. Ihre möglichen Fehler vorauszusagen, ist daher weder schwierig noch riskant. Ebenso wie die Mängel im Urteil ausfindig zu machen, die es einem erlauben, eine Berufungsklage stichhaltig zu begründen.

Ich kann mit voller Verantwortung sagen: Über die wirtschaftsrechtlichen Aspekte meines Falls habe ich mich gründlich informiert, ich habe sowohl die einschlägigen Monografien als auch die laufenden wissenschaftlichen Diskussionen zur Kenntnis genommen. Aus praktischer Sicht eine sinnlose Beschäftigung. Dieses Niveau ist weder für die Staatsanwälte noch für die Bezirksgerichte von Interesse. Auch bei der Revisionsinstanz gibt es nur wenige Spezialisten, und selbst die werden niemals ohne Anweisung »von oben« einen Fall so eingehend betrachten. Das heißt, alles fährt auf eingefahrenen Gleisen, selbst wenn die Wissenschaft längst festgestellt hat, dass die Gleise in den Abgrund führen. Mit »Abgrund« meine ich zum Beispiel einen systemischen Widerspruch zwischen Zivilrechts- und Strafrechtsanwendung.

Generell findet sich, ohne dass man dafür allzusehr in die Tiefe gehen müsste, in zwei von drei Urteilen etwas, wo man ansetzen

Kapitel 1

kann, um eine Wiederaufnahme zu erwirken. Tatsächlich rollt die Berufungsinstanz aber nur einen von zehn Fällen neu auf, bei der Revisionsinstanz kommt das noch seltener vor.

Man begreift sehr bald, was Wahrheit ist und was Lüge. Ich denke, auch für die meisten professionellen Richter ist das kein Geheimnis. Nur haben sie kein Interesse daran, das zu sehen.

Viele Akten lesen sich offen gestanden einfach widerlich, während andere einen geradezu surrealistischen Eindruck vermitteln, das Gefühl, dass die Leute in irgendeiner anderen Wirklichkeit leben. So etwa der Fall eines Russen, der in einem russischen Dorf zwei Jahre lang von einer tschetschenischen Familie als Sklave gehalten wurde. Unglaublich? Und doch ist das eine Tatsache. Der Mensch, der dafür verurteilt wurde, hat mir das im Ganzen bestätigt.

Natürlich trifft man auf sehr interessante Menschen, mit denen man über vieles sprechen kann, nicht zuletzt über Erdöl und Politik. Trotz manchmal deutlicher Meinungsverschiedenheiten. Unter den Berühmtheiten wäre da zum Beispiel Wladimir Kwatschkow zu nennen.* Daneben gibt es hier allerdings auch viele weit weniger bekannte, aber sehr ernsthafte und gebildete Menschen.

## Was uns verändert: die Haft oder das Alter

Was meine eigenen Empfindungen angeht, hat die Haft dazu geführt, dass ich mich mehr in mich vergraben habe, aber auch, dass ich die äußere Wirklichkeit tiefer analysiere. Das Lebenstempo verlangsamt sich. Ein sehr interessantes Paradoxon ist: Jeder einzelne Tag zieht sich lange hin, die Wochen, Monate und Jahre aber verfliegen schnell. In Freiheit war eine Stunde viel für mich, hier ist es nur ein Augenblick, sobald ich tiefer in

---

* Kwatschkow wird beschuldigt, einen Anschlag auf Anatoli Tschubais verübt zu haben. (Anm. Natalija Geworkjan)

meine Gedanken eintauche. Dafür gibt es eine absolute Qualität der Konzentration. Die Zellengenossen stören mich nicht; ein Paar Ohrstöpsel – und ich bin im Weltall.

Was die übrigen Veränderungen betrifft – ich weiß gar nicht, was ich dazu sagen soll. Da ich erst mit über 40 ins Gefängnis kam, war ich als Mensch offenbar schon gefestigt. Alltagsprobleme sind für mich nichts Neues: In den ersten 30 Jahren meines Lebens habe ich öfter selber Wäsche gewaschen und geputzt, und auch warmes Wasser gab es längst nicht immer. Nicht einmal Essen. Natürlich ist man im Gefängnis nicht zu Hause, aber die Angehörigen kümmern sich, sie schicken einem, was erlaubt ist. Das ist schon in Ordnung. Das einzige praktische Problem, das wirklich stört, ist wohl, dass es keinen Computer, keinen Zugang zu Informationen gibt. Nicht nur keine operativen Informationen, sondern auch keine allgemeinen. Allzu viele Bücher kann man schließlich nicht mit in die Zelle nehmen. Da ist die Hilfe der Anwälte von unschätzbarem Wert.

Eine Fähigkeit, die ich immer gehabt habe und die mir in der Haft sehr nützt, ist, dass ich mich völlig auf eine Aufgabe konzentrieren und dabei alle unnötigen Gedanken abschalten kann. So eine Art »gelenkte Depression«. Ich kann einen ganzen Arbeitstag, acht Stunden lang, diszipliniert über eine oder mehrere »Produktionsaufgaben« nachdenken. Ich mache kleinere Pausen, stelle mir zur Erholung etwas Schönes vor. Wie ich zum Beispiel langsam, genüsslich ein Zimmer mit Möbeln und Technik »einrichte«. Nach so einem »Arbeitstag« erhole ich mich bei einem einfachen Buch oder irgendeinem Quatsch im Fernsehen, oder ich stelle mir meine Familie, meine Freunde vor. Ich gebe mich Erinnerungen und Träumereien hin. Noch einmal: Das ist eine alte Angewohnheit, eine alte Fähigkeit, die sich in der Haft als nützlich erwiesen hat.

Was meine Beziehungen zu anderen Menschen angeht – meine Frau meint, ich sei weicher, »menschlicher« geworden. Mir fällt

# Kapitel 1

das nicht auf. Ich kann boshaft und streitsüchtig sein, aber nicht besonders nachtragend, wie auch früher schon. Das Schwierigste für mich war und bleibt, meine Gefühle zu zeigen. Ich bin in der Vorstellung erzogen worden, dass ein Mann nicht zu emotional sein sollte. Witze machen – ja, bisweilen sogar überaus bissig. Auch über sich selbst, besonders aber über die Machthabenden. Aber nie die wahre Einstellung, die wahren Gefühle zeigen. Mir fiel das nicht schwer, zumal ich außerhalb meiner Familie und meines Freundeskreises kaum je starke Gefühle habe. In der Beziehung zu meinen Kindern bin ich emotional. Gegenüber meinen Angehörigen und Freunden vielleicht etwas sentimentaler. Aber wie soll man hier die Folgen der Haft von den Veränderungen unterscheiden, die mit dem Alter kommen? Starke Gefühle lösen weder die Staatsanwälte noch Putin und Setschin bei mir aus. Sie sind wie ein Herbstregen – eine unangenehme Naturerscheinung, mehr aber auch nicht.

NATALIJA GEWORKJAN

KAPITEL 2
# Der Angriff

»Die Meister des Judo und Karate behaupten, ein Mensch sei imstande, zwanzig zu besiegen. Nehmen wir an, zwanzig Menschen hätten angegriffen – einer gegen zwanzig, das heißt, es gibt einundzwanzig Säbel, die x verschiedene Positionen im Raum einnehmen können, sich dabei überschneiden und anderes mehr. Wenn wir uns nun die Schwünge der Säbel vorstellen und diese auf ein vorgegebenes Diagramm auftragen, ist es nur natürlich, dass es eine einzige Stellung gibt, in der die eine einzige Bewegung vollzogen werden kann, mit der sich die Schläge aller zwanzig Säbel parieren lassen. Als Meister darf mithin bezeichnet werden, wer, ohne lange nachzudenken, das Wirken aller spontan hereinbrechenden Faktoren aufgehalten und die einzig notwendige Kurve beschrieben hat. Das ist die sogenannte angemessene fehlerfreie Aktion.«

MERAB MAMARDASCHWILI

Michail Chodorkowski hatte die Chance, ins Ausland zu fliehen, sogar noch aus Nishni Nowgorod. Eine aus Moskau angereiste Yukos-Wachmannschaft habe die Information mitgebracht, dass Chodorkowskis Verhaftung bevorstehe, so die eine Version; der anderen Version zufolge hatte sie einfach eine Fotokopie des Haftbefehls dabei. Am Flughafen von Nishni gibt es ein internationales Terminal. Dort kommen zum Beispiel die Flüge der Lufthansa an. Chodorkowski reiste mit einem gecharterten Flugzeug

Kapitel 2

durchs Land. Hätte er es gewollt, er hätte irgendwie versuchen können wegzufliegen ...

Nishni Nowgorod war nur eine Station auf seiner Tour durch Russland, vor dem Abflug nach Irkutsk und weiter ins Gebiet der Ewenken. Offiziell wollte Chodorkowski in den russischen Regionen seine Strategie für die Geschäftsentwicklung und den Sinn der Fusion von Yukos und Sibneft erklären (die Schlussvereinbarung über die Gründung der Gesellschaft YukosSibneft war am 14. Mai 2003 unterzeichnet worden).

Ich bin sicher, dass er an jenem Abend des 24. Oktober 2003 in Nishni nicht an das Gespräch mit Putin vom 19. Februar desselben Jahres zurückdachte, bei dem Chodorkowski, wie es heißt, selbst das Urteil über sich gefällt hatte. Zum Zeitpunkt der Verhaftung hatte er bereits alles analysiert, ihm war klar, was vor sich ging und warum und was weiter passieren würde. Zumindest hatte er das Gefühl, als sei ihm alles klar.

Immer wieder kehre ich in Gedanken zu der Begegnung zurück, die erstmals deutlich die Spannung zwischen den beiden Führungsfiguren aus Politik und Wirtschaft offenbarte. An jenem Tag hatte Putin, in Fortsetzung einer jelzinschen Tradition, die Giganten der russischen Geschäftswelt zu sich in den Kreml geladen. Zum Gespräch.

Chodorkowski sprach davon, dass Angaben russischer Unternehmer zufolge im Jahr 2002 ganze 30 Milliarden Dollar für die Korruption ausgegeben worden seien, was rund zehn bis zwölf Prozent des Bruttoinlandsprodukts entspreche. Er kritisierte die ungleichen Spielregeln für staatliche und private Unternehmen und deutete an, es hätte beim Deal zum Kauf des Unternehmens Severnaya Neft durch die staatliche Rosneft, bei dem sagenhafte 600 Millionen Dollar gezahlt worden waren, Korruption gegeben. Putin parierte hart, einige Unternehmen hätten »überschüssige Reserven« und es sei noch die Frage, wie sie dazu gekommen seien – offenbar eine Anspielung auf die fragwürdigen Privatisierungen der neunziger Jahre. Er erinnerte auch daran, dass Yukos Probleme mit den Steuern gehabt hätte, und »ja, die lösen Sie jetzt, aber aus irgendeinem Grund sind sie schließlich mal entstanden...«* Außerdem sagten dem Präsidenten die Pläne von Yukos nicht zu, eine Ölpipeline nach China zu bauen (nach vorläufigen Schätzungen zu einem Preis von rund drei Milliarden Dollar privater Investitionen). Ohne Zustimmung des Kreml werden solche Pläne in Russland nicht umgesetzt. Der Kreml hatte schließlich seine eigenen Rohrleitungen und seine eigenen Prioritäten, in diesem Fall eine Pipeline in Richtung Nachodka zu einem Preis von zehn Milliarden aus dem öffentlichen Haushalt. Wie Wiktor Gerastschenko (früher Direktor der russischen Zentralbank und nach der Verhaftung Chodorkowskis Vorsitzender des Yukos-Direktoriums) berichtet, hatte Putin nein dazu gesagt, »und hier hätte Chodorkowski den Mund halten müssen, stattdessen aber sagte er: ›Wladimir Wladimirowitsch, Sie verstehen nicht, wie wichtig es ist, die Beziehungen mit China auszubauen...‹«** Chodorkowski übrigens streitet diese Geschichte fast schon mit einem gewissen Bedauern ab.

Woran dachte Putin, während er Chodorkowski zuhörte?

Sein drittes Jahr im Amt hatte begonnen. Putin war sich seiner selbst noch nicht so sicher wie während seiner zweiten Amtszeit oder während der »dritten« als Premierminister. Der Jahresdurchschnittspreis für ein Barrel Erdöl lag nach wie vor unter 30 Dollar. Putin hatte die wichtigsten Fernsehkanäle des Landes praktisch schon unter seine Kontrolle gebracht und zwei ernstzunehmende Gegner aus dem Land gedrängt: die Magnaten Boris Beresowski und Wladimir Gussinski. Aber Putin fürchtete die Oligarchen noch immer. Die Freunde des Präsidenten hatten sich die »Firma

---

* Wladimir Putin wsjal ostroje interwju u oligarchow [Wladimir Putins scharfes Interview mit den Oligarchen], *Kommersant*, 20.2.2003.
** *Nowaja gaseta*, 49/2008.

## Kapitel 2

Russland«, in die das ganze Land später verwandelt werden sollte, noch nicht endgültig passend eingerichtet. Noch hatte von den Geschäftsleuten niemand öffentlich seine Bereitschaft erklärt, dem Staat das eigene Unternehmen bei der ersten Aufforderung zu überlassen. Noch war die Idee nicht gefunden, die Putin eine zweite Amtszeit sichern sollte.

Woran dachte also der 51-jährige ehemalige Oberstleutnant des KGB, der ehemalige Beamte der Petersburger Stadtverwaltung, der ehemalige Kremlbeamte und ehemalige Chef des FSB mit einem Präsidentengehalt von damals 63 000 Rubel, während er in die schlauen Augen eines Unternehmers blickte, der um mehrere Milliarden reicher war als er selbst und der hier dem obersten Beamten des Landes sagte, er kenne sich in der Wirtschaft und Geopolitik nicht so gut aus und seine ganze »Machtvertikale« bestehe lediglich aus korrupten, mit Amtssiegeln bewaffneten Schmarotzern. Ich vermute, er dachte ungefähr Folgendes: »Dieser Brillenträger, der wie ein Streber aussieht und Diagramme und Grafiken mag... Noch keine vierzig, und schon ein Vermögen von acht Milliarden, wenn man *Forbes* glauben will. Und selbst wenn es nur die Hälfte ist. Sein Yukos macht längst mehr her als unser Gazprom, von Rosneft ganz zu schweigen. Aber er traut sich trotzdem, anzugreifen... Er will sich alles unter den Nagel reißen...

Und der Ölpreis steigt. Vor ein paar Tagen erst hat er an der Londoner Börse die Dreißigermarke übersprungen. Die Amerikaner werden im Irak einmarschieren, der gute alte Bush bleibt nicht auf halbem Weg stehen. Die Preise werden in die Höhe schnellen! Und dieser Typ hier scheffelt noch ein paar Milliarden in seine Taschen... Sieh mal an, wie der hier aufgetaut ist. Die anderen werden vorsichtiger sein. Aber er... gut aussehen tut er auch noch... manche haben's einfach... er hat jedenfalls alles. Und vor allem: für immer – seine Kohle, seine Firma, sein Aussehen, sein Selbstbewusstsein. Ein echter Boss. Und was habe ich? Vier Jahre, na gut: acht, und dann? Der da braucht eigentlich nichts mehr. Er hat schon alles. Deshalb hat er auch keine Angst. Er hält sich für cool.

Seinen Konzern will er transparent machen, die Ausländer schütteln ihm die Hand und haben den russischen Räuberkapitalismus schon vergessen. Blütenweiß und flauschig will er sein. Tritt als Wohltäter auf. Mischt sich in die Politik ein, obwohl ich sie alle gewarnt habe. Er hat alles kalkuliert... und sein Appetit wächst... was redet er da von einer Pipeline nach China? Unverschämt! Der denkt wohl, er kann alle kaufen, wenn es sein muss. Die Leute sind ja auch käuflich... das weiß ich auch. Und er weiß, dass ich es weiß.

Die reinsten Unschuldslämmer hab ich heute hier. Wann die wohl das letzte Mal von einem Gehalt leben mussten? Er redet und redet, einer für alle. Wir werden ja sehen, wenn die Zeit reif ist, ob dann auch alle für einen einstehen... diese Oligarchen... Aber der Staat bin ich. Und deswegen kommen sie alle zu mir und buckeln und kichern und zerbrechen sich den Kopf, über welches staatstragende Thema sie mit mir sprechen könnten. Neuerdings sorgen sie sich um den Staat. Aber die Beamten können sie nicht leiden... dabei haben sie selber das halbe Land für ein Butterbrot bekommen. Ach Jungs, wie gern würde ich woanders mit euch reden...«

Es gibt eine eiserne Regel, die man in Russland von Kindesbeinen an lernt: Wenn dich mehrere Personen angreifen und eine Schlägerei unausweichlich ist, geh dem Stärksten an die Gurgel. Gelingt es, den Anführer aus dem Spiel zu bringen, sind die Chancen, heil aus der Sache herauszukommen und sich zur Wehr zu setzen, größer. Weder Putin noch Chodorkowski wuchsen in Watte gepackt auf. Ich denke, beide kannten diese Regel nur zu gut. Putin fühlte sich mit den Oligarchen aus dem Jelzin-Stall auch nach zwei Jahren an der Macht noch wie ein schwacher Petersburger Junge vor einer starken Moskauer Gang. Doch der Petersburger Junge hatte dieses Mal die gesamte Staatsmaschinerie hinter sich. Die Oligarchen dagegen hatten ihr Kapital und ihre Unternehmen, die die meisten der Anwesenden nicht aufs Spiel setzen wollten. Ihre Stärke war gleichzeitig ihre Schwäche. Putin hatte abgewogen: Die Situation versprach einen sicheren Sieg. Außer Gefecht setzen muss man diesen Typen mit der Brille, mit dem besten Unternehmen im Land, der hier, anders als alle anderen, einfach nur mit dem Vornamen vorgestellt wurde, wie ein Star, dem die »Gang« das Reden überlassen hat. Die anderen werden sich von alleine einreihen. Kombinierte Putin seine Erfahrungen aus der Kindheit auf den Hinterhöfen, der KGB-Schule und der Judoschule miteinander, sah er: Es war an der Zeit zuzuschlagen.

Verhaftet wurde Chodorkowski am frühen Morgen des 25. Oktober, während das gecharterte Flugzeug in Nowosibirsk aufgetankt wurde.

Zu diesem Zeitpunkt saßen bereits Yukos-Geiseln in Haft. Am 19. Juni war der Leiter der Abteilung für interne Wirtschaftssicherheit\* von Yukos, Alexej Pitschugin, verhaftet worden. Am 2. Juli wurde der Mitinhaber der Firma, Platon Lebedew, inhaftiert. Ein weiterer Gesellschafter des Unternehmens, Wassili Schachnowski, hatte sich Anfang Oktober schriftlich verpflichten müssen, seinen Aufenthaltsort nicht ohne behördliche Genehmigung zu verlassen.

---

\* Abteilung eines Unternehmens, die unter anderem die Glaubwürdigkeit von Informationen Dritter zu prüfen, Risiken hinsichtlich der Zahlungsfähigkeit von potenziellen Geschäftspartnern abzuschätzen und die Mitarbeiter einschließlich des Managements zu kontrollieren hat, insbesondere in Bezug auf Handlungen, die dem Unternehmen möglicherweise schaden können. Dies gilt vor allem für die Abteilung Finanzen, den Einkauf, die Buchhaltung und andere Bereiche, die unmittelbar mit dem Finanzgebaren des Unternehmens zu tun haben. Das Gebiet entspricht in Teilen den Aufgaben der Innenrevision / Unternehmenssicherheit im deutschen Wirtschaftsraum. (Anm. d. Ü.)

## Der Angriff

Am 4. Juli waren die zwei wichtigsten Gesellschafter von Yukos, Michail Chodorkowski und Leonid Newslin, von der Staatsanwaltschaft vernommen worden. Jede Woche fanden auf Anweisung der Generalstaatsanwaltschaft Durchsuchungen und Beschlagnahmen statt, die offenkundig der Einschüchterung dienen sollten. »Was machen die da?«, fragte ich einen meiner Kollegen, der Informanden bei den Strafverfolgungsbehörden hatte. »Das gleiche wie in Tschetschenien«, antwortete er. »Sie landen Präzisionsschläge und neutralisieren die Führungspersönlichkeiten.«

Auch die Art und Weise, wie Chodorkowski verhaftet wurde, erinnerte letztlich an die Ergreifung eines Terroristen. Das Flugzeug wurde auf eine Reserveparkposition gedrängt, dann fuhren zwei Busse heran, und speziell geschulte Leute vom FSB sprangen heraus.

Michail Chodorkowski: *»Niemand hatte mir irgendwelche Informationen zu meiner Verhaftung zukommen lassen, die man als ›konkret‹ hätte bezeichnen können. Ich fragte aber auch nicht nach solchen Informationen. Die Situation war klar: Alles stand auf der Kippe. Diejenigen, die mir helfen wollten, taten, was sie konnten. Meine Widersacher ebenfalls. Wer eine Vorstellung von der Entscheidungsfindung im Kreml hat, weiß, dass es in diesem Verfahren jederzeit Kehrtwenden geben kann.*

*In dieser Situation war die Vorladung zur Vernehmung in die Generalstaatsanwaltschaft unmissverständlich der ›letzte Gong‹. Obwohl ich das Risiko schon während meiner letzten Auslandsreise richtig eingeschätzt hatte: Damals hatte ich mich von meinen Freunden verabschiedet.«*

Es ist überhaupt nicht nachvollziehbar, wozu man das Einsatzkommando in der Nacht von Moskau bis nach Nowosibirsk hetzen musste, mit fast vier Stunden Flugzeit. Wenn die Entscheidung schon getroffen war, warum wurde Chodorkowski dann nicht direkt in Nishni Nowgorod verhaftet, das nur eine Stunde Flugzeit von Moskau entfernt ist?

Kapitel 2

Michail Chodorkowski: »*Aus demselben Grund wie auch alles andere: Paranoia. In Nishni fand ein Treffen von Bürgerrechtlern statt. Was, wenn plötzlich…*

*Ich hatte Schachzüge mit weniger ›Effekten‹ erwartet: eine gewöhnliche Verhaftung während einer Vernehmung bei der Generalstaatsanwaltschaft.*

*Wenn Sie 2007 in Tschita die Scharfschützen auf dem Dach des Gerichtsgebäudes gesehen hätten, wäre Ihnen vieles sofort klar geworden.*

*Später habe ich gehört, es habe das Gerücht gegeben, dass ich in die Ewenken-Region fliegen wollte, um mir die Immunität eines Senators zu sichern, aber ich denke, das ist keine wirkliche Erklärung. Dass es Schachnowski war, der Senator werden wollte, und nicht ich, und dass man sich auch nicht einfach so aus dem Stand zum Senator wählen lassen konnte, wussten meine Gegenspieler mit Sicherheit.*«

Ich erinnere mich noch genau an diese Zeit. Man hatte das Gefühl, als würde Chodorkowski ständig signalisiert, er solle verschwinden… Aber er reagierte nicht. Es ist durchaus möglich, dass man bewusst Informationen über eine mögliche Verhaftung durchsickern ließ. Andererseits wird Chodorkowski natürlich abgewogen haben, was passieren könnte, wenn er sich zur Ausreise durchringen würde. Zum Beispiel, dass man ihn trotzdem verhaften und dann als Verbrecher darstellen könnte, der versucht hatte, sich außer Landes abzusetzen. Ein mehr als wahrscheinliches Szenario.

Michail Chodorkowski: »*Die Version mit der ›letzten Warnung‹ kann man ebenso in Betracht ziehen wie andere, etwa die der ›Provokation‹, aber mich interessiert es nicht, über die Motive der anderen Seite zu spekulieren. Ich habe ruhig geschlafen, sogar im Flugzeug und auch später, im Gefängnis. Meiner Familie hatte ich nichts von einer möglichen Verhaftung erzählt. Wozu auch? Die praktischen Vorkehrungen hatte ich getroffen. Wenn es so kommen sollte, sollte es eben so kommen. Wozu sich aufregen?*

## Der Angriff

*Unsere Tu-134 war planmäßig zum Auftanken gelandet. Das Flugzeug wurde von FSB-Leuten umstellt, an Bord kam eine ›Gruppe in Zivil‹, die mich höflich aufforderte mitzukommen. Ich durfte mich noch fertig machen und wurde dann in ihr Flugzeug, eine Il-86, gebracht. Keine Horrorszenarien. Auf dem Weg nach Moskau wurde ich in Ruhe gelassen, ich habe gelesen. Nach der Ankunft wurde ich in einen Kleinbus gesetzt und mit reichlich Begleitung in ein Gebäude in der Technitscheski-Gasse gefahren.\* Dort ›übergaben‹ mich die FSB-Mitarbeiter den Leuten von der Staatsanwaltschaft.«*

Bekannte aus Geheimdienstkreisen erzählten, dass an Bord des Flugzeugs, das Chodorkowski nach Moskau brachte, auch ein hoher Beamter aus der Führungsriege der Silowiki gewesen sei. Vielleicht befürchtete man, die Leute vom Sonderkommando könnten es übertreiben. Vielleicht war der Gefangene aber auch so wichtig, dass dies die Anwesenheit eines hohen Tieres erforderlich machte. Genauso gut möglich ist, dass das hohe Tier den Auftrag hatte, ohne Protokoll mit dem Festgenommenen zu sprechen. Ein solches Gespräch, heißt es, hat wohl auch stattgefunden. Diejenigen, die davon wissen, beteuern, Chodorkowski habe das Gespräch niemandem gegenüber je kommentiert. Chodorkowskis Geschäftspartner vermuten, dass der Unternehmer von General Wladimir Pronitschew, der 2003 die Führung im Grenzschutzdienst des FSB übernommen hatte, nach Moskau begleitet wurde. Chodorkowski selbst bestreitet das.

Anton Drel, Chodorkowskis Anwalt: *»Wir hatten uns kurz vor seiner Abreise gesehen. Chodorkowski hatte mich zu sich nach Hause gebeten, nach Shukowka. Es war übrigens das erste Mal, dass ich bei ihm zu Hause war.*

---

\* In der Technitscheski-Gasse 2 befand sich seinerzeit die Abteilung der Generalstaatsanwaltschaft für besonders wichtige Verfahren. (Anm. Natalija Geworkjan)

Kapitel 2

Wir hatten auch erst seit kurzem miteinander zu tun. Ich hatte gar nicht vorgehabt, mit Chodorkowski zu arbeiten. Es gab ja viele verschiedene Legenden, die sich um die Gruppe rankten: über ihre Aggressivität, ihren Geiz, dass sie dort kein einziges Projekt zu Ende bringen würden, dass man sie fertigmachen würde, weil sie bei den Wahlen die Kommunisten unterstützt hatten, dass sie einen ganz furchtbaren Sicherheitsdienst hätten. Überhaupt, der große und schreckliche Chodorkowski. Doch dann überredete mich Wassja Alexanjan, der damalige Chef der Rechtsabteilung bei Yukos, zu einem Treffen; er sagte, Chodorkowski sei auf der Suche nach einem persönlichen Anwalt. Wir trafen uns im Februar 2000. Er begrüßte mich mit einer halben Verbeugung, respektvoll, ohne jegliche Arroganz. Er bat mich, von mir zu erzählen: Armee, Studium, Arbeit. Ich erzählte also und sagte ehrlich, dass ich Projekte mit anderen Oligarchen, unter anderem mit Roman Abramowitsch, hatte. Er hörte sich alles an und schlug vor, ich solle selbst die Bedingungen formulieren, unter denen ich bereit wäre, mit ihm zu arbeiten. Wie sich herausstellte, gab es einerseits den Mythos Chodorkowski und andererseits den eigentlichen Chodorkowski.

An jenem Abend kam ich also zu ihm. Ich hatte nicht den Eindruck, dass er sich innerlich auf eine Verhaftung vorbereitete. Er sagte: ›Die Wahrscheinlichkeit meiner Verhaftung liegt jetzt bei 90 Prozent, aber nicht bei 100 Prozent. Hundertprozentig ist sie erst, wenn sie sanktioniert wird von ...‹ Wie hat er ihn noch genannt? Ich komme einfach nicht drauf. Jeder nennt Putin anders. Leute aus Petersburg sagen ›der Direktor‹, Geschäftsleute, die der Staatsmacht nahestehen, nennen ihn den ›Vorgesetzten‹ ... Jedenfalls meinte er, sanktioniert von Putin. Ich glaube, er ging davon aus, Putin würde es ihm persönlich sagen: Hau ab oder wir verhaften dich. Mir wurde damals berichtet, er hätte versucht, sich nach Platons Verhaftung im Juli 2003 mit Putin zu treffen. Er hatte Nikolai Patruschew, den Direktor des FSB, um Hilfe gebeten. Patruschew war damals ziemlich neutral. Patruschew schlug ihm vor, sich mit Generalstaatsanwalt Ustinow zu treffen, aber Chodorkowski lehnte ab. Ustinow hatte schließlich angeboten, sich für 280 Millionen

## Der Angriff

*Dollar ›zu einigen‹. Chodorkowski aber wollte sich nicht ›einigen‹. Die letzte Station auf seiner bevorstehenden Reise sollte, so hatte er gesagt, die Region der Ewenken sein, wo er anstelle von Wassili Schachnowski (einem Gesellschafter der Menatep-Gruppe und einem der Yukos-Chefs, der als Abgeordneter die Region Ewenken im Föderationsrat vertrat) hinfliegen wollte.*

*Am 25. Oktober um fünf Uhr morgens rief mich Chodorkowskis Leibwächter an. Er berichtete von der Verhaftung. Ich rief Wladimir Dubow an, einen der Aktionäre der Menatep-Gruppe und damals Duma-Abgeordneter. Um 10.30 Uhr wurde ich dann von Chodorkowskis Mobiltelefon aus angeklingelt. Er war schon in Moskau ... Ich kam in die Staatsanwaltschaft. Chodorkowski saß betont entspannt da. Ihm gegenüber saß Ermittler Radmir Chatymow (der später aus irgendeinem Grund entlassen oder gezwungen wurde, ›auf eigenen Wunsch‹ zu kündigen), und sie sprachen über Gott und die Welt. Chodorkowski rauchte eine nach der anderen ...«*

Ich habe Chodorkowski niemals rauchen sehen. Seine Freunde sagen, dass er manchmal, wenn er etwas trank, bei jemandem eine Zigarette schnorrte. Und er trank nur, wenn er am selben Tag nicht mehr arbeiten wollte. Einen doppelten Whisky etwa. Mit Genuss. Aber selten, wie es scheint. Seine Nachbarn in Jablonewy Sad, einer Siedlung in Shukowka, wo die Gesellschafter des Unternehmens wohnten, berichten, er hätte ständig gearbeitet. Wenn man sich abends draußen die Füße vertreten oder den Hund ausführen wollte und Chodorkowski begegnete, merkte man an dessen zurückhaltendem »Guten Abend«, dass ihm irgendein Gedanke durch den Kopf ging, von dem er sich nicht durch ein höfliches Gespräch ablenken lassen wollte. In seinem Arbeitszimmer brannte bis spät abends Licht. Er arbeitete entweder, oder er las.

Das letzte Mal war Chodorkowski am 19. Oktober zu Hause. Wäre er damals spazierengegangen, hätte er gerade einmal zwei Geschäftspartner treffen können, die noch in Freiheit und nicht ausgereist waren: Wassili Schachnowski und Wladimir Dubow. In diesen letzten Monaten vor der Verhaftung war Jablonewy Sad merklich leerer geworden.

Chodorkowskis Reise durch das Land begann am 20. Oktober 2003: Lipezk, Woronesh, Belgorod, Tambow, Saratow, Nishni Nowgorod ... Zwei Wochen plante er unterwegs zu sein. Bei seinen Gesprächen und Vorlesungen sollte es eigentlich nur um Wirtschaftsfragen gehen, doch ein aufmerksamer Student oder Unternehmer oder einfach ein Zuhörer oder Fernsehzuschauer, der Chodorkowskis Ausführungen bis zum Schluss verfolgte, konnte darin nicht nur eine wirtschaftliche, sondern auch eine politische Strategie ausmachen, die Chodorkowski im Interesse der weiteren Entwicklung des Landes vorschlug. Nach seiner Argumentation brauchte Russland drei Dinge, um voranzukommen: 1. eine gleichbleibend hohe Zahl erstklassig ausgebildeter Menschen, also Bildung, 2. die richtigen Bedingungen, damit diese Menschen in Russland effektiv arbeiten konnten, also die Integration des Landes in die Weltwirtschaft, und 3. ein Umfeld, in dem diese Menschen gern leben wollten, also die Entwicklung der Zivilgesellschaft im Land.

Was tat Chodorkowski aus Sicht des Kreml? Er absolvierte eine Wahlkampfreise. Ganz gemäß der Theorie von einer Verschwörung der Oligarchen, die der Politikwissenschaftler Stanislaw Belkowski, auf Bestellung von Putins Silowiki oder aus eigener Veranlassung, in einem im Mai 2003 veröffentlichen Bericht ausführlich dargelegt hatte. Seiner Theorie zufolge hatten die Oligarchen vor, mit ihrem gigantischen Vermögen die Duma und die regionalen legislativen Versammlungen zu kaufen, die Verfassung zu ändern und Russland von einer präsidialen in eine präsidialparlamentarische Republik zu transformieren, an deren Spitze sich selbstredend der Ideologe dieser Verschwörung, Michail Chodorkowski, stellen würde. Dieses Papier berührte sämtliche empfindlichen Punkte bei Putin: sein durch seinen Werdegang

Der Angriff

geprägtes Misstrauen, sein nachtragendes Wesen, seinen Neid und seine Unsicherheit, um nicht zu sagen: Feigheit.

Die Autoren dieses Berichts hatten den Zeitpunkt für die Veröffentlichung optimal gewählt: gerade einmal zwei Wochen nach der offiziellen Ankündigung der Fusion von Yukos und Sibneft, in deren Folge das neue Unternehmen zum Spitzenreiter auf dem russischen Energiemarkt avancieren würde. Hinzu kam, dass gleichzeitig Verhandlungen über eine Fusion des nun zusammengeschlossenen Konzerns mit Chevron liefen, die vorsah, dass YukosSibneft 30 Prozent (das größte Paket) an der fusionierten Gesellschaft behalten sollte. Das hätte dem Unternehmen bei den Erdölreserven den ersten und bei der Förderung den zweiten Platz im Weltmaßstab garantiert und damit einen Sprung unter die fünf Größten der Welt in puncto Börsenwert ermöglicht. Und im Dezember standen Parlamentswahlen und die Konstitution einer neuen Staatsduma an, von der, wie der Bericht behauptete, der reichste Mann im Land seine eigene Vorstellung hatte.

Angesichts all dieser realen und fiktiven Umstände wurde die Figur Chodorkowskis scheinbar zu einer großen, einer sehr großen Gefahr für den noch nicht gefestigten Präsidenten. Chodorkowski war nur allzu klar, wie sehr er seine Gegner mit dieser Reise verärgern konnte. Er war jedoch, sagen seine Kollegen, der Auffassung, dass das politische Pendel im Herbst 2003 schon zu weit in Richtung der Hardliner im Umfeld des Präsidenten ausgeschlagen hatte (des Stellvertretenden Leiters der Präsidialadministration, Igor Setschin, und des Petersburger Teams) – zu Lasten des liberalen Flügels, den Chodorkowski mit dem Leiter der Präsidialadministration, Alexander Woloschin, assoziierte. Vielleicht hoffte er ja ganz naiv, den Lauf der Geschichte ändern zu können. Oder er hoffte, nicht minder naiv, auf Woloschin. Hoffnung hatte er in jedem Fall, denn noch kurz vor seiner Verhaftung sagte er mir, ein Signal für eine reale Gefahr wäre das Ausscheiden Alexander Woloschins aus der Präsidialadministration.

## Kapitel 2

»Wenn das passiert, dann ist wirklich alles vorbei.« Woloschin trat eine Woche nach Chodorkowskis Verhaftung zurück, das Signalsystem hatte also versagt oder vielmehr in der falschen Richtung funktioniert – ob zufällig oder nicht.

Wassili Schachnowski sagte mir, er habe noch versucht, Chodorkowski von dieser Reise abzubringen. Aber Chodorkowski lasse sich eben nicht so einfach von etwas abbringen...

Michail Chodorkowski: »*Sich wegducken, Intrigen spinnen, sich in die Büsche schlagen – das mag ja richtig sein, aber ich kann und will so nicht leben. In den ersten Jahren unter Putin sah es für mich so aus, als wäre er zwar anders als Jelzin, aber dennoch zu offenen Diskussionen bereit und aufgeschlossen für andere Meinungen. Deshalb war ich ehrlich bemüht zu helfen, auch nachdem ich mich unverhohlen auf die Seite der Nicht-Hardliner gestellt hatte.*

*Platons Verhaftung zeigte jedoch, dass Putin und ich verschiedenen Welten angehören. Wahrscheinlich hätte ich mir das früher bewusst machen müssen, doch das konnte ich nicht, solange das Thema mich innerlich nichts anging. Was blieb jetzt zu tun? Man erklärte mir, Platon sei eine Geisel. Und er würde nicht die einzige bleiben. Sollte ich also ausreisen? Und von woanders mein Land beschimpfen? Das ist meine Sache nicht. Dann also vorwärts, in die politische Opposition. Ganz offen. In der äußerst vagen Hoffnung, dass die Gegenreaktion nicht zu scharf ausfallen würde.*

*Ob ich mit Kollegen gesprochen, mich mit ihnen beraten habe? Natürlich. Ich habe meinen Leuten die Risiken vor Augen geführt, ihnen empfohlen zu gehen. Mit meinen politischen Verbündeten habe ich die Probleme besprochen, die möglicherweise auf sie zukamen. Niemand hat erklärt, ich würde ihn in Gefahr bringen, niemand wusste einen anderen, gangbaren Weg.*

*Alles Weitere war eine Frage meiner eigenen Überzeugungen.*«

Nach der Verhaftung sagten viele, Yukos sei so groß geworden, dass Chodorkowski das Gefühl für die Realität verloren und sich als unverwundbarer Herr der Schöpfung gefühlt habe, dem alles erlaubt sei. Eben das sei sein Fehler gewesen. Chodorkowski weist das zurück:

Michail Chodorkowski: »*Unverwundbar? Nach der Sache mit Gussinski? Und nach Platon? Lächerlich. Ich habe eher noch überlegt, ob sie mich nicht umbringen würden, kam aber zu dem Schluss, dass sie das nicht tun würden.*«

Wladimir Dubow, Yukos-Gesellschafter, ehemaliger Duma-Abgeordneter: »*Ich war in Moskau. Zunächst rief mich unsere Fahrdienstleiterin an, die für die Route des von Chodorkowski gecharterten Flugzeugs verantwortlich war. Sie sagte, unser Flugzeug sei in Nowosibirsk auf eine Reservelandebahn gezwungen worden. Dann rief der Direktor der Fluggesellschaft an, bei der wir das Flugzeug gechartert hatten. Dann rief noch einmal die Fahrdienstleiterin an und sagte, das Flugzeug sei von OMON-Einheiten abgeriegelt. Dann rief der Anwalt Anton Drel an: Chodorkowski war verhaftet.*

*Mischa und ich hatten uns am 19. Oktober in Korallowo gesehen, beim Jubiläum des von ihm gegründeten Lyzeums. Ich hatte Alexander Potschinok mitgebracht, der damals Minister für Arbeit und Sozialentwicklung war. Potschinok meinte, wer weiß, was ich für diesen Besuch morgen von Putin zu hören bekomme – aber er kam trotzdem. Damals war die allgemeine Angst noch nicht so groß. Mischa und ich sprachen über eine mögliche Ausreise seines persönlichen Assistenten. Chodorkowski fand nicht, dass er unbedingt weg musste. Wir wussten bereits, dass der Junge abgehört wurde, und er hatte Angst. Am Ende stimmte Chodorkowski aber zu, und sein Assistent flog nach Zypern und von dort weiter nach London.*

*Mir scheint, dass wir alle in dieser ganzen Zeit bis zur Verhaftung noch hofften, die Sache würde glimpflich ausgehen. Von innen betrachtet, sah die Lage gar nicht so hoffnungslos aus: Minister und Beamte sprachen mit uns, Gouverneure empfingen uns freundlich. Allerdings erhielten wir zwei Tage vor der Verhaftung auf Umwegen eine Nachricht von Wladislaw Surkow (damals Stellvertretender Leiter der Präsidialadministration), wonach den Gouverneuren jeder Kontakt mit uns*

## Kapitel 2

*untersagt worden war. Andererseits kam nur wenige Tage vor Beginn dieser letzten Reise Woloschin bei Chodorkowski vorbei, und die beiden trennten sich wohl durchaus optimistisch.*

*Am 20. Oktober flogen wir zusammen nach Mordowien. Von dort aus flog er weiter. Ich hatte nicht den Eindruck, dass er eine Verhaftung für unausweichlich hielt. Ich weiß noch, dass ich ihn damals fragte, wie unsere Chancen für eine positive Lösung dieser ganzen Situation stünden. Er antwortete: ›15 Prozent. Und wenn wir wie verrückt arbeiten, doppelt so hoch.‹ Er erinnerte an die russische Geschichte: Ja, den Nowgorodern sei es tatsächlich gelungen, ihren Fürsten zu vertreiben, in allen anderen Fällen habe der Staat gesiegt.\**

*Als er diese letzte Reise antrat, war klar, dass das ein gefährliches Spiel war. Aber wir waren gewohnt, ihm zu vertrauen, und er sagte, es müsse sein. Entweder glaubte er selbst nicht, dass alles so ablaufen würde, oder er ahnte es, wollte aber niemandem Angst machen. Überhaupt erörterte Chodorkowski die Lage ab einem bestimmten Zeitpunkt nicht mehr in größerer Runde, jeder hatte seinen Arbeitsbereich, und allgemeines Gerede wurde nicht gern gesehen. Vielleicht war ich deshalb auf die weitere Entwicklung, also auf seine Verhaftung, nicht ganz vorbereitet.*

*Am Tag nach der Verhaftung traf ich Roman Abramowitsch, den Inhaber von Sibneft. Er war gerade aus London eingetroffen. Ich fuhr zu ihm. Ich wollte wissen, wie sie bei Sibneft die Lage einschätzten, was das alles sollte und was sie jetzt vorhätten. Ich möchte daran erinnern, dass wir zu diesem Zeitpunkt praktisch schon ein Unternehmen waren und gemeinsame Interessen hatten. Wir verhandelten gemeinsam über eine Fusion mit Chevron. Ich kam überhaupt nicht auf den Gedanken, dass Abramowitsch vielleicht ein doppeltes Spiel spielen könnte. Zumal der Vertrag mit Sibneft bei Vertragsbruch eine Konventionalstrafe von einer Milliarde Dollar vorsah. Das ist kein Pappenstiel.*

---

\* 1136 vertrieben die Bewohner von Nowgorod Fürst Wsewolod Mstislawowitsch. (Anm. Natalija Geworkjan)

*Auch Ljoscha Wenediktow*\* *erschien damals bei Abramowitsch. Er berichtete, was los war. Ich war erstaunt: Es war, als lege er einem Vorgesetzten Rechenschaft ab. Danach sprachen wir unter vier Augen. Abramowitsch sagte:* ›*Ich fahre in den Kreml. Ich kläre das.*‹ *Damit ist er offenbar heute noch nicht fertig.*«

Logischerweise konnte man nach der Verhaftung mit einer Hausdurchsuchung durch Zivilbeamte rechnen. Aber nichts dergleichen. Niemals, weder vor noch während noch nach der Verhaftung hat es bei Chodorkowski zu Hause auch nur eine einzige Durchsuchung gegeben, bis heute nicht. Es entsteht der Eindruck, als sei der Beschluss zu seiner Verhaftung in letzter Minute getroffen worden, irgendwie spontan, ja impulsiv. Chodorkowski vergaß bei der Verhaftung seine Aktentasche im Flugzeug, er bat später seinen Anwalt, sie abzuholen. Okay, wenn man schon so eine Aktion inszeniert, bei der ein Sonderkommando des FSB durchs halbe Land reist, eine Jagd auf einen gefährlichen Schwerverbrecher, dann nimmt man doch wenigstens dessen Aktentasche mit, möchte man meinen. Es könnten schließlich wichtige Beweise für seine Schuld darin liegen, in dieser Aktentasche. Und weitere solche Beweise könnten sich auch bei ihm zu Hause finden. Theoretisch. Irgendwelche Aufzeichnungen oder Dokumente …

Allein die Tatsache, dass Chodorkowski bei seiner Abreise zu Hause alles so ließ wie es war, deutet eher darauf hin, dass er eine Verhaftung nicht wirklich für möglich hielt. Er selbst behauptet allerdings etwas anderes.

Michail Chodorkowski: »*Ich hatte kaum Zweifel, dass eine Verhaftung tatsächlich möglich war, allerdings waren meine Vorstellungen von der Justiz naiv. Mit meiner Erfahrung aus Hunderten von Schiedsgerichtsverfahren glaubte ich, das Ausmaß der* ›*Biegsamkeit*‹ *der Richter unter dem Einfluss des* ›*Telefonrechts*‹ *zu kennen. Natür-*

---

\* Alexej Wenediktow, Chefredakteur des Radiosenders Echo Moskwy. (Anm. Natalija Geworkjan)

Kapitel 2

lich, alles, was sich zugunsten des ›Dienstherren‹ auslegen lässt, wird auch so ausgelegt, aber offene Rechtsbeugung? So etwas hatte ich bei den Schiedsgerichten bis dahin nicht erlebt. Deshalb hielt ich für das wahrscheinlichste Szenario, dass man mich durch endlose Ermittlungen im Gefängnis festhalten würde.

Wir gingen von zwei Jahren aus, sogar fünf. Auf einen zweiten Fall Gussinski machten wir uns keine Hoffnungen. Daran hatte sich die Staatsmacht doch zu sehr die Finger verbrannt. Ein Team, das mich ersetzen sollte, war aufgestellt worden und hatte die Einarbeitung schon hinter sich (Stephen Teede und Bruce Misamore).

Dass man uns Yukos wegnehmen würde, hielten wir durchaus für möglich, aber die Zerschlagung des Unternehmens konnten wir nicht vorhersehen, weil sie weder in den rechtlichen Rahmen noch in die übliche Logik eines pragmatisch denkenden Verfechters eines starken Staates passte.

Doch zum Glück waren wir gewohnt, uns abzusichern. Die auf meine Verhaftung folgenden Schritte des Managements waren präzise und der Situation angemessen, umso mehr, als es eine entsprechende internationale Praxis gibt. Die russischen Behörden griffen auf ein Modell zurück, das für Länder der Dritten Welt ziemlich typisch ist. Die Reaktion der westlichen Länder war ebenfalls vorhersehbar. Nur ein einziges Mal musste sich das Management entscheiden, und zwar nach der Sperrung aller Konten (Anfang 2004): nämlich ob die Produktion eingestellt oder ob weitergearbeitet werden sollte. Entschieden wurde damals, das Personal des Unternehmens, das sich seinen ›Monostädten‹ verbunden fühlte, nicht in die Konfrontation hineinzuziehen.«

Bald nach der Verhaftung Platon Lebedews interviewte ich Boris Beresowski, der sich bereits in London niedergelassen hatte. Er sagte voraus, dass Chodorkowski ein ähnliches Schicksal erwartete, also das eines politischen Emigranten (hier irrte er sich), und dass man ihm sein Unternehmen wegnehmen würde (hier lag er richtig). Nach diesem Interview hatte ich ein Treffen mit Chodorkowski. Er war so erbost, dass er beinahe flüsterte.

## Der Angriff

Ich glaube, jeder einzelne Satz in diesem Interview machte ihn wütend. Mir fiel wieder ein, was seine Kollegen erzählt hatten: Der Chef spricht immer leise, wenn er sich ärgert.

»Sie glauben doch nicht etwa, dass ich denen das Unternehmen überlasse?

»Nein, das glaube ich nicht. Aber ich glaube, man wird es Ihnen wegnehmen, ohne Sie um Erlaubnis zu fragen.«

Heute redet Chodorkowski anders.

Michail Chodorkowski: »*Dass man mir das Unternehmen wegnehmen könnte, hielt ich schon seit jener Sitzung im Februar für möglich, auf der ich im Namen des Russischen Industriellen- und Unternehmerverbandes zur Korruption gesprochen hatte.*«

Vielleicht dachte er auch damals, während unseres Treffens in der Yukos-Zentrale, schon so, aber er sprach es nicht aus. Er überlegte einen Moment und sagte: »Sie haben mir mal einen Rat gegeben: Vertrauen Sie Putin nicht.«

Tatsächlich hatte ich nach einem mehrstündigen Interview mit Putin im Februar 2000 auf irgendeiner Abendveranstaltung oder bei einem Jubiläum Chodorkowski und Newslin getroffen, und sie hatten mich nach meinem Eindruck von Putin gefragt. Ich hatte vor allem gesagt, dass ich das, was er sagt, niemals für bare Münze nehmen würde. Putin war ein Profi darin, den Gesprächspartner für sich einzunehmen, sich auf das einzustellen, was dieser hören wollte, damit man ihm vorbehaltlos vertraute.

Chodorkowski fuhr fort: »Ich habe Ihre Worte immer in Erinnerung behalten. Nur einmal habe ich nicht daran gedacht. Wissen Sie, warum? Weil es der Präsident des Landes war, der da mit mir sprach. Und ich konnte mir nicht vorstellen, dass der Präsident des Landes einfach lügt. Jetzt muss ich dafür bezahlen.«

In diesem Moment kamen Leute ins Zimmer, und so konnte ich ihn nicht mehr fragen, wann genau er Putin vertraut hatte. Die Antwort auf diese Frage erfuhr ich erst viel später.

## Kapitel 2

Wassili Schachnowski, Gesellschafter der Menatep-Gruppe: »*Das war Chodorkowskis letzte persönliche Begegnung mit Putin. In den letzten Apriltagen 2003, am 29. oder 30., das genaue Datum weiß ich nicht mehr. Ich kann nur das wiedergeben, was mir Mischa gleich nach dem Treffen erzählt hat.*

*Sie hatten sich auf Putins Datscha in Nowo-Ogarjowo getroffen. Das Treffen hatte Roman Abramowitsch organisiert, der aber selbst nicht anwesend war. Die Fusion von Yukos mit Sibneft lief weiter. Putin wusste natürlich Bescheid. Ich bekomme vielleicht nicht mehr alle Einzelheiten zusammen. Aber wie ich es in Erinnerung habe, sprachen sie anfangs zu dritt. Putin, Schwidler und Chodorkowski – die Chefs von Sibneft und Yukos. Es ging um den bevorstehenden Deal des fusionierten Unternehmens YukosSibneft mit Chevron. Die Verhandlungen mit Chevron gingen sehr gut voran. Es wurden bereits konkrete Details besprochen. Geschäfte von solcher Tragweite sind ja bekanntlich ohne Abstimmung mit dem Kreml nicht möglich. Putin gefiel die Idee scheinbar, zumindest verbal stellte er sich hinter Yukos: ›Legen Sie los. Die Sache ist zwar nicht so einfach, über Sie wird ja Verschiedenes berichtet. Aber ich werde Sie unterstützen und Ihnen, falls nötig, auch Rückendeckung geben.‹*

*Danach blieben Chodorkowski und Putin allein zurück. Und Putin sagte: ›Stellen Sie die Finanzierung der Kommunisten ein.‹ Ich war damals einigermaßen überrascht, als ich das erfuhr, da man uns genau diese Förderung nach einer Mitteilung von Wladislaw Surkow erst ein paar Monate zuvor genehmigt hatte. Wir hatten die Frage also mit dem Kreml abgestimmt. Aber vielleicht hat Surkow das auch nur mir so gesagt, ohne es mit Putin abzusprechen. Ich glaube nicht, dass Putin wie ein Vorgesetzter mit seinem Untergebenen geredet hat, aber Mischa fasste seine Worte als unmissverständliche Forderung auf.*«

Nach der Begegnung war Chodorkowski ruhig, mit dem Gespräch war er eher zufrieden. Die Forderung des Präsidenten hat er übrigens erfüllt. Er stellte die Finanzierung des Wahlkampfs der Kommunisten ein, unterstützte aber weiter die liberalen Par-

## Der Angriff

teien: Jabloko, SPS,* und, ja, auch die wichtigste Partei der Macht: Einiges Russland. Das sind die Paradoxe der russischen Politik. Die Finanzierung der Partei der Macht ist wesentlicher Bestandteil der sogenannten »Nichtbeteiligung« der Wirtschaft an der Politik. Putin sah Chodorkowski also in die Augen und sagte: Machen Sie nur, Ihre Pläne finde ich gut. Aber entgegen seinem Versprechen gab Putin keine »Rückendeckung«, als Platon Lebedew abgeholt wurde. Und auch nicht, als sie Chodorkowski holten. Später wurde klar, dass die Ausforschung von Yukos durch die Geheimdienste schon zum Zeitpunkt der letzten Begegnung zwischen dem Unternehmer und dem Präsidenten auf Hochtouren lief. Eine Sondergruppe war gegründet worden, die schon seit Ende 2002 ihre Maulwurfsarbeit gegen Yukos verrichtete. Die Gruppe unterstand Juri Saostrowzew, dem damaligen stellvertretenden Direktor des FSB und Leiter der Abteilung für Wirtschaftssicherheit. Saostrowzew hatte sich schon beim Vorgehen gegen zwei weitere Oligarchen hervorgetan: Gussinski und Beresowski. Ersteren betrachtete der russische Präsident als seinen Feind, Letzteren als Freund, der die Freundschaft verraten hatte. Hinter Putins »Angriffen« steht immer ein verdecktes oder offensichtliches persönliches Motiv. Im Falle Chodorkowskis kamen zu diesem Motiv noch die Bestrebungen der Freunde des Präsidenten, die augenscheinlich richtig Appetit bekommen hatten. Ich urteile anhand der Ergebnisse: Das wichtigste Asset von Yukos erhielt das Staatsunternehmen Rosneft, dessen Direktorium eben jener Igor Setschin vorsaß. Sie wollten Yukos haben, und dafür musste erst der Präsident überzeugt werden, Chodorkowski »aus dem Weg zu räumen«.

Michail Chodorkowski: *»Ich vermute, dass es zumindest für Putin in dieser Geschichte ursprünglich um Chodorkowski ging. Wann in seinem Umfeld die Idee mit Yukos aufgekommen ist, weiß ich nicht. Ich nehme an, eher ›vorher‹ als ›nachher‹. Und wann es ihnen gelun-*

---

* Sojus prawych sil, Union der rechten Kräfte (Anm. d. Ü.)

Kapitel 2

*gen ist, diese Idee Putin einzureden? Eher ›nachher‹ als ›vorher‹, sonst hätte Abramowitsch den Kopf nicht in die potenzielle Schlinge gesteckt. Schließlich war es für ihn nicht ohne Risiko, sich so weit vorzuwagen. Aber Intrigen sind nicht mein Spezialgebiet. Ich kann mich auch irren. An möglichen persönlichen Motiven Putins wurden sehr viele benannt. Welches davon eine ›Herzenssaite‹ bei ihm angeschlagen hat? Ich weiß es nicht. Igor Iwanowitsch Setschin ist ein kluger Mann, er hat den richtigen Aufhänger gefunden oder sich einen ausgedacht. Wer weiß das schon so genau?«*

Hatte Putin Chodorkowski angelogen, als er seine Pläne guthieß? Vielleicht. Vielleicht hatte er zu diesem Zeitpunkt aber auch noch keine endgültige Entscheidung getroffen. Der Deal mit Chevron konnte dem Präsidenten ebensogut gefallen wie missfallen. Man hätte ihn als Sprung eines russischen Unternehmens nach vorn, auf die internationale Ebene begreifen können, was auch Russland zugutegekommen wäre. Aber ebenso konnte man das Thema auf das alte Muster reduzieren: Der Westen hat es auf unsere strategischen Rohstoffe abgesehen, Chodorkowski ist zu pro-amerikanisch, Yukos entzieht sich russischem Einfluss... Es war dieser pseudopatriotische oder etatistische Ansatz, wie er in Russland üblicherweise genannt wird, der in der Folge die Oberhand in der russischen Außen- und Wirtschaftspolitik gewann.

Der ehemalige Chef von Putins Administration, Alexander Woloschin, hat mir versichert, der geplante Deal mit Chevron sei bei Putin eher auf Beifall gestoßen, da damit ein russisches Unternehmen zum größten Aktionär eines führenden westlichen Ölkonzerns avancieren sollte. Roman Abramowitsch dagegen sagte mir in einem Gespräch, dieser Deal sei angesichts von Putins Charakter und Ansichten ein verhängnisvoller Fehler Chodorkowskis gewesen. Aus dem Mund von Chodorkowskis einstigem Partner für die geplante große Fusion klang das etwas überraschend.

Die damaligen geschäftlichen Pläne von Yukos waren grandios. Zwei Fusionen nacheinander, Projekte in Ostsibirien, dieser an

Rohstoffreserven so überaus reichen und nach wie vor noch nicht genügend erschlossenen Region, die Pipeline nach China ... Die Fusion mit Chevron, zu der praktisch nur noch ein Schritt fehlte, hätte Yukos und seine Inhaber im eigenen Land natürlich weitaus weniger angreifbar gemacht. Denen, die den »Fall Yukos« planten, war das vermutlich auch klar.

Michail Chodorkowski: »*Außer der ›Pipeline‹ und Ostsibirien standen auf der Tagesordnung auch eine Leitung nach Murmansk\* für Lieferungen in die USA (als ›Ausgleich‹ für die chinesische Route), eine Pilotanlage für das GtL-Verfahren (die Verarbeitung von Gas zu Dieselkraftstoff und die nachfolgende Einspeisung in die Rohrleitung, gerade diese Technologie hofften wir von Chevron zu erhalten), die Gründung eines Forschungszentrums in Moskau für die Optimierung und Einführung einer Reihe ganz neuer Entwicklungen, darunter auch Brennstoffzellen.*

*Das Projekt mit Chevron hätte Abramowitsch und mir die Kontrolle über eine der weltweit größten Erdölgesellschaften gebracht, die über solideste Technologien für die Off-Shore-Förderung von Öl und im Bereich GtL verfügt hätte. Das hätte ein strategischer Durchbruch in der Energiewirtschaft sein können. Im Jahr 2006 hat Chevron bedeutende Vorkommen im Golf von Mexiko entdeckt, jetzt gibt es Fortschritte beim Ölschiefer. Die Amerikaner hätten Liefergarantien erhalten, und Russland einen direkten Zugang nicht nur zum amerikanischen Absatzmarkt, sondern zu überaus wichtigen Technologien und Ressourcen in mehreren Regionen.*

*Es steht außer Zweifel, dass nach einer Fusion mit einem westlichen Konzern eine Geschichte wie die jetzige nicht mehr möglich gewesen wäre, was aber nicht bedeutet, dass es nicht auch andere, ebenso*

---

\* Geplantes System von Erdölleitungen, die die westsibirischen Vorkommen mit der Stadt Murmansk verbinden sollen, die trotz ihrer Lage nördlich des Polarkreises über einen weitgehend eisfreien Hafen mit Zugang zum Arktischen Ozean verfügt. (Anm. d. Ü.)

## Kapitel 2

*effektive Methoden gegeben hätte. Zumindest, solange man bereit war, wirtschaftliche Verluste dieser Größenordnung für das Land in Kauf zu nehmen.*

*Ich bezweifle, dass die Staatsmacht die Fusion von Yukos und Sibneft fürchtete. Diesen Deal hätte man ja auf bürokratischem Weg ohne weiteres stoppen können. Schließlich brauchten wir die Genehmigung des Kartellausschusses, das Einverständnis des Rohstoffministeriums und vieles mehr.*

*Noch einfacher war es, das Geschäft mit den ausländischen Partnern zu untersagen. Putin hat die Idee wohl eher gefallen, aber wie jeder Autokrat war er extrem anfällig für Manipulationen durch sein engstes Umfeld. Was man ihm gesagt hat, ist allgemein bekannt: angefangen vom ›Öldiebstahl‹ über das ›Blut an den Händen‹ bis hin zum ›Ausverkauf des Nuklearpotenzials an die Amerikaner‹. Was davon er geglaubt hat, vermag ich nicht zu sagen. Eine objektive Tatsache ist aber, dass Putin meine Verhaftung und die Vernichtung von Yukos für eine lohnende Maßnahme hielt, um das politische Feld mit einem Schlag von sämtlichen unabhängig finanzierten Kräften zu ›bereinigen‹.*

*Nicht mit dem Kreml abgestimmte Zahlungen von Sponsoren gab es ab sofort nicht mehr. Für die aktuellen Machthaber war dieser Schritt objektiv nützlich, strategisch aber war er unverantwortlich. Das Ergebnis war ein sprunghafter Anstieg der Korruption, Fehlentscheidungen und ein Rückgang der unternehmerischen Aktivität.«*

Dass Putins Unmut in Bezug auf Chodorkowski bereits im September, also einen Monat vor der Verhaftung und auch noch vor Chodorkowskis Reise durch das Land, ein Stadium erreicht hatte, in dem er daraus keinen besonderen Hehl mehr machte, belegt indirekt ein erst kürzlich veröffentlichtes Buch von John Browne, dem ehemaligen Chef des russisch-britischen Unternehmens TNK-BP. Browne zitiert darin aus seinem Gespräch mit Putin, das just zu dieser Zeit stattfand und in dem Putin über Chodorkowski gesagt habe: »I have eaten more dirt than I need to from that man«. Laut Browne meinte er damit, dass der Unternehmer Chodorkowski begonnen hatte, sich in die Politik einzumischen – das aber war in Putins Augen »unverzeihlich«.

Eine Stunde lang ging Chodorkowski zusammen mit seinem Anwalt Anton Drel im Korridor der Staatsanwaltschaft auf und ab. Es war seine letzte Stunde in Freiheit. Er hat sie nicht genutzt. Sie warteten darauf, dass die Anklage vorgelegt würde. Drel hatte ein Telefon bei sich. Chodorkowski rief niemanden an. Er bat Drel, später seine Mutter anzurufen und ihr auszurichten, sie möge zu seiner Frau und den Kindern fahren und eine Zeit lang bei ihnen wohnen. Vermutlich konnte er sich damals nicht vorstellen, dass auf die Festnahme Jahre in Haft folgen würden, ganz gleich, was er heute darüber sagt. Vielleicht ein Jahr, aber nicht Jahre. Das konnte sich eigentlich keiner der Unternehmer vorstellen, mit denen ich über dieses Thema sprach. Dann wurde die unglaublich dicke Anklageschrift gebracht. Eine ebenso dicke hatte man seinerzeit auch für Platon Lebedew angeschleppt. In diesem Moment wusste Drel, dass Chodorkowski hinter Gitter kommen würde, und zwar für lange Zeit. Die Anklage wurde nicht vom Chefermittler Salawat Karimow persönlich übergeben. Wie sich herausstellte, ließ er derlei lieber von seinen Untergebenen erledigen.

Michail Chodorkowski: »*In der Staatsanwaltschaft wurde ich auf die übliche ungesetzliche Weise zunächst als Zeuge vernommen, dann hieß es, ich sollte noch etwas warten, und zwei Stunden später wurde die Anklage vorgelegt. Nun wurde ich schon als Beschuldigter vernommen. Es ging alles ganz fix. Gericht – Haftbefehl – Gefängnis Matrosskaja Tischina.*

*Aus der Generalstaatsanwaltschaft hätte man mich sicher nicht weggehen lassen, obwohl ich ihnen natürlich hätte Ärger machen können. Telefonieren? Mit wem denn? Es war ja klar: Putin hatte das abgesegnet. Sollte ich andere Leute in Gefahr bringen? Oder hätte ich mich*

## Kapitel 2

*an die Presse wenden sollen? Die Nachrichtenagenturen hatte mein Anwalt ohnehin gleich unterrichtet.*

*Die Ermittler waren Salawat Karimow und Michail Besugly, die anderen habe ich mir nicht gemerkt. Dass sie eindeutige Befehle hatten, daran bestand nicht der geringste Zweifel. Wissen Sie, wie sich Karimow selber beschreibt? Als ›ehrlichen Soldaten‹ (mit den Privilegien eines Generals). Wenn es einen Befehl gibt, denkt er nicht weiter nach. Das ist sein Vorzug in den Augen der Obrigkeit, und es ist auch ein großer Nachteil. Manchmal sollte man eben doch nachdenken.*

*Vom Gesetz rede ich gar nicht: die Eigenständigkeit des Ermittlers, das eigene Gewissen, dem der Mitarbeiter der Staatsanwaltschaft verpflichtet sein soll... Wenn ein Befehl vorliegt, ist das alles leeres Geschwätz. Dabei kann er im normalen Leben durchaus ein wunderbarer Mensch sein, wie der sowjetische Spion Stierlitz über seine Kollegen von der Gestapo zu sagen pflegte.«* [*]

Andrej Rasnowski, Richter am Moskauer Stadtteilgericht Basmanny und früher Mitarbeiter der Staatsanwaltschaft, hatte Chodorkowskis Verhaftung abgesegnet. Später wurde er befördert und zum Richter am Moskauer Stadtgericht ernannt. Bei Gericht wurde die Anklage von Staatsanwalt Waleri Lachtin vorgetragen, der auch schon im Fall Platon Lebedews dessen Verhaftung gefordert hatte.

Chodorkowski hörte sich Rasnowskis Beschluss an, nahm seinen Ehering und seine Uhr ab, übergab beides Drel, sagte »Macht nichts, auch so eine *experience* ist nützlich« und trat den Weg ins Gefängnis an.

Niemals später hat Chodorkowski wieder darum gebeten, ihm so seltsame Dinge ins Gefängnis zu schicken, wie bei diesem ersten Mal. Irgendwer hatte ihm beigebracht, eventuelle Notizen

---

[*] Stierlitz, der bei den Nazis eingeschleuste sowjetische Spion, ist eine Figur aus dem populären TV-Mehrteiler *Siebzehn Augenblicke des Frühlings*. (Anm. Natalija Geworkjan)

## Der Angriff

müsse man auf Zigarettenpapier schreiben, weil man sich daraus, falls man gefilzt würde, eine Zigarette drehen und sie aufrauchen könnte. Vielleicht hatte er auch nur – wie jeder von uns – in Büchern darüber gelesen, wie man Botschaften aus der Zelle mit Milch auf Papier schrieb und ähnliche Gefängnislegenden, von denen unsere Literatur seit der Revolution so voll ist. Außerdem fürchtete er, man könnte psychotrope Mittel bei ihm anwenden, deshalb versuchte er, die ersten paar Wochen möglichst nicht zu essen, und trank nur Wasser...

Anton Drel sagt, er habe sich im Großen und Ganzen keine Sorgen darum gemacht, wie die Zellengenossen Chodorkowski aufnehmen würden: »Seine Reizschwelle ist äußerst hoch, nahezu unerreichbar – und er kann mit jedem Menschen sprechen und eine gemeinsame Sprache finden.«

Michail Chodorkowski: »*Im Gefängnis kam ich in eine große Zelle, in der ich anfangs allerdings allein war, erst später wurden noch ein paar Leute dorthin verlegt. Sie organisierten sich gleich ihre ›Lieferwege‹, über die die Post, Wodka, Lebensmittel und Zigaretten liefen. Ich traf einige Bekannte wieder, einer davon saß in der Zelle gegenüber. Ich war frappiert, wie viele Leute, die ich aus den Augen verloren hatte, nicht etwa emigriert waren, sondern in Wahrheit im Gefängnis saßen.*

*Nervös war ich überhaupt nicht. Essen, Trinken und Briefeschreiben verweigerte ich von Anfang an. Ich trank nur Leitungswasser, und zwar so lange, bis ich mich einigermaßen in der Situation zurechtgefunden hatte – drei Wochen lang.*

*Es ist sehr nützlich, wenn man weiß, wie man sich bei einer Verhaftung oder Geiselnahme zu verhalten hat. Ich empfehle allen, die sich in Russland unternehmerisch, politisch oder gesellschaftlich betätigen, sich dieses Wissen anzueignen. Wichtig ist, die Dinge zu nehmen, wie sie sind; wichtig ist, sich in der völlig neuen Lage zurechtzufinden; wichtig ist, an Informationen zu kommen und sie zueinander in Beziehung zu setzen; wichtig ist, sich nicht mit Hoffnungen auf eine schnelle Entlassung zu quälen und sich nicht den Kopf zu zerbrechen über das,*

## Kapitel 2

*was man in der Freiheit nicht mehr erledigen konnte.* Wichtig ist, nur das zu sagen, was man in seinem eigenen Interesse sagen will – und nichts darüber hinaus. Die mögliche Wirkung der eigenen Worte einzuschätzen, ist unmittelbar nach einer Verhaftung keine leichte Aufgabe. Was sie mir damals von zu Hause mitbringen sollten, weiß ich nicht mehr. Bücher, Hefte und Stifte hatte ich aber schon bald. Auf alles andere kann ich verzichten, das fällt mir nicht schwer.«

MICHAIL CHODORKOWSKI

KAPITEL 3

# Ich wollte der Beste sein

Ich bin jemand, der Erinnerungen nicht allzu sehr mag. Mein Gedächtnis ist so strukturiert, dass es alles verwirft, was keine logische Verbindung zur Gegenwart oder keinen emotionalen Gehalt hat. Letzteres kommt in meinem Leben nur selten vor. Dennoch erinnere ich mich, dass ich immer schon Führungsrollen angestrebt habe. Ich brauchte die formale Führungsposition in einer organisierten Struktur, denn so wie meine Eltern mein Leben eingerichtet hatten, konnte ich nicht der Anführer irgendwelcher Straßenjungs werden. Obwohl ich in der Straße der Kosmonauten wohnte, die zum Einzugsgebiet der berüchtigten »Masutka«-Bande gehörte. Dort gab es Gangs, Prügeleien zwischen verschiedenen Straßenzügen und so weiter.

Der Sport, mein Ehrgeiz in der Schule – ich wollte einfach der Beste sein. Wie man mir das eingeimpft hat, weiß ich selbst nicht. Ich versuche, es zu analysieren, und komme doch nicht dahinter.

Mit sechs Jahren schickten meine Eltern mich in einen Schwimmverein. Ich fuhr quer durch ganz Moskau, zur Schwimmhalle »Lokomotive«. Große Erfolge erzielte ich nicht, obwohl ich sechs Tage die Woche trainierte. Immerhin kam ich mit elf schon in die unterste Erwachsenenmannschaft, ich war ausdauernd und hatte eine gesunde Lunge (ich konnte 15 Kilometer am Stück laufen und fünf Kilometer schwimmen). Aber meine totale Unfähigkeit, mich zu prügeln, war für einen Jungen in meinem Alter und meinem Stadtbezirk einfach nicht mehr hinnehmbar. Meine

Kapitel 3

erste eigenständige Entscheidung war daher, das Schwimmen aufzugeben und zum Kampfsport zu gehen.

Freistil, Sambo, Karate, Boxen. Von allem etwas, nicht wegen der sportlichen Leistungen, sondern um mich prügeln zu können. Mit 18, als ich mit dem Studium anfing, gab ich den Sport auf. Ich hatte einfach keine Zeit mehr dafür. Zum letzten Mal habe ich mich mit 23 geprügelt – wegen meiner späteren Frau, wie sich zeigen sollte. Das Ganze war also nicht umsonst.

Seit ich 18 bin, jogge ich und mache Hanteltraining, später habe ich auch angefangen, an Fitnessgeräten zu trainieren. Bis zu meiner Verhaftung bin ich täglich fünf Kilometer gelaufen. Schwimmen hasse ich. Ich muss es in der Kindheit damit wohl übertrieben haben. Die Gewohnheit, täglich körperlich zu trainieren, hilft mir im Gefängnis, mich nicht gehenzulassen.

In der Schule habe ich übrigens zum Vergnügen Fußball und Hockey gespielt (das Spartak-Stadion lag ganz in unserer Nähe). Ich hatte haufenweise Verletzungen. Seit meinem 35. Lebensjahr etwa fangen sie an, sich auch bemerkbar zu machen.

Um noch einmal auf meine Kindheit zurückzukommen: In einem Bereich führend zu sein und in einem anderen die Führerschaft zu verlieren, war damals keine Option für mich. Später musste ich mich natürlich nicht nur einmal entscheiden. Zum Beispiel zwischen einer Hochschulkarriere und der Welt des Big Business. Zwischen der Bankwirtschaft und der Industrie. Zwischen einer Beamtenkarriere und der Freiheit. Zwischen der Freiheit und der eigenen Würde. Aber das war erst später.

Letztlich waren es die Mitgliedschaft bei den Jungen Pionieren und dann beim Komsomol, die mir halfen, meine Führungsqualitäten zu verwirklichen, ohne das, was ich im Sport und in der Schule erreicht hatte, aufzugeben. Natürlich habe ich vieles andere versäumt. Aber damals hatte ich nicht das Gefühl, etwas verpasst zu haben. Auch jetzt tut es mir nicht sonderlich leid darum. Während der Schulzeit hatte ich keine Zeit zu vertrödeln:

Lernen, Sport, die Spezialschule für Chemie. Während meines Studiums kannte ich das Studentenleben nur von den Baubrigaden,* sonst gab es für mich nur Prüfungen, Arbeit, »gesellschaftliche Verpflichtungen«. Feten im Wohnheim habe ich nur sehr selten mitgemacht, vielleicht drei bis fünf Mal in all den Jahren. Museen, Ausstellungen, Theater – all das ging an mir vorbei. Später habe ich das nachzuholen versucht, aber nie geschafft. Gelesen habe ich allerdings immer und viel.

Wir waren nicht besonders wohlhabend, Geld war deshalb immer ein Thema. Und je älter ich wurde, desto mehr. Sobald sich die erste Gelegenheit bot, etwas zu verdienen, griff ich zu. Den ersten Versuch machte ich mit 14, mit 15 oder 16 arbeitete ich schon regelmäßig. Zuerst verdiente ich mir in den Ferien in einer Bäckerei etwas dazu. Dann verschaffte mir mein Vater eine Anstellung als Hausmeister, dann kamen die Baubrigaden, die Arbeit in den Betrieben während der Praktika und in den Ferien.

Meine Philosophie war simpel: Wenn man Geld und Zeit hat, muss man beides verschwenden. Wenn man nur Zeit, aber kein Geld hat, muss man etwas verdienen. Das eine wie das andere ist spannend.

Trotz alledem kam es mir nie in den Sinn, mich als Spekulant zu versuchen. Damals wurde importierte Technik und Musik weiterverkauft, die Leute von Dienstreisen aus dem Ausland mitgebracht hatten. Es gab einen Schwarzmarkt. Ich hatte viele Bekannte – vom Sport, aus Schule und Studium. Ich bin schließlich ein kommunikativer Typ, mit breit gefächerten technischen Interessen. Heute denke ich: Eigentlich komisch, ich hätte nur den Gedanken zulassen müssen, mich als Spekulant zu betätigen, und das Leben hätte eine ganz andere Wendung genommen.

* Studenten der verschiedenen Hochschulen bildeten im Sommer Baubrigaden, die über das ganze Land verteilt zum Beispiel auf Baustellen oder in Kolchosen zum Einsatz kamen (Anm. Natalija Geworkjan)

Kapitel 3

So viel ist sicher. Ich hätte angefangen, viel zu verdienen, ich hätte beschlossen, dass die Hochschule nichts bringt, sondern reine Formsache ist. Ich hätte angefangen, Beziehungen »zu den Organen« aufzubauen. Dann hätte ich es bereut, aber es wäre zu spät gewesen.

### Um »Ideologien« scherte ich mich nicht

Ich glaubte an die Partei, ohne mich für »Ideologien« zu interessieren und mich besonders darum zu kümmern. Das wundert Sie vielleicht, aber Sie sind ein Mensch aus einer anderen Welt.

Ich weiß selbst nicht, wie ich Ihnen das erklären soll. Reden Sie etwa oft mit Ihren Freunden über die Vorzüge eines bestimmten Betriebssystems? Dabei ist genau das für viele eine Schlüsselfrage ihrer zwischenmenschlichen Beziehungen: Sehen Sie etwa nicht, wie sehr Microsoft die Sache mit Vista vermasselt hat? Sind Sie etwa noch nie schweißgebadet aus einem Alptraum aufgewacht, in dem sich alle Ihre Treiber aufgehängt haben?!! Und haben Sie noch nie Lust verspürt, die Apple-Anhänger kaltzumachen? Wenigstens moralisch? Nein?

Und doch nimmt Microsoft in Ihrem Leben mehr Raum ein, als die KPdSU in meinem eingenommen hat. Bis 1984, 1985 hatte ich mich auf eine sehr begrenzte Anzahl von Fragen zu konzentrieren. Alle übrigen Fragen waren auf »Hintergrund-Modus« geschaltet. Der Mensch schließt sich seiner »Gruppe« an. Eltern, Freunde, Lehrer – das, was sie sagen, wird als Tatsache hingenommen, ohne es zu hinterfragen.

Vista braucht jedenfalls drei bis fünf Minuten zum Starten. Ist das viel oder wenig? Es braucht 20 GB Speicher. Ist das viel? Breshnew nuschelt vor sich hin, während er irgendwem den fünften Orden anheftet. Das ist lächerlich. Aber vielleicht ist das ja überall so? Mir ist das eigentlich ganz egal. Ich sehe schließlich den Zusammenhang zu den leeren Regalen im Geschäft nicht.

## Ich wollte der Beste sein

Ich weiß nicht einmal, dass sie auch voll sein können. Bis ich 27 Jahre war, habe ich das nicht verstanden! Ich konnte aus den Einzelheiten nicht auf das große Ganze schließen. Ich dachte nicht besonders viel nach. Es gab »die unseren« und »die anderen«, schwarz und weiß. Keine Zwischentöne. Obwohl ich sehr wohl verstand, dass auch unter den »unseren« viele Idioten und Mistkerle waren. Aber sie gehörten zu uns. Mit ihnen würden wir selber fertig werden.

Hätte ich damals schon viel erreichen können? Und ob! Wenn man sich beispielsweise die meisten der damaligen Dissidenten und sogar Bürgerrechtler unvoreingenommen betrachtete, gaben sie kein überzeugendes Bild ab. Wenn man nicht anhand eigener Reflexionen und Informationsquellen zu verstehen versuchte, was sie redeten, taten und durchsetzen wollten, fiel es schwer, sich ihren Ideen wirklich anzuschließen. Eher kam der Wunsch auf, die gewohnte Welt und die Ideologeme, die sich tief ins Bewusstsein gegraben hatten, zu verteidigen.

Zu Beginn der Perestroika, also etwa 1985/1986, war ich dabei, mein Studium abzuschließen. Ich schloss mit »rotem Diplom«, das heißt mit Auszeichnung, ab und bekam ein Stipendium; parallel hatte ich ein bis zwei Jobs: als Hausmeister und manchmal auch als Tischler bei uns im Stadtteil Swiblowo. Ich baute Einbauschränke, reparierte Türen und Fensterrahmen. Im Sommer kamen noch die studentischen Baubrigaden dazu. Von 1986 bis 1987 war ich Stellvertretender Sekretär des Komsomolausschusses am Chemisch-Technischen Institut, wo ich mich um die organisatorische Arbeit kümmerte, und nachts verdiente ich mir in der Brotfabrik an der Krasnoselskaja-Straße etwas dazu. Es war hart. Besonders, als ich ein Zweitstudium am Juristischen Allunionsinstitut für Fernstudien aufnahm.

Größere Geldprobleme gab es nicht, obwohl ich schon eine eigene Familie hatte – ich war verheiratet und Vater eines Sohnes. Meine Eltern halfen uns, obwohl ich das ablehnte, wann immer es ging. Sie waren aber trotzdem erpicht darauf, ihrem Sohn Geld zuzuschießen. Wir hatten genug. 400, 500 Rubel im Monat für uns drei. Nicht übel.*

Beruf: Komsomolze

Nach dem Studium hätte ich gern in einem Betrieb oder einer wissenschaftlichen Produktionsgenossenschaft gearbeitet. Doch es kam anders. Ich wurde Stellvertretender Sekretär des Komsomolausschusses der Hochschule.**

Wegen ideologischer Fragen wurde bei uns »kein Stress gemacht« – das erklärt wohl, dass so unabhängige Leute wie Mischa Marfin, Mischa Kusnirowitsch und auch ein dritter Mischa, Mischa Bolotin, alle bei uns im Komsomolausschuss saßen.*** Wir haben alle zur selben Zeit dort gearbeitet. Ob es politische Witze gab? Klar. Und was ich am Institut für eine Wandzeitung gemacht habe! Ich würde sagen, sie war extrem bissig. Und ich habe gegen alle gestichelt. Den Dekan eingeschlossen. Aber wir waren ein »Freidenker«-Institut, bei uns wurde so schnell keiner in die Mangel genommen. Als kurz vor Silvester in der Eingangshalle des Hauptgebäudes eine Papiertanne auftauchte, die bis an die Decke reichte (und das sind sechs bis acht Meter), auf der in höflicher, aber studentisch freier Form »Glückwünsche« verewigt waren (wir schrieben das Jahr 1981!), konnte der Rektor natürlich nicht so

---

* Das Durchschnittsgehalt in der Sowjetunion lag damals bei 195,80 Rubel. (Anm. Natalija Geworkjan)
** Der Kommunistische Jugendverband der UdSSR hatte an allen Hochschuleinrichtungen seine eigenen Organisationen. (Anm. Natalija Geworkjan)
*** Michail Marfin wurde später als Autor von Fernsehdrehbüchern bekannt, Michail Kusnirowitsch gehört heute eines der teuersten Modegeschäfte am Roten Platz, und Michail Bolotin ist Haupteigentümer des Konzerns Traktornye sawody. (Anm. Natalija Geworkjan)

tun, als hätte er nichts bemerkt. Dennoch wurden wir erst am nächsten Tag aufgefordert, sie zu entfernen. Und niemand wurde deshalb ins Parteibüro oder ins Dekanat zitiert. Gennadi Jagodin, der damals Rektor war, ist ein großartiger Mensch.

Über die Dissidenten, über Sacharow wussten wir damals nichts. Vielleicht hatten wir davon gehört, aber in meinem Kopf war davon einfach nichts hängengeblieben. Obwohl ich *Ein Tag im Leben des Iwan Denissowitsch* gelesen hatte. Es hatte mir auch gefallen. Stalin mochte ich sowieso nicht besonders. All die Verhaftungen und Erschießungen Unschuldiger, sein ungeheuerlicher Fehler zu Beginn des Krieges... Das wusste ich alles, brachte es aber nicht in Zusammenhang mit der »heutigen« KPdSU. Da war einfach eine Barriere. Wann ich Bulgakows *Hundeherz* gelesen habe, weiß ich nicht mehr. Allgemein war ich schon immer ein Liebhaber der fantastischen Literatur. Michail Bulgakow wie auch Alexej Tolstoj sind für mich »antiquarische« Schriftsteller. Ich habe sie gelesen, war aber nicht beeindruckt. Die Brüder Strugazki fand ich viel interessanter – richtig verstande habe ich sie allerdings erst mit Ende dreißig. *Die dritte Zivilisation, Es ist nicht leicht, ein Gott zu sein, Picknick am Wegesrand* – in jedem Buch gibt es mindestens drei Ebenen der Wahrnehmung. Wenn du endlich bei der dritten angekommen bist, fängst du an, nicht nur die sowjetische Macht zu verachten, sondern grundsätzlich jede totalitäte oder sogar autoritäre Macht. Ich bin mir nicht sicher, dass es den Strugazki-Brüdern genau darum ging, aber das haben sie erreicht. Konstantin Simonow im Übrigen auch. Als Mensch war er mit Vorsicht zu genießen, heißt es, aber nach seinem Buch *Die Lebenden und die Toten* braucht man keinen *Iwan Denissowitsch* mehr. Was Stalin anging, war mir alles klar. Nicht von Anfang an und auch nicht im »zarten Jugendalter«, sondern erst viel später, aber dann war es wirklich klar...

Ich hörte gern westliche Musik: Boney M., ABBA, das Orchester von Paul Mauriat, Patricia Kaas. Das waren zwar »die anderen« –

## Kapitel 3

man denke nur an »Dschingis Khan«! –, aber ich empfand sie nicht als fremd. Eine deutsche Band. Auch hier gab es eine Barriere. Ich habe erst vor weniger als zwanzig Jahren aufgehört, die Deutschen als Feinde zu sehen. Ich hatte Glück. Ich lernte einen bemerkenswerten und sehr verständnisvollen Menschen kennen, einen Deutschen, dem es gelang, diesen Belag des alten, man kann sogar sagen: genetisch bedingten Hasses abzukratzen. Ob Sie es glauben oder nicht: Ich habe die Deutschen (die Westdeutschen wie die Ostdeutschen) einfach nur gehasst, leidenschaftlich gehasst. Heute blicke ich zurück und wundere mich, wie der Mensch sich ändern kann. Meine Kinder lernen Deutsch und betrachten Deutschland und die Deutschen als ihre Freunde. Sie können sich nicht einmal vorstellen, dass das auch anders sein kann.

Der Mensch ist schon ein seltsames Wesen! Mir genügte die Freiheit, die es gab. Schon in der Schulzeit veranstaltete ich mit einem Freund zusammen Diskotheken. Niemand hinderte uns daran. Der Direktor half uns sogar mit der Technik aus. Ich weiß nicht. Anderen ist es vielleicht anders ergangen, aber ich hatte Glück. Ich konnte so leben, wie es mir gefiel.

Führungsqualitäten – das hat man tief in sich. Um ganz offen zu sein: Ich mag Menschen, ich interessiere mich für sie, allerdings in einem relativ engen Sinn – ich mag es, wenn ich für sie einen Platz im Leben finden kann, eine Aufgabe, die ihnen entspricht, wenn ich zu ihrer Entwicklung beitragen und sie weiterbringen kann, bis an ihre persönlichen Grenzen. Ich zwinge ihnen keine Rolle auf, sondern greife auf das zurück, was jemand gut kann, oder das, wonach er strebt. Und zwar nicht etwa, weil ich nicht in der Lage wäre, jemanden zu etwas zu zwingen – das bin ich sehr wohl. Ich tue es nur nicht gern. Was ich dagegen nicht nur gut kann, sondern auch gern tue, ist, Leute von etwas überzeugen. Nicht alle, nur solche, die ähnliche Wertvorstellungen haben wie ich. Oder sie zumindest haben könnten. Daher auch das Problem mit Putin.

Meine Stärke ist die Logik, nicht das Gefühl. Ich fühle mich verantwortlich für die, die sich mir anvertraut haben, allerdings nur materiell, nicht emotional. Meine Frau kritisiert mich dafür, und ich versuche aufrichtig, mich zu bessern, wenigstens im Kreis der Familie. Mit wechselndem Erfolg gelingt mir das auch. In letzter Zeit lobt Inna mich. Aber vielleicht tue ich ihr auch einfach nur leid.

Russe durch und durch

Ich hatte nie Probleme wegen meiner jüdischen Nationalität, zumindest nicht auf der zwischenmenschlichen Ebene. Schwierigkeiten mit dem System gab es natürlich, aber darauf achtete ich nicht besonders, und dass sie mir erst im Rückblick bewusst werden, zeigt, dass sie mich psychisch wohl nicht sehr verletzt haben. Viele machen mir Vorwürfe, wenn ich sage, dass ich mich als Russe fühle. Für manche Leute ist die Lossagung vom Judentum offenbar gleichbedeutend mit Verrat. Aber ich habe mich nie als Jude gefühlt. Wenn es neben der sowjetischen für mich überhaupt eine nationale Identität gab, dann nur die russische. Auch meinen Vater habe ich niemals als jemanden wahrgenommen, der einer anderen Nation angehört als die übrigen Menschen in unserem Umfeld. Ich glaube, er hat sich auch selbst nicht so gesehen. Als Moskauer Straßenkind der Nachkriegszeit hatte er außerdem sicher andere Sorgen als sein Judentum.

Kleinere Probleme gab es, aber ich brachte sie nicht mit meiner Nationalität in Zusammenhang. An der Sonderfakultät[*] wurde ich aufgenommen, und auch zu allen »vertraulichen« Unterlagen bekam ich ohne Weiteres Zugang. Ich arbeitete sowohl in Betrieben als auch auf dem Bau mit echten Arbeitern. Da war nie

---

[*] An den Sonderfakultäten wurden Spezialisten für die Rüstungsindustrie ausgebildet. (Anm. Natalija Geworkjan)

## Kapitel 3

irgendetwas, nicht einmal eine Andeutung. In späteren Jahren dagegen gab es zweifellos öfter Anlass, nachdenklich zu werden. Einmal fuhr ich sogar nach Israel und sprach dort mit einem sehr angesehenen Rabbiner und mit anderen Menschen, die sich als echte Juden fühlten. Sie fragten mich, ob ich mich in Israel zu Hause fühle.

Für mich ist das eine ganz einfache Frage: Ich mag die Hitze nicht, ich mag das warme Meer nicht und ich mag die Wüste nicht. Meine Lieblingsstadt (neben Moskau) ist Tomsk, und mein liebster Urlaubsort ist Jokanga, im Gebiet Murmansk, jenseits des Polarkreises, nur zehn Kilometer vom Eismeer entfernt – Wälder, Tundra, Felsen. Ich mag eiskalten Wodka, dünne Scheiben von geeistem Fisch, Pelmeni mit saurer Sahne, Buletten und Borschtsch. Eine offene Prügelei ziehe ich der fein gesponnenen Intrige vor; schnellen heftigen Streitigkeiten und einem ebenso schnellen Frieden gebe ich den Vorzug gegenüber jahrelangen Konflikten.

Gleich nach der ersten Reise war ich mir jedenfalls sicher: In Israel gibt es tüchtige und interessante Menschen, aber sie sind völlig anders. Anders als ich, anders als mein Vater. Ihre Gewohnheiten und ihre Kultur sind so anders, dass mir selbst die Amerikaner deutlich näher stehen.

Was die Einstellung zu Juden innerhalb Russlands angeht, haben wir es, denke ich, mit einer doppelten Dummheit zu tun. Es ist dumm, Leute nach ihrer Nationalität zu beurteilen; und es ist dumm, die reale Gefahr für unsere nationale Kultur nicht zu sehen, die sich aus einem ganz anderen, inner- und interzivilisatorischen Konflikt ergibt. Gleichwohl existiert ein objektives Problem: In Russland ist der Aufbau des Nationalstaats noch nicht abgeschlossen, und in dieser Phase werden Fragen der nationalen Identität übertrieben sensibel wahrgenommen. Darüber muss man sich im Klaren sein und nicht das Unmögliche versuchen.

All das mindert aber nicht die Verantwortung der Elite, die die Pflicht hat, die gesellschaftlichen Entwicklungen in zivilisierte Bahnen zu lenken, statt die Phobien der Massen für ihre eigennützigen Ziele auszunutzen. Mein persönliches Verhältnis zu Menschen beruht auf meiner Einschätzung ihres geistigen Potenzials. Wer mehr mitbekommen hat, von dem erwarte ich auch mehr.

Was ist Nationalität? Ein Eintrag im Pass, eine kulturelle Zugehörigkeit? Gibt es einen direkten Zusammenhang zwischen Charakter und Kultur? Ich bin mir sicher, dass es so ist. Nationalität ist Kultur plus kleinere genetische Besonderheiten, die sich in unserer globalisierten Welt immer mehr verwischen. Und Charakter ist Kultur plus einige physische Besonderheiten des Organismus.

Ich bin durch und durch Russe. Im Umgang mit einfachen Polizisten und Staatsanwälten, im Gefängnis wie im Lager in Tschita, habe ich mich immer völlig entspannt gefühlt. Und in der Schule, an der Hochschule erst recht. Das steckt in mir. Ja, ich werde als »Intelligenzler« wahrgenommen. Ich rede die Leute mit »Sie« an, ich halte Distanz, ich spreche korrekt... Wir bewegen uns nicht auf demselben Niveau, aber mir sind diese Menschen nicht fremd. Wie mir auch viele meiner Bekannten aus Amerika nicht fremd sind. Manche sind mir fremd, andere nicht. Aber unsere Leute tun mir mehr leid. So ist das. Weil sie unglücklich sind. Eben deshalb könnte ich auch schwer ohne Russland auskommen. Hier habe ich das Gefühl, gebraucht zu werden. »Dort« ist auch ohne mich alles gut. Obwohl ich dort ebenso leicht Geld verdienen und berühmt werden könnte. Das weiß ich. Ich habe es ernsthaft erwogen.

Ein jüdischer Mathematiker hat sich einmal darüber empört, dass ich meine Kraft und mein Talent für und in Russland verschwende, wie er fand. Ich will nicht mit ihm streiten – sein geistiges Leben spielt sich in einer anderen Welt ab, einer Welt der Zahlen und der globalen Ideen. Ich dagegen bin ein Krisenmanager. Ich mag Menschen, und ich mag Eisen. Und Eisen mag ich sogar viel lieber als Gold. In jeder Hinsicht.

Übrigens bin ich keineswegs ein Asket. Ich habe nur einfach meine eigenen, spezifischen Bedürfnisse. Wenn um mich herum zuviel Luxus ist, fühle ich mich unwohl. Meiner Frau geht es genauso. Aber einkaufen gehen wir gern. Schreibwaren, Papier, elektronische *gadgets*. Spielsachen... die »schwere Kindheit« eben. Wir haben uns als Kinder einfach nicht sattgespielt.

Insofern ist der Typus des Kapitalisten – in der Bedeutung, wie ich dieses Wort bis zur Perestroika verstanden habe, nämlich als »reicher Mann« – für mich nicht besonders nachvollziehbar. Er ist mir fremd. Der Kapitalist als »Eigner« dagegen, als Lenker, jemand, der Gold zu Eisen macht – dieser Typus ist mir nah und vertraut. Geld und Aktien sind gute Auswahlmechanismen, um wirklich tatkräftige Leute zu finden.

Übrigens sind Manager und Unternehmer ganz verschiedene Arten von Kapitalisten. Ich bin ein Manager, aber ich verstehe mich darauf, Unternehmer zu finden, ihre Ideen aufzugreifen und zu verwirklichen.

### Kommerzieller Schnickschnack

Nun zu den NTTM-Zentren.[*] Ich möchte vorausschicken, dass ich grundsätzlich nichts davon halte, Mythen zu widerlegen. Das ist zwecklos. Wenn bisher jemand versucht hat, mir irgendwelche Fakten zuzuschreiben, habe ich prozessiert und gewonnen, aber

---

[*] Die »Jungen Forschungs- und Technikzentren« (wörtlich »Zentren für wissenschaftlich-technisches Schaffen der Jugend«, NTTM) wurden 1987 per Verordnung der sowjetischen Regierung, der Gewerkschaften und des Komsomol als quasi-privatwirtschaftliche Unternehmen ins Leben gerufen. Angesiedelt waren sie bei den Stadtbezirksausschüssen des Komsomol. (Anm. Natalija Geworkjan)

wenn jemand irgendetwas »Allgemeines« brummelt, schweige ich. Ich erzähle, wie es wirklich war. Aber ob irgendjemand die Wahrheit hören will? Ich habe es ein paar Mal versucht, aber die Leute glauben mir nicht, und ich erkenne keinen Sinn darin, sie zu überzeugen. Eigentlich fing alles gar nicht mit dem NTTM-Zentrum an. Im Komsomolausschuss war ich für die Mitgliedsbeiträge verantwortlich. Meine zukünftige zweite Frau besorgte die Buchhaltung, sie hatte also ebenfalls mit den Mitgliedsbeiträgen zu tun. Jeden Monat mussten von 5000 Personen insgesamt 500 bis 700 Rubel eingesammelt werden. Zu dieser Zeit etwa fing die Perestroika an. Die Disziplin ließ nach. Jeden Monat gab es Fehlbeträge von 100 bis 200 Rubel – und Ärger in der Stadtbezirksleitung. Sollte ich herumlaufen und betteln: »Wollt ihr nicht bitte zahlen«? Bei meinem Charakter? Sie verstehen ...

Also musste Geld aufgetrieben und für die Nachzügler eingezahlt werden. Nur wo? Damals war gerade die Verordnung »Über Jugendcafés und Freizeitzentren« erlassen worden. Das war sogar noch vor dem Gesetz über die Kooperativen. Mein erstes »Business« war denn auch ein Jugendcafé. Es war nicht sonderlich erfolgreich, aber besser als nichts.

Dadurch wurde die Stadtleitung des Komsomol auf mich aufmerksam, ich wurde gebeten, bei der Einrichtung eines städtischen Jugendzentrums mitzuhelfen. Wenn das klappte, wollten sie mich zum Direktor machen. Ich stellte mit meinen Kumpels zusammen etwas auf die Beine, in der Ordynka-Straße. Dann sollte ich zur offiziellen Ernennung bei der Stadtleitung erscheinen. Im Empfangszimmer kam ein junger Mann auf mich zu, den ich über Bekannte aus der Hochschule kannte und der dort die Studentenabteilung leitete. Er sagte mir: Du wirst doch nicht Direktor, sondern nur Stellvertretender Direktor. Ich drehte mich auf dem Absatz um und ging. So ist eben mein Charakter. Ich kann es nicht ausstehen, wenn Leute ihre Verpflichtungen nicht erfüllen.

Kapitel 3

Einige Monate später ruft mich derselbe junge Mann an und sagt mir, ich solle Sekretär der Komsomol-Leitung im Stadtbezirk Frunsenski werden. Und ob ich nicht ein NTTM-Zentrum dort aufbauen wolle? Das war reiner Zufall.

Ohne Zweifel kam damals schon ein gewisses Gefühl von Freiheit auf. Zu anderen Zeiten wäre ich nach so einem Auftritt einfach nirgends mehr untergekommen. Aber von politischen Veränderungen war noch überhaupt nichts zu spüren. Die wichtigste Informationsquelle war das Fernsehen, und das war durch und durch servil. Jelzin kam gelegentlich in das Parteibüro bei uns im Bezirk. Damals bin ich ihm zum ersten Mal begegnet. »Scharfe Worte« bekam bei dieser Gelegenheit keiner von ihm zu hören. In der Stadtbezirksparteileitung spielte er nach den Regeln.

Überhaupt gingen all diese erhabenen politischen Themen an mir und meinen Kollegen vorüber. Weder im Komsomol-Ausschuss am Institut noch in der Frunsenski-Stadtbezirksleitung wurde darüber diskutiert. Ich war Techniker, und zu tun hatte ich genug. Wir nutzten die Möglichkeiten, die uns direkt angingen (wie die NTTM-Verordnung), aber wir zogen keine allgemeinen Schlüsse. Das berühmte Lied von Wiktor Zoi, *Wir wollen Veränderungen*, wurde erst später zu »meinem« – um 1990, 1991 etwa.

Ich nahm also die Gründung des NTTM in Angriff. Mein »Chef« an der Hochschule, seines Zeichens Sekretär der Parteileitung, hatte bemerkt, dass ich ständig in der Frunsenski-Stadtbezirksleitung war. Wir gehörten aber zum Swerdlowski-Bezirk. Er nahm mich beiseite und sagte, entscheide dich – entweder du bist Sekretär des Komsomolausschusses, oder du kümmerst dich um deinen »kommerziellen Schnickschnack«. Nach dem Motto »Augen zu und durch« sagte ich mit zitternder Stimme: Ich nehme den »kommerziellen Schnickschnack«. Er sah mich an wie einen Volltrottel, sagte aber nichts. Einige Monate später wechselte ich ganz zum NTTM.

## Ich wollte der Beste sein

Das war im Oktober 1987. Ich bekam einen Raum und meine Papiere wurden gestempelt. Es war ja noch Planwirtschaft! Wie eröffnete man ein Bankkonto? Wie ließ man sich einen eigenen Stempel anfertigen? Wie mietete man Räume? Wie kaufte man Geräte? Und Möbel? Entweder mit Schmiergeld, oder man brauchte ein Papier von der Stadtbezirksleitung. Schmieren konnte ich nicht, das habe ich bis heute nicht gelernt. Zu dumm! Mein Büro lag in einem Gebäude an der Gottwald-Straße. Meine Mitarbeiter waren meine spätere zweite Frau und ihre Freundin. Außerdem ein paar Sympathisanten mit »halber Stelle«. Geld hatte ich keins, deshalb arbeitete ich weiter nebenbei als Hausmeister und Tischler. Das Büro und die nötigen Stempel – das war schon nicht wenig. Aber auch nicht viel. In Moskau gab es damals 33 solcher Zentren. Ein Jahr später kam das »Gesetz über die Kooperativen« heraus. Später war viel davon die Rede, dass die NTTM-Zentren das Recht erhalten hatten, Buchgeld in Bargeld umzuwandeln. Ja, dieses Recht existierte, aber auch die Kooperativen durften das seit 1986. Übrigens meldeten Herr Tarassow und ich unsere Unternehmen am selben Tag beim Exekutivkomitee der Stadt Moskau an – bei Jelena Baturina.* Er registrierte seine Kooperative Technika, ich das Zentrum. Tatsächlich hatte nach der Verabschiedung des Gesetzes über die Staatsunternehmen 1987 jeder diese Möglichkeit;** man musste sich nur rühren, statt die Hände in den Schoß zu legen und abzuwarten.

* Artjom Tarassow war einer der ersten Genossenschaftler, der erste legale Millionär der Sowjetunion. Ende der neunziger Jahre emigrierte er nach London, seit 2003 lebt er wieder in Russland. Die heutige Großunternehmerin Jelena Baturina ist die Ehefrau von Juri Lushkow, dem ehemaligen Oberbürgermeister von Moskau, und eine der reichsten Frauen Russlands. (Anm. Natalija Geworkjan)
** Dieses Gesetz räumte den Unternehmen größere wirtschaftliche Eigenständigkeit ein. Sie erhielten nun das Recht, einen Teil ihrer Produktion zu freien Preisen zu veräußern. (Anm. Natalija Geworkjan)

Der Preis der Unwissenheit

Eine interessante Frage ist, was sich der Staat eigentlich dabei dachte, als er die NTTM-Zentren gründen ließ und das Gesetz über die Staatsunternehmen einführte. Die Antwort weiß wohl Michail Gorbatschow. Und auch Alexander Jakowlew wusste sie.* Ich nehme an, es steckte mehr Politik als Wirtschaft dahinter. Es war ein zutiefst politisches Spiel, das da ablief. Irgendwer sollte vorgeführt, provoziert werden. Irgendwer kämpfte um politische Ressourcen.

Niemand konnte sich vorstellen, welchen Einfluss diese Entscheidungen auf buchstäblich alle Bereiche des gesellschaftlichen und wirtschaftlichen Lebens haben würden. Nikolai Ryshkow, Walentin Pawlow und alle anderen brachten schlicht nicht die nötige Qualifikation und Kenntnis von den Realitäten des Marktes mit, um alles voraussehen zu können.**

Zu den ökonomischen Aspekten, die aus meiner Sicht für die konkrete Entscheidungsfindung wie gesagt nur sekundär waren, zählten der Einbruch des Verbrauchermarktes und die Inflation, die sich aufgrund der festen Preise so auswirkte, dass die Waren aus den Regalen verschwanden. Die Gründe dafür sind nur allzu offensichtlich: In der Struktur der sowjetischen Industrie lag der Schwerpunkt auf den Wirtschaftszweigen der Gruppe A, also der Industrieproduktion und den Rüstungsbetrieben. 84 Prozent der Industrieunternehmen waren im Wesentlichen mit Aufträgen aus dem Verteidigungssektor befasst, Konsumgüter waren gewisser-

---

* Alexander Jakowlew war von 1986 bis 1990 Sekretär des Zentralkomitees der Kommunistischen Partei, verantwortlich für Fragen der Ideologie, Information und Kultur. (Anm. Natalija Geworkjan)
** Nikolai Ryshkow war 1985 bis 1990 Vorsitzender des Ministerrats der UdSSR, Walentin Pawlow 1986 bis 1989 Vorsitzender der staatlichen Aufsichtsbehörde für Preise. (Anm. Natalija Geworkjan)

maßen ein Nebenprodukt. Die in der Bevölkerung verfügbare Geldmenge wurde mit Importwaren und Alkohol im Gleichgewicht gehalten.

Die von Gorbatschow initiierte Antialkoholkampagne überschwemmte den Markt mit einer ungeheuren Menge »heißen« Geldes, und da die Importe aufgrund sinkender Öl- und Gaseinnahmen zurückgingen, ließ sich das Problem nicht abfedern. Es kam zu einer Akkumulation der Geldmenge, die wegen des Warendefizits nicht ausgegeben werden konnte. Dazu kam der langfristige Entwicklungsrückstand der Wirtschaftszweige der Gruppe B (Konsumgüter) infolge mangelnder Finanzierung und schlechter Ausstattung sowie die insgesamt geringe Arbeitsproduktivität und Qualität des Verwaltungspersonals, wofür wiederum die langjährige Stagnation verantwortlich war.

Dieses komplexe Problem sollte nun nach dem Rezept der »kossyginschen« Reformen der sechziger Jahre gelöst werden\* – mit »Chosrastschot«, also der Erlaubnis zu eigenständigem Wirtschaften, und dem Gesetz über die Staatsunternehmen. Doch es war zu spät. Missverhältnisse in der Grundmittelausstattung lassen sich nicht mit bloßem Enthusiasmus lösen, solange das System der staatlichen Versorgung beibehalten wird. Die Produktion von Konsumgütern mit den Mitteln und Kräften der Giganten der sozialistischen Industrie lieferte nicht nur grässliche Qualität, sondern führte auch zu unglaublichen Kosten. Herstellungskosten von 700 Prozent! Das habe ich selbst gesehen und nachgerechnet.

Dann wurden die Kooperativen »auf den Weg gebracht«, in der Hoffnung, sie würden die Wende zustande bringen und die leeren Regale wieder füllen. Aber es war vergebens. Die Erfolge

---

\* Alexej Kossygin war von 1964 bis 1980 Vorsitzender des Ministerrats der UdSSR und schlug eine Dezentralisierung der Volkswirtschaft und mehr Selbstständigkeit für Unternehmen vor. (Anm. Natalija Geworkjan)

Kapitel 3

der »Produzenten im Untergrund« ließen sich ohne umfassende Veränderungen nicht auf das gesamte Land übertragen.

Eigentlich hätte jeder Ökonom, jeder Verwaltungsexperte der Staatsführung diese Entwicklung bis ins Letzte voraussagen können. Ihre mangelnde Qualifikation kam unsere Führung teuer zu stehen. Sie wählten den falschen Weg – und hatten dann die Situation nicht mehr im Griff.

Eine zweite Chance hat ihnen die Geschichte nicht gegeben. Statt eine rigorose Verschiebung der Ressourcen zu veranlassen, statt einen radikalen Bruch in der planwirtschaftlichen Branchenstruktur zu vollziehen, statt umfassende personelle Veränderungen vorzunehmen, beschlossen unsere Kämpfer für die Stabilität, alles zu lassen, wie es war. Und daneben die Schaffung von etwas zu »erlauben«, das den Markt auffüllen sollte. Morgen. Ohne Ressourcen, ohne Strukturen und mit minimaler politischer Unterstützung.

Heute sehe ich mir an, was unsere Politiker tun und erkenne manches wieder. Von wegen Handsteuerung!

### Business in seiner wilden Phase

»Einfach so« bekam man gar nichts, selbst wenn man ein Anrecht darauf hatte. Das war schließlich Business, noch dazu in seiner wildesten Phase, in der man einfach übers Ohr gehauen werden konnte – und niemand hätte einem geglaubt. Niemand wusste etwas, alle hatten Angst vor allem.

Meine erste Idee (natürlich nicht meine, sondern die, die ich umsetzte) war einfach. An unserer Hochschule gab es einen Rat junger Spezialisten, dem Doktoranden und junge Dozenten angehörten. Alles Bekannte von mir. Sie konnten für verschiedene Betriebe und Forschungsinstitute arbeiten, zum Beispiel Silikatplatten mit Farbglasur entwickeln oder für eine Reduktion des Energieverbrauchs von Hochtemperaturbrennöfen sorgen. Projekte gab es schon (also Entwürfe, auf Papier), diese aber an jedes einzelne Unternehmen anzupassen, sie zu implementieren, war eine eigene Arbeit.

Für solche Arbeiten wurden zwischen der Hochschule und dem interessierten Unternehmen üblicherweise sogenannte »Leistungsverträge« geschlossen – über die entsprechende Abteilung der Hochschule. Dort aber regierte der Plan, und jenseits des Plans machte ein Beamter keinen Finger krumm. Ich schlug also vor: Lasst mich die Arbeit des Beamten machen – ich schließe den Vertrag mit dem Auftraggeber und komme für die technische Ausrüstung und das Material auf. Ich bekomme einen Anteil, und zwar weniger als die Hochschule. Buchhaltung, Rechnungswesen, Bankangelegenheiten – alles mein Problem. Sämtliche Rennerei übernehme auch ich. Die Jungs freuten sich und brachten mir den ersten Vertragsentwurf. Mit IWTAN (dem Institut für Hochtemperaturen der Akademie der Wissenschaften der UdSSR). Der Direktor von IWTAN, Alexander Schejndlin, selbst Mitglied der Akademie der Wissenschaften, ging das Risiko ein und erlaubte seinen Leuten, den Vertrag zu schließen. Bis heute denke ich mit größter Dankbarkeit an ihn zurück. Meine Jungs erledigten alles. Die Sache hatte, glaube ich, mit künstlichen Diamanten zu tun. IWTAN bezahlte für den Auftrag, und ich bezahlte, wie versprochen, die Spezialisten und trug die Kosten. Was mir blieb, war für die damalige Zeit viel Geld; was aber noch wichtiger war: Ich hatte meinen ersten Vertrag erfüllt und konnte argwöhnischen Direktoren anderer Unternehmen nun damit vor der Nase herumwedeln.

Ich will noch etwas ausführlicher erzählen, wie die sowjetische Wirtschaft damals funktionierte. Nur ganz grob. Geld spielte in dieser Wirtschaft nur eine Behelfsrolle, da sämtliche materiellen Ressourcen von den staatlichen Planungsstellen zugeteilt wurden. Sogar die Auslastung aller wesentlichen Produktionskapazitäten erfolgte nach dem staatlichen Plan. Das heißt, selbst wenn man Geld hatte, brauchte man, um eine neue Maschine zu kaufen, eine »Zuteilung« von Gossnab, dem Staatlichen Komitee für

## Kapitel 3

materiell-technische Versorgung. Der Vertragspartner konnte einem eine Maschine nicht einfach billiger oder teurer verkaufen. Den Preis legte Goskomzen fest, das Staatliche Komitee für Preise. Mehr noch, er konnte einem die Maschine ohne Anweisung von Gossnab auch nicht liefern. Selbst um eine weitere Maschine zu produzieren, brauchte man eine Genehmigung von Gosplan, der Staatlichen Plankommission.

Das System war natürlich schwerfällig und ineffizient. Oft fuhren gleiche Frachten in entgegengesetzte Richtung quer durchs ganze Land oder verstaubten in den Lagern, weil die Pläne der einen Behörden denen anderer Behörden widersprachen. Und die, die diese Frachten zum selben Zeitpunkt brauchten, konnten sie nicht bekommen.

Es lag auf der Hand, dass es in diesem System auch »freiere« Bereiche gab: die Konsumgüter. Natürlich wurden auch sie nur auf Zuteilung an die Geschäfte geliefert, aber immerhin zwang niemand den einzelnen Menschen, bestimmte Waren zu kaufen (wie das bei den Industrieabnehmern der Fall war).

Mit der Zeit entstanden Missverhältnisse. Oft hatte ein Unternehmen Geld, konnte aber nicht das kaufen, was es brauchte, weil es dafür keine Zuteilung gab. Selbstredend kam da der Wunsch auf, das »überschüssige Geld« an die Belegschaften auszuzahlen oder für den Kauf von etwas anderem auszugeben. Eine zusätzliche Motivation dafür war die Praxis, dass einem Unternehmen, das sein Geld bis zum Ende des Jahres nicht »verwertet« hatte, nicht nur dieses Geld weggenommen, sondern auch die Finanzierung für das kommende Jahr gekürzt wurde. Mit dem zunehmenden Verfall der Wirtschaft gab es in den Unternehmen immer mehr dieses »überschüssigen«, das heißt nicht durch Ausgaben für Material und Technik gebundenen Geldes. Die Summen waren nicht exorbitant (vielleicht 20 Prozent der gesamten Finanzausstattung), aber doch sehr groß im Vergleich zu dem armseligen Verbrauchermarkt.

Der Staat war bemüht, den Zufluss dieses Geldes auf den Konsumgütermarkt für die Bevölkerung zu beschränken, ohne es jedoch aus dem Verkehr zu ziehen. Es war deshalb leichter, einen Hebekran zu kaufen, den man nicht brauchte, als einen Fernseher, den man brauchte. Natürlich fanden die Leute Mittel und Wege, die Verbote zu umgehen. Die Kooperativen, die NTTMs und das Gesetz über die Staatsunternehmen führten zu einer Bündelung der Märkte, aber insgesamt war die Lage sehr verfahren. Die Inflation beschleunigte sich weiter, und die Steigerung der Arbeitsproduktivität sowie das Wachstum des Produktionsumfangs bei den Komsumgütern hinkten der wachsenden Geldmenge hinterher. Die Industriegiganten verbrauchten weiter Ressourcen für »unproduktive Zwecke«. So wurde beispielsweise die Produktion von Panzern nicht zurückgefahren; auch die sinnlosen Ausgaben für den Erhalt einer Fünfmillionenarmee und für die aussichtslosen Versuche, in einer modernen, sich globalisierenden Welt eine autonome Industrie aufzubauen, wurden nicht gekürzt.

Vor dem Hintergrund dieser tektonischen Prozesse wäre es dumm, den Beitrag der Kooperativen und sonstiger »neuer« Wirtschaftssubjekte überzubewerten. Vor 1990/1991 machte dieser ganze Bereich höchstens ein paar Prozent des Bruttoinlandsprodukts aus, vielleicht sogar weniger als ein Prozent. Ich wiederhole noch einmal: Man hätte das Steuerrad dieses großen Schiffs herumdrehen und ordentlich Dampf im Kessel machen müssen, statt darauf zu hoffen, dass ein paar Tausend junger Kerle etwas zuwege bringen. Schließlich hatte man ihnen nicht einmal Ruder in die Hand gegeben. Dafür wurde später jahrelang an dem Mythos gebaut, die ganze Wirtschaft sei zusammengebrochen, weil über die Kooperativen »unbares in bares Geld umgewälzt« worden sei. Das ist offensichtlicher Unsinn, sowohl im Hinblick auf die Dimension dieses Prozesses als auch darauf, wie leicht es gewesen wäre, ihn zu stoppen, wenn er denn tatsächlich Einfluss gehabt hätte. Eine einzige Verordnung der Staatsbank – und das

Kapitel 3

Problem wäre aus der Welt gewesen. Die Sache ist nur, dass dieses Problem erst später erfunden wurde – es hatte keinerlei Grundlage, sondern diente nur dazu, den Ausfall des Verwaltungssystems zu erklären.

Tatsächlich hatte dieser Prozess ganz andere, politische Wurzeln, die mit der heutigen Entwicklung übrigens vergleichbar sind. Noch einmal: Theoretisch hatte Gaidar recht, als er schrieb, dass die Aufstockung der Bargeldmenge bei einem unglaublichen Defizit von Konsumgütern den Niedergang der Wirtschaft beschleunigt habe. Unser NTTM-Zentrum erwirtschaftete 1988 Erträge von rund 80 Millionen Rubel. Den Entwicklerteams zahlten wir zehn Prozent davon aus: Das war das Geld, das auf den Verbrauchermarkt gelangte. 30 Prozent gaben wir für Technik aus, die wir auf dem Konsumgütermarkt erwarben (Computer), weitere zehn bis 15 Prozent zahlten wir unseren eigenen Servicetechnikern, Programmierern und Managern. 20 Prozent entfielen auf Kosten, die bargeldlos beglichen wurden; 30 Prozent waren Gewinn, der sich auf den Konten akkumulierte und wiederum bargeldlos investiert wurde. Das bedeutet, dass wir 50 bis 55 von 100 Prozent auf den Konsumgütermarkt »warfen«. Die Richtzahl für den Lohn- und Gehaltsfonds eines Staatsunternehmens betrug 25 bis 40 Prozent – wir »emittierten« also im Jahr 1988 zusätzliche zehn bis 20 Millionen Rubel.

Wir waren – zu meinem Stolz – das größte NTTM-Zentrum in der Sowjetunion. Es gab nur eine Kooperative von vergleichbarer Größe, nämlich Technika; auf das ganze Land gesehen reden wir für alle Kooperativen und NTTM-Zentren also über eine »Emission« von insgesamt ein bis zwei Milliarden Rubel – gegenüber 300 Milliarden Rubel allein aus dem Lohnfonds des Staatssektors! Ich kann mich für die exakten Zahlen nicht verbürgen, aber die Größenordnung stimmt. Das »Loch« war also ganz klar nicht hier. 80 Millionen Rubel entsprachen 20 Millionen Dollar zum Schwarzmarktkurs.

Es geht los

Der Stadtteil Frunsenski ist sehr studentisch geprägt. Gleich um die Ecke lagen das Moskauer Institut für Luftfahrttechnologie, das Chrunitschew-Raumfahrtinstitut sowie die Konstruktionsbüros der Flugzeughersteller MIG und Iljuschin. Hier gab es reichlich Potenzial. Unser Personalbestand wuchs. Wir zogen in ein Souterrain in der Gottwald-Straße, später mieteten wir weitere Kellerräume dazu.

Mit der Zeit kristallisierte sich eine neue Idee heraus: Computer. Die Bezugsquelle war klar: von Dienstreisenden, statt der üblichen Klamotten. Es gab vier Probleme: Freiwillige für den Transport zu finden, Kaufinteressenten zu finden, die Hardware der Lieferungen an die Bestellungen anzupassen und Programme auf die Rechner zu spielen, damit das funktionierte, was der Auftraggeber wollte.

Und was wollte der Auftraggeber? Er wollte russisch »tippen«. Ich machte einen Jungen ausfindig, der einen der ersten russischen Texteditoren mit dem Namen »Lexikon« entwickelte. Ich bezahlte die Nachrüstung der Software, und dann fingen wir an, alle Geräte damit zu »bespielen«. Ich fand gute Hardware-Spezialisten, die die ersten Reparaturen übernahmen (damals ein riesiges Problem), darüber hinaus entwickelten einzelne Entwicklerteams (die »Kreativen«, wie wir sie nannten) spezielle Produkte für konkrete Auftraggeber, hauptsächlich automatisierte Arbeitsplätze.

Ab Mitte, Ende 1988 lief das NTTM-Zentrum bereits auf vollen Touren. Leonid Newslin, Michail Brudno und Wladimir Dubow kamen dazu. Wir gründeten die Kooperativen Nigma und Totem. Im Zentrum arbeiteten über 150 Festangestellte, in den Entwicklerteams etwa 5000! Neue Möglichkeiten eröffneten sich. Wir begannen, den Einkauf großer Mengen von Computern selbst zu finanzieren und verzichteten unseren Auftraggebern gegenüber auf die obligatorische Vorauszahlung. Einige zukunftsträchtige Entwicklungen gaben wir selbst in Auftrag, um sie später in Umlauf

Kapitel 3

zu bringen. So orderten wir beispielsweise eine Technologie zur Herstellung von Glasfaserkabeln, die uns auch geliefert wurde. Allerdings zog die Arbeit daran sich lange hin. Konkrete Personen will ich hier nicht nennen. Ich weiß noch, wer das war, aber heute möchte ich ihnen keine Unannehmlichkeiten bescheren.

Jedenfalls hatten wir gegen Ende 1988 ein Problem mit den Betriebsmitteln. Ich muss dazusagen, dass ich ein Kollektiv versammelt hatte, das bereit war, sämtliche Erträge in die Entwicklung zu stecken. Damals galt ein Gesetz, wonach eine Belegschaft das eigene Unternehmen dem Staat oder, wie in unserem Fall, einer gesellschaftlichen Organisation (dem Komsomol) abkaufen konnte, und zwar zu Lasten des Lohn- und Gehaltsfonds. Ein Großunternehmen konnte man so natürlich nicht einfach aufkaufen, damals war die Inflation schließlich noch nicht wirklich in Fahrt gekommen, aber wir hatten überhaupt kein »Stammkapital«. Die Größe des »Lohnfonds« legte ich selbst fest, und bald darauf, ich glaube 1989, wurden wir unabhängig.

Ich will aber noch einmal auf eine frühere Etappe zurückkommen. Da ich meine Angestellten alle von meiner Idee überzeugt hatte, hat niemand wahnwitzige Gehälter gefordert. Ich selbst verdiente 500 Rubel im Monat. Es gab keinerlei Luxus in den Büros und keine teuren Autos. 1988 kaufte ich einen Moskwitsch 412, daneben hatte das Zentrum über lange Zeit nur ein eigenes Auto; außerdem wurden Taxikosten übernommen. Es gab Leute, denen diese Verhältnisse womöglich nicht passten, aber die waren schon älter, und wir garantierten ihnen immerhin ein stabiles Einkommen. Viele unserer Mitarbeiter verdienten sich noch etwas in den Entwicklerteams dazu. Wir waren also nicht arm, aber wir warfen das Geld auch nicht zum Fenster hinaus.

Unser Umsatz im Jahr 1988 belief sich auf 80 Millionen Rubel. Das war sehr viel. Ein Computer kostete damals 40 000, ein Auto 10 000 bis 20 000 Rubel. Was den »Geschäftswert« angeht: Die erste Million machte ich genau zu jener Zeit. Noch vor all den

Ich wollte der Beste sein

Geschichten mit der Aneigung des »Parteigolds«, die später aufkamen. Die Partei schien immer noch ein unerschütterlicher Koloss zu sein, zumindest in meinen Augen.

Eine andere Sache ist die erste Million, die in meine eigene Tasche wanderte, »zum Verbrauch« – bis dahin war es noch ein weiter Weg. Wie weit, lässt sich wohl an meinem Auto ablesen: Das erste neue Importfahrzeug, einen Volvo 740, habe ich mir, glaube ich, 1992 zugelegt – genau weiß ich es nicht mehr. Damals aber, 1988, wäre es mir nicht im Traum eingefallen, dass ich einmal einen solchen Betrag für mich selbst ausgeben könnte.

Neue Ideen erfordern neue Mittel

Trotz dieser Methode der »Business-Akkumulation« hatten wir bald weniger Umlaufmittel als Ideen, in die man sie hätte investieren können. Also ging ich zur Bank. Natürlich zu unserer Bank, wo wir ein Konto hatten, zur Staatsbank, Zweigstelle Frunsenski-Bezirk. Die Geschäftsführerin, mir sonst überaus wohlgesonnen, lehnte ab.

Kredite an Unternehmen wurden damals ausschließlich im Rahmen des staatlichen Kreditplans vergeben, in dem wir natürlich nicht vorkamen. Doch statt Geld gab sie mir einen wertvollen Rat. Sie habe gehört, sagte sie, dass es neuerdings erlaubt sei, Geschäftsbanken zu gründen, »und wenn du so eine Bank gründest – einem Bankunternehmen kann ich auch Kredit geben.« Auf meine Frage, wohin ich mich wenden müsste, gab sie mir die Telefonnummer eines Bekannten, eines jungen Mannes im Hauptkontor der Shilsozbank. Ich ging also zu ihm. Er sagte: Alles realistisch, ihr könnt es versuchen. Dann gab er mir die nötigen Dokumente und bot mir seine Hilfe an. Wir meldeten also eine Handelsgesellschaft an, und gegen Ende 1988 hatten wir die registrierte Satzung der Bank KIB NTP (»Geschäfts- und Innovationsbank für wissenschaftlich-technischen Fortschritt«) auf dem Tisch. Stammkapital:

## Kapitel 3

100 000 Rubel. Das war echtes Geld, das bei der Staatsbank eingestellt war. Die Gründer waren das NTTM-Zentrum, die Kooperative Nigma und die Shilsozbank, Zweigstelle Frunsenski-Bezirk.

Irgendwann kam die Legende auf, Alexej Golubowitschs Eltern hätten bei der Zentralbank gearbeitet und uns in dieser Phase geholfen. Nichts dergleichen. Ich weiß nicht mehr, wann ich Golubowitsch kennenlernte, aber mit der Gründung der Bank hatte er nichts zu tun. Bei der Gründung der Bank half mir Frau Kruschinskaja von der Staatsbank der UdSSR, Zweigstelle Frunsenski-Bezirk – sie hatte mich schließlich mit den Jungs von der Shilsozbank zusammengebracht.

Ab diesem Moment begann ein anderes Leben, aber das begriff ich nicht sofort, sondern erst ein halbes oder ganzes Jahr später. Zunächst nahm ich freudig den Kredit entgegen und steckte ihn in den Ankauf einer weiteren Computerlieferung. Die Kreditquelle, die sich da aufgetan hatte, stieß etliche neue Projekte an, die nicht mehr unmittelbar mit dem NTTM-Zentrum zu tun hatten. Unter anderem den Import des berühmten *Napoléon*-»Cognacs« zu 1,50 Dollar die Flasche. Schon damals war ich auf clevere Weise gesetzestreu. Es waren Cognacflaschen der Form nach, aus Rauchglas. Auf dem Etikett die Aufschrift *Napoléon*. Von »Cognac« schrieben wir nichts, nicht einmal von »Brandy«. Trotzdem schickte ich einen Kontrolleur nach Frankreich in die Brennerei, die uns irgendeinen Weinbrand abfüllte. Das war also kein Betrug. Es war hochwertiger Alkohol mit Lebensmittelqualität aus Frankreich.

Allerdings muss ich ehrlich zugeben: Es lief nicht. Computer waren lukrativer. Mit Alkohol kann man nur dann Geld verdienen, wenn der Staat für alle Beschränkungen einführt außer für einen selbst (oder wenn man die bestehenden Beschränkungen schlichtweg ignoriert). Damals gab es aber keine Beschränkungen, und die Produktion war simpel. Man hatte nicht so viel Arbeit wie mit den Computern. Dafür gab es aber auch eine Wahnsinnskonkurrenz. Das war nicht rentabel.

Neue Ideen waren gefragt. Und sie kamen von unerwarteter Seite: Eine langjährige Freundin, die bei der Bank für Außenwirtschaft, der Vneshekonombank arbeitete, brachte mir eines Tages einen Leitfaden für das Eröffnen von Devisenkonten bei ihrer Bank. Wenige Tage später eröffnete unsere Bank als Kunde ein Devisenkonto bei der Vneshekonombank. Wir waren die einzigen, die sich so ein Ding ausdachten: als Bank zunächst über ein gewöhnliches Konto, kein Korrespondenzkonto, in einer anderen Bank mit Devisen zu arbeiten. Ein Korrespondenzkonto hätte uns niemand eröffnet. Damals wurden noch keine Lizenzen erteilt, aber es bestand auch kein Verbot für Banken, mit einem gewöhnlichen Konto zu operieren.

Der offizielle Kurs lag bei 65 Kopeken für einen Dollar. Über Devisen verfügten aus irgendeinem Grund besonders die Forstbetriebe, außerdem die Unternehmen der Erdölwirtschaft und einige weitere Unternehmen. Sie kauften für ihre eigenen Mitarbeiter Importklamotten, konnten ihnen aber nicht die Gehälter erhöhen. Die Mitarbeiter verkauften die Klamotten. Der reale Kurs lag somit nicht bei 65 Kopeken, sondern um die 2,80 Rubel. Und hier kamen wir ins Spiel. Fortan gab es keine Probleme mit dem Ankauf und Vertrieb von altem Plunder mehr! Man musste uns nur die Devisen überweisen und erhielt dafür fünf Rubel pro Dollar. Gern auch als Vorschuss. Später sogar acht Rubel, dann zehn, dann zwölf. Nach einem Jahr war der Markt »ausgeglichen«.

Was wir in einem Jahr verdienten! Die Computer brachten 40 Rubel pro investiertem Dollar ein, abzüglich der Kosten für Import, Aufrüstung und Lieferung waren es 30 Rubel pro Dollar. Dabei kauften wir sie für fünf bis zehn Rubel pro Dollar ein. Einfach fantastisch! Das war wirklich Gold! Es wurde aber, wie immer in Russland, in Sibirien gewonnen und nicht in der »Partei«. Man musste sich einfach rühren und im Gespräch den richtigen Ton treffen. Und niemals betrügen. Der Ruf war das Wichtigste. Sonst hätte niemand mit einem zu tun haben wollen.

Kapitel 3

Jedenfalls waren wir nach einem halben Jahr bei solchen Summen angekommen, dass der Vorsitzende der Zentralbank, Wiktor Gerastschenko, auf uns aufmerksam wurde und mich zu sich bestellte. »Wer hat euch das genehmigt?!« Ich zeigte ihm den Leitfaden. Er las darin herum, suchte nach einem Verbot. Bald war ihm aber klar, wo das »Schlupfloch« steckte. »Sie können gehen.« Drei Monate später wurde der Leitfaden geändert, wir wurden geprüft und es wurde festgestellt, dass wir eine eigene Devisenabteilung mit Mitarbeitern der Vneshekonombank hatten. Wir erhielten eine Lizenz zur Abwicklung von Devisengeschäften. Ganz offiziell. Das war eine schöne Geste von Gerastschenko.

Ich war niemals ein Schüler von Wiktor Wladimirowitsch Gerastschenko, aber ich habe immer verfolgt, was er machte und wie er es machte. Wie er sich verhielt, wie er leitete, wie er mit anderen sprach. Als er zu Yukos kam,[*] bemerkten viele, dass er einen ähnlichen Stil hatte wie ich. Das hatte damit zu tun, dass ich ihn mir eben damals als Vorbild ausgesucht hatte. Und ich hatte deshalb immer Respekt vor der »alten Garde«. Vor Arkadi Wolski und Juri Masljukow, die schon von uns gegangen sind, ebenso wie vor Oleg Baklanow, Georgi Rasumowski und Iwan Silajew.[**] Die Namen derer, die noch am Leben und bis heute sehr »exponiert« sind, nenne ich aus den schon erwähnten Gründen nicht.

Alle diese Leute lernte ich erst nach 1991 kennen und arbeitete mit ihnen zusammen. Boris Jelzin wusste das, viele von ihnen mochte er nicht, aber er hat mir nie etwas gesagt. Ich glaube, dass

---

[*] Gerastschenko übernahm 2004 den Vorsitz im Direktorium von Yukos und blieb bis zur Insolvenz des Unternehmens im Jahr 2006 auf diesem Posten. (Anm. Natalija Geworkjan)

[**] Alle Genannten gehörten zur sowjetischen Parteinomenklatura, Wolski, Masljukow, Silajew und Rasumowski blieben auch dann noch im Dienst, als Jelzin schon an der Macht war. Baklanow gehörte zu denen, die 1991 den Putschversuch unternahmen. (Anm. Natalija Geworkjan)

meine Lehrjahre in der Verwaltung in die Zeit fielen, als ich mit diesen Leuten zu tun hatte, diesen so verschiedenen, komplizierten, vielschichtigen, aber zweifelsohne auch sehr erfahrenen Menschen. Ich nehme an, die Geschichte vom »Parteigold«, das uns angeblich den Start ermöglicht haben soll, hat mit dieser Verbindung zu tun. Viele wussten schließlich, wem ich half und mit wem ich sprach. Aber verstehen, was diese Menschen mir gegeben hatten, konnten sie nicht. Erbärmlich. Außer »Gold« fiel diesen Leuten nichts ein.

## Über Banditen habe ich nie ernsthaft nachgedacht

Die NTTM-Zentren waren Joint Ventures des Komsomol und des Staatlichen Komitees für Wissenschaft und Technologie (GKNT). Das GKNT war eng mit der Außenaufklärung verbunden (der Ersten Hauptabteilung des KGB). Doch diese Verbindungen waren weit von uns entfernt: »in himmlischen Höhen«.

Im Jahr 1989 wurde der Kampf gegen die organisierte Kriminalität dem KGB übertragen. Mit unseren Computern statteten wir unter anderem Unternehmen des militärischen Komplexes aus (den ich ja erst 1991 verließ). Deshalb war die KGB-Abteilung Frunsenski für uns zuständig. Das waren tüchtige Jungs. Nach 1991 wechselten sie in die Wirtschaft.

Das erste und einzige Mal wurde ich 1988 oder 1989 zu einem Treffen ins Hotel Ismailowskaja bestellt. Ich glaube, von »Silvester«*, genau weiß ich es aber nicht mehr. Wir fuhren zu zweit, ein Kumpel und ich. Empfangen wurden wir von etwa zehn Muskelprotzen. Wir führten ein höfliches Gespräch und vereinbarten, uns bei Bedarf anzurufen. Meiner Meinung nach hatten sie selbst noch nicht entschieden, was sie mit uns anstellen

---

* Spitzname von Sergej Timofejew, Chef einer kriminellen Vereinigung im Moskauer Stadtbezirk Orechowo. (Anm. Natalija Geworkjan)

Kapitel 3

sollten. Bei uns im Verteidigungssektor hatte es eine eiserne Regel gegeben: Unmittelbar nach einem solchen Treffen (egal ob mit Spionen, Verbrechern oder sonstigem dubiosen Publikum) ging ein Dienstvermerk an die zuständige Stelle (in unserem Fall die Stadtbezirksabteilung des KGB).

Das war's, weitere Treffen gab es nicht. Ich habe nicht einmal irgendwen konkret um etwas gebeten. Um einiges später schlossen wir dann mit Wladimir Ruschailo einen offiziellen Vertrag* – seine Dienststelle war damals noch im Aufbau begriffen. Ein paar Mal, wenn wir von Banditen behelligt wurden, rückten Ruschailos Leute aus, und es gab Festnahmen. Einmal, erinnere ich mich, wurden wir im Hotel Belgrad von Tschetschenen** attackiert, zehn Leute wurden verhaftet. Wahrscheinlich gab es noch weitere Vorfälle, aber ohne, dass ich daran beteiligt gewesen wäre.

Als dann der russische Dienst für Staatssicherheit FSK – der spätere FSB – entstand, wurde mir regelmäßig ein Vertreter der Dienste zum Kennenlernen in die Firma geschickt. Es ist schon komisch, aber Sergej Murawlenkos Stellvertreter im Yukos-Direktorium war der erste Chef des russischen KGB gewesen, Wiktor Iwanenko.*** Er hat übrigens auch vor Gericht ausgesagt. Sie hatten irgendwelche von unseren Verträgen in ihrer Abteilung kontrol-

---

* Wladimir Ruschailo war Leiter der RUBOP, der Ende der achtziger Jahre gegründeten »Regionalabteilung für den Kampf gegen die organisierte Kriminalität« beim Innenministerium. Ihren offiziellen Namen erhielt diese Dienststelle erst 1993. (Anm. Natalija Geworkjan)
** Gemeint ist die tschetschenische Mafia. (Anm. d. Ü.)
*** Sergej Murawlenko war 1993 auf Anordnung von Premierminister Viktor Tschernomyrdin zum Präsidenten und Vorsitzenden des Direktoriums von Yukos ernannt worden. Er behielt den Posten des Vorsitzenden des Direktoriums auch nach der Privatisierung des Unternehmens im Jahr 1995. Er stammt aus einer Familie, die traditionell in der Ölwirtschaft verwurzelt ist – sein Vater stand der Produktionsverwaltung der Erdöl- und Erdgasindustrie Tjumen vor. (Anm. Natalija Geworkjan)

liert, mit dem Verteidigungsministerium zum Beispiel. Aber ich hielt mich in dieser Richtung inzwischen zurück. Ich hatte keine Lust, schon wieder einen »Zugang« am Hals zu haben.*

Ob es Risiken gab, Anschläge? Über Banditen habe ich mir nie ernsthaft Gedanken gemacht. Die waren dort, wo es kriminell zuging, wo die Leute Angst hatten, die Geheimdienste um Schutz zu bitten. Wovor sollte ich Angst haben? Besser den Ruschailo-Dienst nach Vertrag bezahlen, oder später unseren Leuten helfen, die nach Tschetschenien fuhren (oder verwundet von dort zurückkehrten), wie wir das in Tomsk gemacht haben, als irgendwelche Banditen um Protektion anzugehen.

Es kam mehrmals vor, dass ich gewarnt wurde, die Situation sei »undurchsichtig«. Ich habe nie nachgefragt, um meine Nerven zu schonen. Einige Monate war ich mit Personenschutz unterwegs. Dann wurde er wieder abgezogen. Ein ernsthaftes Risiko bestand während der bewaffneten Konflikte 1991 und 1993.** Meine Freunde und ich waren ja mit dabei. Riskant war es auch in Inguschetien und Abchasien, aber dieses Risiko war auf Dienstreisen begrenzt. Ich machte mir keinen Kopf. Wer weniger weiß, schläft besser.

Übrigens ist das eine interessante psychologische Besonderheit. Ich war ja nie sonderlich wagemutig. Weder in der Schule noch in der Hochschule war ich scharf auf Schlägereien. Wenn ich konnte, ging ich ihnen aus dem Weg. Gleichzeitig klettere ich gern ungesichert in Felswänden. In der Strafkolonie hat nachts einmal jemand mit einem Messer auf mich eingestochen – ich dachte, danach würde ich nicht mehr schlafen können. Aber in der nächsten Nacht legte ich mich auf dieselbe Matratze, von der

---

\* Inhaber einer offiziellen »Zugangsberechtigung zu geheimen Informationen« durften beispielsweise nicht mehr ins Ausland reisen. (Anm. Natalija Geworkjan).

\*\* Gemeint sind die Putschversuche in Moskau. (Anm. Natalija Geworkjan)

Kapitel 3

das Blut noch nicht abgewaschen war, und schlief ein wie ein Säugling. Der Mensch ist ein seltsames Wesen.

Wenn ich mir je wirklich Sorgen gemacht habe, dann um meine Angehörigen – nachdem in *Forbes* zu lesen war, dass ich reich bin. Aber wenn irgendwer über »Anschläge« Bescheid wusste, dann bestimmt nicht ich. Auf dieses Thema durfte mich keiner ansprechen.

### Eine Frage des guten Geschmacks

In meinem Privatleben änderte sich durch die Ereignisse der späten 1980er Jahre nicht viel. Seit ich mich von meiner ersten Familie getrennt hatte, wohnte ich in Mietwohnungen. Zunächst in der Chaussee der Enthusiasten, später beim Pawelezker Bahnhof. Möblierte Zweizimmerwohnungen waren das, in denen zusätzlich noch die Möbel standen, die wir für das Büro einkauften. Meine Inna ist wirklich klasse. Ich bin ihr für diese Zeiten mehr als dankbar. Nicht nur herrschten bei uns chaotische Zustände, es war auch noch lebensgefährlich. Gar nicht einmal für mich, sondern für sie. Überhaupt ging vieles, was ich tat, von meiner Frau aus. Unser Verhältnis ist sehr fröhlich – ein ständiger Schlagabtausch zum beiderseitigen Vergnügen. Erst in den letzten zehn Jahren können wir überhaupt nicht mehr streiten, weil wir uns einfach zu nahe stehen. Wir haben zu viel Mitgefühl füreinander.

In materieller Hinsicht war jedenfalls sowohl der Anteil meiner Frau als auch der meiner Partner ehrlich verdient. Durch Arbeit und Risiko. Übrigens auch ein finanzielles Risiko, aber nicht nur. Verdient in dem Sinn, dass sie sich über zehn Jahre lang, ungeachtet der »Ausschweifungen« ringsum, um das Geschäft kümmerten und ihre Arbeit, ihr Geld und ihr Gespür darin investierten. Ich hatte einfach ein Riesenglück mit ihnen allen.

Mein Team war groß. Heute sind manche hier, manche dort. Einige haben es geschafft, weiterzukommen, andere leben von ihren Ersparnissen, wieder andere werden unterstützt. Das ist keine Mildtätigkeit. Das haben sie sich erarbeitet. Wenn ich jetzt zurückblicke, denke ich: Warum haben wir damals, nachdem wir schon 1988/1989 für die damalige Zeit sehr viel Geld verdient hatten – Millionen Dollar –, nicht »auf die Pauke gehauen«, sondern weiter alles ins Geschäft gesteckt? Schließlich waren wir erst 25, 30 Jahre alt.

Ich weiß noch, wie ich 1989 ein Angebot bekam, einen Alfa Romeo zu kaufen. Ich hatte große Lust, aber irgendetwas daran war obszön. Ich kann nicht sagen, dass ich mich damals bewusst für die Weiterentwicklung des Geschäfts entschieden hätte. Natürlich auch, aber da ging es doch um ganz andere Summen. Im Jahr 1990 wurde Leonid Borissowitsch Newslin und mir ein Haus in Nikolina Gora\* zum Kauf angeboten, während wir noch in einer gemieteten Datscha wohnten. Zwei Familien gemeinsam. Wir fanden, dass wir uns eine solche Anschaffung nicht leisten könnten.

Der wichtigste Maßstab war hier wohl der gute Geschmack, und dazu das Bewusstsein, dass man schwer wieder aufhören kann, wenn man erst einmal angefangen hat, und zwar gar nicht so sehr beim Geld als vielmehr bei der Zeit. Wenn man täglich zwölf Stunden arbeitet, hat man keine Zeit für Vergnügungen. Und wenn man mit den Vergnügungen anfängt, vergeht die Lust an der Arbeit. Wir hatten Geschäftspartner, die das anders sahen. Besonders die, die schon älter waren: Peregudow, Alexander Lagutin und andere. Sie gingen.

Nach dem Aufbau der Bank blieb ich ungefähr noch ein Jahr beim NTTM. Irgendwann wurde mir klar, dass der Handel eine schwerfällige Angelegenheit war und dass man anderswo schneller vorwärtskam. Ohne Waren, nur mit Geld. Also widmete ich

---

\* Nikolina Gora, eine der ältesten Datschensiedlungen im Moskauer Umland, heute Wohngegend für Wohlhabende und Prominente. (Anm. d. Ü.)

Kapitel 3

meine ganze Aufmerksamkeit der Bank. Der Umtausch von Devisen, der Aufbau eines Joint Venture mit einer Schweizer Firma und die Einrichtung von Treuhandabteilungen – all das entwickelte sich ganz am Anfang der neunziger Jahre.

1989 stieß Platon Lebedew mit seinem Team von Finanzexperten zu uns. Sein Beitrag kann kaum hoch genug bewertet werden – wie auch Brudnos Beitrag beim Handel, Newslins für die Öffentlichkeitsarbeit, Dubows beim Marketing und Golubowitschs Beitrag bei der Bewertung der Investitionsaussichten von Unternehmen und Trends.

Von allen Bankerteams waren wir am deutlichsten technikorientiert. Den Informationstechnologien, dem Außenhandel und der Industrie standen wir näher als alle anderen. Uns kannten sowohl Unternehmer als auch »rote Direktoren« und Politiker. * Darum kümmerten wir uns bewusst und sehr kreativ. Einen großen Beitrag leistete hier Wladislaw Surkow, der schon seit 1988 bei mir war, seinen richtigen Platz aber erst später im kreativen Bereich fand.

Mein Interesse an der Politik entstand eher zufällig. Gegen Ende 1989 war ich bereits als »Hoffnungsträger« bekannt und wurde als Berater zu Iwan Silajew berufen, der von 1990 bis 1991 die Regierung der RSFSR leitete. Die Anregung dazu kam von Newslin. Aber ich wurde neugierig, besonders nachdem ich an einer Sitzung der militärisch-industriellen Kommission teilgenommen hatte. Das war genau meine Art von Arbeit, nur auf einem ganz anderen Niveau. Aber das ist schon die nächste Geschichte.

---

* Die sogenannten »roten Direktoren« (»krasnye direktora«) waren Leiter zumeist großer Staatsbetriebe der Sowjetunion, die zur Elite der sowjetischen Gesellschaft gehörten. Viele von ihnen führten ihre Unternehmen auch in der Phase des Übergangs zur Marktwirtschaft weiter. Gerade in dieser Zeit konnten sich viele auf Kosten ihrer Betriebe bereichern und sich gleichzeitig eigene Unternehmen aufbauen. (Anm. d. Ü.)

NATALIJA GEWORKJAN

KAPITEL 4

## »Furchtbar jung!«

»Alles fing an, als ich Chodorkowski 1987 zum ersten Mal begegnete. Es ging darum, ob ich in seinem Forschungs- und Technikzentrum arbeiten wollte. Als ich kam, saß er, glaube ich, nicht am, sondern auf dem Tisch. Und das erste, was mir auffiel: Er war furchtbar jung! Er wurde ja als Chef wahrgenommen. Und dabei war er gerade mal 24 Jahre alt! Und auch nicht wie ein Chef gekleidet: Jeans und eine Jeansjacke, glaube ich, darunter ein Rollkragenpullover aus Wolle«, berichtet Leonid Newslin, dessen eigenes Äußeres bei unserem Treffen im schicken israelischen Badeort Herzlia – leichtes Hemd, Shorts, Sportschuhe – kaum an den überaus wohlhabenden Israeli denken lässt, der er nach seiner Ausreise aus Russland im Jahre 2003 geworden ist.

Leonid Newslin: *»Mischa stand auf. Er gab mir die Hand. Blickkontakt vermied er, er wandte die Augen ab und ließ nicht zu, dass unsere Blicke sich trafen. Mir war klar, dass er mich taxierte. Ich war etwas älter als er und hatte einige Erfahrung – er machte auf mich den Eindruck eines Menschen, der sich mit Kommunikation schwertut. Er war sehr höflich. In seinen beruflichen Beziehungen war Chodorkowski stets bemüht, beim ›Sie‹ zu bleiben, außer, wenn er jemanden schon sehr lange kannte. Und Frauen gegenüber war er erst recht immer sehr höflich, er hat praktisch alles als Bitte formuliert, nicht als Befehl – in sanfter Form, und trotzdem kam es an wie ein Befehl. Das konnte er. Er wurde nicht laut, er wies niemanden öffentlich zurecht, vor dem Kollektiv oder vor wem auch immer. Allerdings konnte er, als er mehr Erfahrung gesammelt hatte und schon ein großer Chef war, wenn es*

Kapitel 4

*einen Grund dafür gab, jemanden ohne laut zu werden so vor Publikum heruntermachen, dass der Betroffene in eine Schockstarre verfiel. Das hat wohl mit seinem Führungsstil zu tun, und mit Selbstkontrolle. Ich glaube, er analysiert die ganze Zeit, nicht nur seine Mitmenschen, sondern auch sich selbst.*

*Er strahlte etwas Solides, Zielstrebiges aus. Das war sehr deutlich bei ihm! Er war immer anders. Er wirkte auf Anhieb sehr solide, wie jemand, der fest auf beiden Beinen steht.*«

Kindheit

Michail Chodorkowski ist derselbe Jahrgang wie Johnny Depp. Ich weiß nicht warum, aber diese Tatsache verblüfft mich immer wieder. Vielleicht, weil der heutige Häftling der Zahl der Leben nach, die er schon gelebt hat, deutlich älter scheint als der großartige Schauspieler. Chodorkowski ist zwei Jahre älter als der russische Präsident Dmitri Medwedew und elf Jahre jünger als Premierminister Wladimir Putin.

Geboren wurde er 1963, in dem Jahr, als John F. Kennedy ermordet wurde, Fellini seinen Film *Achteinhalb*, Jean-Luc Godard *Die Verachtung*, Hitchcock *Die Vögel* und Stanley Kramer *Eine total, total verrückte Welt* drehten.

Russland hat in diesem Jahr gelacht, bis zum Rücktritt Chruschtschows blieb noch ein Jahr. Die besten Filme waren unbeschwerte Komödien: *Drei plus zwei* und *Zwischenlandung in Moskau* (mit Nikita Michalkow in seiner ersten Rolle); die wundervolle satirische Komödie *Herzlich willkommen oder Unbefugten Eintritt verboten*, die weder mit Chruschtschow noch mit dem sozialistischen Lager zimperlich umging, wurde gerade abgedreht.

Der spätere reichste Mann Russlands wurde geboren während der chruschtschowschen Tauwetterperiode, er wuchs auf während der breshnewschen Stagnation, verdiente sein erstes großes Geld während der gorbatschowschen Perestroika, wurde in der Ära

Jelzin zum Millionär und in der ersten Dekade des neuen Jahrhunderts zum Milliardär. Im selben Jahrzehnt verlor er auch seine Freiheit, sein Unternehmen, sein Geschäft.

Als Kind wohnte er wie Millionen anderer sowjetischer Kinder in einer »Kommunalwohnung«, einer Gemeinschaftswohnung für mehrere Familien, jede in ihrem eigenen Zimmer, mit einer gemeinsamen Küche, einer Badewanne und einer Toilette für alle. In meiner Kommunalwohnung gab es sechs oder sieben Zimmer, und die Nachbarn waren wunderbar. Ich hatte Glück. Ich war fünf Jahre alt, als meine Eltern und ich in eine eigene Wohnung zogen. Chodorkowski war sieben, die Familie zog 1970 in eine Zweizimmerwohnung, als Mischa in die zweite Klasse kam.

Die Kommunalwohnung der Chodorkowskis war klein. Nebenan wohnte die Familie eines senilen alten Bolschewiken. Der Sohn trank, und die Tochter war eine halbseidene Person mit einer ihrem Lebenswandel entsprechenden ansteckenden Krankheit, um die sie selbst sich bemerkenswert wenig scherte. Ihr Herr Papa zeigte auf seine alten Tage einen Hang zu extravaganten Kapriolen. So konnte es etwa passieren, dass er ohne Hose im Flur auftauchte, was der jungen Marina Chodorkowskaja, Michails Mutter, ziemliche Angst machte. Ihrem Mann Boris, der oft den ganzen Tag in der Fabrik arbeitete und nebenbei noch studierte, erzählte sie nichts davon, weil sie fürchtete, er würde den Nachbarn einfach »vermöbeln«. Dafür hatte sie ein Abkommen mit dem Abschnittsbevollmächtigten von der Miliz, und wenn der alte Bolschewik wieder mal zu Spielchen aufgelegt war, kam der Milizionär scheinbar zufällig vorbei oder ließ, wenn er zu tun hatte, einfach seinen Mantel an der Garderobe hängen, um seine Anwesenheit vorzutäuschen. Beim Anblick des Mantels hörte der Nachbar mit seinem Schabernack auf.

Allerdings war das nicht das größte Problem. Viel gefährlicher war die Geschlechtskrankheit der Tochter. Wenn man bedenkt,

Kapitel 4

dass es für alle nur eine Küche, eine Badewanne und eine Toilette gab, kann man die Ängste der jungen Mutter gut verstehen.

Marina Chodorkowskaja: »*Ich hatte große Angst um mein Kind. Riskant war schon, wenn der Erreger mit der Haut in Kontakt kam. Wenn ich in der Küche gerade etwas kochte und die Nachbarin nieste, warfen wir das Essen sofort weg. Bad und Toilette durfte er nicht benutzen. Wir arrangierten uns irgendwie mit der Situation – wir selber gingen zum Baden übrigens auch lieber zu Freunden.*«

Boris Chodorkowski erinnert sich, dass Mischa, sobald er die Wohnung betrat, sofort das Kommando »Hände!« hörte. »Das mit den Händen auf dem Rücken war also nichts Neues für ihn«, scherzt Chodorkowski senior traurig – in dieser Haltung werden in Russland die Häftlinge eskortiert.

Chodorkowskis Vater hatte zwei Arbeitsstellen. Seine Mutter nähte, solange sie nach der Geburt des Sohnes zu Hause blieb. »Ich habe für Mischka sogar einmal einen Mantel genäht.« Sie erinnert sich, wie der kleine Mischa ihr zu Hilfe kommen wollte, als der betrunkene Nachbarssohn in ihr Zimmer einzudringen versuchte. »Mischa schnappte sich ein Schild und ein Schwert aus Plastik, und ich mir eine Schere und das Bügeleisen«, lacht sie.

Seit der ersten Klasse schon war Michail völlig selbstständig. Den Schlüssel trug er an einer Schnur um den Hals, an der Tür hing ein Zettel: »Gas und Licht ausgemacht?« Wenn er aus der Schule kam, stand das Essen in Thermosgefäßen bereit. Wenn er eines davon nicht aufbekam, ging er zu Freunden und bat um Hilfe.

Marina Chodorkowskaja: »*Mischa war ein gesundes Kind, ein anspruchsloser Esser und tüchtiger Helfer: Er konnte sowohl Wäsche waschen als auch den Fußboden wischen. Irgendwer von seinen Zellengenossen hat später in einem Buch geschrieben, Chodorkowski hätte angeblich irgendetwas nicht wegräumen oder den Fußboden nicht wischen wollen ... Ich weiß, dass das einfach nicht sein kann. Er kann das alles seit seiner Kindheit. Eher glaube ich noch, dass er die Leute zum Aufräumen organisiert hat.*«

»Furchtbar jung!«

Aber seit seiner Kindheit sind nun doch schon etliche Jahre vergangen, und seine Lebensumstände haben sich verändert.

Marina Chodorkowskaja: »*Er ist reich geworden, na und? Anspruchslos ist er immer noch. Ich weiß noch, einmal, als sie an der Rubljowka\* wohnten, kam ein Hausmädchen zu mir und fragte, welches Toilettenpapier sie kaufen solle. Ich dachte, ist Michail Borissytsch jetzt auf einmal verrückt geworden? Also frage ich ihn: ›Welches Toilettenpapier darf man dir kaufen?‹ Er wundert sich: ›Na, einfach das, was es im nächsten Laden gibt ...‹ Er hat sich von sowas nie anstecken lassen. Morgens isst er einen Brei, abends einen Joghurt. Ohne Probleme. Hartgebackene Kringel mag er heute genauso gern wie früher. Und Zimtschnecken. Die hab ich ihm abends oft ins Arbeitszimmer gestellt. Er war sauer: ›Hör auf, mir Zimtschnecken zu machen, ich werde noch dick, wenn ich mich jeden Abend damit vollschlage.‹ Eine andere lustige Geschichte war, als sie damals Mäuse auf der Datscha hatten. Mischa beschloss, dass eine Katze hermusste. Aber Inna, seine Frau, ist gegen Katzen allergisch. Ich hatte gehört, dass es antiallergische Katzen gibt. Ich fuhr also auf eine Ausstellung und ließ mir ein Paar zeigen, das bald Junge haben sollte. Eine Russisch-Blau-Katze, ein ausgezeichneter Mäusejäger. Als die Kätzchen geboren waren, fuhren Mischa und ich zum Abholen hin. Er in Jacke, Jeans und Strickmütze, wie üblich. Wir suchten ein Kätzchen aus und bezahlten. Dann fragt er diese Frau, die Züchterin. ›Sagen Sie mir doch noch, wie man sie füttert.‹ Er hockt sich also neben die Frau und fängt an mitzuschreiben. Sie erklärt ihm alles, dann sagt sie: ›Weißt du, Junge, eigentlich solltest du eine Hütte für die Katze kaufen. Aber die sind teuer, 40 Dollar, das wirst du dir nicht leisten können.‹ Da sage ich schnell: ›Macht nichts, ich helfe ihm, wir kaufen das.‹ Am nächsten Tag hatte Mischa einen*

---

\* An der etwas außerhalb Moskaus gelegenen Rubljowo-Uspenskoje-Chaussee befinden sich die Residenzen des Präsidenten, des Premierministers sowie vieler hochrangiger Beamter und Unternehmer. (Anm. Natalija Geworkjan)

# Kapitel 4

*Auftritt im Fernsehen.* Inna meinte: ›Wenn die Tante ihn im Fernsehen gesehen hat, hat sie sich bestimmt schiefgelacht.‹

Nach dem Umzug in ihre eigene Zweizimmerwohnung tastete Marina Chodorkowskaja, wenn sie nachts wach wurde, nach der Wand: Sie hatte Angst, alles könnte nur ein Traum gewesen sein. Zu einem zweiten Kind konnten sie sich nicht entschließen – sie war schon 36 Jahre alt, das Geld war knapp, und der Kredit für die Wohnung war noch nicht abbezahlt. Sie und ihr Mann haben ihr ganzes Leben bei Kalibr gearbeitet, einer Fabrik, die Messinstrumente und Messtechnik herstellte – Boris als Chefkonstrukteur, Marina als Verfahrensingenieurin. Dieselbe Wohnung ist übrigens auch heute noch ihr Zuhause, sie leben und arbeiten aber in dem von Michail gegründeten Lyzeum in Korallowo außerhalb von Moskau.

Es ist interessant, die beiden zu beobachten, denn sie sind verblüffend verschieden. Der Vater ist sentimentaler, offener, verbirgt seine Gefühle nicht, er kann schroff sein oder sehr lyrisch. Er singt gern und trägt Gedichte vor. Er raucht, obwohl die Ärzte es ihm verboten haben. Er trinkt gern mal ein Gläschen. Die Mutter dagegen ist sehr beherrscht – weinend oder klagend kann man sie sich nicht vorstellen. Sie spricht immer leise. Dabei ist sie unbeugsam und zu scharfen Urteilen fähig. Wenn sie jemanden liebt, liebt sie ihn, wenn sie jemanden nicht mag, braucht man gar nicht erst mit ihr zu diskutieren.

Boris Chodorkowski neckt seine Frau, nennt sie »bourgeois« und knufft mich in die Seite: »Frag sie mal, warum sie mit ihrem bourgeoisen Hintergrund sich mit einem Plebejer eingelassen hat.« Sie sagt nichts dazu. Das einzige, was ich ihren bruchstückhaften Erinnerungen entnehmen konnte, ist, dass Marinas Vater eine wichtige Position in irgendeinem Ministerium innehatte, dabei aber parteilos blieb, was äußerst selten war. Chodorkowskis Vater dagegen hatte seinen Vater im Krieg verloren. Als er mit seiner Schwester und seiner Mutter aus der Evakuierung nach

»Furchtbar jung!«

Moskau zurückkam, wohnten sie zunächst in einem Keller, es war sehr schwer. Die Mutter war den ganzen Tag bei der Arbeit. Niemand kümmerte sich um ihn – er sang rührselige Lieder in den Vorortzügen und bekam dafür etwas zu essen oder ein paar Kopeken zugesteckt. Manchmal klaute er, sagt er, auch das gab es. Dann kam er zur Vernunft, ging zur Armee, dann zur technischen Fachschule, und dort lernte er Marina kennen.

Aus dieser Mesalliance zwischen der »Bürgerlichen« und dem ehemaligen »Streuner« wurde eine glückliche, langlebige Ehe. Man fühlt sich wohl bei ihnen. Schwermut oder Hoffnungslosigkeit spürt man nie. Als ich nach der Verkündung des zweiten Urteils gegen ihren Sohn – 14 Jahre Freiheitsentzug! – bei ihnen vorbeischaute, um zu sehen, wie sie mit der Situation fertig werden, erhielt ich auf meine sorgfältig formulierten Fragen von Marina Chodorkowskaja die so einfache wie erschöpfende Antwort: »Was regst du dich so auf? Ich komme nicht mal zum Bügeln wegen der vielen Gäste!« Die Mutter des Milliardärs und heutigen Häftlings Michail Chodorkowski hat nach wie vor keine Hausangestellten. Sie fährt selbst auf den Markt, sie kocht und bügelt selbst. Außerdem hat sie gelernt, mit Computern umzugehen, und chattet gern per Skype.

Boris Chodorkowski: *»Mischka arbeitet, seit er 14 ist. Noch als junger Bengel kam er an und sagte: Ich will einen Plattenspieler. Ich sagte: Dann geh und verdiene Geld. Ich hätte ihm natürlich einen Plattenspieler kaufen können. Ich fand aber, er sollte das selbst tun ... man muss alles aus eigener Kraft erwerben, sage ich. Unter anderem hat er als Hausmeister gearbeitet. Manchmal war das ziemlich interessant: Da kommen zum Beispiel irgendwelche Mädels aus der Schule vorbei, und er fegt gerade. Tja, vielleicht hat er sich geniert, aber weitergefegt hat er trotzdem. Eine Zeit lang hat er Brot entladen, und später, an der Hochschule, ist er zu den Baubrigaden gefahren. Er hat sich die ganze Zeit etwas dazuverdient. Und für Chemie hat er sich immer interessiert. Seit seiner frühen Kindheit.«*

Kapitel 4

Marina Chodorkowskaja erinnert sich, wie er in der Grundschule einmal zu seiner Lehrerin ging und sie fragte, ob all die Gläser und Pülverchen immer noch da sein würden, wenn er später einmal groß wäre und Chemie in der Schule hätte. Er fragte seinen Vater, ob er im Keller ein Labor einrichten durfte. Der Vater war einverstanden – unter einer Bedingung: Zuerst sollte er die theoretischen Grundlagen eines Experiments erarbeiten und dann erst das Experiment aufbauen. Aber der Junge kam ziemlich schnell dahinter, dass sein Vater nur so tat, als verstünde er etwas von Chemie, und fing an, mit der Theorie herumzutricksen – zur allgemeinen Belustigung.

Boris Chodorkowski: »*Aber Experimente hat er wirklich aufgebaut. Na, ich werde nicht erzählen, was sie dem Lehrer auf den Stuhl gelegt haben... Es kam natürlich vor, dass ich sauer war. Ich habe ihn aber nie geschlagen. Ich fand und finde bis heute, dass das keine Methode ist. Man muss argumentieren, damit der Mensch begreift. Prügeln hat keinen Sinn...*«

Bemerkenswert ist, dass die Eltern, glaubt man ihren Erzählungen, keine Illusionen über die Sowjetmacht hegten. Sie liebten sie nicht, sondern nahmen sie als Tatsache hin. Was konnte man auch tun? Weder sie noch er war Mitglied der Kommunistischen Partei. Sie bemühten sich, ehrlich ihre Arbeit zu machen, und erhielten ihr ehrlich verdientes Geld, das nicht üppig war. Sie lebten vor sich hin, nehme ich an, ohne viel darüber nachzudenken, dass sich eines Tages alles ändern könnte. Der Junge war da ganz anders.

Marina Chodorkowskaja: »*Wir waren bemüht, uns nicht einzumischen, nicht für ihn zu entscheiden, ihm keine Richtung vorzugeben – er sollte selbst über sich bestimmen. Das war ein Grundsatz. Wir lebten ja in einem Land und in einer Situation, wo das Schicksal, das man sich einmal ausgesucht hatte, auch so blieb. Anfangs war da der heilige Glaube an den Kommunismus. Über Mischas Schreibtisch zu Hause hing ein Lenin-Bild und die rote Fahne. Mit dem Bild hatte*

»Furchtbar jung!«

es allerdings seine eigene Bewandtnis: Das hatte der Cousin meines Vaters angefertigt, der an der Front gefallen war. Später, als Mischa schon studierte, wurde ihm allmählich alles klar, glaube ich. Er war sechzehn, als der Krieg in Afghanistan begann, und ein bis zwei Jahre später hat er mir gesagt, er wolle selbst dort kämpfen. Wir waren natürlich entsetzt. Aber nach einiger Zeit sagte er mir dann auf einmal, jetzt hätte er alles kapiert, was das anging. Ab dann etwa hat er wohl angefangen, sich selbstständig einen Reim auf die Dinge zu machen.

Vielleicht lagen wir ja falsch damit, aber wir fanden, wer mit den Wölfen lebt, muss wie die Wölfe heulen. Er sollte selbst entscheiden, ob er ein Dissident werden wollte oder jemand, der mit dem Strom schwimmt. Ich konnte sagen, was ich über bestimmte Dinge dachte, aber ihm das Denken abnehmen – nein! Für ihn war die Karriere beim Komsomol eine Möglichkeit, bestimmte Pläne zu realisieren, vielleicht verbanden sich damit auch irgendwelche Hoffnungen auf Veränderung.«

1979, als Michail 16 Jahre alt wurde und die Zeit für einen eigenen Pass gekommen war, konnte er wählen, was er unter dem Punkt »Nationalität« eintragen lassen wollte, den es in sowjetischen Pässen gab. Wählen konnte er zwischen »Russe« oder »Jude«. Marina Chodorkowskaja erzählt, der Vater und sie hätten ihm gesagt: Lass das eintragen, was du selber willst. Er erwiderte der Mutter: »Weißt du, ich fühle mich nicht als Jude.«

Marina Chodorkowskaja hält es für wahrscheinlich, dass sich die Tatsache, dass sein Vater Jude war, irgendwie auf das Leben des Sohnes ausgewirkt hat, aber der sei immer zurückhaltend gewesen, auch bei diesem Thema. Alles, was sie von ihm zu diesem Punkt gehört habe, sei ein knapper Bericht über seine Diplomarbeit gewesen, für die er einen Computer gebraucht habe. Er habe mit großen Zahlen operieren müssen, ohne Rechner war das kaum möglich. Aber um einen Zugang dazu bemühte er sich lange vergeblich. Damals sagte einer der Dozenten zu ihm: »Sie werden nie da rankommen, Mischa...« Das ist der einzige Vorfall, an den sie sich erinnert.

Kapitel 4

Ich weiß nicht, ob Chodorkowski getauft ist; es ist nicht üblich, danach zu fragen. Ich weiß nur, dass seine Eltern ihn in seiner Kindheit nicht taufen ließen.

Für mich war es undenkbar, dass der Antisemitismus in der UdSSR in den siebziger und achtziger Jahren des letzten Jahrhunderts Chodorkowski nicht betroffen haben soll. Er ging in den siebziger Jahren zur Schule. In dieser Zeit reisten immer mehr Juden aus der Sowjetunion aus. Zunächst waren es knapp über tausend im Jahr, auf dem Höhepunkt aber, 1979, verließen über 50 000 Personen das Land. Chodorkowski schloss in dieser Zeit die Schule ab. Damals genügte der bloße Verdacht, dass ein Jude ausreisen wollte, um ihn zu entlassen, und das betraf auch die Lehrer an den Schulen. Mit der Ausreisewelle der Juden verschärfte sich der Antisemitismus. Es wurden Arbeitsbeschränkungen eingeführt, besonders, wenn die Arbeit an einen Zugang zu vertraulichen Unterlagen gebunden war. 1978 wurde Natan Scharanski zu 13 Jahren Haft verurteilt. Es war einer der meistbeachteten Prozesse gegen einen Otkasnik\*. Unmöglich, dass Chodorkowski nichts davon gehört hat! Und doch war es so.

Sehr viel hing vom Umfeld ab. Davon, worüber die Eltern zu Hause sprachen. So haben mir zum Beispiel alle meine Freunde aus der Generation Chodorkowskis gesagt, sie hätten aus den Gesprächen ihrer Eltern vom Scharanski-Prozess erfahren. Das waren hauptsächlich Leute aus dem geisteswissenschaftlichen Bereich, Kulturschaffende zumeist. Freunde, Freunde von Freunden oder Nachbarn emigrierten. Sie nahmen ihre Kinder mit, die unsere Freunde waren. Ich erinnere mich noch genau, wie ich in diesen Jahren zu Großmama und Großpapa nach Tbilissi fuhr und der Bezirk, in dem sie wohnten, auf einmal verwaist war. Alle jüdischen Familien waren ausgereist. Auch alle meine Freunde

---

\* Bezeichnet sowjetische Juden, denen die Möglichkeit der Ausreise verweigert wurde. (Anm. d. Ü.)

»Furchtbar jung!«

und ihre Eltern waren weg. Das waren die ersten schmerzhaften Verluste und die ersten Fragen: Warum gehen sie weg?

Doch wie sich herausstellt, gab es auch Kinder in jüdischen oder gemischten Familien, die das bis zu einer bestimmten Zeit nicht merkten, nicht sahen, nicht zu spüren bekamen. Vielleicht hat auch ihnen einmal jemand die alltägliche Beleidigung »Judenbalg« nachgeworfen, vielleicht auch nicht. Unter den Technikern und Ingenieuren, die in der Industrie arbeiteten, also in dem naturwissenschaftlich geprägten Umfeld, in dem auch Michail aufwuchs, lief das offenbar anders als unter den Geisteswissenschaftlern. Ein Bekannter von mir, der etwa in Chodorkowskis Alter ist und aus demselben Milieu stammt, sagt, er habe das Wort »Antisemit« zum ersten Mal in den letzten Schuljahren in dem gleichnamigen Spottlied von Wladimir Wyssozki gehört:

Was soll ich als Gauner oder Bandit,
Vielleicht werd' ich doch lieber Antisemit:
Die haben zwar nicht das Gesetz im Rücken,
Aber dafür stärkt sie der Massen Entzücken.

Den meisten dämmerte erst bei Studienbeginn allmählich, dass nicht alles, was Jupiter darf, auch dem sowjetischen Juden erlaubt ist. Sie sahen zum Beispiel, wie man Juden bei den Eignungsprüfungen durchfallen ließ. Bis zur Immatrikulation an der Hochschule wusste man in der Regel, dass man als Jude das Schicksal lieber nicht herausfordern und es bei der mechanisch-mathematischen Fakultät der Moskauer Lomonossow-Universität versuchen sollte, dass einem das Physikalisch-Technische Institut in Tschernogolowka aber durchaus offenstand. In den Pässen der meisten Juden stand zwar, wie auch bei Chodorkowski, unter Nationalität »Russe«. Doch wie es in Russland bis heute heißt – Prügel (im weiteren Sinne des Wortes) bezieht man für sein Gesicht, nicht für seinen Pass.

Interessanterweise haben die meisten von denen, die es in Politik und Wirtschaft in den neunziger Jahren ganz nach oben

Kapitel 4

schafften, eine naturwissenschaftlich-technische Ausbildung: in Mathematik, Physik, Chemie, Regelungstheorie... Vielleicht ging es in diesem Umfeld ja doch weniger ideologisch zu, und die Leute wurden ihren Fähigkeiten gemäß beurteilt.

## Komsomol-Start-up

Chodorkowski wurde 1980 an dem in dieser Hinsicht recht demokratischen Chemisch-Technischen Mendelejew-Institut immatrikuliert, das er 1986 mit Auszeichnung abschloss. Als Student heiratete er ziemlich früh, schon im dritten Studienjahr, eine Kommilitonin. Marina Chodorkowskaja bekam den Beginn der Romanze mit Lena, der künftigen Frau ihres Sohnes, nicht mit. Sie lag damals ein Jahr lang im Krankenhaus, und just in dieser Zeit fing es an. Michail und Lena besuchten sie aber im Krankenhaus. Sie erinnert sich, wie ihre Zimmergenossin, eine einfache russische Frau, die jungen Leute beobachtete und, als sie wieder gegangen waren, den Kopf schüttelte: »Die bleiben nicht zusammen.« Die Ehe hielt nicht lange, nur drei Jahre. Nach der Trennung zog Michail aus und wohnte nun in verschiedenen Mietwohnungen.

»Dafür war Paschka jetzt da«, lächelt Marina. Pawel kam im Sommer 1985 zur Welt, Michail Chodorkowski war 22 Jahre alt. Als ihr Enkel später, in vergleichbar jungen Jahren, selbst heiraten wollte, versuchte die Großmama, ihn davon abzubringen: »Dein Vater hat früh geheiratet und du siehst ja, was dabei herausgekommen ist.« Doch Pawel hielt ihr ihr eigenes Argument entgegen: »Dafür hast du einen Enkel bekommen!« Pawels Hochzeit wurde übrigens in Frankreich gefeiert, in Angers. Frankreich war die passende geografische Mitte zwischen Russland, von woher die Angehörigen anreisten, und Amerika, wo Pascha mit seiner Frau und Diana, Michail Chodorkowskis vor kurzem geborener Enkelin, heute lebt.

»Furchtbar jung!«

Pawel Chodorkowski: »*Als ich größer wurde und allmählich begriff, was in der Familie passiert war, versuchte ich mich zu entsinnen, wie weit ich mich an meinen Vater zurückerinnern kann. Die deutlichste Erinnerung aus der Zeit meiner Kindheit... Damals war ich vielleicht vier oder etwas älter, es war 1989, glaube ich. Woran ich mich erinnere: Ich schlafe schon fast, es ist ungefähr zehn Uhr abends... und da kommt mein Papa noch vorbei. Er kam ziemlich oft, auch nach der Scheidung meiner Eltern. Im Halbschlaf höre ich, dass er da ist. Er nimmt mich auf den Arm, und ich erinnere mich an dieses traumartige, angenehme Gefühl, wenn man hochgeworfen wird – als würde man fliegen. Dann drehte er sich mit mir und legte mich zurück ins Bett. Das ist wahrscheinlich meine erste Erinnerung an ihn.*

*Die Scheidung kam in meiner Familie praktisch nicht zur Sprache. Heute ist mir klar, dass meine Mutter es extra so eingerichtet hat, dass ich ihre Trennung nicht mitbekommen, nicht im Gedächtnis behalten sollte. Ich wurde mit dem Gefühl groß, dass alles in Ordnung ist: Mein Vater arbeitete einfach viel, und wenn ich ihn auch nicht so oft zu sehen bekam, dann eben deshalb, weil er so viel arbeitete, und nicht aus irgendeinem anderen Grund. Ich hatte ein sehr gutes Verhältnis zu ihm.*

*Meine bewussten Erinnerungen setzen mit zehn bis zwölf Jahren ein, als mein Vater schon ziemlich viele Leute unter sich hatte. Das heißt, ich habe eine genaue Erinnerung an ihn ab der Zeit, als er schon Chef einer großen Bank war, und als es mit Yukos losging. Zwischen dieser Zeit und dem Jahr 2003, als er verhaftet wurde, hat er sich, finde ich, nicht sehr verändert.*

Alle, die Chodorkowski kennen, sind sich sicher, dass er auch im sowjetischen System eine tolle Karriere gemacht hätte. Zumindest war sein Komsomol-Start-up ziemlich überzeugend: Er übernahm zunächst die Führung im Fakultätsausschuss des Komsomol und wurde dann Stellvertretender Sekretär des Komsomolausschusses der Hochschule. Danach trat er der Partei bei, ohne seine Arbeit im Komsomol aufzugeben. Das wird ein Stück weit Pragmatismus gewesen sein: So landete er automa-

Kapitel 4

tisch in der Nomenklatur, in den Reihen der Auserwählten, auf diese Weise entstanden sogenannte Parteibeziehungen, die in der Sowjetunion wichtiger waren als Geld. Aber es war auch Romantik dabei, echte Romantik, wie mir scheint.

Michail Chodorkowski: »*Als Sekretär des Fakultätskomitees weigerte ich mich, Exmatrikulierte automatisch auch aus dem Komsomol auszuschließen, denn ich war überzeugt: Nicht jeder Komsomolze ist zum Studium geeignet. Für ein Rüstungsinstitut aber schien mir das Gegenteil richtig: Wir mussten schließlich bereit sein, unser Leben für die Heimat zu geben, sogar in Friedenszeiten, und wie konnte man das von jemandem verlangen, der kein Komsomolze oder kein Kommunist war? Das ist kein Scherz, keine Übertreibung. Genau so dachte ich.*«\*

Hätte mich das Schicksal in jenen Jahren mit Chodorkowski zusammengebracht, hätte ich höchstwahrscheinlich versucht, mich von ihm fernzuhalten, wie auch von jedem anderen Komsomolaktivisten. Sie haben immer Unverständnis und Misstrauen bei mir geweckt. Menschen, die den »Parteiweg« einschlugen, waren in meinen Augen einfach nur Karrieristen. Übrigens traf das in meiner geisteswissenschaftlichen Sphäre oft auch wirklich zu. Ich wollte mich vor ihnen schützen, damit sie sich mit ihren Regeln, ihrer Disziplin und sonstiger Parteidemagogie nicht in mein Leben einmischten. Wenn ich mit meinem Vater, der Mitglied der Kommunistischen Partei war, über dieses Thema sprach, lächelte er nur und riet mir, das nicht überall hinauszuposaunen und nicht am Telefon darüber zu sprechen.

Michail Chodorkowski: »*Der Komsomol am* MCTI *war damals anders als an den geisteswissenschaftlichen Hochschulen. Ganz anders.* ›*Ideologische Linientreue*‹ *verlangte keiner von uns.* ›*Geschichte der KPdSU*‹ *hatten wir bei einer wunderbaren alten Jüdin, die später nach*

---

\* Aus einem Briefwechsel mit der Schriftstellerin Ljudmila Ulitzkaja, Zeitschrift *Snamja* Nr. 10, 2009, zitiert nach: *Briefe aus dem Gefängnis*, München 2011, S. 85.

»Furchtbar jung!«

*Israel ging. Ohne jeden Skandal. Wir wurden zu etwas anderem erzogen: Patriotismus, die Bereitschaft, das eigene Land zu verteidigen. Militärisch zu verteidigen, im Fall eines Angriffs. Und das hat auch funktioniert! Natürlich hat man uns auch angelogen, schließlich wollte uns kein Mensch angreifen. Unsere Probleme kamen nicht von den ›Machenschaften der Feinde‹, sondern von unserer eigenen Blödheit, Schlamperei und Unfähigkeit zu arbeiten, die mit unserer idiotischen politischen und wirtschaftlichen Lage zu tun hatten. Doch darauf musste man erst einmal kommen. Ich bin darauf gekommen. Aber erst allmählich, vielleicht um 1993/1994.«*

Seine Komsomolvergangenheit hat man Chodorkowski »im Volk« bis heute nicht verziehen – seine Komsomolvergangenheit und seine kapitalistische Zukunft. Man hatte nämlich entweder Komsomolze zu sein oder Kapitalist. Und doch lagen die Anfänge des Kapitalismus in Russland vielfach gerade bei den Jungunternehmern aus dem Komsomol.

Leonid Newslin: »*Vor mir saß ein Mensch, der es auf der Komsomol-, Partei- und Verwaltungsschiene zu etwas bringen konnte, der bereits Komsomolsekretär des riesigen Mendelejew-Instituts mit, ich glaube, sechstausend Leuten gewesen war und der bis dahin durchaus gewisse Wahlmöglichkeiten gehabt hatte, wohin er gehen wollte.*

*Er wollte Direktor einer wissenschaftlichen Produktionsvereinigung werden, er wollte seinen eigenen Betrieb, sein eigenes Forschungsinstitut, und er wollte dort ein vollwertiger Boss sein. Das war sein sowjetischer Traum. Davon träumte er zu dem Zeitpunkt, als ich in seinem Forschungs- und Technikzentrum anfing und er die Organisation bereits in diese Richtung lenkte. Ich fand das reizvoll, weil er Dinge wusste und konnte, die ich nicht wusste und konnte; er war fest in diesem System verankert. Er konnte zum Vorsitzenden des Stadtbezirksexekutivkomitees gehen, zum ersten Sekretär des Stadtbezirksausschusses, zum zweiten, zum dritten – ohne Weiteres, er kannte sie alle, er kam beim Moskauer Stadtrat rein und konnte dort über die Komsomol- oder Parteischiene zu wem er wollte. Er war ein göttliches Wesen für mich*

Kapitel 4

*in diesem damals noch sowjetischen Koordinatensystem. Deshalb habe ich irgendwie an ihn geglaubt. Bei ihm spürte man diese Spannkraft, dieses Entwicklungspotenzial. Und das bestätigte sich schon sehr bald.*«

## Eine absurde, verrückte, hungrige Zeit

Bis 1988 lebte ich mit meinem Sohn im Ausland. Als ich meinen Eltern sagte, dass ich nach Russland zurückkehren wollte, bemerkte mein Vater sehr richtig: »Und was machst du, wenn deine letzte Jeans reißt?« Meine Mutter wurde konkreter: »Dann kauf dem Jungen Kleider auf Zuwachs.« Als ich das erste Mal nach meiner Ankunft in Moskau ein Lebensmittelgeschäft betrat, pfiff ich vor Staunen. »Nicht pfeifen«, sagte die Verkäuferin streng, »sonst geht das Geld aus.« Ich lächelte traurig: Geld brauchte ich nicht, es gab ohnehin nichts zu kaufen. Buchstäblich nichts. Gerade waren zwei Busse abgefahren, die aus der hungrigen Provinz in das vermeintlich satte Moskau gekommen waren, und die Reisenden hatten alles leergekauft. Die Verkäuferin war im Grunde völlig überflüssig. Jeder Supermarkt in Prag oder Sofia hätte sich angesichts der leeren Regale dieses Moskauer Feinkostladens wie ein Lebensmittelparadies, ein Ort unglaublicher Fülle ausgenommen.

Ich schielte zu meinem siebenjährigen Sohn. Ungeduldig zerrte er an meiner Hand: »Mama, nun kauf endlich was und komm. Und vergiss den Käse nicht«, quengelte er. »Ich fürchte, den Käse können wir ganz vergessen, mein Schatz«, erwiderte ich. Er verstand mich nicht.

Dafür gab es bald Glasnost. Und so etwas wie Marktbeziehungen entstanden. Es machten zum Beispiel genossenschaftliche Restaurants und Cafés auf, wo man mit dem Spülen von Gläsern in fünf Tagen durchaus das Monatsgehalt eines Journalisten, 150 Rubel, verdienen konnte. Um sich dann mit diesem Geld auf den Markt zu begeben und bei privaten Händlern all das zu kaufen, was der Geldbeutel hergab.

»Furchtbar jung!«

Wie die sowjetische Wirtschaft funktioniert hatte, war mir immer ein Rätsel gewesen. Nach dem Verfall des Ölpreises gegen Ende der achtziger, Anfang der neunziger Jahre wurde offensichtlich, dass sie schlicht überhaupt nicht funktionierte. Das Ergebnis war katastrophal. In seinem Buch *Der Untergang des Imperiums* zitiert Jegor Gaidar aus dem Brief eines sowjetischen Schülers vom 14. Februar 1991: »Letzte Woche stand ich in einer furchtbar langen Schlange nach Fleisch an. Wissen Sie, wie lange ich dort gestanden habe? Ich traue mir gar nicht, Ihnen das zu sagen, aber ich habe 5,5 Stunden dort gestanden. Schlangen hat es bei uns immer gegeben (wie Sie wissen), aber sie waren nicht so lang und wir mussten nicht nach allem anstehen. Jetzt aber müssen wir nach allem anstehen, angefangen von Fleisch und Stiefeln bis hin zu Streichhölzern und Salz. Wir stehen nach Reis an, nach Zucker, nach Butter. Und diese Liste ließe sich endlos fortsetzen ... Früher habe ich nie geweint – ich habe einen starken Charakter, aber jetzt weine ich oft. Wir sind wie Tiere geworden. Wenn Sie die irren, hungrigen Menschen bei uns sehen könnten, die in diesen furchtbaren, irrsinnigen Schlangen stehen, wären Sie schockiert. Alle anderen Länder helfen uns. Wir bitten offen um Hilfe und nehmen sie gerne an. Aber ein wichtiges Wort haben wir vergessen: Stolz. Ich schäme mich für mein Land.« Gaidar bemerkt zu Recht, dass solche Kindheitstraumata in der Regel nicht folgenlos bleiben. »Ich hoffe nur«, schreibt Gaidar, »dass der Autor dieser Zeilen heute nicht von der Wiederherstellung unserer imperialen Größe träumt.«

Ich dagegen bin fast sicher, dass genau das der Fall ist. Genau in dieser Zeit entstand die Basis für die Aversion, um nicht zu sagen: den Hass eben jener »irren, hungrigen Menschen« gegen die Findigen vom Schlage eines Michail Chodorkowski. Es gibt eine breite Schicht von Leuten, die sich aus verschiedenen Gründen nicht in die veränderten Gegebenheiten einfügen konnten, die ihren Platz nicht gefunden und nie ganz verstanden haben,

Kapitel 4

was passiert ist, die sich – nicht ohne Grund – betrogen und verraten fühlten, die sich nicht durchringen konnten, etwas zu riskieren und ihr Leben zu verändern oder zu alt dazu waren, oder die schlicht keine Lust hatten, nicht bereit waren, sich damit abzufinden, dass es das Land, in dem sie geboren und aufgewachsen waren, nicht mehr gab.

Das riesige, bedrohliche Sowjetimperium war dahin. Das Land, das sich als Sieger im Großen Vaterländischen Krieg sah, groß, stark und gefährlich, war plötzlich zerstört, schwach und hungrig. Und das hatte schmerzhafte Folgen, sowohl praktische als auch existenzielle: Es berührte auch den über Jahrzehnte kultivierten Stolz der Menschen auf ihr Vaterland, egal, welchen Preis sie dafür zu zahlen hatten. Solange es Kartoffeln und Wodka gibt, halten wir durch. Alles nicht so schlimm, die Frauen bringen schon neue Kinder zur Welt. Diese Einstellung zum Leben und zu Verlusten ist bei der Masse der einfachen Menschen leider nach wie vor verbreitet. »Dass rings unser Land erblühe, soll all unser Sorgen sein ... « hieß es im »Lied der unruhevollen Jugend.«

Und auf einmal fing alles an zu bröckeln. Die mutig gewordenen Zeitungen und Zeitschriften und bald auch das Fernsehen machten nach und nach alle Illusionen über die heroische Vergangenheit zunichte: Außer den Siegen gab es da auch die ungeheuren Opfer des Stalinismus und die schrecklichen und bisweilen sinnlosen Opfer im Krieg gegen den Faschismus. Dann kam der Zusammenbruch der KPdSU, kamen schockierende Offenbarungen über die Tätigkeit des KGB. Und all das vor dem Hintergrund der Inflation, der Wirtschaftskrise und der vollständigen Zerstörung des gewohnten Lebensmodells. Es war ein unwahrscheinlicher Stress für die Gesellschaft. So etwas hinterlässt Spuren, und die psychischen Folgen bleiben nicht auf eine Generation beschränkt.

Diejenigen, denen die Perestroika Leiden brachte, sehen in den Reformern und den »neuen Russen« (ein von der Zeitung

»Furchtbar jung!«

*Kommersant* geprägtes Klischee) bis heute Feinde, die ihnen ihr sozialistisches »Paradies« genommen haben. Das Argument, dass es die sowjetische Wirtschaft war, die »hungrige Tiere« aus ihnen gemacht hatte, und dass das sowjetische System nie gerecht war, weil die einfachen Menschen nie so lebten wie die Nomenklatura, und selbst die Wurst, die die Parteibonzen aßen, eine andere war als die der einfachen Bürger – dieses Argument verfängt nicht. Die Menschen lieben ihre Vergangenheit und können ihr vieles verzeihen.

## Gorbatschow ließ die Zügel locker

Es konnte nicht sein, weil es nicht sein durfte: Michail Gorbatschow rief den nach Gorki verbannten Wissenschaftler Sacharow an und bat ihn, nach Moskau zurückzukehren. Das geschah am 16. Dezember 1986 um drei Uhr nachmittags. Ab dem Moment, in dem ich begriff, dass das tatsächlich wahr war, also ab der Rückkehr Sacharows nach Moskau keimte bei mir eine Hoffnung auf Veränderungen. Für mich ist der Beginn der Perestroika also gewissermaßen auf diesen Tag datiert. Natürlich interessierten mich in erster Linie die politischen Reformen. Für die Journalisten begann die unglaublichste und glücklichste Zeit – die Zeit der *Glasnost*.

Nicht weniger unglaublich war diese Zeit aber für Menschen mit Unternehmergeist, von denen es in einer Sowjetunion ohne Markt (wenn auch mit gewissen marktähnlichen Zügen in der Schattenwirtschaft) gar nicht so wenige gab. Sie fingen an, genau das zu tun, worauf ich, ganz im Bann der stürmischen politischen Entwicklungen, praktisch überhaupt nicht achtete. Sie fingen an, Geld zu machen.

Chodorkowskis Leben begann sich ab dem 13. März 1987 zu ändern, als eine Verordnung von Regierung und Komsomol unterzeichnet wurde, die vorsah, bei den Stadtbezirksausschüs-

Kapitel 4

sen des Komsomol ein »einheitliches landesweites System für junge Forschung und Technik« aufzubauen – die NTTM-Zentren. Ich habe mehrfach gelesen, dass der Transfer von Buchgeld in Bargeld eine Erfindung Chodorkowskis sei. Das dürfte kaum stimmen. Die Idee lag einfach auf der Hand, aber es gab keinen legalen Weg, sie zu realisieren.

Der Clou bestand darin, dass staatliche Unternehmen über bargeldlose Mittel, Budgets für ihre Tätigkeit im Rahmen von Leistungsverträgen verfügten. Wurde ein Budget nicht ausgeschöpft, wurde es im Folgejahr gekürzt. Diese Geldmittel konnten nicht akkumuliert werden, deshalb wurden sie ziemlich oft völlig irrational ausgegeben – Hauptsache, alles wurde verbraucht, damit man im kommenden Jahr genauso viel bekam. Gleichzeitig waren die Lohn- und Gehaltsfonds in den Unternehmen normiert, sodass man nicht einfach Leute anstellen konnte, die gegen ein unbegrenztes Gehalt Aufträge für die Unternehmen ausführen sollten. Andererseits wollten auch die Auftragnehmer nicht für ein paar Kopeken arbeiten. Zudem gab es in der UdSSR auch keinerlei Unternehmenseinheiten, keine Subjekte, mit denen man einen Vertrag hätte schließen können. Und da kamen auf einmal die NTTMs ins Spiel, eine völlig legale Struktur, auf die die staatlichen Richtsätze für die Vergütung von Arbeit nicht anwendbar waren – gezahlt wurde, so viel man wollte.

Die NTTM-Zentren wurden im Grunde zu einer Pumpe, mit deren Hilfe Buchgeld, das als tote Fracht auf den Konten der Unternehmen lagerte, in bares, lebendiges Geld »umgepumpt« werden konnte, mit dem sich Gehälter zahlen ließen, für das man etwas kaufen und das man weiter investieren konnte. Ein Schema konnte etwa folgendermaßen aussehen: Es gab einen Auftraggeber, zum Beispiel ein Werk, das eine technische Verbesserung benötigte oder auch nicht, das aber die ihm dafür zur Verfügung gestellten Mittel ausschöpfen musste. Und es gab einen Ausführenden, zum Beispiel ein Konstruktionsbüro, das

»Furchtbar jung!«

imstande war, den Auftrag auszuführen, also, sagen wir, dem Werk ein eigenes »Modernisierungsprojekt« oder »Modernisierungsprogramm« anzubieten und dort auch umzusetzen. Und es gab die NTTM-Zentren, über die Auftraggeber nun Leistungsverträge mit den Ausführenden schließen und diesen dafür eine bestimmte angemessene Summe zahlen konnten. So war das für den Ausführenden lukrativ: Der erhielt nun keine Kopeken mehr, sondern anständiges Geld. Lukrativ war das aber auch für den Auftraggeber, weil dieser nun die vorhandenen Mittel verwerten und vom Staat neue Mittel erhalten konnte. Lukrativ war das schließlich auch für die NTTM-Zentren, die für die Vermittlung ihren Anteil einbehalten konnten: etwa 50 Prozent.

Michail Chodorkowski: *»Der Mythos von meinen ›Beziehungen‹ während der Perestroika hält sich allzu hartnäckig, um ernsthaft dagegen anzugehen. Aber um der Wahrheit die Ehre zu geben: Mein Amt eines stellvertretenden Sekretärs des Komsomolausschusses am Mendelejew-Institut passt in keiner Weise zu dieser Legende. Dem Status nach entsprach es einem stellvertretenden Fakultätsdekan. Als ich 1987 den Beschluss fasste, zum NTTM zu gehen, stand die Position des Leiters eines solchen Zentrums überhaupt nicht hoch im Kurs. Die Stelle hatte mir ein Bekannter angeboten, der zum Sekretär des Komsomol-Stadtbezirksausschusses ernannt worden war. Er wurde später übrigens, nach Auflösung des Komsomol, einer meiner Stellvertreter. Alle sonstigen Verbindungen und Kontakte entstanden durchaus nicht wegen irgendwelcher ›verwandtschaftlicher‹ Beziehungen, sondern einzig und allein, weil es damals nur sehr wenige gab, die sich so schnell an die neue Situation angepasst hatten, was dazu führte, dass man sich für meine Person interessierte, und sei es auch nur zaghaft.«*

Die Arbeit beim NTTM führte Chodorkowski weg von der professionellen Parteiarbeit und hin zum Unternehmertum. Im Grunde genommen war das Managerarbeit – verbunden mit ganz anderen Verdienstmöglichkeiten. Früher fuhr Chodorkowski, um einigermaßen vernünftig zu verdienen (er hatte schließlich ziem-

Kapitel 4

lich früh eine Familie gegründet), zu den Baubrigaden, organisierte die Reisen, sicherte, wie man damals sagte, die Arbeitsfront und schuftete so Sommer für Sommer. Bezahlt wurde dafür in bar, und zwar recht anständig.

Leonid Newslin: »*Wo in der Sowjetunion gut gearbeitet wurde? In der ›Scharaschka‹*, bei den Baubrigaden und im Rahmen von Brigadeverträgen.** Die NTTMs gehören zum selben Bereich, allerdings auf einem anderen technischen Niveau. Sie waren der nächste Schritt in dieselbe Richtung. Diese Verordnung über die NTTM-Zentren hat es möglich gemacht, die Ideen der Baubrigaden etc. auf den Bereich der Ingenieure, der wissenschaftlich-technischen Mitarbeiter, Konstrukteure und Programmierer zu übertragen...*«

Boris Chodorkowski: »*Sie fingen damals gerade erst mit diesen Jugendzentren an, diese Grünschnäbel. Wer waren sie denn schon, nach der Hochschule? Grünschnäbel, dumme Jungs. Mischa kam an und sagte: Wir haben da so was organisiert, wir haben Spezialisten, erfahrene Zeichner, lass uns über dein Werk was verdienen... Also als Auftrag. Ich konnte mir nur allzu genau vorstellen, was das für erfahrene Zeichner waren, aber ich fand doch, dass man ihnen helfen müsste, wenn sich die Leute schon so interessiert zeigten. Na gut, sage ich, dann projektier mir mal das hier. Danach gehe ich zum Chefingenieur und sage: Hör mal, die Jungs wollen sich was dazuverdienen, und ich habe jetzt haufenweise Arbeit, lass uns das mal probieren. Er sagt: Gut, auf deine Verantwortung. Also hab ich ihnen eine kleine*

---

\* Umgangssprachlicher Begriff für geheime Forschungseinrichtungen, in denen inhaftierte Wissenschaftler und Ingenieure arbeiten mussten. (Anm. d. Ü.)

\*\* Brigadeverträge (brigadnye podrjady) waren in der Sowjetunion ein System der Leistungserbringung, bei dem ein Team (brigada) einen bestimmten Arbeitsauftrag übernahm und das verdiente Geld nach einem vorher festgelegten Schlüssel direkt unter den Mitarbeitern aufgeteilt wurde. Dadurch bestand für die Brigade ein konkreter materieller Anreiz, Aufträge zügig und zur Zufriedenheit der Auftraggeber zu erfüllen. (Anm. d. Ü.)

»Furchtbar jung!«

*Arbeit gegeben und Termine gesetzt. Nach einer gewissen Zeit brachten sie mir ihre Arbeit. Wir hatten natürlich gezahlt, wie es sich gehört. Als ich mir nun ihre Zeichnungen ansah, dachte ich nur: Ach du Schande! Das war etwas völlig anderes! Aber ich war schließlich für den Auftrag verantwortlich. Also habe ich die ganze Nacht gesessen und alles umgearbeitet. Was sollte ich tun! Das Geld hatten wir gezahlt, also musste die Arbeit auch erledigt werden. Später haben wir darüber gelacht. Mit der Zeit haben sie aber dazugelernt...«*

Chodorkowskis Eltern machten sich Sorgen, alle eingeleiteten Veränderungen könnten vorübergehend sein, wie die NÖP im bolschewistischen Russland.* Hier kam das Gedächtnis ihrer Generation zum Tragen – eine Erinnerung, die ihr Sohn natürlich nicht hatte.

Marina Chodorkowskaja: *»Meine Eltern hatten mir davon erzählt – als die NÖP begann, wurde privates Unternehmertum wieder erlaubt. Nach den Hungerjahren tauchten längst vergessene Lebensmittel plötzlich wieder auf dem Markt auf. Erdbeeren in Körbchen... Die Unternehmer waren ja zu der Zeit noch am Leben, alles kam sehr schnell wieder in Gang. Meine Mutter erzählte mir, wie sie auf den Markt kam, und auf einmal kostete das Dutzend Eier nur ein paar Kopeken. Sie kaufte ein Dutzend, ging nach Hause und machte aus allen Eiern, die sie gekauft hatte, Rührei, das sie und der Vater aufaßen. Das war ein längst vergessener Geschmack. Zum ersten Mal seit langer Zeit aßen sie sich satt. Später aber wurden all diese Unternehmer eingesperrt und erschossen. Und genau das hat sich mir eingeprägt. Als es damals losging mit den Kooperativen und all dem, als Mischa anfing, sich damit zu befassen, war meine erste Frage denn auch: ›Und was, wenn das Ganze wieder schlecht ausgeht?‹ Er winkte nur ab: Es waren andere Zeiten. Nur ich hatte ständig das Gefühl, als würde die Vergangenheit wiederkehren...«*

---

\* In der Phase der Neuen Ökonomischen Politik (NÖP) 1921–1929 ließ der Staat privates Unternehmertum zu. (Anm. Natalija Geworkjan)

Kapitel 4

Gegen Anfang der neunziger Jahre gab es 600 dieser NTTM-Zentren, 1989 belief sich ihr Gesamtumsatz offiziellen Angaben zufolge auf 1,5 Milliarden Rubel. Man ging davon aus, dass das System des *Chosrastschot*, also einer gewissen wirtschaftlichen Eigenständigkeit, die Produktion stimulieren würde.

Der Ökonom Jegor Gaidar, der nach dem Zerfall der UdSSR amtierender Premierminister war, sah das anders: Ihm zufolge begünstigten Gorbatschows Reformen eine Steigerung des Geldüberhangs, was angesichts des ungeheuren Warendefizits wiederum die Inflation antrieb und den wirtschaftlichen Verfall beschleunigte. Viele Experten meinen, Gorbatschow habe nicht verstanden, was für einen Mechanismus er in Gang gesetzt hatte, und seine ökonomischen Kenntnisse hätten nicht ausgereicht, um die Risiken abschätzen zu können.

Kirill Rogow, Experte des Gaidar-Instituts für Wirtschaftspolitik: »*Ich bin kein Spezialist für die konkreten Mechanismen der damaligen Zeit. Schon eher verstehe ich den makroökonomischen Aspekt des Geschehens: Es gab eine zurückgestaute Inflation im Land. Im Unterschied zur offenen Inflation, die mit Preissteigerungen einhergeht, bedeutet die zurückgestaute Inflation ein Warendefizit. Wenn die Preise nicht erhöht werden dürfen, dann werden zu diesen Preisen eben weniger Waren verkauft. Außerdem gab es unterschiedliche Kurse. Es gab bargeldlose Rubel – das waren Fonds, die der Staat an die Industrie ausgab. An bargeldlose Rubel kam man leichter heran, man konnte damit aber nicht auf den Schwarzmarkt gehen. Wenn man sie dagegen in bare Rubel umwandelte, konnte man dafür schon etwas kaufen. Bestimmten Leuten erlaubte der Staat gelegentlich, bargeldlose Rubel in bare Rubel umzuwandeln. Das waren überaus einträgliche Operationen. Der Wirtschaft geschadet haben nicht die NTTM-Zentren als solche, sondern diese gesamte Situation mit den vielen verschiedenen Wechselkursen. Die Zentren (wie auch die Kooperativen damals) verwandelten die verdeckte Inflation in eine offene. Da das alles auf der Grundlage individueller Genehmigungen geschah, verdienten diejeni-*

»Furchtbar jung!«

*gen, die solche Genehmigungen bekamen, sehr viel daran. Hier drang natürlich der Markt in das sowjetische Leben ein. Dieser Markt war aber mit überaus einträglichen, quasi-legalen Operationen verknüpft. Und diese Gewohnheit, dieses Muster hat sich lange (bis heute) gehalten. Später haben dieselben Leute genauso an der Inflation und dem ständig steigenden Kurs des Rubels gegenüber dem Dollar verdient. Wenn du Geld hast und weißt, dass der Dollar in einem Monat 20 Prozent teurer sein wird, legst du dein Geld in Dollar an. Im Ergebnis verlieren die Rubel bei allen nach einem Monat 20 Prozent an Wert, während du 20 Prozent Rubel mehr erhältst, du machst also keinen Verlust. Gegenüber allen anderen aber, die um 20 Prozent ärmer geworden sind, bist du nun reicher.«*

Das Team

Zu der Zeit, als die NTTM-Zentren erstmals auf den Plan traten, arbeiteten Platon Lebedew, Leonid Newslin und Michail Brudno (die später Yukos-Gesellschafter werden sollten) noch bei der Vereinigung Sarubeshgeologia. Von 1981 bis 1982 waren sie alle drei dort. Lebedew ist Ökonom, Absolvent der Plechanow-Akademie für Volkswirtschaft in Moskau. Newslin und Brudno sind Programmierer. Newslin hatte das Gubkin-Institut für Erdöl und Erdgas abgeschlossen, Brudno das Polytechnische Institut in Kalinin (das heute wieder Twer heißt). Im Jahre 1981 waren beide 22 Jahre alt, Lebedew war drei Jahre älter.

Brudno und Newslin hatten im selben Rechenzentrum gearbeitet und waren Freunde geworden. Und wie alle jungen sowjetischen Ingenieure beschäftigte auch sie die Frage, wo sich etwas dazuverdienen ließ. Umso mehr, als beide schon verheiratet waren, Newslin hatte auch schon Kinder. Gern hätten sie im eigenen Beruf dazuverdient, was aber nicht immer ging, also machten sie auch andere Dinge: von Verladearbeiten in Gemüsedepots oder Häfen bis hin zur Arbeit in einer Kwass-Bude an der

# Kapitel 4

Schabolowka-Straße. Den ganzen Sommer 1986 schenkten sie aus. Brudno brachte es fertig, mit dem Kwass sein erstes Auto zu finanzieren, einen längst nicht mehr neuen, zehn Jahre alten Saporoschez, der ihn 2000 Rubel kostete.

Und dann, so jedenfalls geht die Legende, entdeckte Brudnos Frau Irina eines schönen Tages im Jahre 1987 während eines Englisch- oder Programmierkurses einen Aushang des NTTM-Zentrums im Frunsenski-Bezirk.

Michail Brudno: »*In Wirklichkeit war es kein Aushang, den Ira gesehen hatte, sondern Chodorkowski selbst. Sie war auf einer Konferenz für Programmierer auf dem WDNCh-Gelände,* * die ein bekannter Programmierer namens Peregudow organisiert hatte. Dort sprach auch Chodorkowski. Er stellte sich einfach hin und sagte: ›Kommt zu uns und alles wird gut.‹ Meine Frau sagte, er habe angeboten, über sein Zentrum Leistungsverträge zu schließen, bei denen er 30 Prozent des Vertragswerts den Ausführenden als Gehalt auszahlen würde. Das erzählte sie mir, und ich erzählte es Newslin. Ich sagte: ›Lass uns hingehen und uns das ansehen. Bestimmt war das gelogen, bestimmt wollen sie die Leute nur übers Ohr hauen, aber probieren kann man es ja mal.‹ Wir hatten schon Aufträge auf vertraglicher Grundlage übernommen und, na ja, einen echten Hungerlohn dafür bekommen. Wir entschieden uns also, es mit einem Vertrag über das Zentrum zu probieren.*

*Wir kamen dort an. Chodorkowski saß in Zimmer Nr. 7 beim Komsomolausschuss für den Frunsenski-Bezirk. Zunächst habe ich ihm nicht geglaubt. Es klang zu gut, was er erzählte. Völlig unrealistisch. Aber überzeugend.*

*Wir verließen das Büro, und ich sagte zu Leonid: ›Der haut uns übers Ohr, hundertprozentig.‹ Aber andererseits, was hatten wir schon zu verlieren? Ohne das Zentrum hätten wir für so einen Auftrag*

---

\* Die 1959 ins Leben gerufene »Ausstellung der volkswirtschaftlichen Errungenschaften der UdSSR« in Moskau. Das Gelände wird heute vor allem für Messen genutzt. (Anm. Natalija Geworkjan)

»Furchtbar jung!«

20 Rubel bekommen. Hier aber ging es um mehrere Tausend. Wir riskierten also 20 Rubel und fünf Nächte Arbeit – und unterschrieben den Vertrag.«

Leonid Newslin: »Brudno und ich, wir waren keine aktiven Komsomolzen, alles, was darüber geschrieben wird, ist Quatsch. Brudno dachte sogar ans Auswandern. Ich hatte noch Angst vor einer solchen Entscheidung. In diesem Sinne war die Begegnung mit Chodorkowski eine historische. Wenn es anders gekommen wäre, wären wir wohl kurz darauf einfach abgehauen.

Im Grunde war uns klar, dass das genau das war, was wir suchten. Aber als normale Sowjetmenschen, die wir waren, glaubten wir nicht, was geschrieben stand. Deshalb beschlossen wir, es einfach auszuprobieren, ohne groß unsere Nerven zu strapazieren und ohne zu glauben, wir könnten mehrere Tausend Rubel verdienen. Wir machten uns also an die Arbeit und warteten dann auf unseren Lohn. Bis die einen das Geld überwiesen hatten, bis es bei den anderen ankam ... Das war im November 1987. Im Januar sollten wir unser Geld bekommen. Und spätestens im Februar hatten wir es auch. Und was für Geld! Ich glaube, es waren so um die 4000 Rubel. Also, das war wie ein Schlag in die Nieren, wenn du verstehst. Bei einem Gehalt von 120 Rubel (vielleicht waren es damals auch schon 160, jedenfalls galten 200 Rubel schon als gutes Gehalt, der Dollar kostete auf dem Schwarzmarkt drei Rubel) – auf einmal 4000 Rubel! Ich bin mir nicht sicher, ob wir mit einem zweiten Auftrag gerechnet haben ... Aber da wir noch weitere Auftraggeber hatten, kam die Arbeit in Gang.«

Newslin war der erste der späteren Yukos-Gesellschafter, der zu Chodorkowski wechselte. Ziemlich schnell, im Laufe eines halben Jahres. Er verließ Sarubeshgeologia, ließ aber dort für alle Fälle Michail Brudno zurück, um die »Stellung zu halten«, bis klar war, ob alles gut lief.

Michail Brudno: »Bei Sarubeshgeologia gab es für uns nichts zu holen. Überhaupt deprimierte mich diese ganze Sowjetmisere – ich versuchte mir vorzustellen, was ich in zehn Jahren tun würde, aber es

## Kapitel 4

*gelang mir nicht. Mir war vollkommen klar, dass ich innerhalb dieses Systems das Maximum für mich erreicht hatte, weiter würde ich nicht kommen. Ich wartete auf eine Einladung nach Amerika. Und während ich noch wartete, tauchte statt der Einladung Chodorkowski auf.«*

Leonid Newslin: »*Chodorkowski sagte, er sei an Spezialisten aus der Vertragsabteilung interessiert (um Verträge zwischen den Unternehmen oder Institutionen und den wissenschaftlich-technischen Kollektiven abzuschließen), und er würde mich nehmen, ich glaube, mit einer Probezeit von drei Monaten. Er fragte nach meiner Position. Ich glaube, ich war damals Softwareingenieur. Oder leitender Softwareingenieur ... Jedenfalls bot er mir die nächsthöhere Position an. Mir war damals nicht klar, dass das eine ganz bestimmte Art des Managements war. Nur ein kleines bisschen befördern, nicht zu viel auf einmal anbieten. Na ja, absteigen will natürlich niemand. Er bot mir ein Gehalt von 200 Rubel, glaube ich, und eine Position, die eine Stufe höher war als bisher. Er hatte ja das gleiche Raster wie überall. Ich erinnere mich, dass ich anfing, um den Posten des Abteilungsleiters zu feilschen, und ich glaube, er hat ihn mir auch gegeben. Mit einem Gehalt von 220 Rubel. Genau weiß ich das nicht mehr. Ich feilsche selten und bitte auch selten um etwas für mich, damals hat es mich aber aus irgendeinem Grund gereizt. Vielleicht, weil er so jung war und so leise sprach. Ich erinnere mich, dass ich um das Gehalt und die Leistungsprämie gefeilscht habe.*

*Wir sind sehr verschieden, aber er hat mir gefallen. Ich ging gut gelaunt aus diesem ersten Gespräch. Dann gingen wir ziemlich schnell zum Du über. Ich mag keine Routinen, und hier gab es etwas Neues. Ich kümmerte mich um Vertrags- und Kommunikationsangelegenheiten, was mir durchaus lag. Dann holte er mich näher zu sich heran ... Mir scheint, für Mischa war besonders wichtig ... Erstens habe ich an meinem Platz objektiv gut gearbeitet. Zweitens war ich ihm gegenüber äußerst loyal. Das Kollektiv dort war, wie jedes andere auch, nicht frei von Intrigen. Es gab dort eine Gruppe, die die Entwicklung des Zentrums anders sah. Mischa wollte mehr in Richtung Produktion und Finanzierung gehen. Mir gefiel er besser als die anderen, er war überzeugender für mich, ich habe ihn immer unterstützt. Schließlich wurde ich sein Stellvertreter, später sein erster Stellvertreter. Ich denke, dass er mir in dieser Phase schon vertraute, ich arbeitete gut und war ihm gegenüber loyal. Und er sah Entwicklungspotenzial bei mir. Das ist auch wichtig. Er schaut die ganze Zeit, ob jemand Potenzial hat und wie weit es reicht.«*

Damit dieses komsomolnahe Geschäft gut funktionieren konnte, brauchte man viele Aufträge. Chodorkowskis Zentrum etwa arbeitete aktiv mit dem Staatlichen Komitee für Wissenschaft und Technik und mit der Verteidigungsindustrie zusammen. Dort musste man aber erst einmal irgendwie »reinkommen«. Sie kamen deshalb rein, weil der Frunsenski-Bezirksausschuss, wo Chodorkowski gearbeitet hatte, in einem der zentralen Viertel von Moskau lag, wo viele staatliche Einrichtungen, Institute und Unternehmen konzentriert waren, und natürlich auch, weil die Parteiorganisationen untereinander verbunden waren. Chodorkowski war ein Teil dieses Parteisystems, deshalb konnte er verschiedenste Organisationen direkt ansprechen und eine Zusammenarbeit mit ihnen beginnen. Beziehungen wurden in Projekte, Verträge und Geld umgemünzt. Newslin behauptet, »an dieser Stelle« habe es »null Korruption« gegeben, »das war einfach nur die Umwandlung von Energie, von Beziehungen und Möglichkeiten, von Mischas Ideen in Entwicklung, in Entropie. Damals hat keiner etwas in die Tasche gesteckt oder ausgeteilt. Jedenfalls nicht da, wo wir arbeiteten.« Eine gute Referenz, ein gutes Entrée waren viel wichtiger – ob man bestimmten Chefs gefiel oder nicht. Chodorkowski verstand es, gute Referenzen zu bekommen. Für die ältere Generation war er ein junger Mann »aus ihren Reihen«, noch dazu einer mit Zukunft. Das Zentrum bekam viel Lob, beim Ministerrat hatte er einen Stein im Brett, der Apparat unter Gorbatschow förderte ihn. An seinem Beispiel ließ sich zeigen, wie gut die Reformen funktionierten. Wer so

## Kapitel 4

aussichtsreichen jungen Menschen half, musste sich dafür nicht schämen. Also half man ihm.

In Russland geschah damals Unglaubliches. Westliche Radiosender wurden nicht mehr gestört, früher verbotene Bücher konnten auf einmal erscheinen (Wassili Grossman, Anatoli Rybakow, Boris Pasternak, erstmals veröffentlicht wurde auch Bulgakows *Hundeherz*). Nach den Zeitungen und Zeitschriften »befreite sich« auch das Fernsehen: Die ersten unabhängigen Fernsehproduzenten traten auf den Plan, fast alles wurde live gesendet, Jugendprogramme behandelten in ihren Sendungen nun all das, worüber man früher nur im Flüsterton in der Küche geredet hatte; gesendet wurde jetzt auch nachts, und es gab Fernsehbrücken nach Amerika. Das Fernsehpublikum in der UdSSR war riesig. Menschen, die ihr Leben lang hinter dem Eisernen Vorhang verbracht hatten, verschluckten sich beinahe an so viel Freiheit. Der Film *Assa* erschien, und plötzlich fand eine junge Rockmusik, eine gänzlich andere Jugendkultur mit seltsamen Liedtexten, mit ungewöhnlichen Bildern und einem anderen Klang ihren Weg auf die Leinwand. All das stand in diametralem Gegensatz zur offiziellen sozialistischen Kultur. »Wir wollen Veränderungen!« sang der Rockmusiker Wiktor Zoi in *Assa*, und es klang wie ein Vorzeichen, wie eine Hymne auf die Zukunft. Die Geschichte wurde von einer Generation gestürmt, die zu dieser Zeit 25 bis 28 Jahre alt war.

Im selben Jahr machte der wichtigste Moskauer Parteichef und Kandidat für das Politbüro, Boris Jelzin, auf sich aufmerksam. Er tat etwas, das im Parteimilieu unüblich war: Er kritisierte Gorbatschow und sein Umfeld offen für ihren Konservatismus und die zögerliche Reformpolitik. Jelzin verlor sein Amt in Moskau und seinen Kandidatenstatus für das Politbüro. Damit begann sein Weg als »Parteidissident«, der ihn schließlich in direkte Opposition zu Gorbatschow brachte. Danach folgten der Parteiaustritt und die triumphale Machtübernahme nach dem Augustputsch von 1991. Chodorkowski lernte Jelzin 1990 kennen, als dieser

»Furchtbar jung!«

bereits in Ungnade gefallen war – im KPdSU-Stadtbezirksausschuss des Swerdlowski-Bezirks.

Der bekannte russische Ökonom Jewgeni Jassin, der von 1994 bis 1997 den Posten des Wirtschaftsministers innehatte, sagte mir in einem Interview, für kurze Zeit hätten die NTTM-Zentren gewisse Privilegien gehabt. »Und wer einigermaßen geschäftstüchtig war, konnte dabei verdienen. So viel nun auch nicht, aber wenn man bedenkt, dass es vertraglich festgelegte Preise gab und damals in ziemlichem Umfang Geld gedruckt wurde, konnte man bestimmte Einnahmen für sich abzweigen. Nach meiner Einschätzung war diese Phase der Bereicherung über die NTTM-Zentren nicht lang, sie endete um 1989 – bis dahin hatten sie ein mehr oder weniger anständiges Kapital zusammengetragen und Mittel und Wege gefunden, wie sich diese Gelder als Einnahmen verbuchen ließen.« Gleichzeitig bezweifelt Jassin die Theorie, es habe irgendeinen schlauen Plan zur Schaffung eines besonderen Geschäftszweigs beim Komsomol gegeben, den die Kommunisten für sich hochgezogen hätten. Vielmehr habe das Erscheinen der Kooperativen die Privilegien der NTTM-Zentren aufgeweicht, da die Kooperativen als Unternehmer auftraten und viel aggressiver auf dem Markt agierten.

Das sowjetische Gesetz über die Kooperativen war 1988 beschlossen worden. Kooperativen durften alles, was nicht explizit gesetzlich verboten war. Sie konnten auch im Bereich der Elektronik, Rechentechnik und Automatisierung arbeiten – also auf Newslins und Brudnos Fachgebiet. Chodorkowski stellte fest, man müsste eine Kooperative gründen. Newslin meldete sie unter dem Namen Nigma an, weil eine Genossenschaft mit dem Namen Sigma bereits registriert war und er, wie er lachend berichtet, das Wort Enigma damals noch nicht kannte. In dieser Phase verließ auch Brudno Sarubeshgeologija und schloss sich Chodorkowski und Newslin an. Das Team setzte seine gemeinsame Arbeit fort.

Kapitel 4

Sie sollten nicht die einzigen »Verdächtigen« der *Forbes*-Liste sein, deren Weg ins Big Business über die Kooperativen führte. Michail Prochorow »kochte« Jeans in der Kooperative Regina und verkaufte sie auf Textilmärkten; Roman Abramowitsch, Juniorpartner in der Kooperative Ujut, produzierte und verkaufte Gummispielzeug; Michail Fridman und die zukünftige Alfa Group lieferten im Rahmen der Kooperative Kurjer Lebensmittel aus und putzten Fenster, später handelten sie über die Kooperative Alfa Foto mit Computern und Bürotechnik; Alexander Smolenski gründete eine der ersten Baukooperativen; Wladimir Gussinski bot über die Kooperative Infeks Finanz- und Rechtsberatung an. Die Führung der Moskauer Kommission für kooperative und individuelle Erwerbstätigkeit übernahm just in dieser Zeit der spätere langjährige Moskauer Oberbürgermeister Juri Lushkow. So ergaben sich neue Kontakte, die in der Zukunft noch ihre ganz eigene Rolle spielen sollten.

Um Chodorkowskis NTTM herum entstanden auch andere Kooperativen, unter anderem in der Baubranche. Das Zentrum und die Kooperativen waren vertraglich miteinander verbunden, ein Teil der Aufträge wurde nun schon über die Kooperativen abgewickelt. Ende 1987 taucht erstmals der Name Menatep auf, dabei handelte es sich um eine Vereinigung, die von Chodorkowskis Zentrum unter dem Namen »*Me*shotraslewye *n*autschno-technitscheskije *p*rogrammy« (»Branchenübergreifende wissenschaftlich-technische Programme«) gegründet wurde. Chodorkowskis Kollegen behaupten, in der Wahl dieses Namens zeige sich, wie schlau er war: Die extrem langweilige Firmenbezeichnung rief bei den Direktoren der diversen geschlossenen Unternehmen,*

---

* Geschlossene Unternehmen waren Betriebe, für die zumeist strenge Geheimhaltungsvorschriften galten, weil sie in strategisch wichtigen Bereichen tätig waren, zum Beispiel in der Rüstungsindustrie oder im Rohstoffsektor. Die Mitarbeiter solcher Unternehmen wurden deshalb sehr sorgfältig ausgewählt. (Anm. d. Ü.)

»Furchtbar jung!«

mit denen man vertragliche Beziehungen eingehen wollte, keinerlei allergische Reaktion hervor. Im Unterschied zu so klangvollen Namen wie Ingenieur, Spektr und ähnlichen schreckte das unscheinbare Menatep niemanden ab. Und die Abkürzung ist bis heute aktuell – denn genauso sollte in der Folgezeit eine Bank heißen, und unter demselben Namen wurde exakt zehn Jahre später auf Gibraltar die Gruppe Menatep Limited registriert, die indirekt zum Hauptaktionär des Ölkonzerns Yukos wurde.

Nigma begann mit Computern und Computerzubehör zu handeln.

Michail Brudno: »*Als Chodorkowski das erste Mal sagte: Lasst uns bei einem Privatmann einen PC kaufen und ihn an ein Unternehmen weiterverkaufen, schien das ja noch unmöglich. Den Computer musste man für, sagen wir mal, 24 000 Rubel einkaufen. Kannst du dir vorstellen, was damals, 1988, eine Summe von 24 000 Rubeln war! Wir sagten ihm: ›Du spinnst, so viel Geld! So viel verdienen wir nicht. Und du willst so viel Geld für so ein Eisenteil ausgeben, das keiner mehr braucht? Wer will hier schon so was kaufen?‹ Er sagte: ›Quatsch! Wir kaufen das Ding.‹ Und wir haben es gekauft. Wir hatten Leute, die die Computer für den Verkauf anlieferten. Sie kauften sie im Ausland für etwa 2000 Dollar ein und verkauften sie für 6000 Dollar in Rubeln, bar auf die Hand. Wir russifizierten den Computer, installierten darauf die Programme, die der Auftraggeber brauchte, und verkauften ihn an das Unternehmen. Für rund 40 000 Rubel (circa 10 000 Dollar). So fing das an. Unsere letzten Computer verkauften wir 1990, das waren bereits Chargen vom Großhandel. Das war sehr viel Geld.*«

Leonid Newslin: »*Die Kooperative war schon eine freie Unternehmensform. Wir hatten drei Prozent Steuern zu zahlen, glaube ich, fast nichts, aber wir konnten bargeldlose Beträge so viel wir wollten auf unsere Konten bringen, alles in Bargeld umwandeln und für das Bargeld Waren, Programme, Arbeitsleistungen und Leute einkaufen. Anderswo auf der Welt wurden im Bereich der forschungsintensiven Produktion und Technologien schon lange PCs verwendet. Unsere*

Kapitel 4

*Kunden und wir arbeiteten mit großen Kisten, die der sowjetische Geheimdienst seinerzeit von IBM geklaut hatte. Nur zur Illustration: So ein ganzer riesiger Mechanismus war weniger leistungsstark als mein iPhone.*

*Außerdem gab es die ›CoCom-Liste‹, ein Embargo, das die Amerikaner auf die Lieferung von Computern in die sozialistischen Länder verhängt hatten. Die Leute in den Unternehmen wollten aber echte Computer, nicht die sowjetischen Hammer-und-Amboss-Modelle. Natürlich hätte man mit Jeans handeln können, und viele haben das auch getan. Aber weißt du, warum Computer? Weil in diesem Bereich sehr viel Geld steckte. Buchgeld, das sich mithilfe der Computer in Bargeld umwandeln ließ. Und das sind schon ganz andere Zahlen. Kannst du dir vorstellen, wie viele Jeans man für einen Computer ›kochen‹ musste? Außerdem war die Kaufkraft der Unternehmen damals noch ungleich höher als die der Bevölkerung. Natürlich kam es in diesem Prozess auch zu einer Konvertierung von Dollar in Rubel und zurück, zu einem bestimmten nichtstaatlichen Kurs (den hatte es ja immer gegeben). Das eröffnete uns zusätzliche Verdienstmöglichkeiten.«*

Wladimir Dubow war 1988 30 Jahre alt. Er hatte an der chemischen Fakultät der Staatlichen Universität Moskau studiert und am Institut für Hochtemperaturen der Akademie der Wissenschaften der UdSSR gearbeitet. In Chodorkowskis Umfeld tauchte er etwas später als Newslin und Brudno auf. Es heißt, Chodorkowski habe sein erstes wirklich großes Geld – 160 000 Rubel – mit einem Auftrag für die Akademie der Wissenschaften verdient, den ihm Wladimir Dubow verschafft hatte.

Wladimir Dubow: *»Stimmt nicht. Er hat dieses Geld wirklich bei einem Auftrag für das Institut für Hochtemperaturen der Akademie der Wissenschaften verdient, aber das war noch vor meiner Zeit. Damals kannte ich noch keinen von den Jungs. Kennengelernt haben wir uns so: Ich war am Institut, befasste mich mit Thermodynamik und arbeitete an der ziemlich bekannten Datenbank Ivtanthermo. Irgendwann überredete ich den Chef, die Datenbank nach außen*

»Furchtbar jung!«

zu verkaufen. Dadurch konnten wir die Gehälter in der Abteilung ziemlich bald verdoppeln. Ich brauchte einen Vermittler, um einen Auftraggeber zu finden. Und einer meiner Kommilitonen arbeitete bei Menatep, bei Chodorkowski. Wir begannen unsere Kooperation. Mich verblüffte, dass mein Geschäftspartner ein Volltrottel war, das System aber trotzdem funktionierte. Irgendwann reichte es mir mit ihm, und ich beschloss, hinzufahren und die Leute kennenzulernen: Vielleicht konnte man ja direkt mit ihnen zusammenarbeiten. Also fuhr ich los. Der Mann, den ich traf und mit dem ich meine Probleme besprach, hieß Leonid Newslin. Rund zwei Monate später war ich stellvertretender Vorsitzender der Kooperative Nigma. So kam ich zu Menatep. Das war im August 1988, wenn ich mich nicht irre.«

Sehr viele Leute fanden sich Ende der 80er und in den ganz frühen neunziger Jahren zu irgendeinem »Business« zusammen. Auch mit Computern wurde gehandelt. Dann verschwanden diese Gruppen wieder, die Leute zerstreuten sich, nachdem sie für die damalige Zeit durchaus anständig Geld gemacht hatten. Mancher kaufte sich ein Häuschen irgendwo im Ausland und emigrierte, andere kauften eine Wohnung, eine Datscha und ein Auto – die klassische Traumtriade jedes sowjetischen Menschen – und fingen etwas anderes an, wieder andere wurden Rentiers. Viele meiner Bekannten, die diesen Lauf durch die Kooperativen absolviert hatten, sagten mir, sie hätten eine lockere Einstellung zu diesem Geld gehabt, es sei »einfach so vom Himmel gefallen«. Meiner Ansicht nach glaubten die Leute nicht wirklich, dass all dem nicht doch irgendwann ein Ende gesetzt würde, und so spielten sie einfach das Spiel dieses vorübergehend erlaubten Quasi-Marktes. Sie wollten schnell Geld verdienen und damit verschwinden. Um nichts zu riskieren. Zu Chodorkowskis erstem festen Team, das sich zu dieser Zeit herausgebildet hatte, gehörten mehr Leute als Newslin, Brudno und Dubow, die heute auf der Fahndungsliste von Interpol stehen. Wie wurde da gesiebt? Warum blieben aus dieser Phase gerade

Kapitel 4

diese drei, denen sich wenig später noch drei weitere anschlossen, nämlich Lebedew, Schachnowski und Golubowitsch? Wie es aussieht, hing alles davon ab, wie die einzelnen Mitglieder in diesem größeren Team Chodorkowskis eine bestimmte Frage beantworteten, nämlich: »Welche Strecke wollen wir laufen?« Das heißt, wann sollen wir anfangen, das verdiente Geld zu teilen? Chodorkowski lief Langstrecke. Man konnte nur entweder mit ihm laufen oder sein Geld nehmen und gehen.

Michail Brudno: »*Wir haben nie viel vom Geschäft für uns abgezweigt. Gerade die Kooperative und Menatep verdienten ja für die damalige Zeit ein Wahnsinnsgeld, und wir bekamen bei der Kooperative ein Gehalt von 500 Rubel. Das Geld wurde ständig reinvestiert. Das war immer so.*«

Der Umsatz der Kooperative Nigma betrug rund zwölf Millionen Rubel. Mit welchen Beträgen die Kooperativen damals operierten, wurde mir persönlich erst klar, als einer der ersten Genossenschaftler, Artjom Tarassow von der Kooperative Technika, irgendwann Anfang 1989 ein offizielles Monatsgehalt von drei Millionen Rubel erhielt und einen ganzen Sack Geld anschleppte, um seine Steuern zu bezahlen. Obwohl sich unsere Gehälter überhaupt nicht vergleichen ließen, fand ich diese Ehrlichkeit unglaublich erheiternd. Ich erinnere mich, wie wir in der Redaktion der *Moskowskie nowosti* herumfantasierten, wofür wir so einen Haufen Geld ausgeben würden. Die Beamten im Staatsdienst mit ihrem nach wie vor sowjetischen Verstand – alles Leute, die im System der »Gleichmacherei«[*] groß geworden waren und zudem in dieser schwierigen Zeit kaum über die Runden kamen – fanden es überhaupt nicht lustig, als Tarassows Stellvertreter in der Kooperative 90 000 Rubel Partei-

---

[*] Gleichmacherei, urawnilowka, auch »Gleichbezahlung«, bezeichnet die angeblich mehr oder weniger gleiche Bezahlung für die meisten Berufsgruppen in der Sowjetunion, wodurch verhindert werden sollte, dass sich eine neue Schicht von Reichen herausbildet. (Anm. d. Ü.)

beiträge zahlte. Die Kooperativen wurden übrigens nach Tarassows Démarche mit hohen Steuern belegt und mit Vorschriften bedrängt und so praktisch zurück in den Stall der Staatsunternehmen getrieben.

70 Milliarden Rubel – das war, nach offiziellen Angaben, der Gesamterlös der Kooperativen im Jahr 1990. Das waren 8,7 Prozent des Nationaleinkommens. Die Jungs konnten sich austoben.

Leonid Newslin: »*Irgendwann mussten wir überlegen, was wir weiter machen wollten. Es ging darum, wie der erwirtschaftete Profit angelegt werden sollte: Sollten wir ihn in verschiedene Taschen stecken und uns mit anderen Dingen befassen, oder ihn doch in eine gemeinsame Sache investieren? Mischa fand, die nächste Etappe wäre eine Bank. Brudno, Dubow und ich beschlossen also, da wir Mischa vertrauten, unser Geld, das bei der Kooperative und im Zentrum verblieben war, in die Gründung einer Bank zu stecken. Gerade war die erste Verordnung über die Gründung privater Geschäftsbanken herausgekommen. Doch es gab auch Leute, die eine andere Vorstellung von der Zukunft hatten. Wenn viel Geld da ist, sind die Leute schnell zufrieden, sie wollen das Geld nehmen und einfach weiterleben. Eines schönen Tages brachten wir alle aktiven Mitglieder zusammen. Wir setzten uns ins Restaurant Minsk auf der Twerskaja-Straße, das Essen wurde serviert, und Chodorkowski brachte diese Frage auf die Tagesordnung: Wo wollen wir weiter hin? Jeder sollte für sich entscheiden. Wir wollten seinen Weg weitergehen, uns beim Geld beschränken, uns unseren Anteil am Gewinn nicht auszahlen lassen, sondern das Geld wieder investieren. Wenn ich mich nicht irre, mussten wir zunächst 25 Prozent und bis zum Ende des Jahres 100 Prozent des Grundkapitals der Bank aufbringen. Manche wollten nicht weiter mitspielen, nichts weiter riskieren, sich nicht weiterentwickeln. Einige gingen, durchaus im Guten. Manche machen heute noch in Moskau Geschäfte, manche in Israel, manche in Amerika. In unserem System wollten sie jedoch nicht mehr arbeiten. Wir aber blieben. Und das war faktisch das erste Partnerschaftsabkommen derer, die mit Mischa weitermachten.*«

Kapitel 4

Michail Brudno: »*Wir haben ja auch etwas gekauft. Nur keine Datscha und kein Haus auf Zypern, wie viele andere. Wir haben eine Bank gekauft. Manche waren verrückt nach Geld. Sie sagten: Wir haben so viel verdient, lasst uns das aufteilen. Da haben wir ihnen ihr Geld ausgezahlt und uns von ihnen getrennt. Es gab so eine Art Kern um Chodorkowski. Das waren aber nicht nur wir drei. Es waren unterschiedlich viele zu verschiedenen Zeiten. Mal fünf, mal sieben. Und jedes Mal, wenn irgendwelche Investitionsentscheidungen zu treffen waren, sprang jemand ab. Dazu kam niemand. Dabei musst du wissen, dass wir nie so redeten, nach dem Motto ›Das hier ist dein Anteil – und das ist meiner.‹ Wir arbeiten zusammen und das hier ist unser Ergebnis. Was genau ›unser‹ heißt? Keine Ahnung! Uns war damals nicht einmal klar, dass man das vereinbaren muss. Das hat uns wenig Kopfzerbrechen bereitet. Und tatsächlich waren auch wir darauf vorbereitet, dass das alles nicht lange anhält, dass plötzlich die Sowjetmacht kommt und alles dichtmacht. Aber Chodorkowski... Ich dachte, er wäre so ein Träumer. Er hatte ständig etwas Neues vor... Kaum hatten wir uns irgendwo eingearbeitet, kaum ging es uns gut, kaum hatten wir angefangen zu verstehen, was wir taten und wie es weiterging, kam er an: Wir lassen das Ganze und gehen weiter. Wohin? Warum? Egal, lasst alles liegen, weiter geht's. Und so ging das mit einer gewissen Regelmäßigkeit. Wir machten die Bank, gerade hatten wir alles raus und begriffen, wie so etwas geht (und das war nicht auf Anhieb so), da fing die Privatisierung an. Das war's dann! Wir ließen die Bank Bank sein und gingen zur Privatsierung, Unternehmen kaufen. Was für Unternehmen? Was wollen wir damit weiter machen? Ist doch egal, ob das Geld kostet. Sei's drum, pfeif auf das Geld – Gott hat's gegeben, Gott hat's genommen. Aber weiter? Vorher war alles eingerichtet, eingesessen, ausgetreten. Warum soll man das aufgeben? Aber nein, Schluss damit, gehen wir weiter! Und wir gingen mit. Uns war es egal – wir hatten keine Angst zu verlieren, was wir erarbeitet hatten. Warum nicht? Keine Ahnung. Wir waren bereit, alles zu riskieren. Chodorkowski hat ja immer alles riskiert, beim Geld.*

### »Furchtbar jung!«

*Immer alles. An seine Ideen glaubte niemand sonderlich. Aber erstens hatten wir auch an seine früheren Ideen nicht geglaubt, und sie hatten trotzdem funktioniert. Zweitens sagten wir: Na gut, wenn irgendwas nicht so läuft, dann verlieren wir eben, dann fangen wir eben von vorn an. Hol's der Teufel ... Der Drive war uns wichtiger als all dieses Geld. Und Mischa war ein absolut unabdingbarer und wichtiger Bestandteil dieses Drives. Außerdem hatten wir immer das Gefühl, Rückendeckung zu haben. Jeder hatte Qualitäten, die die anderen anerkannten und schätzten. Wir rechneten innerlich nie damit, dass uns jemand in den Rücken fällt.«*

Wladimir Dubow: »Plötzlich sagt Chodorkowski: ›Fahren wir Mittagessen!‹ Also fuhren wir. Es gab so ein Restaurant namens Trenmos, auf dem Komsomolski-Prospekt. Ein echt teures Restaurant. Seltsam, denke ich. Chodorkowski war ja ein notorischer Geizkragen. Niemand von uns lebte auf großem Fuß. Wir waren solche Lokale nicht gewöhnt. Er sagte, wir müssten unsere Struktur privatisieren, mit einem bestimmten Personenkreis als Eigentümer. Ich sprach mich aus vollem Herzen dafür aus, mich freute das, sagte ich. Aber innerlich war mir absolut klar: Wenn du versagst, werden dich deine ganzen Zinsen, Anteile und Rechte auch nicht schützen. Und dieses Gefühl hat mich wohl bis zum Schluss nicht verlassen. Ich kann nicht sagen, dass irgendwann eine Phase eingetreten wäre, in der sich jemand hätte zurücklehnen und sich sagen können: Schluss, ich habe genug getan. Es gab Leute, die schon länger dabei waren als ich – Tanja Anissimowa, Sergej Monachow und Jura Mizkewitsch. Diese Leute waren jetzt nicht mehr mit von der Partie. Mit von der Partie waren die, die du kennst. Er wählte sie nach irgendeinem Prinzip aus, das nur er verstand.«

Die Bank wurde am 29. Dezember 1988 registriert. Bis März 1989 hatte Chodorkowski den Mittelpunkt der gesamten Arbeit in die Bank verlagert. Von denen, die bleiben und den Weg mit Chodorkowski bis zum Ende weitergehen sollten, gehörten damals zum Team: Newslin, Brudno und Dubow. Es ist offensichtlich, dass einer der wesentlichen Faktoren, die diese wahr-

Kapitel 4

lich sehr unterschiedlichen Personen einten, die Einstellung zum Geld war. Zum Geld im Geschäftsleben. Zum Geld, das man zum Leben braucht. Viele Jahre später, im Juni 2002, erwähnte ich während eines Interviews mit Chodorkowski für den *Kommersant* einen sehr vermögenden Freund von mir, der sagte, dass ihm Geld nichts mehr bedeute. Chodorkowski sagte: »Leonid Newslin und ich, wir haben irgendwann einmal festgelegt: Wir haben unser persönliches Geld, mit dem wir vollkommen zufrieden sind. So gesehen, spielt es wirklich keine Rolle. Und es gibt Geld zum Spielen, als Instrument. Dieses Instrument ist wie die Patronen für die Soldaten – man hat nie genug.« Das sagte Chodorkowski, als er schon Milliardär war. Damals jedoch, zu Beginn der neunziger Jahre, verdienten sie ihr erstes, für die damalige Zeit großes Geld. Diese eigentlich noch so jungen sowjetischen Kerle waren auf einmal reich. Oder wenigstens kam es ihnen so vor, als wären sie reich.

Newslin erzählte mir, er habe sich just in jenen Jahren, 1989 bis 1990, zum ersten Mal reich gefühlt. Als er seinen Führerschein in Händen hielt und damit nach Jushny Port fahren konnte, wo mit Autos gehandelt wurde, um etwas zu tun, wovon sein Vater nur hatte träumen können, nämlich praktisch jedes beliebige Auto zu kaufen, sogar einen Wolga. Dann kam die Zeit, als er sein erstes ausländisches Auto fuhr, einen Volvo. Dann kaufte er seine erste Wohnung. Viele Juden, die damals emigrierten, verkauften ihre Wohnungen sehr preiswert, weil es ihnen doch lieber war, wenigstens einige tausend Dollar in bar mitzunehmen als nichts. Wenn sie gewusst hätten, wie viel die Wohnung auf dem Leninski-Prospekt, die Newslin damals kaufte, wenige Jahre später wert sein sollte!

Wladimir Dubow bezahlte 1991 für seine erste Eigentumswohnung 5000 Dollar. Dafür nahm er bei Menatep einen Kredit auf, den man ihm, wie er zugibt, einige Jahre später erließ, als dieses Geld für die Gruppe schon nicht mehr von Belang

»Furchtbar jung!«

war. Zu dem Zeitpunkt, als er die Wohnung kaufte, hatte er bei Menatep ein Gehalt von 500 Dollar – seine Abteilung nahm zur selben Zeit über 200 Millionen Rubel ein. Der offizielle Dollarkurs 1991 lag bei 1,80 Rubel für einen Dollar, der inoffizielle zwischen zehn und 30 Rubel. Während seiner Suche wurde ihm eine Dreizimmerwohnung auf dem Prospekt Mira für 40 000 Rubel angeboten. Er erzählte Chodorkowski davon. Und Chodorkowski sagte, er werde diese Wohnung kaufen, weil er seiner ersten Frau versprochen hätte, ihr eine Wohnung just auf dem Prospekt Mira zu kaufen, erinnert sich Dubow. Viele Jahre später erzählte mir Chodorkowski in einem Interview: »Für mein erstes selbst verdientes großes Geld kaufte ich eine Dreizimmerwohnung, in der ich mich nie wieder blicken ließ. Da zog meine Ex-Frau ein.«

Chodorkowski und Inna sowie Newslin und seine Familie mieteten schließlich gemeinsam eine Holzdatscha in der Siedlung des Ministerrats auf der Uspenskoje-Chaussee und zogen dorthin.

Inna

Der Legende nach soll Michail Inna anfangs gar nicht wahrgenommen haben, aber dann habe sie sich die Haare blond gefärbt, und sein Schicksal sei besiegelt gewesen – er habe sich bis über beide Ohren in sie verliebt. Marina Chodorkowskaja erinnert sich, sie habe zufällig davon erfahren, dass im Komsomolausschuss am Institut ein Mädchen aufgetaucht war, das ihrem Sohn verliebte Augen machte. Dieses Mädchen war 17 Jahre alt, als die beiden sich kennenlernten.

Inna Chodorkowskaja: »*Ich war in die Chemie verliebt. An der regulären Fakultät war ich nicht aufgenommen worden – ich hatte den Aufsatz verhauen. Also immatrikulierte ich mich gleich fürs Abendstudium. Bis dahin hatte ich mir über eine Arbeit noch keine Gedanken gemacht. Ich beschloss, mir in meiner Fachrichtung (organische*

## Kapitel 4

*Chemie) im Labor etwas zu suchen. Im Labor sagte man mir, ich bräuchte einen Komsomolauftrag\*, eine Genehmigung. Ich ging also diese Genehmigung holen. An die massive lackierte Holztür des Komsomolausschusses erinnere ich mich heute noch. So eine Gullivertür, und ich bin ein Hobbit, der versucht, sich durch einen Märchenwald zum Ziel durchzuschlagen. Hinter der Tür verbarg sich aber nichts Übernatürliches. Meine Genehmigung bekam ich nicht, weil der Komsomol dringend jemanden für seine Abrechnungsabteilung suchte. Das Thema Beiträge und Abrechnungskarten lag mir damals fern – einmal davon abgesehen, dass meine Mutter zeitlebens als Chefbuchhalterin in verschiedenen Staatsbetrieben gearbeitet hatte und sich sehr gut mit Zahlen auskannte. Aber ich habe mich gern und mit voller Kraft eingearbeitet – ab dem 22. Oktober 1986. Allmählich lernte ich meine neuen Kollegen kennen. Es waren ziemlich selbstständige und ehrgeizige Jungs. Jeder von ihnen hatte seine ganz besondere Ausstrahlung. Der Stellvertreter für organisatorische Arbeit fiel aber aus dem Rahmen. Er war mein direkter ›Aufseher‹ und Helfer. Er hieß Michail. Für mich war er ein erwachsener Mann (wie übrigens auch alle anderen Mitglieder des Komsomol-Ausschusses), was ich natürlich sehr schmeichelhaft fand. Er war 23, ich 17 – eine Riesenkluft. Sie hatten alle schon ihr Studium abgeschlossen, ich fing gerade erst an. Etwas enger kam ich mit Michail in Kontakt, als ich meine erste Abrechnung schrieb, im Dezember 1986. Die Abrechnung ging nicht auf, die Karten stimmten nicht überein, ich fing immer wieder von vorne an. Wir saßen bis ein Uhr nachts. Eigentlich ist genau dieser Moment für mich auch der Ausgangspunkt unserer Beziehung.*

\* Der Komsomolauftrag, komsomolskaja putjowka, war ein Dokument, mit dem ein Mitglied des Komsomol von dem für ihn zuständigen Kreis- oder Stadtbezirksausschuss eine vorübergehende oder feste Arbeit zugewiesen bekam. Damit verbunden war oft auch die Entsendung in entlegene, wenig besiedelte Gegenden des Landes, zum Beispiel im Norden, die landwirtschaftlich oder industriell erst noch erschlossen werden sollten. (Anm. d. Ü.)

»Furchtbar jung!«

*Wie er mir den Hof gemacht hat? Nach allen Regeln der Kunst. Klassisch. Aber was wusste ich schon davon mit meinen 17 Jahren? Es kommt zwar vor, dass ein Mensch mit 17 schon völlig erwachsen ist, aber ich war das nicht. Ich war im Grunde noch ein kleines Mädchen. Und ich hatte es auch nicht eilig, irgendwo hinzukommen – schnell zu heiraten, Kinder zu kriegen, wie viele das wollen. Ich überließ mich eher einer Art brownschen Molekularbewegung – mal trug es mich zum Studium, mal woanders hin. Die Entscheidungen hat er getroffen. Er beobachtete mich von Weitem und passte auf, dass niemand mich und meine idealistischen Ideen verdarb.*

*Ich war absolut idealistisch. Und das blieb so bis 2003. Bis wir so richtig eins auf dem Deckel bekommen haben. Inna, wach endlich auf, nimm die rosa Brille ab... Aber er hat diesen Idealismus eher noch unterstützt. Wie im* Kleinen Prinzen *setzte er seine Rose unter eine Glasglocke – sollte nur einer versuchen, sie anzurühren! Meine Vorstellung vom Leben war durch und durch märchenhaft. Ich weiß, dass das gefährlich ist. Als das alles zusammengebrochen war, hatte die Blume zwar ihre Stacheln noch, aber sie waren ganz verkümmert, weil sie nie gebraucht worden waren. Und jetzt? Ich brauche keine Stacheln. Ich sehe, wo es gefährlich und wo es sicher ist. Ich habe mir eine Schutzschicht zugelegt.«*

Viele russische Oligarchen heirateten, nachdem sie reich geworden waren, ein zweites Mal (einige auch ein drittes und viertes Mal). Gewöhnlich Mädchen, die deutlich jünger als sie selbst und wie mit dem Kurvenlineal zugeschnitten waren: hochgewachsen, schlank, mit endlos langen Beinen. So ungefähr hatte ich mir auch Chodorkowskis Frau vorgestellt. Und die Accessoires dazu: Brillanten, Wahnsinnsabsätze und einen teuren Pelz. Die Standardausstattung eben. Als dann eine zierliche, eher kleine Frau vor mir stand, die ihre blonden Haare, die die großen dunklen Augen noch betonten, zu einem Knoten zusammengebunden hatte und eine kurze Steppjacke, eine Hose und bequeme Stiefel trug, musste ich unwillkürlich loslachen, weil sie so gar nicht dem

Kapitel 4

Standard entsprach. Keine auffälligen Edelsteine. Eine ziemlich extravagante große Uhr. Eine schöne Tasche. Eine introvertierte, kontaktscheue und reizende Frau mit origineller Ausdrucksweise.

Als die Chodorkowskis und die Newslins 1991 an die Uspenskoje-Chaussee zogen, hätten sie durchaus schon zwei Datschen mieten können. Aber irgendwie fanden sie, dass sie das nicht bräuchten. Bis dahin hatten Chodorkowski und Inna eine Wohnung am Pawelezker Bahnhof gemietet. Das Haus lag direkt an der Metro, nebenan war ein Restaurant, der Gartenring, Straßenbahngleise. Es gab jede Menge Lärm, Smog und Kakerlaken. Inna sagt: »Für ein Paar ohne Kinder ist das klasse, aber mit einem Säugling weniger. Anfang Juni beschlossen wir, aus der Stadt herauszuziehen. Da ich mein ganzes unbewusstes und bewusstes Leben in Moskau verbracht und auch im Stadtzentrum gearbeitet und studiert hatte, fiel es mir schwer, mich an den Wald, die Stille und die Mücken zu gewöhnen. Ich war mit dem Kind ganz auf mich gestellt, die Verantwortung war also enorm. Ich hatte Angst, etwas falsch zu machen, alles wurde nach Plan erledigt. Mischa kam und ging, wir sahen uns nur spät abends.«

Die zwei Familien wohnten im selben Haus: Chodorkowski und Inna im ersten Stock, die Newslins im Erdgeschoss. Es gab einen gemeinsamen Eingang. Dann mieteten sie im selben Ort eine Zeit lang ehemalige ZK-Datschen an, da wohnte jeder schon in seinem eigenen Haus. Wiederum einige Zeit später mieteten sie einen Teil des Campus der internationalen Universität in Skolkowo mit zweistöckigen Häusern an; hier lebten sie wieder unter einem Dach, nachdem sie eine Villa zum Zweifamilienhaus umgebaut hatten: Es gab einen gemeinsamen Eingang, eine Familie wohnte links, die andere rechts. Die Siedlung Jablonewy Sad in Shukowka entstand erst später, 1999, dort hatte jeder der Gesellschafter dann sein eigenes Haus.

Leonid Newslin: »*Unser Verhältnis war unkompliziert und angenehm. Wir kamen uns nicht ins Gehege. Die Frauen auch nicht,*

»Furchtbar jung!«

*scheint mir. Wir arbeiteten viel, Freizeit blieb nur wenig. Der Grundsatz war, den Sonntag für die Familie zu lassen, aber auch das klappte nicht immer. Mischa und ich, wir haben noch etwas gemeinsam: Wir sprechen nie über unsere Beziehungen zu unseren Frauen und Kindern. Nicht, dass das tabu wäre, aber es ist einfach nicht üblich. Weder er mag das noch ich. Wir konnten über alles Mögliche reden, fragen, um Rat bitten. Aber die Details unserer Beziehungen, ganz persönliche, emotionale Dinge haben wir nie diskutiert. Nicht, weil es nicht gegangen wäre – ich hatte absolutes Vertrauen zu ihm, und ich denke, er auch zu mir, aber dieses Thema kam einfach nicht vor.«*

Inna Chodorkowskaja: »Für Michail ist das Umfeld sehr wichtig. Ich glaube, er ist schon so auf die Welt gekommen. Er existiert in einem Sozium, in dem er die Führungsfigur ist. Seine Eltern sind wunderbare, noble Menschen mit eigenen Prinzipien und Vorstellungen. Aber er steht irgendwie abseits, noch unter Leuten, die selbst abseits stehen... Ich habe viel Glück gehabt im Leben. Ich mag intellektuelle Leute, ich verfolge gern ihre Gespräche. Newslins Gesellschaft habe ich damals sehr genossen. Wenn er zu uns kam, setzte ich mich hin und hörte nur noch zu. Er denkt ständig über alles nach, und Mischa genauso. Dann kam Platon dazu, der überhaupt schwer zu verstehen ist, aber man spürt dieses riesige Wissen bei ihm. Sie hatten die gleiche Denkgeschwindigkeit und das gleiche Gedächtnis. Jeder von ihnen ist phänomenal. Und sie ergänzen sich. Ich denke, es ist kein Zufall, dass sie alle zusammengekommen sind.«

Inna hat das Mendelejew-Institut nie abgeschlossen. Sie lacht und sagt, ihr Mann hätte sie da »weggeschleppt«, hätte ihr Angst gemacht, Chemie könne Haarausfall verursachen. »Er wollte nicht, dass ich mich allzu selbstständig bewege. Eifersüchtig war er, natürlich! Ein normales männliches Gefühl. Am Institut hatte ich mit dem Rauchen angefangen. Er hat getobt, er wollte mich nicht zum Mittagessen lassen. Stell dir vor, ich war kaum meiner Mama entwischt, und da kam schon die nächste ›Nervensäge‹. Er riss mir die Zigaretten aus dem Mund, klaute mir die Packungen

## Kapitel 4

und führte sich überhaupt unmöglich auf. Ich würde nicht sagen, dass er sich in der Beziehung sehr verändert hat. Er mag es nicht, wenn ich mich kaputtmache. Ich habe 20 Jahre lang geraucht und dann aufgehört. Aus eigenem Entschluss. Anders wäre das auch nicht gegangen. Wenn eine fremde Energie in meinen Raum eindringt, fange ich an, Widerstand zu leisten. Das hat er nicht verstanden, im Grunde bis zu seiner Verhaftung. Mir ist ja selbst erst später klar geworden, dass man mich nur hätte in Ruhe lassen müssen, dann hätte ich mich allein orientiert. Ich bin überhaupt ein Mensch, der sich selbst reguliert – ich brauche mein Vakuum, meinen Raum für mich, dann habe ich alles im Griff. Und so war es dann ja auch, als ich ohne ihn zurückblieb. Aber bis dahin war es ein einziger Dauerlauf, wir rasten nur so dahin...«

Anastassija Chodorkowskaja kam am 26. April 1991 zur Welt. Michail war zu dieser Zeit auf Dienstreise in Taiwan. Als ihre Tochter geboren wurde, waren Michail und Inna nicht verheiratet.

Wladimir Dubow: »*Ich hatte irgendwann mal gesagt, dass ich erst in Urlaub fahre, wenn ich die beiden verheiratet habe. Eines Tages, mein Urlaub stand vor der Tür, sagt Chodorkowski zu mir: ›Du fährst also, alles klar. Inna ist traurig, seit sie weiß, dass du in Urlaub fährst.‹ Ich sage: ›Warum?‹ ›Sie hat gedacht, du wärst ein verlässlicher Mensch – du hast schließlich versprochen, sie unter die Haube zu bringen.‹ Und ich hatte meine Tickets schon, eine Woche später wollte ich fahren. Ich sage: ›Dann nichts wie her mit den Papieren.‹ Ich habe schnell einen Haustermin mit dem Standesamt vereinbart, also dass jemand zu ihnen auf die Datscha kam. Auf einen normalen Termin konnten wir schließlich nicht warten. Dann fuhr ich mit ihm nach Peredelkino, um meine Frau Olga abzuholen. Und von da aus weiter zu seiner Hochzeit. An den Weg erinnert Olga sich bis heute. Mischa fuhr damals nicht besonders gut, aber sehr rasant, und wir hatten ein bisschen Angst. Wir waren so in Eile, dass wir einen Bahnübergang direkt vor einem Zug überquerten. Kurz, ein Auswärtstermin zwecks häuslicher Eheschließung. Irgendwo zwischen Küche und Esszimmer,*

»Furchtbar jung!«

*im Flur, wurden sie schließlich getraut. Und das Kind, das schon drei Monate alt war, wurde auch gleich eingetragen. Das war im Juli 1991. Auf der Hochzeit waren Olga und ich, die Newslins, Brudnos und das war's. Keine Eltern, und auch sonst keine Gäste. Es ging fröhlich zu.«*

### 1991 – die Entscheidung

Im August 1991 fuhren Brudno und Dubow nach Amerika. Chodorkowski und Newslin blieben hier, »im Betrieb«. Und zu dieser Zeit kam es in Moskau zum Putsch. Am 19. August bildeten die Silowiki, einschließlich des KGB-Chefs, der Innen- und Verteidigungsminister und einiger hochrangiger Parteifunktionäre das Staatliche Notstandskomitee, setzten Michail Gorbatschow und seine Familie in Foros* fest und vereitelten praktisch die Unterzeichnung des neuen Unionsvertrags zwischen den ehemaligen Sowjetrepubliken, die für den 20. August vorgesehen war. Der neue Vertrag hatte den Vertrag über die Gründung der UdSSR aufheben und die UdSSR durch eine Union souveräner Staaten ersetzen sollen, eine Art Föderation. Zu dieser Zeit hatte eine ganze Reihe ehemaliger Sowjetrepubliken praktisch ihre Abspaltung erklärt, darunter Litauen, Lettland und Estland, aber auch Moldawien, Georgien und Armenien. Die Verhandlungen für den neuen Vertrag waren sehr langwierig gewesen. Die Gegner des Vertrages, die sich im Staatlichen Notstandskomitee versammelt hatten, meinten, sie würden das Land vor dem Zerfall retten. Ich greife vor, wenn ich sage, dass die Augustereignisse in Moskau den Prozess des Zerfalls der UdSSR eigentlich noch beschleunigten.

---

* Ein Urlaubsort an der Südspitze der Krim, nahe Jalta. Dort befand sich die Ferienanlage »Sarja« (»Staatsdatscha Nr. 11«), die ranghohen Staatsfunktionären vorbehalten war und in der sich Gorbatschow mit seiner Familie während des Putsches im August 1991 aufhielt. (Anm. d. Ü.)

Kapitel 4

In Moskau tauchten Panzer auf. Eine Ausgangssperre wurde verhängt, einige Printmedien wurden geschlossen. Am Morgen des 19. August brachten sie Tschaikowskis *Schwanensee* im Fernsehen, was niemals Gutes verhieß,* dann erschienen die Mitglieder des Staatlichen Notstandskomitees auf dem Bildschirm, angeführt von Vize-Präsident Gennadi Janajew, dem ganz offensichtlich die Hände zitterten. Mir war es peinlich, das anzusehen, aus irgendeinem Grund jedoch überhaupt nicht schrecklich, aber sehr unangenehm.

Das einzige Gegengewicht zu diesen »Rettern des Vaterlands« war die Regierung der Russischen Föderation mit Boris Jelzin an der Spitze. Das Zentrum des Widerstands befand sich im Regierungsgebäude, das, ich weiß nicht mehr seit wann, einfach nur »Weißes Haus« genannt wird.

Für mich war alles ganz simpel: Es gab die widerwärtigen Parteibonzen mit ihren zitternden Händen, die versuchten, die Perestroika anzuhalten und die Geschichte im Land zurückzudrehen. Die Qualität des Umsturzes verblüffte mich: Im Land und auch in Moskau selbst funktionierten die Telefone und Faxgeräte, Flughäfen, Bahnhöfe und öffentliche Verkehrsmittel setzten ihren Betrieb fort. Nicht eine einzige Sekunde lang sympathisierte ich mit den Leuten vom Staatlichen Notstandskomitee. Hoffnungsvoll schaute ich auf Jelzin und sein Team und fuhr mehrere Male zusammen mit Journalistenkollegen ins Weiße Haus.

Für Chodorkowski war die Lage komplizierter. Er war ja Anhänger eines starken Staates und er war Parteimitglied. Die Leute jenseits der Barrikaden waren ihm nicht fremd. Manche kannte er persönlich, und, wie Newslin sagt, »die waren nicht alle scheiße«. Die ziemlich realistische Perspektive, dass das Land zerfallen könnte,

---

* Die Übertragung des Balletts *Schwanensee* im Fernsehen kündigte oft die Bekanntmachung eines Trauerfalls an, gewöhnlich das Ableben eines Generalsekretärs. (Anm. Natalija Geworkjan)

konnte Chodorkowski nicht unbesorgt lassen. Er fürchtete, die Union würde auseinanderbrechen. Ein großes und starkes Land gefiel ihm. Auch die Wirtschaftswelt gehörte für ihn zum Gerüst dieses großen Landes. Was das Staatliche Notstandskomitee zu sagen hatte, war für ihn nachvollziehbar und entsprach zu einem gewissen Grad seinen eigenen Sorgen hinsichtlich der Zukunft des Landes. Und zu alldem war nicht ganz klar, was das Notstandskomitee eigentlich wollte: Gorbatschow zwingen, einen härteren Vertrag abzuschließen, oder die Sache mit dem Vertrag ohne ihn über die Bühne zu bringen. Andererseits arbeiteten Chodorkowski und Newslin zur Zeit des Putsches schon als Berater in der Regierung Silajews, also in Jelzins Team. Chodorkowski kannte Jelzin bereits persönlich. Damit waren ihm die Leute, die im Weißen Haus die Verteidigung übernahmen, ebenfalls nicht fremd. So hatte er sowohl auf der einen als auch der anderen Seite wenn nicht Freunde, so doch zumindest gute Bekannte.

Wie das ganze Land erfuhren auch Chodorkowski und Newslin aus dem Fernsehen vom Putsch. Sie hörten *Schwanensee*, setzten sich ins Auto und fuhren von der Datscha in die Stadt.

Inna Chodorkowskaja: »*Im August 1991 herrschte ganz normaler Sommer, aber irgendetwas lag in der Luft. Mein Mann kam immer müde und nervös nach Hause. Mit Fragen wollte ich ihn nicht behelligen, nicht nur, weil es mich nicht interessierte, sondern auch, weil ich mit dem Kind mehr als genug zu tun hatte. Abends war ich auch müde. Hin und wieder sagte er mir, es würde einen kleinen Krieg geben, und er nehme aktiv daran teil. Er ließ mir ein Gewehr da und versuchte mir klarzumachen, dass das kein Spaß sei und ich auf ihn hören solle. Als dann der Tag X da war, wurde mir ernsthaft bange. Im Fernsehen liefen auf allen Sendern klassisch-symphonische Melodien. Das verhieß nichts Gutes. Ich war von der Zivilisation abgeschnitten, vollkommen abgeschnitten (ich fuhr damals noch nicht selbst Auto), aus dem Nachbarhaus kam die Information, dass auf der Minsker Chaussee die Panzer rollten. Alles sah nach Krieg aus und es war wirklich*

## Kapitel 4

kein Spaß, genau wie Mischa es angekündigt hatte. Damals gab es noch keine Mobiltelefone, ich wusste überhaupt nicht, was mit ihm war. Nur, dass er sich in den Samara seines Freundes gesetzt hatte und sie alle zum Weißen Haus gefahren waren. Es verging viel Zeit, und er ließ nichts von sich hören. Meine Welt veränderte sich zusehends. Alle meine Gedanken waren darauf fixiert, wie viel Wald uns umgab und wo er aufhörte. Außerdem dachte ich noch an die Brunnen (die es im Wald gab), wo ich mich mit Stassja hätte verstecken können. Meine Gedanken irrten auf der Suche nach einem vorübergehenden Unterschlupf umher. Mein Mann hatte mich mit meinen kindlichen Ängsten oder den Ängsten aus einem früheren Leben immer allein gelassen. Vielleicht fand er, dass er nicht mein Psychologe sein sollte, und andererseits erzählte ich ihm auch nicht sehr viel von meinen Gruselmärchen. Er war daran gewöhnt, seinen Tagesablauf selbst zu planen und ließ mich meine Angelegenheiten regeln. War er mir eine Hilfe? Ich kann sagen, dass er immer in der Nähe, immer greifbar war. Und jetzt war auch ohne Worte klar, dass ich mich ums Überleben kümmern musste. Wenn wirklich etwas passiert wäre, dann wäre mir die Waffe wohl als Allerletztes eingefallen. Als er zurückkam, waren unsere Adrenalinwerte diametral entgegengesetzt, aber bei beiden weit jenseits der Norm. Er war voller Emotion, er brannte, seine Augen strahlten. Ein Krieger, mit einem Wort. Ich dagegen wollte ihn streng bestrafen, wie ein Kind, das zu lange draußen war, das beim Spielen die Zeit vergessen und nicht Bescheid gesagt hat, dass es später nach Hause kommt. Er wusste nicht, was ich durchgemacht hatte, dass ich hundert Tode gestorben war und zweihundertmal im Labyrinth der imaginären Ereignisse mein Kind verloren hatte. Als Trophäe brachte er haufenweise Fotos mit, die er im Weißen Haus vom Fenster aus aufgenommen hatte. Was er erlebt hatte, blieb in seinen Augen lebendig. Ich konnte nur anhand der Bilder, auf denen die Ereignisse jener unruhigen Tage festgehalten waren, etwas von der Stimmung erfassen und mir ein wenig davon vorstellen.«

Michail Chodorkowski: »Nach dem Sieg stellte ich einige der ›Ehemaligen‹ von der anderen Seite bei mir ein. Oleg Baklanow, Georgi

»Furchtbar jung!«

*Rasumowski und andere.\* Ich hatte sie davor nicht gekannt und war ihnen nichts schuldig, eher im Gegenteil, aber das waren interessante Leute mit viel Erfahrung. Ich konnte auch nicht anders, als mit ihnen zu fühlen. Sie wollten ja auf ihre Weise Gutes für das Land. Es gab keinen Hass, nur Mitleid. Und Jelzin wusste Bescheid, er verzog das Gesicht, als man es ihm ›steckte‹, aber er verlor mir gegenüber nie auch nur ein Wort darüber. Ein echter Mensch, mit einer russischen Seele.«*
Newslin zufolge war im Team der beiden immer Michail der Spezialist für Lösungen und er selbst der Spezialist für Bedenken. Auch an jenem Tag im August war es Chodorkowski, der die Entscheidung traf. Er entschied: Wir fahren zum Weißen Haus und schauen uns an, was da vor sich geht.

Leonid Newslin: »*Und als wir sahen, dass Jelzins Mannschaft sich zum Kampf rüstete, entschieden wir uns für diese Mannschaft. Weil die andere Mannschaft, das Staatliche Notstandskomitee, natürlich trotz allem erbärmlich wirkte und im Gegensatz zu Jelzin nicht das Gefühl von Verlässlichkeit und Stärke vermittelte. Jelzin konnte das Land erhalten. Natürlich habe ich die Ereignisse in Beloweshskaja pustscha\*\* damals nicht vorausgeahnt, aber ich denke, selbst wenn – wir wären sowieso bei dieser Mannschaft geblieben. Auch moralisch sah es so aus, als könnten wir an ihrer Seite sowohl für unser Land als auch für uns selbst eintreten. Das waren wichtige Tage, solche Geschichten bringen Menschen zusammen.*

*Wir waren im Weißen Haus, als der Sturm erwartet wurde. Für den Fall, dass es nötig wäre, Jelzin zu verteidigen. Wir waren bereit,*

---

\* Oleg Baklanow war Sekretär des ZK der KPdSU für Verteidigungsfragen, Georgi Rasumowski Leiter verschiedener Abteilungen (für organisatorische Parteiarbeit und für Parteiaufbau und Kaderpolitik) im ZK der KPdSU. (Anm. Natalija Geworkjan)
\*\* Auf einem Anwesen im belarussischen Nationalpark *Beloweshskaja pustscha* (Bialowiezer Heide) wurde am 8. Dezember 1991 das Abkommen über die Auflösung der UdSSR und die Gründung der Gemeinschaft Unabhängiger Staaten, GUS, unterzeichnet. (Anm. Natalija Geworkjan)

*zu den Waffen zu greifen und diese Regierung zu verteidigen. Daher auch die guten Beziehungen zu Wiktor Iwanenko, dem Chef des KGB der RSFSR, der damals schon AFB hieß. Das alles sollte später eine Rolle spielen – sowohl die Arbeit mit Silajew als auch der August 91 – und uns zusätzliches Vertrauen verschaffen, als wir Jahre später zu Yukos kamen, um mit Murawlenko zu verhandeln. Übrigens wurde Iwanenko nach seinem Weggang vom AFB Murawlenkos Stellvertreter. Wer Chodorkowski kennt, weiß, wovon ich rede: Im Unterschied zu vielen anderen Menschen, mich eingeschlossen, die, wenn sie eine Entscheidung treffen, zwei bis drei Folgeschritte sehen, hat Chodorkowski die gesamte strategische Perspektive im Blick und versteht im Voraus, welche Folgen eine bestimmte Entscheidung haben kann. Und er hat sich nicht verändert. Er kalkuliert absolut kaltblütig alles durch.*

MICHAIL CHODORKOWSKI

KAPITEL 5
# Politik

## 1991 – der Putsch

Was die Ereignisse des Jahres 1991 angeht, war das zwar psychologisch nicht einfach für mich, aber unentschlossen war ich nie. Ich war ohne Zweifel für den Erhalt der UdSSR, doch diese Frage stellte sich damals nicht so. Die Frage lautete: »für Reformen« oder »dagegen«.

Dass sich etwas anbahnte, war klar. Trotzdem kam der *Schwanensee* wie immer überraschend. Zweifel gab es keine: Wir gehörten zu Jelzins Team und unser Platz war bei »unseren« Leuten. Jede andere Entscheidung wäre Verrat gewesen. Der Mensch ist ja bekanntlich kein ökonomisches Wesen, obwohl er oft versucht, sein Vorgehen mit rationalen, ökonomischen Beweggründen zu erklären. Liebe, Hass, Gewissen – das ist es, wofür man bewusst sein Leben hergibt. Für Geld riskiert man es allenfalls, aber mehr auch nicht.

Wir lebten damals in einer gemieteten Datscha, an der Uspenskoje-Chaussee, zusammen mit Leonid Newslin, und wir hatten große Angst, dass, falls es »nicht richtig« liefe, ein Mob kommen und alles kurz und klein schlagen würde. Unsere Tochter war damals vier Monate alt. Zum Abschied umarmte ich beide. Ich half meiner Frau, das Gewehr zu laden. Wenn sie wirlich überfallen worden wäre – sie hätte geschossen, ohne nachzudenken. Meine Frau und ich sind uns ähnlich, nur dass sie emotionaler und härter ist. Sie versuchte nicht einmal, mich aufzuhalten, als

Kapitel 5

ich ging: Was sein muss, muss sein. Dafür versuchten es die GAI-Leute, die Verkehrspolizei. Ich habe ihnen meinen Führerschein vor die Nase geknallt und fertig. Ein gesetzestreuer Bürger. Meinen Eltern habe ich nichts erzählt. Aber ihre Einstellung zu Ehre und Unehre kennt inzwischen ja das ganze Land. Wäre ich zum Verräter geworden, sie hätten mich verflucht. Letztlich hatte ich also keine große Wahl – bei so einer Familie...

Nach anderthalb Stunden hatten wir es jedenfalls bis zum Weißen Haus geschafft, und wir blieben dort bis zum Schluss, bis klar war: Das war's, wir hatten gesiegt. Danach gingen wir ein Eis essen. Klingt komisch? Das finde ich auch, aber aus irgendeinem Grund hatten wir genau darauf Lust.

Natürlich hatten wir Angst. Wir waren ja Offiziere, mit militärischen Dingen kannten wir uns aus. Ich persönlich konnte mir nur zu gut vorstellen, was alles passieren konnte. 1993 kam es dann ja auch so. Panzer, die Erstürmung des Gebäudes... Eine Maschinenpistole habe ich ehrlich gesagt nicht in die Hand genommen. Ich war bereit, zu sterben, aber wohl nicht bereit, zu töten – obwohl es dazu wahrscheinlich sowieso nicht gekommen wäre, wenn es einen Sturm aufs Weiße Haus gegeben hätte.

Einige Leute, die ich schätzte, hatten sich dem Staatlichen Notstandskomitee angeschlossen. Andere blieben auf Distanz – Gerastschenko zum Beispiel.[*] Auf der anderen Seite stand Jelzin, den ich kannte. Ein weiterer Grund, warum die Lage psychologisch schwierig war: Ich wusste, wozu die Gegenseite fähig war, und ich war überzeugt, dass eine Gefängnisstrafe noch die mildeste Variante für mich wäre. Wahrscheinlicher war, dass ich nicht überleben würde.

Ideologisch war ich immer noch gespalten. Ich war einerseits für Reformen, andererseits war mir klar, dass die Partei dagegen

---

[*] Wiktor Gerastschenko war 1991 Vorstandsvorsitzender der Staatsbank der UdSSR. (Anm. Natalija Geworkjan)

war, und ich fühlte mich als ein Teil der Partei. In dieser Situation war die Frage, wo die »eigenen Leute« standen, wesentlich, um zu einer Entscheidung zu kommen. Wäre ich allerdings im Gefängnis gelandet, dann wäre mir das nicht unbegründet vorgekommen.

Ich glaubte überhaupt nicht an den Sieg. Aber meine Ehre war mir wichtiger. Am 21. August, als sich alles geklärt hatte, kehrte ich vom Weißen Haus nach Hause zurück, schrieb eine Erklärung an mein KPdSU-Komitee des Stadtbezirks Swerdlowski und schickte ihnen mein Parteibuch. Ich schrieb ihnen, dass ich austrat, weil sie nicht einmal einen Umsturz zustande gebracht hätten.

Natürlich ist das verworren und widersprüchlich. Heute könnte ich das alles zweifellos genauer formulieren. Aber so sah es damals in meinem Kopf aus: 1991 war ich gekommen, um für meine Mannschaft einzustehen, obwohl ich keineswegs fand, dass sie im Recht war. Das ist leider die Wahrheit. Das Leben zieht manchmal seltsame Grimassen.

Wirklich Angst bekam ich etwas später, als die Unionsstrukturen allmählich die Macht an die russischen Behörden übergaben. Ich sah, dass die »Machtempfänger« ein viel niedrigeres professionelles Niveau hatten als diejenigen, die Macht abgaben. Für mich als technisch orientierten Menschen war das ein Albtraum. Und ein Albtraum wurde es dann ja auch für die Wirtschaft.

An die Bank, das NTTM-Zentrum dachte ich damals überhaupt nicht. Sie waren in meinen Augen ganz und gar belanglos geworden. Es ging um Leben und Tod, um den Erhalt oder Zerfall des Landes, um die Atomwaffen, die Lebensmittelversorgung, Brennstoff, Wärme – das waren die Probleme, die um mich herum und zu einem kleinen Anteil auch mit meinem Zutun gelöst wurden. Ich war 28 Jahre alt.

Damals war der Moment, in dem ich spürte, dass der Markt zwar ein guter Mechanismus ist, der aber in bestimmten Situationen Millionen Menschen das Leben und mein Land und meine

Kapitel 5

Welt die Existenz kosten würde – und deshalb brauchte es den Staat. Aber einen professionellen Staat, und gute Verwaltungsprofis müssen außerhalb der Ideologie arbeiten, genauer gesagt: jenseits von ideologischen Fragen. Das heißt, sie müssen ihre Pflicht erfüllen, unabhängig davon, was sie über die Staatsmacht denken, und die Staatsmacht muss sie tolerieren – unabhängig von persönlichen Beziehungen. Alles andere kommt erst nach der Erfüllung der Pflichten. Eben deshalb ließ ich viele Jahre später, Ende 2003, Yukos auch nicht abschalten.[*]

»Ein ideologischer Mensch«

Zunächst einmal sollten wir klären, was wir unter Politik verstehen. Ich habe das Gefühl, dass verschiedene Leute damit ganz verschiedene Dinge meinen: 1. Politik im Sinn von Ideologie. Also die Ausarbeitung und Verfolgung bestimmter Ziele und Grundsätze, die ein großer Personenkreis teilt. 2. Politik im Sinn von Intrigen. Also bestimmte Vorgehensweisen und Verfahren, mit denen sich gewisse nicht offen deklarierte und (ihrem wirklichen Wesen nach) längst nicht immer ideologisch geprägte Ziele erreichen lassen. (Wirtschaftliche Ziele eines nicht näher definierten Personenkreises sind dagegen nach meiner Lesart eine Ideologie.) 3. Politik im Sinn von Lobbyismus. Also bestimmte Vorgehensweisen, die darauf abzielen, konkrete, offen deklarierte und nachvollziehbare wirtschaftliche Ziele zu erreichen. 4. Politik im Sinn von staatlicher Verwaltung. Also die Ausübung bestimmter Funktionen durch den Staatsapparat, wodurch praktische (»kommunale«) Aufgaben gelöst werden.

[*] Chodorkowski wurde damals von einigen Leuten nahegelegt, in Reaktion auf den »Angriff« der Staatsmacht die Produktion einzustellen, was nicht nur in Neftejugansk, sondern auch in anderen Regionen, die wirtschaftlich von Yukos abhingen, Unruhen zur Folge hätte haben können. (Anm. Natalija Geworkjan)

Politik

Ich war immer ein sehr »ideologischer« Mensch. Meine inneren Einstellungen blieben nicht immer dieselben, aber ich habe immer das getan und verteidigt, woran ich glaubte. Ein tiefergehendes Interesse an theoretischen Fragen habe ich erst ab 2000 ungefähr entwickelt. Vielleicht auch noch später. Bis ich das Gefühl hatte, etwas verstanden zu haben, hat es dann noch etwa fünf Jahre gedauert. Heute bin ich in Ideologie ziemlich beschlagen (beschlagen genug, um Fragen und Konzepte, die mir vorgelegt werden, zu analysieren und anhand meiner »Ideale« eine qualitative Auslese zu treffen und Korrekturen vorzunehmen).

In Intrigen dagegen war ich niemals gut. »Mehrzüger« mit verborgenem Sinn bereiten mir Unbehagen. Derartige Raffinessen anderer Leute zu analysieren, fällt mir schwer.

Mit Lobbyarbeit musste ich mich von Amts wegen bisweilen befassen, obwohl mich diese Arbeit nie gereizt hat und ich sie, wann immer es ging, meinen Stellvertretern zugeschoben habe.

Und was die staatliche Verwaltung angeht – damit hatte ich mich in meinem Jurastudim beschäftigt. Im Prinzip fand ich das interessant, als Sonderfall eines Management-Modells – und zwar des größten dieser Modelle, das aber im Vergleich zu denen, die sich in Wirtschaft und Gesellschaft finden, sehr archaisch war. Ich habe selbst einige Zeit innerhalb dieses Modells gearbeitet: 1990 bis 1991 in der Silajew-Regierung, und unter Gaidar bei Wladimir Lopuchin, der damals Minister für Brennstoffe und Energiewirtschaft war. Für meine allgemeine Entwicklung und mein Verständnis der damaligen Vorgänge war das sehr nützlich, aber atmosphärisch fand ich es eher beengend.

Liberal-Etatist

Ich bin nicht der Meinung, dass Wirtschaft und Politik in Russland stärker miteinander verflochten sind als in vielen anderen Ländern vor einigen Jahrzehnten. Die Stabilität des Eigentums-

Kapitel 5

rechts ist bei uns natürlich geringer, und deshalb sind die Möglichkeiten für »Umverteilungen« umfassender, auch in ihrer praktischen Umsetzung – mehr aber auch nicht. Die grundlegenden Modelle und Verfahren stimmen überein. Natürlich geht es bei uns rauer zu, aber im Großen und Ganzen ist das nichts Besonderes. Ein ganz gewöhnliches autoritäres Land.

In den Jahren der Perestroika habe ich keinerlei spezielle Unterstützung genossen. Es gab so wenig aktive Vertreter der neuen Wirtschaftsstruktur, die zudem bereit waren, langfristig und groß angelegt zu handeln, dass jeder andere dieselben Ergebnisse hätte erzielen können.

Natürlich waren Kontakte als Element der »Strategie nach außen« wichtig, darum kümmerten wir uns intensiv. Meine Stellvertreter waren allein mit diesem Thema eigentlich völlig ausgelastet. Sie hatten dafür mehr Talent als ich: Newslin, Surkow, Dubow. Meine Rolle war eher eine repräsentative. Abgesehen davon war es teilweise interessant zu sehen, was da ablief, teilweise aber auch reine Ideologie: Die eigenen Leute wurden ganz direkt und offen unterstützt, weil man das eben so machte, man verteidigte die eigenen Ansichten.

Ich bin im Grunde ein Liberal-Etatist. Ein Oxymoron. Eben das war der Grund, weshalb die Gaidar-Leute und ich uns trennten. Ich respektierte sie zwar, war und bin selber aber für eine aktivere Rolle des Staates (insbesondere in der Industriepolitik). Natürlich nur unter unseren konkreten historischen Bedingungen. Letztlich fand ich deshalb auch eine gemeinsame Sprache sowohl mit dem Kommunisten Juri Masljukow als auch mit dem Konservativen Jewgeni Primakow und dem gemäßigten Liberalen Wiktor Tschernomyrdin. Dass ich in der Silajew-Regierung mitarbeitete, hatte einige objektive Gründe. Der erste war meine Neugier und der Wunsch, dahinterzukommen, wie die Regierungsarbeit funktionierte, die Leute dort kennenzulernen. Der zweite war mein jugendlicher Idealismus, die Vorstellung, dass ich durch meine

Mitarbeit meinem Land helfe, und der dritte mein ebenso jugendliches Streben nach einem »Status«.

Für das Unternehmen konnte ich damals keine signifikanten Vorteile »mitnehmen«. Eher war es so, dass meine lange Abwesenheit dazu führte, dass wir beinah die Bank verloren hätten. Sie stand am Rande der Pleite. Als mir 1992 klar wurde, dass ich bei der Regierung nicht mehr erwünscht war, war das für mich eigentlich eher eine Erleichterung. Obwohl es mich auch kränkte, das will ich nicht verhehlen.

Das Verhältnis zur Macht

Ich kann nicht sagen, dass wir in dieser Hinsicht etwas Besonderes dargestellt hätten.

Es stimmt, dass wir zu Beginn der neunziger Jahre von uns aus gegangen sind und die besten Leute aus der Regierung mit in die Wirtschaft genommen haben, aber nicht, weil wir dachten, dort mehr Geld zu verdienen. (Wir sind schließlich keine Idioten: Wie und wie viel man innerhalb des Machtapparats verdienen konnte, davon hatten wir eine ziemlich genaue Vorstellung.)

Es gab drei Probleme: Zum einen funktioniert die Staatsmacht anders. Intrigen spielen dort eine sehr wichtige Rolle. Längst nicht jeder leistungsstarke Unternehmer ist auch ein leistungsstarker Beamte. Zum anderen beansprucht in der Wirtschaft niemand den Platz eines anderen, den dieser zu Recht besetzt (aufgrund seiner Leistung), und niemand braucht einem anderen seinen Platz wegzunehmen. Jeder kann sich einfach nebenan einen neuen Platz schaffen. Im Machtapparat herrscht ein ständiger Kampf ums Überleben (aber nicht um mehr Leistung), und zwar unter den eigenen Leuten, unter Freunden und Gleichgesinnten. Das ist unangenehm. Und drittens bedeutete die Wirtschaft (damals jedenfalls) Freiheit. Man war sein eigener Kopf. Ich war bereit, Jelzin zu dienen, aber nicht Leuten, die

Kapitel 5

offensichtlich schwächer waren als ich. Und gegen sie zu intrigieren – siehe Punkt zwei. Wir sind also gegangen. Was natürlich ein Fehler war. Unser größter Fehler. Davon habe ich schon gesprochen. Wir bauten die Industrie wieder auf zu einer Zeit, als man das Land, die Gesellschaft hätte aufbauen müssen. Mit meinen 30 Jahren hatte ich nicht genug Grips, um das zu begreifen. Wir dachten, die schaffen das auch ohne uns.

Man hört immer wieder von den luxuriösen Empfängen, die Menatep angeblich für hochrangige Persönlichkeiten auf der Rubljowka gegeben haben soll. Da verwechselt man uns offenbar mit Dmitri Selenins Mikrodin oder Boris Beresowskis Logowas. Bei denen liefen solche Veranstaltungen regelmäßig. Sogar ich wurde einige Male eingeladen. Unser Stil war anders. Wir fanden Gleichgesinnte in der Politik und unterstützten sie offen. Gleichzeitig habe ich mit bestimmten Leuten wirklich nicht gern zu tun, und ich bin nicht gewillt, mich mit Leuten zu arrangieren, deren Ansichten mir fremd sind. Ob es besser gewesen wäre, wenn ich diesen Teil der Arbeit selbst erledigt und sie nicht den Kollegen übertragen hätte? Ich weiß es nicht. Vielleicht wäre dann alles viel früher vorbei gewesen. Ich bin einfach so gar kein Abramowitsch oder Fridman.*

Für mich gehört der Luxus der menschlichen Kommunikation zu meinen Prioritäten, und ich bin ein ziemlich direkter Mensch. »Byzanz« ist nicht meine Sache, lügen mag und kann ich nicht.** Höflichkeit – ja. Selbst meinen Feinden gegenüber. Aber die Menschen spüren immer, wie groß meine Achtung vor ihnen wirklich

---

* Roman Abramowitsch und Michail Fridman, russische Großunternehmer der Jelzin-Ära, die ihre Firmen und das Wohlwollen der Staatsmacht auch unter Putin erhalten konnten. (Anm. Natalija Geworkjan)
** Mit »Byzanz« beziehungsweise »Byzantinismus« bezeichnet man im Russischen oft ein ausgeprägt serviles, kriecherisches Verhalten, aber auch ein System höfischer Intrigen. (Anm. d. Ü.)

Politik

ist. Außerdem bin ich stur. Im Großen und Ganzen konnte ich im Umgang mit der Regierung nur Schaden anrichten. Deshalb mischte ich mich da auch nicht ein. Besonders, nachdem Putin an die Macht kam.

Und die russische Tradition, Probleme in der Sauna zu lösen?
Mir persönlich ist das nicht untergekommen. Ich kann mir auch nur schwer vorstellen, wie sich der Chef eines Großunternehmens mit dem seiner Ebene entsprechenden Bundesbeamten in der Sauna trifft und dort Probleme löst. Vielleicht ist das inzwischen ja anders, aber vor zehn Jahren war dieser Stil eher den ehemaligen Banditen in ihren himbeerroten Jackets und den kleinen Beamten vorbehalten, die mit ihnen zusammenarbeiteten. Stellen Sie sich nur einmal vor, wie ich mit Wiktor Geraschtschenko oder Jewgeni Primakow oder auch Anatoli Tschubais eine Besprechung in der Sauna abhalte. Das ist doch lächerlich, ganz ehrlich.

Natürlich gibt es die Tradition der Sauna-Treffen – aber mit Freunden. Bei uns in Jablonewy Sad gab es auch eine russische Sauna, wo wir manchmal zusammenkamen, um zu entspannen. Aber Arbeitsbesprechungen, selbst informelle mit den eigenen Leuten, hielt ich lieber nach Protokoll ab, um keine Unklarheiten aufkommen zu lassen.

Was die Beamten und ihre Korruptheit angeht, da waren die, die mit uns zu tun hatten, im Vergleich zu heute »Puritaner«. Mit den anderen, den ganz Abgefeimten, brachen wir den Kontakt ab. Der Grund war klar: 1998 hatten wir begonnen, internationale Transparenzstandards anzusteuern. Damit man uns vertraute, mussten wir päpstlicher als der Papst werden. Vor 1998 waren andere Interessen im Spiel gewesen, die mit direkter, plumper Bestechung jedoch wenig zu tun hatten. Obwohl wir den »Korruptionsmarkt« in jedem einzelnen Jahr gut kannten. Eben deshalb konnte ich im Gespräch mit Putin im Februar 2003 so sicher auftreten. Von dem Vorwurf, dass »wir das alles selber angefangen« hätten, wollte ich mich nicht freisprechen, weil ich

Kapitel 5

mich keineswegs vollkommen unschuldig fühlte. Aber wenn ich ehrlich bin, waren wir unschuldiger als die Mehrheit, und im Gegensatz zu vielen anderen brachen wir wirklich die Beziehungen ab, wenn jemand offensichtlich Geld für die eigene Tasche verlangte und nicht etwa für politische oder ähnliche Zwecke. Ich will nicht behaupten, dass nie einer von unseren Leuten mal jemandem etwas zugesteckt hat. Das kam sicher vor, aber da ging es nicht um Summen, die auf der Chefetage eines Unternehmens etwas entscheiden konnten.

Zweifellos verfügte ich über erhebliche Mengen exakter Informationen. Und zweifellos wusste ich, wovon ich Putin gegenüber redete und was ich riskierte. Die Psychologie der Silowiki durchschaute ich allerdings nicht so ganz – das war eben nicht mein Arbeitsbereich. Es war ein genau abgewogenes Risiko, über dessen Konsequenzen ich mir nicht ganz im Klaren war. Ein Widerspruch, natürlich.

Jeder an seinem Platz

Ich weiß nicht, ob ich darüber sprechen sollte, aber Medwedew war schon, als wir uns 2003 begegneten, als »Apparatschik« stärker als ich – von Woloschin ganz zu schweigen.

Bevor ich begriff, wie man gute Gesetze einführt, wenigstens im Bereich der Industrie, brauchte ich erst all die Erfahrung, die ich bei meinem schrittweisen Aufstieg als Unternehmer und Manager sammeln konnte. Bis etwa 2001, 2002 hätte ich den gleichen Mist verzapft wie die, die an den entscheidenden Stellen saßen.

Zusammenfassend kann ich sagen: Ja, wir haben einen Fehler gemacht, aber der Fehler war nicht, dass wir nicht selbst an die Stelle der damaligen Bürokraten getreten sind, sondern dass wir nicht in der Lage waren, oder genauer gesagt: dass wir gar nicht versucht haben, die demokratischen Mechanismen und ihre Träger zu stärken. Obwohl ich auch heute nicht sicher weiß, wie man

Politik

das zu jener Zeit, unter den damaligen Bedingungen praktisch hätte anstellen können. Kurios – vor ein paar Jahren dachte ich noch, ich wüsste es, aber jetzt bin ich mir nicht mehr sicher. Es versuchen – ja, das hätten wir gekonnt. Aber ob wir es geschafft hätten, dessen bin ich nicht gewiss.

## Die Verfassungskrise von 1993 und der Beschuss des Weißen Hauses

Das ist die unangenehmste meiner Erinnerungen. Im Jahr 1993 glaubte ich, wir wären einem Bürgerkrieg näher als 1991. Im Jahr 1991 standen sich die Staatmacht und die Menschen, die Gesellschaft gegenüber. Aus meiner Sicht wäre es gänzlich falsch, 1993 auf eine Konfrontation zwischen dem Präsidenten und dem Parlament zu reduzieren.* Hinter ihnen standen riesige Gruppen, und sie standen nicht einfach nur da, sondern waren bereit, zu den Waffen zu greifen. Davor bewahrt hat uns alle ein Wunder.

Trotzdem denke ich sehr ungern an den Beschuss des Weißen Hauses zurück. Das war eine Art Wahnsinn, der alle erfasst hatte. In guten Bekannten sahen wir Feinde oder vielmehr sahen wir in denen, die uns gegenüberstanden, unsere guten Bekannten nicht mehr. Als sich die erhitzten Gemüter beruhigt hatten, als Freunde davon erzählten, wie sie im Parlamentsgebäude gewesen waren – einfach deshalb, weil sie es nicht rechtzeitig nach draußen geschafft hatten, wie sie während des Beschusses mit Panzerkanonen auf dem Boden gelegen und auf ihren Tod gewartet hatten,

---

\* Bei dem Konflikt des Jahres 1993 ging es vor allem um den Verfassungsentwurf, den eine von Jelzin beauftragte Kommission ins Parlament eingebracht hatte. Das Parlament lehnte den Entwurf ab, woraufhin Jelzin das Parlament auflösen sowie Neuwahlen und ein Verfassungsreferendum ansetzen wollte. Die Krise gipfelte im Beschuss des Weißen Hauses, in dem sich Jelzin-kritische Volksdeputierte verbarrikadiert hatten, durch die Jelzin-treue Armee. (Anm. d. Ü.)

199

Kapitel 5

begriff ich mit Schrecken, wer da auf der anderen Seite gestanden hatte, ich erinnerte mich an das, was ich selbst gedacht hatte, und erkannte, wozu ich unwillentlich hätte beitragen können. Das ging mir nicht sofort auf, sondern erst später, nach und nach ... Hätte man sich damals auch anders helfen können? Ich bin sicher, ja. Das war mir auch seinerzeit schon klar, und 1996 haben wir vorgemacht, wie das ging. Doch dazu später.

Damals aber, nachdem der militärische Weg einmal eingeschlagen war, stand ich natürlich auf der Seite Jelzins und Gaidars. Sowohl vor dem Moskauer Stadtrat, in Erwartung eines Angriffs, als auch im Sitz der Präsidialadministration, wo ich bei der Lösung praktischer Probleme half. Die sich hier versammelt hatten, waren auch meine Mannschaft. Selbst wenn sie falschlagen, konnte ich mich doch nicht abseits stellen.

Um es gleich zu sagen: Schwankungen und Unbehagen gab es davor und auch danach. Solange gekämpft wurde, schwankte ich nicht. Böser, härter, schneller! Der Eifer des Gefechts reißt einen leicht mit, besonders in jungen Jahren. Eben deshalb ist das Jahr 1993 bis zum heutigen Tag meine schlimmste Erinnerung und mein schwerstes Kreuz.

Hätten Ruslan Chasbulatow und Alexander Ruzkoi gewonnen, wären sie, ungeachtet ihrer eigenen (im Großen und Ganzen recht »marktwirtschaftlichen«) Ansichten, gezwungen gewesen, den Weg der Restauration zu gehen.* Der Konflikt war insofern unvermeidlich. Aber die Art, wie er gelöst wurde, war nicht die einzig mögliche, und sie war furchtbar. Die Folgen spüren wir bis heute, in Form der »superpräsidialen Machtvertikale« oder, einfach gesagt, des Autoritarismus, dessen Grundlagen damals, 1993, gelegt wurden.

* Ruslan Chasbulatow, der damalige Vorsitzende des Obersten Sowjets, und Vizepräsident Alexander Ruzkoi waren in der Verfassungskrise 1993 Jelzins Kontrahenten. (Anm. d. Ü.)

# Jelzin

Jelzin bin ich oft begegnet. Sowohl in Gruppen als auch individuell. Aus meiner Sicht gehörte ich seit 1990, als ich zu seinem Team stieß, zu »Jelzins Leuten«. Gekannt hatte ich ihn auch früher schon, wenn auch nur indirekt – über das KPdSU-Komitee des Stadtbezirks Swerdlowski, dem er nach dem Rücktritt vom Amt des Sekretärs des Moskauer Stadtkomitees angehörte. Für gewöhnlich war bei unseren Begegnungen auch einer seiner Assistenten anwesend, denen er Aufträge erteilte. Obwohl wir uns schon lange kannten, waren unsere Beziehungen stets korrekt und geschäftsmäßig und wurden von seiner Seite erst nach dem Rücktritt etwas persönlicher. Er war ein Zar, und dementsprechend habe ich mich ihm gegenüber auch immer verhalten.

Bei unserem wohl längsten Gespräch ging es um den Vorsitz in der Zentralbank, im Jahr 1992 – damals sagte Jelzin zu, Gerastschenko zurückzuholen. Ich hatte ihm erzählt, welche Probleme es gab, ihn mehrere Stunden lang davon überzeugt, dass das notwendig war. Es gab aber auch andere Gespräche, darunter sehr schwierige. Über die Wahlen, über das Verhältnis zu den Amerikanern. Ich will das hier nicht im Einzelnen wiedergeben. Exakt kriege ich das nicht mehr hin, vieles ist schon von anderen Dingen überlagert, und lügen will ich nicht. Der Form nach waren das aber stets Gespräche nicht mit einem »Dienstherren«, sondern mit einem älteren Kollegen, dem man direkt seinen Standpunkt sagen und sogar darauf beharren kann, auch wenn man weiß, dass man über weniger Erfahrung und weniger Informationen verfügt und dass er es ist, der an erster Stelle die Verantwortung zu tragen hat. »Traurige Konsequenzen« hatten diese Gespräche nie. Selbst, wenn BEN, wie Jelzin oft genannt wurde,[*] anderer Meinung war.

---

[*] Kürzel, das vermutlich auf die Initialen von Jelzins Vor- und Vatersname Boris Nikolajewitsch, also BN (lies »BEN«) zurückzuführen ist. (Anm. d. Ü.)

Kapitel 5

Sein Sicherheitschef Alexander Korshakow hat mir 1996 einmal Gefängnis angedroht, das ja, und er meinte die Drohung ernst. Der Grund war eben ein Gespräch mit BEN über die Wahlen 1996. Korshakow und die Silowiki bestanden auf einem Verbot der KPRF. Wir waren gegen die Absetzung der Wahlen und gegen ein Verbot der Kommunisten. Wir fanden, dass man auch ohne Extreme siegen kann. Die Position der Silowiki war natürlich eine andere. Das ist die – bei den Silowiki berufsbedingte – Angst vor freien Wahlen.

Auch Putin habe ich, wie Jelzin, mehrmals sowohl unter vier Augen als auch im Rahmen größerer Besprechungsrunden getroffen. Jelzin bevorzugte die Anwesenheit eines Assistenten, der formlos Protokoll führte und Anweisungen aufschrieb. Putin verließ sich, wie ich das sehe, mehr auf sein Gedächtnis, vielleicht aber auch auf die Technik. Für mich persönlich war Jelzin wie ein älterer Kollege, den unsere Angelegenheiten gewöhnlich nicht sonderlich interessierten, der aber irgendwie immer rechtzeitig mitbekam, wenn ein Problem akut wurde, und dann einschritt. Er war die Führungsfigur der Veränderungen, ein Mensch, der in seinem Denken sehr flexibel war. Putin ist in meiner Wahrnehmung eher ein Beamter, der so leicht nichts vergisst, der die Menschen für sich einnehmen, ihnen zuhören kann. Aber im Gegensatz zu Jelzin hat Putin ein eigenes starres Weltbild im Kopf. Wenn sich deine Gedanken dort einfügen lassen, ist alles bestens. Wenn nicht, gibt es keine Argumente, die seine innere Haltung ändern könnten. Er wird allenfalls so tun, als ob. Aufgrund seiner ganz speziellen Lebenserfahrung und zumal mit zunehmendem Alter ist Putin die ideale Führungsfigur für eine Stagnation. Der wesentliche und grundlegende Unterschied zwischen Putin und Jelzin war dessen Verständnis von Veränderungen, vor allem aber seine Fähigkeit, eigene Fehler einzugestehen.

Hatten meine Treffen mit Jelzin einen praktischen Sinn? Manchmal mussten tatsächlich Probleme »auf Präsidentenebene«

gelöst oder besprochen werden. Vor allem aber ging es darum, über die eigene Arbeit zu berichten, um beim Staatschef nicht den Eindruck eines ihm unzugänglichen Bereichs aufkommen zu lassen, aber auch um etwaige Einwände aus erster Hand zu hören, um später zu wissen, auf welche Forderungen der Beamten man reagieren musste und welche als Eigenmächtigkeiten aufgefasst werden durften. Und um eben diesen Beamten vorzuführen, dass ihre Wünsche sich durchaus überprüfen ließen. Lauter praktische, pragmatische Dinge.

## Der Kaukasus und der Krieg

Der Tschetschenien-Konflikt ist und bleibt ein Drama, und die Methoden seiner Beilegung sind falsch. Ich bin froh, dass mich dabei niemand um Rat gefragt hat, und mich ungefragt einzumischen, hatte ich aus nachvollziehbaren Gründen kein Verlangen. Obwohl das Ganze natürlich nicht an mir vorbeiging.

Bis 1996 leitete ich die Menatep-Bank, und wir kreditierten unter anderem auch Projekte, bei denen Vertreter verschiedener »nordkaukasischer Völker« als Vertragspartei auftraten. So war beispielsweise ein beträchtlicher Anteil des Nickel-, Öl- und sogar Goldhandels bis zu den so verschrienen »Pfandauktionen«[*] in ihrer Hand. Dasselbe galt für den Autohandel und vieles andere. Zudem hatten wir Filialen in Grosny und Suchumi. Und die waren einige Zeit sogar während des Krieges in Betrieb. In Grosny arbeiteten wir für die Föderalen

---

[*] Teil der russischen Privatisierungsgeschichte, bei dem der Staat im Rahmen des sogenannten »Loans-for-shares-Programms« Anteilspakete großer staatlicher Firmen an führende Geschäftsbanken verpfändete und dafür im Gegenzug Kredite für den Staatshaushalt erhielt. Da der Staat diese Kredite nach der vereinbarten Frist nicht zurückzahlen konnte, behielten die Banken die verpfändeten Aktienanteile und wurden damit faktisch Eigentümer der entsprechenden Unternehmen. (Anm. d. Ü.)

Kapitel 5

Streitkräfte, bis die Filiale bei dem Versuch, ein leeres Bankdepot zu öffnen, durch Geschützfeuer im direkten Beschuss zerstört wurde. Die Menschen ließ man glücklicherweise gehen. Und in Abchasien überließen wir unser Gebäude der neuen Regierung, da alle anderen brauchbaren Häuser zerstört waren. Sie boten uns ein anderes Gebäude an, aber aufgrund von Beschränkungen seitens der russischen Zentralbank konnten wir unsere Arbeit nicht fortsetzen.

Den damaligen abchasischen Präsidenten Wladislaw Ardsinba kannte ich gut, und während des Krieges* half ich einigen Familien, in Russland Fuß zu fassen. Was soll man auch tun? So ein Unglück. Ich bin auch selbst hingeflogen… Später ist ein Teil von ihnen zurückgekehrt. Ein Teil ist geblieben. Mit Geschäften hatte das alles gar nichts zu tun, nur mit humanitärer Hilfe, obwohl mir Immobilien und auch Mandarinenplantagen angeboten wurden. Aber was sollte ich damit? Wenn man teuer bezahlt, ist es nicht lukrativ. Wenn man es billig bekommt, wird es einem später höchstwahrscheinlich weggenommen, oder man muss in die Politik vor Ort mit einsteigen. Brauchte ich das? Nein.

Ardsinba bediente im Großen und Ganzen selbst während des Krieges seine Bankkredite weiter. Auch für das Haus, das wir ihm zur Verfügung gestellt hatten, zahlte er. Nicht viel, aber immerhin, er hat es uns nicht einfach weggenommen. Obwohl er das natürlich gekonnt hätte. Gute Beziehungen hatten wir auch zu Ruslan Auschew**. Genauer gesagt, zu seinem Stellvertreter, einem Grenzer. Den Grenztruppen haben wir überhaupt viel

---

* Der Krieg um die Sezession von Georgien dauerte von 1992 bis 1994. Als eigenständiger Staat wurde Abchasien allerdings bisher nur von sechs Ländern, darunter Russland, anerkannt. (Anm. d. Ü.)
** Ruslan Auschew war der erste Präsident Inguschetiens, von 1993 bis 2002. (Anm. Natalija Geworkjan)

Politik

geholfen. Das hatte sich historisch irgendwie so ergeben. Das Lyzeum Korallowo habe ich letztlich erst wegen der Probleme der 201. Brigade in Tadschikistan gegründet.* Als das »Gerangel« dort anfing, wurden ihre Garnisonen belagert, und keiner wusste, wohin mit den Kindern. Manche wurden unter Beschuss mit Hubschraubern zu uns ausgeflogen. Später gab es auch im Nordkaukasus viele solcher Orte.

Als es in Tschetschenien schließlich »losging«, hat man uns das Thema aufgezwungen, oder genauer gesagt, man versuchte, das zu tun. Staatsaufträge für den Krieg haben wir nie angenommen, aber wir verschickten kostenlose Lebensmittelpakete (zum Neuen Jahr oder einfach als Geschenk) an unsere Streitkräfte. Uns gehörten damals einige Betriebe der späteren Firma Russki produkt,** dort ließen wir die Pakete packen.

Ich verzichtete auf jedwede Beteiligung an Rüstungslieferungen, da ich sehr schnell begriffen hatte, was das nach sich ziehen kann. Alles, was damals in diesem Bereich geschah, war in meinen Augen offensichtlich rechtswidrig. Ich will hier niemanden beschuldigen, dafür kenne ich mich mit dem Thema nicht gut genug aus, aber schon das Wenige, was mir berichtet wurde, gefiel mir nicht. Ich bin kein Heiliger, aber für mich gibt es gewisse Grenzen. Also distanzierten wir uns. Heute sind Schmiergeld- »Beteiligungen« überall die Norm, auch bei der militärisch-technischen Zusammenarbeit. Damals schien das nicht so, zumindest wollten wir uns daran nicht beteiligen, was natürlich nicht immer auf Verständnis stieß. Trotzdem bin ich persönlich mit einer Regierungskommission während des Krieges nach Tschetschenien

* Die 201. Brigade hatte die tadschikisch-afghanische Grenze zu bewachen und erlitt bei Zusammenstößen mit afghanischen und tadschikischen Kämpfern schwere Verluste, besonders im Juli 1993. (Anm. Natalija Geworkjan)
** Ein Unternehmen der russischen Lebensmittelindustrie. (Anm. Natalija Geworkjan)

205

Kapitel 5

geflogen. Ich habe geholfen, soweit ich persönlich es konnte. Was ich »offiziell« tun konnte, habe ich getan. Tiefer eingestiegen bin ich nicht. Später kam es auch dazu, dass wir Geld für den Freikauf von Geiseln bereitstellen mussten. Eine blödsinnige Idee, aber ablehnen wäre auch irgendwie niederträchtig gewesen.

Yukos gehörte uns damals zum Glück noch nicht – während des zweiten Feldzugs liefen ja zwei Drittel der Treibstoffversorgung der föderalen Truppen über die Betriebe unserer Gruppe in Samara. Warum »zum Glück«? Selbst während des zweiten Feldzugs wurde nur jedes zweite Mal gezahlt, wie wäre das erst während des ersten gewesen...

Was die direkte Beteiligung an dieser scheußlichen Geschichte angeht, ist der Kelch an uns vorübergegangen...

Eine komische Episode während des zweiten Feldzugs war die Geschichte, als eine der Regionen eine OMON-Einheit nach Tschetschenien entsandte. Natürlich hatten sie bis auf Maschinenpistolen mit kurzem Lauf keinerlei Waffen, und wir wurden nun gebeten, den Kauf von vernünftigen Waffen zu bezahlen. Als ich dem Direktorium von Yukos mitteilte, wohin die erbetene Zahlung gehen sollte, tat es einem regelrecht leid, die ausländischen Direktoren anzusehen... Sie stimmten zu. Es waren eben »russische Verhältnisse«.

Dieser Krieg war nichts als Dreck. Der gleiche Dreck wie wohl jeder Krieg. In Abchasien war es Dreck und in Moskau 1993 auch. Ich bin überhaupt nicht besonders mutig, aber Lebensgefahr zählt für mich nicht als Argument, wenn es gilt, Entscheidungen zu treffen. Offenbar glaube ich nicht wirklich an meinen Tod. Ich bin zweifellos moderat zynisch (moderat in meinen Augen), aber trotzdem sage ich, Krieg ist Dreck. Im Krieg hat niemand recht, alle sind schuldig. Wenn man Dudajew kaufen konnte – und ich denke, das wäre möglich gewesen –, dann hätte man ihn kaufen müssen. Die Silowiki mag ich eben deshalb nicht, weil sie Gewalt für eine wirksame Methode zur Lösung von Problemen halten, und diese Lösung zwingen sie sowohl der Staatsmacht als auch der Gesellschaft auf. Und unsere Machos lassen sich führen. Auch mich kann man in Konflikte hineinziehen. Schließlich hing ich 1993 mit drin. Mehr noch, wenn man meiner Familie, meinen Angehörigen drohen würde – ich nähme ohne das geringste Zögern ein Gewehr in die Hand. Und ich würde es auch höchst wirksam einsetzen. Aber ein Krieg, um politische Ziele zu erreichen, ist ein großer Fehler. Das ist eine Methode, die eine Gesellschaft in unserer modernen Welt zu allen möglichen, nur nicht zu den erwünschten Ergebnissen führt. Warum Jelzin sich darauf eingelassen hat, weiß ich nicht. Und ich kann es mir auch nicht endgültig erklären. Ich bedaure das sehr.

Davos 1996 – Sjuganow oder Jelzin

Das Weltwirtschaftsforum in Davos war der Zeitpunkt, von dem an die damaligen Großunternehmer beschlossen, Jelzin aktiv im Wahlkampf zu unterstützen. Damals war es einfach nicht mehr zu übersehen, dass wir und er von allen Seiten aufgegeben worden waren.

Boris Beresowski sprach mit George Soros, und ich saß zufällig am Nachbartisch im Café. Davos ist ja ein Dorf. Er hat mich, glaube ich, vorgestellt. Wir saßen daneben, und er deutete mit dem Kopf in unsere Richtung, aber wovon gesprochen wurde, habe ich nicht gehört. Bis auf ein paar Sätze, die Boris extra laut sprach. Daraus ging hervor, dass man uns riet auszuwandern. Obwohl ich nicht behaupten kann, dass es Soros war, der das gesagt hatte.

Mit Gennadi Sjuganow dagegen habe ich in Davos selbst gesprochen.* Er hatte sein Hotelzimmer auf derselben Etage wie

* Der Führer der russischen Kommunisten, Gennadi Sjuganow, wurde 1996 auf dem Weltwirtschaftsforum in Davos bereits als zukünftiger Präsident Russlands empfangen, obwohl bis zur Wahl noch vier Monate Zeit waren. (Anm. Natalija Geworkjan)

Kapitel 5

ich und kam »mich besuchen«. Um uns zu »beruhigen«. »Meine Mannschaft und ich, wir werden alles verstaatlichen«, sagte er, »aber solche Kader wie dich wissen wir natürlich zu schätzen. Wir werden dich zum Generaldirektor eines großen volkswirtschaftlichen Komplexes machen.« Und das hätte er vielleicht auch getan, aber die Industrie hätte er höchstwahrscheinlich ruiniert. Und die Schuld hätte er uns in die Schuhe geschoben.
Warum Sjuganow die Industrie ruiniert hätte? Theoretisch hätte er sich mit starken Leuten vom Schlage eines Juri Masljukow oder Jewgeni Primakow verständigen können, er hatte aber keinen Handlungsspielraum. In der Partei hatten (und haben auch jetzt) die Orthodoxen das Sagen, die versucht hätten, Gosplan und Gossnab wieder einzuführen, und das hätte unweigerlich zum Zusammenbruch geführt. Schon zehn Jahre zuvor hatte das System ja nicht mehr funktioniert, und es jetzt bei laufendem Betrieb wieder aufzubauen, wäre erst recht unmöglich gewesen. Ich hatte es klar vor Augen: Dem Wirtschaftsprogramm, von dem mir der Schullehrer Sjuganow erzählte, waren weder er noch seine Mitstreiter gewachsen.
Damals beschloss ich, dass man alles tun musste, um zu verhindern, dass Sjuganow zu wirklicher Macht gelangt. Er würde einfach nichts zustande bringen. Wobei (und das habe ich nie mit meinen Kollegen besprochen, obwohl ich beinah sicher war, dass sie genauso dachten) mich die Möglichkeit, Sjuganow könnte irgendeine einflussreiche politische Position erlangen, überhaupt nicht schreckte. Er hatte nicht das Potenzial, sie auszufüllen. Wichtig war eines: Man durfte nicht zulassen, dass er an die Spitze der Machtpyramide gelangte und versuchte, etwas wiederherzustellen, was ein klarer Rückschritt gewesen wäre, etwas, das er gar nicht wiederherstellen konnte. Aber auf dem Weg dorthin das Wenige zerstören, was funktionierte, das hätte er durchaus gekonnt.
Vielleicht wäre es damals ratsam gewesen, das Feld zu räumen und die Kommunisten ihre Krise veranstalten zu lassen (umso

mehr, als das Jahr 1998 schon in greifbarer Nähe war). Sjuganow wäre mit der Situation nicht fertig geworden, ganz ohne Zweifel, und das heißt, dass der *Rollback* nicht lange vorgehalten hätte und nicht tief gegangen wäre; dafür wäre es vielleicht gelungen, die demokratischen Grundlagen der Gesellschaft und des Staates zu erhalten, wenn man dafür eine Verlangsamung der Wirtschaftsreformen in Kauf nahm. Die Immunität gegen die UdSSR wäre so gestärkt worden. Vielleicht war ich nicht klug genug. Vielleicht wäre es aber auch noch schlimmer gekommen und sie hätten das Land zugrunde gerichtet. Ich weiß es nicht. Heute weiß ich es nicht. Zu einem Kompromiss dieser Art rief letztlich auch der berühmte »Brief der 13« auf.* Doch dieser Weg erwies sich als politisch unmöglich. Boris Jelzin war nicht gewillt, die Macht abzugeben, und die einzige Alternative zu einem schmutzigen Wahlkampf war das gewaltsame Verbot der KP Russlands, das Korshakow vorgeschlagen hatte. Ich denke, die Konsequenzen wären mehr als traurig und ganz gewiss nicht »demokratisch« gewesen.

Wir beschlossen jedenfalls, alle Brücken abzubrechen. Ab März 1996 hätte ein Sieg der Kommunisten praktisch unseren Tod bedeutet. Die Entscheidung war eindeutig: Jelzin musste gewinnen, aber eine Aussetzung der Wahlen durfte auch nicht zugelassen werden. Also haben wir uns eingemischt. Geld, Personal, persönliche Beziehungen – alles wurde in Gang gesetzt. Wichtig waren gar nicht so sehr die Stimmen, wichtiger war noch die Gewissheit in der Gesellschaft, dass Jelzin tatsächlich gewonnen hatte. Auf diese Gewissheit arbeiteten wir hin.

Die Großunternehmer hatten sich bis dahin noch nie verbündet, und zwar nicht etwa, weil sie es nicht gekonnt hätten. Wir

---

* Am 27. April 1996 wurde unter dem Titel »Heraus aus der Sackgasse!« ein Brief veröffentlicht, der von dreizehn der größten Unternehmer Russlands unterzeichnet war, darunter auch Chodorkowski. (Anm. Natalija Geworkjan)

Kapitel 5

waren alle durchaus in der Lage, uns zu arrangieren, und um 1997 machten wir uns seelenruhig gegenseitig Zugeständnisse. Wenn Sie sich erinnern: Im Kampf um Svyazinvest mischte niemand außer Gussinski und Potanin mit.* Wir haben einfach nie nach politischer Macht gestrebt. Nach Einfluss ja, aber nicht nach Macht. Uns war klar, wohin das führen konnte (falls man hätte Gewalt anwenden müssen), und das schuf eine psychologische Barriere.

Das autoritäre Modell wieder zu etablieren – dazu waren die meisten von uns nicht bereit. Mental waren wir eben doch schon »Europäer«. Mag sein, dass das etwas naiv klingt... Aber eine Strategie für den Fall, dass Sjuganow siegen würde, hatten wir nicht – aus offensichtlichen Gründen: »Gerupft« hätte man uns sofort und von vielen Seiten, aber da wir alles und sogar noch mehr für Yukos ausgegeben hatten, standen wir bis über beide Ohren in der Kreide. Uns wäre nichts übriggeblieben als zu emigrieren und ein neues Leben anzufangen. Wahrscheinlich wäre das auch geglückt, wenn wir schnell genug gehandelt hätten...

Was die eigentliche politische Arbeit für die Wahlen angeht – die machte 1996 Tschubais. Ich kümmerte mich um Yukos, die Hochseereederei Murmansk, das Unternehmen Apatit.** Über 100 000 Menschen. Ich hatte alle Hände voll damit zu tun, die soziale und wirtschaftliche Situation unter Kontrolle zu halten.

---

* Gemeint ist die Auktion zum Verkauf der Sperrminorität dieser größten russischen Telekommunikationsholding im Sommer 1997. Wladimir Gussinski war damals Inhaber der Media Most, eines privaten Medienunternehmens, Wladimir Potanin Inhaber von Norilsk Nickel. (Anm. Natalija Geworkjan)

** Apatit war das größte russische Unternehmen zur Herstellung von Apatit-Konzentrat, einem Rohstoff zur Produktion von Mineraldüngern. (Anm. Natalija Geworkjan)

## Politik und Lobbyismus

Die Beziehungen zu den Parteien entwickelten sich auf zwei Ebenen: Ideologie und Lobbyarbeit. Wenn wir mit der Ideologie beginnen wollen, so waren mir die Leute von Jabloko und die »Rechten« in verschiedener Gestalt stets am nächsten. Wir halfen ihnen in dem Maß, in dem es aus ihrer Sicht möglich war, etwas von einem einzelnen Unternehmen anzunehmen und sich dabei noch unabhängig zu fühlen. Ich sage es gleich: Viel war das nicht. Insgesamt ein paar Millionen privater Gelder der Gesellschafter. Wir stellten ihnen unsere Spezialisten zur Ausarbeitung von Gesetzesentwürfen zur Verfügung und beteiligten uns an der Diskussion von Wirtschaftsprogrammen. Und ab 2000 war ich unmittelbar mit der Ausbildung im Rahmen der »Public Policy School« befasst. Das war nicht unser Projekt, wir hatten uns dem angeschlossen. Die Aufgabe war die Ausbildung von Personal für die öffentliche Politik, unabhängig von den ideologischen Präferenzen der Teilnehmer.

Meine persönliche Position besteht aber nicht darin, ein bestimmtes politisches Programm zu unterstützen. Spätestens seit 1993 bin ich ein konsequenter »Voltairianer«. Ich hielt es für notwendig und richtig, sämtliche politischen Kräfte zu unterstützen, die in der Opposition waren und sich zu parlamentarischen Mitteln der Auseinandersetzung bekannten. Eben deshalb war ich 1996 kategorisch gegen eine Auflösung der KP Russlands. Das habe ich auch Jelzin gesagt. Korshakows nervöse Reaktion vor der Wahl 1996 war nicht zuletzt dadurch bedingt.

Ich bin zutiefst davon überzeugt, dass alle politischen Ansichten, die von mehr oder weniger großen Bevölkerungsgruppen geteilt werden, im Parlament vertreten sein müssen, und dass ihre Anhänger die Möglichkeit haben sollten, ihre Position der Gesellschaft gegenüber darzulegen. Ich bin zutiefst davon überzeugt, dass ein normales, stabiles politisches System die zeit-

Kapitel 5

lich begrenzte Führerschaft der einen oder anderen politischen Kraft mit dem Erreichen eines Konsenses zu einer möglichst großen Menge gesellschaftlich bedeutsamer Fragen verbinden muss. Ich bin zutiefst davon überzeugt, dass nur eine starke, einflussreiche Opposition, unabhängig von ihrer politischen Färbung, imstande ist, eine funktionierende Rückkopplung zwischen Staatsmacht und Gesellschaft zu gewährleisten, und damit auch den Bestand und die Effizienz des gesamten staatlichen Apparats. Die »erste Geige« spielen natürlich die Machthabenden, aber ohne einflussreiche Opposition sind Stagnation und Fäulnis unvermeidlich.

In unserem Unternehmen arbeiteten Menschen mit den unterschiedlichsten Ansichten, die für den nötigen Pluralismus in den Beziehungen nach außen sorgten. Was die »Prinzipientreue« angeht, also die Frage, warum wir – nicht als verschiedene Einzelpersonen, sondern als Unternehmen – mit Vertretern verschiedener Kräfte zusammenarbeiteten, so ist das nachvollziehbar: Yukos machte (im Unterschied zu vielen anderen) keine Politik, Yukos machte sich vielmehr für die eigenen Interessen stark.

Die Lobbyarbeit war eine ganz andere Geschichte. Ich hielt und halte dieses Vorgehen für zivilisierter, als Beamte direkt zu kaufen. Allerdings hätten die Formen der Lobbyarbeit gesetzlich geregelt werden müssen. Die Idee eines solchen Gesetzes haben wir, nebenbei bemerkt, immer unterstützt. Und dass wir irgendwelche Gesetze durchgeboxt hätten, die einzelnen Unternehmen eine Präferenz gewähren sollten, ist mir überhaupt nicht in Erinnerung. Ein »Production Sharing Agreement« lehnten wir ab.* Wenn überhaupt, dann hat allenfalls die Gazprom zu ihren

---

* Ein »Production Sharing Agreement« (PSA) ist ein Abkommen zwischen dem Staat und einem ausländischen Ölkonzern über die Gründung eines gemeinsamen Unternehmens, für das eine besondere Besteuerung gilt. (Anm. Natalija Geworkjan)

Gunsten irgendwelche Gesetze durchgeboxt. Es ging darum, die Interessen der Branche als Ganzes zu vertreten.

Politik und Lobbyarbeit sind zwei Paar Schuhe. »Politik« bedeutet in diesem Kontext Ideologie. Die Ideologie unterstützte ich aus eigener Tasche, da ich diese Art der Mitwirkung am Leben meines Landes damals wie heute für mein Recht und meine Pflicht als Bürger hielt. In welcher Form? Durch direkte finanzielle Parteispenden (in meinem Fall an SPS und Jabloko), die Gründung von Clubs und Schulen, die die entsprechende liberale Ideologie verbreiten sollten. Durch eine Beteiligung an der Finanzierung einzelner Veranstaltungen, wie Konzerte und Konferenzen.

Die Lobbyarbeit war etwas anderes. Jeder Gouverneur, ganz zu schweigen vom Präsidenten und seinem Apparat, forderte die Unterstützung bestimmter politischer Projekte, einschließlich der Abgeordneten der Partei Einiges Russland. Zusätzlich unterstützte die Firma die Abgeordneten, die aus »unseren Regionen« kamen, da sie fast unweigerlich auch unsere Interessen als die des größten Arbeitgebers vertraten. Finanziert wurden ihr Wahlkampf und ihre karitativen Projekte. Meiner Erinnerung nach ging es in Gesprächen mit mir nie um Bares; überhaupt war das nicht meine Ebene. Wir hatten es hier mit wichtigen Leuten zu tun, die ihre eigenen kleinen Probleme schon lange ohne uns gelöst hatten.

Um es noch einmal zu sagen: Wir waren für ein Lobbyismus-Gesetz, da wir es für richtig hielten, zwischen zulässiger Praxis und Korruption eine Grenze zu ziehen. Dennoch bin ich überzeugt, dass Lobbyismus, also die Finanzierung der Politik aus vielen Quellen, deutlich besser ist als ein »staatliches Monopol«, bei dem die Exekutive die Legislative gefügig macht und sie aus der Hand fressen lässt. Diese Art der Korruption ist die gefährlichste, weil sie zu einem absoluten Kontrollverlust führt, zu einer systematischen Veruntreuung des Haushalts und zu einem autoritären System.

Kapitel 5

Nun zu den Methoden der Finanzierung. Auch hier gab es ein echtes Problem, denn seit 1998 waren die Finanzdirektoren bei Yukos solide »Westler«. Zuerst Michel Soublin, dann Bruce Misamore. Wobei Soublin eigentlich bei Schlumberger arbeitete und für uns im Rahmen eines Vertrags mit Schlumberger tätig war. Zu dem Zeitpunkt, als Bruce Misamore ernannt wurde, hatten wir bereits ein unabhängiges Direktorium (das heißt, dass die Mehrheit der Direktoren nicht aus der Firma kam), und es war das Direktorium, das den Finanzdirektor zu ernennen hatte. Dadurch waren alle unsere Finanzoperationen für das Direktorium absolut transparent.

Der Verdacht, wir hätten das Parlament »gekauft«, ist ein weiterer von der Exekutive in Auftrag gegebener Mythos – einer Exekutive, die sich des Parlaments bemächtigen wollte und das auch getan hat. Nüchtern betrachtet kann kein Mensch glauben, dass selbst ein Unternehmen wie Yukos das Parlament kaufen könnte. Die simpelste Frage wäre: Wozu? Es ist klar, dass sich eine verfassungsändernde Mehrheit nicht kaufen lässt, dafür gibt es einfach zu viele Akteure auf dem »Markt«, von denen der wichtigste die Präsidialadministration ist. Dann kommen die Gouverneure, danach Gazprom und dann erst alle anderen, einschließlich Yukos. Ohne »verfassungsändernde Mehrheit« aber ist es nach unserem Recht nicht möglich, einen Beschluss zu fassen, mit dem der Präsident des Landes nicht einverstanden ist. Und wenn der Präsident einverstanden ist, wozu sollte man dann das Parlament kaufen?

Doch es gibt noch einen Aspekt: Nach meiner Verhaftung wurden nur drei oder vier Personen von den Wahllisten gestrichen. Alle anderen kamen durch. Wären sie von mir gekauft gewesen, hätte man sie dann etwa weiter zugelassen? Oder hält man mich für so naiv, erst jemanden zu kaufen, ihn dann aber nicht zu halten? Nein, die Staatsmacht wusste nur allzu gut, dass das alles Unsinn und ein Lügenmärchen war.

Politik

Das »Kaufen« von Abgeordneten ist nach dem Recht der meisten Länder illegal, und die Mitglieder des Direktoriums hätten in ihren Ländern die Verantwortung tragen müssen, wenn unsere Zahlungen für Zwecke verwendet worden wären, die nicht der westlichen Praxis entsprachen. Wir haben uns diese Praxis genauestens angesehen. Wenn es also um Gelder des Unternehmens ging, liefen diese Ausgaben über das Direktorium, in dem die nichtrussischen Mitglieder mir und unseren Juristen so lange keine Ruhe ließen, bis sie die Zahlungszwecke in Einklang mit den Grundsätzen des amerikanischen Lobbyismus-Rechts gebracht hatten, da sie sich im Fall der Fälle nach amerikanischen Gesetzen zu verantworten gehabt hätten. Und Yukos auch – das ist eine Besonderheit des ADR-Wertpapiermarkts. Unsere pseudopatriotischen Staatsanwälte haben in der Anklageschrift eigens hervorgehoben, dass »Chodorkowski jeden auch nur theoretisch möglichen Verstoß gegen amerikanisches Recht kategorisch ablehnte ...«. Wahrhaftig, ein schwerwiegender Vorwurf!

Für die Verwendung meines eigenen Geldes musste ich mich aber vor niemandem rechtfertigen. Umso mehr, als daraus kein direkter geschäftlicher Vorteil erwuchs. Mein politischer Standpunkt war immer der, dass starke, unabhängige Oppositionsparteien die einzige Absicherung gegen den Autoritarismus sind. Schon unter Jelzin, aber auch nachdem Putin an die Macht gekommen war, habe ich die Opposition auch über die pragmatische Zusammenarbeit hinaus stets unterstützt. Jelzin fand sich damit ab, Putin beschloss ab 2003, ein Regime zu errichten, für das eine unabhängige, einflussreiche Opposition inakzeptabel ist und in dem jede Finanzierung über ihn persönlich läuft. Ein politisches System mit »Handsteuerung« eben. Und ich war sogar einverstanden. Das einzige, was ich nicht tun konnte, nicht tun wollte, war, meinen Kollegen zu verbieten, bereits eingegangene Verpflichtungen zu erfüllen. Eben das

Kapitel 5

wurde, wie Michail Kassjanow bei Gericht ausgesagt hat, zum Anlass für den Angriff.*
Allerdings hätte sich, wenn es nicht diese Kleinigkeit gewesen wäre, wohl auch eine andere gefunden. Wenn ich mir ansehe, was jetzt vor sich geht, dann ist mir eines klar: den Putin, der sich Ende 2003 und danach zeigte, hätte ich als politischer Anhänger Jelzins nach einem Jahrzehnt des Kampfs für die Demokratie (denn bei allen Abstrichen, Fehlern und Abwegen haben wir doch für die demokratische Entwicklung des Landes gekämpft) niemals, nicht einmal schweigend, unterstützen können. Vielleicht hätte ich mich selbst noch etwas länger zu beschwichtigen versucht, wenn er nicht zum Angriff übergegangen wäre. Aber irgendwann wäre ich doch an die Grenze gekommen, deren Überschreiten für mich einen Verrat von Idealen, wie ich sie verstehe, bedeutet hätte. So hat er, indem er mich zu seinem Feind erkor, die Ereignisse lediglich beschleunigt.

* »Präsident Putin hat es zweimal abgelehnt, dieses Gespräch weiterzuführen, dann gab er mir aber doch noch eine Antwort. Er sagte etwa Folgendes: Das Unternehmen Yukos habe politische Parteien finanziert – nicht nur SPS und Jabloko, die zu finanzieren er, der Präsident, ihnen genehmigt hatte, sondern auch die Kommunistische Partei, die zu finanzieren er, der Präsident, ihnen nicht genehmigt hatte. Ich habe dieses Gespräch nicht weiter verfolgt, weil diese Antwort aus zwei Gründen für mich äußerst erstaunlich war. Erstens war es für mich erstaunlich, dass eine gesetzlich erlaubte Tätigkeit zur Unterstützung politischer Parteien offenbar zusätzlich der geheimen Zustimmung des Präsidenten der Russischen Föderation bedurfte. Und zweitens: Dieser Satz über die Parteienfinanzierung war die Antwort des Präsidenten der Russischen Föderation auf die Frage, warum Platon Lebedew im Gefängnis sitze.« Aus den Aussagen des ehemaligen Premierministers der Russischen Föderation, Michail Kassjanow, im Gericht Chamowniki am 24. 5. 2010. (Anm. Natalija Geworkjan).

NATALIJA GEWORKJAN

KAPITEL 6

# Die goldene Zeit der Laienbankiers

Aufmerksamer Blick, große Brille mit mächtiger Fassung, Schnauzbart, dunkle Haare – ein sehr ernster junger Mann, dem sein Lächeln gut steht, der aber aus irgendeinem Grund keinen Gebrauch davon macht. So habe ich Chodorkowski das erste Mal, Anfang der 1990er Jahre, erlebt. Später schien er übrigens verstanden zu haben, dass das Lächeln ein ziemlich wesentlicher Teil des Image ist, nicht unwichtig für den Gesprächspartner, und hat lächeln gelernt. Indirekt hat diese meine Vermutung auch Chodorkowskis Sohn Pawel bestätigt, der sagte, dass Michail von seinen amerikanischen Geschäftspartnern die Gewohnheit übernommen habe, allen Umständen zum Trotz zu lächeln. Er sagte, man müsse etwas »Positives projizieren«.

Chodorkowski machte den Eindruck eines ruhigen Menschen, der die ganze Zeit intensiv über etwas nachdenkt. Es gibt ja diesen Typ Mensch, dem man Fragen wie »Wie geht's zu Hause?« oder »Was machen die Kinder?« einfach nicht stellen kann, wenn man ihm begegnet. Man fragt nur: »Wie läuft's?« – und meint damit buchstäblich die Geschäfte, die Arbeit. Alle, die mit Chodorkowski zusammengearbeitet haben, haben mehrfach beteuert, als hätten sie sich abgesprochen: »Man wusste gleich: Er ist der Chef, er hat den Hut auf«. Ich habe das so nicht gespürt, aber ich habe auch nicht mit ihm gearbeitet. Ein kluger Kopf – das war allerdings unstreitig.

Alexander Smolenski, einer der ersten russischen Bankiers: »*Ich erinnere mich noch an meinen ersten Eindruck von Chodorkowski: Ein*

Kapitel 6

*Leisetreter, so ein Komsomolze eben, sympathisch, mit Brille, einer, der leise spricht. Er war in Ordnung. Er war nie aggressiv. Ich denke, dass er sich bis heute nicht verändert hat. Er war keine öffentliche Figur, ziemlich lange jedenfalls. Da war Newslin – das war der Mann für die Öffentlichkeit. Einer der besten Lobbyisten. Mischa hat man dagegen gar nicht wahrgenommen. Er ist sehr zielstrebig. Ein gescheiter Junge. Ziemlich vernünftig.«*

Smolenskis Stolichny-Bank und Chodorkowskis Menatep-Bank entstanden etwa zur selben Zeit. Menatep tat nach Meinung Smolenskis genau das Gleiche wie alle anderen Banken auch. Sie nutzte aber auch ihre Beziehungen: »Mischa war Berater von Silajew, später arbeitete er eine Zeit lang beim Stellvertretenden Ölminister. Er hatte Zugang zu Haushaltsgeldern. Du nimmst dir heute drei Rubel, lässt sie für dich arbeiten, verdienst Kohle damit und gibst die drei Rubel zurück – aber jetzt sind es schon keine drei Rubel mehr. Denk nur an die Inflation: 100, 200, 300 Prozent!«

Leonid Newslin: *»Eine Startfinanzierung von irgendwelchen reichen Onkels aus der Partei oder in der Regierung hatte die Menatep-Bank überhaupt nicht. Die Bank stieg durch die Geschäftsaktivitäten auf, die wir bereits betrieben, und durch die Kontakte im besagten Stadtbezirk Frunsenski, wo die Bank registriert war. Weiter entwickelte sich dann alles durch Beziehungsmanagement, wie sich das gehört, und dadurch, dass wir unsere Dienstleistungen anboten. Es gab Kontakte, die noch auf das NTTM-Zentrum zurückgingen, und viele wurden Kunden der Bank. Die Bank war von Anfang an auf die Arbeit mit – privatwirtschaftlichen wie staatlichen oder haushaltsfinanzierten – Geschäftskunden ausgerichtet und nicht auf das Privatkundengeschäft. Wir bauten Beziehungen zur Regierung auf. Die Arbeit in der Silajew-Regierung zum Beispiel, die ein Jahr andauerte, brachte uns bestimmte Kontakte und Vertrauen ein – wir konnten ohne Weiteres auch Minister und Ministerstellvertreter ansprechen.«*

Zu der Zeit, in der die ersten Geschäftsbanken entstanden und sich rasend schnell vermehrten, war Russland in einer kata-

## Die goldene Zeit der Laienbankiers

strophalen finanziellen Lage. Wie Jegor Gaidar sich erinnert, wollte nach dem Machtwechsel 1991 niemand in der Regierung arbeiten – und zwar unter anderem deshalb, weil jedermann genau gewusst habe, dass die Geldeinlagen der Russen verschleudert worden waren und jemand dafür die Verantwortung würde übernehmen müssen. Das wollte niemand. Bei einem seiner Videoauftritte im Jahr 1995 sagte Gaidar: »Einlagen sind nicht etwa die Gutschriften auf dem Konto, sondern das, wo sie angelegt, womit sie besichert sind: Devisen, Edelmetall und Gold. Im Jahr 1985 waren die Einlagen bei der Sberbank mit 15 Milliarden Dollar Währungsreserven und einem Goldbestand von 1300 Tonnen besichert. Als ich meine Arbeit in der Regierung aufnahm, erhielt ich einige erste Unterlagen. Da war zum Beispiel eine Notiz der Vneshekonombank: Ende Oktober 1991 waren die liquiden Währungsreserven vollständig aufgebraucht, weshalb sich die Bank für Außenwirtschaft der UdSSR gezwungen sah, alle Zahlungen an das Ausland einzustellen. Von 15 Milliarden Dollar waren noch 16 Millionen Dollar übrig, ein Tausendstel. Von den 1300 Tonnen des Goldbestandes, der noch in der Zarenzeit zusammengetragen worden war, blieben zu dieser Zeit nur noch 289 Tonnen. Allein 1990 hatte die Ryshkow-Regierung 478 Tonnen Gold ausgeführt. Die Regierung von Premier Pawlow brachte es 1991 auf weitere 324 Tonnen. Allen war klar: Die Einlagen waren verschleudert worden und über Jahre hinweg in das Wettrüsten, nach Afghanistan und in die Hilfe für Entwicklungsländer geflossen.«

Ich erinnere mich noch an den Ausspruch eines der französischen Berater, die Russland zu jener Zeit hatte: »Die Goldreserve des Landes ließ sich von Hand abzählen.« Ähnlich äußerte sich auch Anatoli Tschubais, der Vorsitzende des Staatlichen Komitees für die Verwaltung des Staatsvermögens und Vize-Premierminister von 1992 bis 1994. Dieses Bild mag überzogen sein, aber sehr weit ist es nicht von der Realität. Der Staatstresor war leer. Die

Kapitel 6

staatliche Sberbank zum Beispiel, die die Ersparnisse der Bevölkerung gehortet hatte, war 1992 bankrott.

Vor diesem traurigen Hintergrund wuchs von 1989 bis 1994 die Zahl der privaten Geschäftsbanken in Russland von fünf auf 2500 an. Man hatte das Gefühl, wenn irgendwo eine neue Zeit angebrochen war, dann hier, im privaten Bankensektor. Auf einmal wurden in der Redaktion Plastikkarten ausgeteilt. Es hieß, dass das Gehalt ab sofort jedem Mitarbeiter auf ein Konto bei einer Geschäftsbank überwiesen würde und man es über einen Geldautomaten »materialisieren« könne. Ich brauche wohl nicht extra zu erklären, dass es nur wenige Geldautomaten gab und dass man mit seiner Karte nur Geld an den Automaten der Bank abheben konnte, die die Karte ausgestellt hatte. Und dass die Finger im Winter, bei −30 Grad, an den Tasten des Geldautomaten festfroren und dass diese Tasten sich im russischen Winter ohnehin in eine überflüssige Dekoration eines im Grunde sinnlosen Metallkastens verwandelten. Erst später hat man gelernt, Geldautomaten zu bauen, die auch bei strengem Frost funktionieren.

Kreditkarten, damals noch ausschließlich Debitkarten, blieben trotzdem noch lange ein exotisches Accessoire. Ich weiß noch, wie ich einmal auf dem Leningrader Prospekt von einem Milizionär angehalten wurde, weil ich zu schnell gefahren war. Er schrieb mir einen Strafzettel aus, der sofort bezahlt werden musste – anderenfalls würden die Nummernschilder abgeschraubt und die Weiterfahrt untersagt. Ich hatte aber kein Bargeld, sondern nur diese kleine exotische Karte dabei. Der nächste Geldautomat war rund vier Kilometer entfernt, am Puschkin-Platz. Ich sage also zu dem Polizisten: »Steig ein, los geht's ...« Er, erstaunt: »Wohin denn?« Ich erkläre ihm: »Du willst doch, dass ich die Strafe bezahle, also fahren wir jetzt Geld holen.« Aus lauter Neugier stieg er ein, und wir fuhren los. Wir kamen also zum Geldautomaten, ich gab die PIN ein und hob das Geld ab. Er verfolgte diese ganze simple Prozedur durchs Fenster, völlig erstaunt, mit offenem Mund. Ich

## Die goldene Zeit der Laienbankiers

kam raus und gab ihm das Geld. Er fragte: »Hat dir der Kasten das Geld gegeben?« »Tja«, sagte ich »in gewissem Sinn schon.« Er: »Gibt der allen was?« So war das am Anfang.

Die Zeitung, wo ich damals arbeitete, wurde von der Stolichny-Bank betreut, die Alexander Smolenski gehörte. Viele Jahre später fragte ich ihn: Warum gerade eine Bank? Warum zog es alle so sehr in diesen Bereich? Warum hatte er, der vom Baufach kam, beschlossen, ausgerechnet eine Bank zu gründen? Seine Antwort war sehr amüsant: »Aus schierer Bosheit!«

Alexander Smolenski: »*Die Einzigen, gegen die wir (die Vertreter der Kooperativen) damals nichts ausrichten konnten, waren die Banken. Damals waren das noch die staatlichen Banken. Wollte man Geld abheben, kriegte man keins. Legte man ein Überweisungsformular vor, wurde es nicht bearbeitet. Bei der Promstroybank (die die Kooperativen betreute), saß in unserer Stadtbezirksfiliale Moskowrezki eine Direktorin namens Portupejewa.* ›Von mir bekommen Sie gar nichts, fertig.‹ ›Dann erklären Sie mir wenigstens, warum.‹ ›Weil ich nicht will‹, oder: ›Weil ich eine Dienstanweisung habe‹, oder: ›Weil mir eine Verordnung des Rats der Volkskommissare der Sowjetunion von 1927 über die Begrenzung des Bargelds vorliegt.‹ *Und dann stehst du da und weißt nicht, was du tun sollst. Du kannst weder die Leute noch das Material bezahlen. Nichts zu machen. Also, eben dieser Portupejewa zum Trotz ... Sobald das Gesetz über die Kooperativen herausgekommen war, mit der Ergänzung, dass die Kooperativen das Recht hatten, Genossenschaftsbanken zu gründen, machte ich mich an die Arbeit. Die Jungs, mit denen ich früher auf dem Bau gearbeitet hatte, blieben in der Industrie – man musste schließlich für die Bank Geld verdienen.*«

Dieses Gespräch fällt mir heute wieder ein, weil ich es kurios und auch nicht unwichtig finde, dass jene ersten Bankiers allesamt keine professionellen Bankiers waren und und sich auch nicht besonders gut im Bankgeschäft auskannten. Manche waren Ingenieure, wie Wladimir Winogradow von der INKOM-Bank; Wladimir Potanin von der ONEXIM-Bank hatte das Insti-

Kapitel 6

tut für Internationale Beziehungen (MGIMO) als Spezialist für internationale Wirtschaftsfragen abgeschlossen, Chodorkowski war Chemiker, Alexander Smolenski hatte angeblich Explorationsgeologie studiert und war dann Bauunternehmer geworden. Überhaupt war unter den mir in Russland damals bekannten Personen der wohl einzige Bankier im westlichen Sinne des Wortes Wiktor Gerastschenko, der auch bei ausländischen Banken gearbeitet hatte.

Einfallsreichtum am Rande des Machbaren

Alexander Smolenski meint, dass sich die Menatep-Leute, wenn überhaupt, nur »durch größeren Einfallsreichtum und größere Dreistigkeit« von den anderen Bankern unterschieden.

Wladimir Dubow: »*Einige Modelle habe ich persönlich mir ausgedacht. Ich kann gern eins beschreiben. Ich fuhr nach Irkutsk, wohin wir eine Charge Computer verkauft hatten. Dort bot mir das staatliche Forstwirtschaftsunternehmen an, nicht bilanzierte Devisen zu kaufen. Unternehmen, die für den Export arbeiteten, hatten Anspruch auf Devisen, erhielten aber keine. Die Devisen sammelten sich auf den Konten und wurden dem Unternehmen nur gegen Rubel-Deckung ausgezahlt. Ein Unternehmen konnte also Millionen Devisen haben, die nicht in der Bilanz erschienen, aber nichts, um die Gehälter zu bezahlen, weil es keine Rubel hatte. Rubel brauchten sie aber. Doch wie sollte man ihnen nicht bilanzierte Devisen abkaufen? Also habe ich mir etwas ausgedacht: Unsere Bank gab dem Forstwirtschaftsunternehmen für zwei Wochen einen mit nicht bilanzierten Devisen besicherten Kredit. Der Betrieb zahlte den Kredit nicht zurück, und wir behielten die Sicherheitsleistung. Dann brachten wir für diese Devisen die nötige Rubel-Deckung auf und konnten sie so in Dollar umwandeln. Dann gaben wir einem anderen Unternehmen einen mit Rubeln besicherten Dollar-Kredit. Der Dollar stand bei uns 1 zu 7 bis 1 zu 10. Zu einem bestimmten Zeitpunkt beliefen sich die Kreditausfälle auf 96 Prozent* bei einer gleichzeitigen Rentabilität der Bank von 1000 Prozent. Wir hatten ein Konto bei der Vneshekonombank. Die anderen hatten auch ein Konto bei der Vneshekonombank. Dieses Verrechnungskonto nutzten wir als Bankkonto. Und niemand durchschaute, was wir da taten. Wir hatten keine Lizenz für Bankgeschäfte, nichts hatten wir. Aber es gab auch keine Gesetze, gegen die wir damit verstoßen hätten. Als die Zentralbank kam, um uns zu überprüfen, sagten sie: ›Ihr seid kriminell.‹ ›Ja, mag sein, aber sagen Sie uns doch, gegen welches Gesetz wir verstoßen haben, wir wissen es nicht.‹ ›Ihr habt das Bankensystem in seinem Kern verletzt.‹ ›Und in welchem Gesetz ist der beschrieben?‹«

Noch ein weiteres Modell betrachtet Wladimir Dubow als sein persönliches Verdienst. Als Remarque-Liebhaber hatte er in *Liebe Deinen Nächsten* etwas über den Völkerbund gelesen. Ich kann mich nur daran erinnern, dass der Völkerbund dort erwähnt wird, weil er den Flüchtlingen nicht geholfen hatte. In einem Unternehmerkopf rief der Völkerbund jedoch gänzlich andere Assoziationen hervor. Dubow hatte Dokumente ausfindig gemacht, die belegten, dass die UdSSR von 1934 bis 1939 Mitglied des Völkerbundes gewesen war. Anhand dieser Dokumente fand Dubow heraus, dass der Rat der Volkskommissare der Sowjetunion eine Verordnung über gezogene und eigene Wechsel unterzeichnet hatte und die UdSSR bereits 1936 dem Genfer Wechselrechtsabkommen beigetreten war. Davon habe zwar niemand groß geredet, aber die Verordnung existierte noch. So entstand das Einlagenzertifikat der Menatep-Bank. Angenommen, jemand wollte Getreide kaufen. Er fuhr also an Ort und Stelle und überzeugte sich, ob die Ware da war. Bezahlen konnte er nicht, aber solange er nicht bezahlte, bekam er auch keine Ware. Und so wurde das Dokument geboren. Man kam an, unterschrieb das Dokument, übergab es dem Eigentümer, der unterzeichnete das Warenübergabeprotokoll, und die Ware konnte abtransportiert werden. Dieses Ding war sehr gefragt, erzählt Dubow  Menatep beschaffte auf diese Zertifikate Geld mit einem Satz von minus vier Prozent,

Kapitel 6

für den Kunden, versteht sich. Um von der Bank Zertifikate im Wert von 100 Millionen Rubel zu erhalten, musste man ihr also 104 Millionen Rubel zahlen. Übrigens wurde 1997 ein Föderalgesetz über gezogene und eigene Wechsel verabschiedet, das die Gültigkeit der Verordnung des Rats der Volkskommissare von 1937 in der Russischen Föderation als der Rechtsnachfolgerin der UdSSR festschrieb.

All diese Modelle konnten jedoch erst funktionieren, nachdem Chodorkowski sich das zu ihrer Realisierung notwendige Verfahren überlegt hatte. Für jedes Modell musste erst noch eine interne Dienstanweisung geschrieben werden, die exakt vorschrieb, was und wie von wem zu tun war. Man brauchte Dokumente und vertragliche Verpflichtungen, die von den Vertragsparteien unterzeichnet wurden. Chodorkowski fand für jede Idee eine technische Lösung. Mit anderen Worten, er errichtete passend zur Idee ein Fließband, und erst dann fing es an zu laufen und Profite zu erwirtschaften. Die Basis war tatsächlich das alte Fließbandprinzip: Die Vorgänge mussten einfach und kontrollierbar sein.

Die Laienbankiers taten, was einem Profi niemals in den Kopf gekommen wäre. Smolenski berichtet: »*Der erste Kredit! Bei einem haftenden Eigenkapital von 500 000 Rubel vergab ich eine Million an einen Melonenproduzenten, der in Usbekistan Wassermelonen anbaute. Ein Wahnsinnsgeld hab ich da irgendeinem Kerl mit einem breiten asiatischen Bauchgürtel überlassen. Hätte er nicht zurückgezahlt, wären wir futsch gewesen. Aber er hat es zurückgezahlt. Dabei kam er aus einem Gebiet, wo damals Krieg herrschte. Ich schickte einen Angestellten von mir hin, der wollte erst nicht: Da wird doch geschossen!, sagte er. Ich sagte, macht nichts, fahr trotzdem, sonst sind wir erledigt. Aber dieser Typ hat alles zurückgegeben. Ein paar Monate hat er es hinausgezögert, aber dann hat er gezahlt ... Überhaupt habe ich Kredite nur auf Vertrauensbasis gewährt, wenn ich jemanden persönlich kannte. Später kamen Verfahren auf, die Bürokratie war aufgewacht. Mit den Banken war es letztlich genau das Gleiche wie mit dem ganzen Land – niemand*

## Die goldene Zeit der Laienbankiers

wusste, wie man es machen muss. Aber Gerastschenko hatte gesagt: Es wird Banken geben. Das muss man dem alten Herrn lassen – wäre er nicht so stur gewesen, wären die Geschäftsbanken nie entstanden.« Vielleicht lag ja gerade in dieser Regellosigkeit und Unbekümmertheit der Laien das ganze Geheimnis. Sie riskierten etwas, ohne sich sonderlich darüber im Klaren zu sein, was richtig war und was nicht. Sie wussten einfach nicht, wie man es richtig machte. Sie waren so eine Art unerschrockene Narren. Leute vom Fach hätten womöglich gar nicht unter Bedingungen arbeiten können, wo es keine Regeln für die Abwicklung der Geschäfte gab, wie sie sie gelernt hatten. Viele Profis ließen sich auf dieses Spiel auch nicht ein. Für die Laien aber, die etwas wagten und ins kalte Wasser sprangen, wurden die Jahre 1989 bis 1994 zum »Goldenen Zeitalter« des russischen Bankwesens. Die hohe Inflation, das Spiel mit den Unterschieden zwischen den Kreditzinsen und den Zinsen, die die Banken für ihre eigenen Verbindlichkeiten zu zahlen hatten, Geschäfte mit Bargeld, das Spiel mit den Kursunterschieden – all das machte das Bankgeschäft in dieser Zeit so überaus lukrativ.

Alexander Smolenski: »*Wir haben doch alle auf die gleiche Weise verdient: durch die Kursunterschiede... Erinnerst du dich, was für eine Inflation wir hatten? Und die Umwandlung in Bargeld! Was haben wir nicht alles gemacht! Mir läuft richtig ein Schauer den Rücken hinunter, wenn ich mich daran erinnere. Jedenfalls sind wir durchgekommen... Aber, du wirst es kaum glauben, die sowjetischen Gesetze haben wir gelesen. Die hatte einfach nie jemand gründlich gelesen. Aber wenn du dir so eine Vorschrift mal zur Hand nimmst, siehst du, dass es da so viele Schlupflöcher gibt, durch die sich Geld verdienen lässt... Früher konnte man das einfach nicht nutzen. Du erinnerst dich doch, es gab ein Bargelddefizit. Und es gab die Zertifikate der Sberbank, bis zu 25 000 Rubel. Das waren solche Scheinchen. Du nimmst dir also ein Zertifikat, um kein Bargeld herumschleppen zu müssen, das kannst du dann in jeder Filiale der Sberbank der UdSSR landesweit einlösen.*

Kapitel 6

*Die Kooperativen hatten das Recht, für den eigenen Bedarf Wertpapiere zu kaufen. Ausgezeichnet! Wir haben unserer Kooperative Kredit gewährt. Die hat dann in ihrem Namen Buchgeld an die Sparkassen überwiesen. Irgendwohin in die Pampa, ganz egal. Wir sind mit dem Flugzeug dort hingeflogen und mit Säcken voller Zertifikate (also quasi schon mit Bargeld) wieder zurück nach Moskau. Und so haben wir 20 bis 30 Prozent verdient. Und du fragst: Warum eine Bank? Was das für Profite waren! Bis zu 1000 Prozent Rendite haben wir gemacht – mit der Umwandlung in Bargeld, mit den Kursunterschieden und der Inflation. Das Geld verlor schließlich an Wert.«*

Menatep hatte tatsächlich die Erlaubnis erhalten, Geldmittel des Finanzministeriums, des Staatlichen Steuerdienstes und später auch des staatlichen Rüstungsexport-Unternehmens Roswoorushenije zu betreuen. Es gab aber auch noch andere Privatbanken, die die Konten staatlicher Strukturen verwalteten.

Michail Brudno: *»Alle hatten Konten staatlicher Unternehmen. Es gab keine staatliche Struktur, die nur bei unserer Bank ein Konto unterhalten hätte. Wir waren für niemanden eine Bank mit Exklusivrechten. Es gab keine Operationen, zu denen nur eine Bank oder auch zwei, drei Banken bevollmächtigt gewesen wären. Natürlich waren wir an diesen Konten interessiert. Der Staat ist einer der größten Kunden. Und besonders damals, Anfang der Neunziger, hatte der Staat das meiste flüssige Geld. Das bedeutete solide Passiva für die Bank. Großexporteure waren auch eine Quelle großer Passiva für die Bank. In Amerika, da kamen die größten Passiva einer Bank aus privaten Geldern. Wir aber hatten damals kein privates Geld in diesen Mengen. Deshalb waren wir von Anfang an auf Unternehmen ausgerichtet.«*

Harvard im eigenen Haus

Die ersten russischen Großunternehmer waren sehr verschiedene Leute, aber eines gab es, was sie verband. Sie waren alle Workaholics. Sie vertrauten vor allem sich selbst und kannten

## Die goldene Zeit der Laienbankiers

sich bis zu einem bestimmten Punkt mit allen geschäftlichen Details aus. Alles, was ihnen an Kenntnissen zu geschäftlichen und finanziellen Fragen noch fehlte, eigneten sie sich nach und nach selbst an.

Glaubt man den Augenzeugen, dann wussten weder Chodorkowski noch sein Team, als sie mit der Bank anfingen, allzu genau, was eine Kreditkarte oder ein Scheckheft ist. Zu diesem Zeitpunkt machten sie aber bereits einen Jahresumsatz von rund zehn Millionen Dollar (etwa 80 Millionen Rubel). Die Gründung einer Bank war die logische Fortsetzung ihrer Geschäftstätigkeit. Es fehlte nur eine Kleinigkeit: Man musste rasch ein Finanzexperte werden. Sie fuhren nicht nach Harvard. Dafür war keine Zeit. Die Universität kam zu ihnen, genauer gesagt, in ein schäbiges Zimmer im Hotel Ukraina, das die Jungs extra für diese Begegnung angemietet hatten, da ihr eigenes Büro damals noch schlimmer aussah als dieses schäbige Zimmer in dem stalinistischen Hochhaus. So begann 1989 ihre Bekanntschaft, die später durch gemeinsame geschäftliche Aktivitäten gestärkt werden sollte, mit Christian Michel, dem Gründer der Valmet-Gruppe. Catherine Belton, Korrespondentin der *Financial Times* in Moskau, meint dazu:»Valmet, ein global agierendes Vermögensverwaltungsunternehmen mit Sitz in Genf [...] hielt später den Schlüssel zum Vermögen der Menatep-Gruppe in der Hand – durch den Besitz von Anteilen über Nominee-Eigentumsmodelle und den Transfer von gewaltigen Geldsummen über das eigene Netzwerk.« Weder Michel noch seine ausländischen Partner kommentieren das. Über den Beginn der Zusammenarbeit mit Chodorkowski und seinem Team berichtet Michel aber sehr wohl:»In der ersten Zeit machte ich Geschäfte mit den Apparatschiks. Viele von denen waren eher unterbelichtet: körperlich untersetzt und intellektuell verkümmert. Sie leiteten riesige Konzerne, wo ihre einzige Aufgabe darin bestand, die Produktion am Laufen zu halten. Oft waren sie derb und

Kapitel 6

tranken viel. [...] Große Bewunderung konnte man nicht für sie aufbringen. Sie hatten öde Jobs. Und da treten plötzlich diese jungen Leute in Jeans auf den Plan, die sagen, sie würden das System verändern. Ein Schock [...]. Ich brachte ihnen bei, was eine Kreditkarte ist und wie man ein Scheckheft benutzt«, so Michel. Als sie das erste Mal nach Genf in die Valmet-Büros kamen, logierten sie in Michels Apartment. »Anfänglich waren sie so knapp bei Kasse, dass sie sich nicht einmal ein Hotel leisten konnten«, sagt er. »Chodorkowski und Newslin kamen mehrere Male. Mit jeder Reise wurde es ein Stück besser. Zuerst war es meine Genfer Wohnung, dann war es ein preiswertes Hotel und schließlich eine Suite im Fünf-Sterne-Hotel des Bergues.« Dann kam der Unterricht zur westlichen Geschäftspraxis, der mit dem Banking begann und später sogar um Beratungen zu zukünftigen Möglichkeiten in der Ölindustrie erweitert wurde. »Ich habe zwei Wochen in Budapest damit verbracht, das gesamte Personal zu schulen [...], ihnen in den grundlegenden Einzelheiten zu erklären, wie eine Bank funktioniert«, erinnert sich Michel. »Ich brachte ihnen bei, wie man eine Bilanz liest, wie eine Revision durchgeführt wird, wie interne Kontrollmechanismen installiert werden und wie man Kreditmöglichkeiten schafft. Es war ein Banking-Crash-Kurs für Anfänger. Sie lernten schnell«, sagt er.

Bald schon bewegten sich Michels Kunden, die Menatep-Bank und andere, weiter in Richtung komplizierterer Transaktionen und reizten das westliche System bis an seine Grenzen aus. »Diese neu gegründeten Unternehmen hatten keine Ahnung von westlichen Geschäftspraktiken und wer die Akteure waren. Eine der allerersten Transaktionen [...] war etwas völlig Verrücktes. Nicht, dass es nicht rechtmäßig gewesen wäre. Es war einfach etwas, das nicht ging«, weiß Michel zu berichten. »Wir sagten ihnen, dass Arthur Andersen – meine Wirtschaftsprüfungsgesellschaft –

## Die goldene Zeit der Laienbankiers

das nicht genehmigen würde, und darauf bekamen wir einen Brief von ihnen, worin stand ›Könnten Sie Herrn Andersen bitte sagen ...‹ Sie hatten keine Ahnung.«[*]

Michail Brudno: »*Was Christian Michel uns sagte ... Weißt du, das war so, wie wenn dein Vater dir etwas sagt und das geht zum einen Ohr rein und zum anderen wieder raus, 30 Jahre später fällt es dir aber wieder ein. Wir begriffen rein gar nichts von dem, was er uns sagte. Das fügte sich nirgendwo ein, denn wir hatten überhaupt keine Grundlagen. Es waren interessante Vorträge, aber man kann wahrlich nicht behaupten, dass uns das die Augen geöffnet hätte und wir Bankiers geworden wären. Wann wir Bankiers geworden sind? Das war zu dem Zeitpunkt, als Rosprom geboren wurde, zu Beginn der Privatisierung.*[**] *Damals hatten wir das Bankgeschäft schon irgendwie durchschaut, wir hatten verstanden, wie das funktionieren musste.*«

Leonid Newslin: »*Mit der Finanzierung von Handelstransaktionen kannte sich Brudno sehr bald aus, er konnte als Kreditfachmann arbeiten, als Leiter für Handelstransaktionen. Lebedew hatte immerhin schon als Finanzfachmann gearbeitet, wenn auch nur im sowjetischen Rahmen. Ich fand mich in der Öffentlichkeitsarbeit des Finanzsektors ziemlich schnell zurecht und konnte schon bald als Vize für PR-Fragen bei der Bank arbeiten. Ehrlich gesagt, bedauere ich es heute noch manchmal, dass ich nicht bei der Bank geblieben bin. Ich denke nach wie vor, dass es für Leute, die nicht auf Popularität aus sind, sondern ein interessantes Leben und einen guten Einfluss auf andere Menschen im weiteren Sinne des Wortes suchen, nichts Besseres gibt als eine Bank. Das sind doch die wahren Haie des Kapitalismus. Aus meiner Sicht.*«

---

[*] Interview mit Catherine Belton, *The Moscow Times*, 16.5.2005.
[**] Rosprom war der Name der Industrieholding, die Chodorkowski für die Privatisierung von Industrieunternehmen gegründet hatte. (Anm. Natalija Geworkjan)

8 Rue de la Paix

So paradox es klingt, die Grünschnabel-Bankiers eröffneten eine Repräsentanz von Menatep in Frankreich. Mit französischen Geschäftsleuten hatte die Gruppe schon über die Kooperativen zusammengearbeitet, unter anderem in der Zeit des Computerhandels. Nun beschlossen sie, direkt auf den westlichen Markt zu gehen. Das Büro befand sich im Zentrum von Paris, unweit der Place Vendôme, in der Rue de la Paix 8. Chodorkowski und Newslin flogen zur Eröffnung.

Leonid Newslin: »*Wir flogen nach Paris. Das war unglaublich komisch. Weißt du, Mischa ist als Freund ein erstaunlicher Mensch – er ist immer bereit, sich selbst die schlechteren Bedingungen zuzumuten. Die Franzosen holten uns mit zwei Autos ab. Einem normalen Coupé und einem Porsche-Zweisitzer. Einer saß am Steuer, ein zweiter daneben und der dritte hinten, auf dem ›Hundesitz‹. Mischa legte sich also auf den Hundesitz. Vom Flughafen Charles de Gaulle bis zur Rue de Rivoli, wo das Hotel war, ist es eine ziemliche Entfernung, und den ganzen Weg lag Mischa da hinten. Dabei ist er keineswegs klein! Ich fand das großartig. Weißt du, er kann generell seinen persönlichen Komfort zurückstellen. Nicht, weil er ihn nicht bräuchte. Er kann einfach Prioritäten setzen. Ich denke, diese Fähigkeit hilft ihm auch jetzt.*

*Was war es, das einen am meisten erstaunte, wenn man aus der Sowjetunion ins Ausland kam? Die Geschäfte. Es waren die Geschäfte, die Mischa erstaunten, besonders in Deutschland, wo es viele schöne Brieftaschen aus Leder gibt. Er liebt ja Leder. Davor war er schon in Italien gewesen, aber Deutschland erst – da wissen sie wirklich, wie man Leder verarbeitet. Mischa ist in gewissem Sinn ein ›Bürokrat‹, er mag schöne Mappen, Hefter, all solchen Kleinkram. Und Leder ist ja die Haute Couture des Bürokraten. In praktischen Dingen ist Mischa ein Ästhet. Alles soll seinen Platz haben: Karten, Geld, verschiedene Scheine, alles soll ideal sein. Dabei ist er sonst im Leben gar nicht pedantisch, aber in diesem Bereich schon. Das ist Teil seines Arbeits-*

Die goldene Zeit der Laienbankiers

*bewusstseins. Es muss Ordnung herrschen. Alles soll im richtigen Fach liegen. Dann findet er alles, die Einzelheiten kommen an ihren Platz und er sieht eine klare Perspektive. Er ist ein Stratege, er plant den nächsten Schritt schon viele Jahre im Voraus. Später, als ich das begriffen hatte, wurde mir klar, dass seine Vorliebe für Lederwaren lediglich eine Fortsetzung seines beruflichen Naturells ist.«*

Das Pariser Büro leitete Michail Brudno. Lange ging das allerdings nicht – ein paar Monate.

Michail Brudno: *»Die ersten zwei, drei Wochen hat mir das einen Riesenspaß gemacht. Ich werde morgens wach – und bin in Paris! Wie spannend, unglaublich! Gleich gehe ich hierhin, und dann sehe ich mir das mal an... Aber schon gegen Ende des ersten Monats sah ich beim Aufstehen aus dem Fenster und dachte: Schon wieder Paris, wann hört das nur auf?! Eigentlich war ich da, weil wir das erste sozusagen frei verfügbare Geld dort in zwei Projekte gesteckt hatten. Darauf musste jemand ein Auge haben. Die Projekte waren blödsinnig – eines hatte mit der Versicherungsgesellschaft Generali zu tun, das andere war etwas vage Kulturelles. Irgendwas mit Zirkus. Einen russischen Zirkus ins Ausland bringen, oder umgekehrt, ich weiß es nicht mehr. Die Aufgabe war jedenfalls, das Geld im Ausland anzulegen und es nach Möglichkeit nicht komplett zu verlieren. Ich würde nicht behaupten, dass das Experiment besonders erfolgreich war. Eine andere Sache ist, dass wir durch die Arbeit mit den Franzosen direkt im Land viel gelernt haben. Sagen wir es so: Wir haben einiges gelernt, wir haben viele billige Fehler gemacht und konnten deshalb später teure Fehler vermeiden.«*

### Der Mann mit dem Rubel

In welche Richtung bewegten sich jene »neuen Russen«, die ganz oben auf der Welle der Veränderungen mitschwammen? Was wollten sie? Sie selbst wussten das ganz genau und verkündeten es lauthals, frech, mit dem Übermut der Jugend und der damaligen seltsamen Zeit, als den einen alles möglich und den anderen

## Kapitel 6

alles verloren schien. Sie taten das in einem Buch: *Der Mann mit dem Rubel* (Tschelowek s rubljom) erschien 1992, die Verfasser waren Newslin und Chodorkowski.

Der Titel kommt nicht von ungefähr: *Der Mann mit dem Gewehr* (Tschelowek s rushjom) hieß ein berühmter sowjetischer Film von 1938, der die Bescheidenheit und Anspruchslosigkeit Lenins, des Führers der Bolschewiki, lobte. Schon der Titel des Buches dieser jungen Kapitalisten war somit offensichtlich eine Kampfansage an die Geschichte des Landes, die in gewissem Maß auch ihre eigene war.

Man sollte dieses Buch nicht mit tierischem Ernst betrachten. Es enthält viel Ironie und Selbstironie, stellenweise auch einfach Spott. Am ehesten geht es um die bloße Feststellung: Wir sind eine neue Klasse, es gibt uns, und wir haben nicht vor, wieder zu verschwinden. Chodorkowski und Newslin hatten im Grunde genommen ein Manifest des jungen russischen Kapitalismus verfasst: »Wir verhehlen nicht, dass wir auf Reichtum programmiert sind. Unsere Ziele sind klar, die Aufgaben gesteckt – wir wollen Milliardäre werden. Wir wollen gleichberechtigt mit den zehn reichsten Unternehmern Amerikas und anderer Länder konkurrieren. [...] Die Zeit in der Partei war eine gute Schule für uns, wären wir nicht durch diese Schule gegangen, hätten wir vieles versäumt. Die Partei hat uns ausgesprochen viel genommen, aber sie hat uns auch etwas gegeben: Erfahrung, Kontakte, Einblick ins Leben. All das nicht mitzunehmen, wäre ein Fehler gewesen. [...] Wir haben lange genug nach Lenin gelebt! Unser Kompass ist der Profit, erzielt unter strenger Einhaltung der Gesetze. Unser Idol ist Seine Finanzielle Hoheit, das Kapital, denn das Kapital und nur das Kapital führt zu Reichtum als Normalzustand. Schluss mit dem Leben in der Utopie, Bahn frei für das Geschäft, das reich macht! Wer aus einem investierten Dollar eine Milliarde macht, ist ein Genie. Gibt es Genies unter den heutigen sowjetischen Unternehmern? Durchaus möglich. Die Geschichte wird es zeigen, sie misst mit einem höchst präzisen Maß – mit Zahlen.« Gleichwohl klang der Text, wie man heute sieht, stellenweise durchaus utopisch: »Helfen wird uns dabei – dessen sind wir gewiss – das Volk, das wir, entgegen der leninschen Lehre, reich machen werden. Eben jenes Volk, von dem die Herren der Welt hinter den Spiegeln verlangen, dass es uns verflucht. Aber wir glauben daran, dass diejenigen, die verfluchen, vergessen werden, und dass man die, die aus Unwissenheit verflucht werden, in dankbarer Erinnerung behalten wird.« Sollte diese Prophezeiung jemals wahr werden, dann wohl nicht mehr in unserem Leben und nicht in Bezug auf die ersten russischen Kapitalisten.

### Der diskrete Charme der Bourgeoisie

Man muss sagen, dass Chodorkowski äußerlich in jenen Jahren ganz und gar nicht an den gewichtigen Bankier und Geschäftsmann denken ließ, zu dem er nach und nach wurde. Offenbar lag ihm nicht daran, seinen ausländischen Kollegen mit ihrem Business-Dresscode nachzueifern. Selbst später, als er bereits Milliardär war, blieb er in seiner Kleidung ein Demokrat. Es war offensichtlich, dass er einen sportlichen Stil bevorzugte. Daher die Lederblousons, die Jeans, die Sportschuhe, die er meist trug, wenn ich ihn sah. Anzüge mochte er nicht, obwohl er einsah, dass sie nötig waren. Er hatte gute Anzüge, aber er trug sie schlecht. Es war klar, dass ein »korrektes Äußeres« für ihn auch weiterhin eine lästige, freudlose Pflicht war. Seine Freunde sagen, dass er sich noch sehr lange nicht richtig anzog. Irgendwann musste er aber doch umschalten. Newslin erinnert sich, dass es vorkommen konnte, dass Mischa zu einer Fernsehaufzeichnung in Jeansjacke und Pullover erschien, oder noch schlimmer, in einem Kaschmir-Pullover zum Anzug. Nicht zu einem Club-Sakko, was ja noch irgendwie gegangen wäre, sondern zu einem klassischen Anzug. Das war einfach nicht korrekt.

Kapitel 6

Ich glaube, korrekte Formen haben sich mit der Zeit alle Yukos-Gesellschafter angeeignet, aber bis heute entsprechen diejenigen von ihnen, die ich gelegentlich sehe – Newslin, Dubow, Brudno, Schachnowski –, in keiner Weise den sprichwörtlichen neuen Russen, die sich ärgern, dass sie eine Krawatte irgendwo billiger gekauft haben als im Geschäft um die Ecke. Eher schon ist ihr äußeres Erscheinungsbild vom »diskreten Charme der Bourgeoisie« geprägt, wodurch sie sich in den Ländern, in denen sie leben oder sich aufhalten, im Alltag praktisch nicht von der Masse der Menschen abheben. Und sie haben alle gelernt, Business-Kleidung zu tragen und zu wissen, wann es nicht ohne geht.

In einem Interview, das ich anderthalb Jahre vor seiner Verhaftung mit Chodorkowski führte, sprachen wir unter anderem auch über den Lebensstil, über eben jenen diskreten Charme der Bourgeoisie. Zu diesem Zeitpunkt stand sein Name bereits in der *Forbes*-Liste und das, worüber Newslin und er in ihrem Buch geschrieben hatten, war eingetreten: Sie waren Milliardäre geworden. Im Rückblick ist klar, dass zwischen dem Leben, über das wir sprachen, und dem Gefängnis für Chodorkowski damals nur noch ein Augenblick lag. Das Interview erschien im *Kommersant*:

*»Sie fahren oft ins Ausland, aber eine Bekannte von mir ist Ihnen in einem Kaufhaus am Kutusowski-Prospekt begegnet. Sie waren dabei, sich einen Anzug zu kaufen. Kleiden Sie sich lieber in Moskau ein?*

Im Ausland gibt es solche Größen nicht, wie ich sie habe.

*Nun übertreiben Sie mal nicht! Ich sehe Sie selten im Anzug. Meist tragen sie Pullover und Jeans ...*

In letzter Zeit trage ich öfter Anzüge. Aber wenn ich frei wählen könnte, würde ich so herumlaufen: Jeans, Pullover, Lederjacke.

*Und die Uhr?*

Die hier? Eine Franck Muller.

*Und die Brille? Früher hatten sie eine andere, mit Goldgestell.*

Eine einfache Brille. Es war meine Frau, die mich in der Schweiz

## Die goldene Zeit der Laienbankiers

dazu gebracht hat, in ein Geschäft zu gehen und mir so eine randlose Brille zu kaufen.

*Haben Sie in Moskau und im Ausland Personenschutz?*

Den habe ich, ja. Dank Forbes.

*Ach, kommen Sie! Bestimmt war das auch schon vor Forbes so.*

Was heißt ›ach, kommen Sie‹? Dank *Forbes* steht jetzt eine Zahl da. Den Leuten war doch die Dimension der Zahlen nicht klar. Und im Ausland – da hängt es davon ab, wo ich bin. Es gibt Länder, wo es für jemanden, von dem die Öffentlichkeit weiß, dass er ein großes Vermögen besitzt, nicht ratsam ist, ohne Personenschutz zu erscheinen.

*Sie fliegen mit Ihrem eigenen Flugzeug?*

Je nachdem. Ein eigenes habe ich nicht. Manchmal chartere ich eins.

*Sie leben außerhalb von Moskau?*

Ja.

*Ein Haus mit Türmchen? Das ist doch der Standard für neue Russen.*

Nein, keine Türmchen. Das Haus ist im norwegischen Stil gebaut. Holz und Stein. Genauso baut man auch in Norwegen.

*Sie fahren, wenn ich nicht irre, einen BMW.*

Ich habe mir jetzt einen Cadillac Jeep gekauft. Für mich. Meine Frau fährt selbst, sie hat einen Jeep. Außerdem haben wir noch einen Minivan für die Familie.

*Treiben Sie Sport?*

Ja. In diesem Jahr habe ich Snowboarding ausprobiert. Das war vielleicht schmerzhaft! Aber zum Schluss konnte ich schon ohne Stürze einen Hang runterfahren.

*Villen im Ausland, Yachten?*

Nein.

*Warum nicht?*

Weil ich keine wollte, wahrscheinlich.«

Kapitel 6

Inna Chodorkowskaja: »*In diesem Punkt sind Mischa und ich uns ähnlich, deshalb geht es uns auch gut miteinander. Ich brauche nichts Überflüssiges. Das strengt mich nur an. Ich lebe in der Gegenwart und denke nicht darüber nach, was ich irgendwann in der Zukunft vielleicht einmal haben werde. Ich will niemanden verurteilen. Die Menschen sind verschieden. Jeder soll so leben, wie er sich wohlfühlt. Manch einer hat vielleicht gern einen Haufen Häuser und Autos und mag es, dauernd zu rennen und aufzupassen, damit ihnen nichts passiert. Für mich bedeutet das unnötige Anstrengung, ich kann so nicht leben.*

*Mode – das sind doch Stereotypen, mich interessiert das nicht. Mir gefällt der X5-er Jeep, der reicht mir vollkommen, etwas anderes will ich gar nicht haben. Und Platz für mich selbst wollte ich vielleicht haben, wie jeder sowjetische Mensch. Na gut. Bei uns hatte auch immer jeder seinen eigenen Bereich. Das war uns beiden wichtig. Aber mehr brauche ich nicht. Bei den Sowjetbürgern ist das genetisch angelegt: Wir wollen das, was wir nie hatten. Aber wenn man diesen ganzen Zirkus weglässt, wird alles viel einfacher. Wirklich! Und wenn man Mischa fragt, sagt er wahrscheinlich genau das Gleiche. Ein Zuhause braucht man, wenn man eine Familie hat. Und Tiere muss es geben im Haus. Wir haben immer Tiere gehabt – Mischa und ich sind Katzenfreunde, aber wir mögen auch Hunde. Die Tiere gehören bei uns zur Familie. Manchmal denke ich sogar, sie sind unsere Rettung. Als die Steuerprüfung kam, starb unser Hamster. Es war, als hätte der Ärmste die ganze negative Energie auf sich genommen. So etwas beschäftigt mich viel mehr als alles andere. Die Familie, die Beziehungen in der Familie. Ich glaube, das ist das Grundlegende im Leben. Alles andere ist unwichtig. Mischa wird das inzwischen auch klar. Er hat Zeit gehabt, nachzudenken. Und ich habe darauf gewartet, dass ihm das bewusst wird.*«

Neue Partner

In der Gründungsphase der Bank schlossen sich zwei weitere Personen der Gruppe an, die später Gesellschafter der Menatep-Gruppe werden sollten: Platon Lebedew und Alexej Golubowitsch.

Bei der Sarubeshgeologija galt Platon Lebedew als junger Star, er war Stellvertretender Leiter der Abteilung für Wirtschaftsplanung. Am Ende seiner Karriere bei der Sarubeshgeologija, also 1989, war Platon gerade einmal 33 Jahre alt, für einen nach sowjetischen Maßstäben so jungen Mann hatte er bereits eine großartige Karriere hingelegt. Als Prüfer war er in Afrika, Osteuropa und Asien gewesen, wo die Sarubeshgeologija tätig war. Es heißt, er habe auch ohne Beziehungen Erfolg gehabt, allein aufgrund seiner Fähigkeiten. Er sei ein ausgezeichneter Mitarbeiter und bei Frauen sehr beliebt gewesen, erinnern sich frühere Kollegen.

Einige Zeit, nachdem Newslin und Brudno mit Chodorkowski zusammenzuarbeiten begonnen hatten, war dieser auf der Suche nach einem starken Wirtschaftsfachmann als Stellvertreter. Er wollte jemanden mit Berufserfahrung, der aber auch jung und offen für Neues sein sollte, jemanden, der ein Gespür für Entwicklungen hatte und sich auf eine wandelbare Realität einstellen konnte. Brudno und Newslin beschlossen, Platon zu überreden. Lebedew kam zu Chodorkowski, um bei ihm und unter ihm zu arbeiten, obwohl er selbst schon einige Erfahrung hatte und zudem älter als Chodorkowski war.

Leonid Newslin: »*Mischa baut vernünftige vertikale Beziehungen auf: respektvoll, professionell, und er fördert die Entwicklung seiner Untergebenen. Jeder, der etwas Neues will, braucht nur in seinem Bereich Chodorkowski zu folgen, und er wird sich weiterentwickeln. Das galt für uns alle, die Mitglieder des Teams. Platon fiel es absolut nicht schwer, sich ihm unterzuordnen. Dabei hatte er immer seine eigene Meinung, äußerte diese Meinung auch und vertrat sie vehement.*

## Kapitel 6

*Er ist ein schroffer, selbstbewusster Mensch. Er kann die Beherrschung verlieren, einen Skandal anzetteln oder zu schreien anfangen, selbst zu Kränkungen ist er im Eifer fähig, aber eines muss man ihm lassen: Man kann ihm auch widersprechen, ohne dass er gleich beleidigt ist. Chodorkowski ließ allen die Freiheit, zu opponieren. Im Privatleben ist Platon ein sehr geselliger, gastfreundlicher Mensch, besonders gern hat er Schaschlik gegrillt und alle eingeladen. Ich habe ihn immer als engen Freund wahrgenommen, obwohl das mit ihm angeblich nicht so leicht ist.«*

Lebedew wurde 1991 Präsident der Bank und behielt diesen Posten bis 1995. Ab 1995 gehörte die Bank der Gruppe, die sie aber nicht verwaltete. Es war Lebedew, der die Situation nach der Krise von 1998 und der Pleite der Bank klärte. Er galt als der zweite Mann in der Gruppe nach Chodorkowski. Auch formal sah es so aus – selbst später, bei Rosprom, und noch später bei Yukos. Tatsächlich neige ich der Auffassung von Christian Michel zu, wonach sich alle Mitglieder der Gruppe ergänzten, was das Team auch stark machte.

Interessanterweise erklärten viele meiner Gesprächspartner die Tatsache, dass ausgerechnet Platon – und nicht irgendein anderes Mitglied des Teams, das zu der Zeit gerade im Land war – verhaftet wurde, damit, dass die Drahtzieher des Falls Yukos ihn irrtümlich wohl für das schwächste Glied in der Kette hielten. Natürlich wurde er buchstäblich als Geisel genommen. Mir wurde berichtet, dass Platon bei Yukos den Spitznamen »der Pädagoge« hatte. Vielleicht hatten sie geglaubt, ein »Pädagoge« wäre kein Kämpfer, er wäre leicht zu brechen und würde sich auf eine Zusammenarbeit mit den Ermittlern einlassen. Wenn das stimmt, dann hatten sie sich gründlich geirrt.

Mir fällt es schwer nachzuvollziehen, welcher Logik die Staatsmacht bei ihrer Wahl einer Geisel folgte. Als der Mensch, der Chodorkowski in der Gruppe am nächsten stand, galt stets Leonid Newslin. Newslin war damals noch im Land, er reiste erst am

31. Juli 2003 aus, also fast einen Monat nach Lebedews Verhaftung (am 2. Juli 2003).

Zum Zeitpunkt seiner Verhaftung arbeitete Platon nicht mehr direkt bei Yukos. Er war Vorsitzender des Direktoriums der internationalen Finanzgruppe Menatep, die die Aktien der Erdölgesellschaft Yukos verwaltete. Vielleicht war das ja der Grund... Lebedew war schließlich derjenige, der auch die persönlichen Aktienpakete der Topmanager von Yukos betreute (61 Prozent des Grundkapitals der Gesellschaft). Interessant ist, dass die Episode, die formal zum Anlass für seine Verhaftung genommen wurde, nämlich die Unterschlagung von 20 Prozent der Anteile der Aktiengesellschaft Apatit, schließlich wegen Verjährung aus der Anklage ausgeklammert wurde.

Alle meine Gesprächspartner konzedieren Lebedew finanzielles Talent, Belesenheit und Aufgeschlossenheit gegenüber Neuem. Und so seltsam es scheint: Bei all seinen charakterlichen Besonderheiten, die den Umgang mit ihm schwierig machten, gestaltete sich sein beruflicher Kontakt zu ausländischen Kollegen – Amerikanern, Franzosen und anderen – doch besser als bei allen anderen. Christian Michel zum Beispiel hält Lebedew für »das Organisationsgenie. Er mochte es, wenn alles wie eine gut geölte Maschine lief«.

Von ausländischen Journalisten in Moskau bekam ich bisweilen auch wenig Schmeichelhaftes über Lebedew zu hören. Einer von ihnen erzählte, Lebedew habe ihn direkt bedroht. Lebedews Kollegen meinen, das sei ausgeschlossen. Manche halten es zwar für möglich, dass ihm im Streit etwas herausgerutscht sein könnte, irgendeine schroffe Bemerkung zum Beispiel, aber keine echte Drohung.

Michail Brudno: »*Er hat einen fürchterlichen Charakter. Und er hat eine echte, klinische Dyslexie. Ihn zu verstehen, war absolut unmöglich, selbst für uns – und für alle anderen erst recht. Das ändert nichts an seinem Talent und seinen ausgezeichneten unternehmeri-*

Kapitel 6

*schen Qualitäten, aber ihn zu verstehen war eine Aufgabe für sich. Als ich seine Beiträge vor Gericht las, war ich verblüfft, wie kohärent sie waren, inhaltlich wie formal. Früher gehörte das nicht zu seinen Spezialitäten. Ich vermute, den Journalisten dürfte es ziemlich schwer gefallen sein, mit ihm zu kommunizieren. Zumal er Gespräche gern damit begann, dass er sein Gegenüber demütigte. Das war so eine Manier, eine unbewusste, vermute ich.«*

Den Journalisten dürfte dieses Verhalten kaum imponiert haben. Vor Gericht aber, wo Lebedew weitaus aggressiver und härter auftrat als Chodorkowski, wirkte die Schärfe dieses Menschen, der in einem Käfig saß und von dort seine Ankläger unermüdlich mit Ironie und Spott überzog, bestechend; sie weckte Bewunderung und uneingeschränkten Respekt.

Etwa zur selben Zeit, in der Frühphase der Gründung der Bank, schloss sich ein weiterer künftiger Gesellschafter der Gruppe an: Alexej Golubowitsch. Golubowitsch ist fast genauso alt wie Chodorkowski. Er hat die Plechanow-Akademie in Wirtschaftskybernetik abgeschlossen. Chodorkowski lernte er an einem Institut der Akademie kennen, wo er Methoden zur Bewertung der Effektivität von Investitionen in forschungsintensive Projekte untersuchte. Namentlich seine Qualitäten als Investitionsexperte wusste Chodorkowski später sehr zu schätzen. Die Zusammenarbeit der beiden begann schon in der Gründungsphase der Bank.

Alexej Golubowitsch: *»Chodorkowski machte insgesamt einen positiven Eindruck auf mich; was ihn von meinen Bekannten aus dem wissenschaftlichen Umfeld unterschied, war sein stärker ausgeprägter Unternehmergeist, seine Energie. Gleichzeitig war er unübersehbar eine Führungspersönlichkeit, ein reizender Mensch und ein ›Energievampir‹ – im guten Sinne, wenn man das so ausdrücken kann. Das war in etwa mein Eindruck von ihm. Wahrscheinlich bot er mir einfach deshalb eine Arbeit an, weil er, mit seiner guten Intuition, sich all die Leute zusammensuchte, die ihm nützlich sein konnten: Dubow, Man-*

*zewitsch, Peregudow, Monachow, Worobjow, Dachajew, Talyschinski, Kerson und weitere Manager der ›Gruppe‹ in jener Zeit.«*
Golubowitsch gibt zu, dass Chodorkowski für ihn, nach seiner Erfahrung im akademischen Milieu, ein strengerer Chef war, als er es sich gewünscht hätte. Dafür »mischte er sich nicht in die laufenden Vorgänge ein und störte mich kaum bei der Arbeit«.

Golubowitsch war später der einzige Gesellschafter der Menatep-Gruppe, der sich auf eine Zusammenarbeit mit den Ermittlungsbehörden einließ und als Zeuge der Anklage gegen Chodorkowski und Lebedew aussagte. Ich hatte, ehrlich gesagt, nicht sehr damit gerechnet, dass er bereit wäre, mit mir über Chodorkowski zu sprechen. Aber dann erzählte er doch von damals, und zwar im Ganzen durchaus wohlwollend. Golubowitsch hält Chodorkowski für »hoch leistungsfähig, wenn auch nicht ganz so leistungsfähig wie einige westliche Top-Manager, die speziell in den Methoden der Arbeitseffektivität geschult sind«. Er selbst assoziiert Chodorkowski nicht mit einem wandelnden Computer, er habe aber »weniger als andere mir bekannte russische Großunternehmer einen Hang zu langen Gesprächen, zur Vermischung von geschäftlichen Treffen mit Freizeitaktivitäten, ›rituellen‹ Veranstaltungen, PR-Begegnungen und sonstigem wenig ergiebigem Zeitvertreib« gehabt.

Golubowitsch zufolge wirkte Chodorkowski weniger emotional als die meisten anderen Geschäftsleute. Sein Sinn für Humor sei ausgeprägt, er habe sich aber nie wütend oder gereizt gezeigt, seine Untergebenen nicht angeschrien und sie nicht grob oder absichtlich beleidigt.

Alexej Golubowitsch: »*Äußerlich wirkt Chodorkowski unsentimental. Es kam aber durchaus vor, dass er etwas nicht aus Berechnung tat, sondern aus Respekt oder Mitgefühl. Das Lyzeum in Korallowo ist dafür vielleicht ein Beispiel (also keine ›öffentliche Wohltätigkeit‹). Oder ein anderer Fall: Als wir einmal in der Nähe seiner Datscha im Park spazieren gingen, las er einen herrenlosen Welpen auf. Für mich kam*

Kapitel 6

*das ziemlich unerwartet (ich habe mein Leben lang mit Hunden zu tun, und einer seiner Geschäftspartner hat oft so etwas gemacht, aber von Chodorkowski hätte ich nicht erwartet, dass er Zeit für einen Hund verschwenden würde, der ihm noch dazu gleich den Mantel versaut). Von ›reiner Berechnung‹ würde ich also nicht sprechen. Ich kenne Leute, die besser darin sind, ihren Vorteil zu wahren.«*

1992 holte Chodorkowski die Gruppe zusammen und schlug vor, Lebedew und Golubowitsch als Partner aufzunehmen. Sämtliche Entscheidungen dieser Art traf er selbst, besprach sie dann aber mit seinem nächsten Umfeld. Die Gesellschafter erinnern sich, dass bei Lebedew niemand irgendwelche Zweifel hatte. Bei Golubowitsch sträubten sich alle. Chodorkowski sprach also mit jedem einzelnen und kriegte jeden einzeln klein. Er argumentierte, dass sie so einen Partner bräuchten, dass er unabdingbar sei für den Übergang zu einer Investmentgesellschaft und gut darin, Investitionsobjekte auszuwählen. Die Einwände der Kollegen waren »persönlicher Art«, sie zweifelten also nicht an den beruflichen, sondern an den menschlichen Qualitäten des Kandidaten. Einer der Gesellschafter berichtete mir, er habe Golubowitsch in einer Extremsituation erlebt, und seine Reaktion habe ihm missfallen: »An seinem Verhalten war etwas Feiges, und das habe ich Chodorkowski auch erzählt.« Aber Chodorkowski blieb hart. Einer der Gesellschafter sagte mir: »Golubowitsch hat einen auszeichneten Kopf. Seine Marktprognosen waren exakt. Aber als Mensch taugt er überhaupt nichts.« War Chodorkowski das klar? Das war eine Frage der Prioritäten. Wenn ich es recht verstehe, waren die beruflichen Qualitäten für ihn das Wesentliche, wenn es darum ging, über eine Partnerschaft zu entscheiden.

Alexej Golubowitsch: »*Formal gesehen, war ich nicht lange Gesellschafter der Menatep-Gruppe (Gibraltar), weil irgendwann die Weisung kam, die Aktien auf die Treuhandgesellschaft umzuschreiben, die ich selbst nicht verwaltete. Überhaupt konnte ich nicht über die Aktien*

## Die goldene Zeit der Laienbankiers

*verfügen, ich konnte ihren Wert nicht realistisch einschätzen und ich rechnete auch nicht damit, dass ich dafür irgendwann einmal eine nach meinem Verständnis substanzielle Summe erhalten würde. Deshalb habe ich mich bis 2005 nicht für das Aktienpaket interessiert, das Chodorkowski mir irgendwann einmal Ende der neunziger Jahre im Flugzeug angeboten und praktisch geschenkt hatte.«*

Ich habe Alexej gefragt, warum sein Name nicht auf der Liste der Gesellschafter stand, als die Group Menatep Limited im Sommer 2002 ihre Eigentumsstrukturen offenlegte. Es war immerhin nur sein Name, der da fehlte. Anstelle seines Namens stand dort »andere« mit 4,5 Prozent der Aktien. Seine Antwort war: *»Ich habe mich zur Veröffentlichung dieser Angaben oder zu einem Verzicht darauf nicht geäußert. Ich habe lediglich angemerkt, dass etwa um diese Zeit jemand versuchte, mehrere kleinere negativ gefärbte Artikel über Menatep und über mich in den Medien zu platzieren. Und später sagte Chodorkowski, dass es nötig gewesen sei, ›mein‹ Aktienpaket auf einen Wert von unter fünf Prozent zu verringern, weil man in diesem Fall im Westen nicht verpflichtet sei, den Namen eines Begünstigten offenzulegen. Der Grund, den er sich als Erklärung ausgedacht hatte – meine Geschäftstätigkeit auf dem Wertpapiermarkt –, klang nicht plausibel, deshalb kam ich zu dem Schluss, dass das wohl eine Reaktion auf meinen Weggang von Yukos war, und das war auch völlig in Ordnung für mich. Neben anderen Papieren hatte ich bezüglich der Aktien der Menatep-Gruppe eine Option unterzeichnen müssen, mit der man der Treuhandgesellschaft, die die Aktien besaß, diese Aktien zwangsweise zu einem beliebigen Preis abkaufen konnte. Da ein Jurist von Menatep die Verfügungsgewalt über die Aktien hatte, konnte ich sie nicht selbst verkaufen, das Verfahren machte das nicht erforderlich. Sie wurden ohne mein Zutun und auch nicht von mir direkt eingezogen.«*

Leonid Newslin: *»Soweit ich mich erinnere, war die Situation folgende: Mischa sagte, wir wären alle in Gefahr. Alle, die in der Gruppe mehr als fünf Prozent der Aktien hielten, würden als Inhaber veröffent-*

Kapitel 6

licht. Golubowitsch wollte nicht. *Daraufhin sagte Mischa, es gäbe die Variante, seinen Anteil auf unter fünf Prozent zu drücken, dann müsste man ihn nicht öffentlich machen. Er sagte: Ja, so machen wir das. Golubowitsch blieb bis 2006 Gesellschafter. Wir hatten ein Interesse daran, dass er seinen Nominalwert nehmen und aus der Gruppe ausscheiden würde, nachdem er sich als Verräter entpuppt hatte. Er wollte wohl auch selbst nicht so gern bleiben. Er bekam sein Geld und ging damit weg. Er hat verhandelt, wir haben auch verhandelt, und dann haben wir ihn abgelöst. Aber wir haben nur um den Preis verhandelt. Andere Gespräche hat niemand ohne ihn geführt. Er hat natürlich mit unserem Vertreter verhandelt, wie sich das gehört. Er hatte nach unserer internen Vereinbarung tatsächlich nicht allzu viele Rechte. Er konnte die Aktien nicht einfach irgendjemandem verkaufen, aber er hatte die Wahl, ob er überhaupt verkaufen wollte oder nicht. Wenn er nicht gegangen wäre, hätte er absolut proportional zu dem, was er in der Gruppe hatte, einen Besitzanteil, Geld, Dividenden und so weiter erhalten. Wir wollten, dass er geht. Die Gruppe blieb bestehen, aber ohne ihn.«*

Parteigeld

Bis heute hält sich hartnäckig die Legende, die Menatep-Bank sei dank Parteigeld groß geworden. Und nicht nur sie. Einige Beobachter tendieren generell zu der Auffassung, das Geld der Partei sei das Startkapital des neu entstandenen russischen Business gewesen. Genau genommen ist dies Teil einer großen Legende über das Geld der Partei, das bekanntlich zwar gesucht, aber nie gefunden wurde – auch dann nicht, als Jegor Gaidar nach seiner faktischen Regierungsübernahme die internationale Kroll-Gruppe ins Boot holte. Irgendwann tauchten diese Leute bei Menatep auf und fragten: »Wo sind die Parteigelder? Legen Sie Ihre Konten offen!« Chodorkowskis Position lief auf Folgendes hinaus: »Ein Bankier, der seine Kunden preisgibt, ist wie ein Priester, der

## Die goldene Zeit der Laienbankiers

das Beichtgeheimnis verletzt. Wir werden überhaupt nichts über unsere Kunden sagen.« Ein Gespräch kam nicht zustande. Den Abgesandten Gaidars sagte man, sie sollten mit einer gerichtlichen Anordnung wiederkommen. Was sie denn ein Jahr später auch taten: Sie brachten eine gerichtliche Anordnung. Sie öffneten die Bank und stellten fest, dass es keine Parteigelder gab.

Wladimir Dubow: »*Sie waren erstaunt: ›Warum haben Sie das nicht gleich gesagt?‹ ›Weil wir mit Leuten, die eine andere Einstellung zu ihren Kunden für richtig halten, nichts gemein haben wollen‹, antworteten wir. Übrigens konnten wir im Zuge dieser Geschichte Roskontrakt als Kunden der Bank gewinnen.* * *Und dann Nefteexport. Überhaupt haben wir von dieser Geschichte sehr profitiert. Auf dem Markt hatte sie sich ja herumgesprochen. Bei Roskontrakt saß zum Beispiel ein Mensch, der den Kommunisten nahestand, und der wusste unsere Position zu schätzen. Wir haben niemandes Konto verheimlicht, wir haben uns lediglich geweigert, in diesem Punkt freiwillig mit den Behörden zusammenzuarbeiten. Was sie suchten, war einzig und allein ein Konto des ZK der KPdSU. Und das hatten wir nicht. Überprüfen ließ sich das in weniger als fünf Minuten, aber nur mit einem Gerichtsbeschluss. Ohne Beschluss haben wir uns schlichtweg geweigert, die Frage zu beantworten. Das waren doch nichts als Hirngespinste! Das ZK der KPdSU brauchte keine solchen Konten. Ja, bei der Avtobank gab es wirklich ein Konto, das haben sie selbst bekannt gegeben. Das war aber Kleingeld, für den Betrieb von Sanatorien zum Beispiel. Wozu brauchte das ZK der KPdSU Konten, wenn es doch von Gesetzes wegen die ganze Zentralbank kontrollierte? Es brauchte nur eine Zahlungsanweisung an die Bank auszugeben und den KGB mit der Sicherstellung der Buchung zu beauftragen. Mehr nicht! Parteigeld – das waren die Fantasien von Leuten, die keine Ahnung hatten, wie das System funktionierte.*«

\* Roskontrakt, gegründet 1992, eine der größten Handels- und Industriegesellschaften der Russischen Föderation, ist in der Produktion und im Vertrieb von allgemeinen Industriewaren und Konsumgütern tätig. (Anm. Natalija Geworkjan)

245

Devisenlizenz

Eine der wichtigsten Einnahmequellen der Banken zu Beginn der neunziger Jahre war die Beteiligung an Devisengeschäften. Das ermöglichte insbesondere die Betreuung von Unternehmen, die Devisengeschäfte abwickeln durften und die oft weitaus mehr wert waren als die Bank selbst. Dafür brauchte man allerdings eine Lizenz von der Staatsbank. Wer die Lizenz bekam, hatte einen gewichtigen Vorteil. Chodorkowski hatte in der Zeitung gelesen, dass die Credo Bank so eine Lizenz erhalten hatte. Er sagte: »Das ist genau, was wir brauchen, sonst sind wir bald tot.« Wladimir Dubow berichtet, er sei buchstäblich bei der Zentralbank eingezogen. Er habe dort so lange Klinken geputzt, bis er schließlich tatsächlich eine Lizenz für Menatep herausgeschlagen hatte. Keine Generalerlaubnis, sondern zunächst nur für das Inland – die Bank war damit berechtigt, inländische Korrespondenzkonten zu eröffnen, sie war jedoch nicht berechtigt, auch im Ausland Korrespondenzkonten zu unterhalten. Die Generalerlaubnis erhielt die Bank ein halbes Jahr später.

Wladimir Dubow: »*Diese erste Lizenz, das war eine lustige Geschichte. Die Zentralbank hatte beschlossen, uns eine Lizenz zu geben. Als nächstes musste sie also getippt werden. Der Angestellte, ein ganz junger Kerl, sagte mir:* ›*Aber nicht jetzt! Ich kann jetzt nicht. Ich hab Mittagspause, danach eine Besprechung... Komm morgen vorbei!*‹ *Darauf ich:* ›*Pass auf, geh du ruhig Mittag essen, ich tippe das einstweilen.*‹ *Er nickte und lief los. Ich sitze also da und tippe, den Telefonhörer zwischen Schulter und Ohr geklemmt, und am anderen Ende sind Chodorkowski und Lebedew. Ich tippe und sie sagen mir, was ich schreiben soll... Ich schreie sie an:* ›*Aber nicht so dreist, ihr Hunde, nicht so dreist!*‹ *Ich schreibe:* ›*Die Bank ist nicht berechtigt, offene Devisenpositionen zu halten...*‹ *Lebedew schreit:* ›*Ist berechtigt! Ist berechtigt! Lass das* ›nicht‹ *raus!*‹ *Ich widerspreche:* ›*Die kriegen das mit!*‹ *Darauf er:* ›*Wenn sie es mitkriegen, schreiben wir es um.*‹ *Du* kannst dir vorstellen, was für eine geniale Lizenz wir uns da mithilfe von Kommas, Präpositionen, ausgelassenen und verschobenen Partikeln zusammengeschustert haben. Und sie wurde unterschrieben! Die zweite Paraphe sollte von Anatoli Zemjanski sein.* Zemjanski würde das sicher noch einmal durchlesen. Unterschrieben hat sie mir aber der Stellvertretende Leiter, über Zemjanskis Kopf hinweg und ohne dessen Paraphe. Ich rufe an und sage: ›Wir haben die Lizenz!‹ Chodorkowski wollte es nicht glauben. Ich fahre ins Büro und zeige sie: ›Hier!‹ Chodorkowski guckt, greift nach seiner Brieftasche und rennt in einen Laden. Zurück kommt er mit fünf, sechs Flaschen. Und am späten Abend sitzt die Leitung der Bank beisammen, trinkt irgendwelchen Rum, Gin und ekligen Likör und knabbert hartgebackene Kringel, die wir im Schreibtisch der Sekretärin gefunden hatten.«

Aus dem ganzen Haufen kleiner Geschäftsbanken, die plötzlich scheinbar aus dem Nichts entstanden waren, wurden einige wirklich groß und hielten bis Ende der 1990er Jahre durch. Später tauchte der Begriff von den sieben Banken, der Semibankirschtschina, auf – das entsprach in etwa der realen Zahl. Unter ihnen war auch Menatep. Von dieser Bank nichts gehört zu haben, war einfach unmöglich. Allmählich wurde sie zu einer Marke, dank einer ziemlich aggressiven und eigenwilligen Werbekampagne. Von Werbung hatte man Anfang der neunziger Jahre in Russland jedoch nur eine sehr ungefähre Vorstellung.

Wladislaw Surkow

Niemand wusste, was das bedeutete. Der gut aussehende junge Mann auf dem Bildschirm hatte den Spitznamen »der schweigende Sprecher« bekommen, und die Zuschauer rätselten, was

---

* Anatoli Zemjanski war der Erste Leiter der Abteilung für Geschäfts- und Genossenschaftsbanken der Staatsbank der UdSSR. (Anm. Natalija Geworkjan)

Kapitel 6

dieser Schönling auf dem Bildschirm tat, wer das war und was er da sollte. Bis er, nach einiger Zeit geheimnisvollen Schweigens auf dem Bildschirm im Ersten Kanal, das ersehnte Wort aussprach: »Menatep«. Damit war alles klar. Die Rolle des Sprechers hatte der Architekt Iwan Tschuwelew übernommen. Er war damals 27 Jahre alt und arbeitete bei Metapress, einer Agentur für Marktkommunikation. Die Idee zu diesem Werbespot stammte von Wladislaw Surkow. Auch er war damals 27, er ist ein Jahr jünger als Chodorkowski. Und damals war er ganz gewiss weniger bekannt als der »stumme« Sprecher Wanja Tschuwelew.

Iwan Tschuwelew: »*Für Leute, die sich auskannten, war es kein Geheimnis, dass Metapress Menatep gehörte.* Wir machten damals die ganze Werbung für Menatep. Mit der Außenwerbung ging es ja gerade erst los. Das war 1991. Ich machte damals Werbung auf Brandmauern. Eine Werbung dieser Art war auf dem Subowskaja-Platz, eine andere neben der Post auf dem Neuen Arbat. Bis dahin waren alle daran gewöhnt, nur sowjetische Werbung vom Typ ›Fliegen Sie mit den Flugzeugen der Aeroflot‹ oder ›Bringen Sie Ihr Geld auf die Sparkasse‹ zu sehen. Und nun kam auf einmal eine völlig neue Werbung auf. Ich hatte das Jahr zuvor im Ausland verbracht, in London. Als ich zurückkam, holte mich Igor Pissarski in die Agentur.\* Slawa Surkow war der Chef. Ich weiß nicht, ob von der Stellung her, aber de facto auf jeden Fall. Er und Julia Wischnewskaja, seine Frau. Nun denn, irgendwann schaute ich also einmal in seinem Büro vorbei. Surkow sitzt da und raucht. Sieht mich an, kneift die Augen zusammen und sagt: ›Wanja, ich muss mit dir reden.‹ So nach dem Motto: Nichts Schlimmes, tut nicht weh, wir fahren jetzt zu den Proben.

Später haben wir alle darüber gelacht... Die Sache war die, dass ich mir von dieser Auslandsdienstreise ein englisches Sakko mitgebracht hatte. Eigentlich kam es zwar aus Italien, aber jedenfalls war

---

\* Igor Pissarski wurde später einer der bekanntesten Werbe- und PR-Macher in Russland. (Anm. Natalija Geworkjan)

## Die goldene Zeit der Laienbankiers

*es ein gutes Sakko. Es saß wie angegossen. Und ein Sakko ist wichtig! Irgendwer hatte mich darin gesehen, entweder Julia oder Slawa. Sie wussten also, dass ich ›Arbeitskleidung‹ besaß. Ich denke, das hat eine nicht ganz unwichtige Rolle gespielt. Slawa sagte nämlich: ›Wir fahren jetzt zu Probeaufnahmen. Nimm dein Sakko mit. Ein Hemd und einen Schlips suchen wir gleich noch dazu aus.‹ Ein Hemd und einen Schlips hatte ich auch. Und so fuhren wir los. Nicht zum Fernsehen, sondern zur Presseagentur Novosti, dorthin, wo jetzt RIA Novosti sitzt, an den Subowskaja-Platz. Und da haben wir dann in irgendeinem Korridor die Aufnahmen gemacht. Der Kameramann sagte mir: ›Du musst nichts machen. Schau einfach hierher in die Kamera, aber nicht so richtig ins Objektiv, sondern weiter, hinter das Objektiv, hinter dem Objektiv siehst du das Meer. Und auf dieses Meer musst du eine Minute lang schauen, und weiter machst du nichts.‹ Ich setzte mich und blickte durch das Objektiv hindurch auf das Meer. Offenbar hatte das gut geklappt, denn der Kameramann sagte: ›Klasse! Das war's, wir sind fertig.‹*

*Na gut, also Probeaufnahmen. Ich wusste nicht einmal, wofür... Einige Tage später erschien dieser Streifen auf dem Bildschirm, gleich nach den Nachrichten von ›Wremja‹. Da lief ein Werbeblock. Werbung war gerade erst ins Fernsehen gekommen. Es gab eine Werbung von Olivetti, im Vordergrund lief die Uhr von ›Wremja‹, und danach kam ich, der durch die Kamera auf das Meer schaute und nichts sagte. Das ging eine Minute so. Auf dem Bildschirm war nichts außer dem Sakko, dem Krawattenknoten und meinem Kopf, der seit 1990, glaube ich, nicht mehr beim Friseur gewesen war. Keine Schrift, nichts. Kein einziges Wort. Deswegen wurde ich ja der ›schweigende Sprecher‹ genannt.«*

Leonid Newslin: »Wir bereiteten uns auf die Umwandlung der Bank in eine Aktiengesellschaft vor. Es war überhaupt die erste Umwandung dieser Art im Land. Damals fand ein interessantes Gespräch statt. Die Sendung ›Wremja‹ ist ja gewissermaßen das Gesicht des Landes. Die wichtigste Nachrichtensendung im Fernsehen. Der Vorspann

## Kapitel 6

*kommt, und schon setzen sich alle hin, um die Nachrichten zu sehen. Und dann kam, wenn du dich erinnerst, plötzlich eine Werbung der italienischen Firma Olivetti. Das war ein Schock! Und da fiel es Surkow, glaube ich, ein. Oder Chodorkowski, und Surkow sprach es aus: ›Warum versuchen wir nicht jetzt, wo wir vor der Umwandlung in eine Aktiengesellschaft stehen, diese Ausstrahlung von Zuverlässigkeit und Sicherheit der Sendung ›Wremja‹ mit dem Namen der Bank zu verbinden? Indem wir da statt ›Olivetti‹ den Namen ›Menatep‹ einblenden lassen?‹ Das war Surkows Projekt.«*

*Iwan Tschuwelew:* »*Dieses Schweigen hielt, glaube ich, rund drei Wochen an. Lange jedenfalls. Alle Verwandten hatten ihre Telefone abgeschaltet, weil ihre Bekannten ihnen mit ihren Fragen schon auf den Wecker gingen, alle waren schließlich neugierig. Dabei wussten sie genauso wenig! Also riefen sie mich an:* ›*Was soll das?*‹ *Ich wusste aber auch nicht, was das sollte. Niemand wusste, was das sollte! Auch bei Menatep selber nicht. Wirklich! Eigentlich glaube ich, sie haben dieses Ding gesendet, um die Werbeidee danach an irgendwen zu verkaufen. Schließlich konnte sich die Sache von der schweigenden Figur aus in jede beliebige Richtung weiterentwickeln.*

*Dann sagte Surkow:* ›*Okay, nach den Gesetzen des Genres muss man die Dramatik jetzt steigern, die Erwartung verstärken, die Spannung muss wachsen. Du musst sagen…*‹ *Ich war platt. Wie bitte? Schweigend in der Glotze sitzen ging ja noch, aber auch noch etwas sagen – das war schließlich ein eigener Beruf, das konnte ich nicht. Er sagte:* ›*Macht nichts, wir kriegen das schon hin!*‹ *Diesen zweiten Teil haben wir dann im Studio aufgenommen, jetzt schon nach allen Regeln der Kunst: weißer Hintergrund, Mikrofon, die Zunge klebt am Kehlkopf fest, 25 Takes. Letztendlich hatte es offenbar doch geklappt. Der Satz ging so:* »*Der Tag wird kommen, an dem ich alles sage, was ich darüber denke.*« *Der Sprecher sprach! Und er sagte diesen einen Satz eine Woche lang. Ich hatte ja keine Ahnung, dass um diese erste Werbeminute nach der Sendung* ›*Wremja*‹ *schon ein Kampf entbrannt war. Davon hat später irgendwann einmal German Sterligow erzählt, dem die Börse*

## Die goldene Zeit der Laienbankiers

Alisa*gehörte. Ich weiß nicht, wie viel diese Minute kostete. Bezahlt hat das wahrscheinlich Metapress. Die Leute fingen an, darüber zu reden, die Zeitungen schrieben darüber. Ich bekam sogar Briefe! Ihren Abschluss fand diese Geschichte erst nach dem Putsch, scheint mir. Das war die dritte Aufnahme. Ich glaube, direkt bei Metapress. Und wieder wurde gesprochen. Der Schlusssatz des Ganzen ging, wenn ich nicht irre, so: ›Der Tag ist gekommen, an dem ich Ihnen sagen kann: Gehen Sie alle zur Menatep!‹ Die Kassette wurde zum Sender nach Ostankino gebracht. Dieses Ding lief zwei Tage. Aber wie ich später erfuhr – das hat Pissarski neulich erzählt –, brachten sie die Kassette nach Ostankino und redeten dort mit dem Programmdirektor der Sendung ›Wremja‹. Danach sagte der Sprecher der Sendung, die gerade im Fernen Osten ausgestrahlt wurde: ›Bleiben Sie bitte dran. Es wird eine wichtige Mitteilung der Regierung ausgestrahlt.‹ Worauf das Publikum im Fernen Osten, das genau wusste, was üblicherweise auf derartige Ankündigungen folgt, in den Geschäften Salz, Streichhölzer und Wodka zusammenraffte – sie kauften, so viel sie konnten. Kurz, man kann sich vorstellen, was da losging. Gegen fünf Uhr ging in Ostankino ein Anruf vom Alten Platz ein.** ›Was treibt ihr da eigentlich?‹ Damit gab es keine Möglichkeit mehr, diesen spannenden Satz auch im europäischen Teil des Landes auszustrahlen. Im Ergebnis klappte das nicht so, wie gedacht, weil viele, die nicht durch diesen Satz angeheizt waren, die Nachrichten wie üblich einfach nicht bis zum Ende verfolgten. Und ich erschien mit meinem Satz und dem Namen ›Menatep‹ ja erst danach auf dem Bildschirm.

Menatep feierte damals gerade irgendeinen Jahrestag. Natürlich war das ein interessanter ›Move‹. Zudem kostete die Produktion so gut

---

\* Alisa, die erste Waren- und Rohstoffbörse der UdSSR, war 1990 von German Sterligow gegründet und nach seinem Hund benannt worden. (Anm. d. Ü.)
\*\* Am Alten Platz (Staraja Ploschtschad) war unter anderem der Sitz des ZK der KPdSU. (Anm. Natalija Geworkjan)

Kapitel 6

*wie nichts. Aber die Zeit war noch nicht reif dafür. Die Leute hatten damals noch nicht richtig kapiert, was Werbung war, und auch nicht, was Privatbanken waren. Später hätte so eine Idee viel besser funktioniert, und auch jetzt noch würde sie funktionieren.«*
Surkow ist heute Vizepremier der russischen Regierung, bis Dezember 2011 war er Erster stellvertretender Leiter der Administration des russischen Präsidenten, einer der einflussreichsten Politiker im heutigen Russland und Chefideologe des Putin-Medwedew-Regimes – der wichtigste »Polittechnologe« des Landes, wenn man so will. Außerdem schreibt er Gedichte und Prosa, ist mit Musikern befreundet. Irgendwie schafft er es, den Pragmatismus des Beamten mit der Extravaganz der Boheme zu verbinden.

Interessant ist, dass er an verschiedenen Stellen immer wieder auftaucht: Er war zu unterschiedlichen Zeiten sowohl mit der Wirtschaft als auch den Medien (eine Zeit lang hat er beim Fernsehen gearbeitet, im Ersten Kanal) als auch mit der Staatsmacht verbandelt. Seit 1999 arbeitet er im Kreml. Der Absturz von Yukos begann und fand seine Fortsetzung, während er in Schlüsselpositionen in Putins und dann auch Medwedews Administration tätig war. Yukos und seine Gesellschafter sind für Surkow durchaus keine Unbekannten. Den Kontakt zu ihnen hielt er zumindest bis zu Chodorkowskis Verhaftung aufrecht.

Alles begann mit Metapress... Nein, alles begann noch früher. Wladislaw Surkow tauchte Ende der achtziger Jahre in Chodorkowskis Leben auf. Sie waren beide begeistere Sportler. Chodorkowski war mit dem berühmten Trainer Tadeusz Kassjanow* bekannt. Es war just die Phase des frühen Kapitalismus, in der private Unternehmer auf einmal Leibwächter brauchten. Und zwar nicht nur, weil sie eine Kooperative, eine Bank, einen

---

* Tadeusz Kassjanow, Verdienter Trainer Russlands und Präsident der Allrussischen Föderation für Nahkampf und traditionelles Karate, sowjetischer Filmschauspieler (Anm. d. Ü.)

Safe voller Geld hatten, sondern auch einfach, weil die Zeit so verdammt gefährlich war. In Moskau waren die Banditen auf dem Vormarsch, kriminelle Gruppen traten in Aktion – aus Solnzewo oder Orechowo, verschiedenste ethnische Gruppen, auch tschetschenische. Es ging nicht nur um Objektschutz, sondern auch um Personenschutz während irgendwelcher Treffen. Chodorkowski suchte ein paar vertrauenswürdige junge Männer. Und da empfahl Tadeusz Kassjanow ihm die Sportskanone Alexander Kossjanenko und eben Slawa Surkow. Die beiden hatten eine Zeit lang zusammen am Moskauer Institut für Stahl und Legierungen studiert. Dann ging Slawa, wenn man seiner offiziellen Biografie glaubt, ohne die Hochschule abgeschlossen zu haben, zur Armee. Im Jahr 2006 erklärte der damalige Verteidigungsminister Sergej Iwanow im Fernsehen, Surkow habe seinen aktiven Wehrdienst in einer Spezialeinheit der Hauptabteilung für Aufklärung abgeleistet. In diesem Fall wird auch er wahrscheinlich verschiedene Kampfsportarten beherrscht haben.

Leonid Newslin: »*Aber Mischa war eben Mischa. Nach einem, anderthalb Jahren hatte er ihr Potenzial erkannt. Er gab sich Mühe mit ihnen. Und sie sind beide groß geworden ... Slawa hat mit mir und mit Chodorkowski zusammengearbeitet. Er war ein heller Kopf, der immer sein Ziel erreichte. Ehrgeizig. Menschen hat er nie besonders gemocht. Ich kann nicht sagen, dass er leicht Kontakte knüpfte. Mit hierarchischen Verhältnissen kam er besser zurecht, und dass es daneben auch noch gleichberechtigte freundschaftliche Beziehungen gibt, musste er erst lernen. Zum Beispiel mit Beamten. Das war nicht einfach für ihn. Man musste es ihm beibringen. Wenn sich beispielsweise eine Beziehung zu irgendeinem Beamten herausbildet, ist es überhaupt nicht zwingend, dass man ihn sich unterwirft. Mit ihm befreundet zu sein kann sogar vorteilhafter sein, als ihn zu leiten und zu steuern. Solche Sachen verstand Slawa noch nicht. Die Position der Stärke dagegen verstand er bestens.*

## Kapitel 6

*Slawa war in zwei Dingen sehr gut. Zum einen war er sehr kreativ in Sachen PR. Ich meine, er konnte sich gut eine Idee oder irgendein Projekt und eine mögliche Durchführung dafür ausdenken. Und das Zweite: Er konnte diese Ideen auch zu Ende führen. Er hatte diesen Ehrgeiz: etwas zu Ende zu führen, Erfolg zu haben, zu siegen. Das ist seine starke Seite. Beispiele gibt es mehr als genug: der Verkauf der Menatep-Aktien zum Beispiel, mit einer großen öffentlichen Werbekampagne im Vorfeld, auch die Wremja-Sendung und die Plakatträger mit der Werbung für die Bank auf der Straße, aber auch die Trolleybusse und Taxis mit dem Menatep-Logo. Das war alles er. Er hat eine Intuition für Werbung und PR.«*

Michail Chodorkowski: »Kreativität war bei uns sehr wichtig. Surkows Beitrag war in dieser Hinsicht wirklich enorm. Es ist nicht verwunderlich, dass wir an so einem ›Gag‹ wie der öffentlichen Platzierung von Aktien der Bank im Wert von 990 Millionen Rubel nicht vorbeikamen. Eigentlich waren Aktien, vom praktischen Standpunkt betrachtet, nicht sonderlich lohnend. Die Steuer auf Dividenden war hoch, während es auf Bankzinsen keine Steuer gab. Auf Einlagen zu zahlen, war für uns also lukrativer (bei gleicher Rentabilität).

Gleichzeitig gab es noch keine Effektenbörse (es gab ja überhaupt noch keine Aktien), Aktionäre konnten somit nicht groß auf einen Kursanstieg setzen. Eigentlich erwarteten wir deshalb auch keinen besonderen Erfolg bei der Platzierung der Aktien und jagten das Geld schon vorher durch die Konten, das heißt, wir haben uns das Kapital ›gemalt‹.[*] Das Ergebnis war in finanzieller Hinsicht praktisch gleich null, aber der Werbeeffekt war fantastisch!

Die Bürger spürten, dass eine Hyperinflation und eine Währungsreform bevorstanden. Waren gab es nicht, also brachten sie uns das ›heiße Geld‹. Es war Kleingeld, gerade mal 40 Millionen Rubel (damals vielleicht zwei bis drei Millionen Dollar), aber wir hatten bewusst nicht so viele ›Annahmestellen‹ eingerichtet und Kommissio-

---

[*] Das heißt, Scheinkapital gebildet. (Anm. d. Ü.)

näre beauftragt. Wir konzentrierten alles auf den Firmensitz in der Dubininskaja-Straße, und dort ließen wir die vieltausendköpfige Warteschlange mit Leuten, die uns ihr Geld praktisch in Einkaufsnetzen brachten, filmen. Ist das gewissenlos? Ein bisschen schon. Aber was für eine Werbung!«

Leonid Newslin: »*Slawa ist nie gesprächig oder offen gewesen, wenn es um sein Privatleben ging. Nach und nach habe ich mir aus den Gesprächen mit ihm eine gewisse Vorstellung davon gemacht, wie er aufgewachsen war. Seine Mutter war offenbar eine Russin aus der Rjasaner Gegend, sein Vater Tschetschene – seine Großeltern lebten in Tschetschenien, und in seiner Kindheit hatte er oft die Ferien bei ihnen verbracht. Aber weißt du, er hat niemals seine persönliche Einstellung zu dem geäußert, was in Tschetschenien vor sich ging. Er ist ein introvertierter Kerl. Ich wusste wenig darüber, wie er lebte. Nur, dass er ein Nachtmensch war, dass er Gedichte schrieb und gern mit kreativen Leuten zusammenhing. Das mochte er. Es wurde allerhand darüber geredet, dass er gern mal was trank.*«

Ich weiß nicht mehr, wann ich selbst Slawa Surkow kennengelernt habe. Das ist sehr lange her. Und ich muss zugeben, dass mir seine Boheme-Seite – anders als seine Beamtennatur – durchaus imponiert. Trotz meiner kritischen Artikel über den Kreml und insbesondere über Surkow kann ich ihn immer noch anrufen, und das ist wohl sein Verdienst. Während der seltenen Gespräche, die wir in den letzten Jahren führten, hatte ich oft das Gefühl, als sei die Zeit stehengeblieben. Wir lachten und scherzten wie früher, als es noch ein anderes Leben gab, mit einem anderen Präsidenten, und vielleicht auch einem anderen Slawa.

Irgendwann habe ich ihn einmal nach Chodorkowski gefragt. Ich erinnere mich sehr gut an dieses Gespräch im Herbst 1999. Surkow sagte: »*Der erste Eindruck von ihm war: Das ist eine Figur, die auf einem anderen, höheren Spielniveau agiert. Wie eine Art Prophet – was er sagt, ist nicht klar, und trotzdem will man sich ihm anschließen.*

Kapitel 6

Sein Äußeres hinterließ einen seltsamen Eindruck: kräftiger Nacken, die Figur eines Kämpfers, aber eine sehr feine Stimme. Ein Schnauzbart, wieso auch immer. Mit den Jahren ist der Schnauzer verschwunden. Die Stimme ist sonorer geworden, damals war sie beinah kindlich. Wir sind sehr verschieden. Eben deshalb konnte ich einiges von ihm übernehmen. Er sagte, sein Sternzeichen sei Krebs, er brauche einen Panzer, er brauche Bestimmtheit und eine klare Struktur. Für mich, meinte er, sei es interessanter, im Unbestimmten zu leben, in unsicheren und wechselhaften Zuständen. Und das stimmte wohl. Deshalb setzte er mich auch dort ein, wo ihm selbst, nach seiner Auffassung, das Feingefühl für das Umfeld fehlte: Medien, Public Relations, Kultur. Und Politik ...

Äußerlich war er ein sympathischer Bürokrat, kühl und ziemlich zurückhaltend. Wenn es einem aber gelang, mit ihm ins Gespräch zu kommen, entdeckte man eine unglaubliche Tiefe. Er hatte so eine Art Bürocharisma, so habe ich das genannt. Das heißt, dass er in der Öffentlichkeit damals ziemlich blass wirkte, aber in einem Vieraugengespräch war sein Charme grenzenlos. Bei jedem dieser Gespräche mit ihm konnte ich ungeheuer viel Energie tanken, ich fühlte mich dann wie eine Rakete auf Zielkurs.

Er hielt immer Wort, er mochte mich und erlaubte mir Dinge, die er anderen nicht zugestanden hätte. Zum Beispiel kam ich immer zu spät, auch zu seinen vielen Arbeitsplanbesprechungen. Das Kollektiv sah das und einige schnauften: ›Wieso darf der das?‹ Einmal sagte er: ›Wenn ihr so viel Profit einbringt wie Slawa, erlaube ich euch auch, zu spät zu kommen.‹ Für mich war das ausgesprochen schmeichelhaft.

Aber Profit hin oder her, er war wirklich verdammt knauserig. Wenn ich ihm erklärte, er müsse vernünftig zahlen, der Arbeit entsprechend, bot er mir immer wieder nur an: ›Ich gebe dir, so viel du willst, aber auf Kredit‹. Und zwar ohne auch nur den Anflug eines Lächelns. Das muss man sich mal vorstellen – Gehalt auf Kredit. Das heißt, je besser man arbeitet, desto höher verschuldet man sich. Ganz neue Arbeitsbeziehungen sind das. Aber er fand das nicht absurd. Er erklärte immer

## Die goldene Zeit der Laienbankiers

*wieder geduldig, er wolle nicht, dass die Mitarbeiter eigenständig investieren könnten. Sonst würden sie auf eigene Rechnung arbeiten und nicht mehr für das Unternehmen. Persönlichkeitsmerkmale, die sich auf dieselbe Weise manifestieren, können hinsichtlich ihrer Qualität und Entstehung sehr verschieden sein. In diesem Fall ging es nicht um Geiz oder Knauserigkeit als Folge geistiger Armut und dürftiger Vorstellungskraft, sondern um eine wirklich seltsame und, ich würde sagen, erhabene Logik, die Teil eines alles andere als trivialen Weltbilds war.*

*Jedenfalls verließ ich seine Firma nicht wegen irgendwelcher Differenzen in Geldfragen. Ich verdiente ja wirklich nicht schlecht. Und zum Schluss bot er mir in dem Versuch, mich zu halten, dann noch die Realisierung eines großen und sehr kostspieligen Investitionsprogramms im Medienbusiness an. Es ist nur, dass ich früher oder später immer in Konflikt mit dem System gerate, in dem ich mich befinde, selbst wenn ich an dessen Entstehung mitgewirkt habe. Ich kann mich einfach nicht allzu lange mit ein und derselben Sache beschäftigen. Das ist so eine existenzielle Angst vor der Bestimmtheit, die anfängt, mir als Ausweglosigkeit zu erscheinen. Ich werde nervös, lege mich mit den Chefs an, beginne, nach einem Vorwand zu suchen, um zu gehen. So war das überall, wo ich gelernt oder gearbeitet habe. Wir trennten uns absolut friedlich.*

*Er hat mir sehr viel gegeben. Erstens hat er mich in seine Dimensionen mitgenommen und mir die Welt aus seiner Höhe gezeigt. Zweitens ist mir in der Zusammenarbeit mit ihm klar geworden, wozu und worin ich gut war. Er hat nicht versucht, mich zu ändern, sondern mich dahin geschickt, wo meine Eigenheiten Wirkung entfalten konnten. Ich habe begriffen, dass selbst einige meiner negativen Seiten rentabel sein können. Und einzelne vermeintliche Vorzüge überhaupt nicht produktiv. Das heißt, ich habe aus mir ein Werkzeug, das einzige mir gehörende Produktionsmittel gemacht. Ich habe verstanden, wozu ich tauge und wozu nicht. Das hat er mir beigebracht.*

*Ich sagte schon, dass er kühl und zurückhaltend wirkt. Und vorsichtig. Aber der Eindruck trügt! Wenn er ein Krebs ist, dann ein völlig abgebrühter, der niemals zurückweicht. Unter seinem Panzer steckt unendlich viel Stolz, Geltungsdrang, Sturheit, Großmut, Verstand und Kraft. Wie bei vielen genialen Menschen ist es auch bei ihm nicht etwa so, dass er juristische und moralische Grenzen nicht anerkennen würde – er hat nur Mühe, sie zu erkennen. In Wahrheit ist er ein sehr unvorsichtiger, verwegener Mensch.«*

Leonid Newslin: »*Slawa war sehr effizient. Auf Beschluss der Gruppe war er bald dafür zuständig, über Leute in der Regierung die Umsetzung von Projekten sicherzustellen, und das tat er erfolgreich. Es ging dabei um kommerzielle Projekte, deren Realisierung von Beamten abhing. Er gewährleistete, dass die Beschlüsse der Beamten umgesetzt wurden. Das ist Business plus Government Relations. So eine russische Art von Lobbyarbeit. So war es beispielsweise Slawa, der für die Menatep-Bank ein System von Beziehungen zur Zentralbank aufgebaut hatte. Und das war sehr gut für uns.*«

So paradox es auch ist, Chodorkowski hat Surkow, der beinah zehn Jahre lang bei ihm gearbeitet hat, in jenen Jahren nie eine Partnerschaft angeboten. Sie führten zwar ein Gespräch zu diesem Thema, kamen aber nicht überein. Höchstwahrscheinlich war das der Grund, warum Wladislaw die Gruppe 1997 verließ. Er wechselte zur Alfa-Bank. Mit dem Inhaber der Alfa-Bank, Michail Fridman, soll er zur selben Zeit am Institut für Stahl und Legierungen studiert haben. Es heißt übrigens, Fridman habe später Surkows 1999 erfolgte Berufung in den Kreml betrieben. Anderen Aussagen zufolge ging sein Wechsel in die Präsidialadministration auf eine Anregung von Roman Abramowitsch zurück. Abramowitsch stand den Aktionären des Ersten Kanals beim russischen Fernsehen nahe, wo Surkow arbeitete, bevor er zum Kreml ging.

Newslin gibt zu, dass der Fortgang Surkows ihn sehr getroffen habe, er habe »viel Unschönes über ihn gesagt, auch laut«.

Leonid Newslin: »*Ich glaube, er war gekränkt. Und ich fühlte mich auch gekränkt. Wir trennten uns nicht im Guten. Ich spreche hier von meinem persönlichen Verhältnis zu ihm. Ich hatte einen loyalen*

## Die goldene Zeit der Laienbankiers

*Abschied von ihm erwartet. Als mir klar wurde, dass dieser Abschied kein loyaler sein würde, bin ich explodiert, meine Gefühle gingen mit mir durch. Mir gefiel nicht, dass er das eine sagte und das andere tat. Er sagte, er gehe zur Alfa, aber dann stellte sich heraus, dass er Stellvertretender PR-Chef bei der Sberbank werden wollte. Das war gegen die Abmachungen. Ich habe mich ihm in den Weg gestellt. Ich war gekränkt und wahrscheinlich nicht objektiv. Vielleicht ja, weil ich ein sehr gutes Verhältnis zu ihm hatte und er mir nahestand. Sein Betrug war mir unangenehm. Ich fand, dass er sich nicht korrekt verhielt. Ich muss aber zugeben, dass auch ich zu emotional und teilweise auch nicht im Recht war. Wir trennten uns jedenfalls nicht im besten Einvernehmen. Und ja, es war ein Verlust. Ich bin der Meinung, dass Slawa sehr nützlich war, er war ein Ass in seinem Bereich, und ich stand ihm immer sehr positiv gegenüber und hatte großen Respekt vor ihm. Doch diese Geschichte steht zwischen uns, und ich vermute, er hat sie nicht vergessen. Ich denke immer noch sehr herzlich an ihn, wie an einen jüngeren Freund. Andererseits tut es mir leid, dass ein Mann, der Chodorkowskis Schule durchlaufen hat, sich jetzt mit so unerfreulichen Dingen befasst – ich meine die Innenpolitik, die er für Putin und Medwedew umsetzt. Er ist zweifellos ein Teil all der Prozesse zur Beschränkung der Wahlen, zum Aufbau des vertikalen Modells. Ein effizienter Vollstrecker dieses Modells. Ich denke, dass Slawa eine ziemlich zynische Einstellung zu dem hat, was er tut – sowohl zum Projekt als auch zum Ergebnis. Ich glaube nicht, dass er wirklich so denkt, wie er sagt, dass er denkt. Ungefähr wie ein lyrischer Held und sein Autor – das ist ja auch nicht dasselbe.«*

Surkow ist begabt und ehrgeizig. Er ist kreativ und gleichzeitig gewissenhaft und loyal gegenüber der Führung. Sein Wechsel zur Präsidialadministration im Jahre 1999 ist die logische Fortsetzung der Karriere dieses ehrgeizigen Mannes. Vorangegangen war eine Arbeit im Bereich Public Relations beim Direktorium von ORT, dem ersten Sender des russischen Fernsehens, wo er die politischen Schlüsselfiguren jener Zeit kennenlernte: Beresow-

Kapitel 6

ski, Abramowitsch, Jelzins Tochter Tatjana Djatschenko, Walentin Jumaschew und Alexander Woloschin, die beide nacheinander der Administration des Präsidenten Jelzin vorstanden – später leitete Woloschin Putins Administration, bis er 2001 in diesem Amt von Dmitri Medwedew abgelöst wurde.

Ich nehme an, die Tatsache, dass Surkow in den Kreml ging, dürfte Chodorkowski und seine Partner zumindest nicht betrübt haben. In einem Land, in dem so viel, wenn nicht alles, auf persönlichen Beziehungen beruht, kann es überhaupt nicht schaden, einen Mann »aus den eigenen Reihen« in der Präsidialadministration zu haben. Übrigens, inwieweit Surkow tatsächlich ein Mann »aus ihren Reihen« war, wird gegen Ende dieser Geschichte noch deutlicher werden.

Meinen Informationen zufolge hat Slawa Surkow seine ehemaligen Kollegen weder vor der Verhaftung Platon Lebedews noch vor der Verhaftung Michail Chodorkowskis gewarnt. Nach Meinung einiger gut informierter Quellen im Kreml wusste er höchstwahrscheinlich darüber Bescheid und war an den Diskussionen der jeweiligen Lage beteiligt gewesen. Andererseits war Wassili Schachnowski, wie er mir selbst berichtete, in Surkows Arbeitszimmer im Kreml anwesend, als dieser telefonisch über Platon Lebedews Verhaftung informiert wurde. Schachnowski sagt, Surkow sei blass geworden.

Bei Surkow arbeiteten in der Folgezeit offene Widersacher von Yukos, die ihren Beitrag zu den Anschuldigungen gegen die Gruppe und ihre Mitglieder leisteten. Um der Gerechtigkeit die Ehre zu geben, kann ich gleichwohl sagen, dass Surkow kein einziges Mal öffentlich schlecht über Chodorkowski gesprochen hat, auch nach dessen Verhaftung nicht.

Bis unmittelbar vor der Verhaftung hatte er viel und aktiv Kontakt mit Chodorkowski: Man traf sich, und Surkow kam auch dann noch nach Jablonewy Sad, als die Gruppe schon in Schwierigkeiten steckte. Soweit ich informiert bin, geschah damals,

Die goldene Zeit der Laienbankiers

Anfang der 2000er Jahre, was Mitte der neunziger Jahre nicht geschehen war: Chodorkowski bot Surkow doch noch eine Partnerschaft an – und Surkow nahm das Angebot an. Doch wegen der Verhaftung Chodorkowskis und der Zerschlagung des Unternehmens wurde nichts daraus.

Inna Chodorkowskaja erzählte mir im Winter 2010, als der zweite Prozess gegen Chodorkowski und Lebedew noch im Gang war, dass es ihr ohne Slawas Hilfe nicht gelungen wäre, für die beiden kleineren Kinder einen Platz an einer Schule zu bekommen. Sie war nach Nowaja Riga\* umgezogen und musste eine Schule für die Jungen finden. Und jedes Mal, wenn eine Schule ihren Namen erfahren hatte, wurden die Jungs abgelehnt. Nicht in Moskau, sondern im Umland! Das Schuljahr hatte bereits angefangen, und die Kinder konnten immer noch nicht zur Schule. Da griff sie zum Hörer und rief Surkow an. Irgendwann hatte er ihr einmal gesagt: Wenn es irgendwelche Alltagsprobleme geben sollte, ruf an. Also rief sie ihn an, und Slawa half. Leute, die Chodorkowski nahestehen, sagen, es sei nicht das letzte Mal gewesen.

## »Ich habe jede Gesetzeslücke genutzt«

Die erste öffentliche Platzierung von Aktien einer Bank in der jüngsten russischen Geschichte, und genau das war die Umwandlung von Menatep in eine Aktiengesellschaft, löste auch den ersten handfesten Skandal aus. Die Menatep hatte eigene Aktien emittiert. Und tatsächlich bildete sich auf der Dubininskaja-Straße, wo sich der erste Hauptsitz der Bank befand, eine beachtliche Schlange von Kaufinteressenten – über den Hof bis hinaus auf die Straße. Diese Leute, die angesichts der Ereignisse den Kopf verloren hatten und nicht mehr wussten, wem sie glauben sollten, die dem Rubel nicht mehr sonderlich vertrauten und auch

---

\* Eine Siedlung in der Nähe des Moskauer Autobahnrings. (Anm. d. Ü.)

Kapitel 6

nicht so genau wussten, wo sie ihr Geld anlegen sollten, kauften nun Aktien der Bankenvereinigung Menatep, wie sie damals hieß. Wessen Aktien erwarben sie da? Die Antwort auf diese Frage war nicht so eindeutig, wie es schien. Daran erinnerte sich vor nicht allzu langer Zeit auch der Leiter der Abteilung Wertpapiere bei der Staatsbank der UdSSR von 1990 bis 1996, Dmitri Tulin.* Tulin zufolge war »der rechtliche Status der Vereinigung ziemlich schwer zu definieren. Es war ein seltsamer Zusammenschluss mehrerer juristischer Personen. Just diese Vereinigung war es auch, die in den Medien eine Mitteilung über die Emission irgendwelcher Wertpapiere lanciert hatte, die als Aktien bezeichnet wurden. Die Werbung entsprach damit nicht den realen Verhältnissen. Hätten die Käufer versucht, hinter das Problem zu steigen, wären sie leicht darauf gekommen, dass sie hier Aktien konkreter juristischer Personen erwarben und nicht etwa ›Miteigentümer aller zur Menatep-Gruppe gehörenden Unternehmen‹ wurden, wie man es ihnen versprochen hatte! Im Ergebnis hätte jeder per Gericht die Emission der Aktien für ungültig erklären lassen können, und so war das Risiko der Käufer und der Verkäufer ausgesprochen hoch«.

Tulin behauptet nicht, dass die »hinter dieser Aktion stehenden Personen böse Absichten hatten, aber rechtliche ›Lücken‹ gab es in ihrem Handeln schon«. Seinen Standpunkt setzte er Chodorkowski, Brudno, Dubow und Lebedew auseinander: Man müsse die Verbreitung der Aktien einstellen und neue Bedingungen für ihre Emission ausarbeiten. Zwar hätten sie der finanziellen Zweckmäßigkeit größere Bedeutung beigemessen, erinnert sich Tulin, letztlich hätten sie ihm aber doch beipflichten müssen. Doch damit waren die Differenzen noch nicht zu Ende. Auf den Formularen der Bank, auf Tabellen mit ihrem Logo prangte direkt darüber der Schriftzug: »Staatsbank der UdSSR« – und, damit es auch richtig überzeugend wirkte, das Landeswappen. Das psy-

* www.bankir.ru, 12. 4. 2010.

chologische Kalkül ist nachvollziehbar: Den Menschen war das vertrauter, es klang solide. Tulin erinnert sich, die Menatep-Leute hätten ihm auf die Bitte, nicht zu verwenden, was ihnen nicht gehört, erwidert: »Sie können uns nicht zwingen, darauf zu verzichten, und von selbst werden wir das auch nicht tun. Wir sind nicht verpflichtet, ehrlich zu sein.« Er zitiert auch Chodorkowskis Argumentation: »Die privaten Anleger vertrauen uns noch nicht und bringen uns ihr Geld nicht von sich aus, deshalb sind wir gezwungen, uns als Vertreter des Staates auszugeben.« Formal gesehen, verstieß Menatep bei alldem tatsächlich gegen keine Vorschrift, da es zu diesem Zeitpunkt schlichtweg noch keine Gesetze über die Verwendung der staatlichen Symbole gab.

Chodorkowski verheimlicht nicht, dass er sämtliche Gesetzeslücken, von denen es ja eine Unmenge gab, höchst effektiv für sein Geschäft genutzt hat. In seiner Korrespondenz mit der Schriftstellerin Ljudmila Ulitzkaja berichtet er, wie er mit Gaidar über die Grundsätze der wirtschaftlichen Umgestaltung gestritten habe. Dass er gewarnt habe, er würde alle Fehler, die die Regierung macht, auszunutzen wissen. »Dafür habe ich mir später – und hier können wir von den Grenzen des Erlaubten reden – jede Gesetzeslücke zunutze gemacht und den Mitgliedern der Regierung auch immer persönlich dargelegt, welche Lücke in ihren Gesetzen ich wie nutzen werde oder bereits nutze. […] Sie verhielten sich anständig: Sie prozessierten, schlossen die Lücken mit neuen Gesetzen und Verordnungen, ärgerten sich, warfen mir aber nie unfaires Spiel vor.«[*]

Bis zu einem bestimmten Punkt kümmerte Chodorkowski sich mit Leidenschaft um jedes seiner Projekte. Seine Kollegen sagen: »Jedes Spielzeug verlor seinen Reiz für ihn, sobald ein neues auftauchte.« Als sich dann die Privatisierung abzuzeichnen begann, hörte die Bank auf, sein Betätigungsfeld zu sein, und wurde stattdessen zu einem Werkzeug.

---

[*] *Briefe aus dem Gefängnis*, München 2011, S. 91.

MICHAIL CHODORKOWSKI

KAPITEL 7

# Rosprom und Yukos

Unser Slogan:
Investmentbank Nr. 1

Die Menatep-Bank war als Instrument der Kreditvergabe für Handel und Industriehandel entstanden, unter anderem im Zusammenhang mit der Entwicklung von Firmware und automatisierten Arbeitsplätzen. Die natürliche Logik der Entwicklung dieses Geschäftszweiges hatte zur Folge, dass in der Struktur der Bank weitere, rein finanztechnische Unterabteilungen entstanden. Zahlungsverkehr, Kreditkarten, Devisenarbitrage – all das machte die Bank, aber der Investment-Bereich (der Bereich, der auf die Finanzierung der Industrie ausgerichtet war) blieb weiterhin sehr stark. Es war vielleicht der stärkste unter den damals aktuellen Bereichen.

Als die Privatisierung begann, starteten wir eine massive PR-Kampagne mit dem Slogan »Menatep – die Investmentbank Nr. 1«. Dass das in vielerlei Hinsicht das Verdienst von Wladislaw Surkow war, habe ich ja bereits erwähnt. Surkow kam Ende der achtziger Jahre zu uns in die Firma, zusammen mit Sascha Kossjanenko. Mein Karate-Trainer hatte mir die beiden empfohlen. Woher er sie kannte, weiß ich nicht mehr.

Ich habe selbst nicht so viele Talente, aber ein gutes Gespür für talentierte Leute. Sowohl Sascha als auch Slawa hatten unverkennbar Talent, deshalb stiegen sie auch schnell auf. Mein gesamtes näheres Umfeld zeichnete sich durch ein paar spezifische Eigenschaften aus: Zum einen waren sie alle in irgendeinem wesentlichen Bereich nicht nur besser als ich, sondern auch besser als die Mehrzahl der Akteure auf dem Markt. Surkow beispielsweise war weitaus kreativer. Und zum anderen waren sie alle bereit, ihren Standpunkt zu verteidigen und Verantwortung zu übernehmen, und sie waren bereit, sich nicht einfach nur meinen Entscheidungen unterzuordnen, sondern sie wie ihre eigenen zu vertreten, selbst wenn wir uns vorher darüber heiser gestritten hatten. Es war genau diesen Eigenschaften der Personen in meinem Umfeld zu verdanken, dass ich ein gutes, leistungsstarkes Team aufstellen konnte.

Surkows Talente entfalteten sich in den PR-Kampagnen. Zu den eindrucksvollsten gehörte die Einspielung des Menatep-Logos nach der Nachrichtensendung »Wremja« – in Russland eine Premiere. Die Werbung auf Trolleybussen – in Russland die erste dieser Art. Und vieles mehr. Surkow stellte nie gern große Kollektive zusammen, aber sein Team war stets straff durchstrukturiert, was mir persönlich gefiel. (Ob es seinen Mitarbeitern gefiel, weiß ich nicht.) Formal unterstand Surkow Leonid Newslin, aber im kreativen Bereich ist das mit der linearen Unterordnung ja bekanntlich nicht so einfach.

Genau daraus entstand auch das Problem, dessentwegen Slawa später ging. Die Frage der Aktien war in meinen Augen nie entscheidend. Wenn jemand zum Team passte und gern Gesellschafter werden wollte – kein Problem. Damals – in der ersten Hälfte der neunziger Jahre – wollte kaum jemand Aktien, schließlich hatten sie nicht die Liquidität von heute, und wir zahlten damals auch keine Dividenden aus. Es war ein »schlummernder Schatz«, dessen Wert nicht jedem bewusst war.

Leonid und er waren offensichtlich Rivalen. Hätte unser Tätigkeitsfeld hauptsächlich im kreativen Bereich gelegen (Werbung, Producing und dergleichen mehr), dann wäre es wunderbar gewesen, zwei solche Teams zu haben. Unser Metier waren aber

Kapitel 7

Industrie und Finanzen. Public Relations hatte für uns eine rein sekundäre Bedeutung, und damit war eine solche Konkurrenz fehl am Platz.

Leonid hätte auf diesen Teil seiner Tätigkeit verzichten können, da er (als erster Vize) auch viel anderes zu tun hatte, aber er wollte nicht – er mochte diesen Bereich. Ich musste also eine Entscheidung treffen, und das tat ich auf ganz mechanische Weise: Wenn bei mir ein Untergebener nicht mit seinem direkten Vorgesetzten arbeiten will, und ich mit dem Vorgesetzten zufrieden bin, muss der Untergebene gehen. Als Leonid einige Jahre später die Firma verließ, bot ich Slawa übrigens umgehend an zurückzukommen. Er hatte jedoch schon andere Verpflichtungen.

Wir blieben in Kontakt. Unser Verhältnis war immer eine reine Arbeitsbeziehung gewesen, geprägt von gegenseitigem Respekt – deshalb konnten wir es weiter aufrechterhalten. Außerdem mochte meine Frau Slawa. Ihre Meinung war mir wichtig, sie ist bei uns die »Intuitive«, ich bin ein reiner Logiker.

Zum Thema Vertrauen: Slawa tut immer, was er verspricht. Nichts anderes als das bedeutet Vertrauen in der Arbeit. Slawa Surkow ist ein Skalpell. Wenn jemand dieses Skalpell in böser Absicht einsetzt, ist das schlecht, aber meine Einschätzung zur Qualität des Skalpells ändert sich deshalb nicht: Der Stahl ist ausgezeichnet, und die Schärfe der Klinge überragend.

Heute sind Surkow und ich – aus verständlichen Gründen und in allgemein bekannten Dingen – Gegner. Leider. Doch meiner Familie gegenüber hat er es nach meiner Verhaftung verstanden, die persönlichen Beziehungen von den beruflichen zu trennen – das ehrt ihn.

Die »roten Direktoren« und
die neue wirtschaftliche Realität

Unsere Werbekampagne trug Früchte: Man kam nun zu uns als einer Investmentbank, um Unterstützung beim Kauf von Staatsbetrieben und deren Umstrukturierung zu bekommen.

Natürlich hatten die Kunden, abgesehen von den Betrieben, um die es ging, keinerlei Sicherheiten, weshalb wir nicht nur den Wert eines Unternehmens bewerten mussten, sondern auch, ob es rentabel wirtschaften konnte. Ausschlaggebend dafür waren drei Faktoren: die grundsätzliche Wettbewerbsfähigkeit, ein ordentliches Management-Team und ob es den Finanzierungsbedarf für den Start schultern konnte.

Die erste Frage wurde von unseren Investment-Analysten geklärt. Das ging nicht ohne Fehler ab, lief aber im Ganzen nicht schlecht. Die zweite und dritte Frage hingen jedoch zusammen, und hier kam das Problem des katastrophalen Mangels an qualifizierten Management-Leuten ins Spiel. Das, was uns die »roten Direktoren« und die an ihren Futtertrögen sitzenden Gauner (soweit es sie schon gab), zu bieten hatten, war jenseits von Gut und Böse.

Man muss dazu wissen, dass die sowjetische Volkswirtschaft ganz anders aufgebaut gewesen war. Für den Absatz war Gossnab verantwortlich. Um die Versorgung kümmerten sich Gosplan und Gossnab und um die Finanzierung die Staatsbank Gosbank (Promstrojbank). Die Planung war Aufgabe des Fachministeriums, das auch für die Wissenschaft und andere Bereiche zuständig war. Vom Export will ich schon gar nicht reden. Im Grunde genommen war ein »roter Direktor« damit nicht viel mehr als der für die Produktion verantwortliche Leiter einer Werkshalle.

Natürlich gab es immer wieder sehr begabte Leute unter diesen Direktoren, aber sie wurden irgendwann beinah zwangsläufig von irgendeinem Ministerium rekrutiert. So war es bei Wagit

Kapitel 7

Alekperow und Leonid Filimonow.* Die Übrigen dagegen waren auf die neue wirtschaftliche Realität, in der sie plötzlich Unternehmer werden sollten, absolut nicht vorbereitet.

Einige waren sich dessen bewusst und ließen gern uns und unseresgleichen ans Steuer, während sie selbst sich wieder der Fertigung und der Produktion (dem *Day-to-Day-Management*) zuwandten. Andere waren dafür zu ehrgeizig, und wieder andere waren schon in der Hand von Banditen oder hatten sich selbst längst ans Stehlen gewöhnt. Von solchen Leuten musste man sich verabschieden.

Als Bank haben wir Dutzende von Projekten für ganz passable Management-Teams abgewickelt, aber das war nur die Hälfte der Geschäfte. In den übrigen Fällen mussten wir Projekte entweder ablehnen oder direkt an deren Umsetzung mitwirken – manchmal halfen wir nur mit einzelnen Management-Komponenten aus, aber manchmal brauchte es auch viel mehr. Wenn man ein Objekt mit einem scheinbar vernünftigen Team hat, in das man riesige Summen hineingepumpt hat, und dann stellt sich heraus, dass das Team nicht imstande ist, dieses Projekt zu leiten, dann kann man das Geld entweder abschreiben oder sich selbst dahinterklemmen – also die eigenen Leute vorschicken.

* Wagit Alekperow war von 1987 bis 1990 Generaldirektor von Kogalymneftegaz, von 1990 bis 1992 Stellvertretender Minister für die Öl- und Gasindustrie und ab 1992 Präsident des Erdölkonzerns Lukoil. Leonid Filimonow war bis 1987 Leiter der Produktionsgemeinschaft Nizhnevartovskneftegaz, von 1988 bis 1990 Stellvertretender Minister und dann Minister für die Öl- und Gasindustrie der UdSSR, von 1991 bis 1994 Generaldirektor von Tomskneft, von 1994 bis 1998 Leiter der Eastern Oil Company (Vostochnaya neftenaya kompaniya, VNK) und ab 1998 erster Vizepräsident von Yukos Exploration & Production, einer Tochtergesellschaft von Yukos. 2005 sagte er als Zeuge der Anklage gegen Swetlana Bachmina, Juristin von Yukos Moskva, aus – überraschenderweise zugunsten der Angeklagten. (Anm. Natalija Geworkjan)

## Der Beginn der Privatisierungssaga

So begann die lange Geschichte der Privatisierung. Um ehrlich zu sein, ich fand die Industrieobjekte interessanter als die Bank, also klemmte ich mich gern dahinter. Eine andere Sache ist, dass wir von über hundert Privatisierungsprojekten, die von der Bank umgesetzt wurden, weniger als zwanzig auf unsere Bedürfnisse zugeschnitten haben. Zu mehr reichte die Kraft nicht.

Zu diesen Fällen gehörte auch die berühmte Apatit. Über die anderen will ich jetzt nicht sprechen, um meine Gegner nicht zu provozieren. Wir hatten nur ein paar Misserfolge, alle anderen Betriebe konnten wir retten. Das heißt, wir haben sie wieder rentabel gemacht. Wir haben sie nicht zerrüttet. Dabei hatten wir sie ausnahmslos in einem denkbar schlechten Zustand übernommen.

Ganz ehrlich, es gibt wirklich einiges, worauf ich stolz sein kann. Zum Beispiel waren wir es, die die Atomeisbrecherflotte Russlands erhalten haben. Sie war bei der Hochseereederei Murmansk registriert, wo wir ein großes Paket erworben hatten. In der Sowjetzeit war diese Reederei für die Schifffahrt im Norden zuständig gewesen, wozu hauptsächlich die Belieferung von Jamal und Norilsk gehörte. Mitte der neunziger Jahre war der Umfang der Warenbewegungen deutlich zurückgegangen und die Reederei in Schwierigkeiten geraten. In ihrer Not machten sie nun Touren zum Nordpol.

Wir hatten Ideen, wie man die Reederei nutzen könnte, aber wegen des Kaufs von Yukos und des Verkaufs der übrigen Assets war diese Aufgabe nicht mehr aktuell, deshalb verkauften wir das Paket am Ende. Nur zog sich das lange hin, und in der Zwischenzeit mussten wir uns immer wieder um diverse Probleme kümmern. Als ich erfuhr, dass die Atomeisbrecher Touristen transportieren, traf mich fast der Schlag. Natürlich waren die Eisbrecher Staatseigentum, aber das tat einem dann doch leid! Die Touristen deckten lediglich die laufenden Kosten, aber der Verlust

Kapitel 7

von Kapital, der Ressourcenschwund, interessierte niemanden! Rote Direktoren eben, wieder einmal. Mir blieb nichts übrig, als ihnen zu erklären, dass ich sie vor Gericht bringen würde, und ihnen etwas Geld »für das Nötigste« zu versprechen. Das war reine Wohltätigkeit zugunsten des Staates, aber was sollte ich tun? Wir waren schließlich für einen starken Staat. Einmal habe ich auch ein ganzes Jahr lang Kernmunition »bewacht«. Aber darüber kann ich nicht sprechen.

Auch bei Yukos mussten wir einmal eine Lagerstätte konservieren, weil es dort zu viel Helium gab. Eine sehr wertvolle Ressource war das, aber erst für das kommende Jahrhundert. Damals dagegen wäre das Helium einfach in die Atmosphäre entwichen. Und die Beamten hätten darauf gesch ... ! Auf diese Widerlinge habe ich wirklich einen Hass.

Bei der Bank kümmerte sich eine Sonderabteilung darum, solche Investitionsprojekte zu begleiten. Mit der Zeit wurde klar: Projekte gab es viele. Das Leitungsteam musste in einen von der Bank unabhängigen Geschäftszweig ausgegliedert werden. So wurde Rosprom gegründet, und ich wechselte dorthin. Das war 1994 oder 1995. Alles ging sehr schnell.

### Ein Mangel an Mut

Golubowitsch kam, glaube ich, 1989 zu uns. Er war sehr begabt, ein echter Spezialist in Sachen Investitionen. Sein Talent kam uns gerade recht. Bis etwa 2000 traf ich praktisch alle Investitionsentscheidungen auf sein Zuspiel hin oder zumindest, nachdem ich ihn zuvor konsultiert hatte. Auch in Bezug auf Yukos. Natürlich lag er manchmal auch falsch. Einige große Anlagen mussten wir abschreiben, aber das ist normal. Im Wesentlichen waren seine Prognosen jedoch korrekt.

Seine Schwachstelle war die Gründlichkeit. Wie viele begabte Menschen gab Alexej sich nur ungern mit technischen Routinen ab, mit der Erledigung von Formalitäten und Papierkram. Daraus entstanden uns Unannehmlichkeiten, es kam zu Fehlern. Einen Teil davon griff die Staatsanwaltschaft bereitwillig auf, um ihrem fingierten Material einen gewissen Anstrich von Glaubwürdigkeit zu verleihen.

Im Team war die Haltung zu Alexej ambivalent, das muss man auch sagen. Er ist ein kluger, guter Kerl, sehr leistungsfähig und gesellig. Aber eine wesentliche Rolle in seinem Leben kam seiner damaligen Frau Olga Mirimskaja zu, einer hochintelligenten, sehr harten Frau. Während Alexej, wie wir alle, dem Geld keine große Bedeutung beimaß, da er sich auf sein Talent verlassen konnte, vertrat sie eine andere Haltung, die sie auch ihm aufzwang: Geld verdienen, seine Schäfchen ins Trockene bringen und ein eigenes, separates Geschäft aufbauen.

Ich will sie nicht verurteilen, heute so wenig wie damals. Seinerzeit habe ich die Interessen der beiden gegenüber unseren Jungs sogar verteidigt. Das ist eben die Natur: Man will seinen eigenen Winkel in der Höhle haben, einen Vorrat an Mammutfleisch für die Jungen... das ist normal. Aber man muss auch den Kontext sehen: Alle anderen setzten ihr gesamtes Vermögen aufs Spiel, alle anderen ließen hundert Prozent ihrer »internen Ressourcen« in das gemeinsame Geschäft einfließen, aber hier bestellte auf einmal jemand sein eigenes Feld. Das hieß, wenn alle Stricke reißen, fangen alle wieder bei null an, nur einer hat seine eigene »Wirtschaft«, und zwar eine, in die er schon jetzt Zeit investiert. Das war ärgerlich.

Ich habe mich darüber nicht aufgeregt, ich bin schließlich selbst ein Pantoffelheld und verstand seine Situation, aber natürlich musste ich die realen Gegebenheiten irgendwie berücksichtigen, deshalb kürzte ich ihm schließlich seinen Anteil am Gesamtgeschäft um zehn Prozent.

Unser Kontakt blieb bis zu meiner Verhaftung und auch danach weiter bestehen. Von den Jungs trennte er sich etwa ein

Kapitel 7

Jahr später. Eine andere Sache ist, dass er schon seit 2000 oder 2001 nicht mehr bei Yukos arbeitete. Das galt freilich nicht nur für ihn. Dubow war ebenfalls gegangen, und Newslin auch. Im Unterschied zu Alexej mussten diese beiden ihre Aktien sogar einem Blind Trust überlassen.\* Das hieß aber nicht, dass unsere Wege sich trennten. Das kam – mit Golubowitsch – erst später. Ich weiß nicht genau, was passiert ist, aber ich kann es mit ziemlicher Sicherheit vermuten.\*\* Die Bande der Staatsanwälte fiel über Golubowitschs – oder besser gesagt Mirimskajas – Familienunternehmen her. Ich glaube, Alexej selbst hätte keine Angst vor dem Gefängnis gehabt, aber über die Vorwürfe seiner Frau konnte er sich nicht hinwegsetzen, und so sagte er aus, was man von ihm verlangte. Diejenigen seiner Aussagen, die ich gelesen habe, sind im Ganzen positiv. Das heißt, im Hinblick auf den Prozess trifft ihn keine Schuld, da Bewertungen für ein Gericht ja keine Rolle spielen. Allerdings, wohlgemerkt, nur für ein wirkliches Gericht – und wo wäre das in unserem Verfahren je aufgetaucht? Bei uns ging es nicht um Rechtsprechung, sondern um reinste Propaganda.

Zum Dank für Golubowitschs Kooperation ließ die Staatsanwaltschaft wieder von seinem Unternehmen ab und ersetzte in ihrer Version der Ereignisse einfach seinen Namen überall durch den Namen »Lebedew«. Viele der Ungereimtheiten, von denen Platon vor Gericht so gern sprach, hingen mit dieser simplen Operation zusammen.

---

\* Weil Wladimir Dubow und Leonid Newslin in die Politik gegangen waren, mussten sie ihre Anteile einem Treuhänder übergeben. (Anm. Natalija Geworkjan).
\*\* Gemeint ist hier die Trennung Alexej Golubowitschs von den Gesellschaftern nach Chodorkowskis Verhaftung, als Golubowitsch begann, mit den Ermittlungsbeamten zu kooperieren. Golubowitsch erhielt seinen Anteil, eine erkleckliche Summe, in Geld ausgezahlt und wurde aus der Gruppe ausgeschlossen. (Anm. Natalija Geworkjan)

Hat es mich verletzt, wie Alexej sich verhielt? Wahrscheinlich schon, zumal mich die anderen Jungs sanft darauf stießen, dass es meine Position gewesen war, Golubowitsch zu unterstützen. Aber ich bereue das nicht. Das war einfach nur eine vorübergehende Schwäche. Er ist kein Schuft und kein Feigling, er hat sich nur zugunsten seiner Familie entschieden. Offenbar hatte er gerade an der Stelle keine Mutreserven, wo ich zum Beispiel unendlichen Mut schöpfen kann. Das ist, wie es so schön heißt, nicht die Schuld eines Menschen, sondern sein Unglück. Ein weitaus größeres Unglück als das Gefängnis, zumindest in meinen Augen. Deshalb wünsche ich ihm persönlich, dass er mit diesem Unglück fertig wird.

Ob menschliche Qualitäten mir wichtig sind? Natürlich sind sie das. Alles andere wäre auch seltsam. Auf einem anderen Blatt steht, dass ich vielen menschlichen Unzulänglichkeiten gegenüber eher duldsam bin, weil ich selbst mehr als genug davon habe. Manche dieser Schwächen stören mich auch bei sehr nahen Menschen nicht, anderen gehe ich lieber aus dem Weg. Bei der Arbeit sind sie jedoch nicht hinderlich.

Schwer zu tolerieren sind für mich Leute, die ihr Wort nicht halten können, Menschenverächter und chronische, unkontrollierbare Intriganten. Solche Eigenschaften können ein Kollektiv zerstören. Geiz, Feigheit und Angeberei kann man tolerieren, weil man sie bei den eigenen Entscheidungen problemlos einbeziehen kann. Fehlendes logisches Denkvermögen, Jähzorn, ein mürrisches Wesen oder, im Gegenteil, allzu große Redseligkeit finde ich sogar erheiternd. Meine Flexibilität ist in diesem Punkt wirklich beträchtlich.

Die persönlichen Qualitäten meiner Geschäftspartner waren mir zweifellos wichtig. Vertrauen war hier unabdingbar, denn wir konnten unsere Geschäftsbeziehungen ja nicht in allen Details auf Papier fixieren. Sonst wären wir vor lauter juristischer Beratung zu nichts mehr gekommen.

Absolutes Vertrauen ist für mich eine sehr konkrete Sache. Das sind Beziehungen, in denen ein Verrat den Rest des Lebens sinnlos machen würde, weil ich die betreffende Person nicht aus meinem Leben streichen kann.

Ob es solche Menschen für mich gibt? Ja. Meine Mutter zum Beispiel.

Mythos und Realität

Was die moralische Seite der Ereignisse der neuziger Jahren angeht... Da gibt es die Mythen, und es gibt das reale Leben. Es ist zum Beispiel ein Mythos, dass es nicht ohne Banditen ging. Es ist ein Mythos, dass man brutal sein musste. Das ist eine Lüge. Eine feige Lüge von Leuten, die sich gar kein anderes Leben vorstellen können. Diese Leute haben dieses Leben selbst gewählt.

Wir hatten niemals etwas mit Banditen zu schaffen. Dazu bestand keine Notwendigkeit, wenn man so will. Vielleicht hätte ich mich ja auf einen Kontakt eingelassen, wenn es nötig gewesen wäre, aber es war nicht nötig. Was wäre passiert, wenn wir keine andere Wahl gehabt hätten? Ich weiß es nicht. Ich will nicht mal darüber nachdenken. Vielleicht wäre ich umgebracht worden. Vielleicht hätte ich ausreisen müssen. Vielleicht säße ich jetzt im Kreml. Oder im Haus der Regierung am Krasnopresnenskaja-Ufer.

Die sowjetischen Werksleiter, die plötzlich vor einer Unmenge an Problemen standen, kamen in ihrer Verzweiflung von sich aus mit Kaufangeboten auf uns zu. Wir mussten nicht danach suchen. Und wenn ein Direktor partout dagegen war, ließen wir das Projekt bleiben – wozu sollten wir uns überflüssige Kopfschmerzen einhandeln? Es gab viel mehr Projekte, als wir hätten »verdauen« können.

Wir unterzeichneten Verträge. Ganz offiziell. Standardverträge. Und wenn ein Direktor und sein Team den Vertrag erfüllten, wurde der Kredit zurückgezahlt, wir verdienten daran, und es gab keine Probleme. Wenn ein Direktor uns betrügen wollte oder offensichtlich überfordert war, ließen wir ihn offiziell ablösen. Dabei unterstützten uns sowohl die Gouverneure als auch die föderalen Behörden. Denn wenn ein Betrieb Probleme hat, dann trifft das nicht nur die Bank, sondern auch das Verwaltungsgebiet.

Wobei wir ehrliche Direktoren (wie etwa den von Apatit), selbst wenn wir sie absetzen mussten, finanziell absicherten und nicht einfach ihrem Schicksal überließen. Das heißt, wir fanden eine für beide Seiten annehmbare Form, ihnen ein anständiges Einkommen zu sichern. Der Direktor von Apatit wurde Vertreter des Unternehmens in Moskau (allerdings wechselte er schon bald darauf zu seinen früheren Geschäftspartnern), der Direktor der VNK (der Eastern Oil Company) wurde Verwaltungschef bei Yukos, der Direktor von Yukos wurde nach der Privatisierung Vorsitzender des Yukos-Direktoriums usw. Manchen zahlten wir auch einfach eine Abfindung – zum Beispiel Wladimir Parassjuk, dem Direktor von Yuganskneftegaz. Und unehrliche Direktoren entließen wir einfach. Sich mit uns anlegen? Wie hätten sie das tun sollen – sie hatten doch selbst versagt, und jeder konnte das sehen.

Ich habe nie Angst gehabt, zu einer Belegschaft zu gehen und eine Versammlung abzuhalten. Sicher, ich hätte auf einen »Charismatiker« stoßen können, der stärker gewesen wäre als ich. Unter den Direktoren ist mir aber keiner begegnet. Und wenn das doch passiert wäre, hätten wir sofort eine gemeinsame Sprache und Berührungspunkte gefunden. Er wäre mir von sich aus gefolgt. Von solchen Leuten gab es eher zu wenig.

Die einzige Gefahr waren die »Blutegel«. Diejenigen, die sich am Körper eines sterbenden Unternehmens festmachten und ihm die letzten Säfte aussogen. Ortsansässige Banditen. Die konnten versuchen, uns »abzuziehen«.

Aber die Miliz konnte auch damals gute Arbeit leisten, wenn sie wollte. Und zwar nicht gegen Schmiergeld. Wir hatten ein

Interesse an einer starken Miliz. Und die Miliz wollte stark werden. Das war unser gemeinsames Interesse – zu Lasten der Banditen vor Ort. Moskau hätte letztlich auch helfen können, aber wenn ich mich recht erinnere, ist das nie nötig gewesen. Jedenfalls nicht auf meiner Ebene.

Es ist kein Zufall, dass die Generalstaatsanwaltschaft unter all den von uns »übervorteilten« Direktoren keinen einzigen fand, der vor Gericht etwas Schlechtes über uns gesagt hätte. Gutes wurde durchaus gesagt, und darauf bin ich stolz. Sogar im ersten Prozess!

Ob es etwas gab, wofür ich mich schämte? Damals nicht. Jetzt, wenn ich zurückdenke, schon. Aber nicht für die angebliche »Unterschlagung von Volkseigentum«.

Ich hatte mit Objekten zu tun, die vor dem Zusammenbruch standen, und viele von denen, um die wir uns nicht kümmern konnten, sind auch wirklich zusammengebrochen. Die Menschen landeten auf der Straße. Wir dagegen setzten die Produktion wieder in Gang, weiteten sie aus, zahlten Löhne und Gehälter.

Ja, später haben wir im Zuge des Verkaufs unserer Aktien an der Differenz verdient, aber wir haben das Geld nicht »mitgehen lassen«, sondern es in neue Unternehmen und die Produktion gesteckt.

### Wofür ich mich schäme

Ich schäme mich, weil ich vor 1998 die Menschen nicht wahrgenommen habe. Nicht die Arbeitskräfte, sondern die Menschen. Ich war sehr gut darin, die Produktion zu organisieren, aber ich war nicht menschlich. Fremde Probleme ließ ich nicht an mich herankommen. Probleme, die mit der Produktion nichts zu tun hatten. Ich hatte kein Mitleid mit denen, die draußen vor den Toren standen. Als mich die Krise zwang zurückzublicken, war das schmerzhaft, und es ist auch heute noch schmerzhaft – dieses Gefühl wird bleiben.

Hätte ich die Produktionsaufgaben in den Griff bekommen, wenn die Menschen mir leid getan hätten? Ich weiß es nicht. Auf jeden Fall wäre es damals schwerer gewesen – und dafür heute leichter. 1998/1999 ist mir das schließlich auch gelungen. Ich tat, was ich tun musste, aber ich war nicht mehr gleichgültig. Vielen konnte ich nicht helfen, aber ich fühlte mit ihnen, von ganzem Herzen. Das spürten die Leute. Nicht alle natürlich, aber viele.

Wenn ich das 1998 konnte, dann hätte ich es wahrscheinlich auch früher gekonnt. Das beschämt mich.

### Frisst das Geschäft die Seele auf?

Ein persönliches Vorbild in Sachen Business habe ich nicht, aber Unternehmen, von deren Erfahrung ich lernen konnte, gab es mehrere. Die Zusammenarbeit mit Schlumberger hat zum Beispiel viel dazu beigetragen, dass meine Einstellung sich geändert hat.*

Frisst das Geschäft die Seele auf? Ja – wie jede andere Tätigkeit auch: ob Politik, Journalismus oder Literatur, jeder Beruf nimmt uns etwas und gibt uns auch etwas zurück. Als Geschäftsmann (wie auch als Journalist) lernt man zum Beispiel, Menschen schnell einzuschätzen, ihre wahren Motive und ihre Schwächen zu sehen. Und da Menschen keine Engel sind, bleibt ein gewisser Zynismus dabei nicht aus. Ist das schlecht? Aber kann man diesen Zynismus nicht auch als Duldsamkeit oder Toleranz bezeichnen – und das ist dann wieder gut?

* Die international tätige Erdölexplorationsfirma Schlumberger Ltd. ist seit 1929 auf dem russischen bzw. sowjetischen Markt aktiv; 1998 begründete Yukos eine strategische Allianz mit Schlumberger. (Anm. Natalija Geworkjan)

Kapitel 7

Zu den Firmen, die mich besonders geprägt haben, gehört neben Yukos auch Apatit. 200 Kilometer von Murmansk, auf der Halbinsel Kola. Anbindung per Eisenbahn. Zwei Städte, Kirowsk und Apatity. 150 000 Einwohner. Beschäftigt bei der Kola-Bohrung, der tiefsten Bohrung der Welt. Andere Arbeit gibt es dort nicht.

Technisch gesehen, ist Apatit ein sehr schwieriges Unternehmen. Weniger als 6,5 Millionen Tonnen zu fördern, geht nicht, aber mehr zu fördern, als gekauft wird, geht auch nicht. Als wir kamen, stand das Unternehmen praktisch still. Bis zur Abschaltung blieben noch wenige Tage. Die bankrotten Städte konnten kein Heizöl und keinen Brennstoff für den städtischen Bedarf mehr kaufen. Die Leute waren in einem Schockzustand. Sie waren kurz davor, einen Streik auszurufen, weil ihre Gehälter nicht ausgezahlt wurden. Das war 1994.

Der Sanierungsplan für das Unternehmen war der Lage offensichtlich unangemessen. Er sah eine Verdreifachung der Produktion und den Bau von Trolleybus-Linien vor. Einen Absatzmarkt für so ein Volumen gab es nicht, und die baulichen Kapazitäten, um derartige Investitionen zu bewältigen, fehlten auch.

Ich komme also an. Es gibt Geschrei, Lärm, Anschuldigungen, Drohungen. Ein einziges Durcheinander. Ich sage: Ich übernehme die Verantwortung – das Unternehmen wird laufen, und die Städte werden nicht einfrieren. Wenn ihr dagegen seid, auf Wiedersehen. Wenn gestreikt wird, auf Wiedersehen. Und so weiter. Brutal, aber ehrlich: Wenn ihr glaubt, dass irgendwer anders sich mit euch abgeben wird, täuscht ihr euch. Ohne Brennstoff werdet ihr eingeschneit. Bis die Regierung sich an euch erinnert, wird es Frühling. Dann werden sie euch ausgraben. Aber nicht alle.

Das habe ich genau so bei einer Versammlung gesagt. Die Leute hätten mich umbringen können. Das wollten sie erst auch. Aber sie konnten sich nicht durchringen.

Zwei Jahre später produzierte das Unternehmen neun Millionen Tonnen, und ich ging zu Yukos.* Nach Kirowsk flog ich nur noch zu Besuch, zum Angeln und zum Urlaub mit Freunden. Fast jedes Jahr. Ich mag das Land jenseits des Polarkreises, die Tundra besonders.

## Die Abgrenzung der »Reiche«

Um die Mitte der neunziger Jahre war der Wettbewerb in der freien Wirtschaft nicht sehr scharf. Es gab viele Möglichkeiten, aber wenige Kräfte. Wir kämpften eher um unsere Umfragewerte, als dass wir im marktwirtschaftlichen Sinne konkurriert hätten.

Bis zu den Pfandauktionen gab es, soweit ich mich erinnere, nicht einmal bei den Ausschreibungen große Konflikte. Es gab tausende Unternehmen, aber nur zehn Großbanken, von denen jede Bank Kapazitäten für allenfalls ein paar Dutzend Unternehmen hatte. Und selbst das galt nicht für jede der Banken und jedes Unternehmen. Nein, wir kämpften um die Expansion, aber nicht untereinander. Noch berührten sich die Grenzen unserer »Reiche« nicht.

Wann hat sich das geändert? In meinem Geschäftszweig überhaupt nicht. Im Erdölsektor gab es 2003 noch keine wirklichen Probleme. Wenn jemand einen Streit vom Zaun brach, dann geschah das unüberlegt oder aus übermäßigem Ehrgeiz. Mehr nicht. Die Beziehungen waren bis 2003 sogar besser geworden. Allen war inzwischen klar, dass es gemeinsame Interessen gab. Es

---

\* Der »Fall Yukos« begann 2003 mit der Anfrage eines Abgeordneten der Staatsduma, Wladimir Judin, an die Generalstaatsanwaltschaft hinsichtlich der Rechtmäßigkeit der Privatisierung des Förder- und Aufbereitungskombinats Apatit. Aufgrund dieser Untersuchung wurde ein Strafverfahren eingeleitet und Platon Lebedew und später auch Michail Chodorkowski wurden verhaftet. Ihnen wurde vorgeworfen, 20 Prozent der Aktien von Apatit betrügerisch unterschlagen zu haben. (Anm. Natalija Geworkjan)

Kapitel 7

mag genügen zu erwähnen, dass ich in einem internen Konflikt zwischen Mitgliedern des Russischen Industriellen- und Unternehmerverbandes als erster Schlichter eingesetzt wurde. So etwas hätte man sich früher nicht einmal vorstellen können! Bei den Unternehmern, die umgekommen sind, war die Lage anders: Das Problem waren die »Blutegel«, die Schuldner und die »Protektion« (*kryscha*). Diejenigen, die in der Person eines Unternehmers eine Bedrohung für den eigenen Wohlstand sahen. Besonders gefährlich wurde die Situation, wenn jemand keine Distanz hielt, wenn er es zuließ, dass die Sache persönlich wurde, an ein konkretes Individuum gebunden. Ein Standardfehler im Management, für den viele einen allzu hohen Preis zahlen mussten. Es gab den Anschlag auf Boris Beresowski, den Mord an Iwan Kiwilidi*... Warum hat es uns nicht getroffen? Zu Beresowski und Kiwilidi kann ich nichts sagen, selbst wenn ich eine Vermutung habe, was vorgefallen ist. Beresowskis Unternehmen war – zumindest damals, am Anfang – bekanntlich weit stärker individualisiert und »ideologisch« geprägt, während es bei mir immer »Anweisungen«, »Protokolle«, »Ausschüsse« und so weiter gegeben hat.

Wer tötet, tut das entweder aus Dummheit (Schlägertypen) oder mit einem konkreten, ganz praktischen Ziel (um seine Schulden nicht zurückzahlen zu müssen oder, im Gegenteil, um etwas zu bekommen, das auch ein anderer für sich beansprucht). Nun, in unserem Fall gab es dieses praktische Ziel nicht. Wir waren eine riesige bürokratische Maschine. Wer wofür verantwortlich war, war ja nicht mal intern immer ganz klar. Und ganz sicher konnte ein einziger Tod diese Maschine nicht zum Stillstand bringen. (Davon konnte die derzeitige Führung in Russland

---

* Iwan Kiwildi war Vorsitzender des »Runden Tisches der Unternehmer Russlands«, der 1993 gegründeten ersten offiziellen Interessenvertretung russischer Unternehmer. Er wurde 1995 ermordet. (Anm. Natalija Geworkjan)

sich ein Bild machen, als sie unser Management ab 2003 nach und nach hinauswarf. Probleme gab es erst, nachdem die ersten hundert gegangen waren).

Nun zu der Behauptung, ich hätte »Blut an beiden Händen«. Putin von etwas zu überzeugen, woran er selbst nicht glauben will, ist unmöglich. Einem Unbeteiligten würde ich empfehlen, einmal zu überprüfen, ob sich auch nur ein einziger Fall findet, wo der Tod oder die Einschüchterung eines Menschen irgendwem bei Yukos einen offensichtlichen, spürbaren Gewinn verschafft hat. Und man soll mir nicht mit Wladimir Petuchow kommen.* Das ist ein reines Hirngespinst, ein Produkt von kleinkarierten Vorstellungen.

* Wladimir Petuchow, Bürgermeister der Stadt Neftejugansk, wurde am 26. Juni 1998 ermordet. Die Zeugen des Verbrechens konnten ein Phantombild der Straftäter anfertigen. Später konnten sie zwei verhaftete Verdächtige namens Popow und Prichodko identifizieren, die laut einigen Medienberichten einer kriminellen Vereinigung aus Kamyschin angehörten. Einige Zeit später wurden Popow und Prichodko aus der Haft entlassen und kamen schon bald unter ungeklärten Umständen ums Leben. Das Verfahren wurde wegen des Todes der Hauptverdächtigen eingestellt. 2003 ließ die Generalstaatsanwaltschaft Alexej Pitschugin, einen Mitarbeiter des Yukos-Sicherheitsdienstes, verhaften. Die Akte über den Mord an Petuchow wurde nach Moskau gebracht, und im Juli 2005 wurde Anklage gegen Pitschugin erhoben. Die Staatsanwaltschaft warf ihm vor, den Mord am Bürgermeister von Neftejugansk und seinem Leibwächter organisiert zu haben. Zwei Männer namens Zigelnik und Reschetnikow nahmen den Mord auf sich. Dabei entsprachen weder ihre äußerlichen Merkmale noch ihr Alter auch nur annähernd den Beschreibungen der Zeugen des Mordes. Während des Verfahrens gegen Leonid Newslin 2008 gab Zigelnik zu, Pitschugin und Newslin auf Verlangen der Ermittler bezichtigt zu haben, die ihm dafür eine Verkürzung seiner Haftzeit versprochen hätten, was sie jedoch nicht eingehalten hatten. Die Anklage behauptete dennoch weiterhin, Pitschugin habe diese und andere Mordanschläge im Auftrag des ersten Vizepräsidenten von Yukos, Leonid Newslin, organisiert. (Anm. Natalija Geworkjan)

Kapitel 7

Was dagegen die Bestechungen und Manipulationen angeht, die man den Unternehmern auch vorwirft, wundere ich mich eher, dass das für uns nicht zur Normalität geworden ist. Schließlich hatte unsere gesamte sowjetische Erfahrung gezeigt, dass Bestechung und Manipulation zum Alltag gehören. Ich finde es lächerlich, wenn Leute in unserem Alter so tun, als wäre ihnen das neu. Beim Arzt fing das an, beim Schlosser der Hausverwaltung oder bei der Sekretärin. Das waren Kleinigkeiten? Eine Tafel Schokolade, die gerade mal einen Rubel kostete? Immerhin waren das 0,5 Prozent des durchschnittlichen Monatseinkommens. Im Fall von Yukos wäre das Äquivalent 1,5 Millionen Dollar gewesen. Bei mir durfte nie jemand so mit Geld um sich werfen.

Irgendwann kommt einfach der Moment, wo man dem Erpresser sagt: Verp... dich! Ich kann meinen Wasserhahn auch selber reparieren. Warum? Weil man anfängt zu spüren, wie dieser ganze Vorgang die eigene Würde verletzt. Und man denkt: Warum sollte ich mir Gewalt antun? Was soll das, habe ich etwa nicht genug zum Leben? Brauche ich den einen Rubel mehr wirklich so dringend? Die eine Million? Oder Milliarde? Nein? Wozu dann also? Und das war's. An diesem Punkt sagt man seinem alten Bekannten: Lass uns unsere Zusammenarbeit beenden. Du willst was verdienen, ich will es aber nicht, zumindest nicht so. Das Schlüsselwort lautet: Würde. Es gibt sicher auch noch andere Gründe. Aber die sind sekundär.

## Die Pfandauktionen

Ob Sie es glauben oder nicht, aber an die Geschichte der Pfandauktionen im weiteren Sinne erinnere ich mich nicht besonders gut. Womöglich wurden die meisten Verhandlungen ja von meinen Kollegen geführt? Ich weiß noch, wie der Bankier Wladimir Potanin damals diese Geschäftsform vorschlug: Wir gewähren der Regierung Kredit, als Pfand erhalten wir Aktien, und dann, wenn alles gut läuft, lösen wir die Aktien durch Zuzahlung aus. Und weiter erinnere ich mich, wie jemand mit einer Liste ankam, ich glaube, es waren rund 800 Unternehmen, die nach diesem Schema versteigert werden sollten.

Das praktische Interesse der Regierung war mir absolut klar: Die Wahl stand vor der Tür,* und die »roten Direktoren« versagten entweder oder sabotierten vorsätzlich, je nachdem. In der Ölindustrie, um ein Beispiel zu nehmen, ging die Förderung zurück, die Betriebe zahlten keine Löhne und keine Steuern mehr, es hieß einfach »wir haben kein Geld«. In dieser Situation reichte es nicht, einfach einen Direktor zu entlassen und einen anderen dafür einzusetzen. Man hatte ja auch Angst. Was, wenn die Entlassenen einen Streik provozierten? Oder sich einfach weigerten, der Anordnung Folge zu leisten? Bei den damaligen »Industriegiganten« war so etwas durchaus denkbar. Was, wenn auch »der Neue« nicht zurechtkam? Und schließlich, woher sollte man all die Neuen nehmen?

Und währenddessen tickte die Uhr... Wer damals bei der Regierung vorsprach? Einige Direktoren, die es geschafft hatten (Wladimir Bogdanow, Wagit Alekperow, um abermals bei der Ölindustrie zu bleiben), und etwa fünfzehn Großunternehmer, die schon bewiesen hatten, dass sie derartige Projekte schultern konnten. Ihnen trug man nun an, das »Ding zu schaukeln«.

Zur Sicherheit wurden die Unternehmen nicht sofort übereignet, sondern erst nach einer »Probezeit« von rund einem Jahr. Geld spielte keine besondere Rolle, da klar war, wer wie viel hatte. Die Bedingung war einfach: Ihr gebt alles, was ihr habt, und nehmt, so viel ihr bewältigen könnt. Kommt ihr klar und es gibt keine dramatischen politischen Veränderungen, dann habt

---

* 1996 lagen die Kommunisten in allen Umfragen vorn, die Chancen der Demokraten schienen minimal zu sein, und Jelzins Popularitätswerte schwankten zwischen drei und sechs Prozent. (Anm. Natalija Geworkjan)

ihr im großen Stil gewonnen. Kommt ihr nicht klar oder es vollziehen sich politische Veränderungen, steht ihr nackt da. Alles war unmissverständlich und ehrlich.

Oft hört man, an Ausländer hätte man teurer verkaufen können, aber das ist lächerlich. Damals, zu solchen Bedingungen? Niemand war so verrückt. Nicht einmal die Spekulanten. Wir haben Dutzende von Verhandlungen geführt, auf der Suche nach Partnern, die das Risiko mit uns teilen wollten. Niemand war dazu bereit!

Ich habe persönlich mit Edmond Safra gesprochen, dem Chef und Miteigentümer der Banque Indosuez in Genf, der abwechselnd in Frankreich und Monaco lebte. Aber auch mit anderen Ausländern. Und was sagten sie mir? »Kommen Sie nach der Wahl wieder!«

Wie viel die Assets »wirklich« wert waren? So viel, wie man zum damaligen Zeitpunkt für sie zu zahlen bereit war. Und keine Kopeke mehr. Zu einer anderen Zeit und unter anderen Umständen wäre die Summe eine andere gewesen. 1997 bezahlte ich für die Aktienmehrheit der VNK über eine Milliarde Dollar. 1995 hätte ich vielleicht 100 bis 150 Millionen geboten. Vielleicht auch weniger. Und 2007, wenn man vom Preis für den Verkauf der Tomskneft von Rosneft an Gazprom ausgeht, drei bis vier Milliarden.

Hätte man die Geschäftsabschlüsse für den Staat lukrativer gestalten können? Wahrscheinlich ja. Ohne Aktienmehrheit wäre ich niemals eingestiegen, weil es hier auf das Management ankam, und wenn die Leitung nicht fest in einer Hand gelegen hätte, hätten sich die anstehenden Aufgaben nicht bewältigen lassen. Aber eine Aktienmehrheit hat man schon mit 51 Prozent, der Staat dagegen verkaufte 78 Prozent. 27 Prozent hätte man folglich in so etwas wie einen Pensionsfonds umschichten können.

Warum das nicht gemacht wurde? Ich weiß es nicht. Ich persönlich habe nicht darum gebeten. Ich brauchte die Kontrolle, und ob die Kontrolle nun mit 78 Prozent oder 51 Prozent zu haben war, spielte damals keine so große Rolle. Vielleicht hatten ja nach den Wahlen alle ein bisschen den Verstand verloren. Ich weiß es nicht. Wir verständigten uns über die Kontrolle, aber den Umfang der Anteile besprachen wir nicht, sie hätten also durchaus noch etwas »an der Schraube drehen« können.

Von all den Lügen über die damaligen Preise habe ich wirklich genug. Dass ich schweige, heißt nicht, dass ich nichts dazu zu sagen hätte! Die Stimmen aus dem Ausland, die behaupten, man hätte »an strategische Investoren verkaufen« können … Bei Yukos war seit den frühen neunziger Jahren Amoco mit von der Partie, als Partner auf dem Ölfeld Priobskoje. Denen wurden 50 Prozent des Ölfelds kostenlos angeboten. Für einen Kredit von der Weltbank in Höhe von 500 Millionen Dollar zur Erschließung. Sie haben nicht eingeschlagen, sondern endlos auf Zeit gespielt. Sie wollten warten, bis die Risiken »kontrollierbar« wurden. Ich verstehe sie nur zu gut. Aber warum dann jetzt so tun, als hätte es damals ein ganzes Heer von Interessenten gegeben? Ich kenne nur einen wirklichen Interessenten aus dem Ausland: Kenneth Dart.* Er kaufte tatsächlich. Er zahlte aber weniger als wir, weil er früher gekommen war. Unsere Preise waren für ihn schon »zu teuer«. Je größer das Risiko, desto kleiner der Preis.

In Russland wird behauptet, es habe viele einheimische Interessenten gegeben. Aber wer soll das denn gewesen sein? Alfa, Inkom? Die boten kein Geld, sondern staatliche Schatzanweisungen.**

---

\* Kenneth Dart war Minderheitsaktionär in mehreren von Chodorkowski gekauften Unternehmen. (Anm. Natalija Geworkjan)
\*\* Das Bündnis aus Alfa- und Inkom-Bank schaltete sich in letzter Minute in den Kampf um Yukos ein, die Banken boten an, die verbindliche Anzahlung in Form von staatlichen Schatzanweisungen zu hinterlegen. (Anm. Natalija Geworkjan)

Doch darum geht es gar nicht. Die Rede war von demselben Preis, 350 Millionen Dollar. Eine größere Summe hätte man einfach nirgends auftreiben können. Das war auch nicht das Ziel. Was bedeuten schon 50 oder 100 Millionen Dollar mehr, wenn man ab sofort monatlich 100 bis 200 Millionen Dollar Steuern zahlen muss? Und jeden Monat Gehälter von 50 Millionen Dollar! Und dabei nicht zulassen darf, dass die Produktion weiter zurückgeht.

Eine beliebte Lüge ist auch, dass das Geld für die Privatisierung vom Finanzministerium gekommen sei. Nichts dergleichen! Das Finanzministerium hatte zwar Geld auf unseren Konten, diese Bestände dienten aber auch als Sicherheit für den Kredit. Die Bilanz ging auf null! Das Geld kam vielmehr von Bankierskollegen und aus der Rüstungsindustrie (aus Exportverträgen). Ja, einige Leute aus der Rüstungsindustrie hatten damals ziemlich viel Geld, sie waren unsere Kunden und freundschaftlich gesonnene Partner. Die Leute aus dem Verteidigungssektor halfen uns – weil wir versprochen hatten, ihnen im Fall eines Falles auch zu helfen. Formal gesehen, ging es um eine Bankeinlage mit einer Laufzeit von über einem Jahr. Den Bankiers hatten wir versprochen, ihnen einen Teil der Yukos-Konten zur Betreuung zu überlassen. Formal gesehen, gaben sie uns Kredite. An die konkreten Bedingungen erinnere ich mich nicht mehr, aber sie waren ganz normal. Menschliche Bedingungen, kein Wucher.

»Wir haben alles versetzt«

Um noch einmal auf das Jahr 1995 und die Liste zurückzukommen – woran ich mich erinnere, ist, dass wir alle jammerten, als uns der Umfang des Problems klar wurde. Ich meine die Liste der Unternehmen, die sich der Regierung gegenüber offiziell für außerstande erklärt hatten, Steuern und Gehälter zu zahlen und das Produktionsniveau aufrechtzuerhalten. Da standen, meine ich, 800 der größten Unternehmen des Landes, deren Namen man noch aus sowjetischen Zeiten im Ohr hatte.

Ich hatte ursprünglich, nach Beratung mit meinen Spezialisten, fünf Objekte ausgewählt. Wobei nur ein wirklich großes dabei war: Yukos. Mit der Zusicherung eines meiner Mitarbeiter, dass wir uns mit der Leitung von Yukos schon einigen würden (ich kannte die Leute damals überhaupt nicht). Die Verhandlungen führten zunächst Andrej Glagowski von unserer Seite und Juri Golubew von der anderen Seite. Später kamen sowohl ich als auch Sergej Murawlenko dazu. Die wesentlichen Bedingungen waren bereits abgesprochen. Sie bestimmten den Kapitalanteil, der dem früheren Team überlassen wurde, und sahen vor, dass Murawlenko sein Amt als Präsident behalten konnte.

Später haben wir, glaube ich, auf einen Teil der Objekte verzichtet, weil wir unsere Kräfte bis dahin realistisch einschätzen konnten.

Warum ich ausgerechnet eine Erdölgesellschaft ausgewählt habe? Alle Produktionsbetriebe, die ich Gelegenheit hatte zu managen, hatten mehr oder weniger mit Chemie zu tun, also mit meinem ursprünglichen Fach. Eine Erdölgesellschaft ist natürlich nur zur Hälfte ein Chemieunternehmen, zur anderen Hälfte ist sie Geologie, Bau und Handel, aber die Chemie überwiegt. Nicht nur die Erdölverarbeitung, sondern auch die Aufbereitung und selbst die Förderung sind physikalisch-chemische Prozesse, Prozesse also, die ein Spezialist meiner Fachrichtung nachvollziehen kann. Auch meine Kollegen, Brudno und Newslin, waren Computerspezialisten mit einem Erdöl-Hintergrund, und Lebedew war Finanzexperte mit geologischem Fachwissen. In der Erdölwirtschaft waren wir somit zwar nicht zu Hause, aber immerhin nicht fremd. Ich hatte außerdem ja auch unter Lopuchin im Energieministerium gearbeitet und kannte deshalb sowohl die Lage in der Branche als auch die Leute dort.

Kapitel 7

Was Management-Fragen betrifft, halfen mir mein Zweitstudium sowie meine Erfahrungen als Unternehmer (1996 war ich bereits neun Jahre im Geschäft). Dennoch heuerte ich zwei bedeutende Unternehmen an, die beim Aufbau eines Verwaltungsmodells helfen sollten: McKinsey und Arthur D. Little. In finanziellen und wirtschaftlichen Fragen half uns die Firma Andersen Consulting.

Hätte mir das Verwaltungsmodell irgendeines der in Russland vorhandenen Erdölunternehmen zugesagt? Nein. Lukoil war die Firma, die noch am ordentlichsten geführt wurde, aber sie war auf die Person ihres Chefs Wagit Alekperow zugeschnitten. Mir entsprach das nicht. Ich habe immer zu einem stärker »verwestlichten« Ansatz geneigt. Sibneft allerdings wurde später zu einem sehr ordentlich geführten Unternehmen.

Insgesamt haben die Teilnehmer der Pfandauktionen weit weniger als ein Drittel der Liste »übernommen«. Der Rest krachte in einen finanziellen Abgrund, aus dem er bis Ende 1999 nicht wieder herauskam. Man denke nur an die VNK. Diese vergleichsweise kleine Firma (ein Viertel von Yukos) hatte eine Steuerschuld von 400 Millionen Dollar, was 1997 eine gewaltige Summe war. Ein Teil der Unternehmen ging einfach zugrunde.

Aber eine ganze Reihe von Schlüsselunternehmen wurde operativ wieder auf die Beine gestellt. Innerhalb eines halben Jahres. »Auf die Beine« ist natürlich sehr relativ. Fürs erste wurden die Lohn- und (in hohem Maß) auch die Steuerzahlungen wieder aufgenommen, der Rückgang der Förderung gestoppt und die Arbeit der Zulieferer wieder in Gang gebracht. Alles andere kam später.

Ich werde manchmal gefragt, warum sich Premierminister Tschernomyrdin für die Interessen unserer Gruppe eingesetzt hat. Dass er sich für uns eingesetzt hätte, ist mir neu. Tatsächlich bestellte er mich gelegentlich zu sich, aber das waren einfach Gespräche zwischen einem Minister und einem Kandidaten für das Amt des Generaldirektors einer großen Branchenvereinigung. Tschernomyrdin kannte mich von der Arbeit im Energieministerium, wenn auch nur oberflächlich. Ich denke, dass ich ihm in dieser Situation wie der Beste unter lauter schlechten Kandidaten vorkam. Er kannte, glaube ich, auch Murawlenko und hegte Sympathien für ihn, vielleicht in Erinnerung an dessen Vater. Wenn Murawlenko gesagt hätte, dass er selbst zurechtkommt, hätte Tschernomyrdin mich nicht »ernannt«. Aber offenbar hat Murawlenko nichts gesagt. Ich weiß es nicht. Wir haben nie darüber gesprochen.

Um auf die Entscheidung, Yukos zu kaufen, zurückzukommen: Nachdem wir eine erste Auswahl getroffen hatten, machten wir uns daran, mit dem Management zu verhandeln. Sie willigten ein. Warum? Ich denke, es war ihnen klar, dass sie es alleine nicht packen würden. Es gab kein Umlaufvermögen, alle Unternehmen waren umringt von Banditen, die Leute waren aufgebracht. Murawlenko fuhr überhaupt nicht mehr nach Jugansk; auch mit mir fuhr er nicht hin – verständlicherweise. Können Sie sich vorstellen, wie die Lage in Jugansk war, wenn die Lohnzahlungen sechs Monate im Rückstand waren? Wenn überhaupt keine Steuern mehr gezahlt wurden? Genau so war die Lage. Es war Gewitterstimmung.

Auch aus technischer Sicht war die Situation alles andere als gut. Gegenüber den Spitzenwerten Ende der achtziger Jahre (75 Millionen Tonnen) war die Fördermenge 1996 auf ein Drittel (25 Millionen Tonnen) gesunken. Das Problem war also nicht nur der Rückgang der Einnahmen. Die gesamte Infrastruktur (sowohl im sozialen Sektor als auch in der Produktion) war auf 75 Millionen Tonnen ausgelegt, gefördert wurden aber nur 25! Und dennoch musste alles unterhalten werden. Man konnte die Leute ja nicht einfach aus den Städten verjagen (von denen es immerhin drei gab), und die Anlagen ließen sich ebenfalls nicht dreiteilen. Mit den Rohrleitungen – und davon gab es in Jugansk über 20 000

Kapitel 7

Kilometer – sah es noch schlechter aus. Werden die Rohre nicht vollständig befüllt, spaltet sich die Wasser-Öl-Emulsion auf, und Wasser und Salz fließen »als Rinnsal« im unteren Teil des Rohres entlang. Das Rohr wird innerhalb weniger Monate praktisch wie mit einer Fräse zerschnitten (die sogenannte »Rinnsalkorrosion«). Das Ergebnis sind endlose Brüche, der Stillstand der Arbeiten und Strafzahlungen wegen Umweltvergehen. Und das war nur ein Teil der Probleme.

Für uns war das eine schwierige Entscheidung. Wir haben diskutiert, ob wir es schaffen würden oder nicht. Jeder sprach für seinen eigenen Bereich. Ich für die Verwaltung, Leonid Newslin für Public Relations und Government Relations, Platon für die Finanzen und so weiter. Wir kamen zu dem Schluss, dass wir es schaffen können.

Wir haben sozusagen »alles versetzt«. Wäre es nicht aufgegangen, hätten wir nackt dagestanden und wären zudem zum Schuldner etlicher wichtiger Strukturen geworden, einschließlich Banken und Rüstungsbetrieben.[*]

---

[*] Dazu ein Zitat aus den Gerichtsunterlagen des zweiten Prozesses, vom 11. 5. 2010: Staatsanwalt Waleri Lachtin: »Sie haben behauptet, Sie hätten für das Geschäft einen Pool von Geschäftspartnern aus den Managern und Finanzleuten der Firma zusammengestellt, nach Ihren Angaben waren es elf Personen. Können Sie diese elf Personen namentlich benennen?« Michail Chodorkowski: »Dann fange ich bei mir an. Außerdem Platon Leonidowitsch Lebedew, Newslin, Dubow, Brudno… Glagowski, Generalow, Golubew, Murawlenko, Iwanenko, Kasakow. Ich schließe nicht aus, dass ich mich bei einem Namen jetzt geirrt habe, Eurer Ehren.« Staatsanwalt Lachtin: »Um diese Frage weiterzuführen: Welchen Betrag hat jeder der Genannten zur Beteiligung an der Auktion beigesteuert, und welchen Betrag hat die Gruppe insgesamt geboten?« Michail Chodorkowski: »In meiner Aussage habe ich gesagt, dass das Geschäft eine Standardvariante für derartige Geschäfte darstellte: Das Management kauft Aktien des eigenen Unternehmens auf. Natürlich verfügt das Management nicht über die Geldmittel, die für den Kauf solcher

Unternehmen erforderlich sind. Dafür werden Finanzinstitutionen hinzugezogen. Das Geschäft wurde durch Kreditinstitute finanziert, die ich im Rahmen meiner Aussagen auch benannt habe: die Menatep-Bank, die Stolichny bank sberezhenij und die Most-Bank. Dazu kamen auch noch andere Finanzinstitute. Die Gesamtsumme des Geschäfts ... ich kann jetzt leider ohne Unterlagen das Geschäft nicht exakt aufschlüsseln ... Es verlief in drei Etappen, da gab es ein Stück, das im Rahmen der Pfandauktion erworben wurde, dann im Rahmen einer Investitionsausschreibung und ein weiteres Stück, als per Erlass Jelzins Aktien zur Begleichung der Schulden des Unternehmens emittiert wurden. Die Gesamtsumme betrug, soweit ich das jetzt in Erinnerung habe, 350 Millionen Dollar. Und zwar ohne Berücksichtigung des Investitionsprogramms. Euer Ehren, worauf ich gern aufmerksam machen möchte: Für diese Summe erhielten wir die Aktien eines Unternehmens, das nicht in der Situation von 2001 war, sondern in der von Ende 1996. Das heißt, der Firma gehörten zwar die Aktienmehrheiten an den Tochterunternehmen in Förderung, Verarbeitung und Vertrieb, aber diese Pakete machten nur 38 Prozent der Gesamtmenge der Aktien aus. Nicht darunter war die VNK, die wir später erwarben, nicht darunter waren auch die Angarsk Refinery und etliche andere Unternehmen. Darüber hinaus hatte das Unternehmen beträchtliche Schulden: etwa zwei Milliarden Dollar. Das betraf besonders Yuganskneftegaz, und wir haben diese Schulden getilgt. In den Jahren 1995 und 1996 ergab sich für uns auch deshalb ein schwerwiegendes Problem, weil die ausländischen Banken uns die Kredite verweigerten. Staatsanwalt Lachtin bringt hier die Ereignisse von 1995/1996 und die Ereignisse von 1997/98, als Yukos selbst und die Menatep-Bank tatsächlich schon ausländische Kredite erhielten, etwas durcheinander. Die Ereignisse von 1997/1998 stehen unter anderem mit dem Erwerb der VNK in Zusammenhang. In den Jahren 1995 und 1996 bekamen weder wir (die Finanzpartner in diesem Geschäft) noch das Management von Yukos Kredite von ausländischen Banken. Die Kredite, die wir zur Finanzierung des Geschäfts erhielten, kamen von russischen Banken. Die Banken, an die ich mich mit Gewissheit erinnere, habe ich genannt. Keine der ausländischen Banken war bereit, sich auf das Geschäft einzulassen – alle erwarteten bei den Wahlen 1996 einen Sieg der Kommunisten. Und die Kommunisten hatten ihre Position in dieser Frage klar und deutlich erklärt, sie hatten erklärt, dass sie eine Nationalisierung ohne Entschädigungen durchführen würden.«

In diesem Zusammenhang erinnere ich mich auch an eine unangenehme Situation: Nach unserem Erfolg, als wir zur Klärung der Formalitäten übergegangen waren, beschlossen einige unserer Kollegen, ein wenig »mitzuspielen«. Die Einmischungsversuche des Bündnisses aus Alfa, Inkombank und Russian Credit, die kein Geld, sondern staatliche Schatzanweisungen boten, habe ich oben bereits erwähnt. Da sich dieser ganze Vorgang über mehrere Etappen hinzog, vergaben wir zunächst (vor den Wahlen) den Kredit und lösten danach erst die Aktienpakete aus. Und so mussten wir in der ersten Etappe nicht nur Geld riskieren, sondern auch unsere Verpflichtungen gegenüber der Regierung erfüllen (also eine soziale Explosion verhindern und mit der Begleichung der Steuerschuld beginnen); dann erst konnten wir die Anteile auslösen.

Der Kaufpreis und die Investitionszusicherungen sind zwei verschiedene Dinge. Der Preis blieb unverändert, aber die Investitionszusicherungen hoben wir tatsächlich an. An dieser Stelle ging es darum, ob wir die Zahlung leisten können – die Höhe der Investitionszusicherungen spielte an sich keine große Rolle, denn real brauchte man deutlich mehr Geld. Faktisch mussten wir bis Ende 1997 etwa 1,5 Milliarden investieren.

Ich bin überzeugt, dass sich die Kollegen nicht deshalb bemerkbar machten, weil sie an unsere Stelle treten wollten – das war auch nicht realistisch, da sie damals gar nicht vorhatten, in irgendeine Produktion einzusteigen –, sondern um uns zu schwächen und unsere Inkompetenz zu beweisen. Das mag unglaubwürdig klingen, aber ich kenne meine Gegner. Sie waren ausgesprochen vorsichtig, und viel Geld in eine Struktur mit Schulden von mehreren Milliarden zu pulvern, wo die Exekutivposten mit Leuten besetzt waren, die eine Großbank hinter sich hatten... Nein, dafür hätte man schon verrückt sein müssen.

Weitaus logischer war es, die Situation zur Schwächung eines Konkurrenten auszunutzen. Es würden schließlich weitere Ausschreibungen folgen. Auf diese Weise ließ sich eine Tausch-Situation schaffen. Und auch »Greenmail« war immer noch möglich.*

Aus diesem Grund legte ich die Abmachung so an, dass das investierte Geld tatsächlich »eingefroren« werden, das heißt, bis zum Vorliegen eines Ergebnisses angelegt bleiben musste. Eine Erpressung wird dadurch riskant: Man kann zwar das andere Unternehmen in den Bankrott treiben, aber man kann dabei auch sein eigenes Geld einbüßen. Zum Beispiel, wenn es für Steuerzahlungen herangezogen wird. Auf dieses Risiko haben sich die Kollegen nicht eingelassen.

Noch witziger ist im Übrigen, dass ich ohnehin nicht vorgehabt hatte, bei weiteren Auktionen mitzumischen (dafür reichten unsere Kräfte nicht), aber das konnten die anderen nicht glauben.

Die Regierung hielt sich an ihre Verpflichtungen, und unsere Gegner waren zu einem echten Einsatz nicht bereit – einem Einsatz, nach dem man sich entweder nur noch um die Produktion kümmert und dabei Erfolg hat, oder aber nackt von der Bühne geht.

Ich war dazu bereit. Deshalb haben wir gesiegt.

---

* Unter »Greenmail« (abgeleitet offenbar von »blackmail«, Erpressung, und »greenback«, der Bezeichnung für eine US-Banknote) versteht man eine Situation, in der ein größerer Aktienblock von einem feindlichen Unternehmen erworben wird. Das zwingt das von der Übernahme bedrohte Unternehmen, die Aktien gegen einen erheblichen Aufpreis zurückzukaufen, um die Übernahme zu verhindern. (Anm. d. Ü.)

NATALIJA GEWORKJAN

KAPITEL 8

# Vor dem Öl

1992 erwarb ich einen Privatisierungscoupon. Für 25 Rubel erhielt ich einen Schein mit einem Nominalwert von 10 000 Rubeln. Ich nahm ihn in die Hand, drehte ihn hin und her und legte ihn schließlich ins Regal. Später fragten mich die Nachbarn, was man damit anfangen könne, mit diesem Coupon. Ich wusste es nicht. Es war offensichtlich: Wenn ich, die ich bei einer der besten Zeitungen des Landes arbeitete, darauf schon keine Antwort hatte, lief hier unverkennbar etwas falsch. Ich ging also zum Leiter unseres Wirtschaftsressorts und fragte, was mit dem Voucher zu tun sei. Er sah mich an und sagte müde: »Roll ihn zusammen und steck ihn dir... soll ich ins Detail gehen, oder weißt du schon, wohin?« Ich hatte es erraten.

Eine klare Antwort, und doch eine falsche, weil ich nicht nur theoretisch, sondern auch praktisch die Coupons meiner Familie zusammenlegen und mir zum Beispiel ein Stückchen Gazprom hätte kaufen können. Für vier Familienvoucher hätte ich seinerzeit in Moskau 200 Gazprom-Aktien erhalten, in der Provinz sogar noch mehr. Theoretisch hätte ich daran mit der Zeit etwas verdienen können. Wenn diese Coupons heute zu haben wären, würde ich mich einfach an den Computer setzen, im Internet recherchieren, mich schlau machen – und schon wüsste ich, was zu tun ist. Damals gab es diese Möglichkeit in Russland noch nicht. Erst später, im Rahmen einer eingehenderen Recherche zur Geschichte der kleinen, bargeldlosen und der großen Privatisierung in Russland, die über Pfandauktionen, also auf Geldbasis lief, habe ich manches verstanden. Leute wie mich, die sich mit den Vouchern nicht auskannten, gab es zu Beginn der neunziger Jahre viele im Land. Dass man später abwertend von den »bösen Neunzigern« sprechen würde, war unter anderem ein Echo auf die Unfähigkeit der Reformer, sich den Menschen verständlich zu machen, was dazu führte, dass allzu viele von der Privatisierung nichts mitbekamen und betrogen wurden oder sich zumindest betrogen fühlten. In einem Land, in dem generationenübergreifend schlichtweg niemand wusste, was Privateigentum überhaupt war, hätte man das Verfahren und die Idee der Privatisierung auf jede nur denkbare Weise rund um die Uhr immer wieder vorbeten müssen.

Während solche Traumtänzer wie ich ihre Voucher unbedarft beiseitelegten oder sie vernünftigerweise (wie sie meinten) in einen Investitionsfonds brachten, von denen sich manche als gewöhnliche »Finanzpyramiden« entpuppten, gaben sich viele schlaue Typen aus der ehemaligen sowjetischen Nomenklatura, darunter auch die »roten Direktoren«, und junge Kapitalisten alle Mühe, die Chancen zu nutzen, die ihnen der Staat einräumte – ein Staat, der längst Schlagseite hatte und dem im Grunde keine Wahl und keine Zeit mehr zum Nachdenken blieb. Die »roten Direktoren« rissen sich die Unternehmen unter den Nagel, die sie schon zu sowjetischen Zeiten selbst geleitet hatten, doch sie wurden keineswegs immer zu effizient agierenden Eigentümern: Viele, die vorher im staatlichen Plansystem tätig gewesen waren, begriffen mehr schlecht als recht, was es bedeutete, unter Marktbedingungen zu arbeiten und tatsächlich Eigentümer zu sein. Auch die jungen Kapitalisten verstanden das erst gegen Ende der Neunziger allmählich, nachdem sie die Krise, den Verfall des Ölpreises, den Staatsbankrott und verschiedene Pleiten hinter sich gebracht hatten. Erst die, denen es nach all dem gelang, ihre Unternehmen in die Liga der Marktführer aufsteigen zu lassen, mauserten sich zu wirklichen Eigentümern.

Kapitel 8

Ihren Aufstieg zum »Everest« aber hatten sie in dieser Phase der Privatisierung begonnen, hinauf in die Riege der Milliardäre und Oligarchen, wie man sie nach den Präsidentschaftswahlen von 1996 zu nennen begann – ein Begriff, den übrigens Xenia Ponomarjowa eingeführt hat, eine meiner Kolleginnen beim *Kommersant*.

Irgendwann einmal fragte ich Beresowski, wieso aus der großen Menge von Geschäftsleuten der frühen neunziger Jahre nur so wenige zu Oligarchen wurden – zehn bis zwölf Personen, mehr nicht. Er sagte, Oligarchen seien diejenigen geworden, die sich den auf der Welle der Umverteilung des Eigentums hochgespülten Banditen nicht gebeugt hätten, die sich nicht unter die »Protektion« Krimineller begeben und Schutzgelderpressern keinen Tribut gezahlt hätten. Dann dachte er kurz nach und fügte hinzu: »Und die, die daran geglaubt haben, dass der Kapitalismus von Dauer ist.«

»Wenn man analysiert, womit unsere Oligarchen ihr Vermögen gemacht haben, zeigt sich in den meisten Fällen: mit der Schwäche des Staates. Mit seiner Untätigkeit, seiner Inkompetenz und verschiedenen Formen von innenpolitischem Chaos. Dass einzelne Banken so weit aufstiegen, dass sie den Staatshaushalt verwalteten, ist eine Folge der Inflationspolitik, eine Folge dessen, dass die Wirtschaft mit ungedecktem Geld vollgepumpt wurde. Das ist das Ergebnis einer fehlenden einheitlichen Wirtschaftsstrategie innerhalb der russischen Staatsmacht. Im Endeffekt kam dann alles zusammen, eines zum anderen. Der Staat war schwach, agierte stupide und war in Widersprüche und interne Intrigen und Zwistigkeiten verstrickt. Ein solcher Staat ist natürlich nicht imstande, die nötigen intellektuellen Ressourcen zu bündeln, um seinen eigenen Bedarf zu befriedigen. Wenn Sie sich dagegen den Privatsektor ansehen, werden Sie feststellen: Die Starken, Klugen, Gebildeten, Energischen und Gescheiten sind alle hier. Natürlich beginnen die privaten Strukturen unter solchen Umständen rasant zu wachsen, ihr Einfluss wird immer größer«, schrieb später einer der Architekten der russischen Privatisierung, Anatoli Tschubais, in seinem Buch »Privatisierung à la russe«.

### Neunundzwanzig Jahre

Chodorkowski war 1992 gerade 29 Jahre alt. So alt ist jetzt mein Sohn. Egal worüber mein Sohn und ich miteinander reden, es wird immer lustig. Plötzlich begreife ich, dass es einfach immer etwas zu lachen gibt. Von Chodorkowski dagegen sprechen alle irgendwie sehr ernst, als ob diesem rationalen jungen Mann überhaupt keine normalen menschlichen lustigen und absurden Geschichten passiert wären. Geradezu als wäre er kein Mensch, sondern ein Mechanismus zur Umwandlung von Geld in noch mehr Geld.

Wladimir Dubow: »*Das ist doch Quatsch, natürlich hat es das alles gegeben. Ich musste 1992 oder Anfang 1993 rasch die Verwaltung der Filialen und Tochterunternehmen übernehmen, weil die Arbeit der vorherigen Leitung völlig chaotisch gewesen war. Und dabei war ich mein Leben lang darauf bedacht gewesen, nichts leiten zu müssen. Aber Chaider ließ mich zu sich kommen, und nach gerade mal zwei Stunden hatte er mich geknackt. Bald darauf kam also eine junge Frau aus der Personalabteilung mit den Personalakten der Mitarbeiter zu mir und fing an zu erklären, wer wer ist. Und mir wurde klar, dass man rund 30 Prozent entlassen müsste. Ich frage sie aus: ›Und was macht der hier? Und dieser? Und dieses Fräulein?‹ Da höre ich: ›Dieses Fräulein macht nichts.‹ Ich sage: ›Ausgezeichnet, dann wird es also entlassen.‹ Die Personalabteilung geht zum Flüsterton über: ›Nicht doch! Sie hat doch ein Kind von Chodorkowski …‹ ›Was hat sie?‹, frage ich zurück. ›Sie hat ein Kind von Chodorkowski.‹ ›Ach so, na gut, sehr interessant … Aber‹, sage ich, ›für die Stellenkürzung merken Sie sie trotzdem vor.‹ Dann komme ich irgendwann zu Chodorkowski und sage: ›So, ich habe dich enttarnt. Jetzt weiß ich alles über dich. Du hast noch eine*

## Kapitel 8

*zweite Familie und ein Kind.*‹ ›*Was soll ich haben?*‹, sagt er. Also erzähle ich ihm, dass es da diese junge Frau Soundso gibt, die ein Kind von ihm haben soll, die Personalabteilung habe es mir offiziell mitgeteilt. Er hört mir zu, dann packt er das Telefon und wirft damit nach mir. Nicht so richtig, eher im Scherz. Und sagt: ›*Du hättest sie dir erst mal ansehen und das Ganze überprüfen sollen, bevor du den Mund aufmachst.*‹ ›*Gut*‹, sage ich, ›*ich werde das prüfen.*‹ Wir haben uns schiefgelacht. Irgendwann hab ich mir diese junge Frau dann doch mal angesehen, und da wusste ich, dass das nicht sein konnte. Ich sage also: ›*Mischa, ich hab sie mir angesehen, ich glaube, das Kind ist wirklich nicht von dir. Aber was ist denn das nun für eine Geschichte mit diesem Mädchen?*‹ Da erzählt er mir: ›*Bei uns hat mal so ein Dreckskerl gearbeitet, einer von diesen jungen Gaunern, im Prinzip kein schlechter Manager, aber er hat seine eigenen Verträge über uns abgewickelt. Er hat sie geheiratet, weil sie Moskauerin war und er die Zuzugsgenehmigung brauchte, und dann hat er ihr ein Kind gemacht. Als er zu Geld gekommen war, hat er sie verlassen, ist abgehauen, nicht einmal seine Telefonnummer hat sie. Damals ist sie zu mir gekommen. Sie tat mir leid, also hab ich sie als Sekretärin eingestellt.*‹ Eingestellt – und vergessen. Aber die Leute waren sich alle ganz sicher: Wenn er sie eingestellt hat, dann muss das Kind wohl von ihm sein. Und sie hat das auch nicht groß dementiert – schließlich brauchte sie auf die Art keinen Finger krumm zu machen und hat alle Stellenkürzungen überstanden. Wir haben gelacht. Nachdem ich die genaueren Umstände erfahren hatte, habe ich sie natürlich nicht rausgeschmissen, aber ich habe ihr zu tun gegeben.«

1992 fuhr das gesamte Menatep-Team in den Weihnachtsferien nach Amsterdam. Sie stiegen in einem Hotel im Rotlichtviertel ab. Die Männer besuchten, ohne ihre Frauen, eine Sex-Show. Erotik-Shows werden wohl bei allen sowjetischen Männern auf dem Programm gestanden haben, als sie gerade ihre ersten Reisen in den Westen machten. Vielleicht wird das auch so bleiben. Interessanterweise erzählte mir auch Wladimir Putin, er habe etwa in diesen Jahren mit Freunden eine Erotik-Show in Hamburg besucht, allerdings mit den Frauen. Und eine Dame sei dabei in Ohnmacht gefallen.

Für einen Besuch des berühmten Van-Gogh-Museums aber, wo die Frauen gern hinwollten, ließ sich nur Michail Brudno gewinnen. Und auch das aus einem recht speziellen Interesse heraus: Er wollte wissen, warum van Goghs Gemälde die teuersten sind.

Einige meiner Gesprächspartner erinnern sich, dass Chodorkowski auch außerhalb des Arbeitsumfelds immer im Mittelpunkt der Aufmerksamkeit stand, er war der Chef. Eine der Frauen der Gesellschafter sagte, sie habe sich in seiner Gegenwart ziemlich angespannt gefühlt. Besonders zu Beginn ihrer Zusammenarbeit, als sie sich eben erst in der Nachbarschaft niedergelassen hatten. Er tat nichts, übte keinerlei Druck aus, und doch konnte man sich nicht entspannen, wenn er da war, selbst wenn es ein Fest oder ein großes Essen gab. Mit der Zeit änderte er sich, ganz bewusst, sowohl in seinen Beziehungen zu Außenstehenden als auch zu seiner eigenen Familie. Olga Dubowa erinnert sich, wie Jahre später aus Anlass irgendeines Feiertags ein kleiner Kreis von Kollegen zusammengekommen war. Chodorkowski und mit ihm einige andere hatten noch einen Termin und kamen später. Alle saßen da, plauderten und warteten. Als Chodorkowski schließlich den Saal betrat, seien alle aufgestanden, berichtet Olga. »Weißt du, das hat mich verblüfft. Es war die Führungsriege des Unternehmens, die Partner, man war unter sich. Und diese Jungs sind ja alle auch nicht ohne, jeder hat seine Ambitionen. Aber Chodorkowskis Führungsrolle haben immer alle akzeptiert. Und da war überhaupt keine Kriecherei im Spiel. Diese Szene hat sich mir sehr gut eingeprägt. Alle standen auf. Und weißt du, was er gemacht hat? Er ging zu Inna und gab ihr einen Kuss.«

Laut Olga Dubowa legte Chodorkowski generell größten Wert auf die Familie und familiäre Werte. Die für das Milieu der neuen Russen so typischen – ich bitte das starke, aber treffende Wort

Kapitel 8

zu entschuldigen – »Hürchen« mochte er gar nicht. In diesem Zusammenhang erinnert sich einer meiner Gesprächspartner an eine witzige Begebenheit, als ein anderer Gesellschafter, der Abstinenzler und treue Familienmensch Wassili Schachnowski zu Chodorkowski kam und (ich vermute, im Scherz) zu ihm sagte: »Mischa, es wird Zeit, das Huren und Saufen in der Firma zu verbieten«. Worauf Chodorkowski ihm entgegnete: »Weißt du, ein, zwei Gläschen genehmige ich mir auch manchmal, und wenn wir erst das Huren verbieten, fürchte ich, dass von der ganzen Firma nur du und ich übrig bleiben.«

»Mischa arbeitet gern viel«

Zu Beginn der Pfandauktionen, 1995, hatte Menatep im ganzen Land bereits mehrere Dutzend Unternehmen aus sieben verschiedenen Wirtschaftszweigen aufgekauft – von der Nahrungsmittelindustrie bis hin zur Metallurgie.

Leonid Newslin: »*Die Voucher-Privatisierung und die Investitionsausschreibungen gaben uns noch vor den Pfandauktionen die Möglichkeit, ganz normale sowjetische Unternehmen in unseren Besitz oder Mitbesitz zu bringen. Mischas Traum war ja eine Wissenschafts- und Produktionsvereinigung,* * *sein Interesse an Industrieunternehmen ist daher nachvollziehbar. Dieses Interesse gab die Grundrichtung unserer industriellen Aktivitäten vor: Chemie, Glas, Metalle und so weiter. In den betreffenden Unternehmen wurde das Management ausgewechselt, die Geschäftstätigkeit wurde einem Audit unterzogen und die Abläufe optimiert. Die Unternehmen konnten im Großen und Ganzen weiterarbeiten. Wenn ich mich recht erinnere, gingen die Verkäufe erst so richtig los, als Yukos auf den Plan trat und wir einfach verkaufen*

---

* Nautschno-proiswodstwennoje objedinenie (NPO) – schon in der sowjetischen Wirtschaft übliche Form von Unternehmen oder Institutionen, die im Bereiche Forschung und Entwicklung tätig waren und ihre Entwicklungen gleichzeitig in der eigenen Produktion anwandten. (Anm. d. Ü.)

*mussten, weil uns die Kapazitäten fehlten, um alles zu bewältigen. Zu dem Zeitpunkt, als Rosprom gegründet wurde, besaßen wir etwa hundert Unternehmen! Mischa mochte es, wenn es viel Arbeit gab. Yukos kam aber auch mit zahlreichen eigenen Unternehmen an, und alles hätte man nicht schaffen können.*

*Wir hatten ja auch noch das Rohrwerk Wolga und die Avisma, die Barren und Produkte aus Titanlegierungen herstellte. Was wir nicht alles hatten! Einige Unternehmen verkauften wir, bei anderen überließen wir die Verwaltung externen Gruppen, wie bei Apatit, blieben aber weiter Miteigentümer. Apatit wird auch heute noch von derselben Gruppe verwaltet, aber unser Paket haben wir ihnen gleich nach Chodorkowskis Verhaftung zu einem recht bescheidenen Preis verkauft.«*

Am 1. September 1995 wurde die Verwaltungsgesellschaft der Menatep-Gruppe registriert, die Aktiengesellschaft Rosprom. Vorsitzender des Direktoriums wurde Menatep-Chef Michail Chodorkowski. Die Zeitung *Kommersant* schrieb damals, dies sei eine der wichtigsten Etappen bei der Herausbildung der Finanz-Industrie-Gruppe der Menatep gewesen: »Das ›Industrie-Imperium‹ der Bank ist so stark gewachsen, dass die Bank nicht mehr imstande ist, die laufende Tätigkeit und die Verwaltung der ihrer Kontrolle unterstehenden Unternehmen unter einen Hut zu bringen.« (*Kommersant*, 16. September 1995).

Vor einigen Jahren saß ein Unternehmer aus Nishni Nowgorod im Flugzeug neben mir. Wenn ich mich recht entsinne, gehörten ihm dort eine oder mehrere Druckereien – ein typischer mittelständischer Unternehmer. Chodorkowski war bereits in Haft. Wir kamen auf ihn zu sprechen, und der junge Mann sagte zu mir: »Na ja, diese Leute waren auch keine Engel. Wenn sie etwas brauchten, bekamen sie es. Auf verschiedenen Wegen. Die waren ziemlich aggressiv und deshalb nicht gerade beliebt. Sie haben ihr Geschäft so aufgebaut, dass viele Leute keine Sympathien für sie hatten.« Gleichzeitig sagte er, Chodorkowskis Verhaftung und

Verurteilung hätten ihn schockiert, er halte das für falsch, und viele seiner Unternehmerkollegen auch.

Leonid Newslin: »*Weißt du, die Einstellung der Leute uns gegenüber war überall verschieden, im Großen und Ganzen wurden wir mit der Leitung aber immer handelseinig. Unternehmensplünderungen oder andere harte Formen der Übernahme waren nicht unsere Sache. Manchmal gab es Probleme, wenn Konkurrenten auftauchten: Wir wollten, und jemand anders wollte auch.*

*Mir scheint, dass die Art und Weise, wie ein Unternehmen geführt wird, in vielem vom Charakter der Hauptperson geprägt wird, von seiner psychischen Konstitution. Mischa, scheint mir, neigt durchaus zu Kompromissen. Aber natürlich gab es auch Fälle, in denen wir im Konkurrenzkampf, wenn wir uns nicht einigen konnten, auf harte Methoden der Geschäftsführung zurückgriffen. Was heißt, dass wir ohne das Einverständnis der anderen Seite vorgingen. Zum Beispiel indem wir, wenn es zu keiner Einigung gekommen war, ein Unternehmen auf anderem Weg trotzdem kauften und es auch gegen einen Minderheitseigentümer, etwa in der Person eines ehemaligen ›roten Direktors‹, in unseren Besitz brachten. Manchmal inszenierten wir irgendwelche Ablenkungsmanöver. Zum Beispiel wollten wir seinerzeit daran verdienen, dass wir vorgaben, die Süßwarenfabrik Roter Oktober kaufen zu wollen. Wir haben also so getan als ob, haben allen einen Schrecken eingejagt und später das, was wir gekauft hatten, teuer an diejenigen verkauft, die tatsächlich Kaufinteresse hatten. Und damit haben wir Gewinn gemacht ... Solche Fälle gab es. Wir kauften Voucher auf, und für die Voucher kauften wir ein Unternehmen, ohne mit der Unternehmensleitung zu verhandeln, und dann setzten wir sie davon in Kenntnis, dass wir sie gekauft hatten. Wenn sie sich widersetzen wollten ...*«

Es wäre seltsam, wenn der Auftritt neuer Chefs in einem Unternehmen immer ruhig und ohne Exzesse abgelaufen wäre. Diese ersten Erfahrungen mit dem Kapitalismus waren für niemanden leicht. Weder für diejenigen, die in den Unternehmen arbeiteten und ihren völlig verständlichen Unmut angesichts der Rückstände bei Löhnen und Gehältern gern auf die neuen Hausherren übertrugen, obwohl die Probleme lange vor deren Ankunft entstanden waren. Noch für die neuen Inhaber, die durchaus nicht auf der Stelle zu effektiv agierenden Eigentümern geworden waren, aber sofort mit sämtlichen Problemen – von Schwierigkeiten bei der Produktion bis hin zu sozialen Fragen – konfrontiert wurden.

Michail Brudno: »*Bei einem Privatisierungsausschreiben erwarben wir ein Paket des Zellulosekombinats Ust-Ilimsk von 51 Prozent. Interessanterweise kam der Direktor vor der Ausschreibung selbst zu uns und bot uns an, den Betrieb zu kaufen; er sagte, er würde ihn auch weiterhin leiten und alles wäre wunderbar. Wir gingen in die Ausschreibung und gewannen, bei dem Unternehmen war aber in der Zwischenzeit der alte Direktor hinausgeworfen und ein neuer eingesetzt worden – die Mezhkombank (die Mitbewerberin der Menatep im Ausschreibungsverfahren) hatte in dieser Frage ihre eigenen Interessen. Rund ein Jahr zog sich die Geschichte hin, ehe wir endlich unsere Mehrheitsaktionärsrechte wahrnehmen konnten. Wir holten also den Direktor wieder zurück, der zu uns gekommen war. Nachdem er den Betrieb eine Weile geleitet hatte, sagte er:* ›*Das war's, das Geld ist alle.*‹ *Wir sagten ihm:* ›*Na gut, dann nimm einen Kredit auf.*‹ *Er nahm bei der Sberbank einen Kredit von zehn Millionen Dollar auf. Aber auch dieses Geld war bald aufgebraucht. Es war klar, dass wir selbst klären mussten, was dort eigentlich los war. Ich fuhr hin. Vor Ort wurde ich sogleich von streikenden Frauen in Beschlag genommen. Angestellte im öffentlichen Dienst: Lehrerinnen, Ärztinnen ... Ich kam ins Bürgermeisteramt, und da belagerten sie mich auch schon, schrien, wie schlecht alles bei ihnen sei, dass sie kein Geld hätten, um ihren Kindern einen Apfel zu kaufen. Ich glaube, sie hatten sich mit dem Bürgermeister verabredet. Zwei volle Tage saß ich dort fest und redete mit ihnen. Ich erklärte ihnen, dass ich nichts mit dem Ganzen zu tun hatte – bisher hätte ich ihnen noch nichts weggenommen, also könne ich ihnen auch nichts zurückgeben. Sie schrien:* ›*Ihr habt uns gekauft,* jetzt müsst ihr uns auch ernähren!‹ So ging das zwei Tage lang. Sie ließen mich nicht gehen. Ich konnte mich schließlich schlecht mit Frauen prügeln. Dabei haben sie mir noch zu essen gegeben, haben Töpfe von zu Hause angeschleppt und mich versorgt.

Als sie sich endlich einigermaßen beruhigt hatten, fuhr ich in den Betrieb. Auch dort hatten die Arbeiter beschlossen, die Betriebsleitung zu besetzen, mehrere tausend Menschen waren zu einer Kundgebung zusammengekommen. Bei dieser Kundgebung, mit diesen betrunkenen, wirklich sturzbetrunkenen Arbeitern musste ich nun also Klarheit schaffen. Die Leibwächter sagten mir: ›Ziehen Sie eine kugelsichere Weste an.‹ Aber wozu sollte das gut sein – hier würde man ja nicht erschossen, sondern eher totgetrampelt werden. Einen ganzen Tag war ich dann noch mit diesen Arbeitern zugange. Und als man ihnen ein, zwei Wochen später endlich ihren Lohn ausgezahlt hatte, war die ganze Stadt, aber wirklich die ganze Stadt mit leeren Wodkaflaschen zugemüllt. Sie haben alles für Wodka ausgegeben. Genutzt hat das Ganze also vor allem den Wodkalieferanten.

Mischa rief an und fragte, ob man mich retten müsse. Ich sagte, das sei nicht nötig.«

### Erdöl

Mitte der neunziger Jahre war die Ölförderung in Russland auf 300 Millionen Tonnen pro Jahr zurückgegangen (gegenüber 569 Millionen Tonnen im Jahr 1988). Die Länder der ehemaligen UdSSR und Russland waren wieder bei den Zahlen aus der Mitte der siebziger Jahre angelangt. Die alten Lagerstätten waren allmählich erschöpft, und für neue reichten weder das Geld noch die technischen Ressourcen. Bis 1991 war der Export von Rohöl auf die Hälfte des früheren Wertes geschrumpft. In der Struktur der Ölreserven hatte sich der Anteil von Öl mit hohen Wirkungsgraden drastisch verringert: von 88 Prozent seit Beginn der Erschließung Westsibiriens auf 25 Prozent zu Beginn der neunziger Jahre, über 60 Prozent der hochproduktiven Reserven waren aufgebraucht. Die Regierung dachte bereits darüber nach, was sie tun würde, wenn Russland sich angesichts dieses rapiden Einbruchs in der Branche irgendwann um die Jahrtausendwende in ein Ölimportland verwandeln würde.

Die staatliche Ölwirtschaft, die immer mehr ausgeplündert wurde und in deren Umfeld im Chaos der Veränderungen eine irrsinnige Anzahl von Firmen und Firmchen, viele unter der Kontrolle von Banditen, entstanden waren, hatte starke Schlagseite. Yukos war unter der Führung Murawlenkos in eine ernste Schieflage geraten, die Industrie in Nishnewartowsk ebenso. Lukoil dagegen nicht, und ich bin sicher, dass das zu einem großen Teil Wagit Alekperows Verdienst war. Lukoil war damals schon wie eine mehr oder weniger vernünftige Firma aufgebaut. Auch der Standort Surgut konnte sich aufrecht halten, wofür Wladimir Bogdanow Dank gebührt. Solche Direktoren gab es aber nicht viele.

Am 31. März 1995 schlug der Bankier Wladimir Potanin dem Staat vor, den Privatbanken gegen Gewährung von Krediten die Aktienmehrheit mehrerer äußerst attraktiver staatlicher Großunternehmen, unter anderem aus der Ölbranche, zu verpfänden. Bis zu den Parlamentswahlen blieb weniger als ein Jahr, bis zu den Präsidentschaftswahlen etwas über ein Jahr. Die Meinungsumfragen jener Zeit belegten, dass 63 Prozent der Bevölkerung im Land die wirtschaftliche Situation negativ bewerteten (Juni 1995), ebenso viele zeigten sich unzufrieden mit der allgemeinen politischen Lage im Land.

Der Vorschlag des Bankiers sah vor, dass der Staat nach Ablauf einer bestimmten Frist das Pfand entweder zurückgab und das Unternehmen zurückbekam oder aber das Pfand nicht zurückgab, so dass die Aktien Eigentum der Bank wurden. Alexander Liwschitz, Wirtschaftsberater von Präsident Jelzin, kam auf die Idee, als Termin für die Rückzahlung des Kredits oder den Übergang der Aktien in das Eigentum der Banken das zweite Halbjahr 1996 anzusetzen. Also nach den Präsidentschaftswahlen, die für den 16. Juni 1996 anberaumt worden waren. Diese Idee war interessant, wenn man bedenkt, dass Präsident Boris Jelzin das Jahr vor den Wahlen mit Popularitätswerten abschloss, die gegen null tendierten, während die Beliebtheitswerte der Kommunisten rasant zunahmen. Liwschitz' Vorschlag machte die Bankiers und Jelzin bei den Wahlen zu natürlichen Verbündeten, da den Bankiers bei einem Sieg der Kommunisten rein gar nichts geblieben wäre: Sie hätten weder ihr Geld wiedergesehen, noch die Aktien der Unternehmen behalten können, denn diese wären verstaatlicht worden. Bei den Pfandauktionen war damit also nicht nur eine wirtschaftliche, sondern auch eine politische Komponente im Spiel. Anatoli Tschubais bekannte in einem Interview gegenüber der Zeitschrift *Forbes*, er sei bis heute der Meinung, dass die »Pfandauktionen die politische Grundlage für die endgültige Zerschlagung der Kommunisten bei den Wahlen von 1996 schufen«.[*] Zum Verkauf standen nun die größten, von »roten Direktoren« geleiteten Unternehmen des Landes, von denen das Leben ganzer Regionen abhing und die gemeinsam mit diesen Regionen den Kommunisten hätten in die Hand spielen können. Die Risiken waren offensichtlich.

### Die Auktion

Die Pfandauktionen sind bis zum heutigen Tag das unter Experten am heftigsten umstrittene Thema. Im Westen wurden daraufhin schwere Vorwürfe gegen die russischen Reformen erhoben, da der Westen selbst bei der Aufteilung der lukrativsten russischen

---

[*] »Predstawlenie o sprawedliwosti u naroda my slomali vautschernoj priwatisaziej.« Pjotr Awen und Alfred Koch im Interview mit Anatoli Tschubais, in: *Forbes*, 27.8.2010.

Vor dem Öl

Wirtschaftsgüter nicht mit von der Partie war. Nach Chodorkowskis Verhaftung bekam ich in Europa und Amerika häufig zu hören, Chodorkowski hätte »für ein paar Kopeken« hervorragende Vermögenswerte erhalten, also sei es auch nicht weiter verwunderlich, dass der Staat sich diese Assets irgendwann wieder habe zurückholen wollen.

Wladimir Dubow: »*Leute aus dem Ausland können nicht begreifen, wie viel in dem Unternehmen, das wir kaufen wollten, gestohlen wurde, und wie groß die Probleme dort waren. Sie können sich überhaupt nicht vorstellen, was damals vorging. Sie glauben, wir hätten nichts Besonderes geleistet. Es ist einfach unmöglich, ihnen begreiflich zu machen, wie es wirklich war. Genauso unmöglich, wie heute irgendeinem normalen Menschen aus dem Westen zu erklären, dass man sich von den Baumaßnahmen zur Olympiade in Sotschi 70 Prozent der Kosten in die eigene Tasche stecken kann. Sie werden es einfach nicht glauben.*«

Ich bin mir sicher, dass keiner der direkt an diesen Auktionen beteiligten Bieter Interesse an einer Anwesenheit westlicher Konkurrenten hatte, allein schon deshalb, weil das Preisniveau ein anderes gewesen wäre und keiner der russischen Beteiligten mit ernsthaften westlichen Bietern hätte konkurrieren können. Dass im November und Dezember 1995 keine westlichen Bieter zur Privatisierung zugelassen wurden, war höchstwahrscheinlich das Ergebnis kollektiver Bemühungen. Ich bin mir allerdings nicht sicher, ob man sich im Westen schon unmittelbar Ende 1995 benachteiligt fühlte, als die Auktionen stattfanden und die Kommunisten bei den Duma-Wahlen triumphieren konnten, bei denen sie eine Mehrheit von 34,9 Prozent der Parlamentsmandate, also 157 Sitze, holten. Zum Vergleich: Die Partei des damaligen Premierministers Tschernomyrdin erhielt 55 Sitze. Einen weiteren Monat nach den Auktionen begrüßte die Creme des Weltkapitals den Führer der russischen Kommunisten in Davos als klaren Favoriten und beinah schon gekürten Sieger bei den bevorstehenden Präsidentschaftswahlen. Zu diesem Zeitpunkt

Kapitel 8

sah keiner der in Davos anwesenden Investoren Russland als attraktiven Wirtschaftsstandort. Zumindest wäre bei dieser politischen Konstellation wohl kaum ein ernstzunehmendes westliches Unternehmen, ein ernstzunehmender strategischer Investor bereit gewesen, selbst solche »Peanuts« wie die 350 Millionen Dollar für das Yukos-Pfand zu zahlen, die Menatep investierte. Allerdings würde ich davon trotzdem lieber nicht im Konjunktiv sprechen – denn schließlich muss man sich auch fragen, warum, wenn im Land alles so riskant war und die Dinge so schlecht standen, man nicht die Ausländer einfach selbst entscheiden lassen konnte, ob sie das Risiko eingehen wollten oder nicht. Wie man die Risiken aufstrebender Märkte kalkuliert, wussten sie ja. Aber diese Möglichkeit wurde ihnen verwehrt. Wirklich benachteiligt fühlten sie sich meiner Meinung nach aber noch nicht, als die Russen bei den Auktionen ihre Gebote machten, sondern erst nach Jelzins Sieg im Sommer 1996, als zusammen mit dem unterlegenen Sjuganow auch die Gefahr einer Verstaatlichung verschwand und die bei den Auktionen verkauften Assets auf einmal um ein Vielfaches attraktiver waren als zuvor.

Alfred Koch (damals Chef des Staatlichen Komitees für die Vermögensverwaltung und in dieser Funktion für die Durchführung der Pfandauktionen zuständig): »*Eine Beteiligung von Ausländern an den Pfandauktionen war per Erlass des Präsidenten verboten worden. Soweit ich weiß (und diese Information stammt von Ruslan Orechow, dem Chef der Rechtsabteilung der Präsidialadministration) war das die Position der Geheimdienste, die von Jelzins Sicherheitschef Alexander Korshakow artikuliert wurde. Wie Sie sich erinnern, war es damals in Mode, von der nationalen Sicherheit zu schwafeln. Mir war nicht klar, wie ausländisches Kapital die nationale Sicherheit Russlands beeinträchtigen sollte, nur weil ein Investor beispielsweise 38 Prozent der Aktien von Norilsk Nickel als Sicherheit erhält, und ob die nationale Sicherheit des Landes nicht stärker darunter litt, dass wir armselige Renten hatten und die Soldaten keinen Sold bekamen. Aber*

Vor dem Öl

*Sie wissen ja, dass es sinnlos ist, mit diesen Jungs von den Geheimdiensten in solchen Begriffen zu sprechen.*

*Es gibt allerdings auch eine Version, der zufolge Wladimir Potanin Korshakow so geschickt eingestimmt hatte, da er es ja auch gewesen war, der sich auf Seiten der Unternehmer für diesen Erlass stark gemacht hatte. Später hätte er dann alles auf Intrigen der Geheimdienste geschoben, während er in Wirklichkeit einfach nur Konkurrenten aus dem Weg geschafft und die Nachfrage gesenkt hatte. Das lässt sich jedoch leider nicht beweisen. Es sei denn, Korshakow selbst würde es zugeben ...*

*Fairerweise muss man aber sagen, dass die Ausländer auch nicht sonderlich scharf auf eine Teilnahme waren. Urteilen Sie selbst: Im Dezember (auf dem Höhepunkt der Pfandauktionen) endeten die Duma-Wahlen mit einem Sieg der Kommunisten, und Jelzin, der ein halbes Jahr später bei den Präsidentschaftswahlen kandidieren sollte, hatte Umfragewerte von fünf Prozent. Im Vorfeld des scheinbar unvermeidlichen Sieges von Sjuganow hatten es die Ausländer nicht eilig, der Jelzin-Regierung Kredite zu geben. Insofern war diese Auflage im Großen und Ganzen entbehrlich: Ein ernstzunehmender Zufluss ausländischen Kapitals war zu diesem Zeitpunkt wenig realistisch.«*

Michail Brudno: *»Was Yukos angeht ... Die Selbstkosten für die Förderung waren hoch, die Schulden wuchsen uns über den Kopf, der Ölpreis war niedrig. Jede geförderte Tonne Öl fuhr Verluste ein. Platon Lebedew jammerte damals: ›Ich will Öl nicht fördern, ich will es lieber irgendwo einkaufen, das wird billiger.‹ Ich glaubte ja selbst nicht daran, dass irgendwas dabei herauskommen würde. Zunächst einmal hatte ich gar nicht geglaubt, dass wir Yukos kaufen würden. Ich äußerte Zweifel, ob wir uns da überhaupt heranwagen sollten ... Weil es damals um die Erdölwirtschaft herum irgendwie stank. Überhaupt stank damals alles, aber im Umfeld der Erdölwirtschaft war es noch schlimmer. Und damit meine ich gar nicht einmal ein besonderes Risiko für Leib und Leben. Ich hatte den Eindruck, dass das ein Sumpf war, der alles hinunterzog, und nichts würde wieder herauskommen. Aber bald darauf hatte es schon keinen Sinn mehr, Einspruch zu erheben, weil die Vor-*

Kapitel 8

*bereitungen zum Kauf schon getroffen waren. Chodorkowski wollte das unbedingt. Für ihnen waren große Dimensionen wichtig, und Yukos war eine grundsätzlich andere Dimension.«*

Im russischen Staatshaushalt für 1995 waren Einnahmen in Höhe von einer Milliarde Dollar eingeplant, die aus der geldbasierten Privatisierung kommen sollten – der nächsten Etappe nach der Coupon-Privatisierung. Das Haushaltsdefizit in diesem Jahr betrug 29,5 Prozent. Gleichzeitig setzten die Kommunisten, nachdem sie zunächst den Haushalt unter Berücksichtigung der Einnahmen von einer Milliarde Dollar aus der Privatisierung bestätigt hatten, eine Änderung im Haushalt durch, die den Verkauf staatlicher Erdölgesellschaften an private Eigentümer untersagte. Eine Milliarde ließ sich damals jedoch nur mit dem Verkauf von Rohstoffassets erzielen. Und da schlug Wladimir Potanin das Verfahren der Pfandauktionen vor, mit dem sich das Verbot der Kommunisten im Grunde genommen umgehen ließ und das gleichzeitig die Möglichkeit bot, den Haushaltsauftrag in Sachen Privatisierung doch noch zu erfüllen. An diesem Verfahren waren daher alle außer der Opposition interessiert: die Regierung, die Großunternehmer, Jelzin, und bekanntlich auch die Leiter der »fallenden« Unternehmen.

Wladimir Dubow: *»Die Idee mit Yugansk stammte nicht von uns. Bei uns hatte mal ein junger Mann namens Andrej Glagowski gearbeitet. Mit ihm hatten wir das Geschäft ›Öl und Zucker‹ gemacht. Der Sinn bestand darin, dass wir Öl nach Kuba schickten und von dort Zucker bekamen. Also kauften wir die Quoten und begannen, das Geschäft abzuwickeln. Wir fanden einen Vermittler, eine österreichische Firma, die von Jugoslawen geführt wurde; unsere Aufgabe war es nun, das Öl zu beschaffen. Wir hatten die Exportquoten mit der Auflage bekommen, dass wir dafür Zucker einkaufen, ihn in die Regionen schaffen und verkaufen. Glagowski klapperte alle Erdölgesellschaften ab. Wir mussten Öl kaufen, das für den Binnenmarkt bestimmt war und das in unseren Händen dann zu Öl für den Export werden sollte.*

Vor dem Öl

*Aber niemand wollte es uns verkaufen, sie sagten uns: Verkauft uns lieber eure Quoten und verschwindet. Glagowski schaffte es schließlich, Öl bei Yugansk zu kaufen. Seitdem traf er sich regelmäßig mit Serjosha Generalow zum Abendessen, der zu diesem Zeitpunkt bei Yukos Vize-Präsident für Finanzen war. Als die Yukos-Leute anfingen, über eine Privatisierung nachzudenken, kamen sie zu Glagowski. Wir überlegten, etwas zu kaufen, und sie überlegten, wem sie sich ›hingeben‹ sollten. Es waren zwei aufeinander zulaufende Bewegungen.«*

Im November 1994 kam Konstantin Kagalowski, der bis dahin beim Internationalen Währungsfonds gearbeitet hatte, zu Menatep. Kagalowski war ein Finanzprofi. Als er bei Menatep anfing, war er 37 Jahre alt. Wann immer die Sprache auf den Kauf von Yukos kommt, schickt mich jeder, der sich auskennt, zu Kagalowski: Er war damals mit dem Projekt befasst. Alfred Koch erzählte, die damaligen Leiter von Yukos, Murawlenko und Kollegen, seien immer gemeinsam mit Kagalowski zu ihm gekommen. Chodorkowski hatte Kagalowski bereits 1991 kennengelernt, als die Regierung Gaidar noch stand.

Konstantin Kagalowski: »*Ich fand ihn als Mensch interessant, unkonventionell – das wurde später ganz offensichtlich. Ich würde nicht sagen, dass es schwer war, mit ihm zu kommunizieren. Nicht gerade leicht, aber auch nicht schwer: Er ist zwar nicht sonderlich offen, aber auch kein ganz schwerfälliger Typ. Als ich ihn kennenlernte, war ich Beamter im Rang eines Ministers, ein großer Fisch. Er berücksichtigte das im Umgang mit mir und verhielt sich absolut präzise. Weißt du, ich hatte in meinem Leben ja viele verschiedene Vorgesetzte, aber ich hatte auch von klein auf eine recht hohe Meinung von mir selber, und deshalb fühlte ich mich innerlich trotzdem oft als der Überlegene. Aber zwei Vorgesetzte, mit denen ich zu tun hatte, habe ich grundsätzlich wirklich als Vorgesetzte anerkannt – also als Leute, die imstande waren, Dinge genauer zu sehen, bessere Entscheidungen zu treffen als ich selbst, die ich für ihre professionellen und intellektuellen Qualitäten respektierte. Das waren Gaidar und Chodorkowski. Was Chodorkowski*

Kapitel 8

*bei der Regierung wollte? An die Einzelheiten erinnere ich mich nicht. Aber im Prinzip fand Unternehmertum ohne den Staat nicht statt. Jetzt ist das noch mehr so, aber damals war es nicht anders. Ohne Dialog mit der Regierung und gute Beziehungen ging es nicht. Und dann gab es noch das Umfeld, das ›Environment‹, das man erspüren musste. Ob mit der Haut oder mit einem anderen Sinn, aber man muss es erspüren. Eine der wichtigen Stationen, wenn du Großunternehmer sein willst, ist die Regierung – um zu verstehen, was die Leute wissen, was sie denken, was sie fühlen. Und damit meine ich jetzt gar nicht mal irgendwelche Lobbyarbeit, sondern einfach ein Gefühl für die Atmosphäre – die muss man kennen, sonst scheitert man.*

*Chodorkowski kam meist mit Newslin zusammen. Als ich sagte, dass ich den IWF verlassen und nach Moskau zurückkommen würde, bot Mischa mir an, bei ihnen zu arbeiten. Von allen Angeboten schien dieses mir das interessanteste.*

*Jetzt zur Privatisierung von Yukos. Damals wurden Geschäfte situativ gemacht. Weißt du, man sagt ja, dass Macht und Vollmachten nicht vergeben, sondern genommen werden – man hat genau so viel, wie man sich eben nimmt. So ungefähr sah es auch mit diesem Projekt aus. Ich fing einfach an, mich damit zu beschäftigen, die Privatisierung lag ja schon in der Luft, insofern war das ganz natürlich. Es war eine komplizierte Geschichte, das ging nur ganz allmählich. Zunächst gab es diese Idee, die irgendwie greifbar war, und Yukos schien aus mehreren Gründen ein geeignetes Objekt zu sein. Dann gab es natürlich langwierige Verhandlungen mit Murawlenko, Generalow und Iwanenko, und außerdem war da noch ein gewisser Juri Golubew, der inzwischen schon verstorben ist – formal gesehen war er Murawlenkos Berater, in diesem Prozess spielte er aber auf der Yukos-Seite eine wesentliche Rolle. Ich will nicht den gesamten Prozess kommentieren, der den Auktionen voranging. Der war schwierig und langwierig – die Verhandlungen zogen sich etwa ein halbes Jahr hin. Das ist so kompliziert, dass man es gar nicht erzählen kann. Sehr vieles war rein situativ. Wie soll man das erzählen? Ich habe nicht das Talent, hier eine PR-Version zu bringen. Du brauchst ja Insider-Informationen, aber alles kann man gar nicht erzählen.«*

Bemerkenswerterweise vertrat selbst der prowestlich eingestellte Tschubais zunächst die »patriotische« Position, der zufolge ausländische Investoren nicht zu den Auktionen zugelassen werden sollten. Angeblich versuchten irgendwelche ausländischen Unternehmer zwar dennoch, mit Geld in verschiedene Bieterkonsortien einzusteigen, doch es konnte vorkommen, dass solche Konkurrenten Besuch bekamen, der ihnen kurzerhand erklärte, dass die Ausschreibungsbedingungen in diesem etwas seltsamen Land sehr vage formuliert würden, was es in der Praxis ermöglichte, Gelder aus dem Westen zu konfiszieren, wenn bewiesen war, dass sie an der Auktion beteiligt gewesen waren. Und so zogen sich die Ausländer zurück.

Laut Kagalowski waren keine ernstzunehmenden ausländischen Firmen (zum Beispiel große westliche Erdölgesellschaften) bereit, sich an den Pfandauktionen zu beteiligen; risikobereit waren nur die Abzocker. »Die Abzocker sind noch schlimmer als die Russen.« Tschubais habe das verstanden und deshalb die Idee mitgetragen, keine Bieter aus dem Ausland zuzulassen.

Ich gebe zu, dass keiner meiner Gesprächspartner, mit denen ich über die Zeit der Privatisierung sprach, versucht hat, mir einen Bären aufzubinden und zu behaupten, es wäre alles tadellos, ehrlich, schön und wer weiß wie noch gelaufen. Zu hören bekam ich: »Diese Geschichte war für keinen der Beteiligten ein Ruhmesblatt« oder »Wer als Wolf geboren wurde, frisst eben Hasen« oder »Anständige Oligarchen gibt es nicht.« Einige sagten: »Was soll man denn machen, wenn die Regeln so sind?« Doch diese Regeln wurden genau in dieser Zeit gemacht, und nicht zuletzt von denen, die selbst am Privatisierungsprozess beteiligt waren.

Wladimir Dubow: *»Ich kann dir sagen, wie das lief. Die Bank war von 1990 bis 1995 sehr effizient, aber es war klar, dass die Unternehmen, die sie kontrollierte, mit der Zeit zu groß für sie werden würden.*

Kapitel 8

*Assets aus dem Produktionsbereich waren generell stark unterbewertet, deshalb würde es nach einer bestimmten Zeit lukrativ sein, die Vermögenswerte der Bank in Unternehmen zu stecken. Und da kamen erstmals solche Unternehmen wie Yukos auf den Markt. Dabei hatte von uns bis dahin niemand je im Ölsektor gearbeitet.*

*Zunächst kamen wir als Investoren. Viele sagen, wir hätten das Unternehmen praktisch umsonst bekommen, aber ich persönlich fand, das war ein Verlustgeschäft. Die Pfandauktion und die Investitionsausschreibung zusammen kosteten uns, wenn ich mich recht erinnere, rund 850 Millionen Dollar, und ich fand, das war zu viel. Niemand denkt darüber nach, wie viel Geld es damals im Land gab. Wenn man vom damaligen Marktvolumen ausgeht, war das eine gewaltige Summe. Einerseits kostete ein Glas Wasser natürlich weniger als ein Sack Gold, aber wenn man auf den Markt ging und anfing zu feilschen, konnte die Sache schon wieder anders aussehen. Es gab kein Geld im Land. Willst du wissen, wie der Preis festgelegt wurde? Nicht nach den Ölreserven, im Grundsatz wurde nämlich nur eines bewertet: wie viel man dem Käufer aus der Tasche leiern konnte. Willst du wissen, wie viel Yugansk damals wert war? Nichts war es wert. Da waren direkte Schulden (Löhne und Gehälter und Schulden gegenüber Auftragnehmern) in Höhe von einer Billion Rubel. Und nochmal so viele Steuerschulden. All das zusammen führte dazu, dass das Unternehmen einen negativen Wert hatte. Heute würde man die Reserven bewerten. Damals hätte man möglicherweise gar nicht überlebt, bis es an die Reserven gegangen wäre. Damals ging die Förderung jedes Jahr um 15 Prozent zurück, sodass es müßig war, von den Reserven und überhaupt von irgendwelchen normalen Kategorien zu sprechen.*

*Das war keine Marktbewertung, aber eine, die der realen Situation absolut angemessen war. Und ein Großteil unseres Teams war dagegen: ein insolventes Unternehmen zu kaufen und alle seine Schulden zu übernehmen, sodass man dafür mehr Geld zahlte, als man sich überhaupt vorstellen kann. Die Regierung verlangte die Zahlung der laufenden Schulden, weil Yugansk bis dahin drei Jahre lang gar nichts* *gezahlt hatte. Das Risiko, dass Yugansk uns umhauen würde, war sehr hoch. Weißt du, die Pfandauktionen werden ja nur aus einem einzigen Grund so gescholten: Weil es denjenigen, die daran teilnahmen, später so gut ging. Aber erstens ging es nicht allen gut und zweitens auch nicht sofort. Sidanco zum Beispiel ist zusammengebrochen.\* Die Sache ist ja ganz einfach: Ein Schiff ist untergegangen, ist wieder aufgetaucht, wurde überholt, die Ausrüstung wurde ausgewechselt, es wurde gestrichen – und auf einmal ist es richtig toll.*

*Angesichts der Preise, die bei den Auktionen festgelegt wurden, war es nicht vielen möglich, sich daran zu beteiligen. Im Großen und Ganzen waren fast alle, die es sich leisten konnten, mit von der Partie. Ob Tschubais und Koch klar war, dass sie damit eine Kaste von Auserwählten schufen? Die hatte sich ja bereits herausgebildet, mit den Bankiers zum Beispiel. Er brauchte einfach irgendwelche Eigentümer, um das bestehende System durchbrechen zu können, damit sie wenigstens irgendwie mit der Arbeit beginnen konnten, um die laufenden Steuern zu begleichen und die ungeheuren Schulden aus ausstehenden Renten- und Gehaltszahlungen zu bedienen, die sich beim Staat angehäuft hatten. Andernfalls hätte man bei den Wahlen erst gar nicht anzutreten brauchen. Ja, Tschubais verstand sehr wohl, dass er diesen zehn Leuten die Chance gab, etwas zu riskieren, und dass diese Leute, wenn sie Erfolg hätten, einen großen Gewinn machen würden. Ihn beunruhigte das nicht – zehn Großunternehmer auf ein riesiges Land. Und da soll mir auch keiner mit den Ausländern kommen. Erstens hinderte die politische Situation ausländische Akteure am Einsteigen. Und zweitens hätte keine vernünftige westliche Bank Yugansk gekauft – ein Unternehmen, dessen Schulden in der Summe so hoch wie zehn Jahresumsätze aus dem Ölverkauf waren. Es war ein unglaubliches Risiko. Und ein unglaublicher Deal, wenn man so will.«*

---

\* Die Siberian Far Eastern Oil Company existierte von 1994 bis 2005, seit 1999 gehörte sie zur Tyumen Oil Company. (Anm. Natalija Geworkjan)

Kapitel 8

Ein weiteres Argument der Privatisierungsgewinner lautet: »Vergiss nicht, dass es zu diesem Zeitpunkt in Russland überhaupt keine ausländischen Banken gab«. Wenn man dann sagt: »Es gab sie nicht, weil ihr sie nicht gelassen habt«, heißt es: »Natürlich hätten wir wohl mit aller Kraft versucht, sie fernzuhalten, wenn sie hätten kommen wollen. Aber sie wollten gar nicht so sehr. 1994 war der politische Einfluss der Wirtschaft noch ausgesprochen gering, so sehr wir uns auch aufplusterten. Wenn der Vorsitzende der Zentralbank, Wiktor Gerastschenko, es zum damaligen Zeitpunkt für richtig gehalten hätte, ausländische Banken ins Land zu lassen, hätte er uns einfach ignoriert.« Ein Unternehmer sagte mir: »Unsere Bankiers hätten der Konkurrenz mit ausländischen Banken wahrscheinlich nicht standgehalten. Die ausländischen Banken aber hätten die Arbeitsbedingungen in Russland nicht ausgehalten, die wir damals hatten. Als die Bank Credit Suisse First Boston, die auf dem russischen Markt für kurzfristige Staatsanleihen eingestiegen war, 1998 beschloss, das eigene Paket mit kurzfristigen Staatsanleihen etwas zu verkleinern – was passierte da? Unsere Idioten schickten der Bank die Steuerfahndung ins Haus mit der Maßgabe, die Computer ein bisschen »durchzuschütteln«. Kurz gesagt, es wurde eine Razzia der Steuerfahndung organisiert, um der Bank auf diese Weise klarzumachen, dass das mit dem Verkauf von kurzfristigen Staatsanleihen bei ihr ganz bestimmt nicht klappen würde. Das war 1998. Und bis dahin? ... Die Banken aus dem Westen fanden es eher schwierig, unter solchen Bedingungen zu arbeiten. Denk nur mal an das Banditentum, diese ganzen Schutzgeldgeschichten, alles, was damals abging.«

Zusammenfassend kann man sagen, die russischen Veranstalter der Pfandauktionen und die Bieter suchen alle möglichen Rechtfertigungen dafür, dass keine ausländischen Investoren zu den Versteigerungen zugelassen wurden. Andererseits sind auch die Ausländer, die sich heute so erbost darüber geben,

Vor dem Öl

dass sie an die größten Leckerbissen der russischen Wirtschaft nicht herangelassen wurden, nicht aufrichtig. Es stimmt, sie wurden nicht zugelassen. Zu beweisen, dass sie gekommen wären, wenn man sie nur gelassen hätte, ist heute nicht mehr möglich. Das wissen sie auch, deshalb machen sie den russischen Unternehmern heute mit solcher Leichtigkeit alle möglichen Vorwürfe. Die Wahrheit liegt, wie gewöhnlich, irgendwo in der Mitte.

Sergej Alexaschenko, von Dezember 1995 bis September 1998 Erster stellvertretender Vorsitzender der russischen Zentralbank: »*Ich muss gestehen, ich habe noch nie davon gehört, dass Mitte der neunziger Jahre irgendein ausländisches Unternehmen mit entsprechendem Profil bereit gewesen wäre, russische Assets zu kaufen. Für die transnationalen Gesellschaften war Russland damals zu wild. Als erste kam die BP 1997 zu Sidanco, wo es bereits einen russischen Investor gab, und sie kauften zehn Prozent. Zu diesem Zeitpunkt war der Preis tatsächlich schon um ein Vielfaches gestiegen. Aber ... die russischen Investoren hatten zu der Zeit auch schon die Augiasställe ausgemistet.*«

Michail Brudno: »*Die ausländischen Unternehmer wussten einfach nicht, was teuer und was billig war. Vielleicht verglichen sie den Wert der Erdölreserven von 1996 in Russland und Amerika. Das sind aber Größen, die sich nicht vergleichen lassen, das ist ein ganz anderes System. Als wir statt drei Dollar Verlust pro Barrel irgendwann drei Dollar Gewinn pro Barrel erwirtschafteten, war die Situation eine andere. Aber wenn ein Unternehmen für jedes geförderte Barrel drei Dollar Verluste einfährt – wie viel ist so ein Unternehmen dann wert? Gar nichts ist es wert. Die Kapitalisierung des Unternehmens liegt ja im Minusbereich.*«

In seinem 2005 erschienenen, zusammen mit dem Journalisten Igor Swinarenko verfassten Buch »Eine Kiste Wodka« berichtet Alfred Koch über die Phase der Pfandauktionen und erinnert sich, dass die Anzahlungsbedingungen für Yukos, die die Firma selbst vorgeschlagen hatte, schockierend waren: 300 Millionen

Kapitel 8

Dollar* waren damals eine gewaltige Summe. Der RTS-Index habe damals bei 50 Punkten gestanden, gegenüber einem Wert von 750 Punkten in den Jahren 2004 und 2005.** Folglich sei »die Kapitalisierung des russischen Marktes in diesem Zeitraum um das Fünfzehnfache gestiegen [...]«. 300 Millionen im Herbst 1995 hätten um 2004/2005 demnach in etwa 4,5 Milliarden Dollar entsprochen.

Sergej Alexaschenko: »*Die Geschichte kennt keinen Konjunktiv, leider. Die einen behaupten steif und fest, die Ausländer hätten viel mehr gezahlt. Die anderen versuchen, das Gegenteil zu beweisen. Ich gehöre weder zu den einen noch den anderen. Ich denke, dass jedwede Konkurrenz seinerzeit zu höheren Haushaltseinnahmen geführt hätte. Wovon ich allerdings überhaupt nicht überzeugt bin, ist, dass die Ausländer zu den Pfandauktionen gegangen wären – der Form nach wäre das wohl zu exotisch und die Risiken zu undurchschaubar gewesen. Für sie ist ein direkter Verkauf viel eher nachvollziehbar und auch angenehmer.*«

Und noch etwas: Inzwischen ist offensichtlich, dass die künftigen Eigentümer der zum Verkauf stehenden Unternehmen noch vor den Auktionen feststanden. So gesehen, waren die Auktionen reine Formsache. Die Anzahl der russischen Bieter war schließlich mehr oder weniger durch die Anzahl derer begrenzt, die überhaupt imstande waren, solche für die damalige Zeit sehr großen Beträge auf den Tisch zu legen.

Was sich hinter den Kulissen der Auktionen abspielte, die Insider-Informationen, die Details, wie das alles war, ist bis heute eher eine Art Pauschalwissen als dokumentierte Information.

---

\* Platon Lebedew nennt einen Betrag von 350 Millionen Dollar. (Anm. Natalija Geworkjan)
\*\* Der RTS-Index ist ein Aktienindex in Russland, der anhand der Effekten der russischen Unternehmen mit den höchsten Börsenwerten berechnet wird. (Anm. Natalija Geworkjan)

Vor dem Öl

Wir können uns das zwar ungefähr vorstellen, aber die Beteiligten gehen Gesprächen und Interviews aus dem Weg, sie denken nicht gern an jene Zeit zurück. Ich erinnere daran, dass die Ergebnisse der Privatisierung nach wie vor nicht rechtlich fixiert sind, deshalb sind alle Beteiligten bemüht, in diesem Punkt keinen unnötigen Staub aufzuwirbeln. Ziemlich viel von dem, wie das damals war, wird erst jetzt nachvollziehbar, zum Beispiel dank dem Prozess zwischen Beresowski und Abramowitsch in London, in dem Beresowski Abramowitsch beschuldigte, ihn bei der Aufteilung des russischen Ölkonzerns Sibneft betrogen zu haben. Zur Erinnerung: Auch die Firma Sibneft wurde bei einer Pfandauktion erworben.

Vor Gericht in London hat Roman Abramowitsch unter Eid bestätigt, »dass Beresowski und sein Partner Badri Patarkazischwili sich mit zwei weiteren Bietern bei dieser Auktion abgesprochen hätten: Im Ergebnis habe einer von ihnen ein niedrigeres Gebot abgegeben, der andere habe sein Gebot zurückgezogen. Dadurch hätten sie Sibneft praktisch zum Ausgangspreis kaufen können: für 100,3 Millionen Dollar (bei einem Anfangspreis von 100 Millionen Dollar). Von Beresowskis Anwalt Laurence Rabinowitz befragt, hielt Abramowitsch es für durchaus möglich, dass der Kläger (Beresowski) sich mit Michail Chodorkowskis Menatep-Bank darauf verständigt habe, dass letztere ein etwas niedrigeres Gebot abgeben würde als die Neftyanaya finansovaya kompaniya (NFK): ›Beresowski und Chodorkowski konnten sich durchaus darauf verständigen. Allerdings war es Kagalowski, der alle Unterlagen zu dem Gebot vorbereitete.‹

Abramowitsch erklärte zudem, die Schlüsselrolle bei der Rücknahme des höheren Gebots des dritten Mitbieters bei dieser Auktion, der Aktiengesellschaft Sameko, hinter der die Inkombank stand, habe Patarkazischwili gespielt: ›Ja, seine Rolle war von unschätzbarem Wert, was die Rücknahme des Gebots der Sameko angeht.‹ Hätte die Sameko ihr Gebot nicht zurückgezogen, so

Kapitel 8

Abramowitsch, hätte er für Sibneft mindestens 217 Millionen Dollar hinlegen müssen, die er zu diesem Zeitpunkt nicht hatte.«[*]
Es liegt also auf der Hand, dass mit Ausnahme der oben genannten künftigen Teilhaber niemand Sibneft bekommen hätte. Die Menatep-Gruppe sollte, soweit ich das verstehe, Beresowski und Abramowitsch für den Fall absichern, dass einer der Mitbieter abspringt, was im Grunde genommen ja auch geschah – denn formal musste es auch bei einer solchen »Auktion« mit vorab bekanntem Ausgang mindestens zwei Bieter geben.

Das Wort »Auktion« lässt sich insofern nur sehr bedingt auf das anwenden, was im November und Dezember 1995 vonstattenging. Laut Sergej Alexaschenko war das »Hauptziel der Oligarchen, keine Konkurrenz untereinander zuzulassen, genau davor fürchteten sie sich am meisten, und nicht vor den Ausländern. Es ist kein Zufall, dass der Kauf der Aktienmehrheit von Svyazinvest den Wert der Firma in beeindruckende Höhen ansteigen ließ, als Gussinski 1997 überraschend Konkurrenz von Potanin bekam«.

Die Menatep bekam es praktisch im letzten Augenblick vor der Yukos-Auktion mit einer Konkurrentengruppe zu tun, einem Konsortium, dem die Banken Russian Credit, Inkombank und Alfa-Bank angehörten. Eben zum Schutz vor Konkurrenten wurde der Anzahlungsbetrag auch auf über 300 Millionen Dollar erhöht: Die Konkurrenten konnten eine solche Summe nicht aufbringen, verfügten allerdings über kurzfristige Staatsanleihen in dieser Höhe. Alfred Koch meint, die Menatep-Leute hätten sich bei der Zentralbank dafür stark gemacht, dass die Hinterlegung des Pfandes in Form von Wertpapieren verboten würde. Außerdem habe Premierminister Tschernomyrdin, der gute Beziehungen zu Murawlenko und dessen Unternehmen pflegte, den

---

[*] Michail Awertschenko und Dmitri Dmitrienko: Abramowitsch prisnal, tschto aukzion po »Sibnefti« byl fikziej [Abramowitsch gibt zu, dass die Sibneft-Auktion fingiert war]. In: *Wedomosti*, 2. 11. 2011.

Vor dem Öl

Einstieg von Menatep bei Yukos unterstützt. Kagalowski beteuert mir gegenüber, die Chodorkowski-Gruppe habe bis zum letzten Moment keine hundertprozentige Gewissheit gehabt, dass sie den Zuschlag erhalten würde. Die Versteigerung sollte am 8. Dezember 1995 über die Bühne gehen.

In den Aussagen Platon Lebedews im Stadtbezirksgericht Chamowniki im zweiten Strafverfahren gegen Chodorkowski und Lebedew heißt es: »Wir (die Menatep-Bank) legten dem Geldmarkt Ende 1995 solche Fesseln an, dass es praktisch keine freien Mittel auf dem Markt mehr gab. Wir hatten sämtliche Kreditrahmen ausgeschöpft – sowohl bei unseren westlichen Geschäftspartnern, die russische Risikopapiere hielten, als auch im russischen Bankensektor, unter anderem zum Kauf von staatlichen Schatzanweisungen. Ich will erklären, warum. Nach unseren Berechnungen verfügten unsere Konkurrenten zu diesem Zeitpunkt zwar über wenig Geld, aber viele Schatzanweisungen. Deshalb sahen wir voraus, dass sie, um das Pfand von 350 Millionen Dollar hinterlegen zu können, gezwungen wären, diese Schatzanweisungen auf dem Markt zu verkaufen. Genauso kam es auch. Im November 1995 traf ich mich mit dem Chef der Inkombank, Herrn Winogradow, der über Probleme beim Konsortium geklagt und mich um ein Treffen gebeten hatte und nun die Menatep-Bank um Geld bat – sie brauchten etwa 250 Millionen Dollar. Natürlich stellte ich ihnen die in Aussicht. Für die Zeit nach dem 25. Dezember 1995 oder für Januar 1996. Hätte ich ihm etwa absagen sollen? Sehr gern, aber erst nach dem 25. Dezember.

Und so waren wir im November 1995 zwar nicht zu 100 Prozent, aber doch zu 90 Prozent sicher, dass wir keine wirklichen Konkurrenten haben würden. Und was kam dann? Unsere Konkurrenten, die die nötige Geldmenge nicht hatten beschaffen können, versuchten, ihre Bewerbung mit wenig Geld und einem großen Paket staatlicher Schatzanweisungen zu untermauern, doch das Finanzministerium erteilte dem Konsortium natürlich eine Absage, da die Bedingungen für den Investitionswettbewerb und die Pfandauktionen ein Pfand in Form von Geld vorsahen – 350 Millionen US-Dollar.

Am 8. Dezember, dem Tag, als Yukos de facto von der Menatep-Bank erworben wurde, traf ich mich noch einmal mit Herrn Winogradow. Warum? Sie hatten angekündigt, ›zum Zeichen des Protests‹ den Markt für staatliche Wertpapiere zu sprengen und das ganze Paket auf den Markt zu werfen, das das Finanzministerium nicht als Sicherheit akzeptiert hatte. Ich sagte ihnen, dass ich das ganze Paket sehr gern kaufen würde, die Menatep-Bank hätte mehr als genug Kreditressourcen. Am selben Tag erklärte ich ihm aber auch, warum sie keine Chancen hätten, das Verfahren juristisch anzufechten.«

Am 8. Dezember 1995 fand der Investitionswettbewerb statt, gleichzeitig lief die Pfandauktion, bei diesen Veranstaltungen wurden 33 beziehungsweise 45 Prozent der Yukos-Aktien zum Kauf angeboten. Den Zuschlag erhielt eine Geschlossene Aktiengesellschaft namens Laguna, es war für niemanden ein Geheimnis, dass sich dahinter faktisch die Menatep-Bank verbarg. Ein Jahr später, als der Staat, wie zu erwarten war, die Tilgung der Anleihe noch immer nicht in Angriff nahm, wurde das 45-Prozent-Paket, das als Pfand bei Menatep hinterlegt worden war, von der Geschlossenen Aktiengesellschaft Montblanc ausgelöst, die ebenso wie die Laguna mit Unternehmen verbunden war, die gemeinschaftlich von den Gesellschaftern der Menatep-Gruppe kontrolliert wurden. Als neun Jahre später, Chodorkowski war bereits in Haft, Yuganskneftegaz von der völlig unbekannten und mit einem Stammkapital von 10 000 Rubel unter der Adresse einer Kneipe in Twer eingetragenen Firma Baikalfinansgrup (BFG) gekauft wurde, fiel einem meiner Bekannten die Geschichte mit Laguna und Montblanc wieder ein – nach dem Motto: genau dieselbe Methode. Doch wie Sergej Alexaschenko zu Recht anmerkt, ist der »Kauf von Wirtschaftsgütern durch eine Zweckgesellschaft

Vor dem Öl

heutzutage eine gängige Praxis. Dadurch lassen sich Ansprüche gegenüber der Dachgesellschaft einer Holding vermeiden und die Bank von den Industrieaktiva trennen. Der Unterschied zur BFG bestand jedoch darin, dass Menatep niemals einen Hehl daraus machte, dass Laguna ihre Interessen vertrat, aber wen genau die BFG vertrat, wusste niemand«. Außer Wladimir Putin, der sich überraschend gut informiert zeigte und öffentlich erklärte, das seien Leute, die er kenne und die lange schon in der Energiewirtschaft tätig seien.

Ein Wort übrigens noch zu der Auktion, bei der irgendwelche völlig Unbekannten mit Mitteln, die wer weiß wem gehörten, für 9,3 Milliarden Dollar rund 76 Prozent der Aktien von Chodorkowskis Unternehmen erwarben. Diese Auktion ging im Dezember 2004 über die Bühne, fast zehn Jahre nach den Pfandauktionen, derentwegen die russischen Reformen – nicht ganz zu Unrecht – bis heute immer wieder kritisiert werden. Der einzige Konkurrent der BFG war die Gazprom Neft, die im September desselben Jahres eingetragen worden war und bei der sogenannten Auktion kein einziges Gebot abgab. Die Dresdner Kleinwort Wasserstein und die JP Morgan hatten den Wert der Gesellschaft zu diesem Zeitpunkt zwischen 18 und 25 Milliarden Dollar veranschlagt. Kommt einem das nicht bekannt vor? Ich finde schon. Und doch erinnern sich dieselben westlichen Unternehmer, die sich nach wie vor wegen der Pfandauktionen der Jelzin-Ära empören, an diese offensichtliche Farce, die sich in der Putin-Ära und mit Putins Rückendeckung zugetragen hat, praktisch nie. Klar: Das war reine Geschäftssache, nichts Persönliches.

Die Aktienmehrheit von Yukos ging 1995/1996 in zwei Etappen in privaten Besitz über. Am Konsortium mit der Menatep beteiligte sich auch Alexander Smolenskis Stolichny-Bank. Smolenski behauptet, er habe kein Geld gegeben, das Konsortium sei aus rein formalen Gründen geschaffen worden: Man brauchte eine Bankbürgschaft für die eingegangenen Verpflichtungen,

Kapitel 8

so waren eben die Regeln der Auktion. Smolenski trat hier im Grunde genommen in der Rolle des Bürgen auf. Ziemlich häufig werden Vorwürfe gegenüber Menatep und anderen Banken laut, sie hätten die Transaktionen mit staatlichem Geld finanziert, das auf ihren Konten lagerte. Smolenski erzählte mir, Andrej Wawilow, der ab November 1994 Erster stellvertretender Finanzminister war, habe Menatep erhebliche Einlagen aus Geldern des Finanzministeriums überlassen, die die Bank nutzen konnte und die verzinst zurückgezahlt werden mussten. Michail Chodorkowski weist das jedoch zurück; Wladimir Dubow spricht von einem »Hirngespinst«.

In einem Interview für die Zeitschrift *Dengi* sagte Alexander Smolenski unlängst: »Die Pfandauktionen konnten keine ernstzunehmenden Gewinne für den Staat abwerfen, weil dort alle Assets mit Geld aus dem Staatshaushalt erworben wurden. Woher sollte da ein Gewinn kommen? Man erhielt eine Einlage, kaufte einen Betrieb dafür, kam groß raus – und zahlte das Geld zurück. Glauben Sie, die Banken hatten damals so viel Geld, als dass sie einen Ölförderbetrieb oder ein Großunternehmen hätten kaufen können? Sie wurden ihnen einfach übereignet. Es gab ein politisches Ziel. Alles war ganz vernünftig abgesprochen.«[*]

Leonid Newslin: »*Es ist klar, woher die Version stammt, wir hätten mit Geld aus dem Staatshaushalt bezahlt. Ich habe mich damit nicht näher befasst, aber es ist nicht schwer zu erraten. Menatep war eine ziemlich renommierte Bank. Sie hatte viele Kunden aus den staatlichen Strukturen und auch Geld aus dem Staatshaushalt auf ihren Konten. Theoretisch hätte die Bank beim Staat Kredite aufnehmen können, theoretisch hätten wir die staatlichen Einlagen auch verwenden können, wenn klar gewesen wäre, womit sie besichert werden. Einer Bank steht*

---

[*] Alexander Smolenski: Jelzin ne opuskalsja do togo, tschtoby sashat w tjurmu tech, kto ne s nim. [Jelzin ließ sich nicht so weit herab, diejenigen einzusperren, die nicht auf seiner Seite sind]. In: *Dengi*, 17. 10. 2011.

*es schließlich frei, mit dem Geld ihrer Kunden Geschäfte zu machen. Daher stammt auch dieses Gerede. Bei den Auktionen haben wir für die damalige Zeit gewaltige Summen bezahlt. Und man muss ehrlich sagen, dass viele andere vielleicht auch gern mitgeboten hätten, aber da man seinerzeit praktisch noch nicht an Darlehen aus dem Ausland kam, musste man eine starke Bank hinter sich haben. Eine wie Menatep, wie Inkom, wie Russian Credit oder Onexim. Banken, die das Geld von Großkunden, von Kunden aus dem staatlichen Sektor hatten. Das ist ganz normal. Solche Banken gab es nur sehr wenige, und selbst für sie waren das immer noch gewaltige Summen. Weißt du, was ich dir sage: Mischa hat in seinem Geschäftsleben mehrfach alles auf eine Karte gesetzt, um den nächsten Schritt machen zu können. Ich denke, das ist einer dieser Fälle, wo, wenn auch vielleicht nicht alles, so doch sehr viel auf eine Karte gesetzt wurde. Wir haben riskiert! Unsere Leute reisten umher, versuchten im Ausland und im Inland Geld zu leihen. Kolossale Summen waren das ...«*

Um die Besicherung der Mittel, die für die Auktion vorgesehen waren, hatte sich Platon Lebedew zu kümmern. Während des Verfahrens gegen ihn und Chodorkowski im Stadtbezirksgericht Meschtschanski hat er sich dazu ziemlich ausführlich geäußert: »Natürlich interessiert alle die Quelle: für welches Geld 1995–1996 die Aktienmehrheit von Yukos erworben wurde. [...] Hier [im Jahresbericht von Menatep für 1995] ist insbesondere ausgewiesen, dass Menatep allein 1995 Einnahmen in Höhe von drei Billionen und 481 Milliarden Rubel erwirtschaftete. Allein 1995. Da der Kurs etwa bei 4000 Rubel pro Dollar lag, erwirtschaftete die Bank allein 1995 Einnahmen in Höhe von rund einer Milliarde Dollar. [...] Die Quelle zur Finanzierung des Kaufs der Aktienmehrheit von Yukos waren also Geldmittel der Bank Menatep-Moscow, genauer gesagt: Mittel der Menatep-Bank-Gruppe als Holding. [...] Zusammengefasst kann man sagen, dass die Firmen Laguna und Montblanc im Zuge einer Pfandauktion und eines Investitionswettbewerbs einmal 43 Milliarden 745 Millionen

Kapitel 8

580 Tausend Rubel und einmal 520 Millionen Dollar investierten und damit [...] die Aktienmehrheiten erwarben. Gleichzeitig hatte die Firma Yukos zu diesem Zeitpunkt akkumulierte Verluste und überfällige Verbindlichkeiten, unter anderem gegenüber dem Staatshaushalt, in Höhe von über zwei Milliarden US-Dollar. Das war die Ausgangslage.«

Wladimir Dubow: »*Wenn man heute fragt, ob diese Auktionen damals marktgerecht und fair waren, lautet die Antwort: nein. Die Auktion lief innerhalb der Firma Yukos. Yukos veranstaltete die Auktion zum eigenen Verkauf. Aber wenn die Frage ist, ob Yukos, hier vertreten durch die eigenen Repräsentanten, damit einverstanden war, gekauft zu werden, dann ist die Antwort: ja. Niemand wollte schließlich eine soziale Explosion im Unternehmen. Ohne Einverständnis eines Unternehmens wäre es unmöglich gewesen, es zu kaufen. Und das gilt für alle Unternehmen, die zur Auktion angeboten wurden. Eine Konkurrenz war nur im Rahmen einer Zusammenarbeit mit dem Unternehmen möglich. Zuerst musste man sich mit dem Unternehmen einigen, dann mit der Regierung.*«

Und Jegor Gaidar sagte Jahre später: »Wissen Sie, mit den Pfandauktionen hatte ich nichts zu tun, und es missfällt mir, wie sie durchgeführt wurden. Und trotzdem, gerade weil ich nichts damit zu tun hatte, lassen Sie mich doch eine Sache dazu sagen, denn das ist wichtig: Vor den Pfandauktionen wurde in der russischen Regierung die Frage diskutiert, was wir tun würden, wenn – was tendenziell unausweichlich war – Russland kein Erdöl mehr exportieren könnte und stattdessen zu einem Öl-Importeur würde. Das war für das Jahr 2000 prognostiziert. Damals wurde auch die Frage diskutiert, was man mit Nishnewartowsk tun sollte, wenn die Förderung auf dem Samotlor-Ölfeld im Jahr 2000 zum Erliegen käme. Was macht man mit den 200 000 Einwohnern der Stadt? Als wir dann die Ölbranche privatisiert hatten, unter anderem mit Hilfe der Pfandauktionen, entstand für uns ein neues Problem – nämlich, was wir angesichts eines so schnellen

Wachstums der Ölförderung tun sollten. Das machte uns Probleme, beispielsweise in den Verhandlungen mit der OPEC, die uns vorhielt: ›Wieso weitet ihr euren Marktanteil so schnell aus?‹ Und hier geht es auch um die Pfandauktionen. Ich will nochmals unterstreichen: Wie die Pfandauktionen durchgeführt wurden, missfällt mir. Aber die Folge dieser Auktionen war, dass wir von einer Wirtschaft, in der die Ölförderung rasant zurückging, buchstäblich, beinahe sofort zu einer Wirtschaft übergehen konnten, in der die Ölförderung rasant zunahm. Bis zum ›Fall Yukos‹. Nachdem wir beschlossen hatten, einen Teil der Ölbranche wieder zu verstaatlichen, verschwand das Problem mit der OPEC, weil die Ölförderung um den Faktor fünf zurückging. Und zwar genau ab dem Moment, in dem dieser Beschluss gefallen war.«[*]

### Die Oligarchen

Just zu diesem Zeitpunkt, in den Jahren 1995 und 1996, entstand das Bündnis aus Wirtschaft und Staatsmacht. Nach den Pfandauktionen und dem Sieg Jelzins bei den Präsidentschaftswahlen 1996 wurde die Gruppe von Unternehmern, die 1995 alles gewagt hatte, die auf Jelzin gesetzt und seine Wiederwahl 1996 (auch finanziell) begünstigt und anschließend die Privatisierung der vom Staat verpfändeten Wirtschaftsgüter zu Ende gebracht hatte, erstmals vollauf zu Recht »Oligarchen« genannt. Übrigens hat Chodorkowski seinen Freunden zufolge einmal eine eigene Definition für die Oligarchen vorgeschlagen: »eine für eine Gesellschaft kritische Konzentration von Intellekt in einer einzelnen Gruppe von Personen«.

Genau ein Jahr nach den Präsidentschaftswahlen, im Sommer 1997, gab mir Boris Beresowski ein großes Interview für

---

[*] Olga Romanowa und Jegor Gaidar: Boris Jelzin: Uschla epocha [Boris Jelzin: Eine Epoche ist zu Ende]. In: *The New Times*, 24.4.2007.

Kapitel 8

den *Kommersant*, in dem er sagte: »Das Einvernehmen [zwischen den Unternehmern] war absolut: Die Gefahr einer Rückkehr der Kommunisten erforderte geschlossenen Widerstand. Gussinski war nicht der einzige, mit dem ich in Davos verhandelte. Ebenso dramatisch empfanden die Situation auch Wolodja Winogradow, Mischa Chodorkowski, Jawlinski und Lushkow. Tschubais, der auf seiner berühmten Pressekonferenz die Begeisterung angesichts des sogenannten erneuerten Kommunismus sehr schroff kommentierte, sprach damit aus, was alle dachten. [...] Die Reaktionen auf Sjuganow hatten wir mit eigenen Augen gesehen: Er wurde wie ein Sieger empfangen. [...] Ich hatte ein aufschlussreiches Gespräch mit George Soros, der mir ganz offen sagte: ›Sie machen einen Fehler, wenn Sie nicht aus Russland ausreisen. Ich habe genug Leute gekannt, denen man den Kopf abgerissen hat, weil sie sich an ihr Geld geklammert haben und in Ländern geblieben sind, wo Umstürze stattfanden. Täuschen Sie sich nicht, uns ist allen klar, dass Ihr Präsident keine Chance hat.« Natürlich kam uns diese Einsicht nicht auf einen Schlag erst in Davos, das wäre ja absurd. Wir sahen alle schon vorher, dass die Situation in der russischen Gesellschaft tragisch war, dass die Leute weder an den neuen Kurs noch an den amtierenden Präsidenten glaubten. Davos war lediglich der letzte Tropfen. Dort rückte alles an seinen Platz, und es blieb kein Zweifel mehr: Wir konnten auf niemanden zählen außer uns selbst. Und wir machten uns keine Illusionen darüber, dass ›das Ausland‹ uns helfen würde. Auch davon hatten wir uns in Davos endgültig verabschiedet. Sicher, der Westen hätte gern gehabt, dass Russland eine Demokratie westlichen Typs geworden wäre, und wahrscheinlich wäre er auch bereit gewesen, dazu einen Beitrag zu leisten, aber nur, solange der eigene Wohlstand darunter nicht litt und er auch einen Vorteil davon hatte. Von Opfern konnte dagegen gar keine Rede sein. Kaum hatten sich die Kommunisten in der politischen Arena deutlich bemerkbar gemacht, prasselte auf Sjuganow ein Wasserfall von Fragen zu Garantien für westliche Investitionen, Projekte und Verträge ein. Sie fingen sofort an, ihr Spiel mit ihm zu spielen. […] Meiner Meinung nach haben die Kommunisten vor allem deshalb verloren, weil sie nicht wussten, wer ihre Hauptgegner wirklich waren. Sie sahen willensschwache Demokraten, aber womit sie es letztlich zu tun bekamen, war der zähnefletschende Kapitalismus.«\*

Auch Boris Jelzin sprach später von dieser Verbindung zwischen Wirtschaft und Macht: »Im heutigen Russland wie auch im Rest der Welt hat das Wort ›Oligarch‹, bezogen auf die Vertreter unserer Wirtschaft, grundsätzlich einen kriminellen Unterton. Gleichwohl haben diese Leute mit dem kriminellen Milieu überhaupt nichts zu tun. Das sind keine Gaunerbarone oder Paten mafiöser Clans. Es sind Vertreter des Großkapitals, die mit dem Staat enge und komplexe Beziehungen eingegangen sind. Eben dieser Umstand zieht die unverwandte Aufmerksamkeit der Gesellschaft auf sich und veranlasst Journalisten wie Strafverfolgungsbehörden, ihr Leben und Wirken beinah wie unter einem Mikroskop zu betrachten. Tatsächlich hat das Großkapital praktisch in jedem Land unweigerlich einen Einfluss auf die Staatsmacht. Die Frage ist nur, welche Formen dieser Einfluss annimmt. […]

Der Westen hatte Angst, große Beträge in Russland zu investieren, er hatte Angst, russischen Unternehmern große Beträge zu leihen. Unsere Unternehmer aber sind ein Risiko eingegangen, und zwar ein enormes Risiko. Hätten die Kommunisten die Wahlen 1996 gewonnen, dann wäre ihr erster Schritt zweifellos gewesen, das gesamte Eigentum zu verstaatlichen. Deshalb hatten die hiesigen Unternehmer, nachdem sie Hunderte Millionen Dollar gezahlt hatten, ein ureigenes – im direkten Sinne

---

\* »Boris Beresowski: wyigrat wybory presidentu pomog molodoi rossijski kapital« [Boris Beresowski: Es war das junge russische Kapital, das dem Präsidenten zum Wahlsieg verhalf]. In: *Kommersant*, 17. 6. 1997.

## Kapitel 8

des Wortes – Interesse an einer stabilen Staatsmacht, an ihrer Kontinuität.

Das war der Ausgangspunkt. Und hier liegt auch die Antwort auf die Frage, warum die Macht und die Wirtschaft sich so nahe kamen.«[*]

Sieben Jahre später sollte diese Idee der Kontinuität für Chodorkowski Konsequenzen haben: Jelzins Nachfolger, der von ihm persönlich an die Macht geführt und in den Präsidentensessel gesetzt worden war – und zwar, wie sich inzwischen herausgestellt hat, praktisch unbefristet –, entschied nun über Chodorkowskis Schicksal, das seiner Firma sowie das Schicksal und das Leben seiner Kollegen. Das Jahr 1996 wurde auch für die russischen Journalisten zu einer traurigen Lektion, die (in der Regel völlig aufrichtig, aus einer tiefen Abneigung gegen die Kommunisten heraus) die Gesetze ihres Berufes den Interessen einer bestimmten politischen Gruppierung geopfert hatten. Dafür zahlen wir alle noch heute: Zuerst machte Putin sich die Medien gefügig, als nächstes die Wirtschaft.

---

[*] Boris Jelzin: *Presidentski marafon*. In deutscher Übersetzung erschienen unter dem Titel *Mitternachtstagebuch. Meine Jahre im Kreml*, Berlin 2000. Die hier angeführte Stelle wurde nicht nach der deutschen Ausgabe zitiert, sondern neu übersetzt. (Anm. d. Ü.)

MICHAIL CHODORKOWSKI

KAPITEL 9
# Verantwortung

Der Anfang bei Yukos

Bei den Pfandauktionen ging es der Regierung nicht allein um das Geld, das aus den Privatisierungserlösen in den Staatshaushalt fließen würde, auch nicht nur um die Sicherung der Deviseneinnahmen durch eine Steigerung oder wenigstens Aufrechterhaltung des Exports und nicht nur um den sozialen Frieden in den Regionen, wo allmählich wieder Löhne und Gehälter gezahlt wurden. Wie ich die Dinge heute sehe, war es nicht weniger wichtig, von den führenden Finanzgruppen, die über einen erheblichen gesellschaftlichen und politischen Einfluss verfügten, Loyalitätsgarantien für die Wahlen zu erhalten.

Der Wert der Assets hing von der jeweiligen Situation ab. Vor den Wahlen betrug er »ein paar Groschen« (einige hundert Millionen), bei einem Sieg Sjuganows wäre er null gewesen, nach Jelzins Sieg betrug er gerade so viel, wie ein gutes, noch nicht konsolidiertes Unternehmen kurz vor dem Bankrott eben kostete. Schwer zu beziffern, denn der Aktienhandel lief schlecht. Ich denke aber, um ein paar Milliarden wäre es schon gegangen, wenn sich ein Käufer gefunden hätte. Für den es freilich ein Verlustgeschäft geworden wäre! Gegen Ende 1998 kostete Yukos nämlich abermals nur einige hundert Millionen, obwohl inzwischen neue Vermögenswerte hinzugekauft worden waren (VNK).

Die Aktienkurse hängen maßgeblich vom Ölpreis und den Selbstkosten der Ölproduktion ab, und beide Werte sahen

Kapitel 9

zunächst ziemlich »mau« aus, so dass der Wert des Unternehmens erst nach Abschluss der Umstrukturierung (Ende 1999) beständig zu wachsen begann, und zwar über Marktniveau.

Man muss sich klarmachen, dass Yukos im Jahr 1996 38 bis 40 Prozent der Aktien seiner wichtigsten Tochterunternehmen hielt. Die übrigen Anteile gehörten Tausenden von Investoren, von denen einige sich ganz und gar nicht konstruktiv verhielten. Die Integration der verschiedenen Geschäftsbereiche dauerte noch bis 2001 an, obwohl sie 1999 im Wesentlichen abgeschlossen war. Das erforderte viel Geld und vor allem enorme Anstrengungen.

Wir wussten ganz genau, was nach einem Sieg der Kommunisten auf uns zukäme. Obwohl wir uns unabhängig davon sofort um Yukos kümmern mussten, denn die Lage war einfach zu desolat.

Zunächst hatten wir uns mit den Finanzen und der wirtschaftlichen Lage zu befassen. Irgendwann ging ich, als Vize damals zuständig für Wirtschaftsfragen, persönlich zu Murawlenko.*
Natürlich konnten wir innerhalb von sechs Monaten (Ende 1995 bis Mitte 1996) nicht viel zuwege bringen. Yukos war ein gigantisches Unternehmen, zehnmal so groß wie das, was ich davor geleitet hatte. Sechs Monate brauchten wir jedenfalls zum Kennenlernen und für allererste Maßnahmen zur Bewältigung der Krise.

Ich erinnere mich nicht mehr genau an alle Einzelheiten unserer Ankunft bei Yukos. Erwähnen will ich aber, dass Yuganskneftegaz, entgegen einer weiteren gängigen Legende, keineswegs das

* Im April 1996 wurde Chodorkowski zum ersten Vizepräsidenten der NK Yukos ernannt und war in dieser Funktion unter anderem für die Bereiche Erdölverarbeitung, Export, Investitionspolitik, Finanzen und andere Wirtschaftsfragen zuständig. Sergej Murawlenko war zu dieser Zeit noch Präsident der NK Yukos. (Anm. d. Ü.)

Verantwortung

einzige wichtige Objekt unseres Unternehmens und die Stadt Neftejugansk auch nicht die einzige und nicht einmal die größte Stadt war, in der Yukos als gemeindekonstituierendes Unternehmen fungierte.

Dort wurden in der Tat 60 Prozent des Erdöls unseres Unternehmens gefördert, weitere 40 Prozent aber in der Region Samara, und dort wurde es auch verarbeitet; zudem gab es sehr große Vertriebseinheiten (mit Tausenden von Mitarbeitern), die in neun weiteren Regionen angesiedelt waren (ich spreche von 1996).

Nowokuibyschewsk, Sysran* und eine ganze Reihe kleinerer Städte (jeweils mit mehreren zehntausend Einwohnern) waren davon abhängig, dass die Arbeit bei Yukos reibungslos verlief. Noch wichtiger ist jedoch, dass die gesamte Verkehrsinfrastruktur und ein Drittel der Heizwerke in neun Verwaltungsgebieten des Landes auf einen störungsfreien Betrieb bei Yukos angewiesen waren.

Ich möchte anmerken, dass sich die Geschichte unserer Ankunft in Wahrheit bis ins Jahr 2000 hinzog, da wir, kaum, dass wir mit Yukos in seinen »früheren Grenzen« fertig waren, mit der Integration der VNK begannen (und das waren noch einmal mehrere große Ortschaften und über 40000 Mitarbeiter) und dann die Angarskaya neftekhimicheskaya kompaniya in Angriff nahmen (noch eine Großstadt, Angarsk, noch ein gigantisches Unternehmen und noch einmal etliche Regionen, deren infrastrukturelles Wohlergehen von uns abhing).

Eine längere Anlaufzeit war uns dabei all die Jahre nicht vergönnt. Die Löhne mussten sofort gezahlt, Verträge erfüllt und alle

* Nowokuibyschewsk, eine Stadt mit über 110 000 Einwohnern (2009) im Gebiet Samara, wichtiger Wirtschaftsstandort aufgrund der dort ansässigen Erdölindustrie. Sysran, eine Stadt mit rund 180 000 Einwohnern (2009) im Gebiet Samara, an der Wolga gelegen, eines der wichtigsten industriellen Zentren dieser Region mit unter anderem einer Erdölraffinerie, Kunststofffabrik und Heizwerken. (Anm. d. Ü.)

Kapitel 9

Kreise in sämtlichen Regionen mit Brennstoff versorgt werden. Die »Nordbelieferung«,* die Aussaat, die Ernte, die Heizwerke, die Fahrzeuge der Feuerwehr und der Schnellen Medizinischen Hilfe, aber auch die Truppen (besonders der aktive Teil der Armee) konnten nicht warten. Sie alle haben, wenn überhaupt, nur minimale Reserven, die gerade einmal für ein paar Tage reichen. Ein Fließband war das. Ein Fließband, das abgewirtschaftet hatte.

Heute kann man sich kaum noch vorstellen, was für ein Geschrei es damals gab. Unablässig. Es verging kein Tag, ohne dass irgendein Gouverneur, irgendein Regierungsmitglied wegen einer sprichwörtlichen Notlage angerufen hätte. Ganz zu schweigen von weniger hochrangigen Beamten, um die sich meine Mitarbeiter kümmerten.

Und welche Drohungen ich mir anhören durfte! Dabei konnte man die Leute ja sogar verstehen. Sie hielten dem Druck doch selbst kaum stand.

Parallel dazu liefen die Präsidentschaftswahlen, die erneut zum Ausbruch eines Bürgerkriegs hätten führen können. Und ich war unmittelbar am Wahlkampfgeschehen beteiligt, was mich, im besten Fall, auch ins Gefängnis hätte bringen können. Der Wahlkampf hat uns einige Nerven gekostet, weil es außer Sjuganow auch noch Leute gab, die wollten, dass sich Jelzin im Namen

---

* Um den hohen Norden, den Fernen Osten, aber auch die jenseits des Polarkreises gelegenen Regionen im europäischen Teil Russlands mit ausreichend Lebensmitteln, Brennstoff und anderen lebenswichtigen Waren zu versorgen, wird regelmäßig vor Wintereinbruch bzw. vor dem Zufrieren der Flüsse die sogenannte Nordbelieferung organisiert, da eine reguläre Versorgung in den Wintermonaten praktisch unmöglich ist. Für die Nordbelieferung werden die für den gesamten Winter benötigten Waren in Zentral- oder Südrussland eingekauft und auf dem Luftweg oder über die noch schiffbaren Flüsse in die entlegenen, verkehrstechnisch kaum erschlossenen Gebiete des Nordens gebracht. Die Nordbelieferung zu organisieren, ist Aufgabe der regionalen oder kommunalen Behörden. (Anm. d. Ü.)

der Staatsmacht von der Demokratie lossagt.* Das hätte bedeutet, das Land einer Machtclique zu überlassen. Später trat genau das ein, aber zum Glück eben erst später. Das Land konnte so noch einige Jahre in Freiheit verbringen und lernen. Zumindest war mir das vergönnt.

Erwarten Sie von mir bitte keine spannenden Erzählungen über den Kampf gegen die Banditen. Auch wenn es einem weiteren gängigen Mythos widerspricht, spielte das für Führungskräfte meiner Ebene keine große Rolle. Bei Gesprächen mit dem Premierminister oder dem Chef der Präsidialadministration (je nach Jahr ganz verschieden) ergab es sich manchmal, dass ich auf föderaler Ebene um Unterstützung für unsere regionalen Strafverfolgungsbehörden bat. Anschließend konnte es vorkommen, wenngleich das äußerst selten geschah, dass ich mich mit dem entsprechenden Beamten der föderalen Ebene, mit Leuten vom Schlage eines Ruschailo,** traf, um die Zusammenarbeit zu organisieren. Alles andere blieb den Profis vorbehalten.

Einmal im Jahr sprach ich bei einem Treffen von Führungskräften der Strafverfolgungsorgane, die auch für die Sicherheit in den Objekten des Unternehmens zu sorgen hatten. Ich berichtete von unseren Ergebnissen, schilderte unsere Probleme und Perspektiven. Und ich legte die Schwierigkeiten dar, bei denen wir auf die Hilfe der Fachdienste zählen würden. Die größte Schwierigkeit war die Bewachung unserer ausgedehnten Versorgungsleitungen: mehrere zehntausend Kilometer Rohr- und Stromleitungen, Tausende explosions- und feuergefährliche Tanks.

* Eine von Korshakow angeführte Gruppe legte Jelzin nahe, das Parlament aufzulösen und die Wahl abzusagen. (Anm. Natalija Geworkjan)
** Wladimir Ruschailo, seit 1996 Erster stellvertretender Leiter der Hauptabteilung für organisierte Kriminalität beim russischen Innenministerium, anschließend Stellvertretender Innenminister und Innenminister der Russischen Föderation bis 2001, später Sekretär des Sicherheitsrats (Anm. Natalija Geworkjan)

Kapitel 9

Als zum Beispiel die Annahmestellen für Altmetall auf einmal Buntmetallschrott annahmen, wurde es ganz schlimm. Die Leute hieben auf Leitungen ein, die unter Spannung standen. Ich erinnere mich an einen besonders grausamen Vorfall in Samara: Ein Vater hatte sich seinen 14-jährigen Sohn auf die Schultern gesetzt, und der schlug mit einer Axt, die einen Eisenstiel hatte, auf eine 110-kW-Leitung ein – beide verbrannten wie Kerzen. Auf diese Weise kamen jedes Jahr zehn bis 15 Menschen ums Leben!

Auf regionaler Ebene ließen wir daraufhin die Buntmetall-Annahmestellen schließen, die Staatsanwälte verlangten jedoch, dass sie wieder aufgemacht würden. Geregelt wurde die Sache »über Moskau«.

Es gab eine Unmenge solcher Probleme. Insbesondere die ständige Bedrohung durch Terroranschläge. Wir waren im Grunde genommen völlig schutzlos. Zehn Freischärler mit Granatwerfern und eine ganze Raffinerie wäre ausgelöscht. Private-Security-Leute? Lachhaft! Mit Pistölchen gegen Maschinenpistolen! Also brauchte man die Miliz und den FSB. Und die waren dann auch an allen kritischen Stellen im Einsatz.

Die Milizangehörigen, die an den jährlich stattfindenden Beratungen mit den Strafverfolgungsbehörden teilnahmen – nach den Schulterstücken zu urteilen, waren es hochrangige Offiziere, 100 bis 150 Personen –, stellten Fragen und sprachen die Probleme an, die ihrer Meinung nach von der Unternehmensleitung gelöst werden mussten.

Sowohl technisch als auch organisatorisch hatten wir bei unseren Anlagen im Hinblick auf die Sicherheit selbst große Schwierigkeiten zu bewältigen, weshalb ich mich nicht zusätzlich mit Strafverfolgungsaufgaben herumschlagen konnte.

Natürlich war die Lage in den Betrieben bis zu unserer Ankunft eine andere gewesen. Leiter von Öl- und Gasförderbetrieben, Werksleiter oder Betriebsdirektoren, die in irgendeiner kleinen Siedlung lebten, waren zwar ohne Schutz, andiererseits gab es bei ihnen auch nicht allzu viel zu holen. An das Öl in den Leitungen kam man schließlich nicht heran, und unsere Rohrleitungen brauchte niemand außer uns. Ein großer Fehler war seinerzeit in den Jahren 1993 und 1994 die Praxis, den Leitern solcher Unternehmensteile Verfügungsvollmachten über die Erzeugnisse einzuräumen. Sie erhielten Quoten, um ihre Produkte gegen Konsumgüter eintauschen oder sie mit Auftragnehmern und, gegen Steuern, auch mit kommunalen Behörden verrechnen zu können.

Und hier begannen die Probleme! Eine Quote kann man aberkennen. Man kann auch gezwungen werden, einen Vertrag mit einer Scheinfirma zu schließen, oder man kann minderwertige Waren liefern und andere zwingen, sie anzunehmen... So gingen 30 Prozent der Erzeugnisse verloren!

Hier konnte ich jedoch mühelos Ordnung schaffen. Ich zog die Vollmachten ein, schaffte die Quoten ab und bot allen »Autoritäten«\* an, sich an mich zu wenden, falls sie »Fragen« hätten. Es kam niemand.

Meine Sicherheitsleute meinten, das sei gefährlich. Ich ließ mich nicht beeindrucken. Was hätte es denn schon gebracht, wenn man mich umgelegt hätte? Ich war schließlich nicht allein. Es war ja ein ganzes System. Ein anderer wäre an meine Stelle getreten. Einer wie ich.

Wenn wir uns auf sie eingelassen hätten, oder wenn wir selbst solche Geschäfte aufgezogen und deshalb Angst gehabt hätten, die Miliz hineinzuziehen, hätten sie es vielleicht gewagt. So aber nicht.

Einige Monate lang hatte ich dennoch Personenschutz. Dann hatte ich genug; ich untersagte meinen Leuten, mir Angst einzujagen.

---

\* Mit dem Wort »Autoritäten« werden in Russland auch Gangster bezeichnet. (Anm. Natalija Geworkjan)

Kapitel 9

Ich verhängte ein Moratorium auf die Rückzahlung sämtlicher Verbindlichkeiten, die gegenüber Auftragnehmern bestanden, und beauftragte unsere Juristen, Forderungen, die uns verdächtig vorkamen, anzufechten. Prompt gab es Versuche, unsere Produktion beschlagnahmen zu lassen.

Ich ließ daraufhin die Produktion unserer eigenen Unternehmensteile aufkaufen, und zwar noch am Bohrloch (die sogenannte Bohrlochflüssigkeit). Dieser Stoff ließ sich nicht beschlagnahmen, weil Transneft ihn in diesem Zustand nicht annahm und weil die Anlagen zur Abscheidung des Öls aus der Bohrlochflüssigkeit mir gehörten. Yukos gegenüber, dem Käufer, konnte man schließlich auch keine Forderungen geltend machen, denn Yukos hatte keine Schulden!

Es kam zu Gerichtsverfahren, die uns die Möglichkeit verschafften, die Spreu vom Weizen zu trennen – das heißt echte Verbindlichkeiten von solchen, die auf kriminellen Machenschaften beruhten. Partner, die sich ungerecht behandelt fühlten, gab es genügend. Manche hatten wir vielleicht tatsächlich ungerecht behandelt, was wir später in Ordnung brachten. Die Auseinandersetzungen zogen sich bis 2002 hin, den Löwenanteil hatten wir bis 2000 aber erledigt. Wie wir es hinbekommen haben, das Gangsterproblem so mühelos aus der Welt zu schaffen? (Apropos, in unseren Objekten saßen hauptsächlich tschetschenische Banden, obwohl es auch einige andere gab.) Und warum haben unsere Vorgänger das nicht geschafft? Sie hatten schließlich auch Kontakte zu den föderalen Stellen.

Die Antwort ist komplex:

Es war eine andere Zeit, und die Staatsmacht hatte andere Prioritäten.

Zweitens: Die früheren Chefs hatten gewöhnlich Angst (rein körperlich) vor den Banditen, sie stammten ja alle aus diesen kleinen Städten und Siedlungen (sogar die Tschetschenen waren zum Teil in Sibirien geboren).

## Verantwortung

Und schließlich das Wichtigste: Solange das Unternehmen noch staatlich war, hatte es dort eine Vielzahl »dunkler Ecken« gegeben, wo man die Miliz lieber nicht hineinließ. Bargeld, Löhne, die in den Tarifvorschriften nicht vorkamen, usw. Das war kein Diebstahl, das waren auch keine Abgaben. Ein Chef musste doch seine Leute anständig bezahlen, er musste abrechnen können und dabei das Bankensystem umgehen, das oft genug nicht funktionierte; gefesselt durch das staatliche Regelwerk, konnte er das mit legalen Mitteln nicht leisten.

Als ich kam, wurde das Unternehmen privatisiert, und ich hatte keine Veranlassung, Bagatellen dieser Art zu verheimlichen, denn ich hatte niemanden über mir. Und in Steuerangelegenheiten zum Beispiel hatte es gar keinen Sinn, irgendetwas zu verbergen.

Es war daher lächerlich, dass die Vertreter des Finanzministeriums und des Ministeriums für Steuern und Abgaben während der Schiedsgerichtsverfahren gegen Yukos so taten, als hätten wir nicht mit ihnen darüber gesprochen, inwieweit die Nutzung von Steuervergünstigungen legal ist ... Yukos kam schließlich für fünf Prozent des föderalen Haushalts auf! Das entsprach dem Etat von vier Verwaltungsgebieten. Unsere Zahlungen in den Regionen wurden bei der Berechnung der föderalen Transferleistungen direkt und gesondert berücksichtigt. Wir lieferten eigens Prognosen ab, und häufig musste ich persönlich dem Minister über die Quartalskennziffern Rechenschaft ablegen.

Da wir mit den »Bagatellen« offen umgingen (als privates Unternehmen konnten wir selbst festlegen, wie viel wir unseren Mitarbeitern und Auftragnehmern zahlten und auf welche Weise das geschah) und die großen Fragen wie die Steuern zum Beispiel öffentlich diskutiert wurden und Gegenstand eines politischen Kompromisses waren, machte uns eine tiefer gehende Einbeziehung der Strafverfolger in die Probleme des Unternehmens auch keine Angst mehr – und damit verschwand sofort das Betätigungsfeld für die Gangster. Die Strafverfolger waren zu diesem

Kapitel 9

Zeitpunkt noch nicht zu Banditen geworden und forderten auch nicht ihren Anteil.

Was meine ich mit einem politischen Kompromiss? Politiker sind Menschen, die sich »für alles Gute und gegen alles Schlechte« einsetzen, aber leider läuft das im Leben nicht so. Man kann nicht gleichzeitig die Produktion steigern, die Steuern anheben und die Preise senken und daneben noch hohe Arbeitslöhne zahlen, gute Investitionsbedingungen in der Branche haben, höchste Umweltstandards einhalten und so weiter.

Man muss eine Balance, einen politischen Kompromiss suchen und finden. Es gibt unterschiedliche Verfahren, Kompromisse zu erzielen. Der parlamentarische Weg, über Vermittlungsausschüsse, ist der beste. Schlechter ist es, wenn es über die Regierung läuft, über Beratungen beim Premierminister und seinen Stellvertretern. Warum das schlechter ist? Weil es weniger transparent und damit auch weniger tragfähig, weniger verlässlich zugeht. Für die Schwerindustrie, für langfristige Investitionen ist Verlässlichkeit jedoch oberstes Gebot.

### Die Gouverneure

Die Beziehungen zu den Gouverneuren sind eine schwierigere Frage. Das sind Leute mit bedeutendem politischen Einfluss und erheblichen administrativen Befugnissen. Sie empfingen mich argwöhnisch, die verschiedenen Geschäftsbereiche von Yukos waren schließlich große, gemeindekonstituierende Unternehmen, die einen starken Einfluss auf die soziale und wirtschaftliche und somit auch die politische Situation in einer Region hatten. Und hier ging es um sämtliche Regionen: sowohl diejenigen, in denen das Öl gefördert, als auch um jene, in denen es verarbeitet wurde und in denen der Vertrieb der Erdölprodukte erfolgte.

Die Gouverneure hatten stets zweierlei Bedenken: Würde es mir gelingen, Yukos unter Kontrolle zu halten (würde es also

Verantwortung

keine soziale Explosion, keinen Produktionsrückgang oder Ähnliches geben), und wie würde ich meinen Einfluss in der Region geltend machen? Wen würde ich unterstützen, wo würde ich mich einmischen? Als Konzernchef hatte man ja viele Möglichkeiten.

Andererseits war es mir wichtig, die Beziehungen korrekt zu gestalten, denn ein Gouverneur konnte eine große Hilfe oder aber ein großes Hindernis sein. Das fing bei den kommunalen Steuern an, bei der Bereitstellung von Grundstücken, bei Umweltproblemen und der Zusammenarbeit mit den Regionalbehörden – nicht alles ließ sich über Moskau regeln. »Moskau« (also die föderalen Behörden) konnte einmalig etwas korrigieren, ein Problem lösen, für den alltäglichen Kleinkram aber brauchte man den Gouverneur und seine Leute.

Ich will es gleich vorausschicken: Um Schmiergeld ging es bei mir nicht. Die Gouverneure verfügten schon damals über hinreichende eigene Möglichkeiten, um ihre »persönlichen Problemchen« zu lösen. Ein großes Unternehmen brauchten sie, um die großen Aufgaben zu bewältigen.

Natürlich fühlte mir jeder der Gouverneure anfänglich auf den Zahn. Sie übten Druck aus, es gab gerichtliche Klagen und sogar Beschwerden an den russischen Präsidenten, aber das ist ganz normal.

Überhaupt hatte ich, ehrlich gesagt, Glück mit den Chefs der Regionen. Obwohl es unter den gewählten Gouverneuren grundsätzlich keine Volltrottel gab, waren die, mit denen ich zu tun hatte, wahrlich auserlesene Leute: Alexander Filipenko aus Chanty-Mansijsk, Konstantin Titow aus Samara, Viktor Kress aus Tomsk, Jegor Strojew aus Orjol und viele andere. Sobald sie begriffen hatten, dass ich länger zu bleiben gedachte, die Situation innerhalb des Unternehmens unter Kontrolle hatte und die Produktion ausbauen würde, liefen die Gespräche konstruktiv, getragen von gegenseitigem Respekt.

Kapitel 9

Ein Umstand mag diese Beziehungen illustrieren: Wenn ich den Leiter eines unserer Unternehmen ablösen musste, stimmte ich sowohl die Abberufung als auch die Neubesetzung in jedem Fall mit dem Gouverneur der jeweiligen Region ab, und zwar persönlich. Aber auch der Gouverneur besprach in jedem Fall alle wichtigen Entscheidungen, die die Städte und Ortschaften betrafen, in denen unsere Unternehmen gemeindekonstituierend waren, mit uns. Eigentlich nichts Neues, so war das immer gewesen, aber es war das erste Mal, dass sich hier unabhängige Personen miteinander arrangierten: gewählte Gouverneure und ein Privatunternehmer. Es funktionierte hervorragend.

Alexander Filipenko* ist ein absolut einmaliger Mensch. Solche Gouverneure wie er einer war, sind mir sonst nicht begegnet. Ein uneigennütziger, feinsinniger Diplomat, der die Branche kennt. Seine größte Leidenschaft war, in Chanty-Mansijsk eine moderne Stadt entstehen zu lassen. Und er hat es geschafft! Er hatte ein Team, das genauso war wie er: Sergej Sobjanin**, Wladimir Karassew und Alexander Jefimow. Einmalig gute Mitarbeiter. Mit solchen Leuten komme ich gut zurecht.

Was sie von mir benötigten, war klar: ein bestimmtes Produktionsergebnis. Und es war klar, was sie zu bieten hatten: Sie konnten für ein behagliches sozialpolitisches Umfeld sorgen. Auseinandersetzungen gab es durchaus auf der Arbeitsebene. Aber ohne Geschrei. Wozu auch? Das waren Leute, die Argumente nachvollziehen und akzeptieren konnten. Die imstande waren, ihre Emotionen zu beherrschen. Ich bin, scheint mir, auch von dieser Art.

* Alexander Filipenko, 1995 bis 2000 Gouverneur des Autonomen Kreises der Chanten und Mansen, wo die größten Erdölgesellschaften des Landes angesiedelt sind. (Anm. Natalija Geworkjan)
** Sergej Sobjanin, heute Oberbürgermeister von Moskau (Anm. Natalija Geworkjan)

Was den »Moskauer Jungen« angeht, der ich für manche war, sah die Situation hier doch etwas anders aus. 1996, als ich in der Provinz ankam, war ich 33. Ein normales Alter für einen »Ölgeneral«. Ich war einschlägig ausgebildet, hatte durch meine Arbeit beim Ministerium schon einige Erfahrungen gesammelt und war vertraut mit der Leitung großer Unternehmen. Außerdem genoss ich Rückendeckung aus der Regierung.

Aber natürlich sah Filipenko genau hin. Fast zwei Jahre lang. Dann fasste er Vertrauen und begann, mir zu helfen.

Und was die »Freundschaftsattribute«[*] anbelangt – er ist ein kluger Mann mit einem sehr feinen Gespür dafür, wer etwas braucht und wer nicht.

Bei mir sah er, dass es auch ohne diesen Unfug ging. Und so hielten wir es. Obwohl wir durchaus manchmal etwas getrunken haben. Bei Empfängen. Rein symbolisch.

Ich weiß nicht, wie er auf meine Verhaftung reagiert hat. Ich nehme an, zurückhaltend. Zumindest habe ich nicht gehört, dass er die Situation irgendwie ausgenutzt hätte. Ich weiß, dass sie alle verhört wurden. Aber da seine Aussagen nicht in den Akten auftauchen, heißt das, dass er nichts Schlechtes gesagt hat.

### Der soziale Bereich

Eines der vordringlichsten Probleme war der soziale Bereich. Der gesamte Wohnungsbestand, die Krippen, Schulen, Geschäfte, Heizwerke und Straßen – all das war Eigentum von Yukos. Sämtliche Städte, in denen das Unternehmen präsent war, tauchten in unseren Bilanzen auf. Es gab bereits einen Präsidentenerlass, wonach das alles den Regionalregierungen übertragen werden

---

[*] Mit »Freundschaftsattributen« sind das gemeinsame Trinken und gemeinsame Saunabesuche gemeint, Gepflogenheiten also, die vor allem in der Provinz für die Beziehungen innerhalb der Nomenklatura kennzeichnend waren. (Anm. Natalija Geworkjan)

sollte, nur dass es niemand eilig hatte, den Erlass auch umzusetzen. Warum? Die Argumente der Regionalregierungen leuchten ein: Es fehlte an organisatorischen Ressourcen und an föderaler Unterstützung zur Finanzierung der Übernahme, kurz, es war eine Sache, die nur Kopfschmerzen bereiten würde. Andererseits musste es sein. Der kommunale Bereich gehört schließlich zum Kerngeschäft der Regionalregierungen.

Die Argumente der Unternehmensleitung waren ebenso zweigeteilt. Einerseits bereitete auch uns der soziale Bereich Kopfschmerzen. Zwar konnten die Ausgaben steuerlich abgesetzt werden, doch die organisatorischen Ressourcen, die dafür abgezogen werden mussten, waren gigantisch. Andererseits hatte ein Unternehmen, das den sozialen Bereich beherrschte, praktisch jeden Einwohner in der Hand: Man konnte jeden entlassen, ihn aus der Wohnung werfen oder sein Kind aus dem Kindergarten ausschließen – all das war gängige Praxis. Von den privaten Einnahmen, die manch einer in geringem Umfang aus unternehmerischer Tätigkeit, aus Brauereien, Hotels oder Geschäften usw. zog, will ich schon gar nicht reden.

Mein Ansatz war unmissverständlich und »ideologisch«: Sklaven brauchte ich nicht. Jeder Mensch sollte die Wahl haben. Leibeigenschaft gehörte ins 19. Jahrhundert. Wenn jemand will, kann er bei mir arbeiten, wenn nicht, geht er zum Nächsten oder macht seine eigene Firma auf. Den Gouverneuren haben wir offen gesagt: Wir können zwar diskutieren, wie wir euch in der Übergangsphase finanziell unterstützen, aber wir treten den gesamten Sozialbereich an die Kommunen ab; kommerzielle Objekte hingegen, Geschäfte etwa, verkaufen wir. Und so handhabten wir es. Viele haben sich dabei eine goldene Nase verdient, aber ich habe beide Augen zugedrückt, weil das Ergebnis wichtiger war als die kleinen Verluste. Worum es wirklich ging, war Zeit. Zeit und die Mobilisierung organisatorischer Ressourcen für die betrieblichen Kernaufgaben.

Keine einzige soziale Einrichtung wurde im Zuge der Übergabe abgeschafft oder geschlossen, weil sie alle für das Leben der Menschen notwendig waren. Dabei sparte das Unternehmen weniger Geld als organisatorische Ressourcen. Nach und nach mussten wir unser Personal immer seltener für Aufgaben abstellen, die nicht zum Kerngeschäft gehörten – das konnten wir immer öfter denen überlassen, die eigentlich dafür zuständig waren: den Mitarbeitern der kommunalen Einrichtungen.

Was keine finanziellen Investitionen erforderte oder sogar Einnahmen verhieß – Hotels, Geschäfte, Lagerräume und unbewohnte Häuser –, übernahmen die Gemeinden gern. Viel schlechter sah es bei den Wohnungen aus. Wohnungen sind unrentabel, also versuchten die Bürgermeister, uns Zuschüsse aus dem Kreuz zu leiern, um den eigenen Haushalt zu schonen. Hierzu gab es hitzige Auseinandersetzungen, doch wir hatten den Präsidentenerlass auf unserer Seite. Sie konnten allenfalls bürokratische Hürden errichten. Schließlich wurde ein Kompromiss gefunden, und wir gewährten den Kommunen einmalig gewisse Zuschüsse.

Menschen haben vor allem Angst vor Veränderungen, Empörung gab es bei den Mitarbeitern daher genug. Allerdings war dies, im Vergleich zu den Löhnen und Gehältern, eines der geringeren Probleme, weshalb ich mich auch nicht an besondere Konflikte erinnere. Außer vielleicht in Neftejugansk, wegen meiner Weigerung, den Wohnungsbau in der Stadt zu finanzieren. Ich hielt es damals und halte es auch heute noch für einen Fehler, die Stadt, die in einem Sumpfgebiet liegt, weiter auszubauen. Aber die Menschen hingen sehr an der Stadt. Mit dieser Entscheidung brachte ich wirklich viele gegen mich auf. Da ich jedoch kein Politiker war, sondern Firmenchef, war mir wichtig zu wissen, dass ich mit meinem Standpunkt richtig lag.

Statt auf sumpfigem Boden Wohnhäuser zu bauen, legten wir das Programm »Veteran« vor, mit dem der Umzug in Orte mit günstigeren Bedingungen finanziert werden sollte. Ich kann

Kapitel 9

nicht behaupten, dass alle glücklich damit gewesen wären, aber immerhin arbeiteten wir auf einen Konsens hin. Alles andere wäre unverantwortlich gewesen.

Später setzten wir eine Vielzahl sozialer Projekte in den verschiedenen Regionen um: Wir bauten Kulturzentren, Sportstätten, Krankenhäuser und Wohnungen, aber stets zu den gleichen Bedingungen: Wir bauen es, wir nehmen es in Betrieb und überlassen es dann den kommunalen Behörden. Wenn sie es nicht haben wollen, wird nicht gebaut.

Natürlich behielten die Leiter der Geschäftsbereiche einige ihrer Lieblingsobjekte wie etwa Hotels. Sie hatten meine Erlaubnis. Ansonsten hätten sie nämlich nach Wegen gesucht, mich zu hintergehen, und ich wäre gezwungen gewesen, gute Leute wegen solcher Lappalien zu entlassen.

### Die »Generäle«

Die Beziehungen zu den Leitern der einzelnen Geschäftsbereiche sind überhaupt eine Sache für sich. Sie wurden »Generäle« genannt, und zwar keineswegs nur, weil ihre Amtsbezeichnung »Generaldirektor« lautete. In Zeiten der Bedrohung, im Krieg zum Beispiel, wären unsere Unternehmen sämtlich zu kriegswichtigen Anlagen geworden, und ihre Leiter hätten Generalsdienstgrade und militärische Befugnisse erhalten.

Eigentlich kamen ihre Vollmachten auch in Friedenszeiten beinahe schon militärischen Befugnissen gleich. Die Anlagen waren ja allesamt explosions- und feuergefährlich und stellten nicht nur eine Gefahr für die Sicherheit des Personals, sondern auch für die der nahegelegenen Städte und Siedlungen dar. In einem Notfall konnten die Mitarbeiter nicht einfach davonlaufen, irgendjemand musste ja den Notstand beheben. Wenn es sein musste, um den Preis des eigenen Lebens. Nicht alle begriffen das. Besonders schrecklich ist es, wenn man ins Feuer gehen muss, zum Beispiel, um die Ventile zu öffnen, damit das Öl abfließen kann. Wir haben unsere Leute trainiert – und eigens dazu jedes Jahr einen Tank abgefackelt. Die Feiglinge verdrückten sich. Aber die anderen wussten: Vom »General« hängt nicht nur der Wohlstand, sondern auch das eigene Leben ab.

Ich hatte über zwanzig solche Generäle. Nicht alle wurden ihrer Position gerecht. Wer Alkoholiker oder einfach nur schwach war, wer Neuerungen nicht akzeptieren konnte, musste gehen. Mehr noch, ich habe alle gewarnt: Niemand bleibt für immer auf seinem Posten, Rotation muss sein. So habe ich denn zwischen 1996 und 2003 auch alle ausgewechselt.

Haben sie dagegen opponiert? In der Sache, ja. Wir haben gestritten, nach Kompromissen gesucht und verhandelt. Aber versuchter Boykott oder Befehlsverweigerung? Nein. Wir hatten alle eine militärische Mentalität, die für so eine Branche unerlässlich ist.

Gewiss haben sie irgendwann getestet, ob ich wirklich der Chef bin. Der Kommandeur. Wie genau? Darum hab ich mich nicht gekümmert. Natürlich war ich damals schon ziemlich bekannt. Ich trat im Fernsehen auf, und mein Name wurde in einem Atemzug mit den wichtigsten Unternehmern genannt. Außerdem konnten sich einige noch aus meiner Zeit beim Ministerium für Brennstoffe und Energiewirtschaft, Anfang der neunziger Jahre, an mich erinnern. Jedenfalls waren diese Fragen immer schon geklärt, wenn ich eintraf. Meine Assistenten riefen an, teilten meine Ankunftszeit mit und baten darum, Treffen zu organisieren: mit Ingenieuren und Technikern, mit Verwaltungsleuten, Gewerkschaftlern und Betriebsräten, aber auch an den Arbeitsplätzen in den Betrieben und in den Ölarbeiterunterkünften vor Ort. Außerdem wurden eine Pressekonferenz oder ein Auftritt im Lokalfernsehen vereinbart und weitere Zusammenkünfte eingeplant, vor allem und unbedingt mit den Betriebsveteranen.

Kapitel 9

Erdölfachmann bin ich nie geworden. Das war auch nicht mein Ziel. Erdölfachleute – das sind Bohrtechniker, Erdölförderer und Geologen. Im besten Fall ein Drittel der Mitarbeiter eines Unternehmens. Die übrigen gehören anderen Berufen an: Bauarbeiter, Facharbeiter für Erdölverarbeitung, Chemiker, Ausrüster, Mathematiker – Hunderte verschiedene Fachrichtungen.

Ich selbst bin Verfahrensingenieur, Spezialist für die Organisation administrativer Prozesse. Dass ich im Segment »Ölgewinnung« so viel Zeit verbracht habe, hing wiederum damit zusammen, dass mein Gespür für dieses Segment weniger ausgeprägt war. Ein Leiter muss schließlich eine allgemeine Vorstellung von der gesamten Kette des Verfahrens haben. Wenn auch nicht auf Expertenniveau. Sich das eine oder andere Fachgebiet zu erschließen, ist für einen Ingenieur ja keine allzu große Mühe.

### Vertrauen

Ich besuchte jedes Werk, jeden Verband, jeden Öl- und Gasförderbetrieb, jede große Vertriebsabteilung, und mehrere Tage hintereinander jagte eine Begegnung die nächste. Bis zu zehn Treffen pro Tag. Einige wurden im Vorfeld als Besprechung geplant, andere als Kundgebungen, wiederum andere lagen irgendwo dazwischen.

Meine Aufgabe war es, Vertrauen zu gewinnen. Die Leute sollten begreifen, dass ich ihre Probleme, die sozialen wie die betrieblichen, verstehe, dass ich weiß, wie sie sich lösen lassen, und dass ich persönlich Verantwortung dafür übernehmen würde, dass sie auch gelöst werden.

Unsere Leute sind schon ein interessantes Völkchen: Sie entschieden sich für die ehrliche Variante, ohne unerfüllbare Versprechungen. Ich spreche ja gewöhnlich hart und konkret: »Die Löhne und Gehälter werde ich zahlen. Die Anlagen werde ich austauschen, aber nicht gleich. Die Gehälter werde ich anheben, aber auch nicht gleich. Es wird schwer werden. Wir müssen dem Land Devisen bringen, wir müssen anfangen, Steuern zu zahlen. Alles andere kommt später.« Genau so habe ich es gesagt. Ich habe Fragen beantwortet und Beschimpfungen gekontert. Beschimpfungen kamen übrigens selten vor.

Und dass jemand gewagt haben soll, mich irgendwo »wegzusperren«* – eine wirklich lächerliche Legende! Dass mich jemand in Rage verprügelt und sogar umgebracht hätte, das wäre möglich gewesen – allerdings nur 1998, auf dem Höhepunkt der Krise, falls jemand die Nerven verloren hätte und ausgerastet wäre. Aber den Chef einzusperren – nie im Leben! Da kommt dann doch eine andere psychologische Verfassung zum Tragen.

Ich war nicht als Verwandter und noch nicht einmal als Freund gekommen. Das war allen klar, deshalb blieben die Fragen, die mir gestellt wurden, immer sachlich. Wird es Arbeit geben und wo? Werden die Löhne gezahlt? Werden die Löhne angehoben?

Seltener ging es um die Arbeitsbedingungen, die Arbeitsschutzbekleidung oder soziale Fragen. Mich in Verlegenheit zu bringen, war schwierig; dank meinen Erfahrungen in Produktion und Verwaltung fiel es mir nicht schwer, bestimmte Fragen vorauszusehen. Es gab auch niemanden, der mich bewusst in eine unangenehme Lage hätte bringen wollen – den Leuten war es wichtig, sich zu artikulieren und ihre Perspektiven zu erfragen, und nicht etwa, ihren Chef in Bedrängnis zu bringen.

Wer als Verantwortlicher anerkannt werden will, muss in dem Ruf stehen, »Herr über seine Worte« zu sein. Gesagt – getan. So etwas sehen die Menschen. Genau hier liegt auch der Grund, warum die vorsätzliche Nichtbefolgung einer Anweisung die unverzügliche Kündigung nach sich zog. In der Machtfrage ist für

---

* Mir wurde berichtet, Chodorkowski sei einmal von seinen Arbeitern, die die Auszahlung ihrer Löhne forderten, eingesperrt worden. (Anm. Natalija Geworkjan)

Kompromisse kein Platz, gerade wenn es um die administrative Struktur eines Unternehmens geht.

Alles in allem erinnere ich mich nicht, dass jemand versucht hätte, meinen Führungsanspruch in Frage zu stellen. Dass man versuchte, mich zu überlisten, kam durchaus vor. Bisweilen sogar mit Erfolg. Aber mir direkt zuwiderzuhandeln, das hat niemand gewagt, niemals.

Zu wissen, wie die Arbeiter und Ingenieure leben, Interesse und Fürsorge zu bekunden und sogar deutlich zu zeigen ist eine unerlässliche Voraussetzung. Ja, am Anfang tat ich das notgedrungen, mechanisch. Später aber, nach 1998, war ich mit Leib und Seele dabei. Versäumt habe ich es nie. Die Menschen zu besuchen, sei es zu Hause, in den Baracken oder Waggons, einen Tee mit ihnen zu trinken, gemeinsam etwas zu essen und sich zu unterhalten – das musste sein. Auch sie persönlich zu empfangen, zu helfen, wenn etwas schiefgegangen war. Anders kann man nicht arbeiten.

Der Lebensstandard der Erdölarbeiter war meiner Meinung nach normal. Manch einer lebte freilich unter weniger guten Bedingungen – in Baracken, die der Kommunalwohnung glichen, in der ich die ersten sieben Jahre meines Lebens verbracht hatte; andere wiederum lebten in guten, anständigen Stadtwohnungen, die auch nicht schlechter waren als die Wohnung meiner Eltern oder meiner Frau. Fernseher und Kühlschränke hatten alle. Nicht die neuesten Modelle, aber vernünftige Geräte. Dass ein Kühlschrank leer gewesen wäre, habe ich kein einziges Mal erlebt.

Natürlich gibt es Leute, die heruntergekommen sind: Alkoholiker, Drogenabhängige. Deren Zuhause ist eine Katastrophe. Es gibt auch Landstreicher und Immigranten – auch hier zeigt sich ein sehr trauriges Bild. Aber dass mir das neu gewesen wäre, kann ich nicht sagen. Ich bin ja viel im Land herumgekommen. Wo ich nicht alles gearbeitet habe! Unsere Leute mögen es schon sehr, sich ärmer zu machen, als sie sind, und hier ist es wichtig, sehr genau zwischen dem üblichen Gejammer und echter Not zu unterscheiden.

Not gibt es wirklich. Das Schlimmste ist, wenn jemand ernsthaft erkrankt. Die kostenlose medizinische Versorgung in Russland ist eigentlich überhaupt keine Versorgung. Erkrankt ein Angehöriger, frisst das die Ersparnisse einer Familie vollständig auf. Ich weiß das aus eigener Erfahrung, als meine Mutter krank war. Arbeitslosigkeit ist auch schlimm. Die Menschen brauchen innerhalb weniger Monate ihr Erspartes auf. Selbst starke Persönlichkeiten fangen dann an zu trinken.

Es ist nicht so, dass ich bei diesen Begegnungen wirklich Neues aus dem Leben der Menschen erfahren hätte. In unserem Institut an der chemischen Hochschule kam ja auch kaum jemand aus Moskau. Baubrigaden, Betriebspraktika, die Leitung mehrerer Unternehmen vor Yukos... Nein, mir war das alles nicht neu.

Eine andere Sache ist es, dass man erwachsen wird und beginnt, die Menschen besser zu verstehen, das Geschehen anders zu bewerten. Not ist dem Erwachsenwerden überaus förderlich.

Die Menschen müssen wissen, dass sie sich auf dich verlassen können, dass sie nicht allein sind. Was du dabei denkst, ist zweitrangig. Schon eine Frage, die auch wichtig ist. Aber je älter ich wurde, desto mehr wurde mir klar, dass die Menschen das Wichtigste sind.

Deshalb konnte es im Jahre 2000 durchaus vorkommen, dass ich von den Finanzen des Unternehmens wenig mitbekam. Dem Finanzdirektor vertraute ich, und ich wusste, dass er allein klarkommt, die Verfahrenstechniker würden ebenfalls klarkommen, selbst die Geologen und Bauarbeiter kämen zurecht. Aber um die Arbeitsschutzbekleidung, die Waggons, die Lebensbedingungen und Entlohnungsmodalitäten – darum kümmerte ich mich persönlich. Ich muss eine Situation mit eigenen Händen erspüren, mit Spezialisten reden, mit Gewerkschaftern und Journalisten (und zwar Lokaljournalisten, weil sie über vieles besser Bescheid wissen). Dafür darf einem die Zeit nicht zu schade sein. Das Schlüsselwort lautet Fürsorge, und die walten zu lassen sind unsere Beamten nicht gewohnt. Glauben Sie, das wäre nur beim Staat so? Bei uns im Unternehmen war es nicht anders, und es wurde auch nicht sofort besser.

Für die Mitarbeiter einer Erdölgesellschaft sind die Lebensverhältnisse ausgesprochen wichtig. Die meisten verbringen den überwiegenden Teil ihres Arbeitstages schließlich an der frischen Luft. Die Produktion läuft ohne Unterbrechung Tag und Nacht, bei Frost und Regen, und selbst bei 40 Grad Hitze oder 50 Grad Kälte geht die Arbeit weiter. Ähnliches gilt für die Geologen, Förderarbeiter, Bauarbeiter und selbst für die Weiterverarbeiter des Erdöls.

Hinzu kommt die große Entfernung von zu Hause. Man ist lange unterwegs oder gar direkt vor Ort untergebracht. Unter diesen Bedingungen ist es für die Menschen enorm wichtig, dass man sich um ihren Alltag kümmert. Und an erster Stelle steht da die Arbeitsschutzbekleidung. Darin darf es weder zu heiß noch zu kalt, weder feucht noch stickig sein. Die Kleidung darf bei Feuer nicht brennen und sich unter Einwirkung von Ölen nicht auflösen. Sie muss sich in einer Notsituation schnell abstreifen lassen, ohne dass sie zu anderen Zeiten von selbst aufgehen würde, sie darf nicht zu sehr verschmutzen und beim Waschen keinen Schaden nehmen.

Eine Menge Anforderungen. Wobei sich die meisten von ihnen gegenseitig ausschließen. Wir haben lange daran gearbeitet. Fast ein Jahr. Wir haben überall auf der Welt Muster eingekauft, von Alaska bis Stavanger. Letztlich haben wir selbst einen kompletten Anzug entworfen und die richtigen Stoffe ausfindig gemacht. Das Institut für Arbeitsschutz mit seinen hervorragenden Spezialisten war dabei eine große Hilfe.

Die Yukos-Farben sind Gelb und Grün. Sehr passende Farben, wie sich erweisen sollte. Den Namen trugen wir mit Stolz. Das

Verantwortung

Hauptproblem war, dass die Leute ihre Arbeitskleidung schonten. Dass sie sie nicht zur Arbeit trugen, um sie nicht schmutzig zu machen. Mit Anweisungen allein kam man da nicht weiter. Also richteten wir für alle Interessierten einen Verkauf ein, zum Selbstkostenpreis. Alle Städte deckten sich mit Kleidung ein. Natürlich nicht vollständig. Ein kompletter Satz – über 40 Einzelbestandteile – war zu teuer, dafür ging ein ganzer Monatslohn drauf. Aber jeder trug irgendwas. Manche ein Trikot, andere ein Basecap oder eine Jacke.

Später, als ich für alles verantwortlich war, habe ich dann die Regeln diktiert, auch die Regeln der Lebensführung. Zum Beispiel habe ich der Belegschaft das Trinken abgewöhnt. Und zwar gänzlich. Noch 1996 kam niemand nüchtern zur Arbeit. Wenn 2001 jemand betrunken zum Dienst erschien, war das bereits ein besonderes Vorkommnis, über das ich persönlich unterrichtet wurde. Das gesamte Unternehmen im Blick – 110 000 Menschen. Vorfälle dieser Art gab es rund hundert pro Jahr. Jemanden entlassen konnte nur ich, diese Entscheidung war mir persönlich vorbehalten. Es gab solche Fälle, aber selten.

Natürlich wäre es naiv anzunehmen, dass mir alles berichtet wurde, aber da bekannt war, wie genau ich alles verfolgte, hatten die Leute Angst. Sie hatten Angst zu trinken. Angst, etwas zu vertuschen. Das Alkoholproblem konnte jedenfalls behoben werden.

Andererseits überzeugte ich meine Kollegen, zehn Prozent ihrer Yukos-Anteile abzutreten und damit einen Rentenfonds einzurichten, damit unsere Altgedienten nach Ablauf ihres Vertrages die Möglichkeit erhielten, in der »Zivilisation«[*] Wohnraum zu erwerben. 40 000 Personen waren Mitglied in diesem Fonds.

---

[*] Gemeint sind hier die Gegenden Zentralrusslands oder andere Regionen mit günstigeren klimatischen Verhältnissen und besserer Verkehrsanbindung. (Anm. d. Ü.)

Kapitel 9

Etwa 3000 haben es rechtzeitig geschafft. Die Übrigen wurden zusammen mit Yukos ausgeraubt.

Die Verwaltung dieser Yukos-Anteile in Höhe von zehn Prozent wurde unabhängigen Treuhändern in der Schweiz übertragen. Eine gewerkschaftliche Kommission in Russland hatte über die Auszahlung von Zuwendungen zu entscheiden. Sie stammten aus Einnahmen, die die Treuhänder aus dem sukzessive stattfindenden Verkauf der Anteile erzielten. Es waren diese Anteile, die die Bundesanwaltschaft in der Schweiz sperren ließ, nachdem sie zuvor hatte mitteilen lassen, sie habe angeblich unterschlagene Gelder in Höhe von fünf Milliarden Schweizer Franken entdeckt.*

Die Bewertung des Aktienpakets war damals zum aktuellen Kurs erfolgt. Später, als das Unternehmen bereits in den Bankrott gezwungen worden war, fiel der Kurs auf null, und die Schweizer teilten den russischen Behörden mit, es gebe keine Vermögenswerte mehr. Die hiesigen Akteure konnten zwei Jahre lang nicht begreifen, was da wohin verschwunden war. Sie liefen herum, fragten uns und wollten es einfach nicht glauben.

Schwerarbeit

Die Arbeit der Erdölarbeiter ist schwer und gefährlich. Das gilt für Förderung und Verarbeitung gleichermaßen. Im Winter bei Wind und Frost, im Sommer bei stickigen Dämpfen oder eingehüllt in Schwärme von Mücken. Die Gefahr eines Blowouts, eines Brandes oder sonstiger unliebsamer Überraschungen ist allgegenwärtig.

Die Arbeit am Bohrturm ist längst nicht die wichtigste. Insgesamt hatten wir rund einhundert Bohrtürme im Unternehmen,

---

* Die Schweizer Bundesanwaltschaft sperrte die Vermögenswerte 2004 nach einem Rechtshilfeersuchen der russischen Behörden. Später stellte ein Schweizer Gericht fest, das Vorgehen der Bundesanwaltschaft sei unverhältnismäßig gewesen (Anm. d. Ü).

## Verantwortung

aber etwa 10 000 Bohrlöcher, Hunderte Anlagen zur Aufbereitung und Verarbeitung des Erdöls, Hunderte Behälter zur Lagerung der Erdölprodukte, Zehntausende Kilometer Rohrleitungen – und all das musste täglich gewartet werden.

Die Arbeitsstellen unserer Mitarbeiter waren in der Regel nicht mehr als 150 Kilometer von ihrem Zuhause entfernt. Nur etwa zehn Prozent der Spezialisten wurden aus anderen Regionen hinzugezogen.

Eine wichtige Frage war dabei, wie diese 150 Kilometer aussahen. Brauchte man weniger als zwei Stunden in eine Richtung, wurden die Leute jeden Tag gefahren, wenn es länger dauerte, wurden für die Fly-in-fly-out-Arbeiter Unterkünfte vor Ort errichtet.

Da wir viele Straßen bauten und schnell vorankamen (bis zu 500 Kilometer pro Jahr), bestanden auch diese Unterkünfte in der Regel nicht lange. An den Bohrstellen waren je zwölf bis 16 Personen beschäftigt, alle Schichten zusammengenommen; eine Siedlung mit Arbeiterunterkünften an einem großen entlegenen Ölfeld umfasste 100 bis 150 Personen. Die Präsenzzeiten vor Ort dauerten von einer Woche bis zu einem Monat.

Am Anfang waren die Bedingungen nicht besonders, aber bis zum Jahr 2000 hatten wir eine neue Situation geschaffen. Selbst an den Bohrstellen wurden nun, etwas abseits, Wohnwaggons, Trockenräume und Kantinen aufgestellt. Später kam sogar noch eine Sauna dazu. Die Ölfelder waren noch viel besser ausgestattet.

Große Probleme gab es mit den festen Wohnungen. Ich bin überhaupt gegen spezielle »Städte der Erdölarbeiter«, aus meiner Sicht ist das ein schweres Erbe der Sowjetunion. Gute Straßen und Arbeiterunterkünfte bauen, Förderprozesse automatisieren und rationalisieren – das ist wirklich gefragt.

Um alle Ölfelder des Unternehmens im Autonomen Kreis der Chanten und Mansen warten zu können, musste ich 10 000 bis 15 000 Leute vor Ort haben, in unseren Städten und Siedlungen dort wohnten aber über 200 000 Menschen! Und Neftejugansk

## Kapitel 9

zum Beispiel stand direkt in einem Sumpfgebiet. Bis zu 14 Meter aufgeschütteter Boden! Können Sie sich die klimatischen Bedingungen vorstellen?

Viele wollten, wenn sie aufhörten zu arbeiten, nach Samara, Tatarstan oder Saratow ziehen, aber es gab nicht viele, die tatsächlich gingen – die meisten blieben bis an ihr Lebensende, fühlten sich allerdings als »Bewohner auf Zeit« und verspürten deshalb auch nicht den Wunsch, etwas in ihre »Wohnungen auf Zeit« zu investieren. Daher auch die Baracken, die wir von unseren Vorgängern übernommen hatten.

Ich sage es ganz ehrlich: Ich war nicht dafür, den Wohnungsbestand zu erweitern. Die Bevölkerung wuchs mit jedem Jahr durch Zugereiste weiter an, aber wo sollten die Leute hin? Es gab keine Arbeit, und das Unternehmen musste weiterziehen – nach Norden und Osten.

Daher auch das »Rentenprogramm«: Sie haben Ihre Pflicht getan? Dann können Sie uns Ihre Wohnung verkaufen und erhalten gutes Geld dafür, dazu noch eine Auszahlung aus dem Rentenfonds und eine Abfindung – genug für den Kauf einer vernünftigen Wohnung in Zentralrussland (natürlich nicht in Moskau und Sankt Petersburg). Und selbst für ein Auto bleibt noch etwas übrig.

Anfangs stieß ich mit meinem Ansatz auf Kritik, später fand man einen Kompromiss. In jeder Stadt einen anderen, aber man einigte sich. Und die Arbeit begann.

Ich bin eben doch ein sowjetischer Mensch! Aus unternehmerischer Sicht musste man sich aus den Städten zurückziehen. Für das Unternehmen waren sie völlig überflüssig. Sowohl das riesige Priobskoje-Ölfeld als auch die Erschließung Ostsibiriens handhabten wir dann schon anders. Ausschließlich mit Fly-in-fly-out-Arbeitern, nachdem wir den Personalbedarf auf ein Minimum reduziert hatten. Eine Verlegung der Unternehmenszentrale nach Chanty-Mansijsk wäre folgerichtig gewesen. Dort gibt es einen guten Flughafen, dort sind alle regionalen Verwaltungsdienste angesiedelt, und es ist günstiger gelegen. Neftejugansk wäre ab diesem Zeitpunkt allerdings zu einer sterbenden Stadt geworden. So viele Menschen brauchte das Unternehmen ja nicht. Von den etwas mehr als 100 000 Einwohnern kam ich ohne weiteres mit fünf- bis sechstausend Personen aus. Außer Neftejugansk hatte das Unternehmen in der Region auch noch Pyt-Jach und Poikowski.* Hinzu kamen viele Mitarbeiter, die aufgrund der Entfernung von Surgut und Chanty-Mansijsk aus pendeln konnten. Alle wussten das und hatten furchtbare Angst. Wollte man in einem Sumpfgebiet leben? Wohl kaum, aber vor einem Umzug schreckten alle zurück.

### Verantwortung für den Wandel

Als ich zum Unternehmen kam, wurden die Löhne nur zum Teil ausgezahlt, wodurch die Schulden sich weiter anhäuften. Effektiv erhielten die Leute durchschnittlich 100 Dollar im Monat.

Ein stetiges Lohnwachstum setzte in der Firma erst nach der Krise ein. Im Mittel stiegen die Einnahmen der Mitarbeiter um 20 bis 25 Prozent pro Jahr, und schon 2003 betrug das Einkommen bei uns im Schnitt rund 30 000 Rubel im Monat – dreimal so viel wie das durchschnittliche Einkommen in Moskau. Um das zu finanzieren, mussten wir den Produktionsumfang steigern und die Selbstkosten senken.

1996 steckte das Unternehmen tief in den roten Zahlen, 1997 konnten wir uns stabilisieren, aber 1998 brachen wir abermals ein, weil der Ölpreis auf Werte zwischen acht und zehn Dollar pro Barrel gefallen war. Da griff ich zu radikalen Maßnahmen, zu denen ich früher noch nicht bereit gewesen war.

---

* Pyt-Jach ist eine Stadt in Westsibirien mit über 40 000 Einwohnern, Poikowski eine städtische Siedlung mit über 25 000 Einwohnern (Anm. d. Ü.).

Kapitel 9

Ab August 1998 bis Mai/Juni 1999 tat ich all das, was ich längst hätte tun sollen: Bauarbeiter, Monteure und alle sonstigen Serviceabteilungen gliederte ich aus dem Unternehmen aus und schickte sie in den freien Wettbewerb. Alle überflüssigen Anlagen ließ ich ausrangieren, Förderpläne radikal ändern, eine groß angelegte Personalrotation einführen und ein dauerhaft wirksames System etablieren, das die Weiterbildung und Rotation des Personals sicherstellen sollte (das »System des mobilen Personals«).

War das hart? Ja! Aber gehen mussten nicht viele. Vornehmlich Rentner und Mitarbeiter, die beim Trinken erwischt worden waren.

Was die Leute wirklich aufregte, war die Tatsache, dass das Unternehmen Serviceaufträge nun auf dem freien Markt vergab. Sichere Aufträge fielen damit weg, um sie musste man jetzt kämpfen – gegen die Servicedienstleister anderer vertikal integrierter Erdölkonzerne und gegen westliche Konkurrenten à la Schlumberger. Eben dadurch gelang es uns, die Ausgaben in der ersten Phase deutlich zu senken. In der zweiten Phase waren es schon die Technologien, die allmählich die Hauptrolle übernahmen.

In einer Erdölgesellschaft sind im Arbeitsbereich Förderung nur etwa 20 Prozent des Personals Förderarbeiter im eigentlichen Sinn. Alle anderen sind Bohrtechniker, Bauarbeiter oder Brigaden für die Generalinstandsetzung von Bohrlöchern. Die Produktionskosten hingen in erheblichem Maß von ihnen ab, weil dieser gewaltige Komplex in den Jahren zuvor unabhängig davon unterhalten worden war, ob die Dienstleistungen der Beteiligten gebraucht wurden oder nicht.

Fällt der Ölpreis, werden die Investitionen zurückgefahren, weil ein Teil der neuen Bohrlöcher unrentabel wird. Bohrtechniker und Bauarbeiter können sich aber nicht einfach anderweitig nach Arbeit umtun. Sie sind Teil des Unternehmens. Mit ihrer Ausgliederung in selbstständige Unternehmen zwang ich sie, nach Arbeit zu suchen; das Unternehmen gab bei ihnen gerade so viel in Auftrag, wie es benötigte. Wir zahlten nun Marktpreise, nachdem wir zur Belebung des Wettbewerbs auch Schlumberger hatten kommen lassen. War das hart? Ja. Aber genau das war es, was das Unternehmen gerettet hat – die drastische Senkung der Selbstkosten. Dieser Schritt sollte jedoch eine einmalige Maßnahme bleiben.

Ohne neue Anlagen, Bohrungen und Generalinstandsetzungen konnte das Unternehmen freilich nicht funktionieren, und die Preise für solche Dienstleistungen konnten natürlich auch nicht permanent fallen. Also mussten wir den nächsten Schritt tun, nämlich neue Verfahren einführen: die dreidimensionale Modellierung der Tanks, horizontale Bohrungen, Hydraulic Fracturing und anderes.

All diese Verfahren waren auch den sowjetischen Erdölfachleuten bekannt gewesen, wurden aber, wie bei uns üblich, in der Praxis der Massenproduktion nicht »implementiert«, und so ging das Wissen verloren. Daher waren wir gezwungen, ausländische Spezialisten zu holen.

Jedenfalls erzielten wir ab Mitte 1999 nachhaltige Gewinne, die auch in der Folgezeit nicht geringer wurden, obwohl die Steuern, Abgaben und Löhne stiegen. Der Ölpreis hielt sich stabil bei 20 bis 25 Dollar pro Barrel. Da wir die Selbstkosten im Rahmen halten konnten, war das ein wunderbarer Preis. Der Gewinn – rund drei Milliarden Dollar im Jahr – wurde hauptsächlich für den Erwerb neuen Betriebsvermögens und für Anlageinvestitionen aufgewendet. Die Dividenden beliefen sich im Schnitt auf 16,5 Prozent des Gewinns (die Staatsanwälte haben das nachgerechnet).

Eine Erdölgesellschaft muss allerdings nicht nur ihre Anlagen reparieren und die Produktion ausweiten, sondern auch neue Lagerstätten prospektieren und ausrüsten. Und das ist ein kostspieliges Vergnügen. Milliarden von Dollar teuer.

Natürlich wollten die Aktionäre eine höhere Dividende, aber als größter Anteilseigner entschied ich, einen Großteil in die Ent-

Kapitel 9

wicklung zu stecken. Setschin wird mir Dummkopf wohl dafür dankbar sein.

Unsere Schulden beglichen wir noch im Jahr 2000, die Zinsen hätten sonst fleißig weiter »getickt«, das konnten wir nicht gebrauchen! Wir hatten nun die Möglichkeit, billig an Geld zu kommen.

Moskau und die Provinz

Ich erinnere mich an verschiedene lustige Begebenheiten. Einiges habe ich schon erzählt, anderes möchte ich nicht an die Öffentlichkeit tragen. In der Provinz hat sich die sowjetische Haltung gegenüber der Obrigkeit deutlich länger gehalten als in Moskau, und die Umstellung vom modernen Leben auf die archaischen Bräuche dort brachte für mich so manche merkwürdige Erfahrung mit sich.

Die unprovinziellste Stadt war Tomsk. Dafür habe ich sie sehr geliebt. Ein bisschen schwieriger ist es mit Samara. Die anderen aber…

Nein, diese ganze überschwängliche Gastfreundschaft, die allgemeine Vetternwirtschaft, die Prügeleien auf dem Tanzparkett, die Gerüchte und die Angst vor der Obrigkeit – all das ist irgendwo komisch, irgendwo sogar anrührend, aber schlecht fürs Geschäft.

Wurden Sie nie mit Brot und Salz[*] empfangen? Unvergessliche Erlebnisse, wie bei einer historischen Theateraufführung…

Und wie wär's mit einer Einladung zum Besuch einer *Banja*,[**] die sich dann als Dorfbordell entpuppt? Man erwartet ja nicht,

---

[*] Vor allem von weither angereiste Gäste werden in der russischen Provinz bis heute oft mit Brot und Salz begrüßt, der Ausdruck wird häufig aber auch als Synonym für eine überschwängliche Gastfreundschaft verwendet. (Anm. d. Ü.)

[**] Traditionelles russisches Badehaus, Sauna. (Anm. d. Ü.)

in eine solche Falle gelockt zu werden... Einmal wurden meine Kollegen und ich in die *Banja* eingeladen. Von einem Abgeordneten und Unternehmer aus dem Ort, ein wunderbarer Kerl mit dem Charme eines Gangsters: breite Schultern, kurz geschnittene Haare, ein sportlicher Typ mit rundem Kopf und wuchtigem Nacken.

Wir betraten also den Vorraum des Badehauses – und da standen, in einer Reihe, fünf oder sechs junge Mädchen: breitschultrig, mit Igelschnitt, runden Köpfen und kräftigen Nacken, so standen sie da. Alle sehr ähnlich, wie Schwestern.

Ich fragte leise: Wer ist das? Er sagte: Personal, Sie haben die Wahl. Ich wollte niemanden kränken, andererseits war mir diese Art von Vergnügung fremd. Also gingen wir Billard spielen. Wir spielten ein paar Partien und reisten ab.

Die Vorsichtigeren ließen vorher nachfragen, statt alle in eine peinliche Situation zu bringen.

Ich weiß, dass manche an solchen Vergnügungen Gefallen fanden und mehr noch an den Gerüchten, die sich darum rankten. Aber längst nicht alle, auch wenn die Liste lang geworden wäre. Die »Siege«, die dann an die große Glocke gehängt wurden, sind offensichtlich der Versuch zu kompensieren, was einem fehlt. Mir fehlte es an nichts.

Beim ersten Mal heiratete ich noch aus jugendlichem Leichtsinn, beim zweiten Mal aber schon in dem sicheren Wissen, dass das der Mensch war, mit dem ich leben und alt werden wollte.

Hätte ich meine Frau mit solchen Gerüchten kränken sollen? Um nichts in der Welt! Wenn ich wirklich einmal freie Zeit hatte, verbrachte ich sie gern zu Hause mit meiner Familie. So altmodisch bin ich.

Viele komische Momente ergaben sich durch die neuen Kommunikationssysteme, die wir im Unternehmen eingeführt hatten. Mit ein und derselben Kurzwahltaste konnte man nun Gesprächs-

Kapitel 9

teilnehmer in Moskau, Tomsk, Jugansk oder Streshewoi* erreichen, und zwar nicht nur im Büro, sondern auch auf den Ölfeldern. Am Anfang war das sehr ungewohnt, ebenso ungewohnt wie das System, mit dem sich die Messwerte von den Sensoren an den Bohrlöchern und Anlagen direkt auf einem Computerbildschirm in Moskau anzeigen ließen. Archaische gesellschaftliche Gepflogenheiten und Technik des 21. Jahrhunderts. Komisch und traurig zugleich.

Einmal war ich an einer Bohrstelle, 100 Kilometer von der nächsten Stadt entfernt. Ein Anruf über Satellit. Anatoli Tschubais am Apparat (der damals noch Vizepremier oder Leiter der Präsidialadministration war):

»Michail Borissowitsch, könnten Sie vielleicht vorbeikommen?«

»Wann?«

»In einer Stunde.«

»Frühestens in acht Stunden. Ich brauche zwei Stunden zum Flughafen, und dann noch drei bis vier Stunden für den Flug.«

»Wo sind Sie denn?«

»In einem Sumpf bei Chanty-Mansijsk.«

»Ich dachte, ich hätte Sie im Büro erreicht.«

»Meine Sekretärin hat Sie über Satellit durchgestellt.«

»Allerhand ... Diese Technik ... Dann erwarte ich Sie morgen.«

Solche Gespräche waren das. Heute ist das ganz normal. Damals vor 15 Jahren war es ein Schock.

Unglück

Schwere Momente gab es auch zur Genüge. Am schmerzlichsten waren für mich die Kinderheime, und wir hatten viele davon. Besonders schlimm war es, wenn die Kinder behindert waren.

---

* Streshewoi, Stadt im Gebiet Tomsk mit über 40 000 Einwohnern, bedeutendes Zentrum der Erdöl- und Erdgasförderung (Anm. d. Ü.)

## Verantwortung

Das war zu viel für meine Nerven. Man kommt rein, man spricht mit den Kindern, umarmt sie und verteilt Geschenke – und dabei ist man wie in Trance, das Bewusstsein schaltet sich ab. Ich habe Hochachtung vor echten Erziehern. Davon gibt es nicht viele. Ich könnte das nicht. Jeder Mensch hat seine inneren Barrieren, hier hatte ich eine.

Todesfälle gab es ebenfalls viele. Die Produktion ist gefährlich und gesundheitsschädlich, die Arbeit ist stressig. Die Menschen gehen früh aus dem Leben. Ich selbst habe in den verschiedenen Phasen meiner Karriere Stromschläge abbekommen und dabei das Bewusstsein verloren, ich musste herabstürzenden Rohren ausweichen, habe durch austretende chemische Verbindungen Vergiftungen erlitten und stand bis zur völligen Unbeweglichkeit der Extremitäten in der Kälte – aber ich lebe noch, viele andere leider nicht mehr.

Einen besonderen Platz nimmt der Tod des Bürgermeisters von Neftejugansk, Petuchow, im Jahr 1998 ein. Er ist freilich nicht der einzige von denen, die ich in den verschiedenen Jahren persönlich kannte und die einem Verbrechen zum Opfer fielen, in seinem Fall war die Sache jedoch besonders unangenehm.

Petuchow hatte Ansprüche gegen das Unternehmen erhoben und damit in der Öffentlichkeit gepunktet. Nach dem Motto, er könne die Mitarbeiter des öffentlichen Dienstes nicht bezahlen, weil wir unsere Steuerschuld nicht vollständig beglichen und so weiter. Tatsächlich waren die Preise gefallen, und das Unternehmen musste den ortsansässigen Geschäftsbereich subventionieren. 1998 war das einzige Jahr, für das man uns gegenüber keine Steuerforderungen geltend machen konnte, das gelang nicht einmal während der Zerschlagung von Yukos.

Kurz vor dem Mord hatte der Gouverneur den Bürgermeister bei einer Besprechung dazu überredet, sich mit uns zu einigen. Dieser Umstand hatte sich in der Stadt aber noch nicht herumgesprochen. Petuchow hatte eingewilligt, die Situation in der Stadt nicht weiter anzuheizen, dafür würde der Gouverneur ihm seinen Steueranteil ein wenig erhöhen (wir zahlten ja in den regionalen Haushalt ein, und der Gouverneur übernahm die Zuteilung der Gelder an die Kommunen).

Dann kam mein 35. Geburtstag. Wir hatten Veranstaltungen vorbereitet, zu denen unsere Geschäftspartner, einige Regierungsmitglieder und andere angesehene Persönlichkeiten erwartet wurden...

Am Morgen klingelte das Telefon: Der Bürgermeister von Neftejugansk war ermordet worden. Es war klar, dass viele in der Stadt Yukos verdächtigen würden. Es war auch klar, dass unsere Gegner versuchen würden, den Fall gegen uns auszuspielen, so gut es eben ging.

Es war ein sehr unangenehmes Gefühl: Da war jemand ermordet worden, den ich persönlich kannte, auch wenn er mir ganz und gar nicht nahegestanden hatte. Ich denke, das hätte jeden unangenehm berührt. Im Vordergrund standen jedoch die offensichtlichen Konsequenzen für den Ruf der Firma.

Sämtliche Veranstaltungen wurden abgeblasen. Ich fuhr zu meinen Eltern. Auch einige Mitarbeiter des Unternehmens und Freunde kamen dorthin, nach Korallowo. Wir feierten allerdings nicht meinen Geburtstag, sondern berieten darüber, was man in dieser Situation tun sollte.

Was konnte ich tun? Der mächtige Sicherheitsdienst der Firma war nur eine Legende, und unsere Aufgaben lagen schließlich auf einem anderen Gebiet. Selbstverständlich lobten wir eine Belohnung für die Ergreifung der Täter aus. Viel wichtiger war allerdings, dass ich losfuhr und mit den Leuten sprach.

Die Ermittler hatten inzwischen jemanden gefunden, doch danach geschahen ein paar merkwürde Dinge: Erst wurde jemand laufengelassen, dann wurde jemand umgebracht.

Zu diesem Zeitpunkt, im August 1998, begann die Wirtschaftskrise, und ich hatte andere Sorgen. Ein Jahr später, die Krise war vorüber, war der Fall kein großes Thema mehr. Den Polizisten zu spielen, Ermittlungen zu führen anstelle der Behörden, deren Aufgabe es eigentlich ist, hat mich persönlich nie gereizt. Zumal man ohnehin niemandem etwas würde beweisen können.

Zum Tod von Petuchow kursierten verschiedene Versionen, und es war unvermeidlich, dass es auch eine Version »Yukos« gab. Natürlich konnte ich mich nicht auf die Straße stellen und herausschreien, dass wir uns beim Gouverneur mit dem Bürgermeister über alles geeinigt hatten – und ausgerechnet am Tag danach hat ihn jemand umgelegt... Lächerlich!

Es gab noch drei weitere Versionen: Version »Tschetschenenmarkt« (Petuchow hatte einen Markt aufgelöst, der von Tschetschenen kontrolliert worden war, und ihn seiner Frau überlassen), Version »Bauunternehmer« (er hatte einige Bauunternehmer nicht bezahlt, die auch Protektion genossen) und die Version »Ehefrau« (seine Frau war eine willensstarke und rachsüchtige Person, Petuchow dagegen ein einfacher Kerl).

Wir beschlossen jedenfalls, dass es das Beste sei, sich ruhig zu verhalten. Sollten doch diejenigen Klarheit schaffen, denen das zukam. Und »Klarheit« haben wir war ja nun.

Mit Jubiläen habe ich übrigens offenbar kein Glück: An meinem 40. Geburtstag musste ich mich gedanklich mit den Verhaftungen auseinandersetzen, die schon vorbereitet wurden und eine Woche später stattfanden, zu meinem 45. Geburtstag wurde mir in Tschita die neue Anklage vorgelegt. Aber auch an 1993, meinen 30. Geburtstag, möchte ich nicht zurückdenken...

### Mein Zuhause ist, wo meine Frau ist

Wie sah mein Tagesablauf damals aus? Die Arbeit war meine liebste Beschäftigung, deshalb brauchte ich auch keine besondere Erholung. Natürlich hatte ich nicht genug Zeit für die Familie, aber mehr als zwölf bis 14 Stunden pro Tag arbeitete auch ich

## Kapitel 9

nicht. Außerdem achtete ich darauf, die Sonntage möglichst zu Hause zu verbringen. Wichtig ist nicht, wie viel man arbeitet, sondern wie. Wie effizient man seine Zeit einsetzt. Wie gut die Arbeit der Assistenten ist. Und ich hatte immer ausgezeichnete Mitarbeiter.

Die Zeit, die ich zur freien Verfügung habe, verbringe ich am liebsten mit Tierfotografie. Gar nicht so sehr wegen der seltenen Motive als vielmehr wegen der Wanderungen in der Stille der freien Natur. Früher mochte ich Felsenklettern sehr. Aber das dürfte sich nun wohl erledigt haben.

Ich war immer viel auf Dienstreisen unterwegs. Meine Familie mitzunehmen wäre mir nie in den Sinn gekommen. Wir hatten kleine Kinder: Nastja war 1996 erst fünf Jahre alt, Gleb und Ilja kamen 1999 zur Welt. An gemeinsame Reisen war da nicht zu denken! Samstags und sonntags blieb ich möglichst zu Hause. Ich achtete darauf, dass es wenigstens einmal im Monat klappte. Notfalls flog ich.

Eine solche Familie zu haben ist für einen Unternehmer der ersten Generation eher ungewöhnlich (obwohl ich ähnliche Fälle kenne). Meine Frau und ich lernten uns kennen, noch bevor ich Erfolg hatte. Inna scheut die Öffentlichkeit, mag keine neuen Leute. Für mich gibt es keine andere Frau. Nur Freunde. Frauen, mit denen ich befreundet bin, gibt es viele. Ich vertraue ihnen. Sie stehen zu mir.

Mein Zuhause ist da, wo meine Frau ist. Alles andere ist unwesentlich. Das Haus, das in Shukowka gebaut wurde, entstand quasi in unserer Abwesenheit. Inna war in der Schweiz, sie hatte eine schwere Geburt. Ich war bei ihr oder hetzte durch die Regionen – es herrschte ja noch immer die Krise. Nachdem ich sie in das Haus gebracht hatte (eine andere Wohnung hatten wir nicht, weil wir unsere vorherige bereits anderen überlassen hatten), mussten wir noch zwei Jahre weiterbauen. Außen gefiel mir das Haus, innen war es zu groß. Über 700 Quadratmeter. Wir trafen uns alle immer in meinem Arbeitszimmer. Ansonsten: »stellenweise erschlossene Fläche«. Meine Frau ist inzwischen umgezogen. Um das Haus tut es mir nicht leid. Eine weitere ehemalige Bleibe. Und davon hatten wir beide wirklich nicht zu knapp.

Shukowka ist nicht der erste Ort, an dem wir gemeinsam mit Kollegen wohnten. Es war bequemer so. Der Arbeitstag begann früh zu Hause, setzte sich auf dem Weg zur Arbeit fort und endete oft erst mitten in der Nacht. Hätten die Kollegen und ich an verschiedenen Orten gewohnt, ich hätte noch weniger Zeit zu Hause verbracht. Ob wir uns auf die Nerven gegangen sind? Nein. Zumindest kann ich das für mich sagen. Bis auf die Arbeit. Aber die Arbeit war unsere Pflicht. Da kann man nichts machen. Wenn es einem zu viel wird, muss man eben gehen. Ich wollte auch gehen...

Ein Wort zu den moralischen Prinzipen: Wir sind ja alle Menschen sowjetischer Prägung. Was haben unsere Familien uns beigebracht? »Was du nicht willst, dass man dir tu', das füg' auch keinem anderen zu.« Oder anders herum: »Behandle andere so, wie du von ihnen behandelt werden willst.«

Wir haben das Land geliebt, die Beamten, die sowjetische Bürokratie aber verachtet. Kaum jemand (wenn überhaupt) nahm den Staat als seinen wahr, wohl aber das Land. Ein scherzhafter Ausspruch, wie er damals typisch war, brachte die weit verbreitete Einstellung zum Volkseigentum zum Ausdruck: Du bist der Herr in diesen Hallen, drum nimm die Dinge mit, die dir gefallen.

Ob mein Leben den grundlegenden moralischen Normen entsprach? Und ob! Denken Sie nur unvoreingenommen darüber nach, ob ich jemandem etwas weggenommen habe.

Das Eigentum erhielt ich vom Staat, weil ich die Möglichkeit und die Fähigkeiten hatte, diese Unternehmen zu führen. Ich habe sie, nach objektiven Maßstäben, gut geführt. Die Produktion und die Rentabilität konnten gesteigert werden. Ein großer Teil des Gewinns floss in Anlageinvestitionen, den Austausch der

# Kapitel 9

Technik, neue Verfahren und einen Zuwachs der Reserven. Bis zu Beginn der Verhaftungen steckte ich meinen Anteil der Dividende in gesellschaftliche Projekte.

Ich lebte nicht schlecht mit meiner Familie, aber es entsprach dem Niveau, das sich Leiter so großer Unternehmen eben leisten konnten. Nicht die Eigentümer, sondern die Leiter.

Ich war nicht zum Heiligen oder Asketen erzogen worden. In meiner Familie galt als normal, dass ein Werksdirektor mehr verdient als ein Arbeiter oder Ingenieur und der Generaldirektor eines Konzerns mehr als der Werksdirektor.

Zu sowjetischen Zeiten hatten Direktoren »Vergünstigungen« oder besondere »Möglichkeiten«. Heute haben sich diese in Geld verwandelt. Das hat bei mir nie Unbehagen ausgelöst und tut es bis heute nicht. Mein Einkommen und das, was ich für mich und meine Familie ausgab, lag dreißig bis vierzig Mal höher als das durchschnittliche Einkommen eines Arbeiters. Ist das zu viel? Ich finde nicht.

Das, was mir die Familie geben konnte und mir gegeben hat, ist mir geblieben. Vieles spielte sich jedoch außerhalb der familiären Erfahrungen, außerhalb der Erziehung ab; unabhängig, ohne Einsichten von außen, die richtige Entwicklung zu durchlaufen, war mir unmöglich. Ich schaute mich um, ahmte andere nach, änderte mich Schritt für Schritt und machte Fehler dabei.

Ein Beispiel: Wenn du dir Geld geliehen hast, musst du es auch zurückgeben. Das ist ein Grundsatz jeglicher Erziehung, weshalb ich mich wahnsinnig unwohl fühlte, wenn ich geliehenes Geld nicht zurückgeben konnte, und immer alles daran setzte, es zurückzuzahlen.

»Aktionärsrechte« hingegen gehören zum Beispiel nicht zum Erfahrungsschatz einer Familie. Diese Dinge lernte ich erst nach und nach. Indem ich mich umsah und mit Menschen sprach. Indem ich spürte, wie diejenigen, die ich respektierte, mein Handeln wahrnahmen.

## Verantwortung

Du sollst nicht lügen. Was du versprochen hast, musst du halten. So sind wir erzogen worden. Nicht immer hat das funktioniert, aber lügen konnte ich nie und kann es bis heute nicht. Selbst wenn ich wollte. Sogar jetzt. Ein nicht gehaltenes Versprechen ist in meinen Augen eine schwere Sünde. Normalerweise gehe ich einen Weg zu Ende, was auch immer mir das einbringt. Sonst leide ich einfach, körperlich.

Dass man andere Menschen moralisch und psychologisch unterstützen, dass man ein Gefühl von Stabilität und Geborgenheit schaffen muss, begriff ich allerdings sehr lange nicht. Wenn dir etwas versprochen wurde, bekommst du es, wenn nicht, dann eben nicht, so dachte ich. Wer psychische Probleme hat, kann zum Arzt gehen. Bis heute noch versuche ich, diese »mechanische« Einstellung loszuwerden. Und es fällt mir schwer. Ich denke, das hat damit zu tun, dass meine Eltern nur sehr wenig Zeit für mich hatten. Arbeiten, arbeiten, Schlange stehen... Es ging darum, die materiellen Probleme zu lösen. Für Selbstbeobachtung war keine Zeit. Und so weiter. Alles geht auf die Kindheit zurück.

War es möglich, »im vorgeschriebenen Rahmen zu bleiben«? Wenn wir hier von Gesetzen sprechen – Gesetze gab es damals in dem Maße nicht, weshalb man auch nicht den »gesetzlichen Rahmen« verlassen musste. Wenn es um »du sollst nicht töten« und »du sollst nicht stehlen« im einfachen, bodenständigen Sinn geht, so war ein Verstoß gegen diese Gebote der ganz persönliche und zugleich falsche Entschluss des Einzelnen. Diejenigen, die nun zu solchen Methoden griffen, fanden meist ein schnelles und unschönes Ende. Die wenigen Überlebenden schafften es nie bis an die Spitze. Warum? Weil du als Kleinunternehmer nie sämtliche Informationen über deine Geschäftspartner zusammen hast, im Big Business aber jeder alles über jeden weiß. Diebe oder Mörder sind gefährliche Geschäftspartner. Wenn jemand mit solchen Methoden arbeitet, ist das Risiko, dass er in einer bestimmten

Kapitel 9

Situation auch dir gegenüber so handeln wird, groß. Schließlich bist du weder Verwandter noch Freund für ihn, du gehörst noch nicht einmal zu seinen Leuten. Wer braucht schon solche Probleme? Es ist äußerst selten, dass kein Weg an bestimmten Personen vorbeiführt. Wenn jemand freilich Diamanten zum Preis von Pflastersteinen zu verkaufen hat, gehen viele das Wagnis ein. Aber das kommt im üblichen Geschäftsleben ja praktisch nicht vor. Daher werden solche Leute auch nur in sehr speziellen Bereichen akzeptiert, Waffenhandel, Drogen, Geldwäsche und so weiter. Das Monopol für diese Geschäftszweige besitzen hierzulande Mitglieder der Strafverfolgungsorgane, denen ich nicht angehöre und auch nie angehört habe.

Wenn wir also von einem Leben »im vorgeschriebenen Rahmen« sprechen, müssen wir die Messlatte höher legen – bis dahin, wo man sich der eigenen Verantwortung für die »Tränen der Erde« bewusst wird. Die Umwelt, soziale Ungleichheit und Ähnliches.

Wäre es möglich gewesen, mit einem so hohen moralischen Anspruch schon in den Neunzigern erfolgreich zu sein? Ich weiß es nicht. Vielleicht. Bei mir hätte das jedenfalls nicht funktioniert. Die Situationen, in denen ich mich wiederfand, erforderten jedes Mal eine Strategie des geringeren Übels. Wenn Dutzende unterzugehen drohen, stützt man sich eben auf einem ab und versucht, einige wenige zu retten. Nicht sich selbst, das können Sie mir glauben. Diejenigen von uns, die an sich gedacht haben, sind ausgereist oder haben sich im Westen wenigstens eine Basis aufgebaut. Aber nicht wir. Entweder wir siegen gemeinsam, oder wir gehen gemeinsam unter. Gemeinsam heißt doch, dass wir zusammengehören. Ein Unternehmen sind.

Aber von welchem Umweltschutz reden wir, wenn das Geld für die Löhne nicht reicht? Von welcher sozialen Absicherung, wenn die Anlagen kurz vor dem Abschmieren stehen?

Mir ist bewusst, dass Auftragnehmer bezahlt werden müssen, dass sie Aufträge brauchen, dass sie nicht die Möglichkeit haben, eine andere Arbeit zu suchen, und dass ich sie zugrunde richte, wenn ich versuche, mein Unternehmen zu retten. Und doch richte ich sie zugrunde ... Business dieser Art ist was für die Jungen. Es ist wie ein Krieg. Heute könnte ich das nicht mehr. Meine Nerven würden das nicht mitmachen. Erst um das Jahr 2000 herum wurde es leichter.

Natürlich gab es jede Menge »Unkosten«, die ich hätte vermeiden können. Wenn ich nur klüger, erfahrener gewesen wäre, die Menschen besser gekannt und die internationale Praxis der Zeit besser verstanden hätte.

Ich will mich nicht in Reflexionen ergehen. Ich finde, dass der Mensch vorwärtsgehen soll. Wenn du etwas vermasselt hast, hilft dir Reue auch nicht weiter. Bring es wieder in Ordnung. Wenn das nicht geht, musst du es mit Taten sühnen. Wenn wenig Zeit bleibt, musst du dich eben beeilen. Kommende Generationen werden auf Erden ihr Urteil sprechen. Und der Herrgott im Himmel.

NATALIA GEWORKJAN

KAPITEL 10
# Yukos

Alexander Smolenski sagte in dem bereits erwähnten Interview mit der Zeitschrift *Dengi*:
»Ich weiß, in welchem Zustand die Leute [nach den Pfandauktionen] Norilsk Nickel übernommen haben. Der Direktor des Unternehmens hatte in der Tundra ein Pionierlager eingerichtet, wo er die Kinder mit dem Hubschrauber hinbringen ließ. Außerdem hatte er eine Garage von der Größe einer Sportanlage, in der er seinen Mercedes fuhr, weil man in der Tundra damit nicht herumfahren konnte. Die Stadt war eine einzige Ruine. Und wie viele ›Saugnäpfe‹ verschiedenster Couleur an jedem Unternehmen hingen! Ich weiß genau, was die Jungs aushalten mussten, bis sie alle Banditen von dort vertrieben hatten. In diesem Zustand hätte niemand gern diese Vermögenswerte gekauft. Andererseits war allen klar, dass diese Vermögenswerte Brillanten sind, wenn auch schmutzige Brillanten. Man musste sie nur reinigen.
*Kann man jetzt rückblickend sagen, wie man diese Auktionen richtig hätte durchführen sollen?*
Damals hätte man nichts anders machen können. Die Leute waren einfach zur richtigen Zeit am richtigen Ort. Wenn der Staat Anteile behalten hätte, hätte niemand etwas investiert – zum Staat hatte man kein Vertrauen. Die Schlüsselunternehmen – Norilsk Nickel, das Metallurgische Kombinat Lipezk, Severstal, Yuganskneftegaz waren, was ihre Leitung angeht, in einem schaurigen Zustand. Der Staat profitierte überhaupt nicht von ihnen. Er konnte nur geben. Und andererseits, selbst wenn ich 300 Millio-

nen Dollar bezahlt habe, die Sache aber 30 Milliarden wert ist, wie viel kostet mich die Reinigung der Brillanten? Es gab solche Diskussionen in unserem Kreis. […] Warum unsere Leute nicht verhandelt haben, ist mir unbegreiflich. Ich habe ihnen gesagt, dass es damit eines Tages Probleme geben würde.«*

Probleme gab und gibt es wirklich: Die Ergebnisse der Privatisierung sind juristisch in keiner Weise festgeschrieben. Chodorkowski und einige andere Unternehmer wollten das Problem gemeinsam beheben und diese Frage noch zu Beginn von Putins Amtszeit endgültig klären. Was daraus geworden oder vielmehr nicht geworden ist, dazu später. Das in weiten Teilen der Bevölkerung vorherrschende Gefühl, die an der Privatisierung beteiligten Oligarchen hätten sie ausgeraubt, ist mit den Jahren nicht geschwunden. Die wahre Geschichte darüber, in welchem Zustand die Oligarchen die Betriebe übernahmen und wie sie sie zu Marktführern machten, ist bis heute nicht geschrieben. Nicht etwa, weil sich niemand dafür interessieren würde – zumindest die Journalisten interessieren sich sehr wohl dafür –, sondern weil es die Eigentümer selbst vorziehen, öffentlich nicht daran zu erinnern. Sei es, weil sie es immer noch für zu riskant halten, oder weil sie finden, dass diese Geschichte für niemanden ein Ruhmesblatt ist.

Rosprom kam als Investor zu Yukos. Die ursprüngliche Vereinbarung mit der Leitung des Unternehmens sah vor, dass das alte Management den Betrieb auch weiterhin führen würde. Aber das Management konnte nicht über seinen eigenen Schatten springen (sonst wäre das Unternehmen auch nicht in eine Situation geraten, in der es letztlich gezwungen war, sich selbst zur Versteigerung anzubieten), und schließlich übernahm die Chodorkowski-Gruppe neun Monate nach der Auktion die Leitung von Yukos. Das geschah im August/September 1996.

* Alexander Smolenski: Jelzin ne opuskalsja do togo, tschtoby sashat w tjurmu tech, kto ne s nim. In: *Dengi*, 17. 10. 2011.

Kapitel 10

Ich bin überzeugt, dass Chodorkowski den Betrieb in jedem Fall genau unter die Lupe genommen hätte. Zunächst aber wurde dafür Alexander Samussew* engagiert, der bei Rosprom für den Ölsektor zuständig war, und die Gruppe hoffte, dass seine Bemühungen in dieser Position ausreichen würden. Zudem setzte man darauf, dass die Bank Geld verdienen würde, nachdem die Yukos-Umsätze nun über sie liefen, und dass die Optimierung der Finanzstruktur, um die man sich fortan kümmerte, zu substanziellen Einnahmen führen würde, sodass sich vielleicht sogar die Investitionen wieder hereinholen ließen. Offenbar hatte die Chodorkowski-Gruppe aber weder vor den Auktionen noch gleich danach eine auch nur annähernd zutreffende Vorstellung von der tatsächlichem Lage bei Yukos – die entwickelte sie erst, als Mitglieder der Gruppe regelmäßig nach Jugansk zu reisen begannen und sich in die Probleme des Unternehmens vertieften. Im Grunde ist es logisch, dass das erst dann geschah, als die Menatep-Leute die Aktienmehrheit des Unternehmens in ihren eigenen Händen konsolidiert hatten, also nach den Präsidentschaftswahlen 1996, als sie zu rechtmäßigen Eigentümern des Unternehmens geworden waren.

Wladimir Dubow: *»Du kannst dir nicht vorstellen, was das für eine Situation war. Es gab praktisch nichts, was es in der Bilanz von Yukos nicht gab. Allenfalls eigene ballistische Raketen vielleicht, alles andere gab es. Yukos schnappte sich egal was, und an den Unterhaltskosten verschluckte es sich dann – eben deshalb ging die Firma unter. Hinzu kam, dass jeder, der Lust hatte, sich bei dem Unternehmen bediente, und zwar schneller, als die Ölförderung lief. Yukos unternahm Schritte, die man anders als mit einem Vollrausch kaum erklären konnte.*

* Alexander Samussew war 1994–1995 Stellvertretender Finanzminister Russlands, wurde im November 1995 Stellvertretender Vorstandsvorsitzender der Menatep-Bank und 1996 Vizepräsident und Leiter der Abteilung für Investitionspolitik der Firma Rosprom. (Anm. Natalija Geworkjan)

*Wir entdeckten zum Beispiel 22 Eigenheimsiedlungen in Gestalt von gegossenen Fundamenten in der Region Krasnodar, im Süden Russlands. Für das künftige glückliche Leben der Erdölarbeiter wahrscheinlich. Nur die Fundamente, sonst nichts. Nicht etwa 22 Häuser, sondern ganze Siedlungen! Keiner wusste, wie viel dafür bezahlt und wie das Ganze finanziert worden war. Wahrscheinlich hatten sie für irgendwen Öl abgezweigt, irgendwer hatte es verkaufen und für den Erlös die Siedlungen bauen sollen. Sie wurden aber nicht fertiggebaut. Wir entdeckten ein viergeschossiges, nicht fertiggestelltes Hotel auf Rhodos. Wofür? Als Erholungsort für die Mitarbeiter. Ist es etwa billiger, selber ein Hotel zu bauen, als im Nachbarhotel Zimmer zu mieten? Nein. Aber dafür ist es dann das eigene Hotel. Nur, was heißt das eigentlich? Wem gehört dieses ›eigene‹? Wir entdeckten eine Yacht auf Zypern, aber als wir sie nach Sotschi überführen lassen und in die Bilanz aufnehmen wollten, war sie auf einmal gesunken. Für alle diese ›Investitionen‹ im Ausland fehlte die erforderliche Genehmigung der Zentralbank. Die wussten gar nicht, dass man das brauchte. Es wurde einfach Öl abgezweigt, und dafür hat irgendjemand dann in dieser Form bezahlt.«*

Wenn Chodorkowski und sein Team nach Neftejugansk flogen, wohnten sie nicht direkt in der Stadt, die ganz und gar auf Sumpfboden steht, sondern 20 bis 30 Kilometer weiter, in Pim. Der Grund dafür waren weniger die Lebensbedingungen als vielmehr die Tatsache, dass es in der Stadt weder Tag noch Nacht gab – ständig nur Arbeit, laufend wurde man belästigt, alle hatten irgendwelche Fragen. Außerhalb der Stadt konnte man sich wenigstens ausschlafen. Dort gab es einen von Wald umgebenen Hügel und ein kleines Haus: fünf Zimmer oben und unten ein Speisesaal, eine Sauna und ein Billardzimmer. Eine Frau wurde eingestellt, die kochte und sich um das Haus kümmerte. Chodorkowskis Freunde scherzen, sie hätten Pim nie wirklich bei Tageslicht zu sehen bekommen, sondern seien immer erst nach der Arbeit dort eingetroffen, wenn es schon dunkel war. Einmal

Kapitel 10

kamen sie spät abends zurück und sahen durch die Bäume hindurch etwas leuchten. Also fragten sie die Hausangestellte: ›Was ist denn das, ein Nordlicht?‹ Sie winkte ab: »Nein, das ist bloß ein Fünf-Sterne-Hotel.« Sie dachten, das sei nur ein Scherz. Sie aßen zu Abend und gingen schlafen. Am Morgen standen sie auf.

Wladimir Dubow: »*Ich ging schnell zum Frühstück, wo meine Stroganina\* schon auf mich wartete. Chodorkowski war joggen. Er geht morgens immer joggen. Ich sitze also am Tisch, da kommt Mischa rein, die Augen weit aufgerissen. Komm mal mit, sagt er. Ich versuche, ihn davon abzubringen, weil die Stroganina sonst auftaut. Nein, sofort... Regelrecht rausgezerrt hat er mich. Wir gingen etwa 300, 400 Meter. Und auf einmal sehe ich im Dunst der Morgendämmerung einen Ozeanliner stehen. Buchstäblich! Das war, wie sich herausstellte, ein Hotel mit 40 Zimmern in Form eines gigantischen Schiffs. Mischa fragt: ›Was ist das?‹ Ich weiß es auch nicht. Später habe ich mich erkundigt: Es stellte sich heraus, dass das Hotel von einer italienischen Firma gebaut worden war, der die letzte Tranche nicht ausgezahlt wurde, und nun wohnten die Leute in diesem Hotel und warteten auf ihr Geld. Mischa: ›Ich will das hier nicht sehen!‹ Aber was sollte man machen? Während wir darüber diskutieren, sagt unser Tantchen, das uns die ganze Zeit bekocht: ›Gebt es doch mir!‹ Ich bin überrascht: ›Was willst du denn damit?‹ Sie sagt: ›Ich mache ein Bordell auf. Die Fernstraße ist nicht weit, die Autos, die dort vorbeikommen, finden auch den Weg zu mir – keine Sorge, ein Bordell rentiert sich bestimmt.‹ Alles klar...*

*Ich fahre in die Stadt, zum Firmensitz. Ich habe ohnehin alle Hände voll zu tun, und jetzt auch noch dieses Hotel! Ich sage: ›Wie habt ihr die Versorgungsleitungen da raus gekriegt, 30 Kilometer außerhalb der Stadt?‹ Sie sagen mir: ›Wir haben sie einfach verlegen lassen.‹ Das hieß, man musste den Preis gleich dreimal so hoch ansetzen. Zweite Frage: ›Wozu?‹ Sie: ›Wir fanden, dass wir in Jugansk nichts haben, wo man*

---

\* Dünne Scheiben von rohem, geeistem Fisch oder Fleisch (Anm. d. Ü.)

*am Wochenende mal hinfahren kann.‹ Ich komme zu Chodorkowski und berichte: ›Das haben sie sich für ihre Wochenenden gebaut.‹ Er sagt: ›Es ist mir egal, wofür sie es gebaut haben, ich will das hier nicht sehen, und das Geld müssen wir uns zurückholen.‹*

*Ich fahre zum Gouverneur Filipenko und sage: ›Alexander Wassiljewitsch, Neftejugansk ist so ein toller Bezirk, du lässt ein Biathlon-Zentrum bauen, ein Kinderzentrum für die Nordvölker – warum sollen wir nicht auch das beste Altersheim im ganzen Norden aufmachen?‹ Er sieht mich an: ›Willst du mir etwa das italienische Hotel verhökern?‹ Ich sage ehrlich: ›Klar doch.‹ Er: ›Zu welchem Preis?‹ Ich: ›Zum Buchwert. Gegen Verrechnung der Schulden, die wir noch bei dir haben, überlasse ich dir das Hotel zum Buchwert. Mit Inflationsausgleich. Das ist Ehrensache.‹ Er nickt: ›Ehrensache, zum Buchwert nehme ich es.‹ Wir schuldeten ihm so viel... Yukos hatte mehrere Jahre lang keine Steuern gezahlt, die Zahlen waren astronomisch. Steuern haben sie nicht gezahlt, aber Hotels bauen konnten sie. Kurzum, wir haben berechnet, wie viel das Hotel gekostet hatte, die Versorgungsleitungen, alles zusammen, und haben es dem Haushalt des Verwaltungsgebiets zur Verrechnung der Schulden überlassen. Der Gebietshaushalt übergab es rund zwei Monate später der Stadt Neftejugansk zur Einrichtung eines Altersheims. Allerdings haben die örtlichen Banditen später den alten Herrschaften die Zimmer abgekauft und dort ein Bordell eingerichtet. Unsere Köchin mit ihrer volkstümlichen Schläue hatte also doch recht behalten. Wir aber bekamen das Geld für das Hotel zurück und wurden so einen Teil unserer Schulden los.«*

Formal schlug sich die Ankunft der neuen Eigentümer in einem neuen Stellenplan für die Gruppe Yukos-Rosprom nieder, der die Verwaltung der Firma Yukos und später Yukos-Moscow übertragen wurde. Chodorkowski hatte als Vorstandsvorsitzender von Yukos-Rosprom nun das höchste Amt der Firma Yukos inne. Der ehemalige »rote Direktor« Sergej Murawlenko übernahm die Leitung des Rosprom-Direktoriums. Die frühere Leitung zog sich nach und nach aus dem operativen Management der Firma

Kapitel 10

zurück. Mit der Zeit trat Murawlenko den Posten des Vorsitzenden des Direktoriums an Chodorkowski ab.

Mit der früheren Führung hatte dieser 33-jährige Bankier aus Moskau nur wenig Ähnlichkeit. Er verstand zum Beispiel nicht, dass keiner Geld von ihm wollte, wenn er in der Kantine gespeist hatte. Er fragte jedes Mal beharrlich, wie viel das Mittagessen kostete, das er gerade gegessen hatte, und erhielt jedes Mal die Antwort, die in der Sowjetunion gegenüber Vorgesetzten üblich gewesen war: »Nicht doch, gar nichts kostet es.« Chodorkowski ist – das bestätigen alle, die beruflich mit ihm zu tun hatten – in Geldfragen sehr pingelig. Ein Posten für die kostenlose Verpflegung der Vorgesetzten war im Budget des Unternehmens nicht vorgesehen. Folglich verköstigten die Frauen in der Kantine die Vorgesetzten entweder auf eigene Kosten oder auf Kosten der Arbeiter, die selbst bezahlen mussten. Wer letzten Endes zahlte, wusste keiner, und so war das schon immer gewesen: Die Vorgesetzten brauchten in der Kantine nicht zu bezahlen. Irgendwer musste aber für ihr Essen aufkommen! Einer von Chodorkowskis Kollegen sagte mir: »Wer ihn kennt, dem ist klar, dass das nicht funktionieren konnte. Versuch mal, ihn im Restaurant einzuladen. Da wird nichts draus. Und hier sollte er auf Kosten seiner Arbeiter essen. Wie sollte das gehen? Wenn es zum Beispiel um Repräsentationszwecke ging, war das etwas völlig anderes – dafür konnte man ausgeben, so viel man brauchte. Aber Geld einfach so zum Fenster hinauswerfen oder jemandem etwas vormachen – das ist nicht sein Ding. Mehr noch, wer sich so etwas in seiner Gegenwart erlaubt, sinkt in seiner Achtung. Weil Geld arbeiten muss.«

Ich berichte darüber so ausführlich, um deutlich zu machen, dass die zugereisten Moskauer Bankiers mit Chodorkowski an der Spitze hier in ein ganz eigenes, etabliertes System von Arbeitsweisen, Beziehungen und Lebensformen hineinplatzten, in eine spezifische lokale Wirtschaft, in der für alles mit Öl bezahlt wurde. Sie kamen mit der Idee, ein richtiges vertikal integriertes Unternehmen aufzubauen, von dem Chodorkowski schon lange träumte. Was das bedeutete, dort in Sibirien, war wohl nicht allen klar. Man wollte es auch nicht unbedingt so genau wissen, vermute ich. Alles Neue verunsichert eher, es erzeugt keine Sympathie, sondern nur Irritation.

Michail Charchardin, ehemaliger Stellvertretender Gouverneur des Autonomen Kreises der Chanten und Mansen, zuständig für Wirtschaftspolitik: *»Wenn man sagt, sie hätten für Irritationen gesorgt, ist damit noch gar nichts gesagt. Dabei ging es gar nicht um die geschniegelten Moskauer Banker. Ich sage Ihnen: Unsere Ölgeneräle, die waren nicht weniger geschniegelt und nicht weniger unverschämt. Aber weniger klug. Und zur damaligen Zeit war ein nicht von der sowjetischen Perversion infizierter Verstand eine große Seltenheit.*

*Das Problem war auch nicht, dass da Fremde gekommen waren. Nicht nur. Was für Irritationen sorgte, war, dass das Geld nicht für Annehmlichkeiten und nicht in dem für die sibirischen Kaufleute typischen großen Stil ausgegeben, sondern streng pragmatisch abgerechnet wurde. Die typische zweckgebundene Verwendung der Mittel. Dazu kam eine ganz und gar nicht sowjetische Einstellung zu dem, was kurze Zeit vorher noch ›Sorge um das Volk‹ geheißen hatte. Früher hatte man immerhin doch Liebe zum Volk demonstriert. Einen Teil ihres Einkommens, wenn auch einen vergleichsweise kleinen Teil, bekamen die Leute als Naturallohn – gebrauchte Autos zum Beispiel, die zu Schleuderpreisen abgegeben wurden, und dabei fiel auch für die Bevölkerung etwas ab, oder Konsumgüter und Nahrungsmittel. Man musste doch dem Volk ein paar Brocken hinwerfen. Aber diese Jungs machten damit sofort Schluss. Und dann der ganze Irrsinn mit Schlössern, internationalen Flughäfen irgendwo mitten in der Tundra (auch das gab es) und Wolkenkratzern in Elendsvierteln, all diese sinnlosen Ausgaben, die die Erdölgesellschaften finanzierten – auch damit war Schluss.*

*Er wurde ein guter Eigentümer. Ich sage Ihnen, als sie Yukos kauften, war niemand, ich sage es noch einmal: niemand imstande, auch*

Kapitel 10

*nur für eine einzige Produktionskapazität einen stichhaltigen Preis zu nennen. Innerhalb der sehr kurzen Zeitspanne von 1989 bis 1992 waren das Geldsystem und die Preisbildung bei uns zerschlagen worden. Das Anlagevermögen zum Beispiel... Wenn zu sowjetischen Zeiten ein Bohrloch gebohrt wurde, wurde dafür eine Million Rubel ausgegeben, von den alten Rubeln.\* Dann wurde 1992 ein neuer Elektromotor installiert, der 25 Millionen Rubel kostete – neue Rubel. Und schon 1993 wurden zwei Pflöcke aus Espenholz zu je einer Million Rubel in die Erde getrieben. Was kostet das Bohrloch nun? Wie man's nimmt. Im Prinzip könnte man natürlich vergleichen, was ein ähnliches Bohrloch im gleichen Zustand in Texas kostet. Aber tatsächlich lässt sich das nicht vergleichen – es ist ein anderes Land, ein anderer Betrieb, ein anderes System, eine andere Situation. Den Vorwurf, dass sie alles für ein paar Kopeken gekauft hätten, mache ich den Jungs nicht. Man braucht nicht einmal besonders bewandert zu sein in Wirtschaftsfragen, um zu verstehen, dass es eine andere – zügige – Methode der Privatisierung nicht gab. Wenn Gorbatschow noch Deng Xiaoping zur Seite gestanden hätte und diese Transformation nicht als Notoperation, sondern als Therapie, die sich über zehn bis fünfzehn Jahre erstrecken konnte, vonstatten gegangen wäre... Aber diese Option hatten wir nicht. Die Wirtschaft war zusammengebrochen. Erinnern Sie sich nur*

---

\* Offizielles Zahlungsmittel in der RSFSR war bis 1991 der sowjetische Rubel. Im Dezember 1991 wurde der russische Rubel eingeführt. Bis September 1993 wurde der sowjetische noch parallel mit dem russischen Rubel als offizielles Zahlungsmittel akzeptiert. Ab September 1993 war der russische Rubel alleiniges Zahlungsmittel, wenngleich alle zwischen 1961 und 1991 herausgebrachten sowjetischen Münzen bis Ende 1998 offiziell in Umlauf blieben. In den neunziger Jahren kam es durch die Hyperinflation zu einer enormen Abwertung des Rubel. Nach Überwindung der Hyperinflation beschloss die russische Staatsführung 1997 eine Neubewertung der russischen Währung. Damit wurden zum 1. Januar 1998 drei Nullen vom Nennwert des Rubel gestrichen. Ein alter 1000-Rubel-Schein entsprach folglich von diesem Datum an genau einem »neuen« Rubel. (Anm. d. Ü.)

*an die leeren Regale in den Geschäften. Das Herz stand bereits still, wir brauchten einen Elektroschock. Vorwürfe muss man denen machen, die in den zehn Jahren vor 1991 unsere Wirtschaft allmählich verfallen ließen.«*

Charchardins Interessen waren schon von Amts wegen denen Chodorkowskis diametral entgegengesetzt. Es war seine Aufgabe, aus dem Unternehmen so viel wie möglich für den kommunalen Bedarf herauszuschlagen. Das Unternehmen aber musste seine Ausgaben optimieren. Tatsächlich hängt das Leben der Menschen in dieser Region Sibiriens zu 95 Prozent von der Erdölwirtschaft ab. Das war allen klar. Bevor hier die ersten Ölfelder entdeckt wurden, lebten auf einem Gebiet von anderthalb Millionen Quadratkilometern, wenn man Jamal und Chanty zusammennimmt, rund 200 000 Menschen. Die Hälfte davon wohnte in Tschum-Zelten, man zog mit den Rentieren umher. Charchardin zieht einen interessanten Vergleich zwischen dieser westsibirischen Region und der Sahara, allerdings mit umgekehrten Vorzeichen: *»In der Sahara gibt es Sand und verdorrte Erde, hier haben wir Sümpfe, Seen und Flüsse. Dort herrschen 50 Grad plus, hier 50 Grad minus. Selten einmal gibt es Einsprengsel von Taiga, im Wesentlichen ist alles Sumpfland. Leben kam hierher natürlich erst, seitdem man Öl und Gas fand – in den sechziger Jahren des vorigen Jahrhunderts. Aber das Interessanteste ist, dass sich die Menschen hier auch nach dem Sahara-Prinzip angesiedelt haben: in Oasen, entlang der Flüsse Ob und Irtysch. So entstanden die Städte, angefangen bei Surgut und bis hin zu Chanty-Mansijsk. Alles, was es in dieser Gegend gibt, das gesamte Leben dieser Region ist aufs engste mit der Erdölwirtschaft verknüpft.«*

Im Grunde genommen entstanden auch Städte wie Jugansk oder Nishnewartowsk – sogenannte Monostädte, die voll und ganz von einem Industriezweig abhängig sind – allein auf dieser Grundlage. Das ist das schwere Erbe der Sowjetunion. Die Bedingungen für die Förderung von Rohstoffen in Westsibirien sind

Kapitel 10

denen in Kanada ähnlich, wo die Leute temporär zur Arbeit eingeflogen werden. Hier hätte man nur Personal aus Samara oder Tjumen herbringen müssen, das wäre effizienter und kostengünstiger gewesen. In Jugansk, das auf Sumpfland steht, kann man nicht leben. Bei diesen klimatischen Verhältnissen kann man kein gesundes Kind großziehen. Zehn Monate im Jahr herrscht Winter. Wintertemperaturen von minus 30 Grad gelten als warm. Wenn der Wind vom Nordpolarmeer her weht, gibt es auch schon mal minus 40 bis 45 Grad. Wenn man bei solchem Frost dort landet, kommen einem die zehn Meter vom Flugzeug bis zum Auto wie die Hölle vor. Mir wurde erzählt, dass im Flugzeug spezielle Riemen verteilt werden, die um die Ärmel gebunden werden müssen, denn wenn man aussteigt, bläst der Wind sofort alle Wärme aus dem Körper, wenn die Ärmel nicht mit diesen Riemen umwickelt sind. Im Sommer ist alles voller Mücken und kleiner Fliegen, weil ringsum Sümpfe sind. Aber die Menschen wollen von dort nicht weg.»Wir sind hier geboren, und hier werden wir auch sterben«, sagen sie. Letzteres glaubt man auf Anhieb.

Yukos war für die Versorgung aller Gebiete außerhalb des Schwarzerdegürtels mit Erdöl und Erdölprodukten zuständig. Vor der Ankunft der Menatep-Leute wurde für alles und jedes mit Öl bezahlt: Budgets, Steuern, alles wurde mit Erdöl verrechnet. Erdöl war auch zum Stehlen praktisch, besonders angesichts der hohen Inflationsraten der damaligen Zeit. Jeder Bürgermeister verkaufte Erdöl, für das er selbst erst ein halbes Jahr später zahlte, und an diesem netten, simplen Verfahren verdiente er.

Mir schien es, als wäre Chodorkowski in Sibirien in eine für ihn völlig neue Situation geraten, auf die er nicht vorbereitet war. Seine Kollegen allerdings berichten, dass sie schon einmal einen ähnlich schweren Start gehabt hatten, als sie bei Apatit einstiegen. Der einzige Unterschied war, dass sie es hier mit Erdölarbeitern und dort mit Bergleuten zu tun hatten. Und dass sich die Erdölwirtschaft als schwieriger entpuppte.

Wladimir Dubow: »*Chodorkowski lebte zwei oder drei Monate lang in Jugansk und arbeitete mehrere Tage in jedem Fachbereich: als Assistent des Bohrmeisters, als Assistent des Spezialisten für unterirdische Bohrlochreparaturen... Ich erinnere mich an eine spektakuläre Szene: Chodorkowski steht da in seiner Arbeitsmontur und zieht Schraubenmuttern fest, und daneben steht sein Leibwächter mit einem Satellitentelefon. Übrigens war er gerade dabei, die Muttern festzuziehen, als Brudno in Ust-Ilimsk als Geisel genommen wurde und Tschubais Chodorkowski über das Satellitentelefon anrief. Chodorkowski fand, dass alle einen Monat »im Feld« arbeiten sollten. Das war natürlich ein frommer Wunsch. Aber er hat es gemacht, er fand, er müsse verstehen, wie alles funktioniert.*

*Chodorkowski erfuhr schon während der zweiten Zigarettenpause von den Arbeitern, dass die Unterkünfte für die Fly-in-fly-out-Arbeiter, die noch vor unserer Ankunft eingekauft worden waren, für Nigeria gemacht waren, also ohne Heizung – und das bei Wintertemperaturen von bis zu minus 60 Grad! Er fand, dass es zwei Dinge gab, für die er grundsätzlich verantwortlich war: für die Qualität der Unterkünfte und die Qualität der Arbeitskleidung. Und er widmete dieser Frage massig Zeit. Unsere Arbeitskleidung und unsere Unterkünfte waren die besten, und das half sehr dabei, Probleme mit dem Personal zu lösen. Die Arbeiter wussten das zu schätzen und verstanden, dass in diesem Bereich nicht gestohlen wird. Eine komplette Ausrüstung mit einem Winter- und einem Sommeranzug kostete im Großhandel 400 Dollar. Chodorkowski lief auch so herum. Die Arbeiter trugen diese Anzüge sogar, wenn sie zu Leuten zu Besuch gingen. Mit der Zeit waren sie stolz darauf. Auch eine spezielle chemische Reinigung haben wir dafür aufgemacht. Auf der Rückseite der Anzüge stand in großen Buchstaben ›Yukos‹.*

*Die Yukos-Leute mussten erst lernen, mit den neuen Vorgesetzten zu arbeiten. Täglich um 9.30 Uhr kam Chodorkowski zum Werkstor hereingefahren. Er nahm jedes Mal einen anderen Weg in sein Büro. Unterwegs prüfte er die WCs, und wehe, das Toilettenpapier fehlte.*

Kapitel 10

*Und so ging das überall. In Moskau hat er mir einmal gesagt: ›Weißt du, wir haben da eine kleine Kantine, direkt über dem Eingang. Wenn ich dort um zehn oder elf Uhr schon eine Menschenmenge sehe, fange ich am nächsten Tag mit Stellenkürzungen an. Denn das heißt, dass die Leute zu viel Zeit haben, also muss man kürzen.‹*

*Ich weiß noch, wie ich einmal zu einer Arbeitsplanbesprechung kam. In dem Raum stand ein riesiger ovaler Tisch. An einem Ende sitzen Chodorkowski und die Sekretärin, die das Protokoll führt. Am anderen Ende des Tisches das Management von Yukos. Und Chodorkowski befragt jeden einzelnen von ihnen. Richtzahlen: Wie viel solltest du innerhalb einer Woche schaffen und wie viel hast du geschafft? Warum weichen die Zahlen ab? Was hast du nächste Woche zu erledigen? Jeder bekommt 40 Sekunden eingeräumt. Solche Arbeitsplanbesprechungen hatten wir schon bei der Bank gehabt, dann bei Rosprom und schließlich bei Yukos. Aber für sie war das sehr ungewohnt. Ein andermal kam ich zu Chodorkowski zu einer Besprechung in Moskau, an der Sagorodnoje-Chaussee, wo er sein Büro hatte. Alle waren da, auch die Yukos-Leute. Und wir beide gerieten aneinander. Dazu muss man wissen: ›Mischa‹ und ›Wolodja‹ sind wir nur zu Hause oder wenn wir unter uns sind, bei der Arbeit geht es nur mit Vor- und Vatersname und per Sie. Ich sage also: ›Ich brauche Mittel, um die Steuern zu zahlen.‹ Er erwidert, es sei kein Geld da. Ich halte dagegen, dass wir Probleme bekommen, wenn wir in diesem Monat nicht zahlen, weil es Vereinbarungen und einen Zahlungsplan gibt. Er sagt: ›Die Firma hat aber kein Geld.‹ Ich antworte, dass mich das nicht weiter interessiert und dass die Firma darüber hätte nachdenken sollen, als der Zahlungsplan unterschrieben wurde. Ich habe einen Zeitplan, also gebt mir jetzt mein Geld für die Steuern. Wir gerieten aneinander, gingen uns an den Kragen. Das Gespräch lief äußerst schroff ab. Ich gehe raus, rede noch mit jemandem. Und alle sehen mich irgendwie seltsam an. Ich gehe in die Kantine. Das sieht dort so aus: Auf der einen Etage ist die Kantine, und eine halbe Etage höher der VIP-Saal für die Leitung. Es ist Selbstbedienung: Du nimmst dir Salat, dann gibt es ein paar Vorspeisen und Hauptgerichte zur Auswahl, alles geht schnell, weil zum Essen keine Zeit ist. Ich gehe also in den VIP-Saal, und als ich erscheine, tritt Stille ein. Du weißt ja, wie das sonst üblich ist: Setz dich doch zu uns ... Aber jetzt – keine Spur davon. Na gut. Ich setze mich allein an einen Tisch. Da stürmt Chodorkowski herein und schreit mich an: ›Und wieso hast du mich nicht abgeholt?‹ Und setzt sich zu mir. Um mich herum verständnislose Gesichter. Denen war nicht klar, dass ich meinen Job losgewesen wäre, wenn ich mich nicht mit ihm angelegt hätte. Wenn ich meine Position nicht verteidige und anfange, ihm nach dem Mund zu reden, dann war's das. Und übrigens, Kriecherei konnte Chodorkowski nicht ausstehen. In keiner Form. In den 15 Jahren, die wir zusammen gearbeitet haben, durfte nur eine Person – sonst fällt mir niemand mehr ein – sich ein bisschen kriecherisch verhalten. Und das auch nur, weil man ihm seiner unternehmerischen Qualitäten wegen so ein Verhalten durchgehen ließ. Obwohl es Chodorkowski, das weiß ich, davon schüttelte, und er ließ diese Person auch nie wirklich nah an sich heran. Den Namen möchte ich nicht nennen.*

*All das begreift man erst mit der Zeit. Und als wir bei Yukos einstiegen, verstanden sie dort nicht, dass man geschäftlich auch aneinandergeraten kann. Manchmal muss das sogar sein. Sie dachten, meine Güte, was sind diese Jungs für ein ungemütliches Volk. Es brauchte einfach Zeit, bis alle sich aufeinander eingespielt hatten. Selbst zwischen uns ging das nicht auf Anhieb.«*

Chodorkowski und seine engsten Kollegen hatten eine Art Signalsystem entwickelt, um sich darüber zu verständigen, wann sie dringend Kontakt miteinander aufnehmen mussten, um Fehlentscheidungen zu vermeiden. Ein Missbrauch dieser Codes war strafbar. Mir wurde berichtet, dass einmal einer der Yukos-Gesellschafter in einer für das Unternehmen wichtigen Angelegenheit beim Finanzminister vorstellig geworden war. Er hatte die Sache lange vorbereitet und führte seinen Gesprächspartner während der Unterredung behutsam an das Thema heran. Plötzlich aber

Kapitel 10

leuchtete das Kommando ›A1‹ auf seinem Pager auf. ›A‹ stand für das erste Vorzimmer, also Chodorkowski (B – Newslin, C – Dubow, D – Brudno). Die ›1‹ bedeutete ›unverzüglich kontaktieren‹, die ›2‹: innerhalb einer Stunde, die ›3‹: am selben Tag, die ›4‹: sobald wie möglich. Kaum hatte er das Kommando ›A1‹ erhalten, brach der Gesellschafter das Gespräch ab, verließ das Zimmer und rief in Chodorkowskis Vorzimmer an: Was ist los? Er wurde zu Chodorkowski durchgestellt, der ihn gut gelaunt fragte: Was machst du denn am Samstag? Die Antwort kam prompt: Was ich mache, weiß ich noch nicht, aber du wirst wohl eine Therapie brauchen. Chodorkowski war erstaunt: Was ist denn los? Antwort: Ich bin gleich da und erkläre es dir. Der Gesellschafter kam und erklärte Chodorkowski gereizt die Situation. Der wurde grau. Er ließ die Sekretärin holen: Habe ich das Wort »dringend« verwendet? Sie: Nein, aber Sie hatten doch gebeten... Chodorkowski: Habe ich gesagt, es sei dringend? Sie: Nein. Er: Und warum haben Sie dann Kommando A1 übermittelt? Er entließ die Sekretärin, obwohl es ihm wahnsinnig leid tat, ihr kündigen zu müssen. Noch am selben Tag gab er Anweisung, nach einer neuen Mitarbeiterin Ausschau zu halten.

Wladimir Dubow: »*Zusammen mit der Privatisierung bekamen wir frei Haus all die Probleme, die noch aus der Sowjetzeit stammten. Und eines der größten Probleme war: Die Betriebe, die wir im Zuge der Privatisierung erhalten hatten, waren keine Unternehmen, sie taugten nicht für ein normales Leben, wie ein Unternehmen es heute führt. Sie hatten zwar etwas von ihren Verbrauchern gehört, kannten sie aber oft nicht besonders gut. Sie hatten auch schon etwas von ihren Rohstofflieferanten gehört, aber auch die kannten sie oft nicht besonders gut oder gar nicht. Und die Gauner aus den Ministerien, die alle Strippen in der Hand hielten, waren Götter für sie. Die sagten ihnen, wo sie einkaufen und an wen sie verkaufen mussten und erklärten ihnen manchmal noch, was ihr Betrieb überhaupt produzierte. Und vergiss nicht, dass die Unternehmen wegen der ewigen Mobilmachungspläne alle einen* doppelten oder dreifachen Verwendungszweck hatten und dementsprechend Geheimhaltungsvorschriften unterlagen. Diese Mechanismen waren damals immer noch in Kraft. Und wir haben davon die volle Dosis abbekommen. Zum Beispiel waren die Daten zu den geologischen Reserven, also wie viel Erdöl man hatte, geheim. Und was ist zum Beispiel, wenn der Chefingenieur des Unternehmens Ausländer ist? An sehr viele Dinge durfte man ihn nicht heranlassen, weil man dafür eine Sonderzulassung brauchte, die ein Ausländer nie im Leben bekommen hätte. Ein Irrenhaus war das. In dem Strafverfahren gegen Chodorkowski und Lebedew ging es ja auch um Apatit und das Institut für Mineraldünger. Erst hatten wir Apatit gekauft, dann das Institut für Mineraldünger. Weshalb? Glaubst du denn, dass Apatit wusste, wo welche Schichten lagerten, wie da was ablief? Natürlich nicht. Das wusste nur das Ministerium – und eben dieses Institut. Heute kann man sich kaum mehr vorstellen, was damals los war. Und die Steuersituation erst! Steuern konnten kurzerhand für irgendwelche wichtigen Angelegenheiten eingezogen werden. Die Milizsteuer zum Beispiel: Wenn kein Geld da ist, die Miliz zu bezahlen, wird eben eine Milizsteuer erhoben. Oder die Bildungssteuer: Ist kein Geld da, die Lehrer zu bezahlen, wird eben eine Bildungssteuer erhoben. Eine Müllabfuhrsteuer ... kein Mensch kannte sich da noch aus. Die Reaktion der Unternehmen war einfach: Wir zahlen nicht, was könnt ihr uns schon anhaben? Und damit hatten sie recht. In so einem Zustand war das alles, als wir kamen. Yukos war faktisch pleite, obwohl es auf flüssigem Gold saß. Chodorkowski fand, wenn wir Angst hätten, uns in diese Streitereien einzumischen und Ordnung zu machen, würden wir nicht lange überleben. Wir mussten aus diesen Unternehmen normal funktionierende Firmen machen.«

Michail Charchardin: »Wir haben ja davon gesprochen, dass Chodorkowski unbeliebt war. Noch unbeliebter war allerdings Wladimir Bogdanow, der Generaldirektor der Surgutneftegaz. Weshalb? Weil er trotz seiner teilweise sozialistischen Wirtschaftsführung in gewissem Maß vernünftig blieb. Rundherum zahlte niemand Gehälter. Bei ihm

## Kapitel 10

*wurde auf dem Papier zwar weniger verbucht als bei den anderen, aber die Gehälter wurden bezahlt. Alle zahlten dreist keine Steuern, er dagegen zahlte sie. Meiner Meinung nach ist er erst in zweiter Linie Erdölfachmann. In erster Linie ist er ein großartiger Manager. Aber er tanzt aus der Reihe. Solche Leute sind unbeliebt. Chodorkowski ist auch aus der Reihe getanzt. Ich kann nicht sagen, dass ich jemals ein gutes Verhältnis zu ihm gehabt hätte. Aber es geht gar nicht darum, ob ich ihn mochte oder nicht. Als Geschäftsmann, als Menschen, sogar als starken Menschen habe ich ihn immer respektiert und respektiere ihn auch jetzt noch. Doch wir waren verurteilt, Gegner zu sein, einfach durch seine und meine Position.*

*Glauben Sie, uns wäre damals nicht klar gewesen, dass in jenen Jahren jeder Unternehmer, der ehrlich seine Steuern und Abgaben gezahlt hätte, pleite gewesen wäre, noch ehe er überhaupt richtig angefangen hätte? Deswegen gab es ja auch diese Doppelmoral. Uns allen war klar, dass angesichts der abgerissenen Kontakte nach dem Zerfall des Landes, angesichts des grassierenden Tauschhandels, der Kriminalität ... Wir waren schließlich gezwungen, von den Unternehmen Steuern in Form ihrer Erzeugnisse anzunehmen, in Form von Rohöl, und sie dann wieder an sie zurückzuverkaufen, diesmal für Geld. Das war die allgemein übliche Praxis. Das Steuersystem hatte damals, wie auch heute noch, mehrere Komponenten: Steuern, die in den föderalen Haushalt flossen, regionale Steuern (Gebietssteuern), kommunale Steuern (Städte und Siedlungen) und Haushaltsabgaben (Pensionsfonds, Krankenversicherung, Zollgebühren, Rohstoffgebühren und weitere). Wenn man also einen Rubel verdient und ehrlich alle Steuern gezahlt hatte, musste man noch zehn Kopeken drauflegen. Unter diesen Bedingungen konnte vernünftigerweise keine Rede davon sein, dass alle Steuern ehrlich gezahlt werden sollen. Das war uns allen klar. Es ging um das Notwendigste: Darum, den Erdölunternehmern möglichst viel von dem Teil zu entreißen, den man ihnen, ohne Schwierigkeiten für ihre Produktion zu verursachen, entreißen konnte, damit wir nicht verhungerten, nicht erfroren, Straßen bauen, den Ärzten und Lehrern ihre Gehälter zahlen* konnten, Geld für Kindergärten hatten, kurzum, eine normale Existenz aufrechterhalten konnten. Und es wurde immer gefeilscht, hin und wieder gab es Skandale.«

Wenn man in Sibirien, im hohen Norden arbeitet, gibt es eine Besonderheit: Ab Ende September bis Mitte oder Ende April kann man weder Kraftstoff noch ausreichende Mengen von Lebensmitteln noch sonstige lebensnotwendige Waren in die Städte und Siedlungen des Nordens bringen. Deshalb gibt es bis heute die sogenannte Nordbelieferung: Die kommunalen Verwaltungen müssen den hohen Norden ohne Wenn und Aber im Voraus mit allem versorgen, was man in diesen Monaten zum Leben braucht.

Wladimir Dubow: »*Man möchte meinen, man zahlt monatlich seine Steuern. Der jährliche Haushalt hat aber zwei Spitzen bei den Ausgaben. Im Sommer muss er die Angestellten des öffentlichen Dienstes in den Urlaub entlassen. Und wehe, du stellst dich quer. Dafür wird man umgebracht. Die Lehrer zum Beispiel – die leben dort oben nur um der zwei, drei Monate willen, die sie im Süden verbringen. Wenn du denen im Juni kein Urlaubsgeld zahlst, und das sind gleich drei Gehälter, kannst du dich warm anziehen. Das ist die erste Ausgabe. Die zweite ist die, dass man den Kraftstoff anliefern muss, solange der Ob noch schiffbar ist – das ist die Nordbelieferung. Danach friert alles zu, und man kriegt nichts mehr dorthin. Das sind zwei riesige Ausgabenspitzen. Die Steuern fließen gleichmäßig, aber die Ausgaben einer Stadt lassen sich sehr oft nicht monatlich beziffern, sondern häufen sich in einem bestimmten Zeitraum. Im Sommer, zum Beispiel, wenn der gesamte öffentliche Dienst des Nordens Urlaub machen will. Was tut man da? Man gewährt der öffentlichen Hand Kredit, sonst werden die Rohre einfach zugedreht. Alle wissen das ganz genau. Schafft man den Kraftstoff nicht rechtzeitig ran, wird im Winter gefroren. Man muss also der öffentlichen Hand einen Kredit einräumen und dann hinterher sein, dass der nicht versickert, dass alles Nötige eingekauft und angeliefert wird. In dieser Situation haben wir einen bestimmten Kreditmechanismus entwickelt: Die Menatep-Bank gewährt der Stadt*

## Kapitel 10

*Kredit gegen Sicherheiten von Yukos. Der Bürgermeister schickt die Lehrer in den Urlaub. Yukos zahlt ihm die Steuern. Und der Bürgermeister bedient aus diesen Steuern die Bankkredite. Das ist ein absolut legaler Mechanismus. Man bekam einen Anruf und es wurde verlangt, dass man das macht, weil man den Angestellten ihren Urlaub sicherstellen muss. Tut man das nicht, zetteln sie einen Streik an. Die gleiche Geschichte mit der Nordbelieferung. Alle Erdölgesellschaften waren zweimal pro Jahr in dieser Lage.«*

*Michail Charchardin: »Wissen Sie, was er an sich hatte, dieser Chodorkowski? Eine jugendliche Frechheit, die sich in allem zeigte. Nur als Beispiel: Im Unternehmen hatten sie sich zu einer bestimmten Transaktion entschlossen ... Die Gesellschaft bestand ja aus einer Vielzahl rechtlich eigenständiger Struktureinheiten. Jedenfalls wurde beschlossen, alle unrentablen, beinahe vollständig ausgebeuteten Abschnitte, in denen Öl gefördert wurde, freizustellen, ihnen volle Selbstständigkeit zu gewähren – nach dem Motto: Wir brauchen euch nicht mehr. Aber dahinter stehen ja Menschen, die dort arbeiten, leben und Familien haben. Für uns war das ein Nachteil, weil diese Leute zu uns kamen, um sich Hilfe zu holen. Wir waren aber nicht auf kommerzielle Tätigkeit ausgerichtet. Und dann gab es da dieses Treffen zwischen dem Gouverneur Filipenko, Chodorkowski und mir. Chodorkowski sagt: ›Wir haben einen guten Vorschlag für euch, ihr dürft dort in eigener Regie Öl fördern.‹ Ich sage zu ihm: ›Kommt dir das nicht vor wie bei dem Hund, dem man den Schwanz nur scheibchenweise abhackt?‹ Er antwortet: ›Doch, aber was ändert das? Für das Unternehmen ist es besser so. Auf die Art braucht es keine unrentablen Stücke mit sich herumzuschleppen. Was weiter daraus wird, interessiert mich nicht. Und was aus den Menschen wird, auch nicht.‹ Er hatte keine Hemmungen. Und wir hatten auch keine. So haben wir gearbeitet.*

*Schon bei der ersten Begegnung geriet ich mit ihm aneinander. In Chanty-Mansijsk, wegen der Steuern. Er sagte gleich: ›Ich streiche die Kindergärten, Krankenhäuser, den ganzen sozialen Bereich aus der Bilanz.‹ Von Gesetzes wegen durfte er das, er war nicht verpflichtet,* sich darum zu kümmern. Wir sagten: ›Und wo sollen wir das Geld dafür hernehmen? Ihr zahlt doch keine Steuern. Dann zahlt uns eben mehr Steuern.‹ Er sagte: ›Das kann ich nicht. Ein Barrel Öl kostet zehn Dollar, und ich habe Selbstkosten von 15 Dollar.‹ Also haben wir nach einem Ausweg gesucht: teils über Tauschhandel, teils mit Geld. Wir sagten: ›Dann zahlt ihr die Gehälter in Geld aus und wir bekommen wenigstens die Einkommenssteuer und können die Lehrer und Ärzte bezahlen.‹ Sie haben mit den Zähnen geknirscht, aber die Gehälter haben sie bezahlt.

Und dennoch hatte er, ich erinnere mich gut daran, ein einnehmendes Wesen. Er war äußerlich sehr ansprechend. Sogar beim Fluchen war er noch ansprechend. Und er hatte so eine absolute Furchtlosigkeit. In einer normalen Umgebung war er sehr höflich. Er war nie persönlich beleidigend. Aber wenn es um die Arbeit ging, um die Arbeitsergebnisse, hat er gekämpft wie ein Löwe. Deswegen lagen wir auch ewig im Clinch. Wie ›Feuer und Wasser‹. Das ist auch nur natürlich. Zeigen Sie mir mal jemanden in Frankreich, der die Steueraufsicht mag. Na bitte, Sie lachen. Das ist ein natürlicher Antagonismus. Niemand zahlt gern.

Aber wissen Sie, tief im Herzen bin zumindest ich den Leuten aus diesem Unternehmen mit Respekt begegnet. Und ich sage Ihnen ganz ehrlich, dass ich gegenüber den Vorgängern dieser Leute, den früheren Direktoren, viel mehr Geringschätzung empfand, dass sie mich viel mehr aufgeregt haben. Es gibt zwei mentale Grundhaltungen bei Menschen. Die eine ist die des Nomaden, der kommt, der Umwelt Gewalt antut und weiterzieht. Und es gibt die Mentalität des besitzenden Ackerbauern: Der versucht, der Umwelt keine Gewalt anzutun, sondern die Natur vorsichtig anzupassen und nicht nur eine, sondern mehrere Ernten einzubringen. Diese jungen Leute jedenfalls waren keine Altruisten, sie haben nicht einfach nur so etwas in die Produktion investiert, sondern um später ein Ergebnis zu erzielen. Sie haben neue Technologien eingeführt, weil es schade war um ... Wissen Sie, wie viel Öl mit den alten Technologien in der Erde blieb? 70 Prozent. Mit Hilfe der neuen Technologien sind es nur noch 40 bis 45 Prozent. Jetzt

Kapitel 10

bemüht man sich, Technologien zu erfinden, um auch diese 40 Prozent noch herauszuholen. Unter der Sowjetmacht herrschte das Gesetz des Räubers: Man kam, man schöpfte die Quelle leer, und wenn sie versiegt war, zog man weiter, Quellen gab es ja genug, zumindest für unsere Lebenszeit. Mit sprudelnden Quellen wurde die erste Milliarde Tonnen gefördert, und an den alten Standorten, wo nichts mehr sprudelte, hat man dann, indem man noch das Letzte herausquetschte, anderthalb Milliarden gefördert. Hinzu kam, dass Yukos an etlichen Lagerstätten sehr gute Häuser bauen ließ, es wurden Bedingungen geschaffen, um das Leben und Arbeiten dort angenehm zu machen.

Chodorkowski hatte keine Angst, mit den Arbeitern zu sprechen. Ich habe selbst gesehen und gehört, wie er mit den Malochern sprach, direkt an der Bohrstelle, und ich habe gesehen, wie er mit Jelzin sprach. Er war überall der Situation angemessen und fand den richtigen Ton, die richtigen Worte. Und er bewahrte immer sein Selbstwertgefühl, er biederte sich niemals an.

Es gibt Menschen, für die Sentimentalität kein Thema ist. Bei denen der Pragmatismus nicht nur zu 100, sondern zu 120 Prozent funktioniert. So einer ist er. Ob das gut ist? Für das Unternehmen, das er führt, ist das gut. Für ihn selbst und sein Privatleben... Manchmal ist das sehr schlecht. Für seine Mitmenschen ist es schwer, wenn ihnen klar wird, dass so einer um eines bestimmten Zieles willen einfach über dich hinweggehen kann, trotz deiner Verdienste, trotz eurer Freundschaft und anderer Dinge. Alles hängt an diesem Ziel, das erreicht werden muss. Dafür werden sämtliche Hindernisse aus dem Weg geräumt. Ich denke, das hat sich auch gegen ihn gewendet. Er war schließlich dabei, sich ein Image als zukünftiger Politiker zu erarbeiten. Natürlich lässt sich die Politik nicht von einem Unternehmen trennen, wenn es um ein Unternehmen auf dem Niveau geht, auf das er es gehoben hatte. Da sind schon 70 Prozent Politik im Spiel: Sozialpolitik, auch internationale Politik, wenn eine Kapitalgesellschaft international wird.

Wissen Sie, ich gehöre zur alten sowjetischen Intelligenz, bin studierter Mathematiker und Programmierer. Mir ist klar: Chodorkowski und seine Leute wären überall erfolgreich gewesen, egal, wo sie hingegangen wären. Es ist interessant, mit ihm zu reden, zu streiten, er ist sehr gebildet, er war stets auf dem Laufenden, mit ihm konnte man auch über Literatur sprechen, über neue Technologien, über neue Strömungen in der Wirtschaft. Er hat ein ausgezeichnetes Gedächtnis. Er ist ein Glückskind. Und jetzt sind sie weg...«

Ich muss gestehen, Charchardin hat mich überrascht. Ich hatte mir sagen lassen, dass er einmal nach einem Streit mit Chodorkowski sogar mit einem Herzanfall ins Krankenhaus eingeliefert wurde. Einen solchen Bericht hatte ich danach natürlich nicht erwartet. Chodorkowski war gegen den Tauschhandel mit Erdöl, der in den Beziehungen zwischen den Regionalbehörden und den Erdölgesellschaften weithin und völlig legal praktiziert wurde. Chodorkowski war ein rücksichtsloser Kapitalist, er war bereit, die Ausgaben des Unternehmens um jeden Preis zu reduzieren. Chodorkowski zentralisierte die Verwaltung der Gesellschaft, und das war ein Schlag gegen die »Sauger«, all die Strukturen und »Struktürchen«, die schon lange zu ihrem eigenen Nutzen Yukos umringten, und gegen die Banditen, die während der Perestroika jeden Großbetrieb umlagerten. Wie es sein kann, dass diese Moskauer Jungs im fernen und rauen Sibirien nicht einfach über den Haufen geschossen wurden, ist mir ein Rätsel. Charchardin sagte übrigens, er habe von fünf Anschlägen auf Chodorkowski gehört, unter anderem in Moskau. Ich persönlich habe von keinem einzigen gehört. Mein Eindruck ist, dass die Ankunft der neuen Herren von Yukos ziemlich glatt verlief. Aber vielleicht ist das doch eine Illusion?

Leonid Newslin: »Fünfmal in der ganzen Zeit unserer Zusammenarbeit gab es Signale, dass für Mischas Leben eine reale Gefahr bestand. Aber es kam nie zu einem physischen Kontakt mit denen, von denen diese Gefahr ausging. Was die Situation in Sibirien angeht, so waren alle Beziehungen, die vor unserer Ankunft zwischen dem Unternehmen und den Banditen auf lokaler Ebene in Chanty und

## Kapitel 10

später im Gebiet Tomsk bestanden hatten, ziemlich schnell zerstört. Diese Beziehungen hatte es natürlich gegeben. Sie zeigten sich darin, dass Erdöl und Erdölprodukte zum Teil über Strukturen verkauft wurden, die von Banditen kontrolliert wurden. Und es konnte auch gar nicht anders sein, weil es kaum ›saubere‹ lokale Strukturen gab. Im Verkehrswesen, in den Häfen saßen alle möglichen Gauner, Tschetschenen inklusive. Wir hatten das Privileg, dass man uns nicht mehr ›abziehen‹ wollte – wir waren zu groß, als dass man sich direkt mit uns hätte anlegen können. Wir hatten auch keine Angst davor, dass, wenn dort jemand seinen Markt verliert, uns oder unseren Leuten dafür körperliche Gewalt drohen könnte. Aber natürlich bestand eine Gefahr für die Leute vor Ort, deswegen richteten wir, wie es bei uns üblich war, einen Sicherheitsdienst ein. Dazu begab sich gewöhnlich unser Sicherheitschef mit seinem Stellvertreter vor Ort und baute einen Dienst wie in der Zentrale auf. Die meisten Mitarbeiter hatten bis vor kurzem beim Innenministerium und beim FSB gearbeitet; mit beiden Institutionen gab es Verträge und eine sehr enge Zusammenarbeit, auch beim Objekt- und Personenschutz. Wir investierten in ihre Arbeit vor Ort: Wir kauften Ausrüstungen und bezahlten die Ausbildung. All das, um nicht in die primitive Korruption zurückzufallen. Kurz, wir machten uns die örtlichen Strafverfolgungsbehörden zu Verbündeten.«

Michail Schestopalow, Leiter des Sicherheitsdienstes der Menatep-Gruppe: »Chodorkowski hatte in Jugansk Personenschutz, normalerweise vier Mann. In der Stadt und da, wo er wohnte. Wenn er aber mit einer Brigade arbeitete, an einer Bohrstelle, war das problematisch. Einmal nahm er den Chef der Personenschützer mit zur Bohrstelle. Das ist aber alles Sumpfgebiet, und mit dem Jeep kommt man da nicht hin. Deshalb fuhr er so weit es eben ging mit den Leibwächtern im Jeep, dann stieg er in einen Lastwagen um und fuhr damit bis an die Bohrstelle. Und genauso auf dem Rückweg.«

Alexej Kondaurow, Generalmajor des KGB der UdSSR a. D., ehemaliger Chef der Informationsabteilung bei Yukos: »Chodorkowski hatte ein schwieriges Verhältnis zum Personenschutz. Ich erinnere mich, wie ich nach dem Anschlag auf Beresowski zu ihm sagte: ›Vielleicht sollten Sie den Personenschutz verstärken?‹ Daraufhin fragte er mich: ›Alexej Petrowitsch, was denken Sie, bin ich 100 000 wert?‹ Ich wunderte mich über die Frage. ›Das nehme ich doch an‹, sagte ich. Er meinte: ›Na bitte. Bei dem Preis hilft kein Personenschutz mehr.‹

Und noch etwas: Er kam nach Jugansk, als die soziale Lage dort sehr angespannt war. Die Gehälter waren oft monatelang nicht ausgezahlt worden, manchmal ein halbes Jahr lang. Und das, was gezahlt wurde, reichte zum Leben nicht aus, die Leute hatten nicht genug zu essen. Allen war klar, dass die ehemaligen sowjetischen Manager viel aus dem Unternehmen abgezweigt hatten, dass das alles irgendwo lag, während sie hungern mussten. Und das alles in einer kleinen Stadt, wo nichts unbemerkt bleibt. Eine Verstärkung des Personenschutzes wäre sofort aufgefallen. Mischa war deshalb immer dagegen. Das hätte einen schlechten Beigeschmack gehabt, und er hatte ein sehr feines Gespür für diese Dinge und war immer bemüht, soziale Gegensätze nicht zu betonen. Natürlich funktionierte der Wachdienst, aber er selbst erschien nie in Begleitung von Leibwächtern. Wir arbeiteten eher auf Distanz, unter Mithilfe des Innenministeriums und des FSB. Wir hatten ja sehr engen Kontakt zu den Behörden vor Ort. Statt einfach plump den Personenschutz zu verstärken, versuchten wir, die Agententätigkeit auszubauen und mögliche Gefahrensignale frühzeitig auszumachen. Personenschutz wirkt immer abstoßend auf die Menschen, und das konnte Mischa überhaupt nicht gebrauchen. Es gab auch so schon genug Antipathien. Die Maßnamen, die er ergriff, waren schließlich sehr unpopulär, aber es blieb ihm auch nichts anderes übrig: Irgendwie musste man die Schulden und die irrsinnigen Kredite, die die Firma am Hals hatte, ja loswerden.«

Wladimir Dubow: »Ich kann dir sagen, wann genau es dort mit dem Personenschutz losging. Das war ein ziemlicher Schlüsselmoment in dieser Phase, als Yukos unserer Verwaltung unterstellt wurde. Ich will dir eine Geschichte erzählen, um das zu verdeutlichen. Yukos hatte mich gebeten, bei der Klärung eines Problems mit dem Zoll behilflich

## Kapitel 10

*zu sein, was ich auch tat. Es ging, wenn ich mich nicht irre, um die Stundung von Zahlungen. Als ich das nächste Mal in irgendeiner anderen Angelegenheit beim Zoll zu tun hatte, sagte man mir dort: Was ist denn da bei euch los – du willst das eine und Yukos will etwas anderes? Ich verstand nichts. Sie erzählten mir, jemand von Yukos sei dagewesen und hätte gesagt, sie bräuchten keine Stundung der Zahlungen. Ich erkundigte mich also, wer von Yukos dagewesen war. Nebenbei erfuhr ich, dass das, worum sie gebeten hatten, der Firma geschadet, aber eine ausgezeichnete Gelegenheit zur Unterschlagung geboten hätte. Ich nahm alle Papiere mit und legte sie Chodorkowski vor, dann riefen wir Newslin, der Wiktor Iwanenko gut kannte.\* Genau eine halbe Stunde später – wir saßen in der Kantine – kam Iwanenko. Newslin hatte sich abseits gesetzt, und durch den ganzen Saal konnte ich beobachten, wie er Iwanenko alle Papiere zeigte, die ich mitgebracht hatte. Ich sagte zu Chodorkowski: ›Mischa, das war's wohl jetzt für mich‹« Er antwortete: ›Ja, daran habe ich auch schon gedacht. Jetzt wirst du wohl mit Personenschutz herumlaufen müssen.‹ Schützen mussten wir uns nicht zuletzt vor Yukos.*

*Aber ich glaube, was uns gerettet hat, war nicht der Personenschutz, sondern die Tatsache, dass der Markt genau wusste, dass wir ein Ganzes sind, dass man uns alle umbringen müsste. Wenn aber nur einer umgebracht wird, während die anderen noch am Leben sind ... Dass Chodorkowski bis zum letzten Cent kämpfen würde, daran bestand für den Markt kein Zweifel. Und so hat es bei uns Gott sei Dank keine Todesfälle gegeben. Verschiedenes anderes ja, aber das gab es nicht.*

*Später haben wir das Unternehmen mehr und mehr zentralisiert, und dementsprechend verloren die Leute vor Ort an Macht. Die operative Struktur wurde so ausgelegt, dass ein Ölraffinerie-Direktor nicht mehr eigenständig etwas verlangen konnte. Früher konnte er sagen:*

---

\* Wiktor Iwanenko, ehemals Sicherheitsminister der RSFSR, war damals der Vize-Präsident für Sicherheitsfragen bei Yukos. (Anm. Natalija Geworkjan)

*Bring diesem oder jenem mal 200 000 Tonnen Benzin vorbei. Jetzt war er für den Abtransport gar nicht mehr zuständig. Was konnten die Banditen in dieser Situation also noch tun? Sie hätten natürlich nach Moskau fahren und sich mit der Dispatcher-Abteilung anlegen können. Die Leute, die man hätte »aus dem Weg räumen« müssen, saßen jetzt in Moskau. Hätten sie Chodorkowski umbringen können? Ja. Das Risiko bestand durchaus. Aber wir haben die Struktur so aufgebaut, dass diese harten Jungs dort keinen Platz mehr fanden.«*

Interessanterweise haben mir Leute, die in der Erdölwirtschaft oder deren Umfeld gearbeitet haben, versichert, dass auch nach Chodorkowskis Ankunft im Unternehmen weiter gestohlen wurde. Als ich die ehemaligen Gesellschafter darauf ansprach, waren sie nicht einmal besonders überrascht. Von prinzipieller Bedeutung war offenbar nur eines: Wenn jemand etwas vom Gewinn abzweigte, konnte man sich mit ihm verständigen, wenn jemand bei den Ausgaben stahl, musste er unverzüglich entlassen werden. Die Logik war folgende: Wenn jemand vom Gewinn etwas abzweigte, war das nicht weiter schlimm, weil er das nahm, was man ihm ohnehin als Provision ausgezahlt hätte. Die Erfahrung hatte gezeigt, dass aus dem Haushalt einer Gesellschaft im Extremfall zwischen 2,5 und 4,5 Prozent gestohlen werden konnten. Yukos, so meine Gewährsleute, sei da keine Ausnahme gewesen – mit dieser Situation waren alle russischen Kapitalgesellschaften konfrontiert.

Später, als Galina Antonowa im Unternehmen auftauchte, wurde der Haushalt äußerst streng geführt. Über diese Frau kursieren Legenden: Äußerlich ein harmloses altes Mütterchen, sei sie in Wahrheit eine eiserne Lady gewesen. Die Yukos-Leute scherzen, Antonowa sei so unbeliebt gewesen, dass die Leute sie, wenn im Korridor das Licht ausgegangen wäre, in kleine Stücke gerissen hätten. Ihre Haushaltsplanung war furchteinflößend. Wenn irgendwer im Unternehmen behauptete, für so und so viel Geld könne er nicht so und so viel Öl fördern, wurde Antonowa

## Kapitel 10

geholt. Bei ihrem bloßen Anblick schaute jeder Querulant wie ein Kaninchen vor der Schlange drein. Am Anfang soll sie eine starke Abneigung gegen die Yukos-Führung gehabt haben, Chodorkowski eingeschlossen. Aber mit der Zeit, nachdem sie sich ein Bild davon gemacht hatte, was das Unternehmen tat und wie es funktionierte, änderte sie ihre Haltung. Antonowa hegte einen tiefsitzenden Hass gegen Diebe. Sie war absolut unbestechlich. Die Erdölwirtschaft war ihr Baby, sie kannte sie von Grund auf. Zum Beispiel hatte keiner der Chefs aus Moskau eine Ahnung, wie viel Sand man im sumpfigen Westsibirien für ein neues Bohrloch benötigte. Ihnen konnte man jede Zahl im Haushalt verkaufen, ihr nicht. Sie wusste Bescheid. Man konnte sie nicht hintergehen. Die Yukos-Leute sagen, die Unterschlagungsrate von 2,5 bis 4,5 Prozent sei auch in einem sehr streng geführten Haushalt einkalkuliert gewesen – man hätte sie auch auf null drücken können, aber dieses »Drücken« wäre teurer gewesen als der eigentliche Verlust.

Zur Erinnerung: Chodorkowski kaufte eine Gesellschaft, deren Schulden, in Dollar gerechnet, in die Milliarden gingen. Yukos war zu diesem Zeitpunkt eine Holding, der Yuganskneftegaz, Samaraneftegaz, drei Raffinerien und mehrere Vertriebsorganisationen angehörten. Die Produktion sofort auf ein Niveau zu bringen, das eine Tilgung der Schulden ermöglicht hätte, war nicht realistisch, zumal bei den niedrigen Ölpreisen. Man darf nicht vergessen, dass 1998 der Preis für ein Barrel auf elf Dollar gefallen war. Noch 1997 war die Gesellschaft in einer überaus prekären Lage. Einmal sah es so aus, als gäbe es keinen Ausweg mehr. Wegen der Schulden und der inzwischen anfallenden Säumniszuschläge und Zinsen konnte die Gesellschaft nicht mehr normal funktionieren: Sie bekam keine Kredite und die Erdölförderung war mit Inkassoforderungen belegt – jede Steuerinspektion konnte die Verrechnungskonten der Gesellschaft mit einem Inkassoauftrag belegen. Das bedeutete, dass sich von diesen Konten nichts mehr bezahlen ließ, und wenn man neue Konten eröffnete, wurden diese abermals mit einem Inkassoauftrag belegt. 1997 verlangte der Staat von Yukos die Begleichung der Schulden. Dass auch der Staat seinerseits Schulden bei Yukos hatte (zum Beispiel das Verteidigungsministerium), interessierte ihn dabei wenig. Um in dieser Lage irgendwie Bewegung in die Sache zu bringen, erließ die Regierung im März 1997 eine Verordnung, die eine Umstrukturierung der Schulden von Kapitalgesellschaften erlaubte. Wie die Zeitung *Kommersant* schrieb, »verlangt diese Verordnung von der Aktiengesellschaft Neftyanaya kompaniya Yukos offiziell, dem Staat im Gegenzug für fünf Jahre Aufschub bei der Begleichung ihrer Steuerschuld [...] die Aktienmehrheit zu verpfänden. Sollte Yukos bei den laufenden Steuerzahlungen innerhalb von fünf Jahren zweimal in Verzug geraten, verliert das Unternehmen seine Aktienmehrheit, die dann öffentlich versteigert wird. Yukos ist damit das erste Unternehmen, dem nicht nur nahegelegt, sondern direkt die Anweisung erteilt wird, die eigene Aktienmehrheit abzugeben.«[*] Laut meinen Informationen hatten sich Chodorkowskis Leute für diese Verordnung stark gemacht. Chodorkowskis Gedankengang war vermutlich folgender: Wenn wir uns auf kein Verfahren einigen können und nicht anfangen, Steuern zu zahlen, sind wir ohnehin erledigt; wenn es uns aber mit diesem Aufschub doch noch gelingt, die Steuern zu zahlen, ist das die Chance, da herauszukommen, anderenfalls werden die endlos anwachsenden Säumniszuschläge, Strafgebühren und Sonstiges die Gesellschaft erdrücken. Er spielte also auf Risiko, gewann aber Zeit und versuchte für die Gesellschaft Möglichkeiten aufzutun, um an Kredite zu kommen. Zudem wurden die Strafgelder und Säumniszuschläge eingefroren, und die Lokomotive kam wieder in Gang. Chodorkowski sagte: »Wir riskieren gar nichts, denn

---

[*] Gosudarstwo otkasalos sabotitsja o predprijatijach [Der Staat verweigert die Fürsorge für die Unternehmen]. In: *Kommersant*, 12.3.1997.

Kapitel 10

wenn wir mit Yukos nicht klarkommen, sind wir sowieso am Ende. Mir ist es egal, wie oft ich geköpft werde, ob nur einmal oder zweimal.«

Im Grunde genommen handelte es sich dabei um eine Umschuldung eines insolventen Unternehmens. Im Rahmen dieser Verordnung strukturierte Yukos gegenüber den öffentlichen Haushalten bestehende Schulden in Höhe von 1,8 Billionen Rubel um. Danach passierte eine ziemlich kuriose Geschichte: Im August 1997 hatte Yukos seine Aktien verpfändet. In den letzten Dezembertagen desselben Jahres kam ein Anruf aus dem Weißen Haus. Chodorkowski und seine Kollegen waren gerade unterwegs zur Arbeit. Sie wendeten und fuhren umgehend zum Regierungssitz. Als sie Tschubais' Büro betraten, sagte er: »Um den Haushalt abschließen zu können, benötigt die Regierung dringend Geld. Ihr müsst eure Aktien auslösen.« Es folgte ein hartes Gespräch, mehrere Stunden wurden sie bearbeitet. Am Ende gab Yukos nach: Die Gesellschaft erklärte sich bereit, ihre Schulden mit einer gewissen Diskontierung, zu begleichen. Anschließend brachte das Finanzministerium innerhalb einer Nacht eine sogenannte marktunabhängige Anleihe heraus: Wertpapiere, die die Chodorkowski-Gruppe für 200 Millionen Dollar erwarb, um dann die Aktien des Unternehmens gegen diese Papiere einzutauschen.

Wladimir Dubow: »*Natürlich sind wir hart vorgegangen, als wir zu Yukos kamen, und natürlich gewöhnten sich die Leute erst allmählich an uns. Bei Yukos hat das ungefähr ein Jahr gedauert. Die Optimierung verlief schonungslos. Wir waren schließlich an einem Ort gelandet, wo es allen recht gut ging und alle stahlen, während es dem Unternehmen schlecht ging. Also änderten wir die Spielregeln: Dem Unternehmen sollte es gut gehen und den Leuten so, wie es ihnen gebührte. Aber unter dem Strich haben wir damit ihre Konsumgewohnheiten beschnitten. Und wem gefällt das schon?*

*Dasselbe gab es auch zum Beispiel bei Apatit. Ich erinnere mich, wie Chodorkowski dort sprach. Die Bergarbeiter sagten ihm:* ›*Wir wollen einen Schrämlader.‹ ›Gut, aber ein Schrämlader ersetzt zwölf Personen, und das müsst ihr dann noch mit vier Schichten malnehmen. Ich kaufe die Maschine, aber dann müssen 48 Bergleute gehen.‹ ›Nein‹, sagten sie da, ›dann wollen wir keine Maschine.‹* Verstehst du, die hatten überhaupt nicht darüber nachgedacht, als sie sagten, sie wollten einen Schrämlader. Und genauso war es auch bei Yukos.

Wir mussten Mauern einreißen. Im wahrsten Sinne des Wortes. Du hast die riesigen Säle mit den Trennwänden bei Yukos doch gesehen? Zu Sowjetzeiten hatte ja jedes Amt langgezogene Korridore und Büros. Wir haben diese Mauern eingerissen und stattdessen große Säle eingerichtet. Es gab einen Aufschrei: Ich kann nicht im Käfig sitzen, ich will ein eigenes Büro! Aber als wir einmal nicht anders konnten, als eine unserer Unterabteilungen aus diesem offenen Großraum wieder in einzelne Büros zu verlegen, kam der Leiter an und sagte: ›Macht das bloß schnell wieder rückgängig.‹ Die Arbeitsproduktivität war um 30 Prozent zurückgegangen. Man trinkt Tee, macht Zigarettenpäuschen, läuft von einem Büro ins andere. In einem Großraumbüro dagegen ist alles zu sehen, der Chef sieht alle. Um mit dem Chef zu sprechen, muss man einfach nur von seinem Platz aufstehen. Dazu noch die Videokameras, die alles aufzeichnen. Wie konnte man uns da mögen? Am Anfang waren wir extrem unbeliebt.

Über Chodorkowski haben sie sich in der ersten Zeit lustig gemacht, wenn er bei den Bohrlöchern herumlief. Später war ihnen nicht mehr zum Lachen zumute, als er einen der Leiter kommen ließ und ihn fragte, ob er Arbeitskleidung eingekauft hätte. Die ganze Abteilung flog raus, weil sie keine ölbeständige Arbeitskleidung eingekauft hatten. Die Leute arbeiten schließlich mit Öl, und das Öl zersetzt ihre Kleidung. Im Endeffekt hatten wir genau die gleiche Arbeitskleidung wie die, die in Norwegen auf den Plattformen im Eismeer verwendet wird. Bald lachte niemand mehr. Sie sahen ja auch, dass Chodorkowski gemeinsam mit ihnen acht Stunden an den Bohrlöchern arbeitete, dann ins Büro fuhr und dort noch einmal so lange machte. Die Einstellung ihm gegenüber änderte sich ziemlich schnell.

Kapitel 10

*Du kannst dir einfach nicht vorstellen, was es da für irre Sachen gab. Einmal fahre ich von dem Haus aus, wo wir übernachteten, nach Jugansk, und plötzlich sehe ich, wie mir ein LKW entgegenkommt, dem vorne ein Rad fehlt. Ich dachte, dass ich von der Müdigkeit, vom Schlafmangel einfach durchgedreht war. Also fange ich ein vorsichtiges Gespräch mit dem Fahrer an: wie der Verkehr so funktioniert und wie es mit den Ersatzteilen aussieht. Ich konnte doch nicht zugeben, dass ich gerade ein Auto mit drei Rädern gesehen hatte. Und er sagt: ›Ja, mit Ersatzteilen sieht es schlecht aus, hast du den LKW mit drei Rädern da gesehen? Die sind schwer‹, sagt er, ›diese LKWs, und wenn man sie hinten vernünftig vollpackt, fahren sie auch auf drei Rädern gut.‹ Ich denke nur: Gott sei Dank, dass ich noch nicht wahnsinnig bin. Als ich mich beruhigt hatte, sagte ich: ›Verstehe, dann erzähl mir doch mal genauer, wie das mit den Ersatzteilen ist.‹ Am Anfang gab es viel von solchem Irrsinn.*

*Es stimmt, wir waren keine Ölfachleute, aber wir wussten ziemlich gut Bescheid. Eine Pyramide nimmt man von der Spitze aus ein. Chaider hat sich später auch weiter unten umgesehen, aber angefangen haben wir mit der Spitze: Zeigt uns die Bilanzen, zeigt uns euer Budget, wofür steht dieser Posten und wofür der hier? Wie man ein Budget aufbaut, wussten wir genau, mit Finanzen kannten wir uns um einiges besser aus als sie. Wir wussten, wie man was am besten ausweist. Mit der Zeit fingen die Leute an, uns zu vertrauen, nach und nach kamen immer mehr vernünftige Leute zu uns und erzählten uns, wie die Dinge wirklich standen. Nachdem Mischa Brudno den Vertrieb übernommen hatte, kam eines Tages ein Mann zu ihm. Er wollte seinen Vorgesetzten, der klaute, nicht verpfeifen, aber er nahm Brudno bei der Hand und zeigte ihm Schritt für Schritt den ganzen Ablauf, sodass Brudno von alleine draufkam. Solche Leute gab es viele. Allmählich begriffen sie, dass wir gekommen waren, um ernsthaft zu arbeiten, dass wir um das Unternehmen kämpften und nicht die Arbeiter bestahlen. Wir liefen auf Langstrecke, egal, um welchen Geschäftszweig es ging. Es hatte sich einfach so ergeben, dass wir das alle spannend fanden.«*

Die Jahre 1997 und 1998 wurden für Chodorkowski zu einer Zeit erhöhter Risiken und maximaler Anspannung. Zudem brach 1998 im Gefolge der asiatischen Märkte auch Russland ein und schlitterte in eine Wirtschaftskrise, die den Ausfall der wichtigsten staatlichen Wertpapiere nach sich zog – all das vor dem Hintergrund niedriger Preise für Energieträger. Chodorkowskis gesamtes Wirtschaftsimperium war in Gefahr, von der Bank bis zur Ölfirma.

Mir ist bis heute nicht klar, wie er sich, während der schwierige Prozess der Entschuldung und Umstrukturierung von Yukos noch im Gange war, zum Kauf der Eastern Oil Company (Vostochnaya Neftyanaya Kompaniya, VNK) durchringen konnte, der die Gruppe insgesamt über eine Milliarde Dollar kosten sollte. Dabei handelt es sich um zwölf Betriebe in Zentralsibirien. Yukos erwarb bei einer Auktion für 810 Millionen Dollar 44 Prozent der VNK. Da die Firma weitere neun Prozent zuvor schon auf dem freien Markt gekauft hatte, hielt sie damit die Aktienmehrheit. Für den Kauf beschafften Yukos und die Menatep-Bank große Anleihen von westlichen Banken, besichert durch Liefergarantien für Erdöl (im Fall von Yukos) und Yukos-Aktien (im Fall von Menatep). Die Kredite beliefen sich auf 500 beziehungsweise 200 Millionen Dollar. Interessanterweise begann übrigens das zweite Verfahren gegen Chodorkowski und Lebedew genau zehn Jahre später, im Jahre 2007, mit der Anschuldigung, sie hätten Aktien von Tochtergesellschaften der VNK im Zuge eines Umtauschs gegen Yukos-Papiere entwendet. Ebenso wie bei der Geschichte mit Apatit, mit der das erste Verfahren begonnen hatte, wurde auch dieser Vorwurf letztlich wegen Verjährung fallengelassen, obwohl die entsprechenden Anklagepunkte im Urteil noch auftauchen.

Nicht einmal und nicht zweimal, sondern immer wieder im Leben hat Chodorkowski bewiesen, dass der kühne Satz »Wer nicht wagt, der nicht gewinnt« seine Richtigkeit hat. Alle, die ihn kennen, sagen, dass er einen Schritt vorausdenken konnte.

Kapitel 10

Manche meinen sogar, es seien mehrere Schritte gewesen. Er war immer weiter als seine Konkurrenten, und das soll einige von ihnen dauerhaft neidisch gemacht haben. Chodorkowski spielte auf Risiko – und machte Mal um Mal einen Sprung vorwärts, obwohl er ebenso gut hätte alles verlieren können. Wenn ich seine Freunde frage, ob sie sich eigentlich nie an den Kopf gefasst und sich gefragt hätten, worauf sie sich da eingelassen haben, lachen sie nur: Genau das war der Zustand, in dem sie den größten Teil ihres Lebens als Unternehmer verbrachten.

Leonid Newslin: »*Er sah die Vorteile eines solchen Kaufs. Zu überzeugen versuchte er uns nicht mit dem Spruch: ›Legen wir uns noch mal richtig ins Zeug!‹, sondern mit dem Argument, dass die Fusion der Gesellschaften Synergieeffekte und Wettbewerbsvorteile auf dem Markt bringen würde. Dieser Schritt war absolut motiviert – sowohl aus struktureller als auch aus unternehmerischer Perspektive. Als Juniorpartner vertraute ich seiner Sicht der Dinge vollkommen, ich hatte keine Einwände. Natürlich hatte ich trotzdem auch bestimmte Gefühle. Klar machte das Angst: Was, wenn wir pleite gehen, und alles ist hin. Aber ich habe ihm vertraut, und wenn er sagte, es muss sein, dann war mir klar: Es musste sein.*«

Michail Brudno: »*Ich war gegen den Kauf der VNK. 1998 wurde ein ganz und gar schreckliches Jahr. Wegen der Schulden im Zusammenhang mit dem Kauf der VNK hingen wir nur noch am seidenen Faden. Der gesamte Exporterlös floss in die Tilgung der Schulden – und das reichte immer noch nicht. Der Binnenmarkt brachte überhaupt keinen Gewinn. Dass wir mit der VNK nicht untergegangen sind, war reine Glückssache, offenbar sollte es so sein. Abzusehen war das überhaupt nicht. Aber das ist wie in einem U-Boot. Der Kapitän sagt: Wir gehen von Norden ran. Ich finde das riskant. Trotzdem gehen wir von Norden ran. Wenn wir abschmieren, schmieren wir eben ab. Gemeinsam. Wenn wir überleben, überleben wir. Auch gemeinsam. Verstehst du, seine Autorität spielte eine sehr große Rolle. Aber es gab keinen heiligen Glauben. Es gab nur die Einsicht. Und jeder von uns konnte sich irren. Wer konnte schon mit Sicherheit sagen, was kommt? Rund zweihundert Milliarden Dollar für die VNK waren ein Klotz am Bein. Wie sollten wir uns damit bewegen?*

*Er sollte recht behalten, wir haben überlebt. Hätten wir nicht überlebt, hätte ich recht behalten. Was für einen Unterschied macht das? Für ihn war es wichtig, andere Meinungen zu hören und erst dann zu entscheiden. Ab da machten wir es so, wie er gesagt hatte. Denk nicht, dass ihm das leichtfiel. Gerade dieses Jahr war sehr schwer für ihn. Ich kann dir versichern, dass er mehrmals am Rand der Verzweiflung stand. Das sah man. Manchmal schien es mir, als spielte er mit dem Gedanken, einfach die Tür zuzumachen, sich zu verstecken und alles laufen zu lassen, egal wohin. In der gesamten Zeit, die wir zusammengearbeitet haben, war das nach meiner Erinnerung das schwierigste Jahr. Man musste ihm helfen. Für uns war das Gefühl, Rückendeckung zu haben, natürlich sehr hilfreich. Er hatte es da schwerer. Er war der Boss. Weißt du, er hat 1998 so viel Adrenalin produziert, dass er es das ganze Jahr 1999 hindurch wieder abbauen musste. Erinnerst du dich, wie aggressiv das Unternehmen 1999 auftrat? Alles, was einer Konsolidierung der Tochtergesellschaften im Weg stand, wurde einfach beiseite gefegt. Vielleicht war das wirklich eine Folge der überwundenen Schwierigkeiten von 1998, das Siegeradrenalin. Wenn wir damals durchgekommen waren, hatten wir vor nichts mehr Angst. Wirklich verändert hat sich Mischa, wie mir scheint, erst im Jahr 2000. Er wurde weicher. Er fing an, darüber nachzudenken, wohin wir gingen und was wir wollten...«*

Wladimir Dubow: »*Es war dasselbe Prinzip wie immer: Wenn wir da herauskommen, dann nur alle zusammen und mit der Aussicht, dabei zu gewinnen; wenn wir aber nicht herauskommen, dann ist es egal, wie viele Ziegelsteine uns auf den Kopf fallen, es genügt einer, um uns den Garaus zu machen. Brudno meinte, einen Stein könnten wir überleben, aber zehn wahrscheinlich nicht. Ich war übrigens auch unsicher. Es war einfach sehr viel Geld im Spiel, das konnte uns ruinieren. Dann fiel der Ölpreis und alles brach zusammen. Am nach-*

*drücklichsten dafür war Golubowitsch:* ›*Um eine große Gesellschaft zu schaffen, brauchen wir die VNK*‹, *sagte er.*«

Alexej Kondaurow: »*Die VNK, das war Tomsk, das lag sozusagen um die Ecke, in derselben Region. Der Kauf war insofern folgerichtig. Er bedeutete rund elf Millionen Tonnen Öl zusätzlich pro Jahr,* \* *und das Unternehmen funktionierte, auch wenn es von seiner früheren Führung ausgeplündert worden war und einige Schulden hatte. Chodorkowski war der Meinung, wir würden das bewältigen und könnten durch die Zusammenlegung der Vermögenswerte noch effizienter arbeiten. Er rechnete mit Synergieeffekten durch die Optimierung des Managements. Gekauft wurde die VNK mit geliehenem Geld. Die Idee war, dass man diese Kredite im Falle eines Falles mit Vermögenswerten zurückerstatten konnte, die, so die Annahme, an Wert gewinnen würden. Es war ein kalkuliertes Risiko.*«

1997, kurz vor dem Kauf der VNK, gab es einen Neuzugang in Chodorkowskis Team: Wassili Schachnowski, der später ebenfalls Teilhaber und – als letzter im Bund – Gesellschafter der Menatep-Gruppe werden sollte. Schachnowski war damals genau vierzig Jahre alt. Er hatte einen hohen Posten bei Juri Lushkow innegehabt, als Kanzleichef der Moskauer Stadtverwaltung. Nun übernahm er Leonid Newslins Funktionen, also Public Relations und Government Relations, während Newslin wegging, um das zu tun, was er schon lange gewollt hatte: Er übernahm eine Führungsposition in den Medien, als stellvertretender Leiter der Nachrichtenagentur ITAR-TASS. Newslin ging also in Richtung Politik, und das hatte durchaus seine Logik.

Wassili Schachnowski: »*Das erste Mal traf ich Chodorkowski und Newslin 1992, glaube ich. Wladimir Gussinski hatte uns bekannt gemacht. Mein Eindruck war durchweg positiv. Sie verhielten sich korrekt und wohlwollend. Ohne übertriebene Familiarität und ohne*

---

\* Zusätzlich zu den 35,6 Millionen Tonnen, die Yukos im Jahr 1998 förderte. (Anm. Natalija Geworkjan)

*Schmeichelei, wie das oft vorkommt. Vernünftige Jungs waren das. Später hatte ich viel öfter mit Newslin zu tun. Wir passten irgendwie zusammen und wurden Freunde. Damals kamen sie so gut wie nie mit irgendwelchen geschäftlichen Fragen und Anliegen zu mir. Höchstens mal mit einer Kleinigkeit. Wenn ich ein Treffen mit Lushkow arrangieren sollte, zum Beispiel. In Chodorkowskis Büro war ich nur einmal, und das war lange, bevor ich dort zu arbeiten anfing – 1994, im Rahmen der Vorbereitung eines Treffens der Oligarchen.«*

1994 war ein seltsames, um nicht zu sagen: ein schreckliches Jahr. Aber auch 1995 war nicht viel besser. In Tschetschenien herrschte Krieg. Und auch in den Städten, wo Frieden war, schien die Lage nicht wirklich friedlich. Mit erstaunlicher Regelmäßigkeit wurden Geschäftsleute erschossen, in die Luft gesprengt und vergiftet. Auftragsmorde waren an der Tagesordnung. Zweifellos hing das mit dem Entstehen einer neuen besitzenden Klasse, mit der Privatisierung und der Umverteilung von Eigentum zusammen. Die kriminellen Gruppen waren unglaublich aktiv. Kurz, es war wie bei Sergio Leone, nur auf Russisch – wahrscheinlich ist *Es war einmal in Amerika* in Russland eben deshalb zum Kultfilm geworden.

Wassili Schachnowski: »*Die Wirtschaft hatte zu diesem Zeitpunkt schon ein gutes Stück Weg hinter sich, und es war notwendig geworden, allgemeine Spielregeln aufzustellen. Die Wirtschaftsriesen waren alle einverstanden: Winogradow, Smolenski, Chodorkowski, Potanin, Beresowski, Fridman... Damals waren sie alle Bankiers. Und sie waren dabei, groß und einflussreich zu werden. Der Staat kümmerte sich nicht darum, Spielregeln aufzustellen. Gesetze waren praktisch nicht vorhanden. Die Privatisierung war überall in vollem Gang. Alles entwickelte sich sehr schnell, es kam zu Konflikten zwischen den Unternehmen, die ohne alle Regeln gelöst wurden. Die einen kauften die Gerichte, die anderen kauften Beamte. Jetzt kamen sie zusammen, um gemeinsame Regeln auszuarbeiten. Mir persönlich schien es wichtig, einerseits ihre Beziehungen untereinander und andererseits*

Kapitel 10

*das Verhältnis zwischen ihnen und der Staatsmacht irgendwie zu strukturieren. Wir trafen uns alle zwei Wochen. Wir sprachen über das Leben, über Politik und über die Beziehungen zum Staatsapparat. Dessen Vertreter wurden übrigens auch eingeladen: Einmal war Lushkow dabei, ein andermal Ruschailo.\* Damals entstand auch die Idee, die Beziehungen zwischen Wirtschaft und Miliz in einen irgendwie gearteten finanziellen Rahmen zu bringen, denn die Wirtschaft brauchte Schutz vor den Banditen, die Miliz aber hatte damals kein Geld und war wenig motiviert. Also stifteten alle Unternehmer einen gemeinsamen Fonds. Solche Treffen gab es im Zeitraum von etwa anderthalb Jahren, danach nicht mehr – zum Zeitpunkt der Pfandauktionen war das schon vorbei.«*

Sobald klar war, dass Schachnowski die Stadtverwaltung verlassen würde, ließen die Angebote nicht auf sich warten. In der Regel wechseln Staatsbedienstete in Russland in die Wirtschaft, was auch verständlich ist: Ihre Erfahrung und ihre guten Verbindungen zu den staatlichen Strukturen sind für die Wirtschaft wichtig, und die Beamten lockt umgekehrt die Aussicht, viel Geld zur Verfügung zu haben. Schachnowski hätte bei Bedarf freilich auch in der Stadtverwaltung diese Möglichkeit gehabt, sein Posten war durchaus ein »einträglicher«, aber er galt nicht als korrupt. Im Dezember 1996 bot Chodorkowski ihm an, für ihn zu arbeiten.

Wassili Schachnowski: *»Ich sagte zu, obwohl wir über Einzelheiten noch gar nicht gesprochen hatten. Erst als wir uns zusammensetzten, um meinen Aufgabenbereich genauer zu definieren, fragte ich ihn etwas verlegen, zu welchen Konditionen ich eigentlich für ihn arbeiten sollte. Er sagte: als Teilhaber. Ich weiß nicht, ob es mir gelang, meine Überraschung zu verbergen. So ein Angebot hatte ich nicht erwartet.*

---

\* Wladimir Ruschailo war damals Leiter der Abteilung für organisierte Kriminalität bei der Hauptverwaltung Inneres der Stadt Moskau. (Anm. Natalija Geworkjan).

*Die Arbeit, die mir angeboten wurde, unterschied sich nicht sonderlich von dem, was ich in der Stadtverwaltung gemacht hatte. Im Grunde genommen sollte ich den Apparat der Unternehmenszentrale leiten und alle Aufgaben übernehmen, für die vor mir Ljonja Newslin zuständig gewesen war. Einschließlich Public Relations und Government Relations. Newslin hatte abgewartet, bis ich meinen Posten antrat, dann ging er zur TASS.*

*Ich kam natürlich zu einem Zeitpunkt, als die Gruppe im Aufstieg begriffen war: Sie war bei Yukos eingestiegen und wuchs. Aber die Lage war schwierig und wurde noch dadurch erschwert, dass Ende 1997 der Ölpreis zu fallen begonnen hatte. In puncto Geld war es sehr schwer.«*

## Petuchow

Wladimir Petuchow wurde im Oktober 1996 zum Bürgermeister von Neftejugansk gewählt. Am 26. Juni 1998, einem Freitag »... kam kurz nach sieben Uhr einer seiner drei Leibwächter, Wjatscheslaw Kokoschkin, zu Petuchow, um ihn von zu Hause abzuholen. Der Bürgermeister hatte an diesem Tag beschlossen, nicht mit dem Auto zur Arbeit zu fahren, sondern zu Fuß zu gehen. Sein Weg führte über eine unbebaute Fläche, die die Stadt in zwei Stadtbezirke teilt. In etwa 300 Meter Entfernung vom Gebäude wurde aus dem Gebüsch am Wegrand eine Maschinenpistolen-Salve abgefeuert. Petuchow erlitt Verletzungen an der Brust und am Kopf, Kokoschkin an der Wirbelsäule. Die beiden Verletzten wurden kurze Zeit später von Passanten bemerkt, die den Notarzt und die Miliz riefen. Allen Bemühungen der Ärzte zum Trotz verstarb Petuchow drei Stunden später auf dem Operationstisch.«[*]

---

[*] Sergej Topol, Juri Kondratjuk. Ubit mer Neftejuganska [Bürgermeister von Neftejugansk ermordet]. In: *Kommersant*, 27. 6. 1998.

# Kapitel 10

Der Tag, an dem der Mord an Petuchow geschah, war Chodorkowskis 35. Geburtstag.

Wladimir Dubow (in der Gruppe damals zuständig für Fragen der Regionalpolitik): »*Zum Zeitpunkt unserer ersten Kontakte mit Yukos Ende 1995, Anfang 1996 war Witali Sewrin Bürgermeister in Neftejugansk. Ein Dreckskerl und Gauner, aber gleichzeitig ein Freund von Murawlenko. Natürlich habe ich mir von Herzen gewünscht, dass er die Wahl verlieren würde. Obwohl das Unternehmen ihn unterstützte. Er war ein Freund von der Sorte, mit der man keine Feinde mehr braucht. Nachdem er die Wahl verloren hatte, kam der neue Bürgermeister, Herr Petuchow, bei mir vorbei. Er besaß eine Firma namens Debit, die Bohrlöcher reparierte, er war unabhängiger Unternehmer. Seine ersten Worte waren ›Na, das habt ihr wohl nicht erwartet?‹ Ich sagte, im Gegenteil, wir hätten sehr gehofft, dass er gewinnen würde. Er wollte wissen, wieso, und ich antworte ihm: ›Verstehst du, Sewrin war ein Freund, ich musste ihn unterstützen. Du dagegen bist ein Feind. Für mich als Finanzmenschen ist es weitaus billiger, einen Feind zu haben als einen Freund. Sewrin musste ich helfen, dir nicht, ich habe keinerlei moralische Verpflichtungen.‹ Petuchow begriff das alles sofort, er fing an zu erklären, wir sollten ihn nicht als Feind sehen, er würde ein sehr guter Freund werden. Ich sagte: ›Das werde wir ja sehen.‹ Dann bat er darum, seine Firma mit Arbeit zu versorgen. Das freute mich erst recht – jetzt war alles klar. Ich sagte ihm, das würde davon abhängen, wie er sich uns gegenüber verhalte. Darauf meinte er, ich solle nicht so sehr darauf achten, was er sagen, sondern darauf, was er tun würde. ›Ich bin auf der Welle des Konflikts mit euch ins Amt gekommen, also werde ich gegen euch kämpfen. Aber alle nötigen Papiere werde ich euch unterschreiben.‹ So haben wir uns geeinigt.*

*Streng genommen hätten wir sie mit einem Handstreich erledigen können. Die Gesellschaft Yuganskneftegaz war beim Kreis Neftejugansk eingetragen. Bei der Stadt war nur die Gesellschaft Yukos registriert. Sie woanders eintragen zu lassen, etwa in Chanty-Mansijsk oder in Moskau oder auch im Kreis, hätte mich zwei Wochen gekostet.*

*Das war ihm völlig klar. Die wichtigsten Steuern zahlten wir an den Gouverneur, und der Gouverneur zahlte an ihn. Außerdem gab es die Steuerschulden der Gesellschaft aus den Jahren vor unserer Ankunft. Der Gouverneur, Alexander Filipenko, war ein kluger Mann. Er sagte: Das, was ihr für die Ressourcen (die Rohstoffe) zahlt, fließt in meinen Haushalt, den des Bezirks, und euren Gewinn versteuert ihr gegenüber dem kommunalen Haushalt. Und so haben wir es auch gemacht. Obwohl ich gesetzlich verpflichtet gewesen wäre, an Filipenko zu zahlen. Andererseits waren wir natürlich auch an die Stadt gebunden. Hier lebten unsere Arbeiter. Wenn es Probleme mit den Schulen oder im Gesundheitswesen gegeben hätte, wären das zwei Wochen später auch unsere Probleme gewesen.*

*Tatsächlich war Petuchow ein zutiefst unglücklicher Mensch. Er war ein guter Organisator. Er hatte eine sehr starke und ziemlich schwierige Frau, hinter der eine starke, tatarische Familie stand. Petuchow und ich lebten anfangs in völliger Eintracht. Er hielt Reden darüber, dass er nicht zulassen würde, dass die Firma »der Stadt die Luft abschnürt«, unterschrieb mir aber sämtliche Protokolle. Ganz im Ernst, was hätte er auch anderes tun sollen? Ich bin schließlich kein Engel. Mit dem Gewinn konnte ich ja spielen: Ich hätte ihn erst am Ende des Jahres ausweisen können – und wie wären dann seine Lehrer im Sommer in den Urlaub gefahren? Das war ihm klar und mir auch. Und so lebten wir ganz friedlich.*

*Die ganze Geschichte mit Petuchow war allein mein Fehler. Ich habe die Sache ein bisschen sich selbst überlassen. Die großen Hebel hatte ich zwar in der Hand, aber ab einem bestimmten Zeitpunkt habe ich mich nicht mehr darum gekümmert, seine Haushaltsausgaben zu kontrollieren. Seine Familie fing an, sein Amt im großen Stil zu missbrauchen. Ein klassisches Beispiel: Petuchow ließ eine neue Markthalle bauen und vermietete sie an seine Frau. Verstehst du? Die Stadt gewährte seiner Frau einen Kredit, und sie ließ einen neuen Markt bauen. Der neue Markt erwies sich als unrentabel, weil auf dem alten Markt alles viel billiger war. Da vollzog die Stadt einen ›genialen‹*

## Kapitel 10

*Schachzug: Sie kaufte den alten Markt für ein Wahnsinnsgeld auf und ließ ihn mit Bulldozern plattmachen, was zu einem Preissprung auf dem neuen Markt führte; das heißt, dass die Lebensmittel in der Stadt teurer wurden. Oder ein anderes Beispiel: Die Stadtverwaltung von Jugansk hatte mehr Fahrzeuge in ihrem Fuhrpark als die Stadtverwaltung von Moskau. Jugansk hat 100 000 Einwohner, Moskau hat zehn Millionen. Außerdem: Der Finanzhaushalt der Stadt Jugansk war größer als der der Stadt Omsk, wo eine Million Menschen leben. Und dass ich ihn dabei nicht erwischt habe, als das alles losging, das war mein Fehler.*

*Als ich es mitbekam, fuhr ich zu ihm und sagte: ›So geht das nicht.‹ Darauf er: ›Wieso denn nicht, mein Haushalt ist schon bestätigt.‹ Ich schlug vor, den Haushalt erneut vorzulegen. Das wollte er partout nicht. Ich fuhr zu Filipenko und schlug vor, in der Stadt eine direkte Gouverneursverwaltung einzuführen. Der winkte nur ab: Da mische ich mich nicht ein, mit Petuchow will ich nichts zu tun haben, das tut meinen Umfragewerten nicht gut. Es gelang mir dennoch, die Einführung einer direkten Gouverneursverwaltung in der Stadt durchzusetzen. Ich ließ bei einem der Abgeordneten zu Hause (zu Hause deshalb, weil er sich ein Bein gebrochen hatte, so dass die anderem zu ihm kommen mussten, um beschlussfähig zu sein) eine Sitzung einberufen, und wir verabschiedeten einen Aufruf an den Gouverneur mit der Bitte, den Haushalt prüfen zu lassen, einen Appell an die Staatsanwaltschaft, sämtliche Missbrauchsfälle aufzuklären, sowie einen Vorschlag, die Finanzierung des Haushalts einzustellen und alles auf den Gouverneur zu übertragen.*

*Um dieselbe Zeit hatte ich auch eine Unterredung mit Kolja Belan, dem Staatsanwalt. Mir war ja klar, dass man Petuchow jeden Moment einsperren würde. ›Natürlich‹, sagte der Staatsanwalt, ›und er wird mir sicher viel Interessantes zu erzählen haben.‹ Ich äußerte Zweifel, ob Petuchow seine Frau ans Messer liefern würde. Aber Belan meinte: ›Du weißt nicht, was das für ein Typ ist – der wird versuchen, sich zu rechtfertigen, und dabei wird er mir unwillkürlich alles erzählen, was war und sogar das, was nicht war.‹*

*In diesem Moment hätte mir klar sein müssen, dass man ihn umbringen würde, dass diese ganze Mischpoke, die zusammen mit ihm den Haushalt geschröpft hatte, es nicht zulassen würde, dass er in der Gefängniszelle ein Wort zu viel sagt und die anderen in Gefahr bringt. Es wäre meine Pflicht gewesen, das vorauszusehen.*

*Zum Zeitpunkt seines Todes waren die Ermittlungen schon angelaufen; bis zu seiner Verhaftung blieben vielleicht noch zehn Tage. Die Geschichte mit dem Markt kannten alle. Es kursierte eine Version, wonach seine Ermordung mit dem alten Markt zu tun hatte, den er zu einem sehr hohen Preis der tschetschenischen Mafia abgekauft haben sollte. Petuchow selbst behauptete, er habe die Stadt auf diese Weise von den Tschetschenen befreit, jetzt würden sie verschwinden, so habe er es mit ihnen abgemacht. Ich habe da meine Zweifel... Nach dieser Geschichte zog ich mich aus den Regionalangelegenheiten zurück.«*

Michail Charchardin (der vor dem Mord einen Untersuchungsausschuss zur finanziellen Situation der Stadt leitete und nach dem Mord die Finanzen der Stadt verwaltete): »*In unserer Region gab es sehr starke Bürgermeister, aber Petuchow hatte offensichtlich nicht dieses Format. Mir kam er, ehrlich gesagt, psychisch ein bisschen labil vor: Er konnte zum Beispiel ganz ruhig sprechen, aber mittendrin fängt er plötzlich an zu kreischen, seine Hände zittern heftig... In Jugansk gab es damals eine Menge kleine Gangster. Sie führten einen Krieg um die Vormachtstellung auf den Kleidermärkten. Petuchows Tod hing womöglich damit zusammen, dass er dafür gesorgt hatte, dass seine Frau den neuen Markt übernahm. Dafür gab es natürlich auch andere Anwärter. Das ist die wahrscheinlichste Version. Was Yukos angeht, war Petuchow ein zu kleiner Fisch für sie, und eine ›Abrechnung‹ auf dieser Ebene war nicht ihr Stil.«*

Im bereits zitierten *Kommersant*-Artikel zum Fall Petuchow heißt es weiter: »Beim Yukos-Konzern bestreitet niemand, dass die Führung des Unternehmens einen Konflikt mit Petuchow hatte. Der Pressedienst der Firma teilt jedoch mit, dass Yukos

Kapitel 10

nicht nur die fälligen Steuern an die Stadt Neftejugansk vollständig bezahlt hatte, sondern zusätzlich einen Überschussbetrag von 40 Millionen Rubel. Diese Angaben wurden auch von der lokalen Steuerinspektion bestätigt, wo Petuchows Interventionen, wie auch bei Yukos, mit Befremden aufgenommen wurden. Als die Führung von Yukos erfuhr, dass die Gelder, die das Unternehmen an den Haushalt überwiesen hatte, bei den Mitarbeitern der haushaltsfinanzierten Einrichtungen gar nicht angekommen waren, ging Yukos dazu über, die lokale Miliz, die Lehrer und bestimmte Beamte direkt zu finanzieren, und wandte sich zugleich mit der Bitte an die Präsidialadministration und die Generalstaatsanwaltschaft, die Verwendung der Haushaltsmittel durch die Stadtverwaltung zu prüfen.«[*]

Alexej Kondaurow: »*Genau zu der Zeit damals fuhren die Jungs aus meiner Abteilung nach Tjumen, zum dortigen Chef der FSB-Abteilung. Sie wollten sich mit ihm treffen, um Kontakte für die gemeinsame Arbeit herzustellen, da die alten Yukos-Leute vom Sicherheitsdienst nach und nach weggingen, und auch ich musste mir erst Klarheit über die Situation vor Ort verschaffen. Dann suchten wir auf Anweisung der Abteilung in Tjumen den Kontakt zu FSB-Leuten in Neftejugansk, um die operative Lage zu erfassen und zu verstehen, was da im Umfeld des Unternehmens los war. Unsere Zusammenarbeit mit den Strafverfolgungsbehörden vor Ort war gut organisiert. Nun ja, sie waren also gerade angekommen und hatten sich mit den FSB-Mitarbeitern vor Ort getroffen, und am nächsten Tag wurde Petuchow umgebracht. Da meine Leute dort waren, hatte ich meine Informationen direkt von ihnen: Die örtlichen Stellen hatten konkrete Versionen von dem, was da passiert war. Die Yukos-Version verwarfen sie ziemlich schnell wieder. Unsere Beziehungen zur örtlichen Miliz und den Sicherheitsorganen waren gut durchstrukturiert, wir kooperierten mit ihnen, deshalb ist*

---

[*] Topol/Kondratjuk: Ubit mer Neftejuganska. In: *Kommersant*, 27.6.1998.

*alles Gerede darüber, dass unsere Firma etwas mit dieser Geschichte zu tun haben soll, einfach nur Gefasel.«*

Leonid Newslin: »*Mischa und ich, wir lebten damals in Skolkowo und teilten uns ein Haus. Ich weiß noch, ich wurde früh am Morgen von einem Anruf geweckt. Es war noch vor sieben. Am Telefon war Ljonja Simanowski, der bei uns für Regionalpolitik zuständig war. Simanowski, dem immer wieder die Stimme wegbrach, sagte: ›Stell dir vor, ich bin gerade unterwegs zu einem Treffen mit Petuchow, aber Petuchow haben sie umgebracht, er und ein anderer liegen auf dem Boden, und überall Hirn auf dem Asphalt ...‹ Solche gruseligen Sachen. Ich frage, wie er umgebracht wurde. Er sagt: ›Erschossen. Gestern haben wir uns über alles geeinigt, ich wollte gerade die Vereinbarung unterschreiben gehen.‹ Es ging um eine neue Vereinbarung über die Form und Verfahrensweise, wie die kommunalen Steuern gezahlt werden sollten. Simanowski hatte Chodorkowski entweder schon angerufen oder wollte ihn gleich anrufen. Ich zog mich an und ging zu ihm hinüber. Er war furchtbar düster, er wusste schon Bescheid. Just an diesem Tag war sein 35. Geburtstag. Für den Abend hatten wir eine Yukos-Veranstaltung geplant, im kleinen Kreis: für die Manager, die Teilhaber und ein paar Gäste ... Er sagte, wir müssen die Feier absagen und hinfahren. Die Stimmung war finster. Eine Menge Leute riefen an, die Sicherheit berichtete ihm, was vorgefallen war.*

*Ich erinnere mich nicht mehr genau, aber ich glaube, dass wir alle, die Gesellschafter, zusammen die Lage besprochen haben. Es war klar, dass es jetzt gegen uns gehen würde. In Jugansk waren die Emotionen noch viel schlimmer hochgekocht, als man hätte erwarten können.*

*Weißt du, ich war ja nie in Jugansk gewesen. Aber es war klar, was da los war. Es war die Phase unmittelbar vor der Krise, dem Tiefststand des Ölpreises, die Zeit der aufgeschobenen Gehaltszahlungen und der Probleme mit dem öffentlichen Dienst. Hinzu kam, dass Petuchow nur zu gern ›Stimmung gegen uns machte‹ ... Wie sollten die Leute uns da mögen? Gemocht haben sie uns erst, als der Ölpreis stieg und*

Kapitel 10

*das Unternehmen effizienter arbeitete. Später haben sie Chodorkowski geliebt, ab 1999 etwa. Aber bis dahin war von Liebe keine Spur.*

*Am nächsten Tag, wenn ich mich nicht irre, flog Mischa nach Jugansk. Ich erinnere mich, dass wir am Abend im kleinen Kreis – Gesellschafter und engste Freunde – zusammenkamen, um zu reden und irgendwie auch seinen Geburtstag zu feiern. Obwohl von einer Feier überhaupt nicht die Rede sein konnte, im Wesentlichen besprachen wir die neue Lage. Danach flog Mischa hin und bekam dort eine volle Breitseite ab. Ich wäre in dieser Situation nie im Leben geflogen, aber Mischa tat genau das.*

*Unser Sicherheitsdienst kooperierte mit den Behörden, sie hatten Informationen zum Fortgang der Ermittlungen, es gab Kontakte mit Staatsanwalt Belan, es gab eine Veröffentlichung in der Zeitung, in der es hieß, das Ganze habe nichts mit Yukos zu tun, sondern mit irgendwelchen kriminellen Auseinandersetzungen. Einige Personen wurden verhaftet, einige verhört, andere zur Fahndung ausgeschrieben. Selbst nach 2000 wurde noch ermittelt. Es gab auch Ergebnisse, und was uns anging, war Ruhe eingekehrt. Als dann aber der Angriff gegen Yukos anlief, wurde dieses Ermittlungsverfahren zunächst eingestellt.«*

Später wurde der Mord an Petuchow mit weiteren Mordanklagen verknüpft und alles Alexej Pitschugin angehängt, dem ersten Yukos-Mitarbeiter, der 2003 verhaftet wurde. Pitschugin war früher Major der Staatssicherheit und Mitarbeiter der militärischen Spionageabwehr gewesen und hatte nach seiner Entlassung aus den »Organen« im Jahr 1994 eine Stelle im Sicherheitsdienst der Menatep-Bank angenommen. An dem Tag, als Petuchow ermordet wurde, war er nicht in Jugansk. Zum Zeitpunkt seiner Verhaftung leitete er die Abteilung für interne Wirtschaftssicherheit bei Yukos. Wladimir Putin, der auf Fragen zum »Fall Yukos« generell äußerst gereizt reagiert, bemüht hartnäckig immer wieder dasselbe Argument, das in seinen Augen alles rechtfertigt, was den mehreren Dutzend im Zusammenhang mit dem »Fall Yukos« einsitzenden Führungskräften und Mitarbeitern des Unternehmens widerfährt: Das Unternehmen habe mehrere Menschen auf dem Gewissen, und Pitschugin habe auf Anweisung und im Interesse seiner Arbeitgeber gehandelt. Das sind seine Lieblingsargumente: Nicht die Steuern und nicht das bis auf den letzten Tropfen gestohlene Öl, was längst wie ein Witz klingt, sondern die Mordfälle, obwohl weder gegen Chodorkowski noch gegen Lebedew noch sonst jemanden von denen, die heute in Haft sind, jemals in dieser Sache Anklage erhoben wurde. Ich bin sicher, dass die Silowiki, als sie Pitschugin in Haft nahmen, hofften, sie würden sich mit »einem der ihren« schon einigen und Pitschugin würde, um wieder aus dem Gefängnis zu kommen, gegen die Unternehmensführung aussagen. Und bei Mordanklagen kann man schließlich nur gewinnen, das ist etwas anderes als Wirtschaftsverbrechen – wenn es um Mord geht, ist weder mit politischer Solidarität noch mit Sympathien für die Angeklagten noch mit Befangenheitsvorwürfen zu rechnen.

Dieser Plan ist nicht aufgegangen. Alexej Pitschugin bekannte sich in keinem der Anklagepunkte schuldig, bezichtigte auch keinen seiner Vorgesetzten und wurde 2007 als angeblicher Auftraggeber der Morde zu einer lebenslangen Freiheitsstrafe verurteilt. Wegen Mittäterschaft an den Morden und Anschlägen wurde 2008 in Abwesenheit, nach denselben Anklagepunkten wie schon Pitschugin, auch Leonid Newslin verurteilt, der ebenfalls lebenslänglich bekam. Die Anklagen gegen die beiden, wie auch die Anklagen gegen Chodorkowski, Lebedew und die Mitarbeiter des Unternehmens hätten keinem normalen, unbefangenen Gerichtsverfahren standgehalten. Zum »Fall Pitschugin« liegt ein ganzes Buch vor, anhand dessen man sich leicht einen eigenen Eindruck verschaffen kann.* Wie Alexej Kondaurow vor Gericht im Verfahren gegen Pitschugin und später auch gegen Newslin betont hat, war das Ganze ein »absoluter Schwindel, bei dem nichts zusammenpasst«.

* Wera Wassilewa: *Alexej Pitschugin – puti i pereputja*. Prag 2011.

Kapitel 10

Leonid Newslin: »*Ausgesagt haben zu langen Haftstrafen verurteilte Gangster, die in irgendwelchen Haftanstalten saßen. Sie nahmen sämtliche Morde und Anschläge auf sich und erklärten, all das sei in Pitschugins Auftrag geschehen. Anhand dieser Aussagen wurden sowohl Pitschugin als auch ich verurteilt. Dieselben Leute haben auch zum Mord an Petuchow ausgesagt. Pitschugins und mein Alibi wurden nicht einmal überprüft. Niemand hat sich zum Beispiel für den Ablauf meiner Reisen interessiert. Nur um das zu verdeutlichen: In den Aussagen gegen mich heißt es, ich sei an einem Tag mit irgendwelchen Gangstern in Wolgograd gewesen und am anderen Tag in Moskau im Hotel Salut, wiederum mit irgendwelchen Gangstern und Pitschugin. Ich war aber weder in Wolgograd noch im Hotel Salut, und ich war auch nicht mit Pitschugin unterwegs, aber die Ermittler haben sich nie bemüßigt gefühlt zu überprüfen, wo und mit wem ich an diesen Tagen war, nur um nicht am Ende noch auf ein Alibi zu stoßen. Weder bei Pitschugin noch bei mir hat man jemals die Dauer, die Daten und die Orte unserer Aufenthalte geprüft. In meinem Fall war es besonders krass: Einige der Kriminellen zogen ihre Aussagen vor Gericht zurück und sagten, der Ermittler hätte ihnen eine Verkürzung der Haftzeit versprochen, und dafür hätten sie Pitschugin und Newslin angeschwärzt. Die Richterin entschied aber, den neuen Aussagen dieser Leute vor Gericht keinen Glauben zu schenken, sondern stattdessen die Aussagen zu verwenden, die sie während der Ermittlungen gemacht hatten. Das ist meiner Meinung nach eine wirklich bahnbrechende Entscheidung.*«

## Die Krise

Im August 1998 flog ich nach Chile, ich hatte Interviews mit Pinochet und Luis Corvalán vereinbart. Wenn ich mich recht erinnere, hatte ich rund 200 Dollar in bar dabei und eine Kreditkarte für ein Konto bei der Stolichny-Bank, wo unter anderem das Geld für meine Dienstreise hinterlegt war: für das Hotel, für Fahrkarten, Telefonkosten und anderes mehr. Auf dasselbe Konto wurde auch mein Gehalt überwiesen. Am 17. August gab der neue Premierminister Sergej Kirijenko, der in Anspielung auf seinen unerwarteten Karrieresprung – er war im April 1998 zum Premierminister ernannt worden und wurde am 23. August desselben Jahres wieder aus dem Amt entlassen – und seine infantile Erscheinung den Spitznamen »Kinderüberraschung« trug, den Staatsbankrott bekannt und die Regierung räumte ein, ihren Verpflichtungen nicht mehr nachkommen zu können. Am selben Tag stellten die Banken jede Auszahlung von Einlagen ein.

Die Wirtschaftskrise begann für mich, als ich in Chile mit meiner Karte nichts mehr abheben konnte. Der Geldautomat spuckte die Karte wieder aus, man konnte nichts mehr damit anfangen. Eine ziemlich spannende Situation, wenn man sich in einem fremden Land, mehr als 10 000 Kilometer von der Heimat entfernt aufhält. Ich rief in der Redaktion des *Kommersant* an und begriff, dass dort alle in einer ähnlichen Lage waren. Ich rief zu Hause an, um zu erfahren, wie meine Familie, also meine Mutter und mein damals 16-jähriger Sohn, zurechtkamen, und hörte die muntere Stimme meiner Mutter: »Mach dir keine Sorgen, du hattest dein Geld vielleicht auf der Bank, aber ich hatte meines unter der Sitzbank. Zum Glück war meine Bank zuverlässiger als deine, also kommen wir schon klar.«

Nicht lange vor der Staatspleite im Sommer 1998 erschien im *Kommersant* mein Interview mit Chodorkowski. Die wirtschaftliche Lage verschlechterte sich zusehends, er hatte Probleme in Jugansk, und gerade war der erste Versuch einer Fusion mit Sibneft gescheitert, ganz zu schweigen von den Problemen, mit denen die Ölbranche allgemein zu kämpfen hatte. Chodorkowski sagte damals:

»Ich gehöre zu einem Menschenschlag, der Ihnen natürlich bekannt ist, nämlich dem des Krisenmanagers. Wir steigen bei einem Unternehmen ein, wenn es fast schon im Koma liegt. Unsere Psychologie funktioniert so, dass es uns langweilt, außerhalb von Krisensituationen zu arbeiten. Wenn alles in Ordnung ist, heißt das, unsere Arbeit ist getan und wir ziehen weiter...

*Genau wie Jelzin. Er läuft auch in Krisensituationen zu Höchstform auf.*

Ganz richtig. Wir sind alle vom selben Schlag.

*Ist das eine Krankheit?*

Nein, das ist eine Charaktereigenschaft.

*Sind die Oligarchen im Westen auch so?*

Früher waren sie so, ja. Die Rockefellers zum Beispiel. Die, die auch damals Krisen durchgemacht haben.

*Ist das ein Typus, der aus einer Krisensituation heraus entsteht?*

So ist es, und das sind genau die Menschen, die in solchen Krisen gebraucht werden.

*Übrigens, ein Wort zur aktuellen Lage. Es gab Informationen über Probleme bei Yuganskneftegaz und in Jugansk allgemein. Sie sind dort jetzt ja in Ihrem Element – mitten in einer Krise. Kommen Sie damit zurecht?*

Ich bin gerade erst von dort zurückgekommen.

*Ich weiß. Mir wurde gesagt, ich sollte mich darauf einstellen, dass mein Treffen mit Chodorkowski ins Wasser fällt, weil man ihn erst aus Jugansk herauslassen würde, wenn er alle Probleme gelöst hat.*

Das war natürlich ein Witz. In Jugansk leben sehr anständige Leute, aber auch anständige Leute brauchen ihr Gehalt. Wenn bei der Festlegung der Steuern von einem Ölpreis von 115 Dollar pro Tonne ausgegangen wird, dieser in Wirklichkeit aber nur 75 Dollar beträgt, und wenn dann die Steuern nicht gesenkt, sondern vollständig zur Tilgung des IWF-Kredits eingezogen werden – dann muss das, was irgendwo hinzukommt, auch irgendwo abgezweigt werden. Abgezweigt werden kann es aber nicht bei der Pipeline und auch nicht beim Strom. Abgezweigt werden kann es nur von den Gehältern und aus dem sozialen Bereich. Und wenn sich der Preis halbiert, die Steuern aber unverändert bleiben, dann halbieren sich, im besten Fall, auch die Gehälter, im

schlimmsten Fall sind sie einfach nicht mehr vorhanden. Genau das ist in ganz Westsibirien passiert.
*Und das haben Sie den Leuten so auch erklärt?*
Wie denn sonst? Wenn die Angestellten im öffentlichen Dienst fast schon hungern, muss man ihnen erklären, wie die Dinge wirklich stehen und dass sich heute nichts machen lässt, morgen aber schon. Man kann es auch anders sagen: Euch lässt man hier hungern, aber woanders gibt es Geld wie Heu – ihr braucht nur die Bundesstraße abzuriegeln, dann werden sie euch das Geld schon geben. Wenn ein Bürgermeister auf einer Kundgebung so etwas sagt, heizt das die Situation extrem an.* Ich habe mich mit diversen Belegschaften getroffen und mit Leuten aus dem sozialen Sektor. Ich habe ihnen erklärt, woher das Geld kommt, wohin es geht, und wie viel davon übrig bleibt, und dass man zwar mit den Füßen trampeln kann, aber das Geld wird davon nicht mehr.
*Sie haben also keinen Geldsack mitgebracht?*
Nein. Ich habe ihnen gesagt, dass die Erdölarbeiter und der soziale Bereich zusammengehören. Ich kann nicht versprechen, dass ich die Gehälter zu hundert Prozent auszahle, ich kann nicht einmal versprechen, dass ich die Gehälter nicht zurückhalten werde. Ich werde nicht alles und nicht rechtzeitig zahlen können, aber ich werde zahlen, und zwar den einen genauso wie den anderen.
*Also Ihren eigenen Arbeitern und …*
Und denen im sozialen Sektor auch. Ich werde parallel zahlen. Ich übernehme diese Verantwortung.«**

Mein Kollege Arkadi Ostrowski, der 1998 bei der *Financial Times* arbeitete, war genau zum Höhepunkt der Krise in Nef-

---

\* Das Interview fand noch vor der Ermordung Petuchows statt. (Anm. Natalija Geworkjan)
\*\* Michail Chodorkowski: Nam neinteresno rabotat wne krisisa [Michail Chodorkowski. Außerhalb einer Krisensituation zu arbeiten, ist für uns nicht interessant]. In: *Kommersant,* 10. 6. 1998.

tejugansk: »Gewohnt habe ich in Surgut, weil es dort vernünftige Hotels gab, im Gegensatz zu Jugansk, wo es kein einziges vernünftiges Hotel gab. Bogdanows Leute waren begeistert von ihrem Chef,* sie nannten ihn den ›General‹. Er lebte dort, obwohl er steinreich war, und lief in irgendwelchen furchtbaren grauen Schuhen herum. Das Geld von Surgutneftegaz lag wohl bei Potanins Inkombank. Als die Krise losging, packte Bogdanow also seine Koffer und fuhr nach Moskau. Nicht allein, sondern in Begleitung von ein paar kräftigen Jungs. Auf dem Höhepunkt der Krise saß er in Moskau; er lief natürlich jeden Tag zu Potanin und erklärte ihm, was passieren würde, wenn der das Geld nicht rausrückte. Und er rückte es raus, sie haben es buchstäblich aus ihm herausgeprügelt. In der Wahrnehmung seiner Stadt und seiner Arbeiter sah das offenbar so aus, dass sie sich keine Sorgen machen mussten, weil ihr General ja nach Moskau gefahren war und von dort mit Geld wiederkommen würde. Was, soweit ich weiß, auch passiert ist: Drei Wochen später war er wieder da, anscheinend mit dem Geld.

In Surgut wussten sie, dass ich komme, und wahrscheinlich hatten sie sich vorbereitet. Als ich durch den Betrieb geführt wurde, sind mir Leute begegnet, die von Yukos weggegangen waren und mir erzählten, was das dort für ein Albtraum sei.

Ich fuhr für einen Tag nach Neftejugansk. Das war im Oktober 1998. Von einem Tag hat man kein vollständiges Bild, sondern allenfalls oberflächliche Eindrücke – also habe ich meinen Artikel später in Moskau vervollständigt.

Die zwei Städte, Surgut und Neftejugansk, liegen einander gegenüber, nur durch den Ob getrennt; heute braucht man für die Strecke eine halbe Stunde. Aber damals gab es noch keine Brücke, man musste einen großen Umweg fahren, dann die Fähre nehmen, die ganze Reise dauerte rund vier Stunden. Ich komme also nach Jugansk und sehe als

---

* Wladimir Bogdanow, Generaldirektor und Miteigentümer von Surgutneftegaz (Anm. Natalija Geworkjan)

*erstes eine Menschenmenge vor einer Bankfiliale. So etwas wie eine Demo. Ich ging hin und wäre beinahe zusammengeschlagen worden, weil die Leute meinten, wenn ich aus Moskau käme, müsste ich zu Chodorkowski gehören. Die Leute standen dort, um sich ihr Gehalt abzuholen. Sie sagten, die Gehälter seien schon einige Monate lang nicht überwiesen worden, sie hätten nichts zu fressen und würden ihre letzten Habseligkeiten verkaufen, und abgesehen davon würden sie nur noch von den Fischen leben, die sie fingen, und von den Beeren, die sie sammelten. Für Chodorkowski war ihnen kein Fluch zu schlimm.*

*Was ich nicht wusste, war, dass kurz zuvor der Bürgermeister von Jugansk ermordet worden war. Die Leute sagten mir, das sei an Chodorkowskis Geburtstag passiert, und als er dort angekommen sei, hätte man ihn fast verprügelt; sie hätten ihn lange in einem Zimmer eingesperrt, und schließlich sei er mit Personenschutz herausgebracht worden, damit er nicht zusammengeschlagen wurde. Der Hass auf ihn kannte kaum noch Grenzen.*

*Danach fuhr ich zur Zentrale von Yuganskneftegaz. Ach ja, und vorher fuhr ich noch zu einem der näher gelegenen Ölfelder und sah mich dort ein bisschen um. Das fühlte sich ziemlich seltsam an dort: Keine Wachmannschaften, der Wind pfiff, und man konnte wirklich überall nach Lust und Laune herumlaufen. So ein Gefühl von Verfall ... Und dann komme ich bei der Zentrale an und frage: ›Mit wem könnte ich hier sprechen? Es wird erzählt, dass Sie den Arbeitern ihren Lohn nicht auszahlen.‹ ›Und wer sind Sie?‹, fragen sie. Ich sage: ›Ich bin Journalist.‹ Sie: ›Wir können niemanden holen.‹ Ich: ›Wieso nicht? Ich bin Journalist! Financial Times!‹ Sie: ›Nein, nicht deshalb ... Unser Telefon funktioniert einfach nicht.‹ Ich sage: ›Was soll das heißen, es funktioniert nicht?‹ Sie: ›Es wurde abgeschaltet, wegen Zahlungsverzug.‹ Das hat mich wirklich erschüttert. Irgendwie habe ich es dann doch noch geschafft, dass jemand mit mir gesprochen hat. Ich ging hinauf in eines der Stockwerke, und da saß irgendein Chef, der für die Förderung zuständig war. Der saß dort mit ein paar Typen und becherte. Und zwar Typen, die absolut in Ordnung waren.*

# Kapitel 10

*Sie fingen an zu erzählen. Und das, was sie erzählten, lief auf eine ganz simple Sache hinaus, die dann zum Hauptinhalt meines Artikels wurde: Dass sie nämlich nicht das Recht hätten, Erdöl auf dem Markt zu verkaufen, sondern verpflichtet seien, es zu einem niedrigen Preis, der von Yukos festgesetzt wurde, an Yukos zu verkaufen, und dass Yukos das Öl dann zu einem höheren Preis, zum Marktpreis, weiterverkaufe und nach eigenem Gutdünken über die Differenz verfüge und dass nichts mehr davon zu ihnen zurückkomme. Das Geld werde einfach bei ihnen abgepumpt. Was ja auch die Quintessenz der Transferpreisbildung und damals schon ein großer Skandal war, obwohl das tatsächlich alle so machten.*

*Skandalträchtig daran war aber noch etwas anderes. Yuganskneftegaz war damals noch nicht vollständig konsolidiert, es gab immer noch den Konflikt mit Kenneth Dart. Das war der zweite Teil des Skandals: Die Gelder wurden herausgeschafft und gingen an den Mehrheitsaktionär, zu Lasten der Minderheitsaktionäre. Und zudem wurden wegen der Krise den Mitarbeitern und Arbeitern ihre Löhne und Gehälter nicht ausgezahlt.*

*Das alles erzählten sie mir. Sie sagten, es gebe nicht einmal eine Funkverbindung zu den Ölfeldern, was aus Sicherheitsgründen sehr schlecht sei. Viele Bohrlöcher seien aufgegeben worden, klagten sie. Na ja, wir redeten eine Weile, jeder trank seine ›hundert Gramm‹, und dann gingen wir auseinander. Danach verließ ich die Stadt, die auf mich einen sehr traurigen Eindruck machte. Die Immobilienpreise waren dort deutlich niedriger als in Surgut. In den Geschäften gab es nur eingelegten Kürbis in Dreiliterglasern und ansonsten leere Regale. Solche Geschäfte hatte ich zu diesem Zeitpunkt schon lange nicht mehr gesehen. Surgut dagegen blühte auf, es wurde gebaut, es ging voran. Ich hatte absolut das Gefühl – und ich spreche hier nur von meinem damaligen Gefühl –, dass es da auf der einen Seite diesen Marlboro-Typen gab, diesen jungen Oligarchen in Jeans, den alle, die* Financial Times *eingeschlossen, lobten, und auf der anderen Seite gab es den ›Ölgeneral‹ in Surgut, der einfach nur seine Arbeit machte.*

*Ich fing jedenfalls an zu schreiben, obwohl irgendein widerlicher Typ namens Eriksson noch versucht hat, mich darin zu hindern\* – übrigens ist dieser Mensch außerdem offenbar auch ein Verräter, ich habe ihn später, nach der Zerschlagung von Yukos, nämlich einmal bei Rosneft getroffen, wohin er gewechselt hatte.«*

Um die Situation zu retten, nahm Chodorkowski 1998 einen persönlichen Kredit bei Boris Beresowski auf. Wenn ich es richtig verstanden habe, war dies die einzige finanzielle Unterstützung, die er während der Krise bekommen konnte. Und er brauchte diese Unterstützung, um Yukos zu retten. Beresowski hat das mir gegenüber bestätigt. Es ging um die beeindruckende Summe von 200 Millionen Dollar. Noch beeindruckender waren allerdings die Rückzahlungsmodalitäten. Beresowski berichtet, seine Partner hätten unterschiedliche Auffassungen dazu vertreten, zu welchem Zinssatz das Geld verliehen werden sollte. Roman Abramowitsch forderte 80 Prozent Jahreszinsen, während Beresowski und Badri Patarkazischwili immerhin noch auf 50 Prozent bestanden. Chodorkowski zufolge wurde der Kredit formal zu einem Zinssatz von 80 Prozent p. a. gewährt, real seien es aber volle 100 Prozent gewesen. Beresowski sagte mir, Chodorkowski habe die gesamte Summe einschließlich der Zinsen zurückgezahlt.

Arkadi Ostrowski: *»Als der Angriff auf Yukos losging, zitierte Putin zu meinem großen Entsetzen an irgendeiner Stelle auch diesen Artikel von mir. Nach dem Motto: Bitte sehr, sogar die* Financial Times *schreibt darüber.*

*Das zweite Mal fuhr ich nach Jugansk, als Chodorkowski bereits verhaftet war, 2003. Ich schrieb einen Artikel, für den ich mich bis heute noch schäme. Nicht, weil er falsch gewesen wäre, sondern weil man ihn zu diesem Zeitpunkt einfach nicht hätte schreiben dürfen. Ich stieg wieder in Surgut ab. Die Brücke stand schon. Ich fuhr nach*

---

\* Hugo Eriksson war damals Chef der Abteilung für internationale Beziehungen bei Yukos. (Anm. Natalija Geworkjan)

## Kapitel 10

*Jugansk. Natürlich sah inzwischen alles anders aus: Alles funktionierte, war in Ordnung gebracht worden, Gelder wurden gezahlt. Es waren auch schon andere Leute da. Selbst die, die im Pressezentrum arbeiteten: vernünftige, menschliche, anständige Leute. Und Surgut kam mir zu dieser Zeit nicht mehr so wunderbar vor. Wieder sprach ich mit den Arbeitern. Dieses Mal wurde ich überall herumgefahren. Aber immer noch verfluchten ihn die Leute, nur ein paar mitfühlende Frauen aus demselben Geschäft, in dem es 1998 nur Kürbis gegeben hatte, das jetzt aber voll mit Lebensmitteln war, sagten: Wozu musste man ihn denn gleich einsperren, man hätte ihn nicht einsperren sollen. Die Arbeiter sagten, er zahle wenig, die Löhne seien zu niedrig [...]*

*Zum damaligen Zeitpunkt hätte ich das nicht schreiben dürfen. [...] Mein Verhältnis zu ihm war damals sehr negativ. Er schien mir von allen Oligarchen der unangenehmste, der zynischste zu sein. Als ich ihn das erste Mal traf (ich glaube, es war 1998, noch vor meiner Fahrt in die Stadt), mochten wir uns überhaupt nicht. Vor mir saß ein zynischer Komsomolfunktionär, der allzu gewandt redete. Er kam mir nicht brillant vor, sondern nur aalglatt.*

*Als er 2003 verhaftet wurde, glaubte noch niemand daran, dass Chodorkowski und seine Leute sich tatsächlich verändert hatten. Obwohl sie ausländische Berater angeheuert hatten und versuchten, sich ein anderes Image zu geben. Aber niemand glaubte das, die Finanzfachleute eingeschlossen. Auch in Journalistenkreisen glaubten wir nicht daran. Was mein großer Fehler war, was ich damals noch nicht begreifen konnte – andere, die mehr Erfahrung hatten als ich, sahen zu diesem Zeitpunkt schon klarer –: Ich dachte, diese ganze Offenes-Russland-Geschichte und all diese mit Computern ausgestatteten Klassenzimmer seien einfach nur Quatsch. In Wirklichkeit war meine eigene Einstellung dazu vollkommen zynisch. Ich fand, man müsse den Menschen vernünftige Gehälter zahlen, anstatt sich mit solchem Quark zu beschäftigen. Bei Chodorkowski aber war diese Richtung damals schon stark ausgeprägt und entwickelte sich, nur ich verstand nicht, dass es ihm damit ernst war.*

## Yukos

*Nach dem Angriff auf Yukos oder vielleicht auch schon nach den Verhaftungen, ich weiß nicht mehr genau, rief ich meinen Redakteur in London an, einen wunderbaren und überaus anständigen Mann, der mehrere Jahre in Russland gearbeitet hatte: John Thornhill. Ich erzählte ihm von der Geschichte mit Chodorkowski, und er, nach einer kurzen Pause, bemerkte ironisch: ›It couldn't have happened to a nicer man‹ – im Sinn von ›geschieht ihm ganz recht.‹ […] Diese Stimmung von ›geschieht ihm recht‹ und eine gewisse Schadenfreude, das gab es durchaus in der westlichen Presse, zweifellos. Allerdings war das sehr schnell wieder vorbei, als man in Russland anfing, Yukos selbst zu zerlegen. Aber Chodorkowskis Verhaftung habe ich persönlich und haben sehr viele im Westen nicht als Wendepunkt wahrgenommen. Ich erinnere mich noch an meine innere Einstellung damals: Mich interessiert nicht, was Chodorkowski getan hat, mich interessiert nur, welche bösen Kräfte seine Verhaftung in diesem Land freigesetzt hat.*

*Heute denke ich, dass Putin als konspirativ veranlagter Mensch, für den der Westen eine riesige Rolle spielt (besonders damals, in den frühen 2000er Jahren), über diese Haltung zu Chodorkowski Bescheid gewusst haben muss, deshalb zitierte er auch diesen Artikel von mir. Und es ist gut möglich, dass er auf die spätere Reaktion, als die Situation sich weiterentwickelt hatte, nicht gefasst war – eine Reaktion, die sich scharf gegen ihn wandte. Das passierte ziemlich schnell, sobald klar wurde, dass es gar nicht um Chodorkowski ging. Gerade mal ein paar Monate später.*

*Ich weiß nicht einmal mehr, wann genau mein Verhältnis zu Chodorkowski sich vollständig umgekehrt hat. In meiner Haltung zum Regime kam der Umschwung praktisch sofort, aber das heißt nicht, dass sich auch meine Einstellung zu Chodorkowski gleich geändert hätte. Vielleicht kam das, als ich in Apatity war – dort sah man wirklich gleich, dass das ein gutes Unternehmen war, dass er den Laden aus dem Dreck gezogen hatte und dass er jetzt funktionierte, auch wenn man ihn bald zerschlagen würde; dort war schon alles anders.*

Kapitel 10

*Wozu Chodorkowski sich entwickelt hat, war nicht von Anfang an klar. Wahrscheinlich ist das nur natürlich, und er hat sich ja auch nicht über Nacht verändert. Als eine bedeutende, eine sehr bedeutende Figur – politisch, philosophisch, moralisch und letztlich auch menschlich – habe ich ihn jedenfalls erst später empfunden. Wahrscheinlich beim ersten Prozess, weil der so durch und durch widerwärtig war. Gefestigt hat sich dieses Bild während des zweiten Verfahrens. Und ich denke, das entspricht der Wahrheit: Er ist an seinem Leiden gewachsen, an allem, was man ihm genommen hat und an allem, was er ausgehalten hat. Das ist eine Größe, die er früher nicht hatte.*

*Ich erinnere mich an ein Telefonat mit ihm, nicht lange vor der Verhaftung, als er mir versicherte, er wolle nicht in die Politik einsteigen, auf diesem Feld würde er nicht spielen, und zwischen Putin und ihm gebe es keinerlei Differenzen. Er wirkte so gar nicht kämpferisch. Und ich bin sicher, diesen Eindruck hatte nicht nur ich. Etwas später war ich mit Tschubais zusammen auf einer Dienstreise, wir kamen auf Chodorkowski zu sprechen, und Tschubais erzählte mir, die ganze Sache gehe eigentlich auf Alexej Kudrin und German Gref zurück\** *– sie seien zu Putin gegangen und hätten gesagt, so könne es nicht weitergehen, Chodorkowski sei völlig außer Kontrolle, man müsse ihm zeigen, wo sein Platz sei. Tschubais sagte mir auch, er, der Chodorkowski kannte, habe ›nie im Leben geglaubt, dass er kämpfen kann‹. Von allen Oligarchen sei ihm Chodorkowski als der am wenigsten kämpferische erschienen.*

*Ich kann nicht sagen, wann genau das bei mir einsetzte: dieser unglaubliche Respekt vor Chodorkowski. Aber als er im zweiten Prozess sein Schlussplädoyer vortrug, hat mich diese Rede tief erschüttert. Das war eine der bedeutendsten politischen Reden, die ich je in meinem Leben gehört habe. Vergleichbar etwa mit der Rede von Sacharow, die ich nur gelesen habe.«*

---

\* Alexej Kudrin war von 2000 bis 2011 Finanzminister, German Gref zwischen 2000 und 2007 Minister für Wirtschaftsentwicklung und Handel. Beide wurden dem »liberalen Flügel« in Putins Team zugerechnet. (Anm. Natalija Geworkjan)

MICHAIL CHODORKOWSKI

KAPITEL 11
# 1998

Innere Wandlung

Ein schlimmeres Jahr als das Krisenjahr 1998 gab es nicht. Schlimmer als 1996 war es allerdings nur aus einem einzigen Grund: 1996 ging die Sache mit Yukos gerade erst los, ich war immer noch dabei, fremde »Augias-Unternehmen« auszumisten, und das war allen klar (auch mir); 1998 hingegen trug ich die volle moralische Verantwortung für das Geschehen, ungeachtet der »objektiv« gegebenen Situation mit dem Ölpreis und der Staatspleite. Ich war derjenige, der 1998 verantworten musste, was ich in den vorangegangen anderthalb bis zwei Jahren versäumt hatte und was die Krise nun zutage brachte.

Hier muss ich etwas zu einer meiner psychologischen Besonderheiten sagen: Ich habe eine schon pathologische Abneigung dagegen, einmal übernommene Verpflichtungen nicht zu erfüllen. Das kommt bisweilen schon vor, aber es haut mich dann geradezu körperlich um.

Das ist auch einer der wesentlichen Gründe, warum ich in der Politik keine Perspektive hätte (ich meine Politik in dem Sinn, der in Russland maßgeblich ist, im Sinn von Intrigieren). Mir ein Versprechen abzunötigen, ist schwer; noch schwerer ist es, ein eindeutiges Versprechen von mir zu bekommen. Aber wenn ich schon etwas versprochen habe, wenn ich schon etwas als meine Pflicht ansehe, kommt es für mich einer Tragödie gleich, wenn ich mein Wort nicht halte.

Kapitel 11

Und genau so eine Tragödie ereignete sich 1998. Die erste Hälfte des Jahres war zwar schwierig, weil der Ölpreis sank, aber doch noch erträglich, weil die Märkte zur Beschaffung von Fremdkapital noch existierten. Das Jahr hatte nicht schlecht für uns begonnen. Wir hatten die Vostochnaya neftyanaya kompaniya (VNK) erworben, trieben ihre Integration erfolgreich voran und verfügten bei den größten internationalen Banken über einen »nicht ausgeschöpften« Kreditrahmen, der sich auf die für die damalige Zeit gewaltige Summe von 300 Millionen US-Dollar belief. Der kurzfristige Rückgang des Ölpreises, der irgendwann im Februar eingesetzt hatte, beunruhigte uns nicht sonderlich, weil wir dank unserer Finanzreserven relativ entspannt bleiben konnten.

Und dann unternahm die Regierung einen verhängnisvollen Schritt. Sie entschied sich gegen eine schrittweise Abwertung des Rubel. Ich habe persönlich versucht – und ich denke, nicht nur ich versuchte es –, zuerst Viktor Tschernomyrdin und anschließend seinen Nachfolger Sergej Kirijenko\* davon zu überzeugen, dass man auch den Rubel auf die Hälfte seines früheren Wertes (also bis auf 12 Rubel pro Dollar) abwerten müsse, wenn der Ölpreis auf die Hälfte seines früheren Wertes gefallen war, denn Erdöl ist nun einmal unser wichtigster Exportartikel. Ich erhielt eine Absage. Als ich insistierte, warf man mir Egoismus und andere niedrige Motive vor.

In den Monaten Juli und August wurde die Lage kritisch. Wir glaubten, mehr noch, ich war überzeugt, dass unsere Staatsführung nur deshalb so hartnäckig blieb, weil der IWF ihr Unterstützung zugesichert hatte. Als es dann Ende Juli, Anfang August jedoch hieß, es gebe keine Hoffnung auf Unterstützung, war klar: Es kommt richtig schlimm.

---

\* Viktor Tschernomyrdin war von 1993 bis 1998 Premierminister Russlands, Sergej Kirijenko von April bis August 1998. (Anm. d. Ü.)

1998

Nach meinem berühmt gewordenen Gespräch mit Dubinin, aber auch mit Tschubais[*] und Kirijenko begann ich zwei Tage vor der Staatspleite mit der Umsetzung eines Krisenplans. Das Problem war allerdings, dass man für Krisenpläne grundsätzlich Geld braucht, und Geld hatten wir keins mehr. Die Gelder der Menatep-Bank waren an staatliche Schatzanweisungen gebunden, die offenkundig »Finanzpyramiden« waren. Ich war mehrere Male anwesend, als das Problem mit Bella Slatkis[**] besprochen wurde, und mir war klar, dass es unmöglich sein würde, ohne Verluste für die Anleger herauszukommen. Dem Staat steht aber im Unterschied zu den Erbauern der »Pyramiden« der Mechanismus der Geldentwertung zu Gebote. Aus politischen Erwägungen konnte sich nur niemand dazu durchringen, dieses Instrument auch rechtzeitig einzusetzen. Danach war es bereits zu spät.

Unter den fähigen und gut informierten Bankiers gab es niemanden, der es darauf abgesehen hatte, den Kopf in die Schlinge zu stecken. Mithilfe seiner »Liquiditätsrichtsätze« zwang der Staat jedoch die Banken de facto, einen Teil ihrer Reserven in staatlichen Schatzanweisungen zu halten. Die Banken versuchten zu tricksen, um sich vor dieser »Ehre« zu drücken, aber die großen Akteure (das heißt die systembildenden Banken) wurden von wenigen Ausnahmen abgesehen dazu genötigt. Diejenigen, die damals noch nicht so groß waren, wie etwa die Alfa Bank, konnten der Maßnahme entgehen. Wir hatten es hier also mit gewöhnlicher Gewalt zu tun. Und allen war das bewusst.

[*] Sergej Dubinin war zum Zeitpunkt der Staatspleite Chef der russischen Zentralbank; Anatoli Tschubais, bis März 1998 Erster stellvertretender Regierungschef der Russischen Föderation, war ab April 1998 Chef des Energieversorgers United Energy System (UES of Russia). (Anm. Natalija Geworkjan)

[**] Bella Slatkis, 1991 bis 1998 Leiterin der Abteilung Wertpapiere und Effektenmarkt im Finanzministerium der Russischen Föderation. (Anm. Natalija Geworkjan)

Kapitel 11

Wie wir später von Gerastschenko erfuhren, war die Entscheidung, den systembildenden Banken Zwangsmaßnahmen aufzuerlegen, auf Regierungsebene damals schon getroffen und mit dem IWF abgestimmt worden.

Die westlichen Banken hatten unseren Kreditrahmen naturgemäß ausgesetzt; unsere eigenen Reserven hatten wir von Februar bis August ausgeschöpft, in der Hoffnung, dass sich die Situation mit einem IWF-Kredit stabilisieren ließe. Wenn wir früher gewusst hätten, dass es diesen nicht geben würde, hätte ich bereits im Mai mit dem Krisenplan begonnen. So wurde es aber August.

Die erste Entscheidung, die es zu treffen galt: Was wollen wir überhaupt retten? Die Bank, die ich gegründet und zehn Jahre lang aufgebaut hatte, oder die Industrieaktiva? Die Entscheidung fiel ohne Zögern. Wir gaben die Bank auf. Das hieß, dass Surabow (zum damaligen Zeitpunkt Präsident der Bank) seine Probleme selbst in den Griff bekommen musste. Unsere Gruppe würde sich wie ein ganz normaler Kunde gegenüber der Bank verhalten. Nicht einmal politische Rückendeckung würde es geben, da unsere politischen Ressourcen dafür nicht ausreichten.

Ich nahm bei Beresowski einen persönlichen Kredit auf, gegen mein Ehrenwort und mit monströsen Zinsen. (Ich habe später übrigens alles komplett zurückgezahlt und abgerechnet.) Dann fuhr ich zu den Arbeitern. Allein. Ich habe mich niemals zuvor so schlecht gefühlt. Und auch danach nur ein einziges Mal, als ich, schon im Gefängnis, im Fernsehen mit ansehen musste, wie Yukos zerschlagen wurde.

Gewisse Rückstände bei den Löhnen gab es zu diesem Zeitpunkt schon. Die Lebensmittelpreise waren außerdem drastisch gestiegen. Um das Zwei- bis Dreifache! Weil alle unsere Städte (außer vielleicht Samara) vom Import abhängig waren und der Import gleich nach der Staatspleite teurer wurde. Zudem waren sämtliche Banken ins Stocken geraten. Das heißt, dass der Wechselkurs und die Kreditzinsen für die Händler in die Höhe schnellten, hinzu kamen die Ausfälle bei den Banken, in denen unsere Arbeiter ihre Einlagen hatten. Die Menschen waren in einer elenden Lage.

Auch die Geldentwertung konnte Yukos nicht helfen, weil wir zwei Drittel unserer Produktion auf dem Binnenmarkt verkauften und nur ein Drittel damals in den Export ging. Die Exporteinnahmen wuchsen tatsächlich an, allerdings nicht wesentlich, wegen des erheblichen Anteils an Devisenausgaben beim Export. In Rubel umgerechnet, hatte sich unser Reinerlös verdreifacht, wobei sich der Erlös auf gerade einmal drei bis vier Dollar pro Barrel belief. Vergleichen Sie das nur mal mit den heutigen Zahlen!

Gleichzeitig war der Binnenmarkt komplett zusammengebrochen. Erdöl, Benzin, Heizöl und Dieselkraftstoff wurden zwar gekauft, aber nicht bezahlt. Tankstellen machen fünf Prozent der Einnahmen einer Erdölgesellschaft aus. Alles andere geht über den Großhandel. An den Tankstellen waren die Preise gestiegen, jedoch nur um 20 bis 30 Prozent und nicht um das Zwei- bis Dreifache wie der Wechselkurs – sonst hätte überhaupt niemand den Kraftstoff bezahlt.

Jedenfalls war alles, was ich hatte, Beresowskis kleiner Kredit und ein paar Versprechungen. Und die Hoffnung, dass so etwas nicht allzu lange dauern kann.

Die Situation war katastrophal: Die Selbstkosten der Produktion lagen bei rund zwölf Dollar pro Barrel (und das bei einem Exportpreis von acht bis elf Dollar pro Barrel). Die Abwertung auf 16 und dann 24 Rubel pro Dollar senkte die Selbstkosten auf vier Dollar pro Barrel (direkte Proportionalität war hier nicht gegeben), aber der Netback-Preis (das heißt, der Betrag, der uns nach Abzug der Lieferkosten blieb) lag selbst beim Export in etwa auf dem Niveau der Selbstkosten. Vom Binnenmarkt erhielten wir fast nichts. Und wir hatten keine Reserven mehr.

Jedenfalls mussten wir, um die Situation im Griff zu behalten und die Produktion nicht einstellen zu müssen, die Selbstkosten bis Ende 1998 noch einmal auf die Hälfte oder sogar ein Drittel des früheren Wertes reduzieren.

Sie müssen bedenken, dass neben den (seinerzeit) 150 000 Mitarbeitern des Unternehmens auch noch etwa 20 Städte und Ortschaften, in denen wir gemeindekonstituierend waren, von uns abhingen. Was bedeutet, dass es außer uns praktisch keine weiteren Arbeitgeber gab, die städtische Infrastruktur de facto von uns erhalten wurde und selbst die Versorgung mit Lebensmitteln praktisch über uns lief, seit die Händler ihre externen Finanzierungsquellen verloren hatten.

Das heißt, dass ich mindestens für fast eine Million Menschen verantwortlich war. Mindestens einige weitere Millionen waren auf Yukos angewiesen, da wir zum Beispiel im Gebiet Tomsk oder Samara für über ein Drittel der Haushaltseinnahmen aufkamen, zudem gab es weitere acht Regionen, die ausschließlich von uns mit Brennstoff versorgt wurden und von niemand anderem versorgt werden konnten, weil alle in einer ähnlichen Lage steckten. Der Winter stand praktisch vor der Tür, das heißt, dass es bei einem Stillstand der Produktion unmöglich gewesen wäre, alles wieder anzufahren. Was es bedeutet, wenn die kommunalen Versorgungsleitungen einfrieren und wieder aufgetaut werden müssen, hatte ich in Seweromorsk* schon erlebt: den Albtraum einer Massenevakuierung.

Was zu tun war, wusste ich, nur dass eine solche Aufgabe normalerweise mehrere Jahre beansprucht. Es ging um eine tief gehende Umstrukturierung der Produktion, wozu gehörte, dass überflüssige Produktionseinheiten abgeschafft, ein beträchtlicher Teil der Anlagen außer Betrieb genommen, ein Teil der Ölfelder stillgelegt und der andere Teil auf ein anderes Abbauregime umgestellt werden mussten; das bedeutete aber auch, dass eine

---

* Eine Stadt mit über 50 000 Einwohnern im Gebiet Murmansk, Stützpunkt der russischen Nordmeerflotte. (Anm. d. Ü.)

Reihe von verfahrenstechnischen Vorschriften geändert werden mussten und so weiter. Ein Großteil der Mitarbeiter musste dabei entweder andere Aufgaben übernehmen oder würde auf der Straße landen. Und jeder Streik wäre verhängnisvoll.

Ich lüge nicht gern, deshalb rief ich die Arbeitnehmervertreter zusammen und erklärte ihnen die Lage. Und bat sie darum, für eine Lohnkürzung von 30 Prozent zu stimmen. Diese Entscheidung war notwendig, erstens, weil wir nicht in der Lage waren, die Löhne vollständig auszuzahlen. Wenn die Leute nicht zugestimmt hätten, wären die Löhne ohne Einspruchsmöglichkeit im Abbuchungsverfahren noch vor allen anderen Zahlungen von den Firmenkonten eingezogen worden. Das Unternehmen wäre einfach zum Stillstand gekommen. Zweitens war es ein Mittel der Mobilisierung. Etwas, das alle auf Anhieb zwang, die Situation mit anderen Augen zu sehen und den gesamten weiteren Maßnahmenkomplex als unverzichtbar zu begreifen.

Die Entscheidung fiel zwar nicht einstimmig, aber dennoch mit der notwendigen Mehrheit und in allen Geschäftsbereichen. Anschließend fuhren die Vertreter zu ihren Belegschaften zurück, während ich in diejenigen Kollektive ging, wo die Lage explosiv war.

Ich traf auf Verständnis, obwohl sich die Verantwortung auf niemanden abwälzen ließ. Ich musste erklären, dass wir nicht halten konnten, was wir zu Beginn des Jahres versprochen hatten. Ich musste erklären, dass wir die ganze Last den Arbeitern und Ingenieuren aufbürden mussten, weil sonst niemand diese Last tragen konnte. Es ging um die Löhne und Gehälter, die Arbeit der Ingenieure angesichts des unglaublichen Materialmangels, die Arbeitsbedingungen, die Arbeitssicherheit und selbst die Instandhaltung der städtischen Versorgungsnetze, weil sich die Mitarbeiter dort bisweilen etwas »anders« aufführten.

Ich versprach jedenfalls alles zu tun, was in meiner Macht stand, ich versprach, die richtigen Entscheidungen zu treffen,

## Kapitel 11

alles andere würden sie übernehmen müssen. Und ich fand tatsächlich Unterstützung. Echte Unterstützung, zu der sie sich mühevoll durchgerungen hatten. Den Leuten war klar, worum ich sie bat und was das für sie nach sich ziehen würde. Aber sie hatten Vertrauen und kamen mir entgegen. Ich hatte ehrlich gesagt damit gerechnet, verprügelt zu werden. Meine Leibwächter hatte ich angewiesen, sich herauszuhalten, um keine Schlägerei mit möglicherweise ernsten Konsequenzen zu provozieren. Da ich die Situation verstand, bereitete ich mich tatsächlich auf das Schlimmste vor. In jedem Außenposten der Erdölarbeiter, in jedem Werk gab es 100 bis 150 Männer, und wir waren gerade mal fünf bis sieben Personen. Sie hatten Familien, die Löhne und Gehälter wurden nicht gezahlt, es war kein Material da, und der Plan musste trotzdem erfüllt werden, sonst würde es überhaupt keinen Lohn mehr geben, und jetzt hieß es, die Tarife sollten um 30 Prozent gekürzt werden. Und wer ist schuld daran? Na, der da, dieser Moskauer Verwaltungsmensch, dieser »Eigentümer«, der hat den Karren doch selbst in den Dreck gefahren!

So ging das, ein Kollektiv nach dem anderen. Dutzende. Am liebsten hätte ich mir einen Strick genommen. Sollte ich abfahren und alles hinschmeißen? Eine unerträgliche Schmach wäre das gewesen, mit der ich nicht hätte leben können. Am Ende gab es jedoch keinen einzigen Streik. Ich hätte den Menschen auf Knien danken können. Allerdings war es nicht das, was sie brauchten.

Zu den Stellenkürzungen... Stellenkürzungen waren nicht der Weg, den ich in erster Linie beschritt, mein Weg war die Ausgliederung der Serviceabteilungen aus dem Unternehmen, wobei ich ihnen die Anlagen überließ und sie auf dem freien Markt in den Wettbewerb schickte (das betraf Bauarbeiter, Bohrtechniker und andere) – insgesamt rund 60 000 Personen. Direkte Entlassungen gab es praktisch nicht, weil diejenigen, die wir hätten entlassen wollen, nirgendwohin hätten gehen können, sodass es zu enormen sozialen Spannungen gekommen wäre.

1998

Die Auftragslage der ausgegliederten Unternehmensteile brach zunächst ein – und damit auch das Einkommen. Später tauchten so manche, eigentlich sogar die überwiegende Mehrheit, wieder auf, andere nicht. Da sich der Prozess in die Länge zog, konnten die Leute sich anpassen.

Sie fragen, warum wir 1998 so sehr »eingebrochen« sind, im Unterschied zu Surgutneftegaz* zum Beispiel. Dafür gab es mehrere Gründe. Der Hauptgrund ist, dass Bogdanow immer schon anständig gearbeitet hat; für Weiterentwicklungen war er allerdings nicht zu haben, deshalb hatte er Geld zurückgelegt. Und so verfügte er 1998 über eine ansehnliche Finanzreserve. Ich hatte das Unternehmen 1997 »auf null« gebracht, Yukos hatte gerade erst aufgehört, rote Zahlen zu schreiben, und unsere finanziellen Reserven hatten wir für den Kauf der VNK ausgegeben. Als die Krise kam, konnte Yukos daher nur auf die laufenden Einnahmen bauen, die jedoch drastisch zurückgegangen waren.

Aber das ist noch nicht alles. Wir gehörten zu Jelzins Team, und das war nicht nur von Vorteil. Die Regierung geriet in eine kritische Lage, und wir wurden »gebeten« zu helfen. Wir wurden an gewisse »persönliche Verpflichtungen« erinnert. Also kaufte ich der Regierung Obligationen ab (sowohl staatliche Schatzanweisungen als auch andere), und zwar für mehrere hundert Millionen Dollar. Damals war das ungeheuer viel Geld. Danach kam die Staatspleite. Die Regierung war ja durchaus bereit uns zu helfen, nur eben nicht mit Geld. Aber die Geschichte ist ja eigentlich bekannt. Ich werfe niemandem etwas vor. Die Verantwortung lag bei mir.

Dass mir die Menschen – die Belegschaft – halfen, dass sie mir entgegenkamen, dafür bin ich dankbar, und ich habe versucht,

---

\* Eine der größten russischen Erdölgesellschaften, die, ebenso wie auch Yukos seinerzeit, im Autonomen Kreis der Chanten und Mansen tätig ist. Generaldirektor ist Wladimir Bogdanow. (Anm. Natalija Geworkjan)

das zu belohnen. Ich tat das, solange ich konnte. Man hätte früher anfangen und die Veränderungen schneller durchziehen müssen, statt bis zum Schluss zu warten. Es mangelte uns jedoch an Erfahrung, Entschlossenheit und Qualifikation. Probleme wurden erst bewältigt, wenn es anders nicht mehr ging.

Danach allerdings, als die Krise vorüber war, brauchten wir gerade einmal ein Jahr (bis Mitte 2000), um Surgut einzuholen und zu überholen. In puncto Produktionsvolumen, Rentabilität und Umfang der Sozialprogramme. Das Durchschnittseinkommen hatten wir nun auf dasselbe Niveau wie in Surgut gebracht. Ein Wettlauf hatte hier keinen Sinn.

Auch dafür gab es einen interessanten Grund. Die Region war ja sehr isoliert, in die »Zivilisation« bestand lediglich eine Bahnverbindung, alles Notwendige wurde von einigen wenigen Lieferanten herangeschafft, regionale Monopole waren stark ausgeprägt: Da brauchte nur jemand die Löhne und Gehälter anheben, und schon stiegen sämtliche Preise – für Lebensmittel, Kleidung, Dienstleistungen. Das hatte nicht nur eine Minimierung des Effekts der Lohnerhöhung zur Folge, sondern führte, was noch schlimmer ist, unverzüglich zu sozialen Spannungen im öffentlichen Dienst.

Die Anzahl der im Unternehmen Beschäftigten war schließlich geringer als die Anzahl der öffentlich Bediensteten – und deren Einkommen stiegen nicht, die Preise orientierten sich hingegen sämtlich an den Einkommen der Erdölarbeiter. Also flogen die Fetzen.

Es folgten anstrengende Gespräche mit dem Gouverneur. Jeder hatte seine eigenen Probleme. Die Stadtverwaltungen versuchten, ihre Läden zu etablieren, doch an den Preisen änderte das nichts, obwohl dieses »Business« dem einen oder anderen vielleicht sogar genützt hat.

An diejenigen, die mir geholfen haben, und zwar nicht, das Unternehmen, sondern meine Selbstachtung zu erhalten, denke ich bis heute in tiefer Dankbarkeit zurück. Darunter waren auch Arbeiter, Mitarbeiter von Yukos. Ihr Leben war schwer, und es war schwer für sie zu vertrauen. Aber sie haben mir vertraut, und ich gab ihnen mein Wort, alles in meiner Macht Stehende zu tun.

In jener Zeit begann ich zu begreifen, dass unternehmerisches Handeln in Russland kein Spiel ist. Es geht um Schicksale, es geht um die Leben von Menschen. Dumm, wenn man bis zu seinem 35. Lebensjahr anders darüber denkt, aber im Westen, wo die Menschen mobiler sind, stehen die Dinge tatsächlich etwas anders, und das tun sie auch bei kleinen Unternehmen. Jedenfalls dachte ich, was auch immer die Gründe dafür waren, so wie ich dachte – dann wurde ich erwachsen.

Man muss nur einmal den eigenen Standpunkt wechseln, und schon beginnt man vieles zu sehen, was man früher nicht gesehen hat oder was man zwar gesehen, aber anders wahrgenommen hat. Allmählich wurde mir bewusst, dass nicht alle Menschen in der Lage sind, sich selbst zu helfen. Vielleicht bin ich ja sogar bis heute nicht endgültig bereit zu akzeptieren, dass jeder Mensch Hilfe verdient, aber nach und nach, in dem Maße, wie die Seele weiterarbeitet, beginnt man, die Menschen immer besser zu verstehen. Und zu verstehen heißt, Mitleid zu empfinden ... Zumindest bei mir ist das so. Mitleid »abstrakt« zu empfinden, ist allerdings etwas, was ich nicht kann, wofür mich meine Frau heftig kritisiert. Mitleid zu empfinden, heißt für mich zu handeln, Menschen zu schützen. Und so fing es letzten Endes auch an: über mehrere »Kreise der Erkenntnis« – zuerst die Kinder, dann die Mitarbeiter von Yukos und dann immer mehr ...

Vielleicht ist es mir ja gerade deshalb nicht gelungen, Putin zu akzeptieren, weil er klug, stark und böse ist. So ein »Bösewicht« eben. Jelzin war ein großherziger Mensch, und daran hatte ich mich gewöhnt ... Putin dagegen hat keinerlei Mitleid mit den Menschen. Er hat seine persönlichen Grundsätze und Regeln, die sein Handeln bestimmen. Er ist mir sehr ähnlich (oder ich

## Kapitel 11

ihm, weil er ja älter ist). Nur, dass es mir gelungen ist – oder ich gezwungen war? –, erwachsen zu werden. Er aber ist immer noch »dort«. Er sieht nur das Spiel. Ein gefährliches, ein ernstes Spiel, aber ein Spiel, in dem es keine Menschen, sondern nur »Figuren« gibt, vor denen man sich nicht zu schämen braucht.

Sie fragen, wie es dazu kam, dass sich in meiner Seele ein so tiefgreifender Wandel vollzog. Es passierte eben so, innerhalb eines halben Jahres. Ich hatte verstanden, was unser Volk ausmacht, wie unsere Menschen sind, was ich ihnen schuldig bin. Der Groschen war gefallen. Lieber spät als nie.

Deshalb entstanden nach der Stabilisierung der Firma neben den Programmen zur Steigerung der Löhne und Gehälter, neben den sozialen Hilfsprogrammen, einschließlich der Stiftung »Veteran«, die »Föderation Internet-Bildung« als Möglichkeit für die Kinder in unseren Städten, sich in die große weite Welt zu integrieren, die »Neue Zivilisation« und vieles andere.

Meine Kollegen waren der Auffassung, das sei Politik. Ich habe nicht versucht, sie umzustimmen und tue es auch heute nicht. Im Gegenteil. Ich pfeife darauf, wer was denkt, zumal unsere ganze feine Elite in der Regel in Kategorien des direkten persönlichen Vorteils denkt und, wenn sie in eben diesem Paradigma keine naheliegende Erklärung für bestimmte Verhaltensweisen findet, anfängt, die wildesten und ungeheuerlichsten Vermutungen anzustellen. Politische Ambitionen sind dabei nicht einmal das Schlechteste.

Ich sah das letztlich als meine Schuldigkeit an. Eine Schuld, die ich in der Form zu tilgen suchte, die ich für richtig hielt.

Nach den in unserem Land geltenden Kriterien bin ich ganz offensichtlich kein Politiker. Und sämtliche Kämpfer an dieser Front, die mir gut bekannt sind, haben hier allemal mehr zu bieten als ich.

Ich bin ein Organisator, ein Manager, der strategisch denken kann und sich der Grenzen seiner Möglichkeiten und Wünsche sehr genau bewusst ist. In meiner Kindheit wollte ich Direktor werden. Und das war ich etliche Jahre auch. Ich habe alles bewiesen, was ich beweisen wollte – mir selbst und allen anderen. In puncto Popularität liegen meine »Erfolge« deutlich über dem Niveau, bei dem ich mich noch wohlfühle. Macht und Geld sind mir eigentlich ziemlich gleichgültig.

Meine persönlichen Vorstellungen vom Glück sind längst in einem anderen Bereich angesiedelt. Das, was mich schon etliche Jahre antreibt, ist ausschließlich das Pflichtgefühl.

Ich habe eine interessante Studie gelesen: Ein Großteil der Führungspersönlichkeiten weltweit geht aus Pflichtgefühl zur Arbeit. Ambitionen sind etwas, was schnell verfliegt. Ich denke, Putin geht seiner Arbeit heute ebenfalls aus diesem Grund nach. So wurden wir doch von klein auf erzogen: Was zählt, ist die »Pflicht vor dem eigenen Land«. Und das hat sich uns sehr fest eingeprägt.

Nur haben wir eben verschiedene Vorstellungen vom »Guten und Schönen«. Das Jahr 1998 gab hierfür den Anstoß, als die unpersönliche »Pflicht vor dem eigenen Land« sich in meinem Kopf mit dem Bild konkreter, einfacher Menschen vermischte, die ich als »meine Leute« empfand, aber auch mit der konkreten Einsicht in die Notwendigkeit, ihnen und ihren Kindern zu einem besseren Leben zu verhelfen. Im Rahmen meiner Fähigkeiten und in den Bereichen, in denen ich mich als effizient wahrnehme. Seltsam? Ich staune ja selber über mich.

NATALIJA GEWORKJAN

KAPITEL 12

# Nach Jelzin

Am 31. Dezember 1999 um 12 Uhr mittags war ich mit dem Auto unterwegs und fuhr gerade die Straße unterhalb der Kreml-Mauern entlang. Das Radio lief. Genau in diesem Moment kam die Nachricht: Boris Jelzin tritt zurück. Fassungslos starrte ich das Radio an, vergaß dabei den Verkehr und wäre beinah auf ein Auto aufgefahren, das vor mir gebremst hatte. Kurz darauf klingelte mein Telefon, und es hörte nicht mehr auf zu klingeln, bis um Mitternacht Jelzins Nachfolger mit seiner Neujahrsansprache auf den Bildschirmen erschien: Wladimir Putin.

Das erste Mal war ich nach einem Gespräch mit dem damaligen Chef der Präsidialadministration, Alexander Woloschin, auf Putin aufmerksam geworden. Das war im Frühsommer 1999; Putin war damals noch Leiter des FSB und Sekretär des Sicherheitsrates. Woloschin hatte ein Treffen mit Journalisten anberaumt, und da bis zu den Präsidentschaftswahlen nur noch ein gutes halbes Jahr blieb, interessierte uns vor allem eine Frage: Wer? Woloschin, wie immer halb ironisch, halb ernst, sagte auf einmal: »Sehen Sie sich Wolodja Putin mal an!« Die Kollegen warfen einander erstaunte Blicke zu: »Ach was, den kennt doch keiner, der ist doch völlig unscheinbar, nicht charismatisch, nicht markant. Den kann man nicht groß rausbringen. Machen Sie Witze?« Woloschin lächelte. Seine Witze sind immer nur teilweise witzig gemeint.

In den ersten Tagen des Jahres 2000 fuhr ich nach Paris. Der *Kommersant* hatte beschlossen, ein eigenes Korrespondentenbüro in Europa aufzumachen. Ich war gebeten worden, mich darum zu kümmern: geeignete Räumlichkeiten zu finden, ein Bankkonto zu eröffnen und die Akkreditierungsunterlagen einzureichen – all diese lästigen bürokratischen Dinge eben. Am ersten Samstag oder Sonntag nach meiner Ankunft in Paris klingelte mein Telefon. Ich weiß noch, ich war gerade auf einem Trödelmarkt. Es war Walentin Jumaschew, der anrief, der frühere Chef von Jelzins Administration, jemand, der ihm nahestand. Außerdem war er ein ehemaliger Journalist, wir alle nannten ihn beim Vornamen. Ich hielt den Atem an: Kurz vor meiner Abreise hatte ich mich um ein Interview mit Jelzin bemüht, weil ich immer fand, dass dieser Moment des Abschieds eines Politikers von der Macht viel dramatischer und spannender war als der seines Machtantritts. Ich nahm also an, dass Walentin mich deshalb anrief. Aber ich täuschte mich. Das Gespräch lief wie folgt:

»Natascha, wo sind Sie?«

»In Paris.«

»Sehr schade, es kann sein, dass demnächst Ihre Anwesenheit in Moskau vonnöten sein wird.«

Genau so drückte er sich aus. Ziemlich hölzern für einen Journalisten, dachte ich noch. Was sollte das überhaupt heißen, meine »Anwesenheit« wäre »vonnöten«? Und was hatte er damit zu tun?

»Also eigentlich habe ich in Moskau ja einen Arbeitgeber, eine Zeitung – wenn meine Anwesenheit dort also ›vonnöten‹ wäre, würde ich es wohl von ihm erfahren…«

»Das werden Sie auch.«

Und wirklich bekam ich einen Anruf von Leonid Miloslawski, dem Generaldirektor des *Kommersant*, der mich bat, nach Moskau zu kommen. Weshalb und warum, darüber sagte er kein Wort. Okay, dann musste ich eben fliegen. Das Gespräch mit dem Generaldirektor war kurz. Er sagte: »Hör dir bitte an, was sie dir im Kreml anbieten wollen, und entscheide dich dann, ob ›ja‹ oder ›nein‹. Wenn du ja sagst, könnte das ein sehr lukratives Projekt

## Kapitel 12

für den *Kommersant* werden. Aber ich will nicht, dass das deine Entscheidung beeinflusst. Wenn du dich dagegen entscheidest, ist das genauso in Ordnung, dann fährst du einfach wieder nach Paris und kümmerst dich weiter um unser Korrespondentenbüro.«

Solchermaßen ahnungslos fuhr ich also in den Kreml. Ich wurde erwartet von Boris Jelzins Tochter Tatjana Djatschenko (ich glaube sogar, das Treffen fand in ihrem Büro statt), Walentin Jumaschew und meiner früheren *Kommersant*-Kollegin Xenia Ponomarjowa, die inzwischen zu Public Relations gewechselt war und die Arbeit des Wahlkampfteams für den Präsidentschaftskandidaten Putin leitete. Die Anwesenden boten mir an, ein Buch über Putin zu schreiben. Ihre Motivation war klar: Sie wollten einen Mann zum Präsidenten machen, über den die breite Masse, also die Wählerschaft, praktisch nichts wusste, bis auf ein paar dürre Fakten aus seiner Biografie: seine Stationen beim KGB, bei der Stadtverwaltung in Petersburg, und dann seine steile Karriere in Moskau. Jumaschew, der als Ghostwriter schon mehrere Jelzin-Bücher verfasst hatte, schlug mir vor, ebenfalls als Ghostwriterin zu arbeiten. Ich erklärte, dass mich das nicht interessiere. Zumal ich, anders als Walentin, der Jelzin gekannt und ihm vertraut hatte, Putin noch nicht einmal persönlich kannte. Daraufhin boten sie mir an, ein eigenes Buch über ihn zu schreiben. Ich erwiderte, dafür benötige ich mindestens einen Monat in Petersburg und einen in Dresden für Recherchen, dann noch etwas Zeit in Moskau und schließlich die Zeit, um das Buch zu schreiben. Enttäuschte Gesichter: Die Wahl war im März, unser Gespräch fand im Januar statt, es konnte also nichts werden, die Zeit war einfach zu knapp. Ich war schon am Aufbrechen, als einer der Anwesenden mich fragte: Was schlagen Sie denn vor? Ich schlug vor, Putin zu interviewen und das Gespräch in Buchform herauszubringen. Meine Gründe dafür waren einfach: Ich konnte fragen, was ich wollte, und für seine Antworten war der Interviewte selbst verantwortlich. Xenia Ponomarjowa hatte das sofort begriffen, und die Idee gefiel ihr nicht besonders. Aber schließlich einigten wir uns doch darauf. Und auf zwei Bedingungen, die ich gestellt hatte: Ein Interview mit Jelzin und Putins erstes Interview, falls er gewählt würde, ginge an den *Kommersant*. Die zweite Bedingung wurde erfüllt, die erste jedoch nie, was mir bis heute leid tut.

Nachdem das Buch erschienen war, erhielt ich einen Anruf von Leonid Newslin. Er sagte: »Normalerweise bist du es, die um Interviews bittet, aber diesmal kommen Mischa und ich zu dir.« Ich fragte gar nicht erst, aus welchem Anlass. In diesen Tagen riefen viele Leute an, um mich über Putin auszufragen. Auch die Yukos-Leute wollten nichts Außergewöhnliches von mir erfahren, sie interessierten sich eher dafür, welchen Eindruck Putin auf mich gemacht hatte. Dabei kam Newslin mir entspannter vor, Chodorkowski wirkte konzentrierter. Seine Anmerkungen waren präzise, einige davon gingen in dieselbe Richtung wie meine Gedanken und Befürchtungen. Beim Abschied gab ich ihnen noch einen Rat, was eigentlich nicht meine Art ist: »Putin wird charmant sein, und er wird euch ›ja‹ sagen, aber das heißt noch lange nicht, dass er auch ›ja‹ meint. Vertraut ihm nicht!«

Dieses Mal sah ich mir Chodorkowski genau an. Er war bekannt dafür, bereitwillig und mit Begeisterung über Bohrlöcher und horizontale Bohrungen zu sprechen, aber sobald es um Politik ging, schob er Newslin vor. Bei diesem Treffen war es anders. Seine Reaktion auf meine Worte zeigte deutlich, dass er nicht nur über geschäftliche Dinge nachdachte, und seine Fragen und Anmerkungen waren nicht erst im Lauf des Gesprächs entstanden.

### Sprung nach vorn

Wieder im Auto, dachte ich noch eine Zeitlang darüber nach und verwarf diese Gedanken dann. Chodorkowski war damals einfach einer der Oligarchen, ein begabter Workaholic, der in den letzten zwei Jahren (1998 bis 2000) einen Sprung nach vorn in die

Kapitel 12

Führungsriege der Wirtschaft gemacht hatte. Er hatte auf Yukos gesetzt und gewonnen.

Seltsamerweise hatte gerade die Krise ihn gezwungen, Dinge schnell und entschlossen durchzuziehen, die unter anderen Umständen vielleicht weitaus mehr Zeit gebraucht hätten. Yukos war das erste Unternehmen in Russland, das die Förderung des Erdöls von Verarbeitung und Vertrieb trennte, was eine Verbesserung der Finanzkennzahlen erlaubte (Weltkonzerne machten das schon lange so). Später äußerte Chodorkowski sich dazu in einem Interview mit dem Wirtschaftsmagazin *Kompanii*: »Für mich war das einfacher: Ich komme nicht ›vom Erdöl‹, deshalb fielen mir die harten Maßnahmen leichter als meinen Kollegen, die damals schon mehr Erfahrung hatten. Das Wesentliche, um gute Ergebnisse zu erzielen, war nicht so sehr die Trennung des Vertriebs und der Verarbeitung von der Förderung, als vielmehr die Ausgliederung der Service-Abteilungen. Das war ein äußerst schwieriger Moment, weil es hier wirklich um schmerzhafte Einschnitte ging. Der Großteil der russischen Erdölkonzerne konzentrierte sich ja im Ölfeld-Service. Wenn die Krise von 1998 nicht gewesen wäre, hätte ich wohl kaum den Mut für solche einschneidenden Maßnahmen aufgebracht.«

Zur selben Zeit reformierte Yukos außerdem auch sein Verwaltungssystem. Beraten wurde das Unternehmen dabei von den Firmen Arthur D. Little und McKinsey. Das Resultat war die Gründung von Yukos EP (Erschließung und Förderung von Kohlenwasserstoffen), Yukos RM (Verarbeitung, Transport und Vertrieb von Erdöl und Erdölprodukten) sowie Yukos Moscow für die strategische Planung und Unternehmensentwicklung. Das Unternehmen hatte den Ölfeldservice ausgelagert; dazu wurde die Siberian Service Company ins Leben gerufen. Im selben Jahr, 1998, ging Yukos auch ein strategisches Bündnis mit Schlumberger ein.

Wladimir Dubow: »*Chodorkowski selber kann das alles besser erzählen. Aber nur, um das zu verdeutlichen: In der Sowjetunion lag der Erdölabgabekoeffizient bei 24 Prozent. Wenn wir eine Lagerstätte mit 100 Millionen Tonnen hatten, konnten daraus 24 Millionen Tonnen Erdöl gewonnen werden. Die ›Westler‹ und Yukos erreichten zum Schluss bis zu 65 Prozent. Dank neuer Technologien konnte Yukos in den letzten Jahren auf Erkundungsarbeiten verzichten, während gleichzeitig die Reserven des Unternehmens anwuchsen: Yukos hatte bewiesen, dass wir aus alten Lagerstätten noch einmal so viel herausholen konnten, wie schon herausgeholt worden war.*

*Die Pumpen an den Bohrlöchern hielten immer nur ein halbes Jahr, Importware lief zwei Jahre, kostete aber auch das Dreifache, dafür konnte man bei den Reparaturen und Ausfallzeiten sparen. Yukos kaufte deshalb ein Werk und begann, die Pumpen selbst herzustellen, aber in Importqualität.*

*Als Chefingenieur heuerten wir einen Ausländer an und gaben ihm junge Assistenten an die Seite, damit sie von ihm lernen konnten. Ich glaube, er hieß John Match, ein Schotte, der zwar nie richtig Russisch lernte, zum Schluss aber hervorragend russisch fluchen konnte. Er sagte: Eure Jungs können nicht arbeiten, es hapert mit der Mathematik. Als er das erste Bohrloch berechnet hatte ... In Jugansk lieferte eine durchschnittliche Förderbohrung acht Tonnen in 24 Stunden, eine besonders gute 15 Tonnen. Er hatte eine Bohrung berechnet und sagte, sie würde in 24 Stunden über 100 Tonnen bringen. Die Bohrung wurde nach seinen Berechnungen gemacht. Sie lieferte 90 Tonnen in vierundzwanzig Stunden. In Jugansk haben sich alle besoffen vor Freude. Aber er saß da und sagte sorgenvoll: Ich hatte doch 105 gesagt, und jetzt sind es nur 90. Dann nahm er sich den Arbeitsablaufplan für die Bohrung zur Hand, ging zu Chodorkowski und sagte: Schau mal, hier und hier haben sie Fehler gemacht, da haben sie nicht aufgepasst, dort wurde geschummelt. So geht das nicht! Die Leute müssen geschult werden! Danach haben wir ein gigantisches Ausbildungs- und Fortbildungssystem auf die Beine gestellt. Wir haben angefangen, die Bohrmeister und die Experten für unterirdische Bohrlochreparaturen zu schulen. Wir haben Schulungszentren eingerichtet. Beim Polytechnikum in*

Kapitel 12

*Tomsk riefen wir einen Masterstudiengang für Horizontalbohrungen ins Leben. Wir hatten da übrigens 100 Bewerber auf einen Platz. An einer kostenpflichtigen Hochschule!«*

Michail Chodorkowski: »Die Selbstkosten der Erdölförderung setzen sich aus vielen Faktoren zusammen. *Die wichtigsten davon sind der Investitionsaufwand pro geförderte Tonne Öl und der Energieverbrauch pro Tonne. Also wie viel Geld man in die Anlage einer Bohrung und die Schaffung der Infrastruktur investieren muss im Verhältnis dazu, wie viel man mit dieser Bohrung fördern kann, und wie viel man für das eigentliche Liften der Flüssigkeit und die Abscheidung des Erdöls daraus aufwenden muss.*

*Sehr viel hängt natürlich vom Ölfeld selbst ab, aber nicht weniger (bisweilen sogar noch mehr) von der richtigen geologischen und technischen Planung des Abbaus, der richtigen Projektierung der Anlagen über Tage, der Qualität der Bohrarbeiten, den Pumpen und ihrer Nutzung. Letztlich gab es in jedem Abschnitt sehr viel zu tun. In der Sowjetunion war der Abbau der Ölfelder ja gar nicht gut gelaufen. Man denke nur an Samotlor, wo fast eine Milliarde Tonnen an Vorkommen in den Sand gesetzt wurde… Nach der Sowjetunion ging der Niedergang der ingenieurtechnischen und geologischen Dienste schließlich zunächst noch weiter. In vielen Fällen musste der Wiederaufbau fast bei null begonnen werden.*

*Das Wichtigste war, dass es uns gelang, ein erstklassiges internationales Team zusammenzustellen, das Team gut zu motivieren und das Personal in den Betrieben dazu zu bringen, seinen lokalpatriotischen Stolz abzulegen. Sobald sich die Teams bei einem konkreten Objekt vermischten, wurde es einfacher. Wir schulten die Leute und schickten sie von einer Region in die andere. Später machten wir am Polytechnikum in Tomsk eine eigene Fakultät auf, zusammen mit den Briten. Die Sache kam jedenfalls gut in Gang.*

*Unser Zentrum für geologische Informationsauswertung besuchten selbst Alexej Kudrin und German Gref. Wir hatten wirklich einen technologischen Durchbruch erzielt. Obwohl einige unserer Konkurrenten* das lange nicht verstehen wollten; sie fluchten und behaupteten, die Erdölabgabe würde zurückgehen. Doch die Erdölabgabe stieg! Das alles wurde von den Staatsanwälten später noch einmal überprüft und vor Gericht besprochen ...«

Michail Brudno: »*Unser Aufstieg begann mit der Reduktion der Selbstkosten für die Förderung. Wir reduzierten sie auf ein Zehntel, durch gutes Management und neue Technologien. Wir senkten die Ausgaben, bauten ein Vertriebssystem auf, setzten Gesetzesänderungen durch,\* und irgendwann wurde klar, dass das Unternehmen wirklich etwas wert war. Und dass die Reserven etwas wert waren – als wir nämlich anstelle von drei Dollar Verlusten pro Barrel nun drei Dollar Gewinn erwirtschafteten. Das war nach 1999, denn 1999, nach der Krise, fiel der Wert von Yukos erst einmal unter den Kaufpreis, auf rund 200 Millionen. Den Haushalt für 1999 machten wir ausgehend von drei Szenarien: einem pessimistischen, einem realistischen und einem optimistischen. Das pessimistische Szenario basierte auf einem Durchschnittspreis von fünf Dollar pro Barrel, das realistische auf sieben und das optimistische auf zwölf. Bei zwölf Dollar pro Barrel hätten wir uns eine goldene Nase verdient, aber darauf wagte niemand zu hoffen.*«

Zu diesem Zeitpunkt hatte das Team die meisten Rosprom-Assets abgestoßen und bereitete sich auf die Beerdigung der Menatep-Bank vor, die gerade ein Konkursverfahren durchlief. Die Krise von 1998 hatte die Banken ruiniert, weil die Regierung sich für zahlungsunfähig erklärt hatte, was sowohl für Inlandsschulden galt (dabei hatten die Banken unter anderem auf Bitten der Regierung staatliche Schatzanweisungen gekauft) als auch für alle Auszahlungen an Devisenausländer – diese Auszahlungen wurden kurzerhand für 90 Tage verboten. Im Mai 1999 wurde die Lizenz der Bank aufgehoben, im September 1999 meldete die Bank Insolvenz an. Das Konkursverfahren zog sich bis 2002 hin, als Menatep aus dem Bankenregister Russlands gestrichen wurde.

\* In den Jahren 2001 und 2002. (Anm. Natalija Geworkjan)

Kapitel 12

Platon Lebedew (aus den Aussagen im zweiten Prozess gegen Chodorkowski und Lebedew): »Die Menatep-Bank erhielt unter anderem von ausländischen Banken Finanzmittel und hinterlegte als Sicherheit dafür Wertpapiere, darunter auch staatliche Wertpapiere, sowie Aktien russischer Unternehmen, unter anderem von Yukos [...] Gerade damals* waren sämtliche ausländischen Banken, bei denen Yukos-Aktien hinterlegt waren, juristisch zu Aktionären der Menatep geworden [...] Ende 1998 stellten Dutzende russischer und ausländischer Kunden und Gläubiger der Menatep-Bank mir, Platon Leonidowitsch Lebedew, persönlich Blankovollmachten aus, damit ich ihnen bei der Umschuldung der Menatep-Verbindlichkeiten behilflich sein konnte [...] Um es vorwegzunehmen: Sämtliche russischen und ausländischen Gläubiger der Menatep-Bank, die mich bevollmächtigt und sich von Anfang an mit den Umschuldungsmodalitäten einverstanden erklärt hatten, haben einhundert Prozent ihrer gegenüber der Menatep-Bank bestehenden Ansprüche zurückerhalten. Alle Aktionäre der Menatep-Bank, die mit unseren Angeboten einverstanden waren, haben ihre Einlagen zurückerhalten. Geschädigt wurden nur die, die es aus bestimmten individuellen, subjektiven Gründen vorgezogen hatten, die Ergebnisse einer formellen Insolvenz der Menatep-Bank abzuwarten [...] Die Verbindlichkeiten der Menatep-Bank gegenüber ihren Privatanlegern beliefen sich am 19. August 1998 auf 274,5 Millionen Dollar. Bis zum 15. September 2000 waren bereits 269,3 Millionen an Einlagen umgeschuldet. Davon waren 217 Millionen Dollar ausgezahlt worden. Mit der Konkursmasse konnten noch einmal Verbindlichkeiten in Höhe von 57,4 Millionen Dollar beglichen werden. Im Ergebnis hat die Menatep-Bank mit allen reinen Tisch gemacht [...] In der Zeit von 1998 bis 2000 kauften dann die Strukturen der Group Menatep Limited sowie ich persönlich von ausländischen

* Gemeint ist: zum Zeitpunkt der Krise, 1998. (Anm. Natalija Geworkjan)

Banken und anderen Eigentümern, und zwar auch solchen, die früher mit der Menatep-Bank verbunden gewesen waren, sukzessive die Aktienmehrheit der Erdölgesellschaft Yukos (NK Yukos) zurück. Gleichzeitig kauften die Erdölgesellschaft Yukos, die Strukturen der Group Menatep Limited und auch ich persönlich (und zwar aus privaten Mitteln) im Zuge der Insolvenz der Menatep-Bank den Gläubigern praktisch alle Forderungsrechte gegenüber der Bank ab; außerdem kauften wir – ich persönlich eingeschlossen – gemeinsam mit anderen Personen praktisch alle Vermögenswerte der Menatep-Bank zurück, einschließlich der Darlehen, die deren Kunden gewährt worden waren. Die von der Yukos-Gruppe zurückgekauften Forderungsrechte gegenüber der Menatep-Bank wurden von der Yukos-Gruppe mit den gegenüber der Erdölgesellschaft Yukos bestehenden Gegenforderungen der Menatep-Bank aus Darlehen verrechnet, die die Menatep-Bank den Yukos-Tradern wie auch direkt der NK Yukos für den Kauf von Aktien der Tochterunternehmen von Yukos gewährt hatte, im Interesse der NK Yukos oder durch sie besichert. Dazu gehörten die VNK, Samaraneftegaz, Yuganskneftegaz, Tomskneft und so weiter. Die verbliebenen Forderungsrechte der Yukos-Gruppe gegenüber der Menatep-Bank wurden Ende 2000 an Strukturen der Group Menatep Limited verkauft – für ein Paket von vier Prozent der Aktien der NK Yukos. Dieses wurde später von der Yukos-Gruppe für die abschließende Konsolidierung der wichtigsten Tochterunternehmen sowie als Leistungsprämien für das Management der Gesellschaft verwendet.«

So ging die Geschichte von Michail Chodorkowskis erstem Business-Baby zu Ende. Doch selbst der bissige *Kommersant*, der es nicht versäumt hatte, über die Skandale zu berichten, mit denen die Menatep-Insolvenz einherging, und über den LKW zu spotten, der zehn Tage nach dem Einzug der Lizenz samt Unterlagen der Bank in einem Fluss versunken war, konstatierte: »Der Haupteigentümer der Bank, die Erdölgesellschaft Yukos, hat sich durch-

Kapitel 12

aus untypisch verhalten: Mit ihrer Hilfe konnte die Bank sämtliche Schulden gegenüber ihren Anlegern begleichen. Darüber hinaus hat Yukos von den Aktionären, bei denen es sich um natürliche Personen handelt, die Aktien der Bank zurückgekauft.«[*]

Ab März 1999 begann der Ölpreis zu steigen und kletterte auf über 17 Dollar pro Barrel. Doch von Juni desselben Jahres an und bis Mitte Mai 2000 wurde der Börsenhandel mit Yukos-Aktien und den Aktien der »Töchter« ausgesetzt. Der Grund: Anschuldigungen wegen systematischer Verletzungen der Rechte von Minderheitsaktionären.

Anders Åslund, schwedischer Wirtschaftswissenschaftler, Experte für Volkswirtschaften im Übergang von der Plan- zur Marktwirtschaft, schreibt hierzu: »Im Oktober 1999 wurde ich zum wunderschönen Yukos-Firmensitz im Zentrum von Moskau gebeten, zu einem Mittagessen mit einem von Chodorkowskis Stellvertretern, Leonid Newslin, dem ich nie zuvor begegnet war. Seine direkte Frage verblüffte mich: Was soll Yukos tun, um im Westen respektiert zu werden? Ich antwortete ihm, dass sich Yukos einvernehmlich mit seinen westlichen Minderheitsaktionären einigen müsste. Newslin hielt dagegen, diese Anteilseigner würden absolut unangemessene Forderungen stellen. Ich erwiderte, dass Yukos so viele Sünden begangen hätte (Löschung von Anteilen, niedrige Transferpreise und Vorzugsbehandlung von Offshore-Firmen), dass es vor keinem internationalen Gericht gewinnen würde. Ihr einzig möglicher glaubhafter Ausweg aus dieser Situation wären Vereinbarungen auf gütlicher Basis. Newslin sah das ein, wenn auch widerwillig.

Seine nächste Frage war: Was soll Russland tun, um respektiert zu werden? Ich sagte, man könne keine Regierung haben, in der praktisch alle Minister korrupt seien, und zwar massiv korrupt.

---

[*] Kirill Jatscheistow: Menatep umer, no delo ego shiwet [Die Menatep ist tot, doch ihre Sache lebt]. In: *Kommersant*, 19.11.2002.

Einige leitende Minister müssten entlassen und zu mehreren Jahren Gefängnis verurteilt werden, und dort müssten sie auch bleiben. [...]
Zwei Monate später einigte sich Yukos mit seinen Minderheitsaktionären und schob alle nur denkbaren Reformen an. Es führte Unternehmenstransparenz ein, übernahm westliche Buchhaltungsstandards, stellte Topmanager aus dem Westen ein und brachte unabhängige Vorstände ins Direktorium. Es griff auf internationale Auditoren und internationale Berater zurück, um die Unternehmensführung und das Image der Firma zu verbessern.«*

Leonid Newslin: »*An das Treffen mit Åslund erinnere ich mich noch. Natürlich ging es dabei einfach um das Geschäft, klar. Damit die Aktien der Gesellschaft etwas wert waren, musste sie konsolidiert werden. Um sie zu konsolidieren, musste man das Problem mit den ›Töchtern‹ lösen, also mit den Minderheitsaktionären; solange das Problem mit den nicht konsolidierten Tochtergesellschaften bestand, war die Gesellschaft weder in Russland noch außerhalb viel wert. Hätten wir die Konsolidierung mit Gewalt durchgezogen, dann hätten wir nicht nur ein schlechtes Image gehabt, sondern es hätte zum Beispiel bei einem Börsengang auch noch offene Ansprüche gegeben, aus denen leicht Gerichtsverfahren im Ausland werden konnten. Die Aktien steigen, wenn eine Gesellschaft vermitteln kann, dass sie ihre Probleme gelöst hat, wenn sie konsolidiert und transparent wirkt und ein vernünftiges Direktorium sowie vernünftige Gesellschafter hat. Wir entschlossen uns dazu, größtmögliche Kompromisse einzugehen und den Leuten ihr Geld auszuzahlen, obwohl uns klar war, dass sie – im Vergleich zu dem, was sie selbst ausgegeben hatten – gewaltige Beträge verlangten. Doch Chodorkowski fand, dass wir reinen Tisch machen und das Problem aus der Welt schaffen müssten, um unser Image im Westen nicht zu verschlechtern.*«

---

* Anders Åslund: Russia's Capitalist Revolution: Why Market Reform Succeeded and Democracy Failed. Washington 2008, S. 235.

Kapitel 12

Längst nicht alle, mit denen reiner Tisch gemacht wurde, waren mit den Bedingungen, zu denen Yukos »das Problem aus der Welt geschafft« hatte, zufrieden. Es steht auf einem anderen Blatt, dass viele der davon Betroffenen auch selbst keine Engel waren. Dennoch: Geschäft ist Geschäft, und eben auf der geschäftlichen Ebene gab es weiterhin offene Forderungen. Zum Beispiel seitens Bill Browders vom Investmentfonds Hermitage Capital, der heute weithin bekannt ist für seine wirklich aufsehenerregende Untersuchung der Todesumstände von Sergej Magnitski, einem Juristen aus Browders Unternehmen, der im November 2009 im Moskauer Butyrka-Gefängnis ums Leben kam.

Im Mai 2011 erklärte Browder in einem Interview mit dem Internet-Magazin *Snob*: »1999, als unser Fonds einer der Großaktionäre von Yukos war, sorgte die Yukos-Führung dafür, dass ihre Aktien abstürzten und um 99,5 Prozent an Wert verloren, weil sie sich genauso verhielten wie alle anderen auch. [...] Danach haben sie sich gebessert, sich geläutert, aber ich fand, dass sie für das, was sie uns in diesen zwei Jahren angetan hatten, in denen wir mit ihnen kämpften, noch mehr zahlen müssten – ich war einfach immer noch wütend. Deshalb habe ich mich über Chodorkowskis Verhaftung gefreut. Damals begriff ich noch nicht, dass Russland sich in diesem Moment unwiderruflich verändert hatte. [...] Zwischen 1999 und 2003 ist uns vieles gelungen, weil unsere Interessen offenbar mit den Interessen des Putin-Regimes übereinstimmten. Damals hatte ich den besten Job der Welt. Ich verdiente sehr viel und hatte dabei noch das Gefühl, Geschichte zu schreiben, indem ich half, Russland besser zu machen. Jedes Mal, wenn unsere Kampagne gegen irgendeinen Gauner mit einem noch so kleinen Erfolg zu Ende ging, schrien wir alle ›Hurra‹, und der Teamgeist bei uns war wie nirgendwo sonst – schließlich hat man selten die Möglichkeit, gleichzeitig Geld zu machen und Gutes zu tun. Leider ging diese goldene Zeit meiner Karriere, ohne dass ich es auch nur merkte, mit Chodorkowskis Verhaftung im Oktober 2003 zu Ende. Er war einer derjenigen, gegen die wir vorgegangen waren, und ich hatte damals das Gefühl, dass sei ein weiterer Schritt hin zur Lösung des Korruptionsproblems.«[*]

Trotz allem wurde das Jahr 1999 für Yukos und Chodorkowski zu einer Art Trennlinie, hinter der die erste Phase dieses so besonderen russischen Kapitalismus zurückblieb, der so viel angelastet wird, in der so viele Fehler gemacht wurden und an die alle Beteiligten so ungern zurückdenken. Die jungen Wölfe hatten überlebt, waren erwachsen geworden und hatten begriffen, dass nun die Zeit gekommen war, nach Regeln zu spielen.

Michail Chodorkowski: »*Ab der zweiten Jahreshälfte 1999 wurde es deutlich leichter. Wir hatten nicht nur die Krise überwunden, sondern auch uns selbst. Ich war nun absolut sicher, dass sich das Unternehmen erfolgreich entwickeln würde. Die wesentlichen Veränderungen oder zumindest die Richtungen für diese Veränderungen waren bereits angelegt oder sogar vollzogen. Jetzt konnten wir uns erst einmal umsehen.*«

Mitte August 1999 übernahm Putin den Vorsitz der Regierung und löste damit Sergej Stepaschin ab, der Jelzins Vertrauen verloren und sich nur drei Monate auf dem Posten des Premierministers gehalten hatte. Stepaschins Vorgänger aber, Jewgeni Primakow, ein kluger, listiger und starker Politiker sowjetischer Prägung, war nach acht Monaten im Amt in den Ruhestand geschickt worden. Da er in der Bevölkerung sehr beliebt war, galt er Jelzin und seinem Umfeld als ernstzunehmende Bedrohung bei den anstehenden Präsidentschaftswahlen. Primakow war schon vor seiner Zeit als Premierminister recht bekannt: Von 1996 bis 1998 war er Außenminister in Jelzins Regierung gewesen und hatte davor fünf Jahre lang den Auslandsgeheim-

---

[*] William Browder: W Rossii net gosudarstwa [In Russland gibt es keinen Staat] William Browder im Gespräch mit Masha Gessen. In: *snob.ru*, 25.5.2011.

Kapitel 12

dienst geleitet. Primakow hatte sich mit dem Moskauer Bürgermeister Juri Lushkow zusammengetan und das Wahlbündnis »Vaterland – ganz Russland« geschmiedet, für das er auch einige einflussreiche Gouverneure gewinnen konnte. Im August 1999 sprachen ganze 55 Prozent der Bevölkerung in Meinungsumfragen dem Ex-Premierminister ihr Vertrauen aus. 80 Prozent der Befragten bedauerten seinen Rücktritt vom Amt des Premierministers. Das war eine starke Referenz für die nächsten Parlaments- und Präsidentschaftswahlen.

Gegen ihn wurde nun ein anderer *Silowik* in Stellung gebracht, nur jünger und »aus den eigenen Reihen«. Jemand, der, wie man meinte, sich noch nichts hatte zuschulden kommen lassen und weder durch Beziehungen zu Oligarchen aufgefallen noch im Zusammenhang mit der Korruption in Erscheinung getreten war. Das Bild des jungen, gesunden, starken und ehrlichen Kerls mit der Tscheka-Vergangenheit – was nach einer von irgendwem erfundenen Legende ebenfalls eine Versicherung gegen schlechte Charaktereigenschaften sei, unter anderem gegen Raffgier –, sollte nun die Herzen der Russen erobern. Überzeugt hat die Kreml-Mannschaft, die Putin kürte, aus meiner Sicht wohl seine Loyalität gegenüber dem früheren Dienstherren, dem Petersburger Bürgermeister Anatoli Sobtschak. Jelzins näheres Umfeld setzte darauf, dass sich Putin denen gegenüber, die ihn nominierten und ihm den Weg ins höchste Amt des Staates bereiteten, genauso loyal verhalten würde. Zunächst sah es auch so aus, als würde die Rechnung aufgehen.

Zu diesem Zeitpunkt standen 31 Prozent der Befragten dem kaum bekannten Putin positiv gegenüber, 37 Prozent gaben an, überhaupt nichts über den neuen Premier zu wissen. Noch beim Weltwirtschaftsforum in Davos im Januar 2000 versetzte eine simple Frage der amerikanischen Journalistin Trudy Rubin – »Who is Mister Putin?« – sowohl Premierminister Michail Kassjanow, der anstelle des eigentlich erwarteten Putin die russische

Delegation leitete, als auch Anatoli Tschubais\* auf dem Podium überraschenderweise in eine Schockstarre. Statt zu antworten, machten sie eine Pause, die sich so lange hinzog, dass ihre Verlegenheit weitaus vielsagender war und sich mehr einprägte als alles, was danach noch gesagt wurde.

Leonid Newslin: »*Ich erinnere mich an eine Episode, die auch mit den späteren Ereignissen zusammenhing. Wir hatten eine Bank namens Menatep Sankt Petersburg. Geführt wurde sie von Witali Saweljew, der heute die Aeroflot leitet. In unserem Finanzindustriesystem war das ein gewisser Vermögenswert, ein positiver, aber kein riesiger Aktivposten. Eines Tages also rief auf einmal ein gewisser Setschin in meinem Büro an, der um einen Termin für sich und Putin bat. Ich fragte Witali: Was sind das überhaupt für Leute? Damals waren sie gerade erst nach Moskau gekommen, nach Anatoli Sobtschaks Wahlniederlage.*\*\*

*Er sagte, das seien starke Leute, die in Petersburg viel Einfluss gehabt hätten und nun offenbar Bekanntschaft mit uns schließen wollten, weil sich ihre Interessen nach Moskau verlagert hatten. Mein Kalender war damals ziemlich voll, also sagte ich: ›Vielleicht später irgendwann.‹ Ich vereinbarte keinen Termin. Ich mag keine Treffen ohne Anlass, ohne Thema ... Später stellte sich heraus, dass sie überhaupt versuchten, bei den Oligarchen einen Fuß in die Tür zu bekommen, nicht nur bei uns. Manche kannten sie schon, wie zum Beispiel den früheren Außenhandelsminister Pjotr Awen, mit dem sie in ihrer Petersburger Zeit zusammengearbeitet hatten.*\*\*\* *Manche kannten sie nicht, so wie uns.*

---

\* Anatoli Tschubais war damals schon nicht mehr Vizepremierminister, sondern Chef von UES of Russia. (Anm. Natalija Geworkjan)
\*\* Putin hatte als Erster stellvertretender Vorsitzender der Stadtregierung und Chef des Ausschusses für Außenbeziehungen für den Petersburger Bürgermeister gearbeitet. 1996 verlor Sobtschak die Gouverneurswahlen, sein Wahlkampfteam hatte Putin geleitet. (Anm. Natalija Geworkjan).
\*\*\* Der Großunternehmer Pjotr Awen, der in der Regierung Gaidar in den Jahren 1991 und 1992 Minister für Außenwirtschaftsbeziehungen war, leitet heute die Alfa-Bank (Anm. Natalija Geworkjan).

Kapitel 12

*Der erste Minuspunkt in unseren Beziehungen ergab sich also vielleicht schon damals, als wir, ich oder auch Chodorkowski, uns nicht mit ihnen trafen. Ich erinnere mich nicht mehr genau, ob sie damals um ein Gespräch mit mir oder mit uns beiden gebeten haben. Ich glaube aber, die beiden gehören zu der Sorte Mensch, die sich so etwas merkt. Ich kann jedenfalls eines sagen: Wir hatten keine schlechten Beziehungen, aber eben auch keine guten.*

*Ich wollte dir auch noch von einer Geste erzählen, die Roman Abramowitsch später machte. Er sagte, er wolle, dass ich Putin kennenlerne, dass der eine große Zukunft vor sich habe oder irgendwas in diesem Sinne. Also ging ich zu Putin, um ihn kennenzulernen, er war damals Chef des FSB, und wir haben uns sehr gut unterhalten. Natürlich nahm ich ihn als Chef des FSB wahr, und er sah mich als typischen Vertreter der Oligarchengruppe von Yukos. Wir führten ein gutes, freundliches Gespräch in seinem Arbeitszimmer. Über nichts Besonderes, über Gott und die Welt. Als wir uns trennten, hieß es noch: Wenn was ist, kannst du mich jederzeit anrufen. Und so weiter... Das war im Sommer 1999. Eine Woche später wurde er zum Premierminister ernannt. Was Abramowitsch natürlich gewusst hatte, er wusste, dass er mich mit dem künftigen russischen Präsidenten bekannt machen würde. Premierminister werden immer dann ernannt, wenn es beschlossene Sache ist, dass sie die Nachfolge des Präsidenten antreten sollen. Du erinnerst dich ja, dass es bis dahin auch Versuche mit anderen Nachfolgern gegeben hatte, aber das war nicht aufgegangen, sie hatten Fehler gemacht, wurden aus dem Rennen genommen, und schon wurde der nächste ernannt. Putin war der letzte in dieser Reihe.*

*Was sich Roman bei seinem Vorschlag dachte, weiß ich nicht. Vielleicht wollte er ja an dieser Stelle seinen Einfluss demonstrieren... Später waren sie es ja auch, die die Fusion von Sibneft und Yukos vorschlugen. Die erste Fusion, 1998, hatten wir angeregt, beim zweiten Mal, 2003, war es ihre Initiative. Vielleicht brauchte er das aus PR-Gründen. Ich weiß es nicht. Aber ich wusste es zu schätzen. Ich muss auch sagen, dass Putin nach diesem Gespräch offen für Kontakte war.*

## Nach Jelzin

Ich weiß noch, damals wurde irgendeine Delegation zusammengestellt, Mischa wollte irgendwo mit dabei sein, also versuchte ich Putin, der ja Premierminister war, anzurufen; er rief zurück und erklärte mir, sie würden keine Geschäftsleute mit in die Delegation aufnehmen, man könne aber separat anreisen. Das ist nicht weiter wichtig, aber: Er hatte gesagt, wir würden in Kontakt bleiben, und so wäre es auch weiter geblieben. Nur war das damals eben ein Kontakt von mir, nicht von Mischa. Und ich habe ihn ja real nicht mehr vertreten ... Das heißt, ich stand zwar zu meiner Freundschaft und Partnerschaft mit Chodorkowski, aber de facto vertrat ich zu diesem Zeitpunkt nicht mehr das Unternehmen und seine Interessen, ich war ja schon ziemlich lange aus der Firma ausgeschieden, obwohl ich immer noch Gesellschafter war.*

Ich denke, wenn Mischa die ganze Zeit persönlich zu Putin Kontakt gehalten hätte, statt auf Mittelsmänner wie Abramowitsch, Woloschin, Schwidler** oder Surkow zu vertrauen, dann hätte Putin, bei seinem Charakter, ihn vielleicht nicht ins Gefängnis gesteckt. Vielleicht hätte es etwas anderes gegeben, eine andere Geschichte, irgendetwas anderes – auch wenn der Wunsch, sich den Leckerbissen Yukos zu schnappen, natürlich groß war, und so kam es dann ja auch. Verstehst du? Mischa fiel es irgendwie schwer, direkte Kontakte zu wichtigen Führungspersonen zu halten und zu pflegen. Er kann kommunizieren, aber

\* Nach seiner Zeit bei der Agentur ITAR-TASS übernahm Newslin im Jahr 2000 den Vorsitz im Jüdischen Kongress Russlands und wurde als Abgeordneter von Mordowien ins Oberhaus des Parlaments, den Föderationsrat, gewählt; er betrieb humanitäre Projekte und wurde 2003 zum Rektor der Staatlichen Russischen Universität für Geisteswissenschaften (RGGU) gewählt, die von Yukos im Rahmen eines Sponsoring-Programms mit 100 Millionen Dollar unterstützt wurde. (Anm. Natalija Geworkjan)
\*\* Jewgeni Schwidler, russischer Milliardär, Geschäftspartner von Roman Abramowitsch, von 1998 bis 2005 Präsident von Sibneft. Nachdem Sibneft von der Gazprom gekauft worden war, stieg Schwidler aus dem Ölgeschäft aus, blieb aber weiterhin Abramowitschs Geschäftspartner, mit dem er gemeinsam die Investment- und Vermögensverwaltungsgesellschaft Millhouse, LLC, leitet. (Anmerkung Natalija Geworkjan)

Kapitel 12

*persönliche, vertrauensvolle Beziehungen eingehen kann er weniger. Genau das wäre in der Situation mit Putin und seinem Umfeld aber nötig gewesen. Das war die allgemein übliche Taktik in so einem Fall, da vertraute man nicht auf Mittelsmänner. Mischa mochte es nicht, bei den Chefs der Politik Klinken zu putzen. Er ging immer über andere Leute, er wollte keine Zeit für die Pflege von Beziehungen verschwenden. So ist er eben: ein Stratege, der in großen Zusammenhängen und Operationen denkt, der Entwicklungen im Blick hat, aber nicht Menschen. Deshalb beauftragte er mit Dingen, die man nur von bestimmten Personen bekam, lieber andere Leute. Das konnte ich sein, Wassili Schachnowski, Michail Truschin, Alexander Timerko,* Woloschin oder Surkow – eigentlich also jeder, der bereit war, Chodorkowskis Meinung angemessen weiterzugeben und dem er das zutraute; mit diesen Leuten hat er auch zusammengearbeitet. Als Chef zog er es aber vor, sagen wir es mal einfach, mit seinem Apparat zu arbeiten und nicht etwa direkt mit Leuten, die auch ihren eigenen Apparat hatten. Und das fällt völlig aus der russischen Tradition heraus. Bei uns ist es ja üblich, dass man zusammen in die Sauna geht.«*

Wladimir Putins und Igor Setschins Start im Kreml fiel in das Jahr 1996. Damals folgte Setschin Putin wie ein Schatten überall hin: Putin fing als Stellvertretender Leiter des Präsidialamts an, Setschin arbeitete bei ihm im Apparat; im nächsten Jahr wurde Putin Stellvertretender Leiter der Präsidialadministration und Chef der Hauptkontrollverwaltung des Präsidialamts**, Setschin leitete eine Abteilung in derselben Verwaltung; 1998 wurde Putin Erster stellvertretender Chef der Präsidialadministration, Setschin stand nun seinem Apparat vor; später im selben Jahr

---

* Michail Truschin und Alexander Timerko waren beide Top-Manager bei Yukos. (Anm. Natalija Geworkjan)

** Glawnoe kontrolnoje uprawlenie, eine eigenständige Struktureinheit des Präsidialamts, die unter anderem für die finanztechnische Kontrolle der Unterabteilungen des Präsidialamts zuständig ist und die Einhaltung von Verordnungen, Anweisungen und Beschlüssen überwacht. (Anm. d. Ü.)

wurde Putin Direktor des FSB und Sekretär des Sicherheitsrats und anschließend, im August 1999, Regierungschef – Setschin leitete nun den Apparat der Regierung. Danach nahm Putin kommissarisch das Amt des Präsidenten wahr und wurde im März 2000 zum Präsidenten gewählt – Setschin war nunmehr Stellvertretender Leiter der Präsidialadministration und Chef der Präsidialkanzlei.

Etwa zur selben Zeit wie Putins Laufbahn begann auch Alexander Woloschins Karriere im Kreml: Im November 1997 wurde er Assistent von Walentin Jumaschew, des Leiters der Präsidialadministration unter Jelzin, im September 1998 wurde er Jumaschews Stellvertreter, ab März 1999 leitete er die Präsidialadministration, und in diesem Amt blieb er auch noch drei Jahre nach Putins Wahl zum Präsidenten.

Wladislaw Surkow tauchte im Frühjahr 1999 im Kreml auf, fast zur selben Zeit, als Woloschin zum Chef der Präsidialadministration ernannt wurde. Surkow wurde zunächst dessen Assistent und im August desselben Jahres Stellvertretender Leiter der Präsidialadministration.

»Ich war Putin zu nichts verpflichtet«

Michail Chodorkowski: *»Man kann mit Recht sagen, dass wir (ich meine Yukos) uns tatsächlich nie irgendwelche politischen Ziele gesetzt haben. Was mich persönlich angeht – und ich spreche jetzt, vielleicht erstmals seit vielen Jahren, ausschließlich in meinem eigenen Namen, so hatte auch ich bis 1999/2000 keine politischen Ziele, abgesehen von der Unterstützung für Jelzin.*

*Der Wandel vollzog sich gar nicht so sehr, weil Boris Jelzin zurückgetreten war und ich Wladimir Putin zu nichts verpflichtet war. Vielmehr stellte sich nach der Krise von 1998 die zunächst vage, später aber immer klarere Einsicht ein, dass wir entweder etwas falsch oder das Falsche machten.*

Kapitel 12

*Das war der Punkt, an dem ich mein Ideologem formulierte: Es müsste möglich sein, Geld in Bildung und in die Erziehung einer neuen Generation umzuwandeln, und das sollte im Ergebnis dazu führen, dass sich unser Volk bewusst für eine demokratische Entwicklung entscheiden würde.*

*Mir ist klar, dass das naiv und schwülstig klingt. Aber das ist auch nur ein inneres Ziel für mich. Überhaupt bin ich ein Anhänger der philosophischen Theorie, wonach das eigentliche Ziel ›unergründlich und unerreichbar‹ ist. Ich will gar nicht weiter darauf eingehen, aber eine wichtige angewandte Schlussfolgerung dieser Theorie postuliert, dass die Methoden wichtiger sind als das Ziel. ›Moralische‹ Methoden erzeugen zwar unvorhersehbare, aber ›moralische‹ Ergebnisse. Und umgekehrt. Ich bin der Beweis dafür.*

*Eben deshalb konzentrierten sich meine gesellschaftlichen Projekte auf den Bildungssektor. Obwohl wir uns auch mit vielen anderen Dingen befassten. Letztlich missfiel mir genau das, was wir in Russland unter Politik verstehen, nämlich Intrigen, und es missfällt mir bis heute. Vielleicht einfach deshalb, weil diese Art von Aktivität nicht meine starke Seite ist.«*

*Wladimir Dubow: »Ich kann dir sagen, wann das mit der Politik losging. Überleg mal: Alle Welt will, dass die Erdölkonzerne stabil sind. Und wie wird diese Stabilität erreicht? Die Erdölkonzerne tauschen Vermögenswerte untereinander aus. Und hier stellt sich die Frage: Wie viel kostet eine Tonne Öl, das noch in der Erde lagert – in Venezuela, in Libyen, Saudi-Arabien oder Norwegen? Das ist der Preis für die nicht ausgebeuteten Ölreserven, und der ist sehr eng an die politische Situation geknüpft. Ist die politische Situation in Ordnung, kostet das Öl mehr, wenn sie beschissen ist, wird es billiger. Nehmen wir an, ich will eine Million Tonnen dieses noch nicht ausgebeuteten Erdöls aus Westsibirien gegen eine Million Tonnen Öl vom Golf von Mexiko eintauschen. Und dann höre ich: Nix da, deine Million Tonnen in Sibirien kostet nur so viel wie 400 Tausend Tonnen am Golf von Mexiko. Weil wir unterschiedliche steuerliche Bedingungen, politische Risiken und Förder-*

*kosten haben. Alle diese Parameter lassen sich irgendwie bereinigen, bis auf die politischen Risiken. Und nun stellt sich die Frage: Was kostet die reine Politik? Uns war klar geworden, dass unser Asset deutlich billiger ist als vergleichbare Assets in einem stabilen, gut entwickelten Land mit einer vorhersehbaren politischen Entwicklung. Zum Beispiel dort, wo ein Premierminister, sagen wir mal, nicht einfach aus einer Laune heraus irgendwelche ›Doktoren‹ in ein Großunternehmen schickt.\* Ich glaube, nachdem wir diesen direkten Zusammenhang zwischen Wirtschaft und Politik verstanden hatten, fingen wir an, über Politik nachzudenken.*

*Ich weiß noch, einmal saßen wir zusammen und Chodorkowski sagte: Wisst ihr, im Moment sitzen wir im Schützengraben und anscheinend geht uns das alles nichts an. Höchstens, dass mal ein bisschen Abwasser in unseren Schützengraben schwappt, aber im Großen und Ganzen lässt es sich darin aushalten. In dieser Scheiße. Und nun gibt es zwei Möglichkeiten: Entweder wir kommen aus dem Graben heraus, aber das ist riskant. Oder wir bleiben darin sitzen. Wir stimmten ab, jeder musste seine Position begründen. Am Ende beschlossen wir, herauszukommen. Er schlug vor, in den Public-Policy-Bereich einzusteigen, unter anderem indem wir Politik finanzierten. Zu diesem Zeitpunkt liefen bereits das Jugendprojekt ›Neue Zivilisation‹ und das Aufklärungsprogramm ›Föderation Internet-Bildung‹. Mit der Finanzierung der russischen ›Internews‹\*\* und der ›Public Policy School‹ kamen wir dann schon aus unserem Schützengraben heraus.«*

---

\* Dubow spielt auf einen Vorfall von 2008 an, als Putin einen der größten russischen Metallurgiekonzerne, Mechel, unerwartet scharf kritisierte und ankündigte, »einen Doktor zu schicken, um das Problem zu beheben«, vielleicht auch »unter Mitwirkung der Generalstaatsanwaltschaft«. Die Aktien von Mechel brachen daraufhin an der New Yorker Börse ein, anschließend auch die russischen Aktienindizes. Der Gesamtschaden aus Putins »Angriff« wurde auf mehrere Dutzend Milliarden Dollar geschätzt. (Anm. Natalija Geworkjan)

\*\* Eine internationale Organisation für Medienentwicklung, die mit Zuwendungen und Spenden unterstützt wurde. (Anm. Natalija Geworkjan)

Kapitel 12

Michail Chodorkowski: »*Während meiner Tätigkeit bei Yukos durchliefen auch die karitativen Projekte eine Evolution. Man muss wissen, dass die Monostädte früher komplett von den gemeindekonstituierenden Unternehmen finanziert worden waren. Deren Stellvertretender Direktor für Soziales war im Grunde genommen jeweils der Chef des Kreises, der Stadt oder der Gemeinde gewesen. Das Ministerium hatte den zulässigen Anteil der Erträge und Ressourcen festgelegt, die für den Bedarf der eigenen Arbeiter und Ortschaften bereitgestellt werden durften. Dann aber hatte die Lage sich geändert: Die Mittel für die Ortschaften kamen nun aus dem Haushalt der jeweiligen Region, und den Unternehmen wurde das Geld in Form von Steuern abgezogen (das lief zwar nicht alles so einfach und schnell, aber nach und nach ging man zu diesem Verfahren über). Alle zusätzlichen Ausgaben (Kulturzentren, Sportanlagen, Stadtfeste) landeten in der Kategorie ›Wohltätigkeit‹. Allerdings einer Art ›gewohnheitsmäßigen‹, fast schon ›obligatorischen‹ Wohltätigkeit.*

*Abgesehen davon und abgesehen von der sozialen Unterstützung der eigenen Mitarbeiter (bei Krankheit, Unfällen und ähnlichem) gab es auch noch eine ›werbeträchtige‹ Wohltätigkeit, um das Image eines Unternehmens aufzubessern, sowie eine Wohltätigkeit ›fürs Herz‹, also ›einfach so‹. Dahin flossen auch die persönlichen karitativen Aufwendungen der Gesellschafter aus ihren privaten Mitteln (das Lyzeum in Korallowo ist schließlich nicht das einzige Projekt dieser Art). Erhebliche Ausgaben wanderten auch in die ›politische Wohltätigkeit‹, also wenn Politiker um eine ›Gefälligkeit‹ baten, in Form einer Unterstützung für diverse öffentliche Initiativen (zumeist in ihren eigenen Regionen, wo sie sich zur Wahl stellen mussten).*

*Das alles kostete Hunderte Millionen Dollar aus dem Firmenhaushalt. Dabei ging es um Aktivitäten, die vom eigentlichen Profil des Unternehmens weit entfernt waren. Natürlich hätte man das nicht kontrollieren müssen, nach dem Motto, was gespendet wird, ist eben weg. Aber damit waren Probleme vorprogrammiert. Dass das Geld einfach gestohlen werden konnte, war dabei noch nicht einmal das*

Schlimmste. Schlimmer war, was jemand mit diesem nicht mehr kontrollierten Geld alles anstellen konnte. Ein denkbar einfaches Beispiel: Wenn irgendwelche Anlagen für einen Kinderspielplatz schlampig gemacht werden und dann etwas passiert, ist das ein Wahnsinnsschaden für den Ruf des Unternehmens (vom eigenen Gewissen ganz zu schweigen). Oder ein anderes Beispiel, das ist mehrmals versucht worden: Jemand veröffentlicht irgendeine halbfaschistische Publikation mit dem Hinweis ›Herausgegeben mit freundlicher Unterstützung von ...‹. Solche Beispiele gibt es viele.

Jedenfalls stellte sich die Frage nach einer Organisationsstruktur für die Verwaltung der karitativen Projekte. Wir suchten zunächst auf dem freien Markt, aber das brachte damals keine Ergebnisse. Also mussten wir selber ran. Wir nannten die Sache ›Offenes Russland‹. Später, als ich mich selbst eingehender mit dem Thema befasste, erhielt die Stiftung eine liberale Ausrichtung. Ich lernte interessante Leute kennen und hörte mir an, wie sie argumentierten. Wie sich herausstellte, harmonierte das mit einigen meiner eigenen Überlegungen. Das Wichtigste dabei war aber, dass das sehr anständige Menschen waren.«

Offenes Russland

Bis 2001 wurden alle, auch die bereits früher vom Unternehmen ins Leben gerufenen Bildungs- und Internetprojekte gebündelt und im Rahmen der Stiftung»Offenes Russland« (*Otkrytaja Rossija*) durch neue Projekte ergänzt; die Stiftung wurde aus privaten Mitteln der Yukos-Gesellschafter und von Privatpersonen »zur Realisierung von Wohltätigkeits-, Bildungs- und Aufklärungsprojekten« finanziert. Vorstandsvorsitzender der Stiftung war Chodorkowski. Ich schließe überhaupt nicht aus, dass Chodorkowskis Interesse für die Probleme der Zivilgesellschaft ganz und gar pragmatisch motiviert war. Das Kalkül war einfach: Innerhalb von 15 bis 20 Jahren würden andere Menschen im Land heranwachsen – gut ausgebildet, progressiv und selbstständig denkend.

Kapitel 12

Das wäre die zukünftige Wählerschaft, die dann die Zukunft des Landes zu bestimmen hätte. Mit diesem Land verband Chodorkowski sein eigenes Leben, das seiner Familie und seine weitere Selbstverwirklichung. Ein Generationenwechsel, mit Menschen, die nach dem Ende der Sowjetunion geboren und aufgewachsen sein würden, unbelastet durch Nostalgie, mit anderen Interessen, einem anderen Wissensniveau, einer anderen Arbeitsmoral, einer anderen Einstellung zum Instrumentarium der Moderne, nicht zuletzt zur Technik; Menschen, die anders denken, die sich zu europäischen Werten hingezogen fühlen und Demokratie als etwas Natürliches auffassen würden. Träume? Vielleicht, aber warum auch nicht? Oder sollte a priori das, was gut für Chodorkowski war, schlecht für das Land sein? Das glaube ich nicht. Schon gar nicht in diesem Fall.

Ich habe Kinder gesehen, die im Internat Korallowo aufgewachsen sind, das Chodorkowski bereits 1994 gegründet hatte und wo Waisen und Kinder gefallener Militärangehöriger aufgenommen wurden. Mir ist klar, wie das Schicksal vieler von ihnen hätte aussehen können, wäre da nicht dieses Internat gewesen und hätten diese Kinder nicht die Liebe und Hingabe von Chodorkowskis Eltern erfahren, die die Einrichtung leiten. Schon die Schönheit dieses restaurierten alten Gutshauses, in dem die Kinder leben und lernen, heilt und bildet die Seele. Wie meine Kollegin Katja Gordejewa sagte, die unlängst zum ersten Mal dort war: »Weißt du, ich musste weinen, es war mir richtig peinlich. Aber es hat mich irgendwie erschüttert, dass der Mensch, der diese ganze Schönheit hat wiederaufleben lassen und der im Grunde genommen diese Kinder rettet, im Gefängnis sitzt.«

Über das Leben der Jugend in der tiefen Provinz weiß ich viel weniger als Chodorkowski, aber ich erinnere mich noch an ein Gespräch mit einem großartigen Mädchen aus der Nähe von Tjumen, das mit 15 Jahren allein nach Moskau kam und dabei alles riskierte, was ein hübsches Mädchen ohne Eltern riskieren kann, und das letztlich in der Hauptstadt ganz schutzlos war. Ich fragte sie: »Wie konntest du so ein Risiko eingehen? Und wie konnten deine Eltern dich einfach gehen lassen?« Sie sagte mir, fast ihre ganze Klasse sei drogenabhängig gewesen, und deshalb sei gar nicht ausgemacht, wo sie mehr riskiert hätte. Damals wurde mir bewusst, dass diese Schulklasse durchaus keine Ausnahme war. Und das ist nur eines von vielen Problemen, die Russland leider keine rosige Zukunft verheißen.

*Leonid Newslin: »Die Gründung von ›Offenes Russland‹ im Jahr 2001 war der Moment, in dem wir den rein wirtschaftlichen Rahmen verließen. Das wichtigste, das erste Projekt ›Föderation Internet-Bildung‹ hatte es schon vor Offenes Russland gegeben, aber es wurde später darin integriert. Es lief ziemlich erfolgreich, und ich glaube, dass Mischa die zivilgesellschaftlichen Projekte noch ausweiten wollte, besonders in der Jugendbildung. Daher auch die Idee mit der Stiftung. Wobei ein Teil der Leute, die für Offenes Russland arbeiteten, nicht bei Yukos waren, das heißt, sie arbeiteten nicht unmittelbar im Unternehmen, hatten aber mit der Stiftung zu tun, wie ich zum Beispiel. Ein anderer Teil der Leute arbeitete bei Yukos, hatte aber nichts mit der Stiftung zu schaffen. Mischa Brudno beispielsweise, der Teil unserer Gruppe und einer der Yukos-Chefs, jedoch nicht für Offenes Russland tätig war.*

*Ich weiß noch, als das alles losging, sagte Chodorkowski – wortwörtlich erinnere ich mich nicht, aber sinngemäß: Das, was wir jetzt machen werden, wird von ›denen da oben‹ möglicherweise als Zeichen von Illoyalität aufgefasst werden. Aber ich will mich wohlgemerkt trotzdem damit befassen, mich interessiert das sehr, und es kann gut sein, dass ich mich später, nach dem 45. Lebensjahr, vielleicht auch nur noch mit der Zivilgesellschaft beschäftige. So ungefähr. Er hat uns gewarnt, dass die Reaktionen unterschiedlich ausfallen könnten, und er forderte uns auf, falls jemand vor den möglichen Folgen Angst habe, solle er am besten gleich eine Entscheidung treffen, weil es später vielleicht schon zu spät sein könne.*

Kapitel 12

*Kann man Offenes Russland als Einstieg in die politische Sphäre betrachten?* In Russland gibt es da keine scharfe Abgrenzung, insofern konnte man die Projekte, die Offenes Russland machte oder unterstützte, durchaus als Einmischung in die Politik werten.
*Nun zu der Frage, wann genau Chodorkowski sich für diese Probleme zu interessieren begann. Was ich hier sage, ist meine persönliche Meinung.* Nachdem wir uns ernsthaft um Yukos gekümmert und ein anständiges Unternehmen daraus gemacht hatten, als wir die schwierigste Phase hinter uns hatten, der Ölpreis gestiegen und die Selbstkosten für die Förderung gesunken waren, als Geld in die Kasse gekommen war und sich die Möglichkeit ergab, sich innerhalb des Unternehmens und in dessen Umfeld sozialen Projekten zu widmen, da begann er als analytisch denkender Mensch, die Informationen zu analysieren, die er von den Managern bekam, die innerhalb des Unternehmens für soziale Fragen zuständig waren. Er begann tatsächlich zu verstehen, was sich dort, wo das Unternehmen tätig war, abspielte: im sozialen Bereich, bei der Jugend und in der Bildung. Yukos war ein riesiges Unternehmen, das in 40 Regionen »saß«, in einigen sogar sehr fest verankert war, sodass er sich natürlich schon ein Bild davon machen konnte, was in den Köpfen der jungen Leute im ganzen Land vorging. Damals fing er an, davon zu reden, dass wir mit unserem derzeitigen Konzept nicht weiterkämen – bald würden uns die hochqualifizierten Fachkräfte fehlen und wir müssten auf Arbeitskräfte aus dem Ausland ausweichen. Dieses Bild aus den Regionen, in denen Yukos aktiv war, ließ sich durchaus auf das ganze Land und die Zukunft des Landes extrapolieren. Etwas später fing er dann an, schon über ein breiteres Spektrum zivilgesellschaftlicher Fragen nachzudenken, nicht nur über Bildung, und traf sich deswegen auch mit verschiedenen Leuten. Ich glaube, durch Yukos nahm er das Problem in einer anderen Dimension wahr. Er nahm es einfach ernster und nahm es sich auch mehr zu Herzen, was damals insgesamt nicht gerade typisch für die Oligarchen war. Um es einmal mit großen Worten zu sagen: Ich glaube, er sah sich selbst als einen der Menschen, die in der Lage sind, die Welt zu

Nach Jelzin

*verbessern. Mir scheint, er wollte ein Werkzeug zum Aufbau einer Zivilgesellschaft schaffen.«*

Im Jahr 2006, nach der ersten Verurteilung von Michail Chodorkowski und Platon Lebedew, verfügte das Basmanny-Gericht eine Sperrung der Konten von Offenes Russland. Die Mitarbeiter der Stiftung traten mit einer letzten Erklärung an die Öffentlichkeit, in der es hieß: »Trotz des aufrichtigen Wunsches der Mitarbeiter von Offenes Russland und des Vorstandsvorsitzenden der Organisation, Michail Chodorkowski, die Arbeit der Stiftung in den Bereichen Aufklärung und Schutz von Menschen- und Bürgerrechten sowie ihre sozialen Aktivitäten fortzusetzen, sieht sich die Organisation gezwungen bekanntzugeben, dass die Finanzierung der Projekte und Programme von 53 gemeinnützigen Organisationen in 47 Regionen des Landes sowie die eigene Projektarbeit und Wirtschaftstätigkeit von Offenes Russland eingestellt werden.«

Offenes Russland hatte Zuschüsse für Programme von Nichtregierungsorganisationen gewährt, unter anderem auch von Internews Russia, die nicht zuletzt aus Mitteln von USAID finanziert wurde. Internews kooperierte von 2002 bis 2006 mit Chodorkowski und seiner Stiftung und erhielt insgesamt 3 762 746 Dollar in Form von Zuschüssen: für eine Schule für TV-Journalisten aus den Regionen, Seminare, Wettbewerbe für Nachrichtenformate und Reportagesendungen und ein Fernstudienprogramm für Journalisten.

Da ich selbst Gelegenheit hatte, im Rahmen dieses Programms Vorlesungen zu halten und mit den Teilnehmern zu sprechen, kann ich es ganz zusammenfassen: Internews hatte eine Schule zur Ausbildung von selbstständig denkenden und professionellen Journalisten gegründet.

Anna Katschkajewa, Programmleiterin bei Internews Russia, heute Dekanin der Fakultät für neue Medien an der Higher School of Economics in Moskau, Journalistin bei Radio Liberty:

Kapitel 12

»Mit Chodorkowski machte mich Sweta Sorokina bekannt.* Sie sagte, er würde Internet- und Bildungsprojekte machen, wir hätten gemeinsame Interessen und es wäre vielleicht gut, sich mit ihm zu treffen und sich zu unterhalten. Wir fuhren also in sein Büro in der Dubininskaja-Straße. Ich war, ehrlich gesagt, wegen der ganzen Situation total angespannt: ein Oligarch, der Zuschüsse verteilt... Du kennst ja unsere Haltung zu den Oligarchen. Mir waren sie schon seit der Zeit der ›Informationskriege‹ alle miteinander unsympathisch.**
Eigentlich waren wir aber gekommen, um zuzuhören. Wir erhielten bereits Geld aus den USA, obwohl die Amerikaner eine russische Kofinanzierung natürlich sehr begrüßt hätten. Ich weiß noch: Chodorkowski war da, Schachnowski und eben Sweta und ich zusammen mit der Direktorin der russischen Internews, Manana Aslamasjan. Chodorkowski und Schachnowski sagten, wie wichtig das alles sei: helfen, entwickeln, bilden. Sie redeten über Demokratie, über Verantwortung und über den Imagewandel der Wirtschaft. Aber nichts konnte mich überzeugen. Ich hatte sie noch von der Moskauer Journalistencharta her in Erinnerung, wo sie, wie du sicher noch weißt, auch mal waren.***
Newslin war mir schon damals nicht sehr sympathisch gewesen, und Chodorkowski hatte die meiste Zeit geschwiegen.
Sie boten uns einen Zuschuss für die Entwicklung der regionalen Medien an: für Wettbewerbe, Technik, zur Förderung des Internets, für Studienzwecke und das Programm ›Logik des Erfolgs‹. Bei all dem ging es um das regionale Fernsehen. Also um genau das, was wir machten,

* Swetlana Sorokina, eine frühere Fernsehmoderatorin, Star bei NTW (Anm. Natalija Geworkjan)
** Die »Informationskriege«, Auseinandersetzungen um freie Medien in Russland, hatten zeitgleich mit der Privatisierungswelle begonnen. (Anm. d. Ü.)
*** Die Charta wurde 1994 von einer Gruppe führender Moskauer Politikjournalisten gegründet, hier traf man sich regelmäßig mit den wichtigsten »Newsmakern« des Landes, unter anderem auch den Yukos-Chefs. (Anm. Natalija Geworkjan)

nur sollten wir eben noch ihr Geld dazubekommen. Wir saßen nicht lange zusammen, weniger als eine Stunde. Offenbar hatten sie mein Misstrauen bemerkt, denn Chodorkowski fragte mich schließlich: ›Was verunsichert Sie so?‹ Ich sagte: ›Wissen Sie, ich habe eine einfache Frage. Sie haben doch da all Ihre Ölfelder, Bohrlöcher, den Permafrostboden und so weiter... Ein ganz einfaches Ding: Irgendwo in Chanty-Mansijsk platzt irgendwas oder irgendwas läuft aus. Und dann gibt es da einen Fernsehsender, der vielleicht mit Ihnen in Verbindung steht, vielleicht aber auch nicht. Nehmen wir mal an, wir gehen jetzt mit Ihnen irgendwelche finanziellen Beziehungen ein – und wir haben einen guten Ruf zu verlieren –, und dann sagen Sie: Die sollen aber in ihrem Fernsehen nicht über unsere Probleme berichten. Einfach so, ganz simpel: Das geht nicht, wir geben denen schließlich Geld für ihre Ausbildung, und wir können das jetzt nicht gebrauchen, dass über unsere Probleme berichtet wird. So etwas ist doch denkbar...‹ Er hörte mich an und sagte: ›Ich verstehe Ihre Argumente. Lassen Sie es uns doch so machen: Wir starten erst einmal unsere Zusammenarbeit, und in einem Jahr sagen Sie uns, ob es solche Situationen gegeben hat, ob wir irgendwie versucht haben, Druck auf Sie auszuüben, Sie zu beeinflussen...‹ Weißt du, ich kann nicht sagen, dass er mich überzeugt hätte, aber die Summe war in derselben Größenordnung wie die der Amerikaner. Allein für den TEFI-Wettbewerb[*] für regionale Fernsehsender haben sie uns damals 400 000 Dollar gegeben.

Kurz, wir schrieben einen großen Antrag für mehrere Betätigungsfelder, für unterschiedliche Studien, für Wettbewerbe und nahmen das Geld, über das wir ebenso Rechenschaft ablegen mussten wie auch gegenüber allen anderen Geldgebern. Wir machten ein großes Projekt mit der Föderation Internet-Bildung, die von ihnen finanziert wurde. Auf dieser Grundlage bildeten wir IT-Leute aus, und die machten dann ein Upgrade der Newsroom-Software, mit der bis heute noch viele

[*] Der TEFI ist der wichtigste Fernsehpreis in Russland. (Anm. Natalija Geworkjan)

Kapitel 12

regionale Unternehmen arbeiten. Wir richteten mehrere Schulen ein und riefen mehrere Projekte mit sozialer Werbung ins Leben. Insgesamt durchliefen bis zu 2500 Personen pro Jahr die Programme, die mit ihrem Geld finanziert wurden.

Ein Jahr später wurde schon die Stiftung Offenes Russland gegründet, und es war klar, dass wir mit der Stiftung weiterarbeiten könnten. Niemand hatte uns in diesem Jahr angerufen, niemand hatte uns um irgendetwas gebeten oder Druck ausgeübt. In unseren Seminaren sagten wir, mit wessen Geld das Programm organisiert wurde. Das haben wir immer und mit allen Sponsoren so gehandhabt. Das war eher eine Art PR.

Ein Jahr später traf ich Chodorkowski bei irgendeiner Veranstaltung. Wir stießen buchstäblich in der Tür zusammen. Er fragte: ›Und, wie sieht es aus nach dem einen Jahr?‹ Ich musste zugeben, dass wir keine offenen Fragen oder Klagen hatten und versuchen würden, einen neuen Zuschuss zu bekommen. Im Weiteren haben wir noch enger mit Offenes Russland zusammengearbeitet; einige Projekte überschnitten sich, bei einigen Projekten waren wir ihnen behilflich. Auch die Finanzierung lief über die Stiftung, offiziell abgewickelt wurde das über den Stifterrat, wir mussten unsere Projekte präsentieren, sie saßen alle da, hörten zu und mussten Beschlüsse fassen. Dann gab es alle drei Monate einen Rechenschaftsbericht – zu finanziellen und analytischen Aspekten. Alles, wie es sich gehört.

Und dann gab es irgendwann ein Gespräch mit Chodorkowski, bei dem es sehr stark um konzeptuelle Fragen ging. Das war im Hotel Baltschug in Moskau, er sprach dort im Rahmen des Programms ›Logik des Erfolgs‹. Nein, pardon, zuvor kam noch der Abschluss eines Wettbewerbs, wo er viele für sich gewann, weil er mit einem Computer ankam und selbst mit den Kabeln auf dem Boden herumkroch – irgendwas musste er anschließen für seinen Vortrag, er sprach über Erdöl. Julia Mutschnik, eine Journalistin vom Fernsehsender TV-2 aus Tomsk, führte ein sehr hartes Interview mit ihm und quälte ihn buchstäblich im vollbesetzten Saal, lauter Journalisten aus den Regionen waren da.

## Nach Jelzin

Nach anderthalb Stunden Gespräch fanden die Leute ihn sympathisch, das sah man einfach, später kamen sie dann im Flur auf ihn zu und stellten weitere Fragen. Verstehst du, er hat nie mit dem Publikum geflirtet. Damals, ganz am Anfang, sprach er ja auch noch nicht von humanitären Belangen, sondern von sehr technischen Fragen. Aber er sprach so klar, so verständlich, als Mensch, der global denkt und Dinge global betrachtet und der einem erklärt, warum wir nicht mehr von diesem Rohstoff leben können. Er hat immer wieder betont: Es geht um intellektuelles Potenzial, um Köpfe, um den technologischen Durchbruch, um Zukunft ... Und das hat das Publikum inspiriert.«

Arkadi Majofis, Gründer der Medienholding TV-2 (Tomsk): »Du erinnerst dich doch, dass Yukos die Eastern Oil Company (VNK) aufgekauft hat, zu der als wichtigster Vermögenswert auch Tomskneft gehörte. Chodorkowski hatte damals, als sie in Tomsk auftauchten, den Ruf eines harten Technokraten. Eines Tages nun sagte mir jemand, Chodorkowski wolle mich treffen. Wir trafen uns in seinem Hotelzimmer. Er wollte unseren Fernsehsender kaufen. Seine Motive waren einfach. Er sagte zum Beispiel, ihnen sei es wichtig, in der Stadt Unterstützung für eine insgesamt liberale Hintergrundatmosphäre zu haben. Was wir über den Yukos-Konzern berichteten, sei ihnen ganz egal, aber der liberale Hintergrund sei wichtig, und in diesem Punkt würden wir übereinstimmen. Der Sender bräuchte gar nichts zu ändern, die Redaktion könne genauso weiterarbeiten wie zuvor, wir sollten einfach bleiben, wie wir waren. Ich fand das gut. Allerdings musste ich nicht nur meine Mitgesellschafter davon überzeugen – wir waren zu dritt –, sondern auch den Sender selbst, mit Mitarbeitern wie zum Beispiel Julia Mutschnik, einer Journalistin, deren Meinung mir sehr, sehr wichtig war. Die ließen sich aber nicht überzeugen. Die Journalisten waren der Meinung, wir würden einen Riesenfehler machen, der letztlich den Sender ruinieren könnte. Zu dieser Zeit organisierten Manana Aslamasjan und Internews in Moskau irgendein Treffen, zu dem TV-Journalisten zu Hunderten aus dem ganzen Land anreisten. Im Rahmen dieser Konferenz sollte auch eine Meisterklasse zum Thema ›Interview‹ stattfinden.

Kapitel 12

*Julia Mutschnik wurde gebeten, diese Meisterklasse zu leiten. Wie sah das aus? Im Saal sitzen massenhaft Menschen aus allen Regionen des Landes, und auf der Bühne sitzen Chodorkowski und Julia Mutschnik. Sie sollte zeigen, wie man ein Interview führt. Julia war im Vergleich zu ihren Kollegen damals schon sehr professionell. Ich weiß noch, ich stand irgendwo rechts. Das Interview begann. Sie redeten über Wirtschaft, Chodorkowski sprach davon, dass man neues Personal ausbilden musste – das war sein Lieblingsthema – und dass wir uns nicht vom Öl abhängig machen dürften. Und plötzlich fragt Julia: ›Wozu brauchen Sie eigentlich einen kleinen Fernsehsender in Tomsk, können Sie diese Frage beantworten?‹ Das kam so unerwartet – ich wäre fast umgefallen. Chodorkowski fing an, von einer liberalen Grundstimmung zu sprechen und davon, dass die Position des Unternehmens jede Einflussnahme oder gar Druck auf die Medien grundsätzlich ausschloss. Ich konnte mich nicht zurückhalten und rief durch den ganzen Saal: ›Julia, das ist nicht in Ordnung, das hier vor allen Leuten zu machen, das ist unsere interne Angelegenheit! Der Eigentümer bin immer noch ich, und ich habe das Recht, mit meinen Aktien zu tun und zu lassen, was ich für richtig halte ...‹ Und so weiter, genau weiß ich es nicht mehr. Chodorkowski reagierte sofort: ›Gott sei Dank gibt es auch nüchtern denkende Leute hier im Saal.‹ Ich war total zerknirscht, Julia hatte mich echt aufgeregt. Am Tag zuvor hatte ich noch auf die Journalisten Rücksicht nehmen wollen, aber jetzt sagte ich mir: Wenn sie mich hier bloßstellen, werde ich tun, was ich für richtig halte.*

*Danach gab es eine komische Szene. Wir hatten alle Hunger, und dort gab es solche Mittagessen, weißt du, wie im Flugzeug, in Zellophanverpackung. Schreckliches Zeug, aber wir stürzten uns alle darauf. Chodorkowski auch. Nun muss man wissen, dass Yukos zusammen mit Tomskneft auch das Sanatorium ›Rus‹ übernommen hatte, die ehemalige Stalin-Datscha in Sotschi, die später Tomskneft gehörte. Ein Kollege von mir aus Jekaterinburg fragte Chodorkowski, wie er es anstellen könnte, für seine Eltern einen Aufenthalt in diesem Sanatorium zu bekommen. Darauf nickt Chodorkowski nur in meine Richtung und* sagt: ›Frag ihn‹ – so, als würde ich schon dazugehören. Sein Auftreten war ziemlich demokratisch, damit gewann er die Leute für sich. Aber Julia konnte er nicht überzeugen. Du kannst dir nicht vorstellen, was im Sender damals los war. Die Leute haben geweint. Sie dachten, jetzt nimmt man ihnen ihren geliebten Sender weg. Wir setzten die Verhandlungen fort. Uns wurde eine Sperrminorität zugestanden – 26 Prozent. Und wir legten eine Satzung vor, die kein Unternehmer, der noch bei Trost war, jemals akzeptiert hätte. Diese Satzung erlaubte es, mit unseren 26 Prozent jeden ihrer Beschlüsse zu blockieren. Und sie waren einverstanden! Wir legten eine Satzung vor, die vorsah, dass der Chefredakteur nur durch einstimmigen Beschluss des Journalistenkollektivs abgesetzt werden kann. Das heißt, wir sicherten uns geschäftlich ab, aber wir sicherten auch die redaktionelle Politik ab. Ich hätte das an ihrer Stelle nie im Leben unterschrieben. Aber sie haben unterschrieben und damit guten Willen bewiesen. Und Chodorkowski war das noch zu wenig. Ihm kam immer wieder zu Ohren, dass sich unter den Mitarbeitern ein furchtbarer Skandal zusammenbraute, und das spiegelte sich übrigens auch in der redaktionellen Politik wieder. Die Journalisten schossen sich schon mal so richtig auf Yukos ein. Ich glaube nicht, dass Chodorkowski fernsah, aber seine Vertreter in Tomsk haben sicher geschluckt, als sie sahen, was da über den Bildschirm flimmerte. Irgendwann erklärte Chodorkowski, er wolle sich mit den Journalisten treffen. Ich beschloss, nicht zu diesem Treffen zu gehen, und flog nach Moskau. Chodorkowski bat die schärfsten (im guten Sinne) Journalisten in mein Arbeitszimmer, die, die ich am liebsten hatte, und sagte: ›Leute, es reicht, ihr könnt euch wieder beruhigen. Ich garantiere euch, dass ich mich nicht in die redaktionelle Politik einmischen werde.‹ Und plötzlich fragt einer von den Jungs: ›Aber was ist, wenn Ihnen etwas zustößt?‹ Ohne Quatsch! Daran denken wir heute noch oft zurück. Chodorkowski setzte dieses für ihn typische, etwas hochmütige Lächeln auf und sagte: ›Das ist zwar schwer vorstellbar, aber falls es doch passieren sollte, bekommt ihr alle Goldene Fallschirme von uns.‹ Wir wussten damals noch gar nicht, was das heißt.

Kapitel 12

*Die Vereinbarung wurde unterzeichnet. Einen Teil des Geldes aus dem Verkauf gaben wir an die Mitarbeiter weiter. Die Journalisten fuhren in ihren Sendungen noch eine Zeitlang ›Angriffe‹ gegen Yukos, aber dann merkten sie, dass sie sich hier eine Woche lang auf Yukos eingeschossen hatten, und noch eine, und keiner ruft an, niemand fragt: Was macht ihr da?, niemand setzt irgendwelche Sendungen ab. Irgendwann hatten sich alle beruhigt.*

*Und dann wurde Lebedew verhaftet und anschließend Chodorkowski, und damit fing eine Geschichte an, an die ich nicht gern zurückdenke – die Geschichte, wie wir uns von Yukos ›lösten‹. Wir schrieben kurze Vermerke an Chodorkowski und baten ihn darum, uns das Recht einzuräumen, so zu handeln, wie wir das in der gegebenen Situation für richtig hielten. Chodorkowski ließ uns signalisieren: Leute, wie ihr es macht, wird es richtig sein, mit anderen Worten: Macht euch davon, ich freue mich nur, wenn ihr geht, helfen kann ich euch jedenfalls nicht mehr. Dann fuhr ich zu Newslin nach Israel, und er sagte dasselbe: Ich kann euch überhaupt nicht helfen, macht es so, wie ihr es für richtig haltet. Wir gehörten ihnen ja über die Firma Global Media Management. Also haben wir ihnen diese Firma abgekauft. Es stellte sich heraus, dass diese Struktur 18 Millionen Dollar Schulden hatte, die mit Aktien unseres Senders (74 Prozent) besichert waren. Wir hatten also ihre Schulden gekauft. Heute gehört das Unternehmen wieder natürlichen Personen. Es gibt da aber noch so eine Kleinigkeit. Das Unternehmen, das wir damals aufkauften, hatte neben den Schulden auch noch Geld auf den Konten. Wir kamen zu dem Schluss, dass dieses Geld Chodorkowski und Newslin gehörte, und dachten darüber nach, was sie wohl mit dem Geld gemacht hätten. Also spendeten wir es für die Synagoge in Tomsk, die Synagoge in Krasnojarsk und an Invaliden der verschiedensten Kriege. Das heißt, wir haben keine einzige Kopeke von diesem Geld für uns behalten. Wir dachten, wenn Chodorkowski demnächst aus dem Gefängnis käme, könnten wir ihm berichten, wie wir uns von ihm gelöst und was wir mit seinem Geld gemacht hatten. Natürlich*

haben wir nicht damit gerechnet, dass alles so kommen würde, wie es jetzt ist...«
Anna Katschkajewa: »*Dann kam unser Treffen im ›Baltschug‹. Wir saßen etwa 40 Minuten in einem entlegenen Zimmer und unterhielten uns einfach. Auf einmal kam er auf die Politik zu sprechen. Dass es so nicht weitergehen könne, dass das Land nicht ewig in einem Zustand des ›Zarismus‹ verharren könne, und dass sie sicher auch Fehler gemacht hätten, aber dass es Zeit sei, andere Regeln einzuführen. Ich sagte: ›Andere Regeln? Wollen Sie etwa Präsident werden?‹ Er sagte: ›Unsinn, das könnte ich mit meinem Nachnamen sowieso nie.‹ Seiner Meinung nach sollte der Präsident nur eine formale Rolle spielen, ihm schwebte offensichtlich eine parlamentarische Republik mit einem starken Premierminister vor. Ich weiß noch, dass ich irgendwie verdutzt war, die Situation im Land lud ja nicht gerade zu solchen Gesprächen ein. Ich weiß auch noch, dass ich ihm sagte, in unserem Land sei es sehr gefährlich, Präsidenten ins Amt bringen zu wollen, also die Spielregeln zu ändern. Er fand aber, irgendwann müsse man eben damit anfangen.*

*Er war sich seiner Wahrnehmung sehr sicher. Ich fragte: ›Wozu geben Sie sich überhaupt mit so etwas ab?‹ Darauf folgte ein ganzer Vortrag, und am Ende sagte er: ›Sie müssen mir das nicht abnehmen. Aber wissen Sie, ich habe zwei dreijährige Jungs. Einmal bin ich mit ihnen durch Shukowka spazieren gegangen, auf dem Fußweg, sie tollten da im Schnee herum. Und plötzlich stellte ich mir lebhaft vor, wie wir in vielleicht 15 Jahren denselben Weg hinter einem bewachten Zaun entlanglaufen und meine Jungs mich fragen: ›Papa, du hast neun Milliarden und ein Land, das uns hasst. Wozu soll das gut sein?‹ Und da dachte ich, haben wir denn eine Wahl? Damit muss man etwas machen! Schnell wird es nicht gehen, rund 25 Jahre wird man schon brauchen, aber damit das irgendwann passiert, muss man Geld in die Jugend investieren.‹ Deshalb die jungen Leute, die Studenten, die Journalisten und all die Programme... Darin steckte Messianismus, Entschlossenheit und pragmatisches Kalkül. Und es war offensichtlich, dass er die Zukunft seiner Kinder mit seinem Land in Verbindung brachte. Er redete wie ein Anhänger eines starken Staates. Und weißt du was, damals dachte ich: Auch er hat sein Kreuz zu tragen. Und ich habe ihm geglaubt.*

*Nach meinem Gefühl ist das alles erst allmählich gewachsen. Am Anfang hat er sich irgendwie intuitiv in diese Richtung bewegt, vielleicht, weil ihm klar war, dass das für seine PR notwendig war, oder er wollte irgendeinen Ehrgeiz befriedigen. So gut kenne ich ihn ja nicht ... Aber mir scheint, dass er an Offenes Russland, am Kontakt mit den Menschen, den Journalisten, den Leuten vom Film und den Bürgerrechtlern gewachsen ist. Seine Vorstellung davon, was in diesem Bereich alles zu tun war, hat sich weiterentwickelt; früher hatte er ihn nicht so sehr beachtet, ihm war nicht klar gewesen, wie wichtig er war, aber nach und nach reifte das in ihm heran und er wusste, dass er wohl in die richtige Richtung ging. Es ist kein Zufall, dass er noch unmittelbar vor seiner Verhaftung sagte, Offenes Russland wäre das Letzte, was er schließen würde. Ich denke, das Wichtigste an diesem Projekt war ihm die Erziehung zur Freiheitsliebe – Menschen zu formen, die in der Lage sind, für sich selbst einzustehen und um sich herum ein lebenswertes Umfeld zu schaffen.*

*Als 2003 die Probleme bei ihnen anfingen, haben sie uns nicht ein einziges Mal um Unterstützung gebeten. Ohnehin haben die regionalen Sender ihm auch von sich aus Sendezeit gegeben. Derselbe Fernsehsehsender in Tomsk, zum Beispiel. Dieselbe Julia Mutschnik, der er eines seiner letzten Interviews vor der Haft gegeben hat.«*

Nach Chodorkowskis Verhaftung bekam auch Internews Russia Probleme. Zuerst ging die Staatsanwaltschaft gegen Offenes Russland vor, und bald darauf auch gegen sie. Irgendjemand im Kreml hatte Internews sogar als »Anhängsel« von Offenes Russland bezeichnet. 2007, ein Jahr nach Offenes Russland, wurde auch Internews der Garaus gemacht, nachdem zuvor ein absolut drakonisches Gesetz über NGOs und gemeinnützige Organisationen erlassen worden war, das es erlaubte, sie vollständig staatlicher Kontrolle zu unterstellen und den aktivsten Bürgerrechts-

Nach Jelzin

organisationen die Luft abzudrehen. Putin sagte damals, man habe sich im Hinblick auf die NGOs eine sehr wichtige Aufgabe gestellt, nämlich »undurchsichtige Formen der Finanzierung innenpolitischer Aktivitäten in Russland auszuschließen«. Ich weiß noch, dass ich innerlich schmunzeln musste, während ich mir seine Begründung anhörte, da doch gerade die NGOs völlig transparente Formen der Finanzierung und öffentlich einsehbare Berichte hatten, die auf den Websites jeder einzelnen Organisation eingestellt wurden. Ich nehme an, man hatte Putin zugetragen, mit welchem Elan Offenes Russland agierte und worum es inhaltlich in den Projekten ging. Und die Unterstützung aus dem Ausland war ihm als ehemaligem Agenten natürlich von jeher verdächtig gewesen.

Chodorkowski soll einmal gesagt haben, fünf- und höherstellige Beträge seien keine Wohltätigkeit. Wohltätigkeit sei nach seinem Verständnis ein inneres Bedürfnis: Man zieht das Geld aus der Tasche, gibt es weg und hat es schon wieder vergessen. Schachnowski erzählt von einem Vorfall, als er mit Chodorkowki den Chef eines der Landkreise im Moskauer Umland besuchte. Dieser habe sie nach dem Gespräch noch zu einem Kurzbesuch im Heimatmuseum eingeladen. Sie seien hingefahren, hätten sich alles angesehen, und danach habe Chodorkowski zehntausend Dollar aus der Tasche gezogen und dem Museum geschenkt. Wohltätigkeit in Reinform. Die Bildungsprojekte und die humanitären Projekte aber, die er noch vor Offenes Russland oder später auch über Offenes Russland initiiert hat, könnte man wohl eher als Investitionen bezeichnen, als bewusste Ausgaben für eine notwendige und zukunftsträchtige Sache. Auch wenn sie nicht sehr geschäftsmäßige Bezeichnungen wie »environment shaping« tragen.

Leonid Newslin: »*In vielerlei Hinsicht hat gerade Mischa mich auf den Weg gebracht, der mir seit jeher am nächsten lag, nur dass ich früher einfach keine Möglichkeit hatte, mich mit diesen Dingen zu*

479

Kapitel 12

*befassen: mit der geistigen Durchdringung meiner Umgebung, mit Fragen wie Menschenrechten, Freiheit, Persönlichkeit, Ich und Kultur ... Und weißt du, warum? Weil sich die Freiheit, so seltsam das klingt, auch nach dem Geld bemisst, das man für irgendwelche technischen Dinge einfach ausgeben kann. Wenn man aufhört, die Ausgaben fürs Essen, für die Kleidung, für Reisen und Fahrkarten zu zählen, also für all das, was für den Lebensunterhalt notwendig ist, ohne sich gleich auf irgendwelche Jachten, Inseln, teuren Hobbys, Flugzeuge oder Hubschrauber zu verlegen – genau in diesem Zwischenraum wirkt Geld sehr befreiend. Man fängt an, selbstständig zu denken. Und ich habe dank Mischa schon ziemlich früh verstanden, dass die persönliche Freiheit für mich Vorrang hat.«*

Wassili Schachnowski: *»Wir haben immer mal wieder davon gesprochen, dass wir früher oder später das Unternehmen verlassen müssten, weil wir Gesellschafter und gleichzeitig auch Manager waren, und das war natürlich eigentlich nicht in Ordnung, schon gar nicht auf Dauer. Ich vermute, dass Chodorkowski sich damals schon eine Frist gesetzt hatte, wann er in seinem Leben etwas ändern müsste. Um 2005 oder 2007 herum. Und er sah seine Zukunft wohl gerade in diesem gesellschaftlichen Engagement. Ich denke, wenn es den Angriff auf das Unternehmen nicht gegeben hätte, hätte das auch alles problemlos funktioniert. Schließlich unterhalten alle großen Wirtschaftsstrukturen haufenweise gesellschaftliche Projekte. Nur dass es bei Mischa eben anfing, System zu haben, und dass er mehr dafür ausgab als andere.«*

Swetlana Bachmina, Juristin, ehemalige Yukos-Managerin: *»Chodorkowski veränderte sich, wir alle beobachteten und merkten das. Ich glaube, diese Veränderungen hatten damit zu tun, dass er irgendwann begriffen hatte, dass der Aufbau des Unternehmens und das Geld Ziele waren, die er schon erreicht hatte. Deshalb suchte er nach einer anderen Aufgabe. Er dachte darüber nach, wohin er nun gehen sollte: in die Politik, in den Aufbau der Zivilgesellschaft ... Und er fing an, sich parallel mit beidem zu befassen. Warum? Ich glaube, einer der Gründe ist, dass er nicht stillstehen kann. In seiner ersten*

Rolle, als Wirtschaftsboss, hatte er schon viel erreicht. Nun war er dabei, seinen weiteren Weg zu wählen. Ob er sich damals verändert hat? In gewissem Maß schon. Wahrscheinlich war er zu der Erkenntnis gelangt, dass man etwas für die Gesellschaft tun musste. In diesem Sinne hatte er sich natürlich verändert. Aber ich glaube nicht, dass er damals viel darüber nachgedacht hat, wie die Menschen leben, also über das Leben der einfachen Menschen. Er bekam sie schlichtweg nicht zu sehen. Na ja, er hat seine Arbeiter gesehen und ihnen mal auf die Schultern geklopft. Später dagegen hat er sie immer öfter gesehen, er hat ihre Probleme immer besser verstanden und begriffen, dass er genau so ein Mensch war wie sie, dass ihre Situation nicht so anders war. Diese ›Landung‹ vollzog sich aber erst im Gefängnis, scheint mir. Ich würde diesen Prozess in zwei Phasen einteilen: vor der Verhaftung und danach. Zuerst gab es eine Änderung in seinen Lebenszielen, seinen Prioritäten. Nachdem er in der Wirtschaft alles erreicht hatte, fand er, das reicht, das Thema kann man abhaken. Übrigens hatten wir, viele meiner Kollegen und ich, Verträge, die Ende 2007 ausliefen. Ich erinnere mich nicht mehr an den genauen Wortlaut, aber in etwa sagte er einmal, er wolle noch bis 2007 im Geschäft bleiben und sich danach diesen humanitären Projekten widmen.«

Wladimir Dubow: »2008 wurde Chodorkowski 45 und ich 50. Das war das Jahr, in dem wir, also alle Gesellschafter, laut Vereinbarung das Unternehmen verkaufen und uns gesellschaftlich engagieren sollten. Geplant war, 51 Prozent des Verkaufserlöses in gesellschaftliche Projekte zu stecken und 49 Prozent unter den Gesellschaftern aufzuteilen. Das stand so in unserer Satzung.«

NTW

Am 13. Juni 2000 wurde in Moskau der Inhaber des ersten privaten russischen Fernsehsenders NTW, Wladimir Gussinski, verhaftet. Der Sender war für seine Nachrichtensendungen, Reportagen und Talkshows berühmt und zweifelsohne einer der besten, die

Kapitel 12

man russlandweit empfangen konnte. Der offizielle Grund für Gussinskis Verhaftung war ein Kredit von Gazprom, der nicht fristgerecht zurückgezahlt worden war. Der wahre Grund war jedoch, dass der Sender Putin nicht unterstützt hatte und ziemlich kritisch gegenüber der Staatsmacht auftrat. Der Kreml brauchte keine Kritik, sondern einen Sender, der sich kontrollieren ließ, und dafür war Gussinskis Unterschrift vonnöten. Das Gefängnis ist ein ausgezeichneter Ort, um so eine Unterschrift zu bekommen. Nach ein paar Tagen in Haft unterzeichneten Gussinski und der Minister für Pressewesen, Michail Lessin, direkt an Ort und Stelle, im Gefängnis ein Papier, das Gussinski die Entlassung und Immunität garantierte und Gazprom das Recht einräumte, zu seinen eigenen Bedingungen die noch beim Inhaber des Senders verbliebenen Aktien aufzukaufen. So wird das in Russland gemacht. Chodorkowski war einer der 17 russischen Großunternehmer, die sich damals für Wladimir Gussinski einsetzten.

Leonid Newslin: »*Mischa fand, dass man mit Gussinski unfair umgesprungen war, und er schreckte auch nicht davor zurück, ihn materiell zu unterstützen, und zwar mit einer sehr anständigen Summe – es waren über 200 Millionen Dollar, die Chodorkowski im ersten Verfahren denn auch als einer der Anklagepunkte vorgehalten wurden. Später wurde dieser Vorwurf allerdings fallengelassen. Nachdem wir das Geld übergeben hatten, kamen erst auf Alexej Kondaurow und dann auf mich ranghohe FSB-Leute zu, die uns baten, diesen Kredit für ein gerichtliches Vorgehen gegen NTW einzusetzen. Wir sollten vor einem Schiedsgericht die Insolvenz des Unternehmens beantragen. Wir lehnten natürlich ab. Ich vermute, das war einer der Punkte, die man uns übelnahm, deshalb tauchte er auch in der Anklage auf. In den Augen der Staatsmacht sprach das einmal mehr gegen uns: Wir hatten nicht geholfen, waren nicht loyal gewesen.*«

Die neuen Eigentümer fanden sich in der Nacht vom 13. auf den 14. April 2001 bei NTW ein. Sie kamen wie Diebe. Ich war in dieser Nacht im Fernsehzentrum Ostankino und konnte bei der skandalösen Besetzung des Senders zusehen. Ein Teil der Mitarbeiter, Journalisten, Moderatoren und Techniker, die nach all dem nicht mit den neuen Eigentümern von Gazprom zusammenarbeiten wollten, kündigten.

Jewgeni Kisseljow, der damalige Generaldirektor von NTW: »*Am nächsten oder übernächsten Tag nach unserem Weggang rief mich Wassili Schachnowski an: ›Wir müssen uns treffen, komm doch vorbei.‹ Ich ahnte schon, dass es um etwas Geschäftliches ging, also nahm ich meinen ersten Stellvertreter Sergej Skworzow mit. Wir fuhren in die Ulanski-Gasse, wo damals die Yukos-Chefs saßen. Das Gespräch war denkbar einfach. Sie fragten: ›Wie können wir euch helfen?‹ Mit ›euch‹ waren die Journalisten gemeint, die den Sender verlassen hatten. Wir wechselten einen kurzen Blick und sagten: ›Wahrscheinlich mit Geld.‹ Sie sagten: ›Wir können euch zwei Millionen geben.‹ Wir fragten: ›Wann?‹ Darauf sie: ›Sofort.‹ Und so gaben sie uns zwei Millionen Dollar.*

*Nachdem wir von NTW weggegangen waren, schlüpften wir vorübergehend bei dem Unterhaltungssender TNT unter, den sie Gussinski damals noch nicht weggenommen hatten. Wir saßen dort alle auf einem Haufen und brauchten dringend Möbel, Computer, Fernseher, Monitore, Fernseh- und Aufnahmetechnik. Wir hatten ja nichts mitgenommen. Und genau dafür ging dieses Geld drauf.*

*Kein anderer der Oligarchen hat uns zu diesem Zeitpunkt, gleich nach dem Bruch mit NTW, Hilfe angeboten. Warum gerade Chodorkowski? Verstehst du, hier ist vielleicht so eine Art historische Bildverzerrung am Werk, und ich projiziere mein jetziges Verhältnis zu den Jungs unbewusst auf meine frühere Haltung, aber ich habe trotzdem das Gefühl, als hätte ich von vornherein gewusst, dass das gute, anständige Leute waren, deren Sicht auf vieles, was sich in Russland und in der Welt abspielte, in etwa mit unserer übereinstimmte. Wassili Schachnowski und ich hatten nicht eben viel Kontakt, aber wir liefen uns manchmal über den Weg; Sweta Sorokina war mit ihm befreundet.*

*Von wessen Geld wir die Technik gekauft hatten, sagten wir keinem. Das wussten nur drei Personen: Serjosha Skworzow und ich und unser*

Kapitel 12

*Hauptbuchhalter. Du verstehst natürlich, was zwei Millionen sind und was einem dafür blühen kann. Aber wenn dieses Geld nicht gewesen wäre, hätten wir nichts machen können.*

*Von dann an brachten wir mehrere Wochen lang unsere Nachrichten und ›Itogi‹\* auf TNT, sie waren unmittelbar in deren Sendeplan integriert. Später gingen wir dann zu TV-6.«*

Der Sender TV-6 gehörte zu dieser Zeit immer noch einem anderen Oligarchen: Boris Beresowski. Er war Hauptaktionär des Senders. Beresowski gehörten daneben auch 49 Prozent der Aktien (gegenüber 51 Prozent in Staatsbesitz) des größten russischen Fernsehsenders ORT, des heutigen »Ersten Programms«. Nach dem Untergang des U-Boots *Kursk* Anfang August 2000, drei Monate nach Putins Amtseinführung, brachte der Sender eine Serie mit Reportagen über die Tragödie und Interviews mit den Witwen der verunglückten Seeleute, was im Kreml für Verärgerung sorgte. Die Journalisten kritisierten die Staatsmacht wegen ihrer Untätigkeit und der Lügen im Zusammenhang mit dem Unglück; Putin selbst wurde vorgeworfen, seinen Urlaub in Sotschi nicht sofort unterbrochen zu haben, als die ersten Meldungen über die Geschehnisse auf dem U-Boot eingingen. Für den Kreml war das ein hypersensibles Thema. Schließlich sprach der damalige Chef der Präsidialadministration, Alexander Woloschin, zunächst allein mit Beresowski und dann gemeinsam mit Putin. Die Gespräche liefen, kurz gesagt, darauf hinaus, dass die »Position der seiner (das heißt Beresowskis) Leitung unterstehenden Journalisten nicht der Tragik der Situation entsprach, weshalb die Leitung (des Unternehmens ORT) durch Beresowski beendet werden musste«.\*\* Die Tatsache, dass Beresowski als einer von

---

\* »Itogi« [Fazit] hieß ein sehr bekanntes politisches Magazin von Kisseljow auf NTW.
\*\* Woloschin hat davon unlängst in London berichtet, beim Prozess Beresowski vs. Abramowitsch, wo er als Zeuge von Abramowitsch aussagte.

484

Nach Jelzin

zwei Eigentümern des Senders nach wie vor mit dem Staat auf Augenhöhe war, habe aus Sicht des Kreml keine Rolle gespielt. »Das Konzert war aus«, so Woloschin. Im Endeffekt verließen Gussinski und Beresowski das Land.

Jewgeni Kisseljow: »*Ende Mai oder Anfang Juni wechselten wir zu TV-6, und im Januar 2002 wurde der Schalter umgelegt und wir konnten nicht mehr senden. Am 22. Januar 2002 hörte TV-6 auf zu existieren. Einige Tage später tauchte Anatoli Tschubais auf, der die Einrichtung einer ›Oligarchenkolchose‹ zur Finanzierung eines neuen Senders mit unserer Mitwirkung vorschlug.*

*Chodorkowski beteiligte sich nicht an dieser ›Kolchose‹. Kurz nachdem das Thema aufkam, rief er mich an und bat mich zu sich. Das Gespräch fand, wenn ich mich recht erinnere, unter vier Augen statt. Er sagte: ›Ich möchte Ihnen erklären, warum ich mich daran nicht beteiligen will. Sie kennen meine Haltung Ihnen und Ihren Kollegen gegenüber, und ich nehme nicht an, dass Sie an meiner Sympathie für Sie zweifeln. Verstehen Sie mich also richtig: Erstens wird das Ganze meiner Meinung nach traurig enden, weil der Sender nicht gleichzeitig und zu gleichen Anteilen mehreren Unternehmern von diesem Format gehören kann.‹ Genau kann ich mich an seine Worte nicht mehr erinnern, aber er versuchte zu erklären, dass das gegen die Natur, die Psychologie und das Wesen jedes Großunternehmers gehe, der immer versuchen würde, seine Vermögenswerte zu kontrollieren und zu managen. Er sagte, er habe ein Modell vorgeschlagen, das aus seiner Sicht ideal wäre: Danach würde jeder der Beteiligten einen Betrag als Zuschuss einzahlen, damit würde eine Art Fonds eingerichtet, den man ›Fonds zur Unterstützung eines unabhängigen Fernsehens‹ nennen könnte, dann würde eine Firma gegründet, die die Gelder des Fonds managt, und man selbst zöge sich daraus zurück. Man würde also sein Geld geben und dann beiseitetreten. In seinen Augen war das die einzig richtige Lösung: eine Stiftung. Er sagte, er habe keine Mehrheit für seinen Vorschlag gefunden. Seiner Meinung nach hoffte jeder der Teilnehmer dieses Unterfangens darauf, früher oder später das*

Kapitel 12

gesamte Asset an sich reißen, den anderen ihre Anteile abkaufen und das Ganze zu seinem eigenen Privatunternehmen machen zu können. Dieser Gedanke missfiel ihm.

Und das Zweite, was er sagte, war: ›Ich investiere derzeit sehr viel Geld und Energie, um ein positives Bild meines Unternehmens zu schaffen. Ich will, dass es möglichst transparent wird und einen möglichst guten Ruf hat. Und dasselbe gilt auch für mich persönlich. Daher die Bildungs- und Wohltätigkeitsprojekte. Aber mein Unternehmen ist Teil der Erdölwirtschaft, und das ist ein hochsensibles Geschäftsfeld. Der Staat verfügt über sehr harte Kontroll- und Einflussmechanismen. Es gibt zum Beispiel den Staatsbetrieb Transneft, von dem ich abhänge, weil das Öl, das Yukos fördert, durch Pipelines transportiert wird, die Transneft gehören. Ein beliebiger staatlicher Inspekteur braucht nur eine formale Beanstandung vorzubringen, sagen wir einen Schwefelwert in dem von Yukos geförderten Öl, der um ein Zehntelprozent über dem zugelassenen Höchstwert liegt, und schon kann er mich so lange vom Öltransport abschneiden, bis wir diesen Wert wieder verringert haben, und mich auf diese Weise gut zwei Wochen lang an diesem Haken zappeln lassen. Im Erdölgeschäft bedeuten zwei Wochen den Zusammenbruch. Ich übertreibe ein bisschen, aber Sie verstehen: Ich möchte nicht, dass man mich in den Kreml bestellt und mir sagt: Was erlaubt sich dieser Kisseljow oder noch irgendwer da eigentlich bei dem Fernsehsender, bei dem du Aktionär bist. Und dann werde ich wegen meines Hauptgeschäfts gezwungen sein, Einfluss auf Sie auszuüben – bis hin zur Abschaltung Ihres Programms. Sonst machen Sie mir mein Hauptgeschäft kaputt. Diesen Interessenkonflikt möchte ich gern vermeiden, und deshalb mache ich da nicht mit.‹

Mir gefiel dieses Gespräch sehr, er war ehrlich und offen. Und mit der ›Oligarchenkolchose‹ ist übrigens alles genau so gekommen, wie er es vorhergesagt hatte – schließlich und endlich wurde das ›Schiff‹ einfach versenkt.«

Die Pipeline nach China

Im Februar 1999 kam Chodorkowski mit seinem Team nach Nowosibirsk, ins Institut für Öl- und Gasgeologie und Geophysik der Sibirischen Außenstelle der Russischen Akademie der Wissenschaften. »Durch die langen, von Schränken mit Mineralproben gesäumten Flure gingen Leute in teuren Anzügen mit Aktentaschen. Vorneweg schritt ein junger Mann mit funkelnden Brillengläsern. Chodorkowski (eben dieser junge Mann) wurde vom wissenschaftlichen Leiter des Instituts, Akademiemitglied Alexej Kantorowitsch, begrüßt«, so beschrieb die russische Ausgabe des *Forbes*-Magazins diesen Besuch.* Chodorkowski gilt als der erste der großen russischen Akteure der Erdölwirtschaft, der damit begann, eine Strategie für Ostsibirien zu entwickeln.

Zum Verständnis: Es geht hier um ein Gebiet mit einer Fläche von über sieben Millionen Quadratkilometern (43 Prozent der Gesamtfläche Russlands) – zwischen Westsibirien und dem Fernen Osten, von der Grenze zu China und der Mongolei im Süden bis zum Arktischen Ozean – und einer Bevölkerungsdichte von weniger als zwei Personen pro Quadratkilometer. Erdöl zu fördern, ist hier schwieriger, weil es in tieferen Schichten lagert, die Ölfelder sind zudem weit über das Gebiet verstreut und bilden nicht, wie im Westen Sibiriens, größere Gruppen. Andererseits ist das Öl höherwertig als in Westsibirien. Die nachgewiesenen ostsibirischen Reserven reichen nicht an die Westsibiriens heran, gleichzeitig lässt die geologische Prospektierung in diesem Teil des Landes zu wünschen übrig. Ostsibirien gilt als Region mit Zukunft, und wenn bei den Fördermengen in Westsibirien irgendwann ein Rückgang einsetzt (was einigen Voraussagen nach etwa 2020 der Fall sein könnte),

---

\* Nikolai Kononow: Wostotschny front JUKOSa [Yukos' Ostfront]. In: *Forbes*, 13.12.2009.

Kapitel 12

wird Ostsibirien mit seinem Öl diesen Rückgang auffangen können. Chodorkowski wollte sich offenbar einen Vorsprung erarbeiten. Er war gekommen, um mit Leuten zu sprechen, die dem Unternehmen helfen konnten, die Perspektiven für die Arbeit in diesen entlegenen Gebieten besser einzuschätzen.

Denis Kossjakow, Leiter der IT-Abteilung am Institut für Öl- und Gasgeologie und Geophysik Nowosibirsk: »*Diese Geschichte hatte eine Vorgeschichte, die mit der Übernahme der Eastern Oil Company (VNK) durch Yukos zusammenhing. Wir arbeiteten für die VNK und wollten nicht, dass Yukos sie übernimmt, weil die Übernahme der Form nach ziemlich feindlich wirkte, und alle Beamten, die uns näherstanden, vor allem die aus dem geologischen Bereich, waren deshalb sehr besorgt. Alle glaubten, dass das schlecht ausgehen würde. Wenn ich das richtig verstehe, hatte Chodorkowski zusammen mit seinem Management-Team die Kontakte und Partner der VNK analysiert. Und nachdem er sich die Ergebnisse der Forschungsarbeiten angeschaut hatte, die wir in den Jahren davor für die VNK gemacht hatten, schlug Chodorkowski von sich aus ein Treffen vor, um einige Dinge zu besprechen.*

*Er kam mit einem Team von Spezialisten, unter anderem auch denen, die er zu der Zeit bereits von der VNK abgeworben hatte. Wir wussten nicht recht, was wir davon halten sollten. Einerseits waren wir alarmiert, gleichzeitig war uns aber klar, dass es hier um unsere Zukunft ging, und wenn wir einen guten Eindruck hinterließen, würde sich vielleicht eine Zusammenarbeit ergeben. Wir brauchten ja Geld – die staatliche Finanzierung deckte höchstens 50 Prozent unseres Bedarfs ab, den Rest mussten wir auf dem freien Markt erwirtschaften.*

*Ich muss gestehen, dass mein erster Eindruck von ihm nicht sehr angenehm war. Chodorkowski benahm sich auf eine Weise, die wir nicht kannten. An der Akademie waren wir an eine gewisse Ehrerbietung im Umgang gewöhnt, an Respekt vor älteren Menschen. Das war einfach so Tradition. Und hier kam dieser junge Mann, der sich in*

Nach Jelzin

der Gesellschaft ziemlich angesehener Wissenschaftler reichlich ungezwungen benahm und keinerlei Ehrfurcht an den Tag legte. Unsere Besprechung fand in einem kleinen Konferenzsaal statt. Irgendwann mitten im Gespräch zog er die Stiefel aus und legte die Füße auf den Stuhl. Das war für uns einigermaßen schockierend.

Mehrere Tage lang berichteten unsere Spezialisten, referierten über unsere Arbeit, unsere Kompetenzen, und was wir in diesen Gegenden schon gemacht hatten. Irgendwann normalisierte sich die Situation allmählich. Er hatte anscheinend begriffen, mit wem er es zu tun hatte, und wir begannen zu verstehen, mit wem wir es zu tun hatten. Chodorkowski stellte sehr präzise Fragen und erfasste sehr schnell, worum es ging. Er verstand zwar vielleicht nicht alle geologischen Spezifika, aber die allgemeinen Zusammenhänge erfasste er sehr gut und machte sich ziemlich schnell ein Bild, auf dem der weitere Kontakt mit uns dann auch aufbaute. Eigentlich war er es, der unsere Arbeit in Ostsibirien, die wir damals nicht besonders aktiv verfolgten, wieder anstieß.

Unter den Großunternehmern war er der erste, der sich für Ostsibirien interessierte. Und wissen Sie, Chodorkowski baute von Anfang an eine vertikal integrierte Erdölgesellschaft auf, die auf Entwicklung setzte, auf eine positive Entwicklung. Nur wenig später fing auch Lukoil an, Forschungsarbeiten in den für sie neuen Gegenden durchzuführen. Inzwischen kommen auch die großen staatlichen Gesellschaften zu uns.

Für Yukos waren wir zu einer bestimmten Zeit ein ziemlich wichtiger Partner, viele Studien wurden von uns durchgeführt. Und das, obwohl sie innerhalb ihrer Struktur auch eigene Forschungseinrichtungen hatten, sowohl in Moskau als auch in Tomsk.

Damals wie später – wir haben im Kollegenkreis darüber gesprochen – machte Chodorkowski den Eindruck eines sehr demokratischen Chefs. Er konnte durchaus in Jeans und Hemd erscheinen, während alle seine Untergebenen in Anzug und Krawatte dasaßen. Gleichzeitig sagten seine Untergebenen frei ihre Meinung zu den Themen, die diskutiert wurden, aber wenn einmal eine Entscheidung getroffen war, dann wurde sie auch umgesetzt. Ein sehr qualifiziertes Management,

Kapitel 12

*das war der Eindruck, den man bekam. Und keinerlei Oligarchenallüren, der Personenschutz war mehr als bescheiden. Ich muss zugeben, dass der Bevollmächtigte Vertreter des Präsidenten\* mit mehr Pomp hier anreist als seinerzeit Chodorkowski.*

*Von da an haben wir letztlich die ganze Zeit, solange bei Yukos alles normal lief, für ihn gearbeitet. Finanziell fiel das für uns sehr ins Gewicht. Wir kooperierten in drei Richtungen: Erstens bei der Auswertung aller zum damaligen Zeitpunkt vorhandenen Ergebnisse geologischer Forschungen zu den relevanten Gebieten, die Ergebnisse dieser Arbeit stellten wir dann bereit. Zweitens in der Regionalgeologie – hier ging es um die Evalution von Perspektiven. Die westlichen Gesellschaften arbeiten normalerweise auf der Ebene einzelner Abschnitte, wir arbeiten dagegen auf der Ebene eines gasführenden Areals, das heißt, wir betrachten ein größeres Gebiet und können sagen, wo die Perspektiven besser sind, auf welches Gebiet man am besten ausweichen beziehungsweise wo man sich vorrangig um eine Lizenz bemühen sollte. Und drittens auf ökonomischem Gebiet, wir erstellten allgemeine Wirtschaftsprognosen. Zum Beispiel dazu, was man besser exportieren sollte – Rohöl oder bereits verarbeitete Produkte – und welche Standorte sich am besten für erdölverarbeitende Betriebe eigneten. Einschätzungen dieser Art. Chodorkowski investierte in unsere Forschungsarbeit Hunderte Millionen Dollar, wenn ich das richtig sehe.*

*Verstehen Sie, die Erschließung neuer Lagerstätten in Ostsibirien und selbst die weitere Erschließung dessen, was schon zu sowjetischen Zeiten begonnen, aber dann aufgegeben worden war, das alles kostete sehr viel Geld und barg große Risiken. Er war der erste, der in diese Arbeit eingestiegen ist. Allerdings hat er sie nicht zu Ende gebracht. Die Lagerstätte Jurubtscheno-Tochomskoje wurde nie in Betrieb genommen.*

\* Der russische Präsident hat in den Föderalbezirken, in denen jeweils mehrere Verwaltungsgebiete und -regionen eines größeren Territoriums administrativ zusammengefasst sind, je einen Bevollmächtigten Vertreter, der den Präsidenten vor Ort vertritt und dafür sorgt, dass die Rechte und Vollmachten des Präsidenten auch dort zur Geltung kommen. (Anm.d.Ü.)

## Nach Jelzin

*Das Thema ›Export in den Osten‹ war das Lieblingsthema unseres wissenschaftlichen Leiters Alexej Kantorowitsch. Chodorkowski lud ihn ins Yukos-Direktorium ein. Und Yukos hatte wirklich ein feines, unabhängiges Direktorium, dem Leute angehörten, die auf ihren Gebieten kompetent waren. Kantorowitsch vertrat dort die geologische Wissenschaft.«*

Im selben Jahr, 1999, beantragte Chodorkowski in China den Bau einer Pipeline von Angarsk (im Gebiet Irkutsk, Ostsibirien) nach Dàqìng (China). Wie der ehemalige Chef der russischen Zentralbank, Wiktor Gerastschenko, beteuert, der nach Chodorkowskis Verhaftung auf dessen Bitte hin den Vorsitz im Yukos-Direktorium übernahm, war Yukos als Unternehmen für die Ausführung des 2001 in Moskau geschlossenen Regierungsabkommens über Erdöllieferungen nach China verantwortlich – und Öl in Tankwagen nach China zu transportieren ist wesentlich teurer, als es durch eine Rohrleitung zu schicken.

Chodorkowskis Angebot lautete: Wir, das heißt Yukos, finanzieren den Bau der Pipeline zusammen mit den Chinesen. Unseren Berechnungen zufolge wird die Pipeline nach Dàqìng etwas über drei Milliarden Dollar kosten und 2005 in Betrieb genommen. Wir können dann den Chinesen rund 30 Millionen Tonnen Erdöl jährlich verkaufen. Gleichzeitig plante auch der Staat, ausgehend von denselben Rohstoffvorkommen, den Bau einer Pipeline, die allerdings nicht in Angarsk, sondern in Taischet, ebenfalls im Gebiet Irkutsk gelegen, ihren Ausgangspunkt haben sollte. Sie sollte auch nicht nach China, sondern nach Nachodka führen – für die Japaner.

Sobald wir die Begriffe »Erdöl« und »China« in einem Atemzug nennen, klingt die Sache automatisch nach Geopolitik. Ich erinnere mich, wie meine Kollegen und ich spekulierten, ob die Reaktion der Amerikaner auf Chodorkowskis Verhaftung nicht vielleicht deshalb so »indifferent« ausgefallen war, weil sie über die alternativen Routen für die Lieferung von Erdöl nach China

Kapitel 12

alles andere als erfreut waren, denn diese hätten ihre eigenen Einflussmöglichkeiten in der Region verringert. Lieferungen auf dem Seeweg konnten sie kontrollieren, eine russische Pipeline wohl kaum. Michail Deljagin, der Leiter des Instituts für Probleme der Globalisierung, äußerte später die Vermutung, gerade dieses Projekt sei der Grund dafür gewesen, dass Chodorkowski in Ungnade fiel. Deljagin behauptet, die Amerikaner seien entschieden gegen die Lieferung russischen Erdöls ins Reich der Mitte gewesen und hätten versucht, verschiedene Hebel einzusetzen, um das weitere Wachstum Chinas einzudämmen. Moskau, so seine Meinung, habe damals auf Washingtons geopolitische Interessen Rücksicht genommen. Diese Sichtweise hat durchaus ihre Berechtigung, besonders wenn man bedenkt, dass Russland nach den Terroranschlägen vom 11. September 2001 eines der ersten Länder war, das den Vereinigten Staaten Unterstützung anbot. Für eine kurze Zeit danach schienen die Beziehungen zwischen beiden Ländern so ungetrübt wie nie zuvor – bis amerikanische Truppen im März 2003 in den Irak einrückten. Chodorkowski sprach übrigens auch vom möglichen Nutzen der Operation im Irak, was nicht der offiziellen Position Russlands entsprach, das diesen Krieg ja nicht mittrug.

Michail Chodorkowski: »*Was die Ereignisse im Irak angeht, sollten Sie sich genau ansehen, was ich gesagt habe:* ›*Bush hat uns ein Geschenk gemacht. Es ist dumm, gegen den zu sein, dem man einen zusätzlichen Verdienst verdankt.*‹ *Das war eine rein geschäftliche Sicht auf das Problem, und sie hing damit zusammen, dass ich keinen Abbruch der Beziehungen zwischen Russland und den USA wollte. Im Übrigen habe ich nur das gesagt, was ich dachte und was heute ein offensichtliches Faktum ist.*«

Man hatte damals den Eindruck, als sei Chodorkowski schon mehr als nur der Chef eines großen Erdölkonzerns. Tatsächlich wird ein großes und erfolgreiches Privatunternehmen im Zuge seiner unvermeidlichen Expansion ganz von selbst zu einem

## Nach Jelzin

sowohl politisch als auch geopolitisch bedeutenden Akteur. So war es, so ist es und so wird es auf der ganzen Welt wohl bleiben, solange die natürlichen, also die in der Natur vorkommenden Rohstoffe weiterhin die wichtigsten Energiequellen sind. Wie wir wissen, spiegelt sich die gesamte Weltpolitik in einem Tropfen Öl.

Ich habe auch gehört, die Japaner hätten auf dem Bau der Pipeline zum Japanischen Meer bestanden und sich gegen eine Leitung nach China ausgesprochen. So oder so – was Chodorkowski da in Ostsibirien trieb, blieb nicht unbemerkt.

»Just an diesem Punkt kam es zu ersten Zusammenstößen mit Konkurrenten, die einflussreiche Gönner in den obersten Etagen der Macht hatten. Im Jahre 2001 kreuzte Yukos den Weg von Rosneft, als die Gesellschaft in das Rennen um Wankor[*] mit einstieg, auf das auch die staatliche Rosneft ein Auge geworfen hatte. [...] Im selben Jahr gab es auch einen Konflikt zwischen Yukos und Surgutneftegaz, und Yukos schnappte dem Konkurrenten das zur Versteigerung angebotene Talakan-Ölfeld buchstäblich vor der Nase weg. Chodorkowskis Leute stachen die Gebote der Konkurrenten aus, indem sie einen Bonus von 501 Millionen Dollar anboten [...] und Investitionen in Höhe von 870 Millionen Dollar zugunsten des Projektes zusicherten.

Es sah so aus, als könne nichts mehr den Triumphzug von Yukos aufhalten. [...] Als daher Rosneft, Surgutneftegaz und Gazprom ein Konsortium zur Erschließung Ostsibiriens gründeten, wurde das zunächst als Geste der Verzweiflung aufgefasst. Eine aktive Rolle in der Vereinigung ›gegen Yukos‹ spielte der Stellvertretende Leiter der Präsidialadministration, Igor Setschin, aber darauf achtete damals kaum jemand.«[**]

---

[*] Wankor ist ein Erdölvorkommen in Ostsibirien. (Anm. Natalija Geworkjan)
[**] Nikolai Kononow: Wostotschny front JUKOSa [Yukos' Ostfront]. In: Forbes, 13.12.2009.

Kapitel 12

Während des berühmten Treffens zwischen Putin und den führenden russischen Unternehmern im Februar 2003 sprach Chodorkowski nicht nur über die Korruption – und zwar anhand von Beispielen, die bewirkten, dass Wladimir Putin mit einer scharfen Abfuhr konterte –, sondern auch über das China-Projekt. Wiktor Gerastschenko erzählte mir, am Ende der Zusammenkunft habe jeder der Unternehmer fünf Minuten Redezeit erhalten. Chodorkowski habe gesagt, sein Unternehmen hätte gern grünes Licht für den Bau einer Pipeline nach West-China, käme bei den Beamten aber einfach nicht damit durch. Putin habe geantwortet, man würde zunächst eine Leitung nach Fernost verlegen (für 10 Milliarden Dollar) und danach über China reden. Chodorkowski habe noch versucht einzuwenden, das widerspreche sich nicht, da Yukos sein Vorhaben selbst finanzieren und bauen würde und nicht auf staatliche Gelder angewiesen sei. Putin habe noch einmal »nein« gesagt. Daraufhin soll Chodorkowski, wie Gerastschenko offenbar aus Berichten von Augenzeugen weiß – er selbst war bei dem Treffen nicht anwesend –, Putin gereizt vorgeworfen haben, er verstehe nicht nur wenig von Wirtschaft, sondern habe auch keine Ahnung, wie man die Beziehungen zu so einem wichtigen Land wie China aufbaut.

Michail Chodorkowski: *»Was die ›China-Pipeline‹ angeht, die hatte ich zusammen mit der VNK ›geerbt‹. Ich bin im Allgemeinen kein ›Ideen-Generator‹, aber was ich kann, ist, aussichtsreiche Tendenzen erfassen und weiterentwickeln. Ich bin jemand, der neue Dinge umsetzt. Speziell über dieses Problem haben wir oft gesprochen. Die Tomsker und Nowosibirsker haben mir sehr geholfen, auch der Direktor des Instituts für Erdöl und Erdgas, Alexej Kantorowitsch, unsere Spezialisten im Unternehmen, die Kollegen von der Transneft und der RZhD, der Russischen Eisenbahn.*

*Im Grunde genommen stimmt es nicht, dass der Konflikt deshalb entstand, weil wir ausgerechnet eine private Pipeline bauen wollten. Es gab eine rein technische Diskussion, bei der ich, wie mit der Zeit*

## Nach Jelzin

*klar wurde, recht behielt. Obwohl ich kein Spezialist bin, hatte ich die Vorschläge präziser bewertet. Die technische Diskussion ließ sich auf eine simple Alternative reduzieren: Sollte man nördlich oder südlich am Baikal vorbeigehen? Die Ölfelder lagen im Norden, aber niemand wusste, wie viel Öl es dort gab, und dazu kam eine hohe seismische Aktivität.*

*Ich war überzeugt, dass es im Norden des Gebiets Irkutsk, in Jakutien, ausbringbare Reserven von bis zu einer Milliarde Tonnen geben musste, und dass man sie nach und nach erschließen musste, weil es wirtschaftlich nicht gerechtfertigt war, für so kleine Vorkommen gleich eine gigantische Infrastruktur zu schaffen. Umso mehr, als man für eine umfassende Erschließung dieser Territorien 20 bis 30 Jahre ansetzen musste.*

*Dazu muss man wissen, dass die Lebensdauer einer Pipeline höchstens 30 Jahre beträgt. Ich war überzeugt, dass eine Pipeline in einem seismisch so aktiven und noch nicht erschlossenen Gebiet viel teurer würde als die 1,5 Milliarden Dollar, die die »südliche« Leitung (der russische Teil) gekostet hätte – und sogar mehr als die 3,5 Milliarden, von denen bei der Transneft die Rede war (letztlich waren es sogar 13 Milliarden), und ich fand, es wäre einfacher und lohnender, die Ölfelder im Norden mit fortschreitender Erschließung nach und nach über Rohleitungen mit geringem Durchmesser an den südlichen Strang anzubinden.*

*Ich meinte, es hätte keinen Sinn, eine Pipeline nach Nachodka zu verlegen, da die ostsibirischen Vorräte nicht so groß waren (abgesehen von den Ölfeldern in Primorje, die sich von Osten aus leichter ›anhaken‹ ließen). Und Lieferungen aus Westsibirien in den Osten sind sehr kostenintensiv.*

*Mir schien es vernünftig, den Vertrieb zu »rayonieren«: Das Öl aus den Ölfeldern von Primorje hätte an die Häfen im Osten, das der ostsibirischen Ölfelder nach China und das der westsibirischen Lagerstätten (unter anderem über Murmansk) nach Europa und in die USA gehen können. Hätte sich dann herausgestellt, dass sich die*

Kapitel 12

ostsibirischen Vorräte auf deutlich mehr als eine Milliarde Tonnen (sieben Milliarden Barrel ausbringbare Vorräte) belaufen, dann hätte man die Pipeline aus Skoworodino entweder über unser oder über chinesisches Territorium bis zu den chinesischen Tiefseehäfen verlängern können, die weniger sturmbelastet sind.

Mit den Chinesen hatten wir das abgesprochen. Die Transneft wollte natürlich ein kapitalintensiveres Projekt, konnte aber dessen wirtschaftliche Zweckmäßigkeit nicht begründen. Und nun wurden wieder die üblichen ›ideologischen‹ Schablonen bemüht: von der ›Abhängigkeit von nur einem Abnehmer‹ und der ›Privatpipeline‹. Der übliche Unsinn. Eigentlich war es lächerlich, das ernsthaft zu diskutieren, aber wir entwickelten trotzdem einen ›Notfallplan‹ für den Fall einer ›kommerziellen Erpressung durch die chinesische Seite‹. Das war auch nicht weiter schwer.

Was die ›private Pipeline‹ angeht, haben wir ganz offen erklärt: Ihr könnt auch selbst bauen, aber bitte über eine vernünftige Route. Das ist für uns sogar besser – dann müssen wir nicht unser eigenes Geld ausgeben. Aber zieht uns nicht in das Abenteuer einer ›Nordroute‹ nach Nachodka mit rein, so eine Pipeline würde sich für uns einfach nicht rechnen.

Im Endeffekt sah es so aus: Das Transneft-Projekt hat 13 Milliarden bis nach Skoworodino und weitere zehn Milliarden bis nach Nachodka gekostet (statt unserer 1,5 Milliarden nach Dàqìng). Wir pumpen Erdöl nach China, die ostsibirischen Vorkommen liegen bislang unter 300 Millionen Tonnen. Wir holen das Öl aus Westsibirien herüber. Der Tarif ist zwar mörderisch, wird aber auf Staatskosten kompensiert – durch Abschaffung eines Teils der Ölsteuern. Alle sind zufrieden.

Was die Unterredungen mit Putin zu diesem Thema anbelangt, können Sie mir glauben, dass ich selbst gegenüber meinen Opponenten äußerst diplomatisch und höflich bin, und erst recht gegenüber dem Präsidenten ... Die größte ›Unverfrorenheit‹, die ich ihm zum Thema Pipeline gesagt habe, und zwar als er mir mitteilte, dass die Transneft zugesagt hätte, die Strecke nach Nachodka für 3,5 Milliarden zu ver-

Nach Jelzin

*legen, war: ›Die machen Ihnen was vor.‹ Über die China-Politik wurde hingegen überhaupt nicht gesprochen, zumal der russische Botschafter in China (Rogatschow, wenn ich mich nicht irre), der im Außenministerium sehr angesehen war und sich in allen China-Fragen sehr gut auskannte, uns beriet, und parallel, glaube ich, auch Putin.*

*Wenn hier also irgendwelche ›Interessen‹ betroffen waren, dann ausschließlich im Bereich der ›Verwertung von staatlichen Investitionen‹, nicht aber in der großen Politik.*

*Für uns waren nur die Fristen und Tarife von Interesse. Das Export-Monopol von Transneft hing ja nicht an der Pipeline als solcher, sondern am Zoll und an dem Gesetz über den ›gleichberechtigten Zugang‹. Ein Gesetz, das wir wohlgemerkt selbst auf den Weg gebracht hatten. Hören Sie also nicht auf die, die solche Mythen in die Welt setzen.«*

Denis Kossjakow: »*Wir teilen vollkommen die Auffassung, dass es Chodorkowskis Aktivitäten zur Erschließung Ostsibiriens waren, die sein weiteres Schicksal entschieden haben. Ich glaube, in dem Moment, als Chodorkowski seine Absicht bekundete, eine private, dem Unternehmen gehörende Erdölleitung nach China zu bauen, war sein Schicksal besiegelt. Weil das ein staatliches Monopol ist, weil diese Leitungen grundsätzlich Transneft gehören. Seine Pläne hätten einfach zu weitreichende Folgen gehabt. Yukos war sowieso schon allen ein Dorn im Auge, weil der Konzern es selbst in der schwersten Zeit, als der Ölpreis auf seinem Tiefpunkt war, geschafft hatte, die Selbstkosten für die Förderung und den Transport so weit zu senken, dass sogar noch ein Gewinn drin war, wenn auch nur ein minimaler. Es gab ja niemanden, der es mit ihnen aufnehmen konnte.*

*Wir sehen das, was geschehen ist, natürlich negativ. Und nicht nur, weil unsere gemeinsamen Projekte einen Rückschlag erlitten. Ich kann aus meiner Erfahrung mit Yukos, aufgrund meiner Kontakte mit den Mitarbeitern nur sagen, dass mir persönlich sehr gut gefiel, wie die Dinge bei ihnen liefen. Ich bin IT-Spezialist und habe speziell auf diesen Bereich sehr genau geachtet. Und ich habe gesehen, wie weit sie ihren russischen Konkurrenten voraus waren. Es war klar, dass diese*

Kapitel 12

*Leute in die richtige Richtung gingen, in eine interessante Richtung. Und seine Äußerungen, seine Erklärungen und Pläne – was gab es daran zu beanstanden, ganz im Ernst? Nichts. Ich hatte das Gefühl, dass in einem bestimmten Moment so ein etatistisches Pathos in ihm erwacht war, er fing an, davon zu reden, dass man etwas machen müsse, weil es nicht nur für uns, sondern für die gesamte Gesellschaft gut sei. Ich glaube, er hat sich nach und nach verändert, sein Horizont hat sich offenkundig immer mehr erweitert, seine Interessen wurden breiter. Sobald er ein Problem gelöst hatte, ging er einen Schritt weiter, und irgendwann musste er dabei einfach beim Staat und seiner Entwicklung landen. Vielleicht wäre er auch noch bis auf die globale Ebene gekommen: zum Umweltschutz, zur Ökologie...«*

Um das Thema abzuschließen, noch ein Wort dazu, wie sich die Geschichte mit den »Rohren« weiterentwickelte. Am 2. Juni 2003 lenkte Chodorkowski offenbar ein und erklärte, die Leitung Angarsk–Dàqìng würde auf Kosten des Staates und nicht seines Unternehmens gebaut; er unterzeichnete außerdem eine Absichtserklärung mit der Transneft und der Vneshekonombank über eine gemeinsame Suche nach Finanzierungsquellen für das Projekt. Für Chodorkowski blieb es bei diesen Absichten, weil er vier Monate später verhaftet wurde. Kaum war der Konkurrent aus dem Rennen, konnte man sicher sein, dass die Kosten für die Pipeline in allen Phasen nur noch steigen würden: von der Projektierung bis hin zum Bau. Genau so ist es auch gekommen. Der bekannte Blogger Alexej Nawalny, Minderheitsaktionär der Transneft, behauptet, dass im Lauf dieser Geschichte insgesamt »vier Milliarden Dollar gestohlen wurden«.

Am 6. Juni 2003, vier Tage, nachdem Chodorkowski erklärt hatte, dass die Pipeline vom Staat gebaut würde, wandte sich der Duma-Abgeordnete Wladimir Judin mit einer Anfrage zur Rechtmäßigkeit der Privatisierung von Apatit an die Generalstaatsanwaltschaft. Damit war der Fall Yukos eröffnet. Am 2. Juli wurde in genau dieser Sache Platon Lebedew verhaftet und angeklagt.

## Nach Jelzin

Im Oktober desselben Jahres wurde Chodorkowski inhaftiert, das China-Projekt wurde endgültig begraben. Rosneft erhielt alle wesentlichen Vermögenswerte des zerschlagenen Yukos-Konzerns, unter anderem in drei großen ostsibirischen Ölfeldern. Dem Direktorium von Rosneft stand inzwischen Igor Setschin vor. Surgutneftegaz fiel nun auch Talakan zu, das die Firma drei Jahre zuvor nicht bekommen hatte – damals hatte sie gegenüber Yukos den Kürzeren gezogen.

Mit dem dramatischen Anstieg des Ölpreises ließ das Interesse an der geologischen Erkundung von Gebieten in Ostsibirien nach. 2008 wurden sechs Mal weniger geologische Erkundungen vorgenommen als noch 1990. Geld wurde nicht mehr für die Erkundung und Aufbereitung der Vorkommen ausgegeben, sondern für die immer weiter steigenden Kosten eben jener Pipeline nach Nachodka, die sich bereits auf 16 Milliarden beliefen und aus Steuergeldern beglichen wurden. Mit der Aufgabe, gleichzeitig noch darüber nachzudenken, womit sich diese kostbare Leitung befüllen ließe, war der Staat offensichtlich überfordert. Laut *Forbes* würde man »mit den Lagerstätten Ostsibiriens, die nach der Variante der ›Befürworter eines starken Staates‹ erschlossen werden, in den nächsten Jahren nicht imstande sein, die ›goldene‹ Pipeline zu befüllen. Den fossilen Brennstoff aus Westsibirien durch eine Leitung dorthin zu transportieren, wäre angesichts der aktuellen Durchleitungstarife nicht rentabel. Würde der Tarif für die Durchleitung aus dem Westen aber aufgehoben, dann würde der Staat zusammen mit der abgeschafften Exportgebühr jährlich 13 Milliarden Verluste machen«.[*]

Die Pipeline nach China wurde schließlich doch noch gebaut, und zwar nach Dàqìng. Allerdings von Skoworodino aus, als Zweigleitung von der Pipeline Ostsibirien – Pazifik, eben jener

---

[*] Nikolai Kononow: Wostotschny front JUKOSa [›Yukos‹ Ostfront]. In: *Forbes*, 13.12.2009.

Kapitel 12

Leitung, die in Richtung Nachodka führt. Die Vereinbarung mit China wurde 2009 von der staatlichen Rosneft und dem Monopolisten Transneft geschlossen – mit einem 25-Milliarden-Dollar-Kredit von den Chinesen. Zehn Milliarden erhielt die Transneft, die für den Bau der Leitung zuständig war; der Kredit war in erster Linie für die Zweigleitung nach China bestimmt. Die Rückzahlung des Kredits soll durch Lieferung von 300 Millionen Tonnen Erdöl innerhalb von 20 Jahren, also bis 2030, erfolgen. Rosneft muss somit jährlich 15 Millionen Tonnen (oder etwa 100 Millionen Barrel) Erdöl liefern. Der Preis sollte geheim gehalten werden. Laut *Kommersant* beträgt er jedoch 60 Dollar pro Barrel bei einem damals (der *Kommersant* brachte die Meldung im März 2011) aktuellen Marktpreis von etwa 110 Dollar pro Barrel. Folglich machte Rosneft, und damit der Staat, beim Verkauf von einem Barrel Erdöl 50 Dollar Verlust, oder 350 Dollar auf jede verkaufte Tonne Erdöl. Der jährliche Schaden für das russische Staatsunternehmen, der sich aus dem Deal mit den Chinesen ergibt, beträgt fünf Milliarden Dollar. Diese Berechnungen stammen von einem früheren Vizepremier der russischen Regierung, dem heutigen Oppositionspolitiker Boris Nemzow.

Zu viel Yukos

Im Juni 2002 konnte jeder, der wollte, in Erfahrung bringen, wie viel Michail Chodorkowski wert war. 61 Prozent der Yukos-Aktien gehörten zu diesem Zeitpunkt der Group Menatep Limited in Gibraltar, der größte Anteilseigner war Michail Chodorkowski, der persönlich 9,5 Prozent der Aktien hielt und zudem der einzige Begünstigte der Treuhandgesellschaft war, der 50 Prozent der Aktien der Gruppe gehörten. Ausgehend davon, dass der Börsenwert der NK Yukos zum damaligen Zeitpunkt rund 21 Milliarden Dollar betrug, belief sich Michail Chodorkowskis Vermögen (die Treuhand eingerechnet) auf 7,63 Milliarden. Newslin hielt acht

Nach Jelzin

Prozent der Aktien, Lebedew, Dubow, Brudno und Schachnowski jeweils sieben Prozent und Golubowitsch (dessen Namen in der Liste der Begünstigten auf seinen Wunsch hin nicht genannt wurde) 4,5 Prozent. Wie Finanzanalysten feststellten, war dies der erste Fall in Russland, in dem eine Person den Umfang ihres Privatvermögens öffentlich machte. Als diese Zahlen publiziert wurden, befand Chodorkowski sich gerade irgendwo zwischen Tomsk und den USA, mit einem kurzen Zwischenstopp in Moskau. Er schaffte es dennoch, der Zeitung *Wedomosti* gegenüber einen kurzen Kommentar abzugeben: »Wie Sie verstehen werden, handelt es sich hierbei um eine Bewertung anhand der aktuellen Börsenkapitalisierung eines russischen Unternehmens, und dabei muss man einerseits die generelle Unterbewertung des Sektors, aber auch die russischen Risiken mit in Betracht ziehen. Insofern sehe ich mich als Besitzer eines großen, aber auch sehr risikobehafteten Vermögens. Ein wesentlicher Teil dieser Aktien der Menatep-Gruppe gehört mir nicht direkt, sondern nur als wirtschaftliches Eigentum. Ich kann über diesen Anteil verfügen, erhalte Dividenden darauf, wenn mir aber etwas zustoßen sollte, geht der Anteil an die nächste Person in der Gruppe über. Wenn aber die Gruppe zum Beispiel einen Teil der Yukos-Aktien verkauft, geht die Hälfte des Erlöses in einen Sonderfonds, der zu meinen Gunsten gehalten wird. Das heißt, ich kann dieses Geld nutzen. Aber das alles gilt nur, solange ich am Leben und geschäftsfähig bin. Begünstigter der Treuhandgesellschaft wird nach mir ein von mir benanntes Mitglied der Gruppe. Das 50-Prozent-Paket mit Aktien der Gruppe, das die Treuhandgesellschaft hält, kann nicht verkleinert werden – es wird dafür benötigt, die Machtkontinuität innerhalb der Gruppe zu sichern.«[*]

[*] Samy bogaty w Rossii? [Der reichste Mann in Russland?], in: *Wedomosti*, 20.6.2002.

Kapitel 12

Für die Zeit ihrer Tätigkeit bei Yukos hatten die Mitglieder der Gruppe ihr Stimmrecht für Fragen der Übertragung und Verwaltung von Yukos-Aktien an Platon Lebedew abgetreten.

Wladimir Dubow: »*Ich war zu diesem Zeitpunkt übrigens Abgeordneter der Staatsduma.*\* *Eines Morgens saß ich also im Auto auf dem Weg zum Parlament und stellte mir die Szene vor, wie ich den Saal betrete, und alle haben den* Kommersant *aufgeschlagen, wo schwarz auf weiß steht, wie viel Geld ich habe. Das war schon ein sehr eigentümliches Gefühl, kann ich dir sagen. Mischa hatte eine Weile gebraucht, um meine Frau zu diesem Schritt zu überreden* ...«

Olga Dubowa: »*An ein Gespräch, bei dem ich geradezu überredet werden musste, erinnere ich mich nicht. Für mich gab es mehrere kritische Punkte: den Umzug an die Uspenskoje-Chaussee,*\*\* *als ich einen Chauffeur bekam, als wir auf einmal Personenschutz hatten, und als Wolodja Duma-Abgeordneter wurde. Und jedes Mal dachte ich, vorher war es besser. Wovon Chodorkowski mich aber wirklich überzeugt hat, war, dass es bei dieser Geschichte um Transparenz und Gesetzestreue ging. Weißt du, ich habe eigentlich erst hier in Israel angefangen, sie und ihre Arbeit zu begreifen. In Moskau? Da sah man nicht viel mehr als einen erschöpften Mann, der von der Arbeit nach Hause kam. Bei Ljudmila Ulitzkaja habe ich einmal gelesen, in Russland sei ein gutes Leben etwas Unanständiges. Das war genau, was ich damals auch dachte. Es war mir peinlich.*«

Leonid Newslin: »*Mag sein, dass das ein riskanter Schritt war, weil er gegen den Strom ging: Eine Zeitlang blieben wir das einzige russische Unternehmen, das sich ›geöffnet‹ hatte. Aber hätten wir das*

---

\* Dubow saß seit Dezember 1999 in der Duma, er war Mitglied des Ausschusses für Haushalts- und Steuerfragen, Mitglied der Kommission für Fragen der Nutzung von Bodenschätzen bei Production-Sharing-Regelungen. (Anm. Natalija Geworkjan)
\*\* Die Uspenskoje-Chaussee, eine Ausfallstraße in Moskau und im Moskauer Umland, ist ein bevorzugtes Wohngebiet für Wohlhabende. (Anm. d. Ü.)

Nach Jelzin

nicht getan, dann wären unsere Gelder im Ausland de facto illegal gewesen. Der Schritt war richtig. Wir hatten mit legalem Geld angefangen, und so machten wir auch weiter. Und obwohl es in Russland all diese Verfahren gibt und wir unter anderem der Geldwäsche und Legalisierung von kriminellen Einnahmen bezichtigt werden, können wir alle unsere Einnahmen aus Dividenden oder dem Verkauf von Vermögenswerten so transparent und klar zurückverfolgen, dass wir im Ausland keinerlei derartige Anschuldigungen befürchten müssen. Sämtliches Geld der Teilhaber der Menatep-Gruppe ist legal. Das war ein entschlossener Zug, und ich bin Mischa dankbar dafür.«

Ich habe mehrmals die Meinung gehört, der wahre Grund für den Angriff auf Yukos seien nicht die offiziell vorgelegten Forderungen gewesen, sondern Chodorkowskis politische Ambitionen und die Offenlegung der Angaben, die den hohen Wert seines Unternehmens bezeugten. Ob Transparenz in der Wirtschaft mit jedem Regime vereinbar ist, ist in der Tat eine offene Frage.

Sergej Gurijew, Rektor der New Economic School in Moskau: »Ich denke, dass die ›Öffnung‹ des Unternehmens im Kontext weiterer Schritte im Jahr 2002 ein Fehler war. Dass hier mehr Transparenz geschaffen wurde, hätte 2002 an sich noch keine Probleme verursachen dürfen. Wie Artjom Durnew und ich in einem gemeinsamen Artikel* dargelegt haben, ist Transparenz für Erdölgesellschaften in Ländern mit autoritären Regimen von Nachteil, wenn die Ölpreise hoch sind. Bei einem niedrigen Ölpreis ist es ja selbst für ein autoritäres Regime völlig sinnlos, ein Unternehmen zu enteignen. 2002 lag der Ölpreis gerade mal bei 25 Dollar pro Barrel (zum heutigen Kurs wären das 30 Dollar pro Barrel). Damals konnte sich einfach niemand vorstellen, dass er auf das Niveau von heute ansteigen würde.

Die Enteignung kam deshalb, weil die Steigerung der Transparenz mit eigenständigen gesellschaftlichen und politischen Aktivitäten

* Art Dunev/Sergei Guriev: Expropriation Risk, Corporate Transparency, and Growth. www.sfs.org, 4.5.2011.

Kapitel 12

*einherging – und mit dem Versuch, mit führenden internationalen Konzernen eine Partnerschaft zu etablieren. Soweit ich das beurteilen kann, ging Michail Chodorkowski dieses Risiko durchaus bewusst ein. Er war der Ansicht, dass ihn diese Transparenz vor einer Enteignung schützen würde, weil gerade Transparenz das stärkste Signal war, um zu zeigen, dass er Steuern zahlt und nicht stiehlt. Aber er hatte sich verkalkuliert. Er hatte unterschätzt, wie sehr die meisten russischen Bürger ihm seine Eigentumsrechte absprachen. Dafür gibt es eine einfache Erklärung. Er tauschte sich damals vor allem mit seinen Geschäftspartnern und mit den Leuten aus, die er über Offenes Russland unterstützte. Das waren Menschen, die ihn aufrichtig mochten und ihm seine Vergangenheit verzeihen konnten. Wäre ihm bewusst gewesen, dass die Bevölkerung ihn (wie auch die anderen Oligarchen) nach wie vor hasste und dass Putin sich auf diesen Hass stützen konnte, dann wäre ihm, denke ich, auch klar gewesen, wie riskant die Strategie war, die er gewählt hatte.*

*Weitaus sicherer wäre da die andere Variante gewesen: das Unternehmen zu öffnen, aber sich aus der Politik herauszuhalten. In diesem Fall hätte er womöglich den Erfolg der TNK-Aktionäre wiederholen können. Im Übrigen denke ich, dass die Frage nach mehr Transparenz im Unternehmen für ihn nicht nur eine wirtschaftliche Frage war. Als er das Unternehmen ›öffnete‹, war ein Gedanke dabei offensichtlich auch, seinen Reichtum zu legalisieren und nicht mehr von irgendwelchen Beamten abhängig zu sein. Das Ergebnis war, dass die Vertreter der Staatsmacht zwangsläufig zu dem Schluss kamen, dass er noch unabhängiger werden würde, und zwar in erster Linie von ihnen. Für sie ergab sich daraus ein ernstes Risiko, dass Chodorkowski in die Politik gehen, in die Finanzierung der Opposition einsteigen und Putin faktisch aus dem Amt drängen könnte.*

*Soweit ich das beurteilen kann, waren ihre Befürchtungen nicht unbegründet. Ich weiß nicht nur vom Hörensagen, dass die Yukos-Chefs 2003 ein Forschungsinstitut im Bereich der Wirtschaftspolitik gründen wollten (Ende 2003 wurde dieses Institut, das Institut der offe-*

nen Wirtschaft, auch tatsächlich ins Leben gerufen, existierte aber nur sehr kurze Zeit). Ziel des Instituts war nicht nur, marktwirtschaftliche Reformen voranzubringen, sondern auch, sich für niedrigere Steuern im Ölsektor einzusetzen. Die Yukos-Aktionäre verfolgten ein durchaus ernstzunehmendes politisches Projekt, bei dem es unter anderem um das erfolgreiche Abschneiden einiger Kandidaten von der Jabloko-Parteiliste, von der Liste der KPRF und der Liste von Einiges Russland bei den Parlamentswahlen ging (darunter waren auch Vizepräsidenten von Yukos). Natürlich war die Rede nicht von Hunderten von Abgeordneten, wie das Putin berichtet wurde. Dennoch war die Kampfansage an die Machthabenden durchaus vernehmlich.

Ich habe großen Respekt vor Chodorkowski – heute wie damals, 2000 bis 2003. Natürlich erinnere ich mich noch gut daran, wann und wie die Menatep-Chefs diese sträflich unlautere Auktion zum Kauf von Yukos angezettelt und wie sie 1999 die Minderheitsaktionäre enteignet haben. Aber es gibt einen klar definierten Wendepunkt: Nach 1999 wird es schwierig, auch nur eine Geschichte auszugraben, die Menatep ernsthaft kompromittieren könnte.

Natürlich bauten Chodorkowski und seine Partner sich eine parteiübergreifende Lobby in der Duma auf und setzten sie für ihre Interessen ein – diese Leute sollten sich für niedrige Ölsteuern stark machen. Soweit ich mich erinnere, hatten die Yukos-Chefs damals ein recht herablassendes Verhältnis zu Abgeordneten und Beamten. Andererseits halte ich Chodorkowskis politische Ambitionen für absolut normal. Als Bürger hatte und hat er das Recht, sich politisch zu betätigen.

Chodorkowski und seine Partner taten recht daran, karitativ zu wirken, sich um Aufklärung und Bildung zu kümmern; nur hätten sie länger dabei bleiben sollen, statt sich gleich in die Politik zu stürzen. Hätten sich Chodorkowski und seine Partner nicht politisch engagiert, wäre es ihnen vielleicht gelungen, Chevron oder Exxon ein großes Aktienpaket, wenn nicht gar die Aktienmehrheit zu verkaufen. Dass so eine Lösung im Rahmen des Machbaren lag, zeigen die guten Erfahrungen der TNK BP.«

# Kapitel 12

Apropos BP. In seinen 2010 unter dem Titel *Beyond Business* erschienenen Memoiren erinnert der ehemalige Präsident der BP Corporation, Lord John Browne (1995–2007), daran, dass der Yukos-Konzern aus seiner Sicht die attraktivste russische Kapitalgesellschaft war, gefolgt von Sibneft an zweiter Stelle und erst an dritter Stelle von der TNK. Chodorkowski habe aber, so Browne, seine eigene Machtposition allzu sehr betont:

»Jacob Rothschild hatte uns miteinander bekannt gemacht, und nach einigen kurzen Begegnungen in meinem Büro lud ich Chodorkowski ein, einen Tag bei mir zu Hause in Cambridge zu verbringen.

Am 17. Februar 2002 fuhren mehrere große schwarze gepanzerte Fahrzeuge vor dem Haus vor, und eine ganze Schar hünenhafter Leibwächter stieg aus. Wie viele andere Oligarchen auch lebte Chodorkowski in einer geschlossenen Wohnanlage außerhalb von Moskau, mit hohen Mauern und Sicherheitsbeleuchtung. Er war sicherheitsbesessen. Mein eigenes Haus war viel bescheidener und nicht so gut geschützt, gleichwohl aber durchaus sicher.

Wir aßen in angenehmer Atmosphäre zu Mittag und besprachen die Möglichkeit eines Kaufs von 25 Prozent der Yukos-Anteile plus einer Aktie durch die BP. Aus meiner Sicht war das zu wenig. Als ich mehr ins Spiel brachte, sagte er: ›Sie können 25 Prozent haben, nicht mehr – und keinerlei Kontrolle. Wenn Sie mit mir kooperieren, können Sie ganz unbesorgt sein.‹

Mit seiner Brille und der leisen Stimme konnte Chodorkowski den falschen Eindruck von Bescheidenheit erwecken. Aber je länger wir miteinander sprachen, desto nervöser wurde ich.

Er sprach nun davon, wie man Leute in die Staatsduma bringt, wie er eine Verringerung der Steuersätze für die Erdölgesellschaften durchsetzen würde und von den vielen einflussreichen Leuten, die er kontrollierte. Für meinen Geschmack wirkte er zu großspurig. Im Nachhinein ist es natürlich leicht das zu sagen, aber ich spürte schon damals, dass etwas daran unangemessen war.

Meine Einschätzung sollte sich als richtig erweisen. Im Oktober 2003 wurde Chodorkowski plötzlich zum Held der Nachrichtensendungen überall auf der Welt. Er wurde wegen Betrugs, Unterschlagung und Steuerhinterziehung verhaftet. Heute sitzt er in Sibirien in Haft. Die Vermögenswerte seines Unternehmens wurden verkauft, 2006 wurde Yukos für zahlungsunfähig erklärt. Kurz vor Chodorkowskis Verhaftung hatte mir Putin in einem privaten Gespräch beiläufig, aber in sehr schroffem Ton, gesagt, er habe sich von Chodorkowski schon mehr als genug bieten lassen. (›I have eaten more dirt than I need to from that man.‹) Chodorkowski hatte etwas getan, was aus Putins Sicht unverzeihlich war. Er hatte sich in die Politik eingemischt, obwohl er nur ein Unternehmer war. Er hatte gegen Putins Gebot verstoßen, sich aus der Politik herauszuhalten, sich nur ums Geschäft zu kümmern – dann wäre alles in bester Ordnung gewesen. Chodorkowski hatte die Grenze überschritten. Und wenn man das in Russland tut, führt kein Weg mehr zurück.«[*]

Die Begegnung zwischen Putin und Browne fand im September 2003 statt, also einen Monat vor Chodorkowskis Verhaftung.

Michail Chodorkowski: »*An das Treffen mit Browne kann ich mich natürlich erinnern. Wenn mich mein Gedächtnis nicht täuscht, hatte ich Steve Lang, meinen Dolmetscher, dabei. Sir Browne wollte eine Garantie für die Kontrolle über Yukos, ich sagte ihm nur, ich könne ihm nicht garantieren, dass man mir die Genehmigung für den Verkauf von mehr als 25 Prozent geben würde. Alles andere ist reine Lyrik. Was die gepanzerten Begleitfahrzeuge angeht, verwechselt Lord Browne mich wohl mit irgendwelchen anderen seiner damaligen russischen Geschäftsfreunde, die später mehr Glück hatten als ich.*

*Man muss wissen, dass sie 1997, glaube ich, als die BP AMOCO kaufte, für das Priobskoje-Ölfeld einen Entwurf für ein Production Sharing Agreement mit Yukos hatten. Dieses PSA sah unglaubliche Bedin-*

---

[*] John Browne: Beyond Business. London 2010, S. 144f.

Kapitel 12

*gungen vor: Yukos sollte für 500 Millionen Dollar Kredit 50 Prozent der Lagerstätte mit Vorräten von über 500 Millionen Tonnen weggeben! Für einen Kredit von der Weltbank! Das Ölfeld war in dem Dokument als eines mit ›schwer ausbringbaren‹ Vorräten bezeichnet (mit einem Fördersoll von weniger als 10 Tonnen pro Tag). Ich fiel aus allen Wolken! Ich ließ ein Gutachten anfertigen, anschließend beauftragte ich unsere Juristen damit, sich unsere Verpflichtungen genau anzusehen.*

*Sie sagten mir, das Agreement beinhalte faktisch keine Verpflichtungen, da die übermäßig vorsichtige AMOCO in jedes Dokument eine Sonderklausel aufgenommen habe, wonach das Dokument nicht verbindlich war. Sie hatten Angst, dass man sie festnageln könnte!*

*Jedenfalls unterbreiteten wir der BP damals ein Angebot: Entweder sie zahlen die 500 Millionen ohne jeden Kredit oder wir sind bereit, ihnen ihre Explorationsunkosten zu erstatten und getrennte Wege zu gehen. Sie antworteten uns, dass sie nicht zahlen und auf eine Entschädigung verzichten wollten! Und so gingen wir getrennte Wege.*

*Sie waren offenbar beleidigt. Sir Browne ist kein schlechter Kerl, und er hat den Absprung von BP noch rechtzeitig geschafft, aber so etwas muss wirklich nicht sein. In der Wirtschaft ist es nicht üblich, beleidigt zu sein.*

*Und unsere Bohrlöcher am Priobskoje-Ölfeld, die wir nach modernsten Technologien anlegen ließen, schafften nicht nur zehn, sondern 100 Tonnen und das beste sogar 3000 Tonnen täglich!«*

Nach Auffassung des Politikwissenschaftlers Kirill Rogow war die Offenlegung der Eigentumsstrukturen von Yukos »ein Überholmanöver; in gewisser Hinsicht mussten sie dafür büßen, denn wenn sie das gelernt hatten, hieß das, dass sie sich grundsätzlich einen gewissen Vorsprung sichern konnten. Aber so entsteht nun einmal ein ›normales‹ System. Der eine lernt, besser zu leben und die Barbarei der Vergangenheit ein wenig zurückzufahren und gewinnt dabei noch; der andere, der zurückbleibt, verliert«.

Hatte Chodorkowski vor, alle in diesem »Spiel« zu schlagen? Vielleicht. Über die neuen Spielregeln, die unweigerlich die alten

Regeln oder vielmehr das Fehlen jeglicher Regeln ablösen würden, sprach er im Juni 2002 in einem Interview mit mir.

»*Sie haben in der letzten Zeit Kofi Annan getroffen und in London eine Stiftung gegründet, in deren Verwaltungsrat auch Lord Rothschild und Henry Kissinger sitzen. Alle scheinen vergessen zu haben, dass man Sie noch vor Kurzem den ›durchtriebenen Komsomolzen‹ nannte.*

Wir haben allmählich begriffen, dass es im Westen ein anderes Rechtsbewusstsein gibt. Und zudem gibt es dort ganz bestimmte Regeln, unter anderem in der Wirtschaft, die für ein normales Leben sorgen. Da das Anlegen von Geld in Banken kein Selbstzweck ist und man vernünftig leben möchte, sind diese Regeln keineswegs überflüssig. Selbst wenn sie einen taktisch gelegentlich in der Arbeit behindern – mittelfristig machen sie einem das Leben leichter.

*Sie sind inzwischen ein Anhänger des westlichen Rechts?*

Ja, aber kein Apologet. Wir sind älter geworden, wissen Sie – erwachsener.

*Ohne Zweifel. Noch vor etwas mehr als zehn Jahren mussten Sie sich etwas dazu verdienen, als Zimmerer, wenn ich recht informiert bin?*

Ja.

*Sie haben angefangen, von Ethik in der Wirtschaft zu sprechen. Allerdings erst jetzt, da Sie richtig reich geworden sind. Andere Leute dagegen fangen gerade erst an, wie Sie vor zehn Jahren. Diese Leute werden Sie wohl kaum überzeugen können, nach westlichen Regeln zu leben.*

Das stimmt. Nicht nur im Westen hat man zur Kenntnis genommen, welche Mittel wir einsetzen und auf welche wir verzichten. Auch hier ist das registriert worden. Wir bekommen zu hören: Ihr habt das ursprüngliche Kapital akkumuliert, als alles möglich war, und jetzt wollt ihr, dass alles, was bei euch noch ging, nicht mehr erlaubt sein soll und die Situation festgeschrieben wird. Ihr seid schon gemachte Leute, und nun läuft es darauf hinaus, dass wir die Methoden der ursprünglichen Akkumulation des Kapitals, die ihr so gut kennt, nicht nutzen dürfen. Dem muss ich wohl zustimmen. Das ist wirklich so. Wie jede Generation, die ihre Jugend hinter sich gelassen hat und im mittleren Lebensalter angekommen ist, fangen wir an, stabilisierend zu wirken. Ja, es gibt junge Wölfe, die sehr gern die Erfahrung aus den späten Achtzigern und frühen Neunzigern für sich nutzen würden...

*Das kann man ja auch verstehen. Sie sehen ihre ›älteren Kollegen‹ vor sich und wissen genau, dass diese Erfahrung praktisch unbezahlbar ist. Und Sie versuchen jetzt, ihnen diese Erfahrung zu verwehren.*

Wir versuchen, dagegen anzugehen. Ja, Sie haben recht, das ist gut für uns, und es ist schlecht für manch einen von ihnen. Aber was ist mit der Gesellschaft insgesamt? Das Russland der späten achtziger Jahre war für die ganze Welt, unter anderem auch wegen dieser Methoden, ein wilder Ort.

*Das ist es immer noch.*

Das stimmt nicht ganz. Für die Wirtschaft ist Russland kein wilder Ort mehr, sonst würden wir uns nicht schon einem Investitionsrating annähern. Wenn wir Russland mit unserem Handeln in jene Epoche zurückführen, wird die gesamte Gesellschaft ärmer. Weil in einem solchen Fall das Geld für uns teurer würde, weil es weniger Investitionen gäbe, weil die Risikoaufschläge für Arbeiten hier im Land, für Lieferungen hierher, für Einkäufe von hier zunehmen würden, und das bedeutet, dass wir alle objektiv ärmer werden. Und zwar jedes Mitglied der Gesellschaft, und nicht nur die Oligarchen oder die jungen Wölfe. Also gut, gehen wir mal davon aus, dass die einen ihre Positionen halten und die anderen den Durchbruch erzielen wollen. Das sind Dutzende, von mir aus Tausende. Die übrigen Millionen wollen einfach nur normal leben. Deshalb versuchen wir auch die Normen zu übernehmen, die die westliche Gesellschaft zu bieten hat.

*Was heißt das konkret?*

Demokratie, Transparenz, soziale Verantwortung der Unternehmer, Corporate Citizenship – lauter sehr nachvollziehbare Dinge. Unser Kampf für eine Wirtschaftsethik ist in gewissem

Sinne natürlich eigennützig. Ja, wir haben davon Vorteile. Und ja, manche unserer Konkurrenten, die den Durchbruch noch nicht geschafft haben, haben davon Nachteile. Aber ich sage es noch einmal: Für die Gesellschaft insgesamt ist unsere Position zum gegenwärtigen Zeitpunkt von Vorteil.

*In diesem Fall riskieren Sie allerdings, allzu losgelöst zu sein und am Ende womöglich allein dazustehen, zusammen mit Ihren neuen Regeln für Russland.*

Irgendwer muss eben weiter sehen als die anderen und am eigenen Beispiel vormachen, dass ein vernünftiges Leben nicht nur möglich, sondern auch besser ist. Ich versuche nicht, uns als Mutter-Teresa-Jünger darzustellen ...

*Das kann man Ihnen in der Tat nicht vorwerfen. Der Begriff ›Geldwäsche‹ ist inzwischen in aller Munde. Aber es gibt ja auch das Konzept, dass man sein Image reinwäscht, die ›Image-Wäsche‹. In Ihren Interviews im Westen erwähnen Sie nicht von ungefähr Rockefeller als Figur, die man sich zum Vorbild nehmen kann. Rockefeller konnte sich erst in der dritten Generation ›reinwaschen‹, erst sein Enkel war ›sauber‹. Er war von seinem Großvater gut 100 Jahre entfernt. Und Sie wollen gleichsam diese 100 Jahre in Ihrem Leben überspringen.*

Natürlich möchte ich das noch in meinem eigenen Leben schaffen. Das ist eine objektive Anforderung der Geschäftswelt: Es gewinnt der, der schneller ist. Sie wundern sich doch auch nicht, dass der Weg vom Pferd zur Eisenbahn Jahrtausende gedauert hat und von der Eisenbahn zum Raumschiff nur ein Jahrhundert. Das gleiche gilt auch für das Rockefeller-Problem. Ich war irgendwann in Harvard, und dort hielt der Direktor der Wirtschaftsfakultät eine kleine Rede. Er sagte, Chodorkowski ist Rockefeller, Rockefellers Sohn und Rockefellers Enkel in einer Person. Aber Rockefeller hatte es viel schwerer. Damals gab es keine fertigen Regeln. Es hat ein ganzes Jahrhundert gedauert, bis sich eine Wirtschaftsethik herausgebildet hatte. Damals nahm das drei Generationen in Anspruch. Wir haben es da einfacher.«

Kapitel 12

Ich erinnere mich noch sehr gut an Chodorkowskis Geste während unseres Gespräches, als ich ihn fragte, ob er nicht ein zu großes Risiko einginge, wenn er in einem Land wie Russland und unter dem aktuellen Regime versuchte, aus dem Mainstream auszuscheren. Er lächelte: »Eins zwei drei«, und dazu schnipste er mit den Fingern, »und Chodorkowski gibt es nicht mehr – das funktioniert immer noch. Aber eins zwei drei«, und er schnipste noch einmal mit den Fingern, »und Yukos gibt es nicht mehr – das funktioniert heute nicht mehr.« Zwei Jahre nach unserem Gespräch gab es Yukos nicht mehr.

Für Michail Chodorkowski und sein Unternehmen wurde im Ausland massiv Publicity gemacht. Damals wie heute hatte ich das Gefühl, dass er aber gerade im Inland nicht genug PR bekam. Das bestätigten auch die Meinungsumfragen zum Zeitpunkt seiner Verhaftung: Sein Wiederkennungswert lag im Bereich der statistischen Fehlerquote: zwischen ein und drei Prozent. Sein Name war nur in seinem beruflichen Umfeld und in der Experten-Community bekannt, über seine humanitären Projekte wussten trotz ihrer geografischen Reichweite nur die Bescheid, die selbst daran beteiligt waren. Er war keineswegs in ganz Russland bekannt – heute kann man sich das kaum vorstellen. Als »wichtigster Häftling des Landes« ist er viel berühmter geworden denn als Unternehmer und Inhaber einer der größten Erdölgesellschaften. Ich dachte damals, dass er sich angesichts der unterschiedlichen Risiken in Russland vielleicht »von außen« absichern wollte, indem er sich Anerkennung im Westen verschaffte. Vielleicht war das aber auch einfach eine leichtere Aufgabe, als sich im eigenen Land ein positives Image aufzubauen, wo man Unternehmer a priori als Diebe und Gauner wahrnimmt.

Michail Chodorkowski: »*Worin liegt nun der Unterschied zwischen der Wohltätigkeit, wie sie im Ausland praktiziert wird, und dem zynischeren russischen Ansatz? Im Ausmaß der wechselseitigen Abhängigkeit und des wechselseitigen Respekts.*

## Nach Jelzin

*Wenn ich Ihr Geld in meine eigene Tasche stecke, verpflichte ich mich gleichzeitig, die ›Machenschaften‹ zu verschleiern, mit denen dieses Geld erwirtschaftet wurde. Schließlich habe ich es angenommen. Wenn ich aber ein Kinderheim sponsere, und Sie sich daran beteiligen wollen, bin ich Ihnen dankbar; und wenn Sie mich nun Ihrerseits darum bitten, meine Zeit darauf zu verwenden, Ihre Papiere durchzusehen, dann sehe ich sie mir an, sage meine Meinung dazu und gehe dabei keinerlei Verpflichtung ein, irgendetwas zu ›verschleiern‹.*

*Alle wissen alles. Aber erst, wenn das Maß der gegenseitigen Abhängigkeit wirklich klar ist, kann ein anderer Mensch, ohne seine eigene Zeit verschwenden zu müssen, sagen: Jawohl, ich bin bereit, mich mit xy einzulassen, weil eine respektable Person gesagt hat: ›Das geht.‹ Der Grund, warum die ›respektable Person‹ ihre Zeit darauf verwendet hat, die Situation zu analysieren, ist nachvollziehbar und nützt der Gesellschaft.*

*Abgesehen davon gibt es auch deutlich weniger ›pragmatische‹ Schritte. So habe ich zum Beispiel die Bibliothek des US-Kongresses unterstützt, weil man dort im Internet einen Russland-Bereich eingerichtet hatte und ich mich mit der ›Föderation Internet-Bildung‹ befasste und gern ›Content‹ für die Lehrer an unseren Schulen haben wollte.*

*Dazu kommt, dass Mr. Billington eine einmalige, großartige Persönlichkeit ist.\* Er kennt Russland besser als viele russische Historiker.*

*Oder Kissinger, ein politischer Akteur von Weltrang. Er wollte gern wieder in die russischen Angelegenheiten einsteigen (und hat es auch getan), und ich wollte verstehen, wie ›dort‹ Dinge erledigt werden. Er hat mir geholfen. Er hat mir einiges erzählt und mich mit Leuten bekannt gemacht. Und Ähnliches mehr.*

*Dank einer gewaltigen Arbeit konnten wir (Yukos) innerhalb von drei Jahren die einflussreichen Figuren im Westen davon überzeugen,*

---

\* Der amerikanische Gelehrte Lord LeBron James Hadley Billington, geboren 1929, ist der dreizehnte Leiter der Library of Congress. (Anm. Natalija Geworkjan)

## Kapitel 12

*dass wir uns wirklich gewandelt hatten. Das Wichtigste war, sie dazu zu bringen, sich uns und unsere Veränderungen bereitwillig anzuschauen. Natürlich wäre es lächerlich gewesen, auf einen hundertprozentigen Erfolg zu hoffen, aber Sie werden mir zustimmen, einiges haben wir doch erreicht, sodass sich die Ereignisse von Ende 2003 schon vor einem ganz anderen Hintergrund abspielten, als dies noch 1995 und sogar 1999 möglich gewesen wäre.*

*Aber dass irgendwer seine Hand über uns halten würde, haben wir uns nicht eingebildet. Die Geschichte mit Gussinski stand uns allen noch deutlich vor Augen.«*

Ende 2002 kam Chodorkowski mit einem Angebot zu Premierminister Kassjanow, das sich, so schien es, kaum ausschlagen ließ. Chodorkowski bot an, für die Privatisierung nachzuzahlen, dieses Thema ein für allemal abzuschließen und eine einmalige Entschädigungssteuer für die Begünstigten der Privatisierung im Lande einzuführen – nach Tony Blairs Modell aus der Zeit nach 1997 in Großbritannien. Es ist klar, dass so ein Vorstoß nicht allen Mitgliedern des Russischen Industriellen- und Unternehmerverbandes gefallen konnte.

Michail Kassjanow, russischer Regierungschef von 2000 bis 2004: »*Chodorkowski kam mit diesem Gesetzentwurf zu mir. Allein. Er schlug vor, die Geschichte mit der Privatisierung abzuschließen. Im Grunde ging es darum, dass die Unternehmer eine Nachzahlung anboten. Er sagte, das wäre gut für die Wirtschaft, und die Regierung wolle die Wirtschaft doch unterstützen, und gleichzeitig wäre es gut für das Land. ›Uns ist klar, dass das alles nicht gerecht war‹, sagte er – und er hätte hier einen Gesetzesentwurf dabei, auf gerade mal zwei Seiten. Es war offensichtlich, dass er nicht nur in seinem eigenen Namen sprach, sondern im Namen einer Gruppe von Großunternehmern. Er betonte das nicht, aber anhand einiger Bemerkungen und Erläuterungen war es klar.*

*Außerdem sagte er, wir sollten ihnen nur bitte nicht diktieren, wer wie viel Geld einzahlen sollte, mit anderen Worten: Wir sollten es*

Nach Jelzin

*ihnen überlassen zu bewerten, wie ungerecht die einzelnen Fälle waren. Er sagte, sie wüssten untereinander schon genau, wie viel jeder dem Staat zurückzahlen müsste. Er schlug also eine prinzipielle Lösung für das Problem vor, wegen der konkreten Beträge würden sie sich aber selbst zusammensetzen und entscheiden. Wir haben gemeinsam überlegt, wie viel das ungefähr sein könnte. Dabei kamen wir auf rund 20 bis 25 Milliarden Dollar, unter Berücksichtigung der in den Jahren seit den Pfandauktionen gestiegenen Kapitalisierung der Unternehmen. Ich sagte, ich wäre einverstanden und würde diese Idee unterstützen. Es ging nicht um Steuern in irgendeiner Form, sondern um eine einmalige Einzahlung von Geldern in einen Sonderfonds, der für staatliche Zwecke ausgegeben wird, nicht im Rahmen des Haushalts, sondern nach Einzelentscheidungen. Chodorkowski sagte, die Unternehmer säßen gern mit im Aufsichtsrat und würden sich auch gern an den Diskussionen beteiligen und an den Entscheidungen zur Verwendung der Mittel aus dem Fonds mitwirken.*

*Wir besprachen alles. Sein Papier nahm ich an mich. Alles, was dort stand, war einfach und konkret: Dass ein Fonds eingerichtet werden sollte, in den diejenigen, die an der Privatisierung beteiligt waren, Geld einzahlen würden, und dass dieses Geld für staatliche Zwecke ausgegeben werden sollte.*

*Ein paar Tage später ging ich mit diesem Papier zu Putin. Das war schließlich keine rein finanzielle oder wirtschaftliche Geschichte, sondern auch eine politische Angelegenheit. Ich sagte Putin, dass ich die Idee richtig fände, dass sie gut sei, um im Land mehr Stabilität zu schaffen, mehr ausländisches Kapital anzulocken und für mehr Investitionen und einen Zuwachs an Vertrauen uns gegenüber zu sorgen. Ich sagte, es sei an der Zeit, das Thema abzuschließen und das sei eine gute Methode, es würde gutes Geld eingezahlt werden und das wäre hilfreich für die Reformen, die wir angeschoben hatten.*

*Putin hörte sich das an, warf einen Blick auf das Papier und sagte: ›Na gut, ich werde mir das genau ansehen.‹ Dann zog er eine Schublade aus seinem Schreibtisch und legte das Papier hinein. Etwa einen*

Kapitel 12

*Monat später erinnerte ich ihn an unser Gespräch. Er sagte etwas wie er habe noch keine Zeit gehabt. Da wusste ich, dass er über dieses Thema nicht reden wollte.*

*Inzwischen ist mir, nach allem was danach kam, natürlich völlig klar, dass er in dieser schwebenden, ungeklärten Frage einen Mechanismus sah, um alle an der kurzen Leine zu halten. Ein Jahr später begann die Verfolgung von Chodorkowski und Yukos. Und spätestens im Herbst 2004 gab es für mich keine Zweifel mehr, dass das alles Glieder einer Kette waren, dass die einzelnen Schritte, einschließlich Chodorkowskis Verhaftung, keine spontanen Aktionen und Fehlgriffe waren, sondern dass Putins Vorgehen einer Logik folgte. Zu dieser Logik gehörte, dass alle unabhängigen politischen Kräfte aus dem politischen Raum verdrängt wurden. Ich glaube, dass er planvoll handelte und dass ihm sehr wohl bewusst war, welche Konsequenzen das von Chodorkowski vorgeschlagene Gesetz haben konnte. […] Aus meiner Sicht wären das positive Konsequenzen für das Land und für die Business-Community gewesen, aus seiner Sicht aber nicht. Sie können davon ausgehen, dass er damals seine Strategie gegenüber den Oligarchen formuliert hat: sie am Haken lassen, damit sie sich nicht rühren können, damit sie ihm für immer verpflichtet sind und für immer die Bösen bleiben.*

*Natürlich hatte er Angst vor ihrem Geld, er hatte Angst, sie könnten andere politische Kräfte unterstützen, sie könnten plötzlich nicht mehr steuerbar sein – Menschen mit viel Geld, die sich nicht steuern lassen, sind eine große Gefahr für ihn.«*

Das Jahr 2002 wurde ein sehr gutes Jahr für Yukos. Ebenso gut waren die Aussichten für 2003, das Jahr, das mit den Verhandlungen über eine Fusion von Yukos und Sibneft begann.

Michail Chodorkowski: *»2002 und 2003 waren die Jahre, in denen die Erkundung und Erschließung Ostsibiriens (in Jakutien und im Ewenken-Gebiet) begannen, in denen wir nach Kasachstan und ins Schwarze Meer vorstießen, und in denen die Planungen für eine umfassende Erschließung der Erdöl- und Erdgasvorkommen in Ostsibi-*

rien und der Arktis anliefen. Wir nahmen drei neue Forschungszentren (zwei in Moskau und eines in Tomsk) und zwei Weiterbildungs- und Schulungszentren in Betrieb (ebenfalls in Moskau und Tomsk). Und vieles andere mehr.

Es ist bitter, daran zu denken, wie brutal dieser Aufstieg abgebrochen wurde. Nicht mein eigener, sondern der eines großartigen Unternehmens.«

MICHAIL CHODORKOWSKI

KAPITEL 13

# Unter Putin

»Irgendwann hatte ich das Gefühl,
Putin unterschätzt zu haben«

Im Rückblick ist meine Wahrnehmung von Putin durch die vielen Jahre der Konfrontation verzerrt. Ich will dennoch versuchen, objektiv zu sein.

Im Jahr 1999 sprach ich mich, wenn auch nicht allzu nachdrücklich, gegen eine Berufung Putins aus. Der Grund dafür lag gar nicht so sehr in seiner KGB-Vergangenheit, als vielmehr darin, dass ihm ganz offensichtlich Führungserfahrung fehlte. Ich war sicher, dass so ein Mann sich nicht für eine Etappe eignete, in der die staatlichen Institutionen aufgebaut werden sollten.

Ich wusste, dass Jelzin gehen, und ich wusste, dass Putin sein Nachfolger werden würde. Dennoch habe ich Jelzins Entschluss nicht angefochten. Ich nahm an, dass er den besseren Überblick hatte. Es ging ihm wirklich schon schlecht. Nach seinem Rücktritt besuchte ich Jelzin, weil ich zu ihm und seiner Frau Naina Jelzina ein persönliches Verhältnis hatte, und zwar ein sehr gutes. Wie sie zu mir standen, weiß ich nicht.

Mit Putin traf ich erstmals nach seiner Ernennung zum Premierminister zusammen. Davor waren wir uns nie begegnet. Bis dahin hatte, glaube ich, Newslin mit ihm zu tun gehabt, und die Kommunikation zwischen den beiden war offenbar nicht so gut gelaufen... Meinen ersten Eindruck von Putin kann ich heute nur schwer von den nachfolgenden Ereignissen trennen, aber weder damals noch heute sah und sehe ich etwas Besonderes in ihm. Er ist ein durchschnittlicher, ganz normaler Mensch, der stark von seiner Erziehung geprägt ist – von der auf den Hinterhöfen seiner Kindheit ebenso wie von der Erziehung im Dienst. Er vertraut niemandem außer den »eigenen Leuten«. Wobei ich annehme, dass er selbst den »eigenen Leuten« nicht sonderlich vertraut, aber immerhin mehr als allen anderen. Er neigt zu Verschwörungstheorien; er kann gut zuhören und sich auf seine Gesprächspartner einstellen, er lernt schnell, versucht aber, im Unterschied zu Jelzin, fremde Standpunkte in seine eigenen Denkmuster hineinzupressen. Was nicht in sein Modell passt, verwirft er. Manchmal befremden ihn allzu offensichtliche Diskrepanzen zwischen seinem Modell und der Wirklichkeit. Er sieht das durchaus, unterdrückt aber seine Zweifel und integriert letztlich nur das, was sich integrieren lässt; das Übrige vergisst er. Auf eine ähnliche Weise hat Ptolemäus das geozentrische Weltbild immer weiterentwickelt, statt zu einem heliozentrischen Modell überzugehen.

Ich habe aufrichtig versucht, Putin in seinem Bemühen um eine Regulierung der Industrie zu unterstützen, auf gesetzgeberischer Ebene wie auf der der Exekutive. Es gab sogar einen Moment, in dem ich das Gefühl hatte, ich hätte Putin als Mann demokratischer Überzeugungen unterschätzt – das war, als er in einem kleinen, aber ausgesprochen einflussreichen und sehr konservativen Kreis von Persönlichkeiten aus Politik und Gesellschaft erklärte, das Land sei weit mehr als der Staat, und man müsse gerade im Interesse des Landes wirken.

Natürlich sind mir die Umtriebe seiner nächsten Umgebung nicht entgangen, aber damals dachte ich irrtümlicherweise, das seien die unvermeidlichen Schattenseiten der Übergangsphase.

Die Wende

Der Wendepunkt war für mich das Sanatorium Rus.* Im Gegensatz zu Leonid [Newslin] regte mich die Tatsache, dass die Administration beschlossen hatte, sich das Sanatorium unter den Nagel zu reißen, an sich nicht sonderlich auf; ich fand allerdings, sie hätten fragen und es sich nicht einfach nehmen sollen.

Zu Putin ging ich nicht mit dem Ziel, die Enteignung zu verhindern. Wenn sie es unbedingt brauchten, bitte sehr. Ich bat ihn aber um ein Schreiben, damit wir den Arbeitern erklären konnten, warum sie nicht mehr an diesen wunderbaren Urlaubsort fahren konnten.

Die Sache war ja ganz einfach: »Die Präsidialadministration hat darum gebeten« war etwas anderes als wenn das Sanatorium einfach so weg war – dann hätte es geheißen: »Verkauft haben sie es, die Schufte, die Arbeiter sind ihnen egal, die stopfen sich nur die eigenen Taschen voll!«

Aber Putin ging darauf nicht ein. Damit war klar, mit welchem Modell von Beziehungen wir es zu tun hatten: Es war das Modell der »Schutzgelderpressung«, das man aus den neunziger Jahren kannte: Du zahlst, und sie nehmen sich trotzdem, was ihnen gefällt.

Natürlich war damit noch nicht sofort alles klar für mich, aber es war ein erstes Alarmsignal. Um es gleich zu sagen: Die

---

\* Rus war ein Sanatorium in Sotschi am Schwarzen Meer, das Yukos zusammen mit der VNK übernommen hatte. Yukos hatte 1999 die restlichen Aktien des Sanatoriums in Höhe von 300 000 Dollar aufgekauft. Das Sanatorium war als Erholungsort für Arbeiter und Angestellte des Unternehmens gedacht. Später wurde es von Putins Präsidialadministration enteignet und ging beim Ausverkauf der Yukos-Vermögenswerte für zehn Kopeken formal in den Besitz des Unternehmens Rosneft über. (Anm. Natalija Geworkjan)

Ereignisse in der Gurjanowa-Straße,* der Beginn des zweiten Tschetschenienkrieges und der Untergang der *Kursk* hatten diese Wirkung nicht für mich, weil ich einerseits nicht genug darüber wusste und weiß, und weil mir andererseits nur zu bewusst war, wie angreifbar jemand in einer solchen Position ist. Was Gussinski und den Sender NTW betrifft,** glaubte ich zunächst nicht, dass Putin persönlich dafür verantwortlich war, bis mir jemand, vor dem ich großen Respekt hatte, die Situation aus erster Hand schilderte.

Die Schließung von NTW hat mich sehr getroffen. Und dabei ging es gar nicht nur um Gussinski. Viele von den Leuten bei NTW kannte und mochte ich sehr, wir hatten uns vor der Übernahme oft getroffen und taten das auch währenddessen und danach. Diese ganze widerliche Geschichte hat mir emotional wirklich einen Knacks gegeben. Meine innere Loyalität gegenüber der Staatsmacht, die ich mir aus der Zeit Boris Jelzins bewahrt hatte, war danach verloren.

Ich hatte die Sache aus der Nähe verfolgt, wir hatten alle oft darüber geredet. Gussinski hatte wirklich einen Kredit bei Gazprom aufgenommen, und er hatte wirklich versucht, die Regierung politisch zu erpressen, damit sie Gazprom dazu brachte, seinen Kredit zu verlängern. Aber genau an diesem Punkt stellte

* Gemeint ist eine Serie von Explosionen in Moskauer Wohnhäusern im September 1999, als Putin Premierminister war und sich auf die Übernahme des Präsidentenamts vorbereitete. (Anm. Natalija Geworkjan)
** Der erste private russische Fernsehsender NTW gehörte Wladimir Gussinski. Gussinski wurde im Sommer 2000 verhaftet; einige Unternehmer, einschließlich Chodorkowski, setzten sich für ihn ein. Gussinski unterschrieb, was der Kreml von ihm verlangte, verließ das Gefängnis und ging außer Landes. Eine große Zahl von NTW-Mitarbeitern leistete Widerstand gegen den erzwungenen Verkauf von NTW. Im April 2001 wurde der Sender in einer Nachtaktion besetzt. Daraufhin kündigten die meisten Mitarbeiter; der Sender wurde vom neuen Haupteigentümer Gazprom weiterbetrieben. (Anm. Natalija Geworkjan)

Kapitel 13

sich die Frage, wofür sich die Staatsmacht entscheiden würde. Welches Signal würde sie mit ihrer Entscheidung aussenden? Es gab ja mehrere Möglichkeiten: Man konnte den Kredit verlängern, eine externe Finanzverwaltung einführen, einen Beirat gründen usw. Rechtlich sprach nichts dagegen.

Als ich die Situation mit den Kollegen aus dem Russischen Industriellen- und Unternehmerverband besprach, kamen wir auf die Frage, wessen Interessen grundsätzlich Vorrang hätten – die der Gazprom, die den Kredit zur Verfügung gestellt hatte (Schutz des Eigentums), oder die der Öffentlichkeit, die einen Anspruch darauf hatte, dass es vom Staat unabhängige elektronische Medien gab (Meinungsfreiheit). Damals habe ich zum ersten Mal mein politisches Credo formuliert, das sich von der Haltung einiger meiner Kollegen unterschied: Die Meinungsfreiheit geht vor. Was natürlich nicht hieß, dass man Kredite nicht zurückzuzahlen brauchte, aber ein Kreditgeber, dessen Interessen sich mit einem wichtigen öffentlichen Interesse überschnitten, konnte und musste solche Dinge meiner Meinung nach voraussehen. Er wäre somit verpflichtet gewesen, bei der Lösung des Konflikts der Notwendigkeit Rechnung zu tragen, die Balance zwischen dem eigenen und dem öffentlichen Interesse zu wahren.

Die Staatsmacht zog es dagegen vor, die Situation dazu zu nutzen, bestimmten Leuten demonstrativ den Mund zu verbieten und sie zu verhöhnen. Es war abstoßend. Eine Staatsmacht, die so etwas inszeniert und sich so verhalten hatte, war nicht mehr »meine«. Sie zerfiel jetzt in einzelne Verbündete und Gegner.

Ich versuchte zu helfen – und wir halfen der Media-Most-Holding auch. Das Yukos-Direktorium unterstützte mich, aber unsere Möglichkeiten waren begrenzt. Beim ersten Strafverfahren gegen mich wurde mir all das prompt »aufs Brot geschmiert«. Allerdings hatten sie immerhin genug Verstand, die entsprechenden Anklagepunkte zumindest in der Berufung wieder zu streichen.

Doch das war erst später. Damals unterschied ich noch zwischen Putin und bestimmten Mitgliedern seines Teams – ein Wahrnehmungsfehler, aufgrund dessen ich im Februar 2003 denn auch versuchte, Putin in der Frage der Korruption umzustimmen.

## Spielregeln

Woher dieses persönliche Element kommt, das ich in Putins Verhältnis zu mir sehe? Ich weiß es nicht. Ich weiß es wirklich nicht, aber ich habe meine Vermutungen. Ein wichtiger Drahtzieher war dabei ein Mann, der Putin sehr nahesteht: Igor Setschin. Wobei Setschin nicht nur und nicht in erster Linie auf eigene Faust vorging. Er hatte im Verlauf eines Jahres versuchsweise mehrere mögliche Vorgehensweisen in den »politischen Raum« durchsickern lassen. Welcher dieser Ansätze letztlich anschlug, lässt sich nur schwer mit Bestimmtheit sagen. Von denen, die heute nach einer Erklärung für Putins »persönliches« Verhältnis zu mir suchen, braucht ein Teil lediglich eine moralische Rechtfertigung für die eigene Loyalität gegenüber Putin. Andere versuchen heute, nach über acht Jahren, noch immer die »wunden Punkte« jedes einflussreichen Teils der Gesellschaft aufzuspüren, nur um zu beweisen, dass das, was mit mir geschehen ist, gerechtfertigt war. Bei diesen Leuten handelt es sich um professionelle Mythenschöpfer, und da die Medien in ihren Händen sind... Ich jedenfalls verzichte darauf, gegen diese Mythen anzukämpfen.

Doch die Wahrheit ist eine andere, was auch immer die Teilnehmer des ersten sogenannten »Schaschlik-Empfangs« behaupten mögen.* Einige von denen, die bei diesem Empfang mit von

---

* »Schaschlik-Empfang« wurde Putins erstes Treffen mit einer Gruppe einflussreicher russischer Unternehmer auf Putins Datscha getauft, bei dem angeblich Schaschlik gegrillt wurde. Offizielle Angaben zu diesem Treffen liegen nicht vor. Es fand vermutlich im Jahr 2000 statt. (Anm. Natalija Geworkjan)

Kapitel 13

der Partie waren, haben mir vorgeworfen, ich hätte die von Putin vorgeschlagenen Spielregeln erst akzeptiert und mich dann nicht daran gehalten.

Aber erstens war natürlich nie die Rede davon gewesen, die Lobbyarbeit einzustellen, schließlich ist das nicht nur eine normale Praxis, sondern eines der wesentlichen Strukturelemente des heutigen Systems. Zweitens gab es natürlich auch keine Abmachungen darüber, dass bestimmte politische Parteien keine Unterstützung erfahren durften. Das ist Teil der Lobbyarbeit. Der Kreml verfügte dabei allemal über genügend Kontrollinstrumente: Nicht von ungefähr lag die gesamte Liste der rund achtzig Abgeordneten, die von der Wirtschaft unterstützt wurden (und die mir zugeschrieben wurden, obwohl das natürlich eine allgemeine Liste aller Unternehmen war, weshalb die meisten dieser Abgeordneten nach meiner Verhaftung auch ohne Weiteres den Einzug in die Duma schafften) bei Surkow. Drittens gab es keinerlei Vereinbarungen darüber, dass man sich persönlich nicht politisch engagieren sollte. Wie es um unser Wählerpotenzial bestellt war, wusste jedes Kind. Darüber wurde also nicht einmal gesprochen.

Worüber dagegen sehr wohl gesprochen wurde, war, dass die Unternehmen sich nicht politisch engagieren sollten. Das war in der Tat ein ernster Schritt. Während der Pfandauktionen 1995/1996 hatten wir selbst das politische Spiel der »roten Direktoren« durchkreuzt. Es war klar, dass ein einziges Unternehmen in der Größenordnung von Yukos, wenn es im richtigen Moment agierte, die Umfragewerte des Machtapparats ernsthaft ins Wanken bringen konnte. Wir belieferten sechzig verschiedene Regionen mit Erdölprodukten, in zwanzig bis fünfundzwanzig davon waren wir regionale Monopolisten. Erdölprodukte aus anderen Regionen in ausreichender Menge dorthin umzuleiten, war entweder gar nicht möglich oder dauerte mehrere Wochen. Ist damit nicht alles gesagt? Ganz zu schweigen von den »Monostädten« – davon hatte Yukos allein zwanzig!

## Unter Putin

In dieser Frage haben wir also tatsächlich eine Zusage gegeben, und zwar nicht, weil wir plötzlich Angst bekommen hätten, sondern weil wir das für richtig hielten. Versorgungsfragen dürfen in einem politischen Spiel nicht zum Einsatz werden (obwohl das oft genug vorkommt). Ich habe mein Versprechen gehalten. Selbst nach der Verhaftung. Vielleicht nicht so sehr wegen Putin, sondern mehr um meiner Mitarbeiter und ihrer Familien willen, aber ich habe es eingehalten. Obwohl ich durchaus manchmal versucht war, es zu brechen, und auch Gelegenheit dazu gehabt hätte.

Nun zur sogenannten »Oligarchenkolchose«. Sie hatte sich nicht zusammengeschlossen, um die Macht zu übernehmen, und sie hat auch nie über staatliche Macht verfügt. Die Politikexperten haben sich mit dem irrigen Begriff »Oligarchen« selbst verwirrt. Wenn überhaupt jemand dieser Kategorie zuzuordnen war, dann vielleicht Beresowski. Den anderen, auch mir, ging es um die Industrie, ums Geschäft, nicht um die Macht im Staat. Unsere Sicherheitsdienste, die in den müßigen Fantasien so mancher zu Privatarmeen angewachsen waren, waren tatsächlich erstens nur im Hinblick auf ganz einfache, pragmatische Objektschutz-Aufgaben wirklich schlagkräftig, und zweitens bestanden sie im Wesentlichen aus ehemaligen oder noch aktiven (auf Vertragsbasis beschäftigten) Mitarbeitern der Strafverfolgungsbehörden und waren insofern offensichtlich ungeeignet für einen Konflikt mit der herrschenden Bürokratie.

Die Wirtschaft neigt nicht zum Kämpfen, sondern zur Anpassung.

Ich bin ein Sonderfall. Mir hatte man nicht einfach nur zugesetzt, sondern mit der Verhaftung eines Freundes einen harten, wirklich schmerzhaften Schlag verpasst. Und selbst in diesem Moment habe ich noch keinen Krieg vom Zaun gebrochen, sondern, solange das möglich war, einen Kompromiss gesucht. Erst als alle Möglichkeiten ausgeschöpft waren, stellte ich mich auf die Hinterbeine. In einer normalen Situation wäre das nicht passiert.

Der unmögliche Kompromiss

Oft heißt es, ich würde »aus dem allgemeinen Rahmen fallen«. Warum eigentlich? Wegen unserer offenen Zusammenarbeit mit der Regierung und der Staatsduma in Bezug auf die Probleme der Branche? Oder wegen der Bildungsvorhaben und humanitären Projekte, die wir initiiert und unterstützt haben: der »Föderation Internet-Bildung«, der »Neuen Zivilisation«, der »Public Policy School« oder des »Clubs der regionalen Journalisten«? Oder wegen noch anderer Dinge? Wegen der Unterstützung für NTW?

Ich sah, wohin wir gingen, wohin mein Land ging, und ich hielt es für möglich, diese Entwicklung vielleicht nicht umzukehren, aber zumindest abzumildern. Dafür musste man mit der öffentlichen Meinung arbeiten. Das haben wir versucht, in der Erwartung, damit auf Verständnis und Unterstützung zu stoßen. Und wir fanden sie auch, nicht zuletzt innerhalb der Business-Community. Gegenwärtig will ich, aus nachvollziehbaren Gründen, hier nur Kacha Bendukidse nennen.[*] Aber auch im politischen Establishment – aus ebenso nachvollziehbaren Gründen kann ich nur den ehemaligen Premierminister Michail Kassjanow und den ehemaligen Leiter der Präsidialadministration Alexander Woloschin erwähnen. Es gab aber auch eine sehr starke »Gegenkraft«, vertreten durch Igor Setschin. Übrigens stand für den Schlag unserer Gegner zunächst eine ganze Reihe von Unternehmen zur Auswahl. Am 19. Februar[**] aber streng-

---

[*] Kacha Bendukidse, ein russischer Großunternehmer georgischer Herkunft, war bis 2004 Vizepräsident des Russischen Industriellen- und Unternehmerverbandes; ab 2004 arbeitete er in der georgischen Regierung, 2009 trat er zurück. Bendukidse lebt und arbeitet bis heute in Georgien. (Anm. Natalija Geworkjan)
[**] Am 19. Februar 2003 fand Putins Treffen mit den Wirtschaftsvertretern statt, bei dem es zur Auseinandersetzung zwischen Putin und Chodorkowski kam. (Anm. Natalija Geworkjan)

ten sie sich richtig an und trafen ihre Entscheidung. Die weiteren Schritte diktierte dann die Logik des Kampfes und das für Setschin wie Putin gleichermaßen gültige Postulat, die eigenen Leute nicht im Stich zu lassen. Ich will anmerken, dass ich bis August 2003 nicht gegen Putin kämpfte, sondern um die Wahl, die sowohl Putin als auch die Gesellschaft zu treffen hatten. Erst im August wurde mir endlich klar, dass Putin seine Wahl längst getroffen hatte.*

Ich bin also weder ein Held noch ein Außenseiter, sondern ein Teamplayer, dessen Mannschaft verloren hat. In dieser Phase zumindest. Alles Weitere waren die üblichen byzantinischen Spielchen, eigennützige Interessen einer Menge zum Absahnen entschlossener Kleingeister. Alles in allem der Alltag eines autoritären Regimes.

Warum ich mich überhaupt mit diesen Projekten abgegeben habe? Ich bin generell ein »Mann der Ideen«, und das Team, das ich hatte, war ein »Team der Ideen«. Das war immer so gewesen. Es war nur im Schatten von Boris Jelzins Mannschaft nicht aufgefallen, während neben Putins Team der Kontrast beträchtlich war.

Zweifellos hätte man sich einigen können. Zumal es durchaus angesehene und maßgebliche Personen gab, die dazu konkrete Vorschläge machten. Aber was wäre der Preis einer solchen Einigung gewesen? Vielleicht hätte ich das Unternehmen sogar halten können (obwohl ich mir da inzwischen nicht mehr sicher bin). Die Einigung hätte aber bedeutet, Schmiergeld zu zahlen, und zwar, mit Rücksicht auf die veränderten Regeln, direkt in die Tasche ganz konkreter Personen. Schmiergeld in Größenordnungen, die sich vor den Aktionären, Banken und anderen nicht hätten verheimlichen lassen.

* Im August 2003 erwähnte Chodorkowski öffentlich gegenüber der Presse Differenzen zwischen den Liberalen und den Silowiki im Kreml. (Anm. Natalija Geworkjan)

Kapitel 13

Es wird niemanden sehr verwundern, dass ich in der Anfangsphase versucht habe, mich dieser Entwicklung entgegenzustellen. Bis zu Platons Verhaftung. Nach der Verhaftung, als klar wurde, dass er eine Geisel war und dass sie ihn in keinem Fall freilassen würden, egal, was man sagte, war ein Kompromiss mit diesem Teil des Kreml nicht mehr möglich. Es lag auf der Hand, dass irgendjemand gehen musste. »Gegangen wurde« ich.

## Expansion ins Ausland

Nun zur Frage der Absicherung durch Expansion ins Ausland.[*] Natürlich gab es diese Absicherung, aber das war eine Absicherung des Unternehmens! Eine Absicherung gegen eine allzu starke Anhebung der Steuern und hohe Lizenzgebühren, nicht aber gegen die Willkür der Silowiki! Diese zwei Arten von Risiko sollte man nicht verwechseln. Gegen das eine kann ein nationales Unternehmen sich durch Diversifizierung schützen. Gegen das andere ganz offensichtlich nicht. Wenn du nicht an dein Land glaubst, musst du dein Unternehmen verkaufen, weggehen und ausreisen. Etwas anderes bleibt einem Geschäftsmann nicht übrig.

Der Kampf in der Arena der politischen Macht ist ein völlig anderes Metier. Sich für seine eigenen Interessen starkzumachen, ist für die Wirtschaft normal. Eine Konfrontation mit dem staatlichen Machtapparat aber nicht. Dafür braucht man einen anderen Menschenschlag, andere Abmachungen und ein anderes Denken. Etwas anderes verbreiten nur irgendwelche Krimiliebhaber, die nichts Besseres zu tun haben, oder Leute, die vom Mittelalter auf das 21. Jahrhundert schließen. Jedenfalls kam die Veränderung der Spielregeln – weg vom parlamentarischen und hin zum autoritären Ansatz – tatsächlich unerwartet.

[*] Gemeint sind hier Verhandlungen mit westlichen Unternehmen über eine mögliche Fusion oder gemeinsame Projekte. (Anm. Natalija Geworkjan)

Warum hatte ich das nicht für möglich gehalten? Auch dafür gibt es eine Erklärung. Der Übergang zu einem Modell der gewaltsamen Einflussnahme geschah in einer insgesamt normalen politischen Situation, in der es genügend politische Hebel gab (vielleicht nicht in den Händen des Setschin-Lagers, aber in der Hand des Präsidenten, und der war es schließlich auch, der das gewaltsame Vorgehen sanktioniert hat). In dieser Situation war ein solcher Schritt offensichtlich unangemessen. Der Schaden, den er dem Land zugefügt hat, der Wirtschaft, dem Ruf der Staatsmacht und den Perspektiven der gesellschaftlichen Entwicklung, ist nicht zu beziffern. Er ist in jedem Fall enorm.

Heute, im Rückblick, ist klar, dass in dieser Hinsicht nichts Überraschendes passiert ist. Die Verluste bewegen sich in den Größenordnungen, die zu erwarten waren. Und der Nutzen (wenn wir vom politischen Nutzen, vom Nutzen des Staates sprechen) wäre ohne Weiteres auch außerhalb des gewaltsamen Paradigmas zu haben gewesen.

Der persönliche Nutzen für den »Freundeskreis« wurde natürlich just auf diesem Wege erzielt. Allerdings waren die Interessen dieses »Freundeskreises« und Putins eigene Interessen ganz klar nicht identisch. Es war ja offensichtlich, dass Putin sich selbst schadete, und der Nutzen wäre für ihn problemlos auch ohne diesen Schaden zu erzielen gewesen.

Eben hier, in diesem Kalkül, lag mein Fehler. Die Psychologie des Silowik ist einfach eine andere.

Übrigens sind Berechnungen dieser Art nicht mein Element. Darum kümmerten sich bei uns andere Leute. Für mich unterschied sich die damalige Situation nicht von dem normalen, alltäglichen politischen Geschäft, und ich wollte einen Paradigmenwechsel herbeiführen, von der »ursprünglichen Akkumulation« hin zu einer normalen Entwicklung. Mir schien es dafür mehr als genug absolut stichhaltige Argumente zu geben, die den Präsidenten überzeugen mussten.

Kapitel 13

Die Tatsache, dass jemand in seinen persönlichen Interessen benachteiligt wurde, war an sich nichts Ungewöhnliches. Auch ich hatte manchmal gewonnen, manchmal verloren. Das ist normal. Global betrachtet, waren wir doch alle auf der Gewinnerstraße. Sogar Setschin. Auch er hatte schließlich sein »Business-Revier«, das ebenfalls im Wert gestiegen wäre.

Aber Silowiki spielen anders. Das weiß ich jetzt. Eben deshalb stürzen sie die Länder, Regionen und Unternehmen, in denen sie sich nicht nur um ihre eigenen Angelegenheiten kümmern, sondern um die allgemeine Entwicklung, gewöhnlich auch ins Verderben. Ausnahmen sind selten und bestätigen lediglich die Regel. Silowiki, die in der Verwaltung oder in der Wirtschaft Erfolg haben, sind Leute, die früher einfach nicht am richtigen Platz waren.

Ich habe das Denken der Strafverfolger nie verstanden. Meine Idee war einfach: Damit das Land einen gebührenden Platz in der Weltwirtschaft einnehmen kann, braucht es Unternehmen der »Champions League«. Yukos hätte durchaus ein solches Unternehmen werden können. Voraussetzung dafür war eine Reihe von Maßnahmen, und ich war dabei, diese Maßnahmen eine nach der anderen umzusetzen: Fusion, IPO, Fusion auf internationaler Ebene, internationale Projekte, Diversifizierung in Richtung Gas und alternative Energiequellen und so weiter.

Da diese Linie dem Land offensichtlich Nutzen brachte, ging ich davon aus, dass allenfalls Detailfragen strittig sein konnten. Der Gedanke, dass die Interessen des Landes für sie lediglich eine austauschbare Spielkarte sein könnten, kam mir nicht in den Sinn. Darauf hatte meine bisherige Erfahrung mich nicht vorbereitet. Ich wusste, dass man am Wachstum verdienen konnte, und ich wusste, dass diejenigen, die im Interesse des Landes handelten, auch sich selbst nicht vergaßen. Aber im eigenen Interesse zu handeln – gegen die Interessen des Landes? Das war Verrat! Im ganz direkten, offenen Sinn. Natürlich war niemand gegen Missverständnisse oder Fehleinschätzungen gefeit, aber absichtlich – nein, darauf hatte ich leider nicht gewettet.

Was nun aber die »Expansion der Gruppe« in den humanitären Bereich, in die Politik angeht, so sind das in Wahrheit nicht etwa Elemente eines verhängnisvollen Plans, sondern der für das mittlere Lebensalter ganz normale Wunsch, sich auf neuen Gebieten zu bewähren. Uns allen war klar, dass unsere Zeit im Big Business ihrem Ende entgegenging. Es war nicht mehr interessant, hier brauchte man Profis, die jünger und besser ausgebildet waren. Vielleicht noch fünf bis sieben Jahre lagen vor uns, mehr nicht. Deshalb hatte jeder von uns begonnen, sich eine Zukunft für die Zeit danach aufzubauen. In der Politik, in der Bildung oder, wie ich, im gesellschaftlichen Bereich. Natürlich war mein Interesse daran auch ideologisch motiviert – unter anderem das Interesse an einer Erweiterung der realen Vollmachten des Parlaments, weil ich gesehen hatte, wie das in den USA funktionierte, und weil ich damals wie heute fand, dass dieses Modell sich auch für Russland eignete. Meine eigene politische Zukunft schätzte ich mehr als nüchtern ein – ich sah darin eine mögliche Form der gesellschaftlichen Aktivität, der ich aber weniger intensiv nachgehen würde als meiner unternehmerischen Arbeit.

Menschen, die nie wirklich viel Geld zur Verfügung hatten, können sich oft schwer vorstellen, dass man auch zu viel Geld haben kann, denn viel Geld bedeutet eine große Verantwortung, und diese Verantwortung ermüdet. Die Annehmlichkeiten, die man sich für viel Geld kaufen kann, braucht längst nicht jeder. Es will nun einmal nicht jeder eine Jacht, einen Fußballclub, Paläste auf der ganzen Welt und goldene Kloschüsseln haben! Wozu also sollte man sich dann an einen Bereich klammern, in dem man sein Limit schon erreicht hat? Um des Geldes willen? Das Geld braucht man nicht. Man möchte lieber etwas tun, was einen interessiert.

Kapitel 13

Übrigens bedeutet auch der Posten des Präsidenten und selbst der des Premiers für einen mehr oder weniger anständigen Menschen eine große Verantwortung und eine schwere Bürde. Auf eine solche Bürde kann sich nur einlassen, wer eine innere Berufung dazu verspürt, was bei mir zum Beispiel nicht der Fall ist. Ich will keinen Augiasstall ausmisten müssen und dabei noch die allgemeine Abneigung zu spüren bekommen. Ich ziehe eine dankbare Arbeit vor, für Menschen, die verstehen und zu schätzen wissen, was ich tue. Das mag egoistisch klingen, aber dafür ist es ehrlich.

Eben deshalb sah ich meine Rolle gerade im gesellschaftlichen Bereich, in der Bildung, in der Arbeit mit Gleichgesinnten und im Interesse einer vergleichsweise kleinen Schicht von Menschen: der Intelligenz, der »kreativen Klasse«, derjenigen, die Anstrengungen unternehmen können und wollen, um ein menschenwürdiges Leben zu führen. Nach meiner Überzeugung ist es genau diese Schicht, die das Leben des ganzen Landes verändern kann. Eine Führungsrolle können zehn bis fünfzehn, vielleicht auch zwanzig Prozent einer Bevölkerung übernehmen. Nicht mehr. Die breite Masse ist immer konservativ.

Jeder Fortschritt ist das Ergebnis bewusster Anstrengungen einer verantwortungsvollen Elite, ihres ordnenden und erzieherisch wirkenden Einflusses auf die Gesellschaft. Zunächst aber muss sich die Elite über sich selbst im Klaren sein, muss sie sich ihrer Ziele und ihrer Verantwortung für das Land und das eigene Volk bewusst sein.

Im Grunde genommen war eben dieser erste Schritt für mich von besonderem Interesse. Ich bin schließlich keineswegs ein Heiliger und auch kein Engel. Egoismus ist mir nicht fremd; ich wollte etwas tun, was mir gefällt, und zwar mit Leuten, mit denen es mir Spaß machte. Für einen Politiker ist das ein unzulässiger Luxus, aber für jemanden, der im gesellschaftlichen Bereich arbeitet, ist es durchaus möglich.

Das war im Wesentlichen die Zukunft, für die ich mich entschieden hatte. Doch das Leben erwies sich als komplizierter. Plötzlich standen Fragen von Ehre und Pflicht im Raum. Dagegen musste alles andere zurückstehen. Große Worte? Mag sein. Aber anders kann ich nicht denken.

Schlagabtausch

Meine Äußerung zur Korruption bei der Zusammenkunft mit Putin am 19. Februar 2003 war durch die Interessen meines Unternehmens motiviert. Es gab zwei zentrale Probleme: Die Beamten hatten jegliches Schamgefühl verloren und verlangten gigantische Beträge von mehreren Millionen nicht etwa zugunsten irgendwelcher humanitärer oder politischer Ziele, wie das früher üblich gewesen war, sondern direkt für die eigene Tasche. Derartige Zahlungen waren erstens ein klarer Straftatbestand, und zweitens hätten das unabhängige Direktorium des Unternehmens, die Auditoren und ausländischen Finanzkontrolleure so etwas nie durchgehen lassen, denn in ihren Ländern gab es Gesetze, die Korruption auf internationaler Ebene untersagten. Und auch das war nur die eine Hälfte des Problems. Die zweite Hälfte war, dass analoge Gesetze auch für das russische Management von Unternehmen galten, die sich auf einen Börsengang vorbereiteten. Sollte man also so etwas unterschreiben und das Risiko eingehen, sich mit der westlichen Justiz anzulegen? Nie im Leben! Im Westen interessiert sich niemand für die russischen Realien.

Und doch – das werden Sie vielleicht nicht glauben – waren die konkreten Probleme meines Unternehmens nicht der einzige Grund für meine Demarche. Was mich zutiefst beunruhigte, war die Tatsache, dass die Korruption allmählich zu einer systemischen Erscheinung wurde.

Was ich darunter verstehe? Jede Korruption ist schlecht. Doch solange sie nur eine Nebenerscheinung der üblichen, ganz

Kapitel 13

normalen unternehmerischen Entscheidungen ist, bei der sich jemand vom Gewinn ein »kleines Stückchen abzweigt«, ist die Situation noch nicht kritisch. Viel schlimmer ist es, wenn das Ausmaß der Korruption und der Umfang der Schmiergeldzahlungen so weit anwachsen, dass die Komponente der Korruption bei unternehmerischen Entscheidungen an erster Stelle berücksichtigt wird. Aber auch das ist nur ein Zwischenstadium. Von vollständig systemischer Korruption spreche ich dann, wenn sie zum eigentlichen Ziel von Geschäften, zu deren einzigem realen Sinn wird. Ob es um eine Straße, eine Pipeline oder eine Lagerstätte geht – sie sind hier nur der Vorwand für eine weitere »Umverteilung« von Eigentum. Eine solche Art von Korruption bremst die Wirtschaft nicht nur, sie richtet sie zugrunde.

Genau das war es letztlich, was ich dem Präsidenten vor Augen führen wollte. Und dass Leute, die sich solche Ziele setzen, nicht am Steuer stehen und keine für den Staat wichtigen Entscheidungen treffen sollten. Doch Putin hatte leider schon entschieden. Wie, wissen heute alle.

Tatsächlich aktuell war damals die Frage der Notierung der russischen Kapitalgesellschaften, aufgrund der allgemeinen Instabilität der Rechtsnormen und der Praxis der Rechtsanwendung, insbesondere bei der Besteuerung. Wir nahmen das sehr ernst. Wir stellten ein starkes Team zusammen und erarbeiteten eine ganze Reihe von Gesetzentwürfen, zum Teil gemeinsam mit der Regierung, zum Teil auch im Dissens mit ihr. Dabei ging es sowohl um den Verzicht auf das Production Sharing Agreement (mit Ausnahme von Projekten in der Schelfzone) als auch um den gleichberechtigten Zugang zur Pipeline Transneft sowie eine fixe Abgabenstaffelung in Abhängigkeit von den Weltmarktpreisen für Erdöl. Und vieles mehr.

Wir nahmen an den Parlamentsanhörungen teil (bisweilen organisierten wir sie auch) und arbeiteten auf der Expertenebene in der Staatsduma mit. Mein Kollege Wladimir Dubow beschloss sogar, ganz aus der Wirtschaft auszusteigen und stattdessen seine praktische Erfahrung in den Gesetzgebungsprozess einzubringen. Er kandidierte für die Staatsduma, wurde gewählt und arbeitete im Unterausschuss für Steuerfragen. Probleme unseres Unternehmensverbundes versuchten wir also eher auf der Systemebene anzugehen als nur durch Gespräche mit dem Präsidenten.

### Vertrauen: Woloschin und Abramowitsch

Was Alexander Woloschin betrifft, so habe ich ihm wirklich vertraut. Ich hatte ihn vor dem Treffen mit den Unternehmern gebeten, bei Putin in Erfahrung zu bringen, ob er wollte, dass ich mich in Anwesenheit der Journalisten zu Wort meldete. Ich sah, wie Woloschin etwas mit dem Präsidenten besprach, ehe er zu mir kam und mir den Ablauf der Veranstaltung bestätigte.

Ob er mich damals ins offene Messer laufen ließ? Ich weiß es nicht. Allerdings war mir auch unabhängig davon klar, dass das Thema heikel und der Konflikt schwerwiegend war und dass die Sache schlecht ausgehen konnte. Gleichwohl schien es mir notwendig, den Staat zu einer anderen Haltung gegenüber der Wirtschaft zu bringen, die Praxis der »Protektion« hinter uns zu lassen und zu normalen, zivilisierten Beziehungen zu kommen. Ich fand, dass die Phase der »ursprünglichen Akkumulation« ihrem Ende entgegenging und die Zeit reif war für einen neuen Ansatz. Dass es viele »hungrige« Beamte gab, war mir wohl bewusst, doch es gab ja auch immer noch unendlich viele Möglichkeiten. Man denke nur an Gazprom.

Um es noch einmal zu sagen: Dass Staatsbeamte unter Duldung des Staatsoberhaupts persönlich gewichtigen Wirtschaftsinteressen Russlands direkt und unverhohlen zuwiderhandeln würden, konnte ich mir nicht vorstellen. Halten Sie mich für einen Idioten, aber das überstieg meine Vorstellungskraft. Und

Kapitel 13

zugleich »spielte« ich bewusst gegen eine Tendenz in der Politik, die Setschin verkörperte.

Natürlich, Geld, Aktien – all das ist wichtig. Aber wir waren seit fünfzehn Jahren auf einem Weg zu demokratischen Werten, dafür hatten wir alles riskiert, sogar unser Leben. Wir hatten geirrt, waren gestrauchelt, hatten gestritten – und doch waren wir einig in unserer Auffassung davon, in welche Richtung unser Weg führte: zu einem modernen, demokratischen Staat, zu europäischen Werten. Und nun trat eine Kraft auf den Plan, die ganz offen versuchte, eine rückständige »asiatische« Mentalität, einen Polizeistaat und »sowjetische« Gepflogenheiten durchzusetzen. Damit konnte ich mich nicht einverstanden erklären. Für kein Geld der Welt.

Überhaupt war das Geld mir egal! Es ging um viel mehr, nämlich die Frage, ob man das Land verlassen musste. Damals jedenfalls sah es so aus, als wäre das schon die Maximalfrage.

Verstehen Sie mich nicht falsch: Aus meiner Sicht hat auch der »asiatische« Blick auf die Dinge seine Daseinsberechtigung, und seine Anhänger haben das Recht, ihren Standpunkt zu vertreten. Aber es ist ein wesentlicher Unterschied, ob man einen zivilisierten Streit führt oder einem Widersacher gewaltsam »das Maul stopft«.

Zu Roman Abramowitsch: Ich weiß, dass Leonid Newslin seine eigene Auffassung von Romans Rolle in dieser ganzen Situation hat. Er sieht diese Rolle negativ. Ich habe keine Informationen dieser Art. Ob Roman ein zuverlässiger Partner ist? Er ist genauso zuverlässig wie alle, nicht mehr und nicht weniger. Er ist zuverlässig in einem bestimmten Rahmen. Wenn das Leben aus diesem Rahmen fällt, denkt er in erster Linie an sich und seine eigenen Interessen. Aber auch das nicht mehr und nicht weniger als alle anderen auch.

Wenn alles normal gelaufen wäre, hätten wir gut zusammenarbeiten können, denke ich. Obwohl es einige Probleme gab, weil wir charakterlich so verschieden sind. Wäre Roman nach meiner Verhaftung an die Spitze des Unternehmens gegangen, hätte er vielleicht sogar etwas ändern können – nicht an meinem persönlichen Schicksal, aber an dem des Unternehmens. Obwohl ich meine Zweifel habe. Wahrscheinlich hätte er nur den Sibneft-Aktionären das Leben leichter gemacht, oder sein eigenes schwerer, je nachdem, wie sich die Situation entwickelt hätte.

Die Opposition

Das Geld für Jabloko und die SPS kam tatsächlich aus meinen persönlichen, ausgewiesenen Dividenden, nachdem ich zuvor alle damals fälligen Steuern gezahlt hatte. Der Beweis dafür ist, dass mir selbst in unserem pervertierten Rechtssystem nichts Diesbezügliches zur Last gelegt wurde. Zahlen möchte ich vorerst nicht nennen. Das ist ein heißes Eisen (nicht für mich, sondern für die Empfänger). Andere Parteien erhielten Spenden von verschiedenen meiner Kollegen.

Zu der Frage, ob mir die Parteien, die ich finanziell unterstützte, zusagten oder nicht: Ich bin nicht ihr Richter. Da ich mich selbst nicht mit Parteigründungen beschäftigte, unterstützte ich eben die Kräfte, die mir am nächsten standen. Natürlich war das nicht die LDPR![*] Die LDPR verdiente Geld mit ihrem Abstimmungsverhalten, ganz offen und zynisch. Und doch hatte diese Partei auch unter meinen Bekannten Anhänger.

Von entscheidender Bedeutung war aus meiner Sicht, dass es eine einflussreiche und von der Staatsmacht unabhängige Opposition geben muss. Das ist die unabdingbare Voraussetzung für eine effektive staatliche Verwaltung und eine gesunde Gesellschaft. Damit es so eine Opposition geben kann, braucht sie

---

[*] Wladimir Shirinowskis Liberal-Demokratische Partei vertritt ein populistisches, fremdenfeindliches Programm. (Anm. Natalija Geworkjan)

Kapitel 13

eine vom Staat unabhängige Finanzierung. Damals glaubte ich, dass die Machthabenden meine Position durchaus teilten, wenn auch ohne große Begeisterung. Tatsächlich wurde sie von dem Teil der Staatsmacht mitgetragen, den man später als »liberalen Flügel« bezeichnet hat. Putin aber wurde von seiner Umgebung irgendwann davon abgebracht, das politische Gleichgewicht weiter aufrechtzuerhalten.

Wenn wir von Politikern und von Politik sprechen… Das einzige Bild einer politischen Figur, das ich tatsächlich auf meinem Tisch stehen hatte, war ein Porträt von Margaret Thatcher, mit einem Zitat, das ihr zugeschrieben wird: »Wenn Sie in der Politik wollen, dass etwas gesagt wird, wenden Sie sich an einen Mann. Wenn Sie wollen, dass etwas getan wird, wenden Sie sich an eine Frau.« Ich habe großen Respekt vor Thatcher als der Person, die die Umstrukturierung des britischen Staatsapparats und der Kohleindustrie durchgeführt hat – nicht in Worten, sondern in Taten. Mir fällt in der Nachkriegszeit niemand ein, der ihr das Wasser reichen könnte. Übrigens war das auch das einzige Mal in meinem Leben, dass ich meine Möglichkeiten genutzt habe, um aus rein persönlichem Interesse jemanden kennenzulernen: So wurde ich Margaret Thatcher vorgestellt. Wir haben uns unterhalten. Sie ist wirklich eine sehr geradlinige und starke Person.

Ich bin ein Anhänger der Meritokratie, das heißt, ich bin überzeugt, dass die breite Masse, der Demos als solcher, nur regressive Tendenzen hervorbringt. Die Zustimmung der breiten Masse ist für den wahren Staatsmann eine notwendige, aber keine hinreichende Bedingung. Was ihn denn auch von einem Populisten unterscheidet. Ein Staatsmann muss eine Führungsfigur sein, er muss langfristige Tendenzen erspüren und imstande sein, die Gesellschaft zu überzeugen, die notwendigen Veränderungen zu akzeptieren.

Fängt man dagegen die Stimmungen der Masse der Bevölkerung ein und folgt ihnen, so verschafft einem das zwar in einer bestimmten Phase vielleicht große Popularität, aber die Konsequenzen sind stets unerfreulich. Die Menschen suchen immer einen Sündenbock, auch dann, wenn sie sich selbst in die Bredouille gebracht haben.

Die wesentliche Differenz zwischen Putin und mir besteht darin, welche Form der staatlichen Verwaltung wir jeweils bevorzugen und wie wir die Zukunft sehen. Er gibt einer Machtvertikale den Vorzug, und zwar einer, die real auch die Legislative und die Judikative umfasst. Von der Staatsmacht unabhängige gesellschaftliche Institutionen sind in seinen Augen überflüssig und verkomplizieren nur das System. Er glaubt an die »Handsteuerung«, und er glaubt nicht an den Rechtsstaat. Ich halte das für archaisch. Ein moderner Staat muss, wenn er wettbewerbsfähig sein will, eine komplexere Struktur aufweisen.

Er glaubt, dass man durch Mobilisierung, Kontrolle und Ordnung ein Land schaffen kann, das die Nachbarn respektieren und dessen Bürger satt und folglich zufrieden sein werden. Das mag, davon bin ich überzeugt, gewiss für eine Schafherde gelten oder für eine Gesellschaft, die einer Schafherde ähnelt. Aber die Welt hat sich verändert: Heute kommt es vor allem darauf an, Eigeninitiative und das schöpferische Potenzial des Menschen zu wecken und die daraus entstehende Energie im Sinne des gemeinschaftlichen Interesses zu nutzen. Ich nenne dieses Modell »gelenktes Chaos«.

In der Wirtschaft funktionieren alle leistungsfähigen Unternehmen nach diesem Prinzip. Auch alle modernen postindustriellen Staaten sind so aufgebaut. In einer solchen Ordnung fühlen sich selbstständig denkende und unternehmerisch veranlagte Menschen zu Hause. »Sattheit« ist für sie ein selbstverständlicher Zustand. Deshalb streben sie nach mehr.

Mich einer Sache unterordnen, mit der ich nicht einverstanden bin, die ich für schädlich halte – das würde ich nie tun, sofern mich keine Verpflichtungen binden. Und Putin gegenüber war ich zu nichts verpflichtet.

Ein Blitz aus heiterem Himmel

Im Herbst 2003, als klar war, dass sich das Problem nicht von selbst auflösen würde, wurde allen Kollegen mehrfach nahegelegt, sich um eine eventuelle Ausreise zu kümmern. Damals konnten wir uns noch nicht vorstellen, dass das Unternehmen zerstört werden würde. Wir fürchteten allenfalls, dass man es uns wegnehmen könnte. Eine Gefahr sahen wir nur für uns persönlich als Gesellschafter und Manager des »politischen« Blocks im Unternehmen.

Zu glauben, man hätte das Unternehmen vom Ausland aus führen können, wäre naiv gewesen. Wir bereiteten uns nicht darauf vor, weil es gar keinen Sinn hatte.

Die Steuerforderungen schlugen ein wie ein Blitz aus heiterem Himmel. Wir hatten schließlich jeden unserer Schritte mit der Regierung oder in der Staatsduma abgesprochen. In Bezug auf anstehende Gesetzesänderungen, auf die Höhe der Zahlungen des Unternehmens oder auf die Transferleistungen an die Regionen, in denen wir steuerpflichtig waren, hatte ich jeweils persönlich mit Alexej Kudrin, Alexander Potschinok, Gennadi Bukajew und Alexander Shukow[*] die verschiedenen Modelle diskutiert.

Das Unternehmen kam für bis zu fünf Prozent des föderalen Haushalts auf. Im Jahr 2002 besprach Michail Fradkow, der Direktor der Steuerpolizei, mit mir persönlich die Ergebnisse der Prüfungen. Putin erwähnte das auch während der berühmten Zusammenkunft am 19. Februar und bestätigte, dass wir alle

---

[*] Alexej Kudrin, von 2000 bis 2011 Finanzminister der Russischen Föderation; Alexander Potschinok, von 2000 bis 2004 Minister der Russischen Föderation für Arbeit und Sozialentwicklung; Gennadi Bukajew, von 2000 bis 2004 Minister der Russischen Föderation für Steuern und Abgaben; Alexander Shukow, Duma-Abgeordneter, von 2000 bis 2003 Vorsitzender des Parlamentsausschusses für Haushalts- und Steuerfragen (Anm. d. Ü.)

Steuerfragen geklärt und alles, was nachberechnet worden war, gezahlt hatten. Und da wollen sie etwas »nicht gewusst« haben? Wir hatten jedenfalls keine Probleme in dieser Richtung gesehen. Zur Privatisierung gab es durchaus offene Fragen. Da waren die gesetzlichen Bestimmungen »schief«, man konnte sie so oder so auslegen. In unseren öffentlichen Berichten haben wir speziell auf dieses Problem des »historischen Portfolios« hingewiesen. Deshalb sind letztlich ja auch gerade die Gesellschafter ausgereist, die für die Politik zuständig waren. Doch wie sich herausstellte...

Zur Frage einer »Nachzahlung« im Zusammenhang mit der Privatisierung fanden im Russischen Industriellen- und Unternehmerverband Gespräche zwischen uns statt, und wir waren alle einer Meinung.* Der Gedanke, den der damalige Premierminister Kassjanow geäußert hat, wonach Putin die Großunternehmen nicht »vom Haken« einer in den Augen der Gesellschaft bestehenden gewissen Illegitimität lassen wollte, scheint mir durchaus plausibel.

Die Gerichte

Ob mir klar war, dass das Gericht sich dermaßen gleichgültig gegenüber dem Gesetz verhalten würde? Nein! Ich hatte keinen Zweifel, dass man mich im Rahmen des »Ermittlungsverfahrens« ziemlich lange im Gefängnis festhalten konnte. Aber eine Verurteilung? Ohne jeden Beweis für irgendeinen Verstoß gegen das Strafrecht? Nie und nimmer!

Warum ich mir sicher war, nicht gegen das Strafrecht verstoßen zu haben? Ich hatte mir schon vor Jahren angewöhnt, alle Dokumente, bevor ich sie unterzeichnete, einer ganzen Heerschar von Spezialisten (Juristen, Buchhaltern) vorzulegen, danach wurde alles von Auditoren geprüft. Natürlich gab es strittige zivilrecht-

* Nämlich Nachzahlungen zu leisten. (Anm. Natalija Geworkjan)

liche wie auch steuerrechtliche Fragen. Wir prozessierten ja häufig. Manches Verfahren wurde gewonnen, manches verloren, aber zwischen einem Rechtsstreit vor einem Zivilgericht und einem Verstoß gegen das Strafrecht liegen rechtlich gesehen ja Welten. Es gibt die Legende, wir hätten seinerzeit mit den Gerichten gemacht, was wir wollten. Das stimmt absolut nicht. Nicht von ungefähr wurde in den acht Jahren seit meiner Verhaftung *kein einziger* Gerichtsentscheid aus der Zeit, in der ich den Yukos-Konzern führte, aufgehoben. Es gab also keine Verstöße, deren Ungerechtigkeit für Empörung gesorgt hätte. Mehr noch, ich wage zu behaupten, dass auch Jelzin eher sorgsam mit den Gerichten umgegangen ist. Mir ist keine einzige Situation in Erinnerung, in denen er selbst oder jemand auf seine Anweisung die Gerichte zu offensichtlich gesetzeswidrigen Handlungen gedrängt hätte (zumindest nicht im Bereich der Wirtschaft).

Meine Naivität im Hinblick auf die Justiz ist somit zwar vielleicht unverzeihlich, aber immerhin erklärlich.

Der grundsätzliche Unterschied zwischen dem ersten und dem zweiten Verfahren gegen mich lag für mich darin, dass ich im ersten Prozess noch an die Justiz glaubte. Obgleich mir klar war, welche Möglichkeiten es gab, »administrativen Druck« auszuüben, hatte ich nicht erwartet, dass die Entscheidung, die die Machthaber brauchten, derart massiv und ohne jede Rücksicht auf das Gesetz durchgepeitscht werden würde. Ich hatte immer noch die Illusion, dass es Regeln gebe, und glaubte, die Anwälte wüssten besser über die konkreten Spielregeln bei Gericht Bescheid. Dass die einstmals geltenden Regeln längst der Vergangenheit angehörten, wurde mir erst später bewusst, als die »erste Etappe« vorüber war.

Als der zweite Prozess begann, war ich mir über die Willkür der Justiz bereits voll im Klaren. Ich verstand aber inzwischen auch, wie meine Kontrahenten bestimmte Schritte meinerseits auslegen würden. Insbesondere der grundsätzliche Verzicht auf eine Verteidigung wäre von ihnen so interpretiert worden, als gäbe es »in der Sache« nichts zu beanstanden.

Eben deshalb klammerte ich das »politische Element« aus dem Gerichtssaal aus (mit Ausnahme des Schlussplädoyers) und spielte strikt auf juristischem Terrain. Wobei ich hier, im Gegensatz zum ersten Prozess, wo das Thema auf Anraten der Anwälte in verfahrensrechtliche und materielle (auf den Sachverhalt bezogene) Fragen aufgeteilt worden war, gänzlich von den verfahrensrechtlichen Aspekten abrückte und ein ums andere Mal in dieselbe Kerbe schlug: Hirngespinste, Unsinn, Fälschung und: Sie können ja selbst nicht einmal erklären, was Sie da geschrieben haben. Ich hatte zwar mehrere Szenarien vorbereitet, beschloss dann aber angesichts der Atmosphäre im Gerichtssaal und in der Gesellschaft, bei diesem Vorgehen zu bleiben.

Ich sage ganz offen: Hätte ich die Situation im ersten Prozess schon so gründlich erfasst, das Ergebnis in der öffentlichen Meinung wäre anders ausgefallen. Zu viele angesehene Personen ließen sich beim ersten Prozess noch davon überzeugen, dass da »etwas dran war« – obwohl es um dieselben Hirngespinste ging wie beim zweiten Prozess. Nur fehlte mir damals leider die Erfahrung.

Was die psychische Standhaftigkeit angeht – ich bin sehr standhaft. Außerdem, und das habe ich an anderer Stelle bereits gesagt: Von meiner Psychologie her bin ich ein Russe. Wenn der Feind im Haus steht, ist es um die Wände nicht schade. Um die Menschen schon.

Als schwach habe ich mich nie empfunden. Wenn ich schwach wäre, dann hätten sich die Machthabenden längst beruhigt. Sie haben aber ganz offensichtlich Angst. Oder schämen sie sich womöglich?

Den Vorwurf, es sei ineffizient, ins Gefängnis zu gehen, kann ich teilweise akzeptieren, wenn ich eingestehe: Ich hatte weder mit der Zerschlagung des Unternehmens gerechnet noch mit

Kapitel 13

einem Verhalten der Staatsbeamten, das das Land so offenkundig schädigte, noch damit, dass man einfache Sachbearbeiter mit Gewalt physisch bedrängen würde. Hätte ich gewusst, dass meine Gegner das übliche Spielfeld verlassen würden, hätte ich wahrscheinlich eine andere Taktik angewandt. Aber zum Gerichtsverfahren gegen mich wäre ich so oder so erschienen. Das ist für mich eine Frage der Ehre, das ist meine Auffassung von Patriotismus. Psychologisch wäre es natürlich schwieriger gewesen, sich dazu durchzuringen, aber ich weiß, ich hätte es getan.

Die Haltung des Westens

Ich finde es zum Lachen, wenn man versucht, mich als naiven Tropf hinzustellen, der geglaubt hätte, der Westen würde irgendwelche ernsthaften Anstrengungen unternehmen, um mich freizubekommen. Ich hatte schließlich jahrelang mit westlichen Konzernen zusammengearbeitet und wusste in etwa, wie pragmatisch die Chefs dieser Unternehmen sind. Normalerweise hätte die Aufmerksamkeit des Westens eigentlich nach einem halben Jahr verebbt sein müssen. Mich hat eher überrascht, wie groß das Interesse an meinem Problem war und wie lange es anhielt. Acht Jahre – und es ist keineswegs zu Ende. Mal wird es etwas ruhiger, dann landet es wieder auf den Titelseiten.

Das liegt natürlich an den Fehlern der Machthabenden. Mit der Zerstörung von Yukos haben sie die Interessen sehr vieler Leute geschädigt.

Ein nicht minder schwerwiegender Fehler war der zweite Prozess, der für alle, die bis dahin noch an die russische Justiz geglaubt hatten, endgültig klare Verhältnisse schuf. Abgesehen von der allgemeinen Restauration des Autoritarismus, die inzwischen unübersehbar geworden war.

Und doch wäre nichts geschehen, wenn die demokratischen Werte, die Menschenrechte für die westliche Gesellschaft nur leeres

Gerede gewesen wären. Nein, sie sind kein leeres Gerede. Selbst die pragmatischsten Politiker und Unternehmer waren gezwungen, dem Rechnung zu tragen. Und wir sehen heute, wie Menschen, die ganz sicher selbst genug um die Ohren haben, sich die Probleme von anderen Menschen aus einem fremden Land zu Herzen nehmen, die sie gar nicht oder nicht sonderlich gut kennen.

Sehr oft denke ich an die zurück, die auch nach langer Zeit treue Freunde blieben: an den amerikanischen Kongressabgeordneten Tom Lantos und den früheren deutschen Wirtschaftsminister Otto Graf Lambsdorff.

Und die ehemaligen »westlichen« Yukosianer, die Berater und Manager, die Mitglieder des Vorstandes und des Direktoriums? So viele Jahre sind vergangen. Es ist viel passiert, Schlechtes wie Gutes. Nach Russland reisen war gefährlich. Und doch sind sie gekommen und haben vor Gericht ausgesagt. Auch in ihrer Heimat setzen sie den Kampf fort.

Es gibt viele wunderbare Menschen. Ich werde ihnen immer dankbar sein.

Bei den Politikern gibt es erwartungsgemäß ein breites Spektrum persönlicher Einstellungen, von aktiver Unterstützung bis hin zu verhaltener Missbilligung. Natürlich korreliert vieles mit den aktuellen politischen Ereignissen, man sieht aber auch, dass etliche Politiker langfristige, wertbetonte Aspekte im Sinn haben.

Ich bin überzeugt, dass unsere Machthaber die Situation unterschätzen, wenn sie sich an Präzedenzfällen aus der Mitte des letzten Jahrhunderts orientieren. Die Mentalität ist nicht mehr dieselbe, selbst in der Politik. Ein guter Ruf ist viel wert. Obwohl, wie gesagt, Gasleitungen, Erdöllagerstätten und Ähnliches natürlich gewichtige Argumente sind. Wie viele Einnahmen sind unserem Land schon entgangen und wie viele werden ihm noch verloren gehen?

Russland

Was mit Russland unter Putin geschehen ist? Eigentlich ist alles ganz unspektakulär.
Die Zunahme des Ölpreises hat der Bevölkerung ein Einkommenswachstum beschert. Die meisten Menschen waren damit zufrieden, sowohl die einfachen Bürger als auch die Elite. Die in jedem Segment (Wirtschaft, Bürgerrechtler usw.) verbliebenen »Randgruppen« wurden außerhalb des Gesetzes gestellt. Das heißt, es wurden solche Gesetze erlassen und das Recht wurde so angewendet, dass sie alle (oder fast alle) zu »Halblegalen« wurden. Auf dieser Grundlage wurde mit Schauprozessen Schrecken verbreitet, und viele von denen, die noch im Land bleiben, haben tatsächlich Angst.
Der Mangel an gefestigten zivilgesellschaftlichen Institutionen hat zur Isolation der Menschen untereinander geführt. Aber das Schlimmste ist, dass Putin den Silowiki eine Absolution für die selektive Anwendung (genauer gesagt, die Nichtanwendung) des Rechts in ihrem eigenen Interesse erteilt hat. Auf diese Weise wurde das gesamte System der Justiz und Strafverfolgung in die Kriminalität getrieben. Einzelne Inseln der Gesetzestreue können daran nichts ändern. In Russland hat nicht einfach nur ein »Polizeiregime« Einzug gehalten, sondern ein »kriminelles Polizeiregime«, auch bekannt als »rote Protektion« (*krasnaja kryscha*).
Die Folgen sind überaus schwerwiegend. Wir haben einen bedeutenden Teil unserer geistigen und unternehmerischen Elite verloren. Dadurch hat sich nicht nur das Wachstum des BIP verringert (von sechs bis acht auf vier Prozent), vielmehr ist auch die Qualität des Wachstums im Vergleich zu den frühen 2000er Jahren drastisch gesunken. Das heutige Wirtschaftswachstum geht nur auf Kosten der »Verwertung« der hohen Öl- und Gaspreise. Dabei wachsen weder die Infrastruktur noch die Produktionskapazitäten, sondern das Wachstum ist nur an lokale,

herausgehobene Megaprojekte von zweifelhaftem Investitionswert gebunden (wie in Sotschi oder bei der Brücke auf die Insel Russki). Zuwächse gibt es beim Import und beim demonstrativen Konsum. Die Menschen aber, die klugen Köpfe reisen aus. Das reinste »Festmahl in Zeiten der Pest«.

Der Widerspenstige

Es gehört zu meinen Eigenheiten, dass ich die Wechselfälle des Lebens als Prüfungen annehme. Prüfungen, die etwas in mir formen und festigen, bisweilen zu einem enormen Preis. Aber ich würde lügen, wenn ich behauptete, ich wäre einzig auf meine innere Suche konzentriert. Sie ist nur ein Teil. Der andere Teil betrifft das Verhältnis der anderen zu mir, der Menschen, die ich achte. Was sie von mir denken. Was von mir bleibt.

Aber es gibt auch noch einen dritten Teil. Sie werden mir vielleicht nicht glauben, aber ich meine es ernst: Ich liebe mein Land, und ich liebe unser Volk. Unsere Leute sind wunderbar. Sie sind nur sehr emotional. Sie haben keine Lust, rational zu denken. Sie orientieren sich am Glauben und an Symbolen. Auch das menschliche Handeln wird symbolisch aufgefasst.

Heute steht Russland am Abgrund. Wir sind reich, aber vielleicht sind wir als historisches Gemeinwesen gerade deshalb der Selbstzerstörung am nächsten. Das heißt, die Zeit ist reif für Helden. Für Symbole. Kandidaten dafür werden händeringend gesucht. Ich hatte nie die geringste Lust, mich zu bewerben. Aber mich hat keiner gefragt. Die Epoche, in der man lebt, kann man sich eben nicht aussuchen.

Hatte ich damit gerechnet, eines Tages vor dieser Frage zu stehen? Habe ich diese Linie bewusst verfolgt? Nein. Es haben sich einfach bestimmte Situationen ergeben, in denen ich mich entscheiden musste. Gut möglich, dass es mir niemand verübelt hätte, wenn ich mich anders entschieden hätte. Vielleicht hätten

## Kapitel 13

andere Leute damit auch leben können. Aber ich hätte es nicht gekonnt. Manchmal, wenn es besonders kritisch wurde, hätte ich das gern gewollt, aber ich konnte nicht.

Ich habe mein gesamtes bewusstes Leben mit Höchstgeschwindigkeit gelebt. Ich habe immer riskiert. Nicht aufs Ganze zu gehen, etwas in Reserve zu halten, mit halber Kraft zu spielen, das ist nichts für mich. Ich lebe auch jetzt noch so. Meine Frau macht sich zwar Sorgen, aber noch nie, nicht ein einziges Mal hat sie versucht, mich zum Aufhören zu bewegen. Sie weiß, dass das unmöglich ist.

Dass es einen Absturz in irgendeiner Form geben würde, wusste ich, das hatte ich kommen sehen. Mehr noch, meine Analytiker hielten dieses Szenario (das des Scheiterns) für unausweichlich. Es war ja nicht das erste Mal. Ich bin immer durch Krisen gegangen.

Dass es so hart kommen würde, hat niemand geahnt. Dass unsere Gegner das übliche Spielfeld einfach verlassen würden. Manchmal kommt es ja vor, dass einem ein Rivale schlicht das Spielbrett umdreht. So war es auch hier…

Meine Schuld gegenüber denen, die nicht »zu meinen Konditionen spielten«, ist mir ständig bewusst. Es gibt nur eine Rechtfertigung: Ich habe tatsächlich nicht geglaubt, dass so etwas möglich wäre. Ich habe nicht geahnt, dass die Regeln so sehr missachtet würden. Dass die Repressionen so offensichtlich überzogen ausfallen würden. Das ist wirklich bitter für mich.

War mein Ziel diesen Preis wert? So stellt sich mir die Frage nicht. Ein anderer Mensch hätte ein anderes Leben leben können. Verhalte ich mich adäquat? Entspreche ich der Norm? Ich weiß es nicht. Das werden andere zu beurteilen haben. Ich hoffe, ich werde es nicht erfahren.

NATALIJA GEWORKJAN

KAPITEL 14

# Richtungswechsel

Inna Chodorkowskaja: »*Das war wie ein Wettlauf damals, wir rasten nur so dahin. Um 2003 herum hatte ich das Gefühl, dass wir Raum und Zeit nicht mehr wahrnehmen, dass wir fliegen. Ich persönlich empfand das so. Ich hatte vor nichts Angst. Aber je mehr wir uns dem Jahr 2003 näherten, desto stärker wurde mein Gefühl, dass wir nicht auf dem richtigen Weg waren, dass wir etwas falsch machten. Und dass wir nicht die ganze Zeit so rasen könnten – früher oder später würden wir stolpern.*

*Mischa kam abends nach Hause und erzählte, wir machen dies, wie machen das, und dann noch das ... Für mich waren das unglaubliche Größenordnungen. Aber ich hatte überhaupt keine Angst um ihn. Ich dachte, er steht so sicher auf beiden Beinen und ist so klug. Wenn er da war, hatte ich ein Gefühl von Stabilität. In bestimmten Fragen vertraute ich ihm bedingungslos. Aber dieses Gefühl, dass er mit diesem immer weiter werdenden Raum irgendwohin rast, dieses Gefühl war da. Und ich dachte, wir müssten anhalten und zur Ruhe kommen. Ihm war wahrscheinlich auch klar, dass es Zeit war, haltzumachen, aber wo, in welchen atemberaubenden Höhen, das wusste ich nicht.*«

Anfang 2003 schlug der Sibneft-Konzern, der in erster Linie mit Roman Abramowitsch in Verbindung gebracht wird, eine Fusion mit Yukos vor. Das war bereits der zweite Versuch der beiden Unternehmen, eine »Ehe zu schließen«. Der erste Versuch war 1998 ohne Ergebnis geblieben. Damals war die Initiative zu der Fusion von Chodorkowski ausgegangen. Warum der Deal platzte, wurde nie groß diskutiert, aber anscheinend hatten die Manager

Kapitel 14

der beiden Unternehmen damals nicht zu einer für beide Seiten akzeptablen Verteilung der Zuständigkeiten gefunden. Jedenfalls war man über Vorgespräche 1998 nicht hinausgekommen. Man trennte sich friedlich, keiner war dem anderen etwas schuldig geblieben. 2003 kam alles anders.

Expansion

Michail Chodorkowski: »*Der Vorschlag, mit Sibneft zu fusionieren, kam Anfang des Jahres von ihnen. Ich fand die Idee interessant, weil ich der Meinung war, dass die großen russischen Erdölgesellschaften zu Global Players im Erdöl- und Erdgasbereich aufsteigen sollten.*

*Damit gleichzeitig die Konkurrenz auf dem russischen Binnenmarkt aufrechterhalten blieb, mussten vier bis sechs Unternehmen (einschließlich Gazprom) weiterbestehen. Die Fusion von Yukos und Sibneft war also nur folgerichtig. Besonders, da unsere Teams nach denselben Prinzipien arbeiteten: maximale Effizienz durch Anwendung der ›global best practices‹ und Anwerbung der besten Spezialisten.*

*Natürlich haben wir die Erfahrung der vorangegangenen missglückten Fusion von 1998 berücksichtigt. Die Unterlagen wurden sehr gründlich vorbereitet. Selbstverständlich holten wir auch die Genehmigung der Behörden ein.*

*Zu Beginn der Fusion stand Yukos in Verhandlungen mit mehreren westlichen Erdöl- und Erdgasgesellschaften. Wir wollten uns Zugang zu internationalen Projekten in der Ölförderung und zu modernen Verarbeitungstechnologien für Erdgas (GTL) verschaffen. Dafür waren wir bereit, eine Beteiligung an mehreren russischen Vorkommen und 25 bis 40 Prozent der Yukos-Aktien abzutreten.*

*Die angestoßene Fusion änderte die Konfiguration eines möglichen Deals. Das zusammengeschlossene Unternehmen wäre so groß gewesen, dass wir die Kontrolle in einer internationalen Struktur hätten beanspruchen können. Unsere russischen Verhandlungspartner stimmten einer Fortsetzung der Gespräche zu und ernannten einen eigenen*

*Vertreter. Außerdem sicherten sie uns zu, auch für diesen Deal die Genehmigung des Präsidenten einzuholen.*

*Für unsere ausländischen Verhandlungspartner war die neue Situation nicht einfach. Es war unklar, wie die Märkte auf eine Übertragung der Kontrolle an russische Investoren und eine Vergrößerung des Portfolios für russische Projekte ausfallen würde. Die Verhandlungen liefen zäh.*

*Nicht weniger schwierig waren die Vorbereitungen für die Integration mit Sibneft. Gleichzeitig entwickelte sich auch Yukos selbst weiter, das Unternehmen erschloss neue Regionen und baute seine Programme in den Bereichen Gas und Energiewirtschaft aus.*

*Vereinfacht gesprochen, lässt sich alles, was wir bei Yukos machten, als eine Art Matrix darstellen, als ein Set von Arbeitsgängen, die von mehreren Teams gleichzeitig an ein- und denselben Objekten abgewickelt wurden. Im Ergebnis dieser einzelnen Arbeitsgänge, von denen jeder ein eigenes Ziel verfolgte, sollte schließlich ein Unternehmen dastehen, das die Märkte wegen seiner Effizienz und Größe positiv bewerten würden.*

*Da die Produktion des Unternehmens anfangs im freien Fall begriffen war, die Produktionsanlagen verfielen und in der Verwaltung chaotische Zustände herrschten, und das bei einer schwierigen Finanzlage, war das erste Ziel eine Stabilisierung: Es galt, den Absturz bzw. Zerfall so einfach und schnell wie möglich zu stoppen, ohne groß darauf zu achten, wie effizient die daraus entstehende Konstruktion war.*

*In dieser Phase war der wichtigste Faktor die Zeit. Das Ziel war, den Rückgang der Fördermengen und die Zunahme der Verschuldung zu beenden. Im zweiten Schritt ging es um eine Effizienzsteigerung, wobei der wichtigste Faktor die Selbstkosten waren. Das Ziel war hier, die Produktionskosten durch Prozessoptimierung und Einführung der ›global best practices‹ auf die bestmöglichen Branchenwerte zu senken. Wobei dieses Ziel langfristig angelegt und nicht mit einem einmaligen Kraftakt zu erreichen war. Im dritten Schritt ging es um die Sicherung der Entwicklung auf den angestammten Geschäftsfeldern.*

Kapitel 14

*Das Ziel war, dem Unternehmen eine stabile Wachstumsperspektive bei den Ölreserven und den Absatzmärkten für die eigenen Erzeugnisse zu garantieren. Im vierten Schritt ging es um Nachhaltigkeit. Der wichtigste Faktor war hier die Diversifikation. Das Ziel war, das Unternehmen von ungünstigen äußeren Faktoren (Preisänderungen für die Produkte, Steuerpolitik der Behörden, Umweltauflagen usw.) unabhängig zu machen. Es ist klar, dass diese Schritte bei jedem neuen Asset neu durchlaufen werden mussten, um dann als wiederkehrende Verfahren fest verankert zu werden.*

*Insgesamt konnten wir drei Schritte vollständig umsetzen und den vierten Schritt erfolgreich angehen. Doch nicht von ungefähr läuft Regierungshandeln in der Wirtschaftspraxis gemeinhin unter ›Force majeure‹.*

*Jeder Schritt erforderte mehrere parallele Anstrengungen: organisatorische (Aufbau von Verwaltungsstrukturen), personelle (Auswahl und Schulung von Personal), finanzielle (Mobilisierung von Ressourcen), technische (Auswahl und Umsetzung konkreter Lösungen) und so weiter, und zwar auf allen Verwaltungsebenen der miteinander verbundenen Geschäftsbereiche wie Exploration, Aufschluss, Förderung, Transport, Verarbeitung und Absatz. Es fällt mir schwer, mit einfachen Worten die Komplexität der Aufgaben zu schildern, die wir zu lösen hatten. Die Litanei der Idioten, die allen Ernstes meinen, irgendwer hätte irgendwem einfach ein paar sowjetische Erdölfässer überlassen, und daraus sei in Strömen das Geld des Volkes geflossen, direkt in private Taschen, ist einfach nur lächerlich.*

*Nur zwei Beispiele: Die Länge der Pipelines des staatlichen Monopolisten Transneft beträgt 40 000 Kilometer. Yukos allein hatte genauso viel. Die Rohrleitungen innerhalb der Erdölfelder, durch die neben Erdöl auch Salzwasser fließt, halten ein bis zwei Jahre bis zur ersten Reparatur, nach fünf bis zehn Jahren müssen sie komplett ausgewechselt werden. Das heißt, die letzte sowjetische Rohrleitung innerhalb eines Förderfeldes war schon 2000 friedlich entschlafen.*

*Auf einem bereits erschlossenen Erdölfeld sinkt die Ölförderrate jährlich um fünf bis sieben Prozent. Nachdem wir das Unternehmen*

## Richtungswechsel

*1996 mit einer Förderrate von 40 Millionen Tonnen (einschließlich VNK ab 1998) übernommen hatten, lieferten uns diese ›alten‹ Ölfelder 2003 daher bestenfalls noch 20 Millionen Tonnen, unsere Gesamtförderrate lag aber bei 80 Millionen! Ähnliches gilt für die Raffinerien und die Ölreserven. Der Name war geblieben, aber dahinter stand etwas anderes.«*

Am 22. April gaben die Chefs von Yukos und Sibneft im Hotel Hyatt in Moskau eine gemeinsame Pressekonferenz und verkündeten offiziell die Fusion der beiden Unternehmen. Der so entstandene Konzern YukosSibneft verfügte über Ölreserven von 19,4 Milliarden Barrel Öl/Gas-Äquivalent – mit diesem Wert lag YukosSibneft nunmehr vor der größten russischen Erdölgesellschaft Lukoil (15 Milliarden Barrel) und vor ExxonMobil (12 Milliarden Barrel). Bei der Erdölförderung kam der Konzern auf Platz 4 der Weltrangliste. Der Börsenwert von YukosSibneft wurde von Experten zum damaligen Zeitpunkt mit 35 Milliarden Dollar beziffert, und lag damit weit über Gazprom und UES of Russia. Im Rahmen des Deals veräußerten die Hauptaktionäre von Sibneft 20 Prozent ihrer Unternehmensaktien für drei Milliarden Dollar an Yukos und tauschten die noch verbliebenen Aktien zu einem Verhältnis von 0,36125 Aktien der Yukos-Sibneft für eine Aktie von Sibneft ein. YukosSibneft bot auch den Minderheitsaktionären von Sibneft einen Aktientausch an, der sich an dem Bewertungsgutachten einer allgemein anerkannten internationalen Investment-Bank orientieren sollte. Die Führung des zusammengeschlossenen Unternehmens übernahm der Vorstandsvorsitzende von Yukos, Michail Chodorkowski, während der damalige Präsident von Sibneft, Jewgeni Schwidler, den Vorsitz im Direktorium erhielt. Ein möglicher Verkauf von YukosSibneft-Aktien an ein großes westliches Unternehmen war praktisch sofort im Gespräch. Analysten wiesen zudem darauf hin, dass die Sibneft-Aktionäre schon seit Langem eine Lobby in den Machtstrukturen hatten und eine Bündelung der Ressourcen

Kapitel 14

von Chodorkowski und Abramowitsch ihre Möglichkeiten und ihren politischen Einfluss in Russland ausweiten könnte. Nach der Pressekonferenz im Hyatt trafen sich die Oligarchen zum Essen im Restaurant Capri am Sacharow-Prospekt. Das Restaurant hatte Abramowitsch gewählt. Unter den geladenen Gästen waren jeweils mehrere Vertreter der größten Unternehmen des Landes, einschließlich der Chefs, unter anderem Wagit Alekperow, Michail Fridman, Wladimir Potanin und Michail Prochorow. Es wurden Toasts ausgebracht, man trank auf das neue Unternehmen. Besondere Freude soll dabei nicht aufgekommen sein, wie mir einer der Teilnehmer des Essens berichtete, aber auch keine deutliche Abneigung gegen die Sieger.

Tricksereien

Die Vereinbarung war vorab von Putin gebilligt worden, bei einem Treffen, das höchstwahrscheinlich vor der Bekanntgabe der Fusion oder am selben Tag stattgefunden hat – an das genaue Datum kann sich aus unerfindlichen Gründen keiner meiner Gesprächspartner erinnern. Bei diesem Treffen kamen vor allem drei Punkte zur Sprache: Putin billigte die Fusion von Yukos und Sibneft, Putin billigte die geplante Fusion mit einem großen westlichen Unternehmen, allerdings unter der Bedingung, dass man den westlichen Partnern nicht die Hälfte der Aktien und auch keine Kontrollmehrheit überlassen würde. Außerdem bestand Putin im Vieraugengespräch mit Chodorkowski darauf, dass dieser seine Finanzierung der Kommunistischen Partei einstellte.

Wassili Schachnowski: »*Als Mischa von diesem Treffen zurückkehrte, sagte er mir, dass wir die Kommunisten nicht mehr finanzieren würden. Also stellten wir die Finanzierung ein. Sie war ja bis dahin von der Präsidialadministration genehmigt gewesen, jedenfalls behauptete Surkow das. Ich weiß nicht, ob Putin darüber informiert wurde, dass wir die Finanzierung eingestellt hatten. Bei meinen weiteren Begegnungen mit Surkow kam diese Frage niemals zur Sprache.«*

Übrigens war das erste, was Walentin Jumaschew nach der Verhaftung von Platon Lebedew fragte, ob Yukos die Finanzierung der Kommunisten eingestellt hätte.

Die Gesellschafter steckten ihr privates Geld in die Politik. Das betraf sowohl Jabloko als auch die Union der rechten Kräfte (SPS), die Kommunisten und Einiges Russland. Einiges Russland erhielt dauerhaft finanzielle Zuwendungen. Das Geld wurde überwiesen: Der vereinbarte Betrag ging auf ein vereinbartes Konto (an irgendeinen Fonds), für das ein bestimmter Beamter zuständig war. Ich nehme an, so oder ähnlich lief die Finanzierung auch seitens aller anderen Oligarchengruppen.

Die Yukos-Leute hatten unterschiedliche politische Vorlieben. Schachnowski zum Beispiel fand, dass man Jabloko nicht unterstützen sollte, unterstützte aber, wie auch Newslin, die SPS. Kondaurow und Murawlenko unterstützten die Kommunisten. Dubow hatte vor, für Einiges Russland zu kandidieren. Chodorkowski bat Dubow auch nach seiner Verhaftung noch, alle offenen Verpflichtungen gegenüber Jabloko zu erfüllen, was Dubow auch tat.

Vor den Duma-Wahlen im Dezember 2003 legten alle großen Unternehmensgruppen eine Liste der von ihnen unterstützten Kandidaten vor. Diese Sammelliste »der Wirtschaft« umfasste 80 bis 90 Personen, davon kamen rund 20 Kandidaten von Yukos. Die Liste wurde mit der Präsidialadministration abgestimmt, und zwar persönlich mit Surkow. Ein Teil der Leute lief über Parteilisten, unter anderem von Einiges Russland, andere gingen als Direktkandidaten in Einerwahlkreisen ins Rennen. Durch die Abstimmung mit der Präsidialadministration sollte insbesondere sichergestellt werden, dass »freundlich gesinnte« Kandidaten von verschiedenen Strukturen sich in einem Wahlkreis nicht ins Gehege kamen. In mehreren Fällen bat die Administration

Kapitel 14

darum, Kandidaten »der Wirtschaft« in bestimmten Wahlkreisen zurückzuziehen, manchmal ergänzte sie umgekehrt auch ihre eigene Liste. Die Abstimmung der Namen und Wahlkreise hatte sich ziemlich in die Länge gezogen – begonnen worden war sie schon im vorigen Winter, also fast ein Jahr vor den Wahlen. Die endgültige abgeglichene Liste verblieb bei Surkow.

Kurz nach der Verhaftung Platon Lebedews, am 11. Juli, als bei Yukos erneut eine Haussuchung stattfand, kam Wladimir Putin mit Vertretern der Staatsduma zusammen. Sein Gespräch mit dem damaligen Präsidenten der unteren Kammer des Parlaments, Gennadi Selesnjow, fasste die Zeitschrift *Wlast* kurz zusammen: »Putin: Ich bin zwar gegen Gefängniszellen und Daumenschrauben, aber der Einfluss der Wirtschaft ist so groß, dass man manchmal auch zu solchen Maßnahmen greifen muss. Selesnjow: Stimmt, Wladimir Wladimirowitsch, vor lauter Wirtschaftlobbyisten kriegt man bald keine Luft mehr in der Duma. Putin: Sehen Sie, sogar Gennadi Nikolajewitsch [Selesnjow] stellt fest, dass die Wirtschaft ihren Einfluss auf den Staatsapparat ausweitet.«[*]

Mit großer Wahrscheinlichkeit hatte zu dieser Zeit bereits einer von Chodorkowskis »Wohltätern« im Kreml Putin die gesamte Liste der von der Wirtschaft nominierten Kandidaten für die Staatsduma vorgelegt und sie als Yukos-Liste ausgegeben. Die Duma hat 450 Plätze. Wenn es gelungen war, Putin weiszumachen, dass etwa ein Fünftel davon Yukos vertreten würde, war seine negative Reaktion durchaus vorhersehbar. Und das war mit Sicherheit nicht das einzige kompromittierende Material gegen Chodorkowski, das in dieser Zeit über Putins Schreibtisch ging.

Leonid Newslin: »*Ich weiß noch, wie Mischa mir erzählte, dass er sich tatsächlich vor Putin rechtfertigen und ihm versichern musste, er hätte nicht die Absicht, ExxonMobil ein Aktienpaket mit Kon-*

---

[*] Lobbism s tschelowetscheskim lizom [Lobbyismus mit menschlichem Antlitz], in: *Kommersant-Wlast*, 21.7.2003.

*trollmehrheit oder gar 50 Prozent der Aktien zu verkaufen, und darüber werde auch nicht verhandelt. Putin musste von irgendwem die Information bekommen haben, dass Mischa bei den Verhandlungen mit Exxon nicht nur 25 Prozent, sondern die Hälfte oder noch mehr angeboten hätte. Putin war generell dagegen, die Kontrollmehrheiten der Erdölgesellschaften zu verkaufen. Irgendwer, der das wusste, hatte ihn offenbar auf die Idee gebracht, dass Chodorkowski ihn hintergehen wollte.«*

Hätte Chodorkowski die Duma kaufen können, einfach die gesamte Duma, bis zum letzten Abgeordneten? Ich weiß nicht, wie korrupt die Abgeordneten wirklich sind, aber ich denke, selbst bei einer sehr hohen Bestechlichkeit wäre er zwar technisch dazu in der Lage gewesen – Mittel hatte er genug –, aber nur im Fall einer Übereinstimmung sämtlicher Interessen. Schließlich hatte jeder der Akteure seine »eigenen« Abgeordneten, seine Lobby und seine Interessen.

Im November 2011 antwortete Chodorkowski in einem schriftlichen Interview für den Radiosender Echo Moskwy auf die Frage, ob er tatsächlich Stimmen in der Duma gekauft habe, um aus Russland eine parlamentarische Republik zu machen: »Nein. Um die Verfassung zu ändern, braucht man mehr als zwei Drittel der Duma, ›kaufen‹ aber konnte man nicht einmal die Hälfte. Außer Yukos gab es ja auch noch Gazprom und alle anderen Unternehmen, ganz zu schweigen von der Präsidialadministration und den Gouverneuren.«

## »Kompromat«

Als sich Putin und Chodorkowski im April trafen, hatte beim Föderalen Sicherheitsdienst FSB bereits eine eigens für den Fall Yukos eingerichtete Sondereinheit ihre Arbeit aufgenommen, die von Juri Saostrowzew, dem Stellvertretenden Direktor des FSB und Leiter der Abteilung Wirtschaftssicherheit, geführt wurde.

Kapitel 14

Nach Angaben der Yukos-Gesellschafter hatte man dort im Februar oder März 2003 damit begonnen, kompromittierendes Material gegen die Yukos-Führung zusammenzutragen, also gleich nach Chodorkowskis Auftritt während der Begegnung des Russischen Industriellen- und Unternehmerverbands mit Putin am 19. Februar. Zwischen Chodorkowski und dem Präsidenten war es dabei zu einem ziemlich heftigen Schlagabtausch gekommen, als zur Sprache kam, dass die staatliche Erdölgesellschaft Rosneft, deren Interessen Igor Setschin vertrat, die Firma Severnaya Neft zu erhöhten Preisen erworben hatte.

Einigen meiner Quellen beim FSB zufolge hatte man sich dort aber auch schon früher, gegen Ende 2002, erstmals für Yukos interessiert. Es ist nicht auszuschließen, dass das angespannte Verhältnis zwischen dem »Amt« und Yukos auf die Geschichte mit Wladimir Gussinski, dessen Verhaftung und das weitere Schicksal seines Vermögens zurückging. Zur Erinnerung: Yukos hatte Gussinski damals einen Wechselkredit in Höhe von 200 Millionen gewährt, worauf Alexej Kondaurow und Leonid Newslin telefonisch zum FSB bestellt wurden.

Leonid Newslin: »*Irgendwann war klar, dass das Fernsehen die Basis der neuen Staatsmacht bildete. Alles, was mit diesem Thema zu tun hatte, musste staatlicher Kontrolle unterliegen. Und nun war da diese Geschichte mit Gussinski und unserer Unterstützung für ihn. Hätten wir uns damals einverstanden erklärt, wie der FSB es von uns wollte, unseren Kredit an NTW vor Gericht gegen Gussinski zu verwenden, also eines der Werkzeuge zu sein, mit denen er ›kaltgestellt‹ werden sollte, dann hätten wir vielleicht auf Kooperation in einem bestimmten Rahmen hoffen können. Ich muss dir aber ehrlich sagen, dass wir dieses Thema mit Chodorkowski nicht einmal besonders ausführlich besprochen haben, obwohl ich einen gewissen Druck auf uns spürte. Uns war klar, dass wir so nicht handeln würden. In unseren Beziehungen zu Putin und vielleicht auch zu Woloschin und Abramowitsch war das aber ein weiterer Minuspunkt.*«

# Richtungswechsel

Alexej Kondaurow: »Wäre nicht Mischas Auftritt bei dem Treffen mit Putin im Februar 2003 gewesen, dann hätte unser Schicksal vielleicht auch anders aussehen können, das schließe ich nicht aus. Aber ich verurteile ihn nicht. Er hat so gehandelt, wie er es für richtig hielt. Die Risiken waren ihm bewusst und mir auch. Ich war der Meinung, dass die Risiken ernster sind, als er dachte. Mischa stand damals ja in engem Kontakt mit Alexander Woloschin, Abramowitsch und Surkow. Ich vermute, sie alle haben ihm versichert, dass die Risiken geringer waren als in meiner Vorstellung. Ich dagegen ging von meiner Analyse von Putins Persönlichkeit und von bestimmten Informationen aus, die mir vorlagen.

Dass sich um uns herum etwas zusammenbraute, kam mir erstmals Ende März zu Ohren. Wahrscheinlich hatte man irgendwann nach Mischas Auftritt vom Februar angefangen, gegen uns zu arbeiten. Als die Fusion mit Sibneft genehmigt wurde, war diese Arbeit also längst im Gange.

Ich erinnere mich noch an ein Gespräch mit Chodorkowski im Mai. Wir mieteten schon seit mehreren Jahren immer im Mai ein Boot an und machten damit im kleinen Kreis, zusammen mit den Familien, eine Fahrt auf der Moskwa. Mischa und ich sprachen damals über die Fusion und darüber, warum Abramowitsch plötzlich beschlossen hatte zu fusionieren, warum er Sibneft weggeben wollte. Ich weiß noch, dass ich zu Chodorkowski sagte: ›Ich verstehe das so, dass Abramowitsch unter dem jetzigen Regime bestimmte Risiken für sich sieht, er weiß, was Putin für einer ist. Deshalb will er hier Schluss machen und abhauen. Wir müssen das auch aus dieser Perspektive betrachten.‹ Mischa entgegnete mir, er hätte alle Fragen mit Putin abgestimmt. Ich aber denke nach wie vor, dass der Zusammenschluss mit uns für Abramowitsch vorteilhaft war: Er hätte immer noch ein anständiges Paket behalten können, nach dem Zusammenschluss mit den Amerikanern wäre der Konzern transnational geworden, und für Roman wäre alles in Butter gewesen. Alles wäre legal gelaufen, und er hätte sich später nicht vor einem Londoner Gericht bloßstellen lassen müssen. Roman

Kapitel 14

*wollte auf diesem Wege, also über eine Fusion mit Yukos, das Land verlassen. Daraus wurde nichts. Schließlich konnte er dann aber doch noch sein Unternehmen versilbern und gehen.«*\*

Leonid Newslin: »*Ich war skeptisch, was diesen Deal anging. Ich will versuchen, das zu erklären. Roman Abramowitsch kam damals mit dieser Initiative an. Und zwar nachdem er vorher Putin umgarnt und mit ihm gesprochen hatte. Ist doch klar, oder? Sie waren schließlich Freunde, da konnte er so eine große Sache nicht unerwähnt lassen. Er kommt also zu Chodorkowski. Chodorkowski bespricht sich mit seinen Leuten und sagt: Sehr interessant, dieser Vorschlag, für alle vorteilhaft, einen Haken sehe ich nicht dabei. Und dann sagt er zu Roman: Wir müssen zu Putin gehen und uns das genehmigen lassen. In Ordnung. Sie gehen also zu Putin und Putin sagt: Ja, ich genehmige das, schließt euch zusammen. Und nun sagt Mischa: Wir planen außerdem, in einer zweiten Phase auch noch mit den Amerikanern zu fusionieren, und dann wird aus dem russischen ein russisch-amerikanischer Konzern, einer der größten der Welt – das bringt Prestige für Russland, der Einstieg ins Big Business. Darauf Putin: Aber tretet mir nicht mehr als 25 Prozent an den Gesamtkonzern ab! Schließlich sind die russischen Erdölgesellschaften bisher noch unterbewertet. Einverstanden, sagt Mischa. Das war jene berühmte Unterredung bei Putin auf der Datscha.*

*Sie hatten sich geeinigt. Die Fusion hatte begonnen. Aber parallel dazu lief ein zweiter Prozess, den Setschin steuerte – mit Nachforschungen, Überwachung und so weiter, wovon wir allerdings erst später erfuhren. Auch auf dieser Schiene dauerte es Monate, ehe sich etwas Konkretes tat: Die erste Verhaftung, Pitschugins Verhaftung, kam im Juni 2003.*

*Und nun zu der Konstruktion, die ich sehe: Da ist auf der einen Seite Putin, der die Sache genehmigt hat, und da ist sein guter Freund*

---

\* 2005 verkaufte Abramowitsch Sibneft für 13,1 Milliarden Dollar an Gazprom. (Anm. Natalija Geworkjan)

## Richtungswechsel

Roman, der Putin tatsächlich nahesteht, der ihn an die Macht gebracht hat und der jetzt mit ihm über seinen wichtigsten Vermögenswert, über sein wichtigstes Unternehmen spricht: Sibneft. Putin aber ist der Ölsektor auch nicht gleichgültig, auch er interessiert sich dafür. Und dann ist da noch Setschin, der ebenfalls ein unmittelbares Interesse daran hat, Rosneft wieder aufzubauen, ein Großunternehmen daraus zu machen. Gleichzeitig sind alle daran interessiert, Chodorkowski aus dem Verkehr zu ziehen.

Und alle, Mischa eingeschlossen, wollen mir weismachen, dass Putin seinem Freund Roman nichts von dem Plan erzählt hat, der am Ende trotz allem Chodorkowskis Verhaftung beinhaltete. An dieser Stelle wird das Ganze für mich unglaubwürdig, verstehst du? Ich glaube nicht an solche Konstruktionen – das sind Leute, die sich nahestehen, die durch gegenseitige Verpflichtungen, Informationen und Geschäfte aneinander gebunden sind. Es ist doch klar, dass Roman vieles wusste. Ich kann mir nicht vorstellen, dass er ausgerechnet über das Spiel Putin-Setschin nicht Bescheid wusste. Ich glaube es einfach nicht. Ich unterstelle sogar, dass nicht nur Roman um dieses Spiel wusste. Zu diesem Zeitpunkt stand auch Woloschin Putin noch sehr nahe. Und zu Roman hatte Putin geradezu ein partnerschaftliches Verhältnis. Das wäre ja genauso, als hätten Mischa und ich uns irgendein Ding ausgedacht, und Mischa würde parallel in eine andere Richtung arbeiten, ohne mir etwas davon zu sagen. Irgendwann käme es zum Eklat, von wegen, für wen hältst du mich eigentlich? Und das war's: So etwas vergisst man nicht, das Vertrauen ist für immer verloren. War ein solches Szenario zwischen Putin und Roman denkbar? Ich glaube nicht.

Und noch etwas: Wenn Abramowitsch ernsthaft etwas für Chodorkowskis Freilassung hätte tun wollen, hätte er auch Argumente gefunden. Die Frage war eben, will ich mein Potenzial für Chodorkowski einsetzen oder nicht? Er wollte es nicht. Außerdem: Von dem Moment an, als Pitschugin und dann Lebedew verhaftet wurden, bis zu Chodorkowskis Verhaftung hätte Roman die Situation noch retten können, weil er in der Lage gewesen wäre, Mischa den Ernst der

Kapitel 14

*Lage auseinanderzusetzen – sie steckten schließlich immer noch in der Fusion. Chodorkowski hätte ihn angehört. Er hätte ihm geglaubt, weil es nicht seine eigenen Leute waren: nicht ich, nicht Kondaurow, und auch nicht ein bestimmter anderer Oligarch, dessen Namen ich hier nicht nennen will, der ihn gewarnt hatte. Roman war ein Mensch, der wirklich von der anderen Seite kam. Wie sollte ich ihm da glauben?«*

»Einen Großteil der Last trug Chodorkowski«

Mit Woloschin, Abramowitsch, Surkow und Kassjanow stand Chodorkowski bis zu seiner Verhaftung im Oktober in engem Kontakt. Wie Leonid Newslin in einem Interview mit der Zeitschrift *Kommersant-Dengi* berichtet, hatte Chodorkowski ab einem bestimmten Moment »einen Großteil der Last auf sich genommen. Der Umfang der Aufgaben, vor denen das Unternehmen stand, war so gewaltig, dass er sich selbst um die Lobbyarbeit und die gesellschaftliche Tätigkeit kümmern musste. Er hatte zu allem eine eigene Meinung und traf den Premierminister, den Präsidenten, den Leiter der Präsidialadministration und dessen Stellvertreter – anders als früher, als meine Leute und ich einen Großteil dieser Aufgaben zu erledigen hatten. Seine Vorstellungen waren konkreter geworden, er wusste, was er wollte und baute Beziehungen ohne Mittelsmänner auf. […]

Von den Leuten, die sich mit Kommunikationsfragen befassten, sahen die meisten, in welche Richtung wir uns bewegten, ihnen war klar oder sie hatten zumindest gehört, wie Putin und sein Umfeld Chodorkowskis Vorgehen bei Offenes Russland oder Yukos aufnahmen. Andererseits kann man auch Chodorkowski verstehen. Er hatte sich direkt mit dem Präsidenten über eine Fusion der beiden Unternehmen verständigt. Er hatte sich auch darüber direkt mit dem Präsidenten verständigt, dass dieser Zusammenschluss in eine weitere Fusion oder einen Aktientausch mit den Amerikanern münden würde. Dafür hatte er Carte blanche erhalten.

In der ersten Zeit hatte er direkt mit dem Präsidenten Kontakt, später, als sich, wie man heute weiß, die Lage geändert hatte, konnte er immer noch jederzeit den Chef der Präsidialadministration und den Premierminister ansprechen. Er besprach seine Aktivitäten gewiss auch mit den Kollegen vom Russischen Industriellen- und Unternehmerverband. Mit Woloschin und Surkow stimmte er sie nicht nur ab, das wäre nicht das richtige Wort, er koordinierte sie regelrecht mit ihnen. Für mich ist völlig klar, dass zum Beispiel Woloschin und Kassjanow über Chodorkowskis Redebeitrag zu Severnaya Neft informiert waren, dass sie im Voraus darüber Bescheid wussten.«[*]

Michail Kassjanow: »*Ich war bei Putins Treffen mit den Unternehmern im Februar 2003 dabei. Letztlich war ich derjenige, der Putin darum gebeten hatte, sich regelmäßig mit Wirtschaftsvertretern zu treffen, damit sie das Gefühl hätten, am Geschehen beteiligt zu sein. Und es war auch nicht das erste Treffen dieser Art. Das Thema wurde jeweils abgestimmt: Im Büro des Russischen Industriellen- und Unternehmerverbandes (RSPP) wurde ein Themenkomplex festgelegt, und dann wurde mit Alexander Woloschin und mir vereinbart, welche Themen für die Besprechung mit dem Präsidenten und dem Premierminister besondere Aktualität hatten. Chodorkowskis Redebeitrag war nicht spontan. Wir hatten das Thema der Korruption – wie die Wirtschaft das sieht und welche Möglichkeiten es gibt, sie zu bekämpfen. Chodorkowski war vom RSPP damit beauftragt worden, über die Korruption zu sprechen. Andere hatten andere Themen. Er sprach ausführlich, brachte Grafiken, Zahlen und Parallelen zu anderen Ländern. Um zu illustrieren, dass es Korruption im Land gibt, führte er das Beispiel des gerade erst bekanntgegebenen Verkaufs von Severnaya Neft an.*

---

[*] Leonid Newslin: Chodorkowskomu kasalos, tschto on snaet Putina [Chodorkowski glaubte Putin zu kennen], in: *Kommersant-Dengi*, 14. 11. 2011.

## Kapitel 14

Aus meiner Sicht war Putin auf so eine Bemerkung nicht vorbereitet und verlor einfach die Fassung. Was er sagte, war keine vorbereitete Erwiderung, sondern eine rein emotionale Reaktion. Er war verärgert und sprach in gereiztem Ton: Wir wissen, wie ihr zu euren Vermögenswerten gekommen seid und so weiter, wir werden uns das genauer ansehen. Wenn man diese Antwort im Zusammenhang mit dem Vorschlag der Oligarchen sieht, das Thema der Privatisierung abschließend gesetzlich zu regeln, dann fügt sich alles in eine Reihe.«

Alexej Kondaurow: »*Am Tag nach diesem Auftritt ging ich zu Chodorkowski. Natürlich hatte er gewusst, dass er vor laufenden Kameras sprach. Das hatte er alles gewusst. Ich sagte zu ihm: ›Warum mussten Sie damit kommen? Ihnen ist doch klar, dass wir jetzt Probleme kriegen.‹ Er sagte: ›Ich hatte einen Auftrag vom RSPP.‹ Ich war sicher, dass es Probleme geben würde. Er sagte, wir werden sehen. Ich versuchte herauszufinden, ob er nicht hätte ablehnen können, ob es sonst niemanden gab, der das hätte vorbringen können. Ich verstand schon, dass es notwendig war und so weiter, aber hätte es denn wirklich sonst niemanden gegeben, dem man das hätte übertragen können? Da sah er mich an, lächelte und sagte: ›Hitzköpfe gibt es nur wenige.‹*«

Einen Monat nach der Bekanntgabe der Fusion von Yukos und Sibneft, Ende Mai 2003, erschien unter dem Titel »Der Staat und die Oligarchie« ein aufsehenerregender Bericht des Rates für nationale Strategie.\* Zu den Autoren gehörte der bekannte Politologe und PR-Mann Stanislaw Belkowski. In dem Bericht heißt es: »Da die Institution der Präsidentschaft aus Sicht der herrschenden Schicht ihre historische Mission erfüllt

---

\* Rat für nationale Strategie [Sowet po nazionalnoj strategii], 2001 von 20 führenden russischen Experten aus den Bereichen Makroökonomie, Geopolitik und Nationalkultur gegründete, vom Staat unabhängige Denkfabrik, die sich zum Ziel gesetzt hat, aktuelle Ereignisse zu analysieren und Entwicklungsstrategien für Russland zu erarbeiten. (Anm. d. Ü.)

hat und nicht mehr gebraucht wird [...] und da die Oligarchen als natürliche Personen nicht über die politischen Ressourcen für einen Sieg bei Direktwahlen im ganzen Land verfügen, hat die Schlüsselfigur der herrschenden Schicht beschlossen, die Vollmachten des Präsidenten der Russischen Föderation zu beschränken und Russland von einer Präsidialrepublik in eine präsidial-parlamentarische Republik (quasi-französisches Modell) umzuwandeln. Der wichtigste Ideologe dieser Transformation ist der Chef der NK Yukos (»YukosSibneft«), Michail Chodorkowski, der von anderen Schlüsselfiguren des Oligarchenpools offen oder verdeckt unterstützt wird (R. Abramowitsch, O. Deripaska, M. Fridman). Eine Transformation der staatlichen Ordnung erfordert gewisse Änderungen in der Verfassung der Russischen Föderation. Diese Änderungen könnten einem existierenden Plan der Oligarchen zufolge bereits 2004 mithilfe der von den Megaunternehmen kontrollierten Staatsduma (in der neuen Zusammensetzung der Unterkammer des Parlaments, das im Dezember 2003 gewählt wird) und einer überwältigenden Mehrheit der gesetzgebenden Versammlungen in den Subjekten der Russischen Föderation durchgesetzt werden. Dabei wird, so der Plan, die Loyalität der Staatsduma durch ein System der Wechselwirkung zwischen den Oligarchen und den wichtigsten Parteien und die Loyalität der Parlamente in den Subjekten der Russischen Föderation durch den großen Einfluss oligarchischer Finanz- und Industriegruppen auf die Wirtschaft der Regionen sichergestellt. Gemäß dem Projekt der Schlüsselfigur der herrschenden Schicht könnte bereits 2004 eine neue russische Regierung gebildet werden, die der Kontrolle des Parlaments unterstünde und diesem gegenüber rechenschaftspflichtig wäre. Als wichtigster Kandidat für die Rolle des Vorsitzenden einer solchen Regierung, die nach Maßgabe einer neuen Verfassung zu bilden wäre, gilt Michail Chodorkowski. Nicht auszuschließen ist übrigens auch, dass der Präsident von

Kapitel 14

YukosSibneft lediglich dekorative Zwecke erfüllt und die Schlüsselfigur innerhalb eines Jahres einen neuen Kandidaten für den Posten des Premierministers bekanntgibt.«[*]

## »Jeder hatte in dieser Geschichte seine eigenen Interessen«

Wassili Schachnowski: »*Du musst verstehen, jeder hatte in dieser Geschichte seine eigenen Interessen. Wirklich jeder! Du fragst, wie es sein kann, dass alles bei Chodorkowski zusammenlief, auf ihn fokussiert war. Das kam so – ich bin zum Beispiel der Meinung, dass uns unsere ganze Anti-Korruptionsarbeit in der Duma riesige Probleme eingebracht hat. Wir haben dafür gesorgt, dass so viele Gesetzeslücken für die Korruption geschlossen wurden, und damit haben wir uns natürlich sehr viele Feinde gemacht. Wir waren dabei, die Gesetze von diesen Korruptionselementen zu bereinigen. Ein typisches Beispiel: Einer der Hauptgeschäftszweige des Ministeriums für Energiewirtschaft vor 2001 war die Zuteilung der Quoten für den Erdölexport. Wir setzten eine sehr einfache Lösung durch: Dass nur Förderunternehmen Erdöl exportieren durften. Dabei blieb es natürlich immer noch dem Staat vorbehalten zu entscheiden, wie viel Erdöl exportiert werden sollte. Wir sagten also: Okay, das ist das Recht des Staates, das ist euer Recht. Ihr legt zum Beispiel fest, dass 300 Millionen Tonnen Erdöl exportiert werden. Dann werden diese 300 Millionen Tonnen Erdöl proportional nach dem Fördervolumen aufgeteilt. Und fertig, weiter wird einfach arithmetisch festgelegt, wer wie viel Erdöl exportieren kann. Wer wie viel gefördert hat, das weiß der Staat, da lässt sich nicht schummeln, weil alles in das System von Transneft eingespeist wird. Das war's. Danach müssen nur noch die Quoten proportional zum Fördervolumen*

---

[*] Stanislaw Belkowski/Jossif Diskin: Gosudarstwo i oligarchija. [Der Staat und die Oligarchie]. Veröffentlichung des Rates für nationale Strategie, Mai 2003.

*zugeteilt werden. Weißt du, wie viel Geld die Leute dadurch verloren haben? Früher wurden doch für die Zuteilung der Quoten Schmiergelder gezahlt. Und nun saß da im Ministerium ein Beamter, der einmal im Monat eine einfache mathematische Aufgabe zu lösen hatte und innerhalb einer halben Stunde die Quoten zuteilen konnte.*

*Und so war es nicht nur bei diesem Gesetz. Und nicht nur bei den Gesetzen, die den Ölsektor betrafen. Wir haben da einer riesigen Anzahl von Beamten die Suppe versalzen. Da bin ich sicher. Und dann die Geschichte mit dem Production Sharing Agreement. Ich erinnere daran, dass dank diesem Gesetz die Rohstoffvorkommen aus der allgemeinen Besteuerung ausgeklammert wurden, jedes Unternehmen musste sich direkt mit der Regierung über ein Besteuerungssystem für diese Vorkommen einigen. In der damaligen Zeit hatten die Beamten es darauf abgesehen, innerhalb von zwei Jahren damit drei Milliarden Dollar an Schmiergeldern zu verdienen. Das zur damaligen Zeit, kannst du dir das vorstellen? Und wir hatten dem ein Ende gesetzt. Wir, das waren die vier privaten Erdölgesellschaften: Lukoil, TNK, Sibneft und wir. Von 2000 bis 2003 vertraten wir in der Duma in 99 Prozent der Fragen eine konsolidierte Position. Das wurde einfach nur als die Position von Yukos wahrgenommen, weil Wolodja Dubow von Yukos in der Duma saß, und abgesehen davon war meist ich in diesen Fragen unterwegs – noch ein Yukosianer. Damals habe ich Mischa gewarnt, dass wir uns auf diese Weise Ärger einhandeln würden. Aber er bestand darauf, dass ich das machen sollte, er fand, ich könne das besser als die anderen. Ich kümmerte mich um die Duma, die Regierung und die Präsidialadministration. Wir hatten eine konsolidierte Position, aber ich war so eine Art Motor. Es kam so ein Gefühl auf, als wäre Yukos überall. Obwohl wir das im Namen der vier Unternehmen taten, mit denen wir uns darauf verständigt hatten, im Bereich der Gesetzgebung mit einer gemeinsamen Position aufzutreten. Wir kamen einmal im Monat zusammen, diskutierten die anstehenden Fragen, stritten und gingen dann weiter im Rahmen unserer Vereinbarungen vor.*

# Kapitel 14

*Wenn ich das jetzt im Nachhinein alles bedenke und analysiere, komme ich zu dem Schluss, dass sie Mischa, und er war sich darüber wahrscheinlich im Klaren, als ›Rammbock‹ für ihre eigenen Auseinandersetzungen in Putins Umfeld benutzt haben. Heute, nachdem ich die Einzelheiten zueinander in Beziehung setzen kann und über neuere Informationen verfüge, habe ich daran keinen Zweifel mehr. Ein Puzzlestein passt zum anderen. Zum Beispiel das Verhalten von Kudrin und Gref damals. Als wir uns im Juli 2003, nach der Verhaftung von Platon Lebedew in einem Café trafen, schrieb Gref mir auf einen Zettel: ›Knöpft euch nicht Putin vor, sondern Ustinow‹.\* Und Kudrin? Natürlich hatte er sich bei Putin über uns beschwert. Das hing mit unserer Arbeit in der Duma zusammen, sonst liefen wir uns ja nirgends über den Weg. Und an der Position der Öl-Lobby dort kam Kudrin schlichtweg nicht vorbei. Aber ich kann mit absoluter Bestimmtheit sagen, dass Kudrin weder die Nationalisierung von Yukos noch Chodorkowskis Verhaftung wollte. Ja, es stimmt, die Amtsträger waren gezwungen, sehr viele Fragen mit uns abzustimmen und uns um Hilfe zu bitten. Irgendwann einmal werde ich Kudrin daran erinnern, dass er alle Haushalte von 2000 bis 2003 mit unserer Hilfe verabschiedet hat. Er bat uns oft um Hilfe, er wusste ja um unsere Ressourcen in der Duma. Und wir haben ihm auch geholfen. Aber was die Besteuerung der Erdölwirtschaft anging, haben wir wirklich ernsthaft gekämpft. Dennoch hätte ich mir niemals erlaubt – wie hat er das gleich vor Kurzem gesagt? –, ihn zu ›erpressen‹? Etwas in die Richtung... So etwas hat es nie gegeben. Unsere Position war immer offen. Und unsere Beziehungen waren stets sehr korrekt. Mehr noch, in den wichtigsten Fragen konnten wir uns einigen, auch in Bezug auf die Besteuerung der Erdölwirtschaft.«*

Michail Kassjanow: »*Ich habe Chodorkowski im Jahr 2000 kennengelernt. Davor waren wir uns nie begegnet. Ich war damals Premi-*

---

\* Wladimir Ustinow war von 2000 bis 2006 Generalstaatsanwalt. (Anm. Natalija Geworkjan) *erminister, und wir bereiteten eine Steuerreform vor. Mir war wichtig, dass die Business-Community verstand, wozu die Reform nötig war und welche Ziele wir damit verfolgten. Die Unternehmer sollten wissen, worauf sie sich einstellen mussten. Wir berieten uns mit ihnen, wir führten Diskussionen. Die Leute verstanden, was wir da machten, und konnten ihre Meinung äußern. Das war ein sehr positiver Prozess. Ich hatte ja einen Unternehmerrat gegründet, der beim Regierungschef angesiedelt war. In diesem Rat saßen Vertreter der großen, mittleren und kleinen Unternehmen, das gesamte Interessenspektrum also. Wir kamen regelmäßig zu Besprechungen zusammen. Chodorkowski kam das erste Mal mit einer Gruppe von fünf oder sechs Öloligarchen, die ich eingeladen hatte, um mit ihnen Steueränderungen im Erdölsektor zu besprechen.*

*Wenn Sie sich erinnern, Chodorkowski wurde ja vorgeworfen, die Steuerlast über Offshore-Zonen im Inland auf ein Minimum reduziert zu haben. Aber das war schließlich legal. Das hierfür geltende Gesetz war 1998 verabschiedet worden. Mir missfielen diese Gesetze, und meine Regierung hatte ihre Überprüfung angestoßen. Aber 1998 war derlei allgemeiner Konsens. Während der damaligen Krise waren solche Gesetze verabschiedet worden, um irgendwie Geld in den Haushalt zu bringen und gleichzeitig die Regionen zu unterstützen.*

*Als nach meiner Amtsübernahme der erste Haushalt ohne Defizit vorgelegt wurde, als alle Schulden des Staats gegenüber den Angestellten im öffentlichen Dienst, den Rentnern und Militärangehörigen beglichen waren und wir uns allmählich auf Wachstumskurs begaben, war die Zeit gekommen, für alle Unternehmen vernünftige Regeln einzuführen. Es war an der Zeit, die vielen Steuerschlupflöcher im Inland zu stopfen, die es von 1998 bis 2003 gegeben hatte. Und wir haben den Dialog darüber auf den Weg gebracht. Ich lud die Oligarchen ein, auch Chodorkowski kam. Und man sah sehr deutlich, dass er mehr als die anderen direkt mit geschäftlichen Fragen des Ölsektors zu tun hatte, mit der Verwaltung zum Beispiel, denn er war ja nicht nur Eigentümer, sondern auch der Geschäftsführer seines Unternehmens.*

## Kapitel 14

*Er kannte alle Feinheiten, auf wirtschaftlicher Ebene genauso wie auf technischer. Darin unterschied er sich von den anderen. Er war seinen Kollegen weit voraus.*

*Bei Besprechungen und Zusammenkünften mit mir trat er nie aggressiv auf. Ich weiß, dass German Gref sich über seine Aggressivität beschwert hat, das habe ich von ihm gehört. In meiner Gegenwart hat es so etwas nie gegeben – er verhielt sich stets korrekt, als kompetenter Experte, und in den Verhandlungen mit der Regierung war er so etwas wie der Obmann dieser Gruppe der Erdöl-Oligarchen. Seine Leute und er arbeiteten Vorschläge im Namen der Gruppe aus, damit kam er dann an und legte die Positionen dar.«*

Stanislaw Belkowski, einer der Autoren des zitierten Berichts über die Verschwörung der Oligarchen, hat mir gegenüber behauptet, niemand hätte den Bericht in Auftrag gegeben. Er sei vielmehr auf Initiative der Autorengruppe entstanden, der er angehört habe. Ich bin aber nach wie vor überzeugt, dass der Bericht einen Auftraggeber hatte. Wahrscheinlich war es, direkt oder indirekt, Igor Setschin, der zu dieser Zeit seinen Einfluss in der Verwaltung ausbaute. Vielleicht war auch der damalige Chef des Rosneft-Konzerns, Sergej Bogdantschikow, mit von der Partie. Beide profitierten von der Zerschlagung von Yukos, da sie Rosneft mit den Yukos-Assets stärker machen und das Unternehmen nun als Vorsitzender des Direktoriums beziehungsweise Firmenchef leiten konnten.

Setschin, der Putin gut kannte, wusste, wie die Reaktion des um die Mitte seiner ersten Amtszeit noch nicht gefestigten und grundsätzlich zum Misstrauen neigenden Präsidenten ausfallen würde, der wegen Chodorkowski ohnehin schon verärgert war, wenn man ihm im Vorfeld der Duma-Wahlen berichtete, Chodorkowski plane die Errichtung einer parlamentarischen Republik und habe genug Geld für den Umsturz. Natürlich fürchtete Putin, seine Macht zu verlieren. Interessanterweise hat Belkowski inzwischen eine eigene Version von den damaligen Ereignissen: Ihm zufolge fiel Chodorkowski manipulativen Machenschaften zum Opfer, Spielchen im Inneren des Apparats, einem in der Präsidialadministration entbrannten Machtkampf zwischen dem von Woloschin angeführten Verwaltungsteam, das Putin von Jelzin geerbt hatte, und dem Petersburger Team, das ganz offensichtlich nicht die Absicht hatte, dauerhaft auf die Nebenrollen abonniert zu sein. Aufgrund von Putins Hauptberuf kamen die meisten seiner Mitstreiter vom KGB und brachten die entsprechende Mentalität und Vorstellung davon mit, was dem Staat nützt.

Stanislaw Belkowski: »*An dem Bericht arbeiteten wir zwei Monate. Er erschien Ende Mai. Der Termin war in keiner Weise kalkuliert. Eigentlich war Ende April geplant gewesen, aber ich brauchte länger, deshalb kam er erst Ende Mai heraus. Der Bericht enthielt nichts qualitativ Neues. Alles kam aus öffentlich zugänglichen Quellen. Die einzige Ausnahme war die Information über eine parlamentarische Republik, die unter Chodorkowskis Regie vorbereitet wurde. Aber davon redete damals ganz Moskau, auch Mitarbeiter von Yukos. Das war kein Geheimnis, sondern Stadtgespräch. Nur dass die Zeitungen nicht darüber schrieben.*

*Mich interessierte dieses Thema. Ich dachte schon damals und denke heute noch mehr, dass Chodorkowski in dieser ganzen Geschichte tatsächlich nicht unabhängig war, nicht hundertprozentig zumindest. Er war ein Werkzeug Woloschins und der mit Woloschin verbundenen Unternehmer – Leuten wie Abramowitsch. So lief dieses Spiel. Als sie 1999/2000 Putin ins Rennen geschickt hatten – und Putin war damals ja nicht etwa ein Mann der sagenumwobenen Silowiki und KGB-Leute, sondern einer aus der ›Familie‹\** *– da hatte es für sie den Anschein, als wäre klar, wie sich Putin steuern ließ. Damit sollte es keine Probleme*

---

\* Gemeint ist Jelzins »Familie«, ein in Russland gängiges Klischee, wenn von Jelzins Tochter Tatjana Djatschenko die Rede ist, die im Zuge der Wahlen von 1996 in die Politik eingestiegen war, sowie ihrem näheren Umfeld, zu dem unter anderem ihr späterer Mann Walentin Jumaschew, aber auch Abramowitsch und Woloschin gehörten. (Anm. Natalija Geworkjan)

Kapitel 14

*geben, weil Putins persönliche Freunde ihrer Meinung nach allesamt Schwächlinge und Idioten waren. Doch Anfang 2003 wurde plötzlich klar, dass auch Putins Freunde Ambitionen hatten und dass sich ihr Aufstieg nicht mehr kontrollieren ließ. Putin würde sie nicht aufhalten, allein schon deshalb nicht, weil er da, wo sie unabhängig von ihm agierten, gar keine Veranlassung dazu hatte. Putins gesamte Logik lässt sich so zusammenfassen: Ich bin nur für die Entscheidungen verantwortlich, die ich selbst getroffen habe, und wenn eine Entscheidung nicht von mir getroffen wurde, bin ich nicht schuld, selbst wenn klar ist, dass ich sie womöglich gebilligt habe. Genau deshalb war es so wichtig, dass Chodorkowski verurteilt und nicht etwa auf irgendeine andere Weise beseitigt wurde. Innerhalb von Putins Logik ist das von grundsätzlicher Bedeutung: Diese Entscheidung hat die Justiz getroffen, nicht er selbst. Selbst wenn er sie gebilligt hat. Für Putin ist es wichtig, einen Verantwortlichen zu finden, der nicht er selbst ist.*

*Ich denke, Woloschin hat versucht, den wachsenden Einfluss aus Putins Umfeld, also Setschins Einfluss zu neutralisieren. Das Projekt einer parlamentarischen Republik kam da wie gerufen. Er dachte, auf dem Feld der Politik – und das war ein politisches Projekt und kein Projekt von Lobbyisten – wäre er Setschin allemal überlegen. Ich weiß absolut sicher – ich will jetzt nicht sagen, woher – , dass der Auftritt von Chodorkowski bei Putins Zusammenkunft mit den Oligarchen, bei dem es um die Severnaya Neft ging, von Woloschin inspiriert war. Es war seine Bitte gewesen, das zur Sprache zu bringen. Ich denke, dass Woloschin die Situation bewusst zugespitzt hat. Er hat wohl gehofft, Putin so in die Enge zu treiben und ihn zu zwingen, Setschin und Co. fallenzulassen, um sein Gesicht zu wahren. Gleichzeitig konnte Woloschin nicht sich selbst oder Abramowitsch oder andere sehr eng mit ihm verbundene Leute in die Schusslinie bringen. Er brauchte ein schweres Gewicht, das man Setschin entgegenschleudern konnte, um ihn zu Fall zu bringen. Und Chodorkowski war so ein Gewicht. Nur lief eben nicht alles nach dem Drehbuch, das Woloschin sich gewünscht hatte.*

Putin wertete Chodorkowskis Äußerung über die fragwürdigen Umstände des Kaufs von Severnaya Neft als direkten Verstoß gegen die Spielregeln. Der Sinn von Putins scharfer Replik war folgender: Euch, allen hier anwesenden Unternehmern inklusive Chodorkowski gegenüber gab es keine Beanstandungen in Bezug auf das Eigentum, das ihr euch illegal angeeignet habt. Deshalb dürft ihr auch mir gegenüber nichts beanstanden. Ich mische mich nicht in eure Angelegenheiten, und ihr mischt euch nicht in meine.

Woloschin hat Chodorkowski nicht in dem Sinn in Gefahr gebracht, dass er seine Verhaftung angestrebt hätte. Ich glaube sogar, Woloschin hat ihm die Sicherheitsgarantien gegeben, aufgrund deren Chodokowski letztlich in Russland geblieben ist. Und zwar nicht, weil er ihn hintergehen wollte, sondern er dachte wirklich, Chodorkowski würde nicht ins Gefängnis kommen, weil eine solche Entscheidung ohne ihn, Woloschin, nicht möglich wäre. Hätte diese Entscheidung je zur Diskussion gestanden, Woloschin hätte sie blockiert. Sie fiel aber ohne Diskussion. Genau das hatte Woloschin nicht bedacht, dass Setschin sich in den operativen Bereich hinausgewagt und sich aus einem schüchternen, zitternden Büroangestellten in einen völlig unabhängig agierenden Politiker und Lobbyisten verwandelt hatte, der selbst entscheiden konnte, was er zu tun hatte. Setschin hatte ein Bündnis mit Generalstaatsanwalt Ustinow geschlossen, und dieses Team fasste jetzt seine eigenen Beschlüsse. Anschließend überzeugten sie Putin, dass dies die einzig mögliche Lösung sei, denn wenn Chodorkowski erst in der Ewenken-Region ankäme und dort Senator würde (und genau so wurde es Putin dargestellt, obgleich es eigentlich Schachnowski war, der dort Senator werden wollte), könnte man nichts mehr gegen ihn ausrichten.

Was Abramowitsch angeht, so beruhte seine Partnerschaft mit Chodorkowski auf dem Kalkül, dass es ihnen gelingen würde, das andere Lager auszuspielen – und wenn nicht, dann wäre das auch nicht schlimm. Abramowitsch wusste im Gegensatz zu Chodorkowski ganz genau, dass ihm nichts zustoßen würde. Die stillschweigenden Garantien kamen in seinem Fall von Putin, und sie werden bis heute erfüllt.

Kapitel 14

Michail Kassjanow: »Zu Woloschin und einer möglichen Intrige in der Administration kann ich nichts sagen. Woloschin hatte schon lange gehen wollen, ein Jahr zuvor schon. Putin hatte ihn gebeten, noch zu bleiben. Schließlich ging er Ende Oktober 2003. Und die Presse brachte eine Version, das sei wegen der Geschichte mit Chodorkowskis Verhaftung. Er hat das zwar nicht dementiert, aber auch nicht bestätigt.

Ich glaube, wenn es tatsächlich Intrigen gab, denen Chodorkowski und Yukos möglicherweise zum Opfer gefallen sind, dann waren das Intrigen einer anderen, größeren Dimension. Heute ist offensichtlich, dass das bei Putin damals nicht irgendwelche spontanen Aktionen waren, sondern Entscheidungen, die seiner eigenen Logik entsprangen. Derselben Logik, auf der auch sein ganzes Regierungssystems aufbaut.«

Am 2. Juli 2003 wurde Platon Lebedew verhaftet. Am 4. Juli liefen die ersten Durchsuchungen in den Büros der Firma M-Reestr, die das Aktienregister von Yukos führte, und der Aktiengesellschaft Apatit. Die Mitarbeiter der Staatsanwaltschaft beschlagnahmten die Server, auf denen Informationen über die Aktienregister von über 200 Unternehmen gespeichert waren. Danach gab es den ganzen Sommer über immer wieder Durchsuchungen und auch den Herbst und Winter hindurch, sowohl vor als auch nach Chodorkowskis Verhaftung. Ich traf Chodorkowski in diesem Sommer. Er sagte mir damals, als mögliches Zeichen, dass eine reale Gefahr für ihn bestünde, würde er Alexander Woloschins Weggang aus dem Kreml werten; solange Woloschin im Kreml bleibe, sei alles in Ordnung. Trotz seiner Verbindungen zum Kreml und der persönlichen Beziehungen zu Woloschin und Surkow gelang es Chodorkowski nach Lebedews Verhaftung nicht, eine Unterredung mit Putin herbeizuführen, was mich wundert. Es ist schwer zu glauben, dass Woloschins Position inzwischen so stark geschwächt war. Arkadi Wolski, der damalige Chef des Russischen Industriellen- und Unternehmerverbandes, sprach nach Lebedews Verhaftung mit Putin und ließ den Yukos-Leuten mitteilen, Putin habe ihm gesagt, Lebedew würde nur kurz festgehalten und dann wieder freigelassen werden.

Michail Kassjanow: »*Eine private Zusammenkunft mit Chodorkowski hatte ich gleich nach Platons Verhaftung, als Yukos bereits unter Druck geraten war. Er hatte um ein persönliches Treffen gebeten. Ich lud ihn zu mir nach Hause ein, in die Residenz. Er begründete seine Bitte damit, dass er nur zu mir Vertrauen hätte. Er war sehr gedrückter Stimmung – er schien mir weniger nervös, als emotional mitgenommen. Zwischen Platons Festnahme und seiner eigenen Verhaftung im Oktober 2003 traf ich mich privat wohl vier Mal mit ihm.*

*Ich verstand damals einfach nicht, was vorging. Chodorkowskis Bitte war im Grunde genau das: Ich sollte bei Putin in Erfahrung bringen, was eigentlich los war. Ich versuchte mehrmals, Putin auf das Thema anzusprechen. Er wich dem Gespräch aus. Ich kommentierte die Situation, ich sagte, die ganze Geschichte wäre schlecht für die Wirtschaft. Einmal – wir waren unter vier Augen –, als ich ihn wieder danach fragte, sagte er mir: ›Wissen Sie, dass Chodorkowski und seine Freunde politische Parteien finanziert haben? Einmal die SPS und Jabloko, was ich ihnen auch erlaubt habe, aber außerdem finanzieren sie auch die Kommunisten, und das habe ich nicht erlaubt.‹ Ich habe darauf, ehrlich gesagt, nichts mehr erwidert und auch nicht weiter nachgefragt, weil ich diesen politischen Aspekt nicht erwartet hatte. Für mich kam das überraschend. Mir war natürlich klar, dass die Großunternehmer und auch Chodorkowski politische Parteien finanzierten, aber dass man für diese legale Tätigkeit, für die vollkommen rechtmäßige Finanzierung von Parteien offenbar auch noch eine geheime Erlaubnis des Präsidenten brauchte, das war mir neu. Das alles habe ich Chodorkowski berichtet.*«

Leonid Newslin: »*Sie hatten begonnen, uns in die Enge zu treiben. Ich weiß noch, Mischa war damals in Amerika. Wir standen ständig in Kontakt. Pitschugin saß bereits ein.*\* *Seit kurzem schlief ich*

---

\* Alexej Pitschugin wurde am 19. Juni 2003 festgenommen. (Anm. Natalija Geworkjan)

Kapitel 14

*schlecht – aus verständlichen Gründen: Unser Sicherheitschef Michail Schestopalow\* hatte mir erzählt, dass die Sondereinsätze immer früh morgens stattfinden, um vier oder fünf Uhr. Außerdem hatte er mir geraten, ein paar Sachen zu packen, damit alles schon fertig wäre, falls sie mich hochnehmen würden ... Das sagte er natürlich nicht ohne Grund: Um Jablonewy Sad herum, wo wir wohnten, waren neuerdings ständig Autos zu sehen, Beamte, die uns überwachen sollten, kamen und fuhren wieder, es gab Wachposten, die nicht mehr abgezogen wurden, irgendetwas war im Gange ... Einmal wurde uns gesagt, jetzt geht es los, und wir waren bereit. Aber dann stellte sich heraus, dass es um eine andere Sache ging, wir waren noch nicht an der Reihe. Jedenfalls war Mischa nicht da, und ich hatte, obwohl ich nicht mehr bei Yukos war, Informationen erhalten. Ich bemühte mich, nicht zu spät nach Hause zu kommen. Ich las noch etwas und schlief normal ein. Aber um fünf Uhr saß ich wie eine Eins im Bett, hellwach. Neben dem Bett die fertige Tasche. Ich wog damals 67 Kilogramm bei einer Körpergröße von 1,86 Meter. Auszehrung nennt man das. Auf den Zeitungsbildern nach dem Verhör in der Staatsanwaltschaft sieht man das sehr deutlich. Mischas Ruhe hat mich umgehauen. Es gab nichts, was seinen Tagesablauf durcheinander bringen konnte. Als ginge das alles an ihm vorbei.*

*Dann wurden wir gewarnt, dass sie sich Platon schnappen würden. Ich warf alles hin, fuhr nach Jablonewy Sad, Mischa war da, er traf sich gerade mit jemandem. Es gab einen Haftbefehl gegen Platon, diese Information hatte ich erhalten. Warum haben wir Platon nicht weggebracht? Das ist unser Schmerz. Wir hätten ihn außer Landes bringen können. Aber es ging ihm schlecht, er hatte Probleme mit dem Blutdruck. Platon hatte, bevor diese ganze Geschichte losging, Untersuchungstermine im Krankenhaus des Verteidigungsministeriums vereinbart. Du kannst dir gar nicht vorstellen, wie oft ich mir später*

---

\* Michail Schestopalow, Chef des Sicherheitsdienstes und Vizepräsident von Yukos. (Anm. d. Ü.)

*Vorwürfe gemacht habe. Ich hatte alles vorbereitet, um ihn nach Europa zu bringen. Aber wenn um dich herum mehrere Leute sagen, nein, er soll zuerst noch ins Krankenhaus ... Ich stimmte zu. Tatsächlich hatte ich einfach überzogene Erwartungen an meine Mitmenschen, während ich mich selbst unterschätzte. Platon sagten wir, er solle niemanden anrufen. Aber er tat es doch. Durch den Anruf wussten sie, wo er war, und verhafteten ihn im Krankenhaus. Hätte ich Platon weggebracht, dann hätte ich selbst als nächster ausreisen müssen. Denn wenn es bei dem Modell darum ging, Mischa zu zeigen, dass sie sich Leute aus seinem nächsten Umfeld holen konnten, und wenn die ›wirtschaftliche‹ Linie bei Platon abgerissen wäre, dann wäre als nächstes die ›kriminelle‹ Linie gegen mich an der Reihe gewesen. Aus Sicht der Vollstrecker waren beide Vorgehensweisen in sich schlüssig: Es ging darum zu zeigen, dass wir eine kriminelle Vereinigung waren, die sowohl das Volk ausgeplündert als auch gemordet hatte. Ich denke, das war die Logik dahinter.«*

Michail Brudno: »*Ich kümmerte mich um die Firma, nicht um Mischas sonstige Aktivitäten. Mich interessierten weder Offenes Russland noch die Politik. Das war nicht mein Ding. Ich dachte, er wird schon wissen, was er tut. Dass er sich zur Korruption geäußert hat, fand ich übrigens richtig, über dieses Thema musste man sprechen. Das erste Anzeichen einer drohenden Gefahr war für mich Pitschugins Verhaftung. Als Platon verhaftet wurde, war ich nicht in Moskau. Ich landete am 4. Juli, und Mischa sagte mir, ich solle das Land verlassen: ›Eine Geisel reicht mir.‹ Ich flog nach Tomsk zu einer Konferenz und von dort aus am 5. Juli weiter nach Litauen. Ich hatte einen Koffer mit Sachen für ein paar Tage Dienstreise dabei. Dann flog meine Familie nach Litauen. Danach hatten wir einen Urlaub in Italien geplant, also fuhren wir nach Italien, und von dort dann schon weiter nach Israel. Seither sind wir nicht mehr nach Russland zurückgekehrt. Als ich vor meiner Abreise mit Mischa sprach, fragte ich: Wie lange soll ich denn wegbleiben? Die Kinder müssen doch in die Schule, wahrscheinlich muss ich dann dort irgendwo eine Schule für sie finden. Er sagte, das*

## Kapitel 14

bräuchte ich nicht, in ein bis zwei Monaten wäre alles ausgestanden. Du musst wissen, dass die Abreise der Gesellschafter Mischas Entscheidung war. Ljonja Newslin reiste Ende Juli aus, nach mir, er kam aber vor mir in Israel an.«

Michail Chodorkowski: »*Der Einzige, der schon zu Beginn der Konfrontation die Zukunft klar vor Augen hatte und mir zum Aufgeben riet, war einer meiner früheren Mitarbeiter. Ich bin ihm dankbar, aber ich konnte seinen Rat nicht mehr befolgen. Alle meine Kollegen wurden vor den möglichen Konsequenzen gewarnt und trafen selbst ihre Entscheidung. Alle, die ich informiert hatte, sollten das auch den ihnen unterstehenden Mitarbeitern ausrichten, und so weiter... Alle hatten die Wahl, und sie haben sie auch jetzt noch! Es gab keinerlei Einwände, in keiner Phase. Wir arbeiteten im Team, wir stritten, wir beschimpften einander, aber konzeptuell waren wir einer Meinung.*«

Dmitri Gololobow, Anwalt[*]: »*Als die ganze Geschichte namens ›Der Fall Yukos‹ begann, sagte Michail Chodorkowski mehrmals: Wenn jemand geschädigt wird, garantiere ich, dass die Betroffenen juristischen Beistand und Unterhaltsleistungen bekommen, solange sie unter Beschuss sind. So klang das im Frühjahr 2003, noch vor allen Verhaftungen. In der Folgezeit wurde das nach und nach modifiziert, und jetzt sieht die Lage objektiv so aus: Viele Leute, die ausgereist sind, sind nicht imstande, sich allein zu versorgen, zu arbeiten. Diejenigen, gegen die strafrechtliche Anschuldigungen vorliegen, können nicht arbeiten, niemand würde sie einstellen. Dazu kommt, dass die überwiegende Mehrheit der Leute nicht mehr ganz jung war zum Zeitpunkt ihrer Ausreise, und das sind faktisch soziale Invaliden: Sie sind arbeitslos,*

---

[*] Dmitri Gololobow, ehemals Chef der Rechtsabteilung von Yukos und Yukos-Moscow, emigrierte 2004 nach London, wie auch die meisten anderen Yukos-Manager. Er leitet dort die Firma Gololobov & Partners. Gololobow wurde noch 2004 zur Fahndung ausgeschrieben, seit November 2004 liegt ein Haftbefehl gegen ihn vor. Das Auslieferungsersuchen der Russischen Föderation wurde von einem britischen Gericht abgewiesen. (Anm. d. Ü.)

*sie verdienen kein Geld und finden keinen Platz in der Gesellschaft. Es gibt einige Dutzend solcher Fälle. Verstehen Sie, ich spreche nicht von mir, ich habe Klienten, und überhaupt ist meine Situation eine ganz andere. Aber im Fall Yukos gibt es verschiedene Schichten. Es gibt reiche Leute, die Sie mehr oder weniger alle kennen und für die es keine Rolle spielt, wo sie leben. Sie sind unabhängig. Das gilt für die Gesellschafter und einen Teil des Top-Managements. Dann gibt es die Leute, die nicht sonderlich reich sind, die aber irgendwie durchkommen. Dazu zähle ich mich. Und es gibt Leute, die es nicht aus eigener Kraft schaffen, die Kinder haben und so weiter. Und das sind eben mehrere Dutzend. Ihre Perspektiven sind absolut unklar. Nach Russland können sie nicht, erst recht nach dem Präzedenzfall von Valdes Garcia.\* Sie finden keine Arbeit, einigen fällt es schwer, eine neue Sprache zu lernen. Gegen mehrere von ihnen wurden in Abwesenheit Verfahren eingeleitet.*

*Diese Leute sind nicht auf eigene Faust geflohen. Ihre Abreise war die Entscheidung ihrer Vorgesetzten, denen man gesagt hatte, sie müssten die Entscheidung für ihre Mitarbeiter treffen. Chodorkowski ist nicht geizig. Er kann nur gut haushalten. Ich glaube, für ihn ist das ein schwieriges Dilemma: Sich 50 Personen aufzuhalsen, für die er aufzukommen hat – und gleichzeitig selbst weiter im Gefängnis sitzen zu müssen. Das ist mir klar. Wie er sich auch entscheidet, ist es falsch: Es ist nicht gut, sich Unterhaltsempfänger zu schaffen. Aber man kann die Leute in der gegebenen Situation auch nicht zur Arbeit zwingen. Ja, es wurde ein Fonds eingerichtet zur Unterstützung dieser Menschen, und ich weiß, dass das ganze Geld von Chodorkowski kam, aber niemand hatte damit gerechnet, dass das alles so lange dauern würde, acht Jahre inzwischen. Es wäre natürlich am besten, direkt mit Chodorkowski darüber zu reden. Das geht aber nicht. Und gleichzeitig*

---

\* Antonia Valdes Garcia, Chef der Yukos-Tochter Fargoil, kehrte auf Bitten der russischen Generalstaatsanwaltschaft freiwillig nach Russland zurück, um als Zeuge auszusagen, wurde dort strafrechtlich verfolgt, konnte aber fliehen und wurde im Fall Yukos in Abwesenheit verurteilt. (Anm. Natalija Geworkjan)

Kapitel 14

*gehen diesen Leuten inzwischen die letzten Reserven aus, und sie haben keine Zukunft. Sie haben einfach schon zu lange nicht gearbeitet. Und dazu kommt noch ihr Alter. Es stellt sie einfach keiner mehr ein. Man muss ihnen klar sagen, welche Perspektiven sie haben. Und mir scheint, Chodorkowski hat dazu keine so klare Position.«*

Jewgeni Kisseljow: »*Chodorkowski hatte beschlossen, die Zeitung Moskowskije nowosti zu kaufen und wollte mich als Chefredakteur gewinnen.\* Das war Anfang September 2003, anderthalb Monate vor seiner Verhaftung. Platon Lebedew war bereits in Haft. Ich glaube, dass Chodorkowski die Situation damals falsch eingeschätzt hat. Er hatte sich verrechnet, wie mir heute scheint. Damals kam mir das aber nicht so vor. Ich hatte einen Mann vor mir, der sich seiner selbst absolut sicher war. Ich sagte ihm, ich fände sein Angebot interessant und wäre bereit, es zu versuchen. Das sei für mich nicht zuletzt auch eine Frage der Moral, weil ich meine Selbstachtung verlieren würde, wenn ich in einer Situation, in der er ›unter Beschuss‹ stünde, eine Zusammenarbeit mit ihm ablehnte. Ich bat ihn allerdings, mir zu erklären, was eigentlich vorging. Darauf redete er, in diesem sehr schroffen Ton eines Menschen, der nicht daran zweifelt, dass er im Recht ist und siegen wird, sie würden ›einen Krieg gegen die Silowiki im Kreml führen‹, wobei er Putin nicht erwähnte, es ging vielmehr um die ›Silowiki in seinem Umfeld‹. Er sagte, der Chef der Administration, Woloschin, würde sie dabei unterstützen. Kurzum, unsere Sache ist eine gerechte Sache, und wir werden siegen. Und das Ziel sei ein Sieg im Jahre 2008. Er sprach nicht direkt aus, was ein ›Sieg‹ bedeutete, aber es war offensichtlich, dass er eine Machtübernahme meinte, vielleicht nicht seine eigene, aber die ›seiner Leute‹. Das hat mich enorm beeindruckt. Mir schien, dass da vielleicht etwas dran sein könnte. Damals kam mir das nicht utopisch vor.*

---

\* Die *Moskowskije Nowosti*, international auch bekannt als *Moscow News*, waren in den späten achtziger und frühen neunziger Jahren die wichtigste Zeitung der Perestroika. (Anm. Natalija Geworkjan)

*Dann aber überschlugen sich die Ereignisse mit solcher Geschwindigkeit, dass sich dieser naive Glaube innerhalb weniger Wochen in Luft auflöste. Schon Ende September hatte ich keinerlei Illusionen mehr – die Lage eskalierte, es gab Hausdurchsuchungen, Unterlagen wurden beschlagnahmt und Leute zum Verhör vorgeladen. Dann begannen immer mehr Leute zu verschwinden. Wir waren dabei, einen Businessplan für die Zeitung zu erarbeiten, aber diejenigen, mit denen wir darüber reden sollten, verschwanden einfach einer nach dem anderen. Du rufst jemanden an und kriegst zu hören: Tut mir leid, der ist nach London gefahren.*

*Ich habe später darüber nachgedacht, warum er so sicher auftrat. Es gibt zwei Möglichkeiten. Version eins: Ja, zu diesem Zeitpunkt glaubte er an das, was er sagte, und Woloschin bestärkte ihn noch darin und machte ihm etwas vor. Version zwei: Chodorkowski war in gewissem Sinn einfach ein guter Schauspieler und trat so auf, um seinem Team, seinem Umfeld in einer bestimmten Phase die Zuversicht zu vermitteln, dass alles gut werde und dass ihre Sache eine gerechte Sache ist.«*

Wassili Schachnowski: »*Anfang September hofften wir noch, Platon da wieder herauszuholen. Es gab Gespräche und Treffen, und es war klar, dass noch keine endgültige Entscheidung gefallen war, wie sie diese Geschichte zu Ende bringen würden. Mischa und ich hatten übrigens immer gestritten über Putin. Er hat sein Potenzial stark überbewertet, er war sicher, dass die Einsicht in die Bedürfnisse des Staates bei ihm die Oberhand gewinnen würde.*

*Aus der Sicht von jemandem, der an die Zukunft des Landes denkt, hatte Mischa recht. Unter diesem Gesichtspunkt hätten sie weder Chodorkowski einsperren noch das Unternehmen ausplündern dürfen, und auch die Silowiki hätten sich nicht durchsetzen dürfen. Mischa und ich sahen uns oft und waren uns nach wie vor uneins; allzu große Veränderungen habe ich an ihm nicht bemerkt. Eine andere Sache war, dass gegen Ende September die Dinge irgendwie ins Rollen gekommen waren, es sah offensichtlich nicht gut aus, es gab schon die ersten Hausdurchsuchungen, und es war klar, dass sie Platon nicht freilassen*

## Kapitel 14

*würden. Chodorkowski hatte beschlossen, nicht zu verhandeln. Das ist natürlich eine schwere, eine sehr schwere Entscheidung. Eine Geisel sitzt für ihn in Haft und er beschließt, nicht zu verhandeln. Und dabei ging es nicht ums Geld. Er traf sich mit Patruschew. Soweit ich mich erinnere, lief das Gespräch etwa so: ›Ihr habt bei der Privatisierung von Apatit nicht genug gezahlt, aber jetzt habt ihr die Gelegenheit, nachzuzahlen.‹ Ich glaube, es ging um 280 Millionen, und es wurde angedeutet, dass Platon danach freikäme. Mischa hat mir das erzählt. Mischa war der Meinung, dass wir mit der Annahme dieser Bedingung faktisch eingestehen würden, gegen das Gesetz verstoßen zu haben. Dann hätten sie uns am Haken: Wir würden gewissermaßen zugeben, Kriminelle zu sein. Und das würde zu einer Kettenreaktion führen. Ungefähr so hat er es erklärt.«*

Jewgeni Kisseljow: »*Es gab noch ein zweites Treffen, nur wenige Tage vor Chodorkowskis Verhaftung, also vor seiner letzten Reise durch Russland, die mit der Verhaftung in Nowosibirsk endete. Ich hatte einen Haufen Fragen zur Zeitung und hatte ihn deshalb um ein Gespräch gebeten. Ich fuhr also in die prachtvolle neue Yukos-Geschäftsstelle auf der Dubininskaja-Straße. Der Eindruck, den er auf mich machte, war dem vom letzten Treffen genau entgegengesetzt: Ein trauriger Mann, der kein bisschen Optimismus ausstrahlte. Er sagte: ›Entschuldigen Sie, aber ich bin mit meinen Gedanken jetzt woanders. Ich hoffe, Sie verstehen das nicht falsch.‹ Er sagte, er wisse nicht, was in der nächsten Zukunft mit ihm passieren werde, und er sagte auch schon, dass es ihm sehr um das Unternehmen und die Chancen leid tue. Ein Satz hat sich mir besonders eingeprägt: Er sagte, es sei sehr schade, sie seien nur noch einen halben Schritt von einer Vereinbarung mit den Amerikanern entfernt, und die Verhandlungen mit Chevron Texaco seien sehr weit gediehen, sie hätten in der allernächsten Zeit ein Abkommen über eine Fusion schließen können. Und von da an wäre das eine ganz andere Sache gewesen – ein transnationales Unternehmen, dem die russische Staatsmacht rein gar nichts hätte anhaben können. ›Ich fürchte nur, wir schaffen es nicht mehr‹, sagte er, und:*

## Richtungswechsel

›Mir geht es nicht um mich selbst, das ist nicht so schlimm, ich glaube an mein persönliches Potenzial und bin jederzeit bereit, in Russland wieder von vorn anzufangen. Wenn sie mir die Firma wegnehmen, fange ich von vorn an, da können Sie sicher sein, und in ein paar Jahren bin ich wieder auf demselben Niveau. In Russland gibt es immer noch genügend Branchen, deren Möglichkeiten überhaupt nicht ausgeschöpft sind. Aber um das Land tut es mir leid.‹ Da wurde mir klar, dass die Dinge offenbar wirklich schlecht standen. Das war unser letztes Treffen, Mitte Oktober 2003.«

Am 3. Oktober 2003 begab sich Chodorkowski in das Moskauer Hotel Marriott, wo das Weltwirtschaftsforum tagte. Im Saal wurde ihm ein Zettel zugesteckt. Chodorkowski las die Mitteilung, telefonierte kurz und verließ den Raum, in dem nur wenige Minuten später Putin erschien, der beschlossen hatte, ebenfalls an der Veranstaltung teilzunehmen. Genau an diesem Tag und zu dieser Stunde begannen die Durchsuchungen im Lyzeum in Korallowo, wo zu dieser Zeit gerade der Unterricht lief und wo Chodorkowskis Eltern sich aufhielten, in den Geschäftsräumen von Yukos in Jablonewy Sad sowie in einigen Büros und Häusern von Gesellschaftern. Das war es, was Chodorkowski auf dem Zettel gelesen hatte.

Der *Kommersant* titelte am nächsten Tag: »Waisenjagd. Generalstaatsanwaltschaft befreit Lyzeum von gefährlichen Computern.« Übrigens ist das ein charakteristisches Detail aller Durchsuchungen im »Fall Yukos«: Beschlagnahmt wurden Server und Computer, alte und neue, ohne Einschränkungen. Offenbar, weil es bei Yukos praktisch keine Dokumentation mehr auf Papier gab, das Unternehmen hatte nämlich, als eines der ersten im Land, schon lange seinen gesamten Schriftverkehr digitalisiert.

Wassili Schachnowski: »*Mischa rief mich an und sagte: Fahr nach Shukowka, dort läuft eine Durchsuchung, es muss einer von den Männern dabei sein. Brudno war damals schon ausgereist, Newslin auch,*

## Kapitel 14

*und Platon war in Haft. Und Mischa war bei der Konferenz, zu der auch Putin kommen sollte. Später habe ich gehört, Putin habe nicht sprechen wollen, solange Chodorkowski im Saal war. Ich fuhr also los. In Jablonewy Sad liefen jede Menge Ermittler herum, plus rund 120 Mann Unterstützung von der Polizei. Wir hatten dort, wenn du dich erinnerst, zwei Gelände: die Geschäftsräume, und die Siedlung, wo wir wohnten. Den Zaun dazwischen hatten wir abgerissen. Ihr Durchsuchungsbeschluss galt nur für die Siedlung. Und nun hatten sie entlang dieser imaginären Linie, die den einen Bereich vom anderen abtrennte, Bullen aufgestellt. Ich weiß noch, es war sehr warm. Jedenfalls hatten sie gegen zehn Uhr angefangen, und gegen drei waren sie fertig. Alle sollten wieder in ihre Busse steigen. Zwei, glaube ich, waren aber nicht auffindbar. Zwei Bullen waren einfach weg. Erst waren sie da und jetzt waren sie weg.*

*Auf dem Geschäftsgelände hatten wir ein separates Badehaus stehen. Und in diesem Badehaus gab es eine Bar. Nachdem die Absperrung aufgehoben worden war, kamen die Putzfrauen, um aufzuräumen. Eine von ihnen geht nun in dieses Badehaus und entdeckt dort zwei leblose Körper. In der Gewissheit, dass das Leichen sind, kommt sie mit entsetzlichem Gebrüll herausgerannt. Die Bullen sehen also nach und finden ihre stockbesoffenen Kollegen wieder. Anscheinend hatten sie keine Lust mehr gehabt, in der Absperrkette zu stehen, also machten sie einen Spaziergang übers Gelände. Dabei stießen sie auf das Häuschen, das offen stand, gingen hinein – und siehe da, eine Bar. Also haben sie sich einfach zugeschüttet.*

*Durchsucht wurde Platons Haus. Vielleicht noch irgendwelche Verwaltungsgebäude. Mischas Haus wurde nicht durchsucht, auch später nicht. Durchsuchungen gab es bei Wladimir Moissejew\*, und auch bei Brudno wollten sie rein, über die unterirdischen Leitungsschächte. Sie wussten offenbar, dass es von dort aus einen Durchgang zu den*

---

\* Wladimir Moissejew war ein Mitschüler und Freund Chodorkowskis, Mitarbeiter von Menatep. (Anm. Natalija Geworkjan).

*Häusern gab. Aber sie hatten den falschen Eingang erwischt, brachen bei mir ein und zerschlugen mir die Tür. Bevor sie wegfuhren, sagte ich: Und wer repariert mir die Tür? Sie haben nur gegrinst.*

*Außerdem gab es Haussuchungen in Shukowa 88, wo wir ebenfalls Räume hatten, auf der anderen Straßenseite. Dort war übrigens das Büro von Anwalt Drel. Der Server-Raum war auch dort. Und da stand ein riesiger Computerschrank. Sie dachten, das wäre der Server. Also holten sie ihn raus und ließen ihn zur Prüfung in ihre technische Abteilung bringen. Tatsächlich war es so, dass die Leute, die in Shukowa 88 arbeiteten, dort Filme drauf gespielt hatten. Der Speicherplatz war riesig. Und bei der Beschlagnahme muss protokolliert werden, wie viel Speicherplatz belegt ist, damit später nichts ausgetauscht werden kann. Das wurde auch gemacht. Aber die Staatsanwaltschaft hat sich einen Dreck darum gekümmert. Später haben sie über diesen Rechner Dokumente ›legalisiert‹, die sie von Golubowitsch bekommen hatten. Beim ersten Prozesses kam das heraus: Der belegte Speicherplatz hatte sich genau um den Umfang dieser Dokumente vergrößert.«*

Olga Dubowa: *»Ich kann mich noch sehr gut erinnern, wie diese ganze Meute zur Hausdurchsuchung ankam und ich nur einen einzigen Gedanken hatte: Ihretwegen komme ich jetzt zu spät zu meiner Arbeit an der Universität...«*

Inna Chodorkowskaja: *»Ich ließ meine ›starken Männer‹ kommen, sie postierten sich an allen Türen und Kellerräumen. Die Miliz hatte keinen Durchsuchungsbeschluss für unser Haus. Bei uns fand nie auch nur eine einzige Hausdurchsuchung statt. Sie liefen auf dem Gelände herum. Manche betranken sich, andere verliefen sich in den Kellerräumen. Die Frauen, die dort saubermachten, kriegten alle hysterische Anfälle. Einmal tauchten Gerichtvollzieher auf. Sie fragten nach irgendwelchem ›Eisen‹, nach Gewehren... Ich sagte, ich hätte nur Töpfe und Pfannen zu bieten. Mich persönlich haben sie nie angerührt.«*

## »Sie werden ihn einsperren«

Im September und Oktober 2003 reiste Chodorkowski nach Amerika. Im September flog er nach Israel. Jedes Mal war die Presse gespannt: Kommt er zurück oder nicht? Und jedes Mal schrieb sie erstaunt: Er ist wieder da. Ich denke, seine Gegner waren nicht minder überrascht, dass er immer wieder zurückkam. Chodorkowski hatte seine Wahl offenbar schon getroffen: Er wollte nicht fliehen.

Pawel Chodorkowski: »*Mein Vater kam im September nach Boston, nur für einen Abend. Er war auf dem Weg nach Washington, oder er kam gerade von dort, ich weiß es nicht mehr. Er wollte sich die Uni ansehen, wollte sehen, wie ich untergebracht war. Er kam mit seinem eigenen Flugzeug. Ich meine, es war eine ›Gulfstream‹ Er war sehr stolz, dass Yukos jetzt ein eigenes Flugzeug hatte, das Transatlantikflüge ohne Zwischenlandung schaffte. Ich holte ihn vom Flughafen ab und brachte ihn ins Hotel. Er hatte keinen Personenschutz dabei. Im Ausland habe ich ihn überhaupt nie mit Personenschutz gesehen.*

*Dann kam er zu mir in die Universität. Wir gingen rein, sahen uns alles an und schauten im Wohnheim vorbei. Er wollte sehen, wie die Studenten untergebracht waren. Es hat ihm gefallen. Es ist ziemlich bescheiden dort. Auch meine Freundin hat dort gewohnt. Ich machte sie bekannt. Meine Freundin war völlig aufgelöst, hielt sich aber tapfer. Papa war mit ihr per ›Sie‹. Danach sagte er mir lakonisch, er sei einverstanden mit meiner Wahl.*

*Er sah aus und verhielt sich wie immer, als wäre alles in Ordnung. Vielleicht wollte er sich ja bewusst selber Mut machen. Er lächelte, wie immer. Irgendwann wusste ich selbst nicht mehr, ob wirklich alles gut war oder ob er nur so tat. Erst kurz vor dem Abflug... Da fragte ich ihn: ›Was wird jetzt, Papa?‹ Das war der einzige Moment, in dem er ernst wurde und antwortete, dass der Regierung nur noch eines bliebe, nämlich ihn ins Gefängnis zu stecken. Und er sagte das so ruhig, dass ich nicht einmal den Drang verspürte, ihn zurückzuhalten. Das werfe* ich mir heute vor. Ich hätte das tun müssen. Seine Freunde hier in Amerika hatten ja versucht, ihn umzustimmen.«

Leonid Newslin: »Mischa kam am 25. oder 26. September. Er stieg im David InterContinental ab. Ich glaube, er blieb etwa zwei Tage. Das war einen Monat vor seiner Verhaftung. Wir trafen uns alle mit ihm: Brudno, Schestopalow und ich. Ich bekam Anrufe aus Amerika, unter anderem von Tom Lantos, alle sagten, überrede ihn, nicht zurückzufahren, sie werden ihn einsperren. Ich habe es versucht, aber es war zwecklos, ich redete gegen eine Wand an. Und am Ende trifft sowieso jeder seine eigenen Entscheidungen. Ich kannte Mischa ja gut genug. Was mich nicht hindert, mir Vorwürfe zu machen – vielleicht hätte ich noch mehr sagen und tun sollen. Ich weiß nicht, was das war bei ihm: Ob er entschlossen war, ins Gefängnis zu gehen, oder sicher, dass man ihn nicht für lange einsperren würde. Ich sagte ihm, wenn du erst im Knast sitzt, helfen uns alle unsere Möglichkeiten und Beziehungen nicht, dich da wieder rauszuholen ... Darauf reagierte er nicht, er sagte nichts dazu. Es war das zweite Mal, dass er in Israel war. Und weißt du, er war nicht traurig. Er war konzentriert und in sich gekehrt. Und ich spürte, dass da eine Wand war, die es früher nicht gegeben hatte und die sich nicht durchbrechen ließ.«

Die bekannte russische Politikwissenschaftlerin Lilija Schewzowa hat mir von einem Vortrag berichtet, den Chodorkowski bei der Carnegie-Stiftung in Washington hielt, am 9. Oktober 2003. Zu Beginn seines Vortrags habe Chodorkowski gesagt, er wolle über die Zivilgesellschaft reden, worüber er auch in Russland in letzter Zeit häufig spreche. Im Ausland sprach er ja gewöhnlich über Erdöl, aber diesmal nicht. Er sprach auch über Demokratie und die Zukunft des Landes. Aus dem Wortlaut des Vortrags lässt sich der Tonfall nicht rekonstruieren, aber Lilija sagt, dieser Ton habe sie unangenehm überrascht – es sei der eines allzu selbstsicheren Menschen gewesen, der meint, er könne die halbe Welt in die Tasche stecken. Wenn man bedenkt, wie schwierig dieser Monat für Chodorkowski war, ist das erstaunlich.

Kapitel 14

Michail Chodorkowski: »*Lilija Schewzowa hat meine ›Botschaft‹ ganz richtig aufgenommen. Dazu muss man aber auch die Eigenheiten des amerikanischen Publikums kennen. Wer seines Erfolgs nicht gewiss ist, braucht in Amerika gar nicht zu versuchen, eine öffentliche Position zu artikulieren. Das ganze ›Hin und Her‹, wie es bei uns üblich ist, interpretiert man dort dort als Indiz für ein unmittelbar bevorstehendes Scheitern. Ich habe viel mit PR-Spezialisten von dort zusammengearbeitet, und ich habe nur vermittelt, was notwendig war.*

*Der inzwischen verstorbene legendäre Kongressabgeordnete Tom Lantos hat mich tatsächlich beschworen, nicht zurückzugehen, nachdem ich ihm gesagt hatte, die Wahrscheinlichkeit, dass ich verhaftet würde, liege bei 30 Prozent. Er bot an, mir bei der Beschaffung einer Aufenthaltserlaubnis für die USA zu helfen, aber so ein Schritt war für mich völlig ausgeschlossen.*

*Tom Lantos war ein sehr guter Mensch, der Russland sehr mochte. Er hat oft davon erzählt, wie sowjetische Soldaten ihn aus dem Konzentrationslager befreit hatten. Aber er hasste die Diktatur in jeglicher Ausprägung, und Putin wurde für ihn zum persönlichen Feind.*

*Was den amerikanischen Politikbetrieb angeht, schien er mir ausgesprochen effizient zu sein (natürlich auch nicht unproblematisch, aber effizient). Besonders gefiel mir das parlamentarische Verfahren der Gesetzgebung und Kontrolle. Einfach schön!*

*Wenn ich mir ein ›politisches Gewand‹ aussuchen sollte, dann wäre der Ausschuss, wie es ihn im amerikanischen Kongress gibt, vielleicht die Art von ›Apparat‹, die ich gern auf russischen Boden übertragen würde. Ich habe sogar schon einmal einen Anlauf dazu unternommen. Wir haben mehrere öffentliche Anhörungen zum ›Brennstoff- und Energiekomplex‹ organisiert (bei uns in Russland). Aber heute ist das Parlament leider kein Ort für Debatten mehr.*«

Alexej Kondaurow: »*Warum Chodorkowski das Risiko nicht sah? Ich weiß es nicht. Ljonja Newslin hat in einem Interview gesagt, er hätte Putin unterschätzt. Dem stimme ich zu. Entweder hat er ihn selbst unterschätzt, oder es waren andere Leute, die ihm eingeredet haben, alles würde ganz prima. Ich weiß es nicht. Ich habe ihn auf Putin angesprochen. Seine Antwort war: ›Machen Sie sich keine Sorgen, ich habe alles im Griff.‹ Das war seine Haltung. Und die anderen glaubten auch, sie hätten alles im Griff. Ab einem bestimmten Moment war Surkow wieder aufgetaucht, er kam zu Geburtstagspartys, zu Unternehmensfeiern, die Beziehungen zu Woloschin waren gut, zu Kassjanow, auch in der Duma war alles in Butter – dort saßen Dubow, Schachnowski und Kondaurow. Wissen Sie, es gab natürlich so einen Moment der Euphorie. Alles klappt! Der Ölpreis steigt. Auch ich habe diese Euphorie irgendwann gespürt. Warum auch nicht? Ich arbeitete beim besten Unternehmen, das man sich denken konnte. Alles lief bestens. Bei allen. Es war ein tolles Team, extrem intelligent. Wenn nicht einmal ich dem widerstehen konnte, was soll man dann von den anderen erwarten?*

*Mischa ist ein sehr kritischer und nüchterner Mensch, aber wenn alle über dich schreiben und du dich persönlich mit Präsidenten triffst ... Bis zur Fusion war es nur noch ein Schritt, und dann würden wir ein transnationales Unternehmen sein. Einfach super! Wir waren verdammt groß geworden. Ich weiß noch, wenn ich damals irgendwelche negativen Informationen bekam, versuchte ich, davon zu reden, aber die anderen dachten, ihnen könnte keiner mehr an den Karren fahren. ›Kleinigkeiten!‹ war der Lieblingsspruch, den ich mir irgendwann auch zu eigen gemacht habe.*

*Nun gut, was geschehen ist, ist geschehen. Wir alle hatten damals diese großartige Chance, das ganze Land. Alle waren im Aufschwung. Aber diese Entwicklung ist unwiderruflich zerstört worden, das ist es, was so schade ist. Als ich das damals nach Mischas Verhaftung sagte, konnte das niemand verstehen. Ja, Chodorkowski ist in Haft, das ist nicht schön, beziehungsweise für manche auch schön, aber damit hat es sich auch. Doch in Wirklichkeit hatte das Land sich verändert. Es war nicht mehr dasselbe. Das haben die Leute nicht sofort begriffen. Heute braucht man das keinem mehr zu erklären.«*

Kapitel 14

Durch eine seltsame Verkettung von Umständen wurde Chodorkowski am Tag nach Abramowitschs Geburtstag verhaftet, der am 24. Oktober 37 Jahre alt geworden war. Abramowitsch feierte auf einer Stadiontribüne in London: Chelsea spielte. Dass Abramowitsch Chelsea gekauft hatte, wurde übrigens durch eine nicht minder seltsame Verkettung von Umständen genau an dem Tag bekannt, als Platon Lebedew in Haft kam.

Michail Brudno: »*Ich flog nach London und traf mich mit Abramowitsch. Und zwar gewiss nicht auf meine eigene Initiative. Wir saßen im Stadion auf der Tribüne ... Schwidler war ständig mit dem Telefon zugange, Roman wollte sprechen: Sie wollten die Führung der Unternehmen. Sie konnten aber nicht begründen, warum wir ihnen die Führung überlassen sollten. Ich fragte: Nehmen wir mal an, wir überlassen euch das – was dann? Sie konnten nichts Bestimmtes dazu sagen. Einfach nur: Überlasst uns mal die Führung.*«

Leonid Newslin: »*Im November 2003 rief Abramowitsch an und sagte, er sei in Israel und wolle sich treffen. Dubow, Brudno und ich gingen ins Hilton in Tel Aviv. Abramowitsch kam mit Schwidler und noch einigen anderen Managern. Wir besprachen die Lage. Roman erzählte, an seinem Geburtstag hätte Putin ihn angerufen, um zu gratulieren, um elf Uhr morgens. Er habe gerade unter der Dusche gestanden. Über Chodorkowski hätten sie nicht gesprochen. Putin habe einfach nur zum Geburtstag gratuliert. Danach sei er, Abramowitsch, nach London geflogen, weil dort irgendein wichtiges Spiel stattfinden sollte. Ich merkte, dass sich sein Gefühlszustand durch die Verhaftung eines Menschen, mit dem er vielleicht nicht befreundet war, aber immerhin das letzte halbe Jahr über eng zusammengearbeitet hatte, nicht die Spur verändert hatte.*

*Der Zusammenschluss der beiden Unternehmen war so gut wie perfekt, wir hatten bereits einen Teil des Geldes ausgezahlt, es war viel geschafft worden und die Verhandlungen über eine Fusion mit ChevronTexaco und ExxonMobil liefen auf Hochtouren. Sie wollten einfach weitermachen. Der Frage, was sie, Sibneft, in dieser neuen*

Situation tun, wie sie helfen könnten, wichen sie aus: Sie meinten, Mischa könne man nicht mehr helfen, Putin habe seinen Entschluss gefasst, das lasse sich nicht mehr rückgängig machen.

Wir beschlossen, weiterzuarbeiten und die Verhandlungen mit den Amerikanern fortzusetzen. In dieser Situation machten sie uns einen Vorschlag: Um den Deal zu sichern und YukosSibneft zu erhalten, sagten sie, lasst uns doch das Management des Konzerns übernehmen. Also nicht Chodorkowski und sein Team, sondern Abramowitsch und sein Team. Als Vorsitzenden des Direktoriums schlug er Woloschin vor, als Präsidenten des Unternehmens Schwidler. Auf diese Weise hätte der Konzern in Russland einen sichereren Stand. Ich fragte, wie das mit Mischas Haftentlassung zusammenhänge. Roman sagte, gar nicht. Wir sollten das jetzt einfach so machen, und später, wenn sich nach und nach alles beruhigt hätte, könnte man ganz vorsichtig anfangen, mit Putin zu reden. Irgendwann würden wir die Jungs dann vielleicht freibekommen. Aber nicht sofort.

Wir tauschten einen Blick. Auf diesen Handel hätten wir uns wohl eingelassen, wenn wir die Garantie gehabt hätten, dass wir damit unsere Leute freibekommen. Ihre Position war aber genau umgekehrt: Fürs Erste kommen sie sowieso nicht raus, höchstens irgendwann einmal... Wir erbaten Bedenkzeit, um über die Anwälte mit Mischa darüber zu reden.

Dann kam ein Anruf von Schwidler, glaube ich, er sagte, er hätte ein Gespräch mit dem Leiter der Präsidialadministration gehabt, was damals Medwedew war, und es sei darum gegangen, dass die Duma-Wahlen vor der Tür stünden und man deshalb die Aussetzung des YukosSibneft-Abkommens bekanntgeben müsse. Das hat mich ziemlich auf die Palme gebracht. Bei uns sitzen Leute im Gefängnis, und sie haben keine anderen Sorgen als ihre Wahlen und die Aussetzung des Abkommens...

Dann haben wir uns im Dezember noch einmal getroffen. Wir erklärten, wir seien nicht damit einverstanden, dass sie ganz ohne eigene Verpflichtungen die Führung des Konzerns übernähmen.«

Kapitel 14

Michail Chodorkowski wurde am frühen Morgen des 25. Oktober auf dem Flughafen Tolmatschewo in Nowosibirsk verhaftet. Das Datum war klug gewählt: Es war ein Samstag, die übliche Informationsflaute am Wochenende. Am Tag davor hatte er spät abends noch Newslin angerufen. Es war ein seltsames Gespräch. Er sagte, er sei in Nishni Nowgorod und wolle nach Nowosibirsk weiterreisen, aber der Abflug würde immer wieder verschoben. Newslin spürte, dass in diesen Worten etwas Unausgesprochenes mitschwang, und fing an nachzufragen. Chodorkowski deutete an, ihr Gespräch würde abgehört. Es war, als wollte er etwas sagen und könne nicht. Als würde er sagen: Du musst von allein darauf kommen. Newslin meint, Chodorkowski habe gewusst, was ihm bevorstand, er habe angerufen, um sich zu verabschieden.

Am ersten Börsentag nach der Verhaftung brachen die Yukos-Aktien um über 14 Prozent ein, in den ersten drei Handelsminuten verlor der zusammengesetzte MMVB-Index 11,83 Prozentpunkte. Gegen elf Uhr vormittags hatten die Yukos-Aktien bereits 20 Prozent an Wert eingebüßt, das Unternehmen kostete nun sechs Milliarden Dollar weniger. Die Aktien von UES of Russia und Lukoil fielen um elf Prozent. Infolge der Kursstürze hatte sich der Börsenwert des russischen Wertpapiermarkts zum 27. Oktober um insgesamt 15 Milliarden Dollar verringert. Die Verhandlungen von Yukos mit den Amerikanern wurden ausgesetzt.

Alle spekulierten, wie lange Chodorkowski brauchen würde, um handelseinig zu werden: ein paar Wochen, einen Monat vielleicht? Jedermann weiß, wie man so was in Russland macht, wie man es mit Geld macht, mit viel Geld. Und jedermann rechnete mit der Standardvariante. Aber Chodorkowski ging hinter Gitter.

*Michail Brudno* verließ Russland am 5. Juli 2003. Er lebt heute als Unternehmer in Israel.

*Leonid Newslin* reiste am 31. Juli 2003 aus. Er lebt in Israel. Über Büros in New York und London betreibt er Investitionsprojekte. Ihm gehören 20 Prozent der Aktien der israelischen Zeitung *Ha'Aretz*. Er investiert in gemeinnützige Projekte zur jüdischen Identität. Derzeit sind er und einige andere Gesellschafter der Menatep-Gruppe zusammen mit ihren Anwälten mit einem anstehenden Verfahren in Den Haag beschäftigt, bei dem im Rahmen der Energiecharta eine Klage der Gesellschafter gegen Russland mit einem Klagewert von 100 Milliarden Dollar verhandelt werden soll.

*Wladimir Dubow* flog am 28. Oktober 2003 nach Israel und brachte das Archiv der Menatep-Gruppe außer Landes. Von der Liste mit den Kandidaten der Regierungspartei Einiges Russland, die ein Mandat als Parlamentsabgeordnete anstrebten, wurde er gestrichen, was, wie er scherzhaft bekennt, seinen guten Ruf gerettet hat. Er ist Geschäftsmann mit einer besonderen Vorliebe für den Weinbau.

*Wassili Schachnowski* reiste 2004 nach Westeuropa aus, wo er bis heute lebt.

*Alexej Kondaurow* lebt in Moskau. Er war Zeuge der Verteidigung von Chodorkowski und Lebedew und stellt sich offen in Opposition zur derzeitigen russischen Staatsführung.

*Alexander Woloschin* trat am 30. Oktober 2003 von seinem Posten als Chef der Präsidialadministration zurück. Nur wenig später erhielt er per Präsidentenerlass, der jedoch nicht öffentlich gemacht wurde, den Orden »Für Verdienste vor dem Vaterland«. Bis 2008 stand er dem Direktorium des Stromgiganten UES of Russia vor, heute leitet er das Direktorium der Offenen Aktiengesellschaft Uralkali.

*Igor Setschin* folgt Wladimir Putin auch weiter überallhin nach. Als Putin Premierminister wurde, wurde Setschin Vize-Premier. Vom Sommer 2004 bis zum Sommer 2011 leitete er das Direktorium von Rosneft.

*Wladislaw Surkow* wurde im Dezember 2011 zum Vize-Premierminister der russischen Regierung ernannt, davor war er im Kreml

Kapitel 14

im Amt des Ersten stellvertretenden Leiters der Präsidialadministration tätig. Einer meiner Quellen im Kreml zufolge sind, nachdem Rosneft sich die größten Yukos-Vermögenswerte angeeignet hatte, die neuen Hausherren zu Surkow gekommen und haben ihn in Sachen PR um Rat gefragt – es war doch ein allzu übler Geruch, der der Geschichte mit ihrer Yukos-Übernahme anhaftete. Surkow soll ihnen geraten haben, den Namen »Yukos« so schnell wie möglich aus der Welt zu schaffen.

*Roman Abramowitsch* zahlte Yukos die drei Milliarden Dollar nach Aufkündigung der Fusionsvereinbarung durch Sibneft nicht zurück. Im September 2005 verkaufte Abramowitsch 72,7 Prozent der Sibneft-Aktien für 13,1 Milliarden Dollar an das Staatsunternehmen Gazprom. Abramowitsch wurde in Russland in keiner Weise strafrechtlich verfolgt.

2003 war das Jahr, in dem Putin und sein Petersburger Team tatsächlich die Macht übernahmen. In dem Moment, als die Entscheidung fiel, Chodorkowski kaltzustellen, begann das Land namens »Russland« sich in einen Erdöl- und Erdgas-Konzern namens »Russland« zu verwandeln – mit allen für einen großen Erdöl- und Erdgas-Konzern typischen Merkmalen. Es hat einen Chef, der sich um allgemeine strategische Fragen und die Wahrung der Interessen des Konzerns nach innen und außen kümmert. Eben deshalb sieht die Politik in Russland so seltsam aus: Sie ist vollkommen den wirtschaftlichen Interessen des Konzerns untergeordnet. Eine Gruppe von KGB-Mitarbeitern ist den gleichen ruhmreichen Weg gegangen wie die von ihr eingeschüchterten oder beseitigten Oligarchen – ihnen war klar, dass Russlands wichtigste Vermögenswerte Erdöl und Erdgas sind, und diese Assets haben sie sich genommen.

Ich denke oft darüber nach, warum die politischen Führer dieser Welt geschwiegen haben, als in Russland das erfolgreichste Privatunternehmen des Landes zerstört und sein Inhaber aus dem

Weg geräumt wurde. Was hat Putin ihnen gesagt? Oder versprochen? Oder prophezeit? Ich wage zu unterstellen, dass er ihnen Anteile an seinem Konzern versprochen hat, der unter anderem auf Kosten von Yukos-Vermögenswerten entstand. Die richtige Form dafür zu finden, war kein Problem. Für Gerhard Schröder hat sich schließlich auch eine Form gefunden. Das mag eine unschöne Unterstellung sein, aber dass ich sie ausspreche, hat Herr Schröder durch seine eigene Entscheidung erst möglich gemacht. Mit ihm, vermute ich, begann die Herausbildung der äußeren Schutzschicht für den Erdöl- und Erdgas-Konzern namens »Russland«. Präsident Putin sorgte also zunächst dafür, dass Schlüsselpositionen im Land selbst von seinen Leuten als Aktionären besetzt wurden, und begann dann, wie seinerzeit auch Chodorkowski, als weitere Sicherheitsmaßnahme auch die äußere Schutzschicht auszubauen, und zwar über angesehene Kollegen im Ausland. Das war die Operation »Deckung«, wenn Sie so wollen. Wenn beide Schutzschichten gesichert sind, kann die innere wie äußere Expansion fortgesetzt werden. Genau das beobachten wir derzeit.

Ich selbst musste erst dieses Buch schreiben, um zu verstehen, dass Chodorkowski das Gefängnis und seinen Weg selbst gewählt hat. Es war seine bewusste Entscheidung. Man kann ihm dafür eine schier unendliche Menge an Vorwürfen machen – menschliche, unternehmerische, philosophische, persönliche, welche auch immer. Man kann ihm mit gutem Grund vorhalten, sich verrechnet und in seinen Gegnern getäuscht zu haben. Aber in den acht Jahren Gefängnis hat er niemandem, weder Freunden noch Feinden, auch nur die geringste Chance gelassen, seiner Entscheidung den Respekt zu versagen. Ich weiß nicht, wohin der Weg führt, den er gewählt hat, aber mir ist klar, dass das nicht das Ende seines Weges ist, sondern lediglich ein anderer Weg. Und es ist ein anderer Mensch, der diesen Weg geht. Einer, den niemand von uns kennt...

## Kapitel 14

Inna Chodorkowskaja: »*Damals, 2003, habe ich so seltsame Dinge geträumt. Von riesigen Häusern, die einstürzten, sie fielen und fielen, und von Regimentern mit Helmen und von irgendwelchen Flutwellen. Aber ich konnte die Kinder und mich immer in Sicherheit bringen. Eigentlich ist ja auch alles zusammengebrochen...*«

Michail Chodorkowski: »*Ich weiß nicht genau, was Schwäche bedeutet. Ein Gefühl von Ausweglosigkeit? Wenn man nichts tun kann? In so eine Situation kann mich nur meine Frau bringen! Ich weiß dann, dass man es anders machen muss, aber ich kann mich nicht durchsetzen, ich kann mich nicht von ihrem Fehler lösen. Ich kann überhaupt gar nichts! Und dann breche ich in lautes Geheul aus. Können Sie sich das bei mir vorstellen? Ein Bild für die Götter!*

*Normalerweise bin ich ruhig, weil mir eine Frage entweder gleichgültig ist oder weil ich weiß, wie ich die Lage zu meinen Gunsten wenden kann. Dann handle ich. Selbst wenn ich dabei mein Leben riskiere, lässt das für ›Ausweglosigkeit‹ keinen Platz. Es gibt ein Risiko, und es gibt die Chance zu gewinnen, und wenn es schiefgeht – was soll's, wer will schon ewig leben!*«

MICHAIL CHODORKOWSKI

KAPITEL 15

# Über Russlands Zukunft

Betrachtet man Russland im globalen Kontext, kommt man nicht umhin, sowohl die riesigen Vorteile des Landes (zum Beispiel die gigantischen Rohstoffressourcen, zu denen auch die Süßwasserreserven gehören) als auch seine gewaltigen Probleme (etwa die Größe und die extrem unterentwickelte Infrastruktur) zu sehen.

Das Erste und Wichtigste, wenn wir von der Zukunft Russlands sprechen, ist jedoch, uns selbst klarzumachen, was für eine Zukunft wir für unser Land, für unsere Kinder wollen.

Zweitens müssen wir einsehen, dass unsere Zukunft nicht nur von den innerrussischen Bedingungen, sondern auch von den objektiv gegebenen weltweiten Entwicklungstendenzen abhängt.

Wir erleben die zunehmende Globalisierung der Welt, und dieser Prozess wird sich fortsetzen, ungeachtet aller Probleme und vorübergehender Abweichungen von diesem Trend – weil die Globalisierung unvermeidliche Folge der Existenz moderner Technologien und notwendige Voraussetzung für die weitere Steigerung der Arbeitsproduktivität ist. Ohne Letztere wird man wiederum die wachsende Bevölkerung des Planeten nicht ernähren und die gewünschte Angleichung der Lebensstandards rückständiger Regionen nicht gewährleisten und folglich auch heftige und weltumspannende Konflikte nicht vermeiden können.

Wenn aber die Globalisierung unumgänglich ist, so lautet die nächste Frage zwangsläufig, ob wir unsere nationale Identität wahren und die Integrität unseres Staates sichern wollen, oder ob wir eher bereit sind, uns »aufzulösen«, wie schon viele Völker vor uns sich »aufgelöst« haben und verschwunden sind.

Auf diese Frage gibt es keine logisch begründbare Antwort: Ja, die russische Kultur, das russische Volk sind ein wichtiger Bestandteil des Welterbes, aber solche gab es auch vor uns schon, und es wird sie nach uns geben. Und es wird nicht das Ende der Welt bedeuten, wenn sie ein weiteres Element hinter sich lässt.

Im Hinblick auf die individuellen Strategien und das Streben nach einem besseren Leben ist noch längst nicht gesagt, dass eine »Auflösung« für die Mehrzahl derer, die heute dieses Land bewohnen, eine Verschlechterung bedeuten würde. Noch ein paar Jahrzehnte wie jetzt, und selbst China wird einen höheren Lebensstandard haben. Zumindest hätte eine erfolgreiche Strategie der »Auflösung« bereits jetzt eine Anhebung des Lebensstandards für die meisten Bewohner Russlands ermöglicht. Die Mehrheit wird das schon bald erkennen, und in welche Richtung sich diese Mehrheit angesichts einer unklaren Ideologie orientiert, kann man nur vermuten.

Daher hat längst nicht die gesamte russische Gesellschaft ein begründetes und bewusstes Interesse an der Wahrung der »nationalen Identität« im Rahmen des russischen Staates, sondern nur der Teil der Gesellschaft, der seine Zukunft mit Russland verknüpft, der sich für die Erhaltung und Mehrung des von unseren Vorfahren ererbten Reichtums verantwortlich fühlt; der Teil, dem es wichtig ist, nicht einfach nur »gut zu leben«, sondern für den »gut leben« gleichbedeutend ist mit »etwas aufbauen«: das heißt, entweder konkret eine nationale Kultur aufzubauen oder aber die nationale Kultur, die nationale Identität als Stütze für die eigene, global angelegte Aufbauarbeit zu nutzen.

Wozu aber Aufbauarbeit leisten? Wenn es nur um ein gutes Leben ginge, könnte man das mit einer Reihe anderer Strategien besser und schneller erreichen, was wir bei Hunderttausenden unserer Mitbürger auch beobachten können.

Ich persönlich befürworte die Wahrung und Entwicklung der nationalen Identität und Staatlichkeit, und ich denke, dass die Bevölkerung diese Aufgabe auch bewusst mittragen kann, sofern dahinter eine nachvollziehbare nationale Politik und Ideologie stehen, eine Führungsrolle erkennbar wird und sich in puncto Lebensstandard gegenüber den Nachbarn eine Reihe von Vorteilen (und sei es auch nur in begrenztem Umfang) aufrechterhalten lässt. Nicht unbedingt in allen Bereichen, das wäre auch gar nicht möglich. Aber in einigen gerade für Menschen mit unseren kulturellen Traditionen wesentlichen Aspekten.

Nachdem wir nun diese eher emotionale als logische Frage beleuchtet haben, kehren wir wieder auf den »Pfad der Logik« zurück.

Die Wahrung der nationalen Identität bedeutet in der Praxis vor allem eine Absage an die imperiale Idee und den Übergang zum bewussten Aufbau eines Nationalstaats.

Diese logische Prämisse ist leicht zu erklären. In der globalisierten Welt verschwinden allmählich auch die Hindernisse für die Freizügigkeit von Ideen, Menschen, Waren und Geld. Physische Grenzen und Zollschranken werden immer durchlässiger, Armeen büßen ihre frühere Bedeutung ein. Die Grundlage für die Einheit eines Landes bildet nunmehr die Kultur: Sprache, Alltagstraditionen, Glaube, Kunst und Wertorientierungen.

Die Kultur des Imperiums ist zu unscharf gefasst, als dass sie ihre Träger tatsächlich einen könnte. Sowohl das römische als auch das sowjetische wie alle anderen derartigen Experimente sind fehlgeschlagen. Und es sieht so aus, als stünde auch das amerikanische Experiment vor dem Scheitern.

Menschen wollen nicht nach fremden Schablonen leben, und seien sie auch noch so wunderbar. Gleichzeitig bleibt die Idee der Staatsbürgernation auch weiterhin aktuell. Für ein multikulturelles Land genügt ein staatsbürgerliches Gemeinwesen allein jedoch nicht mehr. Die Welt hat sich verändert.

Kapitel 15

Die Menschheit will nicht nur in Sicherheit (einheitliche Armee), nicht nur in Wohlstand (starke Wirtschaft), sondern auch komfortabel leben.

Der Versuch, das Streben des russischen Volkes nach einem nationalen – nicht nach einem ethnisch oder staatsbürgerlich, sondern nach einem kulturell fundierten – Staatswesen in Russland zu ignorieren, wäre ein verhängnisvoller Fehler.

Andererseits ist es ganz offensichtlich nicht möglich, eine geschlossene, absolut eigenständige Kultur der russischen Gesellschaft zu schaffen. Die Entwicklung der Kommunikation, Integrationsprozesse, ein gewaltiges Territorium mit ausgedehnten Landesgrenzen, eine vergleichsweise kleine Bevölkerungszahl (zwei Prozent der Weltbevölkerung) und jahrhundertealte Traditionen des wechselseitigen Austauschs mit Europa in Kultur, Wissenschaft, Handel, Wirtschaft und Ähnlichem lassen keinen vernünftigen »isolationistischen Weg« zu.

Die Wahl zwischen der asiatischen und der europäischen Kulturtradition haben vor über eintausend Jahren bereits unsere Vorfahren getroffen. Das Christentum (und sei es auch ein eigener, besonderer Zweig), europäische sprachliche Wurzeln und später europäische Wissenschaft und Technik, Kunst und Literatur, Industrie und vieles andere mehr, einschließlich der Losung »Freiheit, Gleichheit, Brüderlichkeit« als Ideal, als Wertekompass des gesellschaftlichen Lebens – all das waren Entscheidungen für Europa. Wir sind ein Teil der europäischen Völkerfamilie, der auch Beziehungen nach Asien unterhält, die im Übrigen keinen Deut stärker sind als beispielsweise Frankreichs Beziehungen zu den Ländern des Maghreb.

Alle sonstigen Gedanken und Strömungen sind nicht mehr als ein Versuch, originell zu sein, der jedoch der historischen Perspektive entbehrt.

Auch in der Wirtschaft müssen wir eine Richtungsentscheidung treffen, uns auf ein Paradigma festlegen, wenn Sie so wollen.

In der westlichen Welt gilt weiterhin das sogenannte »Konsumparadigma«, das anderswo gerade erst übernommen wird. Demnach ist die Menge des Konsums, und zwar namentlich des materiellen Konsums, Ziel und Kriterium der Entwicklung. Die Maßnahmen zur Überwindung der Krise von 2008 sollten ja gerade Konsumanreize schaffen. Das ist eine fast dreihundert Jahre alte Tradition, eine Tradition aber, die uns jetzt zum Schaden gereicht.

Eine Opposition gegen diesen Kurs gibt es bereits, sie gewinnt immer mehr an Einfluss, und ich rechne mich zu ihren Anhängern.

Ich hielte es für falsch, beim Aufbau der Wirtschaft den Versuch zu unternehmen, Amerika beim Verbrauch von materiellen Ressourcen »einzuholen und zu überholen«. Wir sind tatsächlich eines der wenigen Länder, die sich das leisten könnten; wenn wir uns aber auf das Vabanquespiel namens »Aufholjagd« einließen, würden wir, wie es das in unserer Geschichte bereits gegeben hat, damit unsere Zukunft untergraben.

Wir brauchen keine nachholende Reindustrialisierung, schließlich werden wir mit China und zukünftig auch mit Indien konkurrieren müssen. Mit Ländern also, die Wettbewerbsvorteile haben, trotz unserer scheinbaren Überlegenheit bei den Rohstoffen.

Wir müssen ein neues Industriemodell und ein starkes postindustrielles Wirtschaftssegment etablieren. Genau das ist es, was ich als Wirtschaft des Wissens bezeichne. Eine solche Wirtschaft ist nicht auf Kapazitäten zur massenhaften Verbreitung von Industriegütern angewiesen, die über das für die ökonomische Sicherheit des Landes notwendige Maß hinausgehen. Ebenso wenig ist sie darauf angewiesen, die Bürger des Landes zu einem demonstrativen, sinnlosen Konsum materieller Ressourcen anzuhalten.

Wir können und dürfen mit den Einnahmen aus dem Verkauf von Rohstoffen nicht in erster Linie Fabriken mit Technologien

Kapitel 15

der dritten Welle* aufbauen, es geht vielmehr um die Schaffung universitärer Wissenschaftszentren, die so organisiert und gelegen sein sollten, dass sie die besten Köpfe der Welt anlocken.

Wir müssen eine kommunale und soziale Infrastruktur, einschließlich Straßen, Flughäfen und Kommunikationsverbindungen aufbauen und den Wohnungsbestand sanieren und erneuern, um den Menschen eine gewisse Lebensqualität zu sichern und das Problem der großen Entfernungen und klimatischen Verhältnisse auszugleichen.

Wir müssen bestrebt sein, in unserem Land Produktionskapazitäten zu schaffen, die die Einführung und Verbreitung der neuesten technologischen Errungenschaften ermöglichen. Damit meine ich jedoch nicht das gesamte Spektrum von Waren, in denen diese technologischen Errungenschaften zur Anwendung kommen, sondern die Technologien selbst. Das gilt insbesondere dann, wenn für die Herstellung solcher Waren Produktionskapazitäten geschaffen werden müssen, die in der Folge (aus ökonomischen oder technologischen Gründen) nicht so bald erneuert werden können.

Wir müssen die Menschen davon überzeugen, nicht nach mehr Konsum materieller Ressourcen, sondern nach einer *hohen Lebensqualität* zu streben. Lebensqualität nach einem neuen, modernen, intelligenten Verständnis.

Gerade deshalb sehe ich die Bildung als einen eigenständigen Wert an. Ich bin sicher, dass es eine wichtigere und notwendigere Errungenschaft wäre, wenn 80 Prozent der Menschen im Land eine »wirkliche« Hochschulbildung erhielten, als wenn 80 Prozent der Menschen ein Auto besäßen; den Versuch dagegen, die sowjetische Industriestruktur und, passend dazu, das sowjetische

---

* Bezieht sich auf die Theorie der Langen Wellen nach Nikolai Kondratjew, eine Theorie der zyklischen Wirtschaftsentwicklung. Die dritte Welle beruht auf Innovationen in den Bereichen Elektrizität, chemische Industrie und Automobilbau. (Anm. d. Ü.)

Massensystem der staatlichen Berufsschulen als Alternative zu einer breit angelegten Bildung wiederaufzubauen, halte ich für einen Fehler (selbst wenn man damit ein früheres amerikanisches Vorbild aufgreifen würde).

Menschen mit niedrigem Bildungsniveau wird es freilich immer geben, und es wird auch immer Berufe geben, die rein mechanische Tätigkeiten erfordern. Aber: Erstens ist es an uns, dafür zu sorgen, dass wir möglichst wenig Arbeitsplätze dieser Art haben. Zweitens können auch Hausmeister, Heizer und Dreher hochqualifizierte Arbeitskräfte mit breit gefächerten geistigen Ansprüchen sein, die ihr kreatives Potenzial anderweitig, außerhalb ihrer Arbeit verwirklichen und keineswegs »Knöpfchen drückende Halb-Analphabeten« sind.

Es passt natürlich nicht zu unserer auf den wachsenden Konsum materieller Ressourcen abgestellten Industriekultur, wenn man Menschen darin unterstützt, einen Hochschulabschluss zu erlangen, den sie in ihrem beruflichen Umfeld niemals brauchen werden, oder in ihnen den Wunsch nach Erfolgen dieser Art weckt. Es widerspricht dieser sogar.

Nach den bisherigen Vorstellungen war es optimal, wenn man für eine neue Maschine einen Arbeiter mit zwei Jahren Schulbildung brauchte, und es war dumm, dort einen Historiker oder Kunstwissenschaftler hinzustellen. Aber diesen Menschen einen Hamburger »reinzustopfen«, einen neuen Pelz oder ein neues, viel Benzin fressendes Auto aufzuschwatzen, galt als »klug«, als der »richtige Anreiz«, der für eine Steigerung des BIP sorgte.

Also muss man das Paradigma ändern. Und Russland hat die Möglichkeit, das zu tun.

Im Bereich der Wirtschaft bin ich Verfechter einer staatlichen Industriepolitik, die auf die Entwicklung der sozialen Infrastruktur und einer Wissensökonomie ausgerichtet ist.

Kommen wir aber nun zum Problem der Zivilgesellschaft, wo die Lage am desolatesten ist.

Kapitel 15

Unsere Gesellschaft ist extrem »automatisiert«. Wir sind es nicht gewohnt, einander zu vertrauen, ohne die ordnende Hand der Staatsmacht zu handeln oder gemeinsam unsere Rechte zu verteidigen. Entsprechende gesellschaftliche Strukturen und Institutionen fehlen.

Das war nicht immer so, aber die Jahre nach der Revolution waren zutiefst prägend. Die Wirksamkeit der Machtvertikale ist unter den gegenwärtigen Bedingungen nur gering (eine einheitliche »Machtvertikale« wird an sich schon unserem riesigen Territorium, der Vielfalt der Alltagskultur und den Bedürfnissen der postindustriellen Entwicklung nicht gerecht). Das Fehlen starker »horizontaler« Verknüpfungen in der Gesellschaft birgt somit ernste Risiken für die Zukunft des Landes.

Die Staatsmacht betrachtet die unabhängigen zivilgesellschaftlichen Institutionen ausschließlich als Konkurrenten (die sie zweifelsfrei auch sind), ohne dabei zu sehen, dass sie absolut notwendig und unersetzlich sind. Versuche, sie durch »Simulakren« zu ersetzen, haben Tradition und sind, ebenfalls traditionsgemäß, ineffektiv.

Ich bin überzeugt: Ein starkes, modernes Russland ist ohne eine starke Zivilgesellschaft nicht zu haben.

Die Grundlage einer solchen neuen Gesellschaft muss Ehrlichkeit sein. Wir erkennen in der russischen Gesellschaft in diesen Tagen deutlich ein Bedürfnis nach Aufrichtigkeit und Transparenz in der Politik, danach, dass die Erklärungen eines Politikers tatsächlich seinen wahren Ansichten und praktischen Vorhaben entsprechen.

Die »Partei der Macht« im weiteren Sinne des Wortes – also sowohl Einiges Russland als auch alle möglichen gesellschaftlichen Strukturen, die unter dem Schutz der Staatsmacht agieren, aber ebenso die fiktive Opposition, die faktisch auch nur auf die Macht aus ist, sowie die eigentliche Exekutive – bietet uns das genau entgegengesetzte Bild. Hier tut sich zwischen Worten und Taten gewöhnlich ein Abgrund auf; den verschiedenen Versprechungen, egal ob sie nun im Wahlkampf gemacht werden oder nicht, misst überhaupt niemand irgendeine besondere Bedeutung bei. Der »gute Ruf« an sich ist gänzlich abgeschafft, hier wird »im Automatikbetrieb« gelogen, ohne sich über die Konsequenzen Gedanken zu machen. Aber worüber sollte man sich auch Gedanken machen, wenn es den guten Ruf nicht mehr gibt und ein Wahlergebnis mit »administrativen Mitteln« erzielt werden kann, unabhängig vom tatsächlichen Ausgang der Abstimmung.

Charakteristisches Beispiel eines solchen Vorgehens, das schon an Hütchenspielerei grenzt, ist die Geschichte mit den politischen Reformen, die der Kreml Ende 2011 nach den Massenprotesten auf dem Bolotnaja-Platz und dem Sacharow-Prospekt versprochen hatte. Kaum war die Staatsmacht zu dem Schluss gelangt, dass die Protestbewegung sich im Abwärtstrend befand, sagte sie sich von ihren Zugeständnissen los. Der Inhalt der Reformen wurde ausgehöhlt, man ging nun nach dem offen kriminellen Grundsatz »wenn man jemanden für dumm verkaufen kann, muss man es auch tun« vor – das war es letztlich auch, was dazu führte, dass auf einmal deutlich mehr Menschen an der Protestaktion vom 6. Mai* teilnahmen.

Der Aufbau der Zivilgesellschaft wird zwangsläufig schwerwiegende, auch nationalistische und extremistische Begleiterscheinungen haben. Die Konkurrenz um die Macht wird unweigerlich zunehmen. Der Versuch, diese Prozesse im Rahmen eines archaischen, hierarchisch geprägten Modells zu steuern, wird allerdings ins Chaos führen. In diesem Punkt sind die Befürchtungen der Staatsmacht berechtigt. Aber genau darin liegt das Hauptproblem

---

* Am 6. Mai 2012, dem Tag vor der Amtseinführung von Präsident Wladimir Putin, fanden im Zentrum Moskaus erneut Massenproteste statt. (Anm. d. Ü.)

Kapitel 15

des Putin-Regimes: Es ist nicht imstande, komplexe Prozesse zu steuern, und je primitiver die Rahmenbedingungen sind, desto primitiver ist auch die Wirtschaft, und die Entwicklung des Landes kommt insgesamt zum Erliegen. Die Folgen sind eine rohstoffbasierte Wirtschaft, Technologien der »dritten Welle«, ein immer niedrigeres Bildungsniveau der Bevölkerung und so weiter.

Das dynamische Modell (das auch als System der »Checks and Balances« bezeichnet wird) erfordert mehr Mut, Führungskompetenz, die Bereitschaft, für eigene Entscheidungen Verantwortung zu übernehmen, und, was das Wichtigste ist, es führt unausweichlich zu einer ständigen Rotation der Macht. Gerade sie ist Motor und Folge des dynamischen Modells der Steuerung der Gesellschaft.

Die beträchtlichen negativen Auswirkungen im Zusammenhang mit der »Ingangsetzung« von Mechanismen zur Selbstorganisation werden sehr schnell (wahrscheinlich sogar zeitgleich) dadurch kompensiert, dass sich die Qualität der Steuerungsprozesse durch eine Stärkung der Feedback-Verfahren und eine Übertragung gesellschaftlicher Aktivitäten auf lokale Gemeinschaften verbessert, wozu auch eine bessere Ausnutzung lokaler Ressourcen und ein verbesserter Schutz für kleine und mittlere Unternehmen gehören.

Es besteht jedoch ein Problem, das durchaus Beachtung verdient, insbesondere angesichts der Stereotype unserer staatlichen Macht, die Konkurrenz gerade auf der föderalen Ebene für gewöhnlich am meisten fürchtet.

Bei der Entwicklung der gesellschaftlichen Institutionen geht die größte Gefahr unter den russischen Gegebenheiten im gleichen Maße wie von den ultranationalistischen Bewegungen von nach außen hin abgeschlossenen Gebietseinheiten aus, die, anstatt die »russischen Weiten« zu konsolidieren, unter bestimmten Bedingungen dazu beitragen können, dass diese Räume weiter vereinzelt werden oder sogar das Gesamtgefüge auseinanderbricht. Einheitliche legitime Ziele auf gesamtrussischer Ebene zu verfolgen, ist daher einer Regionalisierung eindeutig vorzuziehen.

Allerdings tritt dieses für das Land objektiv nützliche Ziel in Widerspruch zu den kurzfristigen, egoistischen Motiven des machthabenden Teils der Elite (die entweder keinen hinreichend weiten Planungshorizont hat oder, was wahrscheinlicher ist, schlichtweg eine »Kompradoren-Elite«[*] ist).

Hier entsteht ein objektiver, möglicherweise sogar antagonistischer Widerspruch. Diesen Widerspruch gilt es, sich bewusst zu machen, zu artikulieren und mit den Mitteln des politischen Kampfes zu überwinden.

Die liberaldemokratischen Kräfte (nicht im Sinne der LDPR) haben ein begründetes strategisches Interesse an einer wie auch immer gearteten »Verkomplizierung« des gesellschaftlichen Systems, wobei ihnen durchaus klar ist, dass es ihnen nicht vergönnt sein wird, in den nächsten 20 Jahren die einzigen und schon gar nicht die größten politischen Nutznießer dieses Prozesses zu sein.

Genau deshalb ist es falsch, ausschließlich im Umfeld der Liberalen nach Verbündeten zu suchen, und es ist ein noch größerer Fehler, ein Bündnis mit klugen, versierten Etatisten abzulehnen, die bereit wären, die Steuerung eines komplexen und modernen Staatsapparats zu übernehmen, und die ein objektives Interesse daran hätten, einen solchen Apparat anstelle des gegenwärtigen archaischen Systems, das bereits Moos angesetzt hat, aufzubauen.

In dieser Phase der Entwicklung unseres Landes verfolgen wir dieselben Ziele. Über die Taktik kann man sich einigen. Und die nächste Generation wird sich selbst mit den künftigen objektiven Widersprüchen auseinandersetzen.

Heute müssen wir die ganze Gesellschaft mit einer Unmenge von Verbindungslinien durchziehen, mehr Vertrauen unterein-

---

[*] Nach der marxistischen Theorie sind Kompradoren (portugiesisch für Käufer) Vertreter oder Vermittler ausländischer Kapitalinteressen.

Kapitel 15

ander schaffen und unabhängige Institutionen (zum Beispiel Gerichte, Parlament, Medien, Parteien, Gewerkschaften und Vereinigungen derjenigen, denen bestimmte gesellschaftlich relevante Probleme nicht gleichgültig sind) etablieren und stärken sowie eine gesellschaftlich akzeptable Praxis für die Abhaltung von Wahlen, Demonstrationen, Kundgebungen, Streiks und anderen Formen von Bürgeraktivitäten erarbeiten, die in der Gesellschaft nicht nur das notwendige Maß an wechselseitigen Beziehungen und Vertrauen sichern, sondern auch ein gemeinsames innovatives Umfeld schaffen, das bereit ist, Neues aufzunehmen, es zu verarbeiten und zu nutzen, unabhängig davon, ob es dabei um neue Ideen, Technologien oder um Humankapital geht.

Im Bereich des gesellschaftlichen Engagements, der zivilgesellschaftlichen Institutionen und des Zusammenspiels zwischen Gesellschaft und Staat außerhalb der Wirtschaft sehe ich mich mithin als konsequenten Liberalen.

In den internationalen Beziehungen halte ich, der ich, wie inzwischen klar ist, ein »Westler« und kein »Slawophiler« bin, es nichtsdestoweniger für sinnvoll, eine multivektorielle Politik beizubehalten und gleichzeitig eine stärkere Integration mit der EU zu verfolgen.

Das außenpolitische Handeln soll dem Land helfen, seine inneren Probleme zu lösen und seine äußere Sicherheit zu gewährleisten.

Wirkliche Probleme bei der äußeren Sicherheit erwarten uns mittelfristig nur in zwei Fällen:

1) wenn innere Spannungen in China die Stabilität des Landes erheblich schwächen oder radikale Kräfte im Land an die Macht bringen (was weniger wahrscheinlich ist);

2) wenn der radikale Islam in Mittelasien an Einfluss gewinnt, ohne dass es, insbesondere durch China, ein Gegengewicht dazu gibt.

Beide Situationen sind zwar wenig wahrscheinlich, aber immerhin denkbar. Wobei auch Synergieeffekte möglich sind.

Bei der Lösung dieses Problems wird uns Europa leider keine Hilfe sein. Die Europäer werden sich schlichtweg nicht einmischen, sollte es richtig »brenzlig« werden. Im Gegensatz zu den USA, ohne deren Hilfe es uns schlecht ergehen könnte. Freilich darf man auch nicht gänzlich ausschließen, dass die Amerikaner ein Interesse daran haben könnten, ein gewisses Spannungsniveau künstlich aufrechtzuerhalten. Worauf es ankommt, ist geschickte Diplomatie.

Offensichtlich ist jedoch, dass eine ernst zu nehmende Destabilisierung, die Russland in einen akuten Konflikt hineinziehen würde, für die Amerikaner nicht hinnehmbar ist. Schon deshalb, weil Russland in einem solchen Konflikt allein beziehungsweise ohne Einsatz von Atomwaffen nicht bestehen könnte, und den Einsatz von Atomwaffen zu provozieren, selbst im Rahmen einer regionalen Auseinandersetzung, ist das Letzte, was ein vernünftig denkender Mensch braucht.

Wenden wir uns nun aktuelleren Aufgaben der wirtschaftlichen und sozialen Entwicklung zu: Klar ist, dass eine Entscheidung zugunsten der Wissensökonomie zwangsläufig auch eine Entscheidung zugunsten der europäischen Integration nach sich zöge. Nur ein vereintes Europa ist zugleich interessiert und imstande, der russischen Wirtschaft die notwendigen administrativen und technologischen Impulse zu verleihen und eine langfristige Integration im Bereich der Hochtechnologien, einschließlich des Verkaufs dieser Technologien, sicherzustellen.

Natürlich hat die EU an einer solchen Integration kein originäres Interesse. Es sind vielmehr komplexe Anstrengungen vonnöten, um die richtigen Pakete zu schnüren und Junktims herzustellen, die auch Rohstofffragen sowie humanitäre und militärische Aspekte mit einschließen. Treibt man diese Bemühungen richtig

Kapitel 15

und konsequent voran, ist ein wirklicher, langfristiger Erfolg in Richtung Integration möglich.

Namentlich die 400 Millionen Europäer können für Russland mit seinen 140 Millionen Einwohnern die erforderliche kritische Masse an gebildeten Menschen mit der entsprechenden Kultur und den entsprechenden Bedürfnissen sein, um ein gemeinsames globales Zentrum zu etablieren und ein Umfeld zu schaffen, das einer harmonischen Entwicklung förderlich wäre.

Wenn sich weitere Teile der westlichen Zivilisation (USA, Kanada, Australien und andere) diesem Zentrum zugesellen, garantiert dies das notwendige Maß an Einfluss in der Welt, um einen Dialog mit anderen zivilisatorischen Zentren über unterschiedlichste Probleme »auf Augenhöhe« führen zu können, ohne dabei in ein primitives und reichlich schädliches nukleares Kräftemessen zurückzufallen.

Einige Worte zur Demokratie. Es hat sich so ergeben, dass der Begriff »Demokratie« bei uns inzwischen skeptisch und das Wort »Demokrat« gar als Schimpfwort aufgefasst werden.

Ich denke, dass der Mythos, der um diese politische »Marke« herum geschaffen wurde, nicht nur für die Wahrnehmung der praktischen Ziele und der sich in Russland tatsächlich vollziehenden Prozesse hinderlich ist, sondern auch insgesamt Verwirrung stiftet, wenn es darum geht, die Positionen der Gegenspieler zu begreifen.

Das, was in den Auseinandersetzungen um die Demokratie bei uns normalerweise zur Sprache kommt, nämlich dass Personen, die zwar flammende Reden vor einer Menschenmenge halten, aber nicht dauerhaft anspruchsvolle Verwaltungsaufgaben wahrnehmen können, für führende Staatsämter kandidieren, heißt eigentlich anders: Populismus – und der steht tatsächlich nicht für Demokratie, sondern hat in starkem Maße bei der Entstehung vieler autoritärer Regime eine Rolle gespielt. Einige dieser Regime konnten sich später stabilisieren, andere nicht, je nach den Fähigkeiten des Populisten selbst und/oder seines Umfelds.

Ein stärker intellektuell geprägtes Milieu identifiziert Demokratie mit allgemeinen Wahlen, betrachtet sie jedoch gleichzeitig als das Recht der breiten Masse, sowohl die Tagesordnung als auch konkrete Ziele und die Methoden, mit denen diese Ziele erreicht werden sollen, zu bestimmen.

Auch hier haben wir es mit einem Trugschluss zu tun, der auf dem irrtümlichen Versuch beruht, den Begriff, ohne ihn im Kern zu erklären, von der Mikro- auf die Makroebene, das heißt von der Ebene einer kleinen Siedlung, wo im Grunde jeder jeden kennt, auf die Ebene eines riesigen Landes zu übertragen. In solchen Diskussionen wird schließlich gern die Ochlokratie, also die direkte Einflussnahme eines unwissenden Subjekts auf ein ihm unverständliches Verwaltungsobjekt, mit offensichtlich unvorhersehbaren, in jedem aber Fall unerfreulichen Konsequenzen, als Demokratie verkauft.

In der zweiten Hälfte des 19. Jahrhunderts hat es bei den großen Anarchisten (Bakunin und anderen) durchaus Versuche gegeben, eine theoretische Begründung für die These zu liefern, dass auch auf der Basis dieser Form der Entscheidungsfindung eine vernünftige Verwaltung möglich ist; diese Versuche wurden in der administrativen Praxis jedoch verworfen.

Wenn wir also über moderne Demokratie reden, so meinen wir damit ein kompliziertes und komplexes System der staatlichen Verwaltung. Einige ihrer Elemente, wie das Primat des Rechts zum Beispiel, sind selbst in autoritären Regimen allgemein anerkannt. Andere, wie die Gewaltenteilung, finden sich zwar auch in autoritären Regimen, sind jedoch Attribute komplexerer, modernerer staatlicher Systeme. Eine dritte Gruppe, wie zum Beispiel die Legitimierung der Macht durch allgemeine und gleiche Wahlen, ist sowohl für autoritäre als auch demokratische Regime kennzeichnend. Allerdings lässt ein autoritäres Regime nie eine

Kapitel 15

wirkliche Wahl zu – Abstimmungen werden hier auf einfache Volksbefragungen reduziert.

Worin liegt nun der wirkliche Unterschied zwischen Demokratie und Autoritarismus? Denn es sind schließlich nur diese beiden Verwaltungsmodelle, bei denen sich mit Blick auf Russlands Zukunft der Vergleich überhaupt lohnt.

Anders als das demokratische sieht das autoritäre Modell keine Möglichkeit vor, die an der Macht befindliche Spitze der politischen Elite abzulösen. Genau das ist der einzige und grundlegende Unterschied. Alles andere ergibt sich daraus.

Wobei, wie gesagt, nicht alle Folgeerscheinungen für autoritäre Herrschaftsformen als solche kennzeichnend sind (zum Beispiel fehlende Rechtsstaatlichkeit oder Gewaltenteilung). Einige sind auf die geringe professionelle Kompetenz der Elite zurückzuführen, die sich durchaus der Tatsache bewusst ist, dass sie im Rahmen eines komplexeren, moderneren Verwaltungsmodells gar nicht imstande wäre, für den eigenen Machterhalt zu sorgen.

Bei den Problemen aber, die autoritären Regimen tatsächlich zu eigen sind, handelt es sich letztlich um solche, die auf eine Beschränkung der vertikalen Mobilität und eine Unterdrückung der zivilgesellschaftlichen Selbstorganisation zurückzuführen sind.

Ersteres erzeugt eine Stagnation in den obersten Etagen des Verwaltungsapparats, was mit einer Festschreibung des irgendwann einmal erworbenen Potenzials und dessen allmählichem Verfall einhergeht, der in dem Maße voranschreitet, wie die Menschen älter werden und den Anschluss an moderne Entwicklungen verlieren, der aber schlicht auch der Erschöpfung der Menschen geschuldet ist. Gleichzeitig werden engagierte Kader aus der zweiten und dritten Etage verdrängt, um Konkurrenz oder Illoyalität zu verhindern. Infolgedessen verringert sich nicht nur die Qualität der Verwaltung immer weiter, vielmehr ist bei einem irgendwann unvermeidlichen Generationenwechsel auch ein »Ausfall« des Verwaltungssystems vorprogrammiert.

Der zweite Aspekt, die Unterdrückung der zivilgesellschaftlichen Selbstorganisation, führt zu einer Verringerung des gesellschaftlichen Potenzials insgesamt, vor allem da, wo es um die Innovationsbereitschaft der Gesellschaft geht.

Gerade dadurch, dass zivilgesellschaftliche Initiativen so vielfältig und wenig planbar sind, also genau die Eigenschaften haben, die einen Innovationsprozess ausmachen, ist es absolut unmöglich, die verschiedenen Arten von Initiativen voneinander zu trennen. Es bleibt also lediglich die Möglichkeit, auf die Rahmenbedingungen insgesamt einzuwirken, Aktivitäten generell zu dämpfen.

Ein solches »Einfrieren« spielt im Modell einer nachholenden Entwicklung, wo es um die Schaffung von relativ gleichartigen Massenprodukten, das heißt um Technologien der zweiten und dritten Welle, geht, keine große Rolle (Beispiel China).

Das »Einfrieren« macht sich auch dann nicht allzu sehr bemerkbar, wenn es sich um eine kleine, wenig ausdifferenzierte Wirtschaft handelt, solange sie nur überschaubar bleibt und die »Führungsetage« alles mühelos im Blick behalten kann (Beispiel Singapur).

Bei einem sehr großen Land, das postindustrielle Ambitionen hegt, bewirkt das »Einfrieren« jedoch in den relevanten Bereichen unweigerlich eine fatale Beeinträchtigung der Wettbewerbsfähigkeit. Dazu kommen noch fachliche Probleme und die Alterung der Gesellschaft.

Wenn wir von Demokratie sprechen, müssen wir uns erstens im Klaren sein, worum es uns geht, und es geht um ein Verwaltungsmodell. Müssen wir uns zweitens bewusst machen, dass die einzige Alternative zur Demokratie in Russland die Autokratie ist. Müssen wir uns drittens eine genaue Vorstellung von den Problemen machen, die für den russischen Autoritarismus spezifisch sind. Müssen wir anschließend, viertens, ohne das eine mit dem anderen zu verwechseln, bewerten, was wir haben, was und wie wir etwas verändern können und wo wir hinwollen.

Kapitel 15

Schließlich und endlich ist es unprofessionell zu behaupten, es würden konkrete Erfahrungen fehlen, zu behaupten, etwas sei etwas Besonderes, obwohl es nichts Besonderes ist: Die moderne Wissenschaft (und nicht nur die Soziologie) hat längst Methoden entwickelt, mit denen sich die verschiedenen Modelle vergleichen lassen, selbst wenn ihre Funktionsparameter nicht vollständig übereinstimmen – das ist gewöhnliche höhere Mathematik.

Indem wir ein bestimmtes Modell der staatlichen Verwaltung und dessen Funktionsparameter vorgeben, können wir mit Gewissheit nicht nur den Zustand der Gesellschaft, die Geschwindigkeiten der langfristigen Wirtschaftsentwicklung und die sozialen Folgen, sondern auch die potenzielle Branchenstruktur der Wirtschaft des Landes (zumindest jedoch das Maß ihrer Komplexität) und ihre Wettbewerbsfähigkeit voraussagen.

Der Wunsch aber, nur an das zu glauben, was man gewöhnt ist, an das, was die »Höflinge« abgenickt haben, auch ihren Einschätzungen zu vertrauen, ist ein weiterer Fehler, der dem Autoritarismus in seinem reifen Stadium eigen ist.

Was kann man nun praktisch tun? Womit fängt man an?

Nach meinem Gefühl besteht das Hauptproblem heute darin, dass die Kompetenzen der Mitarbeiter in der praktischen Verwaltung den anstehenden Aufgaben nicht gerecht werden. Diejenigen, die wirklich leiten können, sind entweder in der Wirtschaft oder Apologeten eines archaischen Modells. Denjenigen, die strategisch denken können und einen politischen Willen haben, fehlt die Routine in der Praxis.

Hieraus erklärt sich der Wunsch, eine schrittweise Anleitung zu schreiben und zu erläutern, warum etwas auf die eine Weise funktioniert und auf die andere leider nicht.

Beginnen muss man mit der »Umformatierung« der Elite. Es geht um Führungskräfte. Um Gleichgesinnte. Um Menschen, die den ideologischen »Schliff« für ein modernes Staats- und Gesellschaftsmodell mitbringen. Ohne sie lässt sich gar nichts ausrichten.

Wir dürfen unsere Zeit nicht damit verschwenden, den Innenminister zum zehnten Mal von seinen völlig widersinnigen Gesetzesänderungen abbringen zu wollen oder, umgekehrt, jemanden dazu zu bringen, bei der Erklärung der Einkünfte der Beamten aufzuräumen.

Ihr versteht nicht, ihr wollt nicht, ihr habt einen anderen konzeptuellen Ansatz? Dann könnt ihr gern gehen. Geht in die Opposition, sucht euch Anhänger, versucht zu überzeugen und um die Macht zu kämpfen. Wenn euch die Bevölkerung vertraut, könnt ihr eure Pläne umsetzen, sofern sie nicht verfassungswidrig sind.

Die Elite, zumindest der Teil, der an der Macht ist, besser aber die gesamte Elite, muss gemeinsame moralische Werte haben. Wenigstens die wichtigsten, die grundlegenden, die, die wirkliche Spielregeln schaffen. Keine für den Außengebrauch erfundenen, sondern echte Werte. Wobei es in der modernen Welt gar nicht möglich ist, die Werte, denen man anhängt, zu verheimlichen. Leichter und sinnvoller ist es da schon, die Konsensliste der Werte kleinzuhalten, diejenigen aber, die dagegen verstoßen, mit aller Härte aus dem Führungszirkel zu verbannen und in die zweite Riege zu drängen, die die Entscheidungen nicht mehr beeinflussen kann.

Zuallererst aber kommt es auf Folgendes an: Die Elite darf keine »Kompradoren-Elite« sein, ihre wesentlichen, vitalen Interessen müssen mit Russland verbunden sein.

Zweitens: Die Elite darf ihren Konsum nicht zur Schau stellen; sie kann und darf keine unüberwindbare, auffällige materielle Barriere zwischen sich und dem Rest der Gesellschaft errichten.

Drittens: Die Elite hat ihre Entscheidungen mit dem »Gemeinwohl«, das es zu erreichen gilt, zu begründen. Einzel-, Clan- und Gruppeninteressen können nur insoweit Berücksichtigung finden, als sie dem Gemeinwohl nicht zuwiderlaufen; als Begründung für bestimmte Entscheidungen dürfen diese Ziele aber nicht herhalten.

Viertens: Konflikte innerhalb der Elite dürfen nicht so ausgetragen werden, dass dadurch die soziale, nationale oder religiöse Spaltung der Gesellschaft verstärkt wird.

Fünftens: Keine der bestehenden Gruppen darf versuchen, die Kontrolle über den Großteil der »Machtressourcen« zu erlangen. Keine der Gruppen darf versuchen, ihre Gegner aus dem gesellschaftlichen Leben zu entfernen (wohl sie zu schwächen, aber nicht sie aus dem Weg zu räumen).

Beim Übergang zu dem von mir favorisierten Verwaltungsmodell hielte ich es für zweckmäßig, die Vollmachten des Parlaments zu stärken, indem man ihm mehr Kontrollrechte hinsichtlich der Verteilung und Verwendung von Haushaltsmitteln einräumt. Überhaupt ist die Kontrolle des Haushalts nach meiner Auffassung eines der wichtigsten Vorrechte der Gesetzgeber und die wichtigste Form der Kontrolle der Exekutive durch die Legislative. Dazu würde ich den Rechnungshof wieder bei der Duma ansiedeln, das Institut der öffentlichen Anhörung und der parlamentarischen Untersuchung einführen und den zu verabschiedenden Haushalt formal weitaus detaillierter aufschlüsseln. Analoge Regeln würde ich auf die Regionen übertragen.

Notwendig sind eine echte Rotation in der Richterschaft und die Auswechslung eines Großteils der unerfahrenen Richter in den Regionen gegen angesehene, erfahrene Juristen.

Um diese Aufgabe möglichst zügig umsetzen zu können, kann der Weg einer radikalen Vereinfachung des »formalbürokratischen« Teils der Ermittlungs- und Gerichtsverfahren beschritten werden, und zwar dadurch, dass zum Beispiel Beweismittel durchgehend mit Hilfe von Audio- und Videotechnik gesichert, während die »formellen Handlungen« gleichzeitig wesentlich zurückgefahren werden, wodurch mindestens 30 Prozent (vermutlich aber sogar 70 Prozent) der Arbeitszeit der Richter, Ermittler und Anwälte eingespart werden könnte. Damit wäre das erforderliche personelle Potenzial bald sichergestellt.

Den Kreis der Verfahren, die vor einem Geschworenengericht verhandelt werden müssen, würde ich erheblich erweitern und damit die Autorität des Gerichts wesentlich stärken. Durch eine Verkürzung der formalen Prozeduren und eine Beschränkung des Papierkriegs könnte man Schwurgerichtsverfahren auf eine vernünftige Dauer reduzieren und so insgesamt mehr Bürger daran beteiligen.

Die Miliz würde ich in föderale, regionale und lokale Struktureinheiten unterteilen sowie anhand ihrer professionellen Spezialisierung untergliedern, wobei das Innenministerium ausschließlich koordinierende Funktionen behielte. Keine einzige »vertikal gesteuerte« Einheit sollte mehr als 150 000 Personen umfassen. Nur so lässt sich gewährleisten, dass die föderalen Strukturen tatsächlich steuerbar bleiben und effizient arbeiten. (Das steht so nicht im Polizeigesetz).

Ich würde eine fünfjährige Steuerbefreiung (mit Ausnahme der Mehrwertsteuer) für all die Bereiche einführen, die nicht mit der Förderung von Rohstoffen, dem Import, mit Tabak oder Alkohol zu tun haben, und die Einkommenssteuer würde ich mithilfe einer differenzierten Skala auf (maximal) 20 Prozent anheben. Parallel dazu würde ich die steuerlichen und sonstigen Berichtspflichten stark vereinfachen und auf ein Niveau senken, das im Schnitt mit einem Prozent des Personalaufwands des jeweiligen Unternehmens zu bestreiten ist.

Im Verhältnis zwischen den Bürgern und dem Staatsapparat würde ich sämtliche Formen amtlicher Schriftstücke, für die im Einzelfall mehr als fünf Bewilligungen notwendig sind, von Gesetzes wegen ausschließen. Zur Optimierung des bürokratischen Systems könnte man das georgische Modell aufgreifen. Einer Evaluierung der Weltbank zufolge, ist es heute, wenn man Mittel- und Osteuropa betrachtet, in Georgien am einfachsten, ein Unternehmen zu gründen, da hier die wenigsten Papiere erforderlich sind. Das würde es ermöglichen, der staatlichen

Kapitel 15

Bürokratie mehr Verantwortung zu übertragen und sie personell zu verschlanken sowie gleichzeitig die Kosten für den Markteintritt drastisch zu senken.

Ich könnte noch viele weitere praktische Schritte anführen, bei denen es letztlich um die Schaffung der personellen Ressourcen geht, die für die Lösung von Verwaltungsaufgaben, die Organisation der Ausbildung von Nachwuchskräften, die Feedback-Mechanismen und die Rotation (Konkurrenz) erforderlich sind.

Es steht außer Zweifel, dass die Menschen Putin allmählich satt haben. Sein »großer politischer Zyklus« geht langsam zu Ende. In der heutigen Welt sind das 15 Jahre. Dabei geht es hier nicht allein um psychologischen Überdruss. Das System »verknöchert«, es verliert immer mehr an Wandlungsfähigkeit. Die eigenen administrativen Fehlentscheidungen holen es nach und nach ein. Fehler weiter auf die »bösen neunziger Jahre« zu schieben, wird immer schwieriger. Was tun? Die Elite mit Stalin-Methoden ändern? Das geht nicht. Gerade sie ist ja Putins Stütze. Soll man also die zunehmende Ineffizienz kaschieren? Das hatten wir schon. Das kennen wir. Das kann alles ganz schnell vorbei sein. Das verknöcherte System übersieht eine Krisensituation, die dann den Kessel zu Platzen bringt. Eine lokale Hofrevolte oder immer weitere Kreise ziehende Massenstreiks, die in eine Revolution münden. Ganz wie im Lehrbuch.

Die Variante eines pragmatischeren Vorgehens, bei dem die Macht nach und nach einer neuen Elite übertragen wird, scheint mir weniger wahrscheinlich, da sich Putin als emotionaler, Reflexen gehorchender Mensch offenbart hat, was sein Umfeld mühelos auszunutzen weiß. Dieses wird die Sache bis zum Schluss hinziehen, in der Hoffnung, die Macht an sich reißen zu können oder sich andernfalls davonzumachen, was freilich naiv ist, denn es wird nur einen geben, der die Macht an sich reißt und der dann alle anderen »umformatiert«. Und niemand kann sich davonmachen – dazu ist die Welt zu transparent, und auch kleine Sündenfälle summieren sich.

Gleichwohl wäre ein kontrollierter Wechsel der Elite möglich, wenn es internationale Vereinbarungen mit gewissen Sicherheitsgarantien für die alte Elite gäbe. Mir schien seinerzeit, dass Putins Schachzug im Jahr 2008, die Ernennung Medwedews, ein Schritt in diese Richtung war. Aber die Emotionen waren wohl stärker.

Die neue Elite wäre imstande, behutsam die nötigen Reformen durchzuführen, Institutionen eines demokratischen Staatswesens zu schaffen und zu stärken und sich dabei den Umstand zunutze zu machen, dass sich die Gesellschaft nur allmählich aus ihrer Apathie lösen wird. Medwedew hatte damit begonnen, die notwendigen Schritte einzuleiten, konnte seine Beschlüsse jedoch nicht umsetzen, weil er keine Personalentscheidungen treffen durfte. Die Situation ist instabil. Und das Schlimmste ist, dass die Zeit davonläuft. In der Gesellschaft baut sich ein Protestpotenzial auf. In einigen Jahren wird es nicht mehr möglich sein, in Ruhe, Schritt für Schritt, Reformen durchzuführen.

Nichtsdestoweniger gibt es, wenn wir von der neuen Elite sprechen, keine antagonistischen Widersprüche zwischen ihr und mir. Ganz sicher denke ich über vieles anders, und vieles würde ich anders machen, aber die Schritte und Gedanken dieser Leute sind für mich nachvollziehbar und rufen bei mir keinen scharfen Widerspruch hervor.

Das Primat des Rechts, das Berücksichtigen von Meinungen aus unterschiedlichen Bereichen der Zivilgesellschaft, die Bereitschaft, die eigenen Schritte zu erläutern und auch die Gegner anzuhören, ihnen entgegenzukommen, ohne darin eine Untergrabung der eigenen Autorität zu sehen, die Absage an die Korruption als Methode zur Verwaltung des Staatsapparats, die Eindämmung gewaltsamer Mittel der Einflussnahme – all das sind vernünftige Grundlagen für die Entwicklung des Landes, um die Trümmerhaufen wegzuschaufeln und den Übergang zu einer neuen

Kapitel 15

Qualität der wirtschaftlichen, politischen, gesellschaftlichen und staatlichen Ordnung zu meistern.

Wie lange wird sich ein solcher Transformationsprozess bis zu den ersten wirklich freien Wahlen hinziehen? Zehn bis 15 Jahre. Bis zur Schaffung sämtlicher Grundlagen für eine moderne Wirtschaft und Zivilgesellschaft? Eine Generation, 20 bis 25 Jahre. Anfangen muss man aber schon »gestern«.

Das Hauptproblem unserer Gesellschaft sind nicht radikale Strömungen. Es gab sie, es gibt sie und es wird sie immer geben – so ist das Leben, so ist der Mensch. Ein Blick auf jedes beliebige Land dieser Erde, selbst das Land mit dem größten Wohlstand, die Schweiz, genügt.

Das Hauptproblem unserer Gesellschaft ist die extreme Trägheit, die Apathie, das Bestreben, die Verantwortung für das eigene Schicksal auf andere abzuwälzen: den Vorgesetzten, den Bürgermeister, den Präsidenten.

Im 20. Jahrhundert haben wir aufgehört, Bürger unseres Landes zu sein, und uns stattdessen in Einwohner verwandelt. Ja, einige Male sind wir »aufgewacht« – während des Krieges und Ende der Achtziger – und dann wieder eingeschlafen und haben dabei den eigenen Sieg, die eigene Zukunft, die Zukunft unserer Kinder aus der Hand gegeben. Es sieht so aus, als hätten wir gerade erst begonnen, abermals aufzuwachen ...

Ohne echte Bürger, ohne Zivilgesellschaft kann es eine gesunde Elite, ein gesundes Land, einen gesunden Staat nicht geben.

Unsere Zukunft, die Zukunft Russlands hängt davon ab, ob es uns gelingt, wirklich wach zu werden.

Es besteht kein Zweifel: Die Gesellschaft kann und darf nicht homogen sein. Manche sind bereit, für sich selbst und andere Verantwortung zu übernehmen, andere kommen ohne fremde Fürsorge nicht aus. Wenn aber das ganze Land auf fremde Fürsorge wartet, wird es okkupiert. Dabei ist es unerheblich, dass die Okkupanten dieselbe Sprache sprechen. Ihnen kommt unser Schweigen, unsere sklavische Demut zupass. Nur dass solche Gesellschaften in der modernen Welt nicht überleben. Sie werden geschluckt von denen, die aktiver und mit mehr Leidenschaft bei der Sache sind.

Eben deshalb besteht die Hauptaufgabe der nationalen Elite heute darin, das Land und die Gesellschaft wachzurütteln, ihr kreatives Potenzial und das Gefühl, dass jeder selbst für sein Schicksal verantwortlich ist, zu wecken.

Gerade hier sehe ich mich im krassen Widerspruch zu Putin, zur Machtbürokratie. Diese Leute sind bereit, sich die Gunst der Bevölkerung mit kleinen Geschenken zu erkaufen, Spektakel für die Menschen zu veranstalten und im Ausland wie im Inland nach Feinden zu suchen, aber sie stellen sich kategorisch, mit aller Macht, gegen ein Erwachen bürgerlichen Engagements, gegen die Versuche der Menschen, ihre Probleme eigenverantwortlich in Angriff zu nehmen, sich zu organisieren, gemeinsam ihre Rechte zu verteidigen und wirklich an den Belangen des Staates, des Landes mitzuwirken.

Ich denke nicht, dass alle Vertreter der Machtbürokratie, Putin eingeschlossen, dieselben Motive verfolgen oder gar eine einheitliche Position vertreten. Wenn wir jedoch einen allgemeinen Trend, wie er sich unter dem Strich ergibt, beschreiben wollen, geht es darum, dass sie nicht an ihr Volk glauben, dass sie die modernen Methoden der staatlichen Verwaltung weder verstehen noch anwenden können und dass sie sich davor fürchten – und es auch gar nicht wollen –, das Ruder an bereitwilligere Leute, und sei es auch aus den eigenen Reihen, zu übergeben.

Das ist schlecht und sehr gefährlich.

Gerade das neuerliche »Einfrieren« des Landes, das sich schon ein Jahrzehnt hinzieht, die bewussten Maßnahmen zur Banalisierung der Elite und der staatlichen Institutionen, die konsequente Zerschlagung legaler Formen gesellschaftlichen Engagements und gesellschaftlicher Selbstorganisation – das sind Putins wesentliche politische Fehler, wenn man ihn als Führer des Landes und

## Kapitel 15

nicht als Vertreter der Interessen eines kleinen Kreises der Machtbürokratie betrachten will. Das ist es, was diejenigen ändern müssen, die für Russland eine bessere Zukunft wollen.

Was meine Zukunft anbelangt, so spielt die sich vorerst noch im Gefängnis ab. Unerbetene Ratschläge zu erteilen, daran hindert mich das Gefängnis im Übrigen kaum. Genau das habe ich auch künftig vor.

In die Wirtschaft zurückzukehren, reizt mich nicht. Um das, was ich früher schon erreicht habe, noch einmal zu machen? Wozu?

Premierminister werden? Oder Präsident? Da muss man schon über die Maßen machtverliebt sein, um all das anzustreben, was damit zusammenhängt. Meine Liebe zur Macht ist nicht so groß.

Wenn Russland irgendwann erneut den Weg einer demokratischen Entwicklung einschlägt und meine Gesundheit dann noch mitspielt, will ich allerdings versuchen, meinem Land bei der Etablierung eines Normsetzungsverfahrens nützlich zu sein. Es waren schließlich gerade die hoch entwickelten Regeln und Vorschriften, die zu den größten Stärken der Unternehmen gehörten, die ich führen durfte. Auch die Gesetze, die wir ausarbeiten und in die Staatsduma einbringen konnten, wurden selbst nach der Zerschlagung von Yukos von niemandem wieder abgeschafft.

Auf diesen Teil meiner Arbeit bin ich wirklich stolz. Wir waren der Zeit ein ganzes Stück voraus. Und selbst im Gefängnis bleibe ich auf der Höhe.

Das Wichtigste ist jedoch, den Menschen, mit denen man zusammenarbeitet, vertrauen zu können. Mich umzuschauen, während ich vorwärts gehe, aus Angst, man könnte mich in eine Falle laufen lassen, bin ich nicht gewöhnt. Ich werde daher mit niemandem zusammenarbeiten, dem ich nicht vertraue. Für die Politik ist das allerdings eine unabdingbare Voraussetzung.

Also werde ich wahrscheinlich auch weiterhin unerbetene Ratschläge erteilen.

MICHAIL CHODORKOWSKI

## Anstelle eines Nachworts

Liebe Natascha,
ich kann schlecht beurteilen, inwieweit sich mein Weltbild verändert hat, weil ich nur sehr ungern wiederlese, was ich früher geschrieben habe. Ich schreibe jedes Mal so, wie ich es im gegenwärtigen, konkreten Augenblick empfinde. Ich schreibe viel mehr, als ich veröffentliche, und auch mehr, als ich in meinen persönlichen Briefen »ohne Publikationsrecht« darlege.

Der Grund dafür ist klar: Ich kann es mir nicht leisten, dass man mich missversteht; und was noch wichtiger ist: Ich muss sicher sein, dass das, was ich schreibe, sich positiv oder zumindest neutral auf die Errichtung einer demokratischen Gesellschaft in Russland auswirken wird.

Anders als ein professioneller Schriftsteller schreibe ich nicht, weil ich »nicht anders kann«, sondern, um die Situation so zu beeinflussen, wie ich es für notwendig halte. Texte sind dabei lediglich das Mittel der Einflussnahme, das mir gegenwärtig am ehesten zugänglich ist. Zudem gibt es einschränkende Faktoren. Um zu lügen oder unaufrichtig zu schreiben, muss man ein Meister des Wortes sein, ein Profi. Solche Fähigkeiten bringe ich nicht mit. Vom moralischen Aspekt will ich hier gar nicht reden. Ich schaffe es noch nicht einmal, einem wahrhaftigen Text eine emotionale Färbung zu geben, wenn ich die entsprechende Emotion nicht auch innerlich empfinde. Leider.

Trotzdem habe ich in den vergangenen gut acht Jahren Gefängnis einigermaßen gelernt, das zu Papier zu bringen, was ich empfinde. Das funktioniert mal besser, mal schlechter, aber es funktioniert.

## Anstelle eines Nachworts

Sie, Natascha, haben einmal sehr richtig angemerkt, dass die Staatsmacht viele der Ideen, die sich in meinen Beiträgen finden, bis in die jüngste Zeit de facto viel operativer und effizienter umgesetzt hat als die Opposition. Putins »Nationale Projekte«\* stimmen vielfach sogar wörtlich mit meinen Vorschlägen überein. Damit will ich natürlich nicht sagen, dass meine Ideen direkt übernommen wurden, schon allein deshalb, weil ich auch selbst andere Quellen analysiere und daraus schöpfe. Es geht vielmehr um die Ähnlichkeit im Ansatz.

Auf einem anderen Blatt steht, dass ein Regierungssystem, das von Anfang an nur dem Machterhalt diente, eine konsequente, umfassende Politik des Übergangs zu einer modernen postindustriellen Gesellschaft ausschließt. Genau deshalb entstehen auch keine Institutionen, sondern nur deren Simulakren.

Aber die Entwicklung lässt sich nicht aufhalten. Russland verändert sich vor unseren Augen, egal, ob uns das gefällt oder nicht. Und deshalb veröffentliche ich nur das, was ich für nützlich halte, unabhängig davon, wer meine Überlegungen weiterverwendet. Inzwischen habe ich genügend Autorität, um die Stellung der Waagschalen erheblich zu beeinflussen und die Richtung einer öffentlichen Debatte vorzugeben oder zumindest zu korrigieren. Aber vielleicht finden Sie, dass ich für einen, der seit Jahren hinter Gittern sitzt, losgelöst vom Leben der Gesellschaft, zu selbstbewusst bin?

Ich bin nicht gewohnt, mein Licht unter den Scheffel zu stellen. »Kämpfer« von meinem Format gibt es vielleicht ein paar Hundert im ganzen Land, und allenfalls ein paar Dutzend davon haben ähnlich viel Erfahrung. Unter ihnen wiederum gibt es nur einige wenige, die es sich leisten können, öffentlich und unver-

---

\* Ein von Putin während seiner ersten Präsidentschaft propagiertes Programm zur Förderung und Entwicklung von Bildung, Gesundheit, Landwirtschaft und Wohnungsbau mit dem Ziel, Russland zu einem der lebenswertesten Länder der Welt zu machen.

blümt Analysen anzustellen, zumal wenn sich daraus konkrete Schritte ergeben könnten. Alles liegt offen zutage. Alles ist allen klar. Ich habe es leichter, weil es für mich nur noch moralische Einschränkungen gibt. Anders zu leben, würde mich langweilen.

Ich weiß, es grenzt an ein Wunder, dass man mich bis jetzt noch nicht »kaltgemacht« hat, und es könnte jeden Tag passieren. Ich weiß, dass die Wahrscheinlichkeit, nie wieder freizukommen, ziemlich groß ist. Aber was werden später meine Kinder über mich sagen? Wozu lebe ich? Glauben Sie mir, Natascha, das sind keine müßigen Fragen.

Ich will, dass sie sagen: Er hat getan, was er konnte und was er für sein Land für richtig hielt, und er hat nicht versucht, um jeden Preis zu überleben. Mag er sich auch getäuscht haben, in manchem oder sogar in vielem.

Das ist der Grund für mein Verhalten im Jahr 2003, und auch schon 2000, während des Trauerspiels um NTW.

Ich bin ein Mensch, der leicht zu begeistern ist, besonders, wenn ich ein Spielzeug wie Yukos in die Hände bekomme; ich kann auch übersehen oder ich kann mich dazu bringen zu übersehen, was um mich herum passiert, und große »moralische Flexibilität« an den Tag zu legen. Aber wenn man mich mit dem Gesicht in die Scheiße drückt, und zwar so, dass es sich nicht mehr ignorieren lässt, dann werden meine Prioritäten sehr schnell klar.

Geld, Besitz? Das sind nur Werkzeuge. Und auch das eigene Leben, so wertvoll und einmalig es auch sein mag, ist nur ein Werkzeug. Was zählt, ist die Ehre – das eigene Bild in den Augen der unabhängig denkenden, gebildeten russischen Patrioten wie auch der Menschen im Ausland, die Russland wohlgesonnen sind. Das ist meine innere Sichtweise.

Ich mag es ganz und gar nicht, wenn das Leben einen zwingt, diese Art von Entscheidung zu treffen. Ich zögere sie so lange wie möglich hinaus. Aber wenn es dann sein muss, gehe ich meinen

## Anstelle eines Nachworts

Weg bis zum Ende. Stur, mit dem Kopf durch die Wand. Das ist wahr. Wahr ist aber auch, dass der Aufsatz von Julia Latynina, der erschien, als die Krise von 1998 schon wieder in Vergessenheit zu geraten drohte, für mich eine Ohrfeige zur rechten Zeit war. Vor allem der Schluss darin hat mich getroffen.[*] Eben daraufhin entstand Offenes Russland.

Es ist schon komisch, wenn man sich überlegt, was für mein Schicksal ausschlaggebend war…

Vor dem Gefängnis hatte ich keine Angst. Ich nahm an, man würde mich entweder bald wieder freilassen oder mich umbringen. Dass sie sich selbst solche Kopfschmerzen bereiten würden, für so viele Jahre, hätte ich nicht für möglich gehalten. Das war objektiv die schlechtere Wahl. Aber ich bin froh darüber – aufs Sterben war ich nicht gerade scharf. Und an irgendwelche moralischen Hemmungen der Gegenseite habe ich damals schon nicht geglaubt und tue es heute erst recht nicht. Die Machtvertikale

---

[*] Julia Latynina: Chimija i shisn. Neiswestnye stranizy biografii superoligarcha. [Die Chemie und das Leben. Unbekannte Seiten aus der Biographie eines Superoligarchen]. In: *Sowerschenno sekretno*, August 1999. Am Schluss des Beitrags heißt es: »Das Problem ist, dass dank den Oligarchen in Russland nicht etwa eine Marktwirtschaft geschaffen wurde, in der ein Unternehmer, der sein persönliches Wohl verfolgt, dazu beiträgt, das Gemeinwohl zu mehren, sondern eine feudale Ordnung, in der die Staatsmacht ein hochlukratives Finanzinstrument darstellt. Die logische Vollendung einer solchen Ordnung wird darin liegen, dass Dutzende untereinander verfeindeter Oligarchen verschwinden und ein Superoligarch erscheint, der auch Diktator genannt wird. Nach dem Thermidor kommt gewöhnlich der Brumaire, auf das Absterben des Marktes folgt der Niedergang der Freiheit. Genau diese Anklage wird die Geschichte den russischen Oligarchen präsentieren: dem korrespondierenden Mitglied der Akademie der Wissenschaften Boris Beresowski, dem stets erfolgreichen Untergrundunternehmer Alexander Smolenski, dem Leiter einer Fensterwäscherkooperative Michail Fridman, dem ehemaligen Beamten im Ministerium für Außenwirtschaftsbeziehungen Wladimir Potanin und dem begabten Chemiker Michail Chodorkowski.«

ist ein gefährliches Ding. Der Schwanz wedelt ziemlich oft mit dem Hund.

Sie haben mich gebeten, meine Motive zu erläutern. Das will ich versuchen.

Gegen Ende 2002 war mir völlig klar, dass der »Thermidor« bevorstand. Es gab drei Auswege: emigrieren, eine »sozialdemokratische« Reform durchsetzen (also auf einen Teil des eigenen Besitzes verzichten und dafür eine allmähliche nationale Aussöhnung erreichen) oder sich der neuen *Opritschnina*\* anschließen. Einen vierten Weg sah ich nicht. Zumindest keinen, der im Rahmen der gegebenen politischen Konstellation praktikabel gewesen wäre. Alle drei Optionen lagen für mich »auf dem Tisch«.

Der dritte Weg war von vornherein unannehmbar. Das heißt, nicht unter allen Umständen natürlich. Ich war durchaus bereit, bestimmte »Interessen zu berücksichtigen«, wie es so schön heißt, aber verlangt wurde damals etwas anderes: die Bereitschaft, in die halblegale Sphäre zurückzufallen, den Kopf auf den Richtblock zu legen und sich vollkommen abhängig zu machen. Was sollte ich mit so einer Art von »Eigentum«?

Eine Emigration wäre ein Verrat an all meinen Leuten gewesen, an all denen, die mir vertraut hatten und die danach ihrerseits keine Wahl mehr gehabt hätten. Ich versuchte zwar, meinen Leuten westliche »Deckung« zu verschaffen (durch den Verkauf eines Teilpakets an Aktionäre im Ausland), aber mir war klar, dass diese Variante kaum aufgehen konnte.

Der letzte Weg war ein politisches Bündnis mit dem »liberalen Flügel«, dem ich von jeher nahegestanden hatte; hierher gehört

---

\* Opritschnina war ursprünglich unter Zar Iwan dem Schrecklichen ein speziell verwaltetes Gebiet, in der eine geheimpolizeiartige Leibgarde, die Opritschniki, Iwans Machtansprüche durchsetzten. Der Schriftsteller Wladimir Sorokin aktualisierte die Opritschina in seiner satirischen Anti-Utopie, *Der Tag des Opritschnik* (2008). Heute steht Opritschnina für die Sicherheitskräfte des Putin-Staates und ist gleichbedeutend mit den Silowiki.

Anstelle eines Nachworts

aber auch die Fusion mit Sibneft und der Vorschlag an Putin, die Ansprüche des »Silowiki-Flügels« zurückzustutzen.

Leider hatte Putin seine Entscheidung schon getroffen, aber als das klar wurde (im Februar 2003), war es für einen Kurswechsel bereits zu spät. Und welche Richtung hätten wir auch einschlagen sollen? Unsere Optionen waren ja dieselben wie vorher. Man hätte allenfalls versuchen können, sich zu »verkriechen«, sämtliche Aktivitäten einzustellen und auszureisen.

Heute kann man nur spekulieren, aber damals hatte ich das Schicksal von NTW noch deutlich vor Augen: Sie würden enteignen, zerschlagen, Geiseln nehmen. Es hatte also durchaus Sinn, bis zum Schluss zu kämpfen, zumal die »Verbündeten« nicht aufgaben und meinten, es sei noch nicht alles verloren.

Dann wurde Platon verhaftet. Von da an war die Möglichkeit einer Emigration endgültig gestorben, weil das Druckmittel der Geiselnahme nun keine wahrscheinliche Annahme mehr war, sondern Realität. Es gab ja nur zwei Möglichkeiten: Emigrieren hätte bedeutet, alles aufzugeben, eine bestimmte Zahl von Geiseln zu akzeptieren und meine Verbündeten im Stich zu lassen – das alles für eine gewisse Entschädigung und die zweifelhafte Sicherheit, fortan in Ruhe gelassen zu werden. Oder aber ich hätte selbst den Kopf in die Schlinge stecken können, in der Hoffnung, dass die Gegenseite sich damit zufriedengeben würde. Was danach käme, war reine Glückssache: Wenn sie mich umbrächten, dann war es das eben; aber wenn nicht, dann würden sie mich auch nicht lange in Haft behalten – ich wäre schließlich ein Splitter in ihrem Fleisch, der mit der Zeit nur noch mehr eitern würde. Aber dann gäbe es auch keine Geiseln mehr.

Mein Fehler war, dass ich in dieser Rechnung die »emotionale Komponente« bei Putin nicht bedachte. Woher diese Komponente kam, ist mir ein Rätsel. Wann er beschlossen hatte, »mit Munition nicht zu sparen«, weiß ich nicht. Aber ab diesem Moment trat das pragmatische Kalkül immer mehr in den Hintergrund.

Offensichtlich wurde das im November 2003, als Putin nach meiner Verhaftung dazu aufrief, die »Hysterie einzustellen«. Seither ist mein Weg klar: Geduld.

Uns beiden fällt es schwer zu verhandeln – er vertraut mir nicht, und ich vertraue ihm nicht. Und wie sollte es auch anders sein: Er selber hat aus mir ein Symbol gemacht. Vielleicht haben meine Gegenspieler erwartet, ich würde »durchdrehen«? Unwahrscheinlich. Alles in allem geht es wohl wirklich am ehesten um Emotionen.

Nun zu den »Haftbedingungen«. Das Erste und Wichtigste, was sich verändert hat, bin ich selbst. Da ich mir schon vor fünf Jahren verboten habe, über eine Entlassung nachzudenken, und da ich mich an diesen Gedanken gewöhnt habe, macht mich inzwischen nichts mehr nervös. Mein Unternehmen gibt es nicht mehr. Kein Land wird irgendwen von meinen Leuten ausliefern, das ist inzwischen klar. Und Arbeit habe ich: Ich schreibe »Gemeinheiten«. Mit den Unbequemlichkeiten des Alltags (sofern man sie so nennen kann) habe ich mich abgefunden.

Auch was das Verhältnis zu mir angeht, ist es leichter geworden. Nicht so sehr, weil man mir mit mehr Milde begegnen würde, sondern aus einem nachvollziehbaren, ganz gewöhnlichen Grund: Man kennt mich. Man kennt mich als ruhigen Menschen, der zu einer Zuspitzung von Konflikten ebenso bereit ist wie zu Kompromissen, und als jemanden, der »draußen« Unterstützung hat. Letzteres ist sehr wichtig. Niemand will sich unnötige Probleme einhandeln. Wenn es einen entsprechenden Befehl gibt, wird man mich unter Druck setzen, aber auch nur dann.

Alles andere interessiert hier kaum jemanden: Ob du schuldig bist oder unschuldig ... Solange du kein Psychopath bist, ist alles bestens. Die ewige russische Knastrealität.

Zu meiner Sicht auf die politischen Perspektiven: Wie schon erwähnt, werde ich demnächst wohl wieder einmal einen Artikel schreiben – ob ich ihn veröffentliche, weiß ich allerdings

## Anstelle eines Nachworts

noch nicht. Kurz gesagt, geht es um folgende These: Wir stehen am Rand einer äußerst unerfreulichen Entwicklung. Im Land hat sich eine sehr starke Machtkorporation herausgebildet, die sich ihrer Möglichkeiten vollauf bewusst ist. Zur Zeit der Sowjetunion musste diese Korporation nicht nur mit eigens provozierten internen Konflikten zurechtkommen, sondern unterstand außerdem der konsequenten Kontrolle der Parteibürokratie. Zudem wurde die Parteiideologie sehr stark auf die Machtstrukturen projiziert und diente als zusätzliche Sicherheitsbarriere.

Heute fehlen diese beiden Barrieren. Das einzige Ziel der herrschenden Bürokratie sind Posten und Geld – was wechselseitig konvertierbar ist. Bisher bestanden noch genügend innere Widersprüche, zudem machte sich das Fehlen einer globalen Sichtweise (also einer Ideologie) bemerkbar. Inzwischen aber ist die Lage dabei, sich zu verändern. Die krampfhafte Aufteilung des »Kuchens« untergräbt allmählich die wirtschaftliche Stabilität des Landes, und die Staatsmacht sieht sich gezwungen, die Expansion der Silowiki einzudämmen. Das nehmen diese als Druck, als Bedrohung wahr. Es kommt zu einer Konsolidierung, bisher in Form von Sabotage, aber alles kann sich sehr schnell ändern. Insbesondere, wenn die passende Ideologie dazukommt.

Putin wird von manchen immer noch gefürchtet, aber nicht mehr respektiert. Dass er sich vom streng autoritären Modell abgewandt hat, wurde ihm als Verrat ausgelegt. Obwohl er, hätte er sich anders entschieden, schnell »untergebuttert« worden wäre. Mit der Abschaffung der gesellschaftlichen Freiheiten wäre von seiner Bedeutung als Politiker, der die Eliten »bezaubern« kann, nichts mehr übrig gewesen. Und zum Populisten taugt Putin nicht besonders. Medwedew dagegen ist geradezu verhasst. In ihm sehen sie nicht nur eine persönliche, sondern eine systemische Bedrohung für die etablierte Ordnung.

Putins Methode der »Handsteuerung«, die in Wirklichkeit die letzte Reserve jedes Administrators darstellt, führt ihn heute schon an die Grenzen seiner persönlichen Möglichkeiten. Deshalb versagen ihm auch die Nerven.

Und das alles vor dem Hintergrund eines Systems, das immer größere Probleme hat: einen wachsenden Rückstand gegenüber China, eine »Abflachung« des Wachstums bei den Rohstoffeinnahmen, einen Verfall des Maschinenbausektors (also der Branche, die Produktionsmittel produziert), eine Stagnation beim Ausbau der Infrastruktur trotz der auslaufenden Periode des Haushaltsüberschusses und so weiter. Der wirtschaftliche (und politische) Spielraum zwischen den beiden globalen Kräften, den Silowiki und der paternalistischen Mehrheit, wird also immer kleiner. Jede dieser beiden Kräfte verlangt immer mehr Zugeständnisse von der Staatsmacht, eine Steigerung der Einnahmen aus den Rohstoffquellen ist indes nicht möglich. Gleichzeitig drängt die Mittelklasse, die bis zum Jahr 2020 die dominante Kraft in der Wählerschaft werden dürfte, immer stärker auf die politische Bühne.

Der Ausweg ist klar: politische Modernisierung, eine Reduktion der Bürokratiekosten (auch und vor allem bei den Korruptionsausgaben) und eine Steigerung der Arbeitsproduktivität durch unternehmerische Initiative, Wettbewerb und strategische Anstrengungen der Elite, auch im Bereich internationaler Bündnisse. Politische Modernisierung bedeutet an erster Stelle, dass die staatliche Verwaltung nicht im luftleeren Raum agiert, sondern mit einer politischen Opposition rechnen muss. Denn das einzige, was die Bürokratie wirklich fürchtet, ist die reale Möglichkeit, im Rahmen einer politischen Rotation ausgewechselt zu werden.

Putin kann sich ohne die Unterstützung der Silowiki nicht an der Macht halten. Sie werden ihn fressen, und zwar sehr schnell, sobald sie begreifen, dass außer ihnen niemand mehr hinter ihm steht – weder der Westen, noch der aktive Teil der Gesellschaft, noch weitere Geldreserven. Seine »Freunde« und Verbündeten sind ja nicht nur hoffnungslos korrupt. Sie sind an ein exponentielles Wachstum ihrer Einnahmen gewöhnt und erwarten das

## Anstelle eines Nachworts

auch – aber genau das ist nicht mehr möglich. Und das wollen sie nicht glauben. Ich bin mittlerweile zu der Überzeugung gelangt, dass sie jedes Gefühl für die Größenordnungen in der Wirtschaft und für deren Fähigkeit, unablässig Korruptionseinnahmen zu generieren, verloren haben. Unwiderruflich.

Das ist ein Krebsgeschwür. Es tötet den Organismus und mit diesem auch sich selbst. Unser Aufgabe wird es sein, mit unserer Botschaft wenigstens zu einem Teil der Bürokratie durchzudringen.

Ich will, dass Sie mich verstehen: Was mich interessiert, sind Fragen der Steuerung komplexer Systeme. Die optimalen Mechanismen und Verfahren zur Lösung von Krisensituationen zu finden. Ich bin kein Politiker im herkömmlichen Sinne des Wortes, die politische Intrige ist mir fremd, nicht aus moralischen, sondern aus professionellen Erwägungen – das ist einfach nicht meine starke Seite. Und auch die persönliche Macht reizt mich nicht mehr: Das ist nur eine Menge Stress und technische Fragen, mit denen ich zwar gut umgehen kann, aber im Grunde langweilt mich das. Ich kann das, wenn es nötig ist, aber ich mache es nicht gern.

Alles, was Macht einem geben kann, hat mir auch das Geld gegeben (außer der Macht selbst). Mein Ehrgeiz ist es, zu überzeugen, nicht zuletzt durch mein persönliches Beispiel. Ein Ziel, eine Richtung ausmachen (und sei es anhand der Ideen anderer Leute), und dann Menschen von diesem Weg überzeugen, eine Bewegung anstoßen – so eine Arbeit liegt mir, und soweit meine Fähigkeiten es erlauben, mache ich das auch. Die kleinen Unannehmlichkeiten, die damit einhergehen, versuche ich nicht zu bemerken.

Es ist Ihr gutes Recht, mir nicht zu glauben, aber mir war es wichtig, für mein eigenes und Ihr Verständnis zu formulieren, womit ich mich befassen will.

Natascha, ich kenne Sie nun schon viele Jahre und setze voraus, dass Sie in jeder Hinsicht besonnen mit dem Ihnen anver-

## Anstelle eines Nachworts

trauten Material umgehen, deshalb schreibe ich Ihnen offen, wie ich die Ereignisse heute wahrnehme. Ich habe kein sehr gutes Gedächtnis (der liebe Gott hat mir stattdessen wohl eher einen Logik-Baustein mehr mitgegeben), und die Idee, all das zusammenzutragen, woran sich die anderen erinnern, hat es ermöglicht, die Geschichte vollständiger abzubilden. Ob diese Geschichte eine Fortsetzung finden wird? Oder spiele ich bereits den letzten Akt zu Ende und es ist wirklich Zeit für den Vorhang und meine Verbeugung? Ich weiß es nicht, aber ich muss auf alles gefasst sein. Was ich tue, tue ich bewusst.

Es stand Ihnen frei, Ihre Sicht in diesem Buch darzulegen – wie allen anderen, die darin zu Wort kommen, auch. Ich habe nichts korrigiert, selbst wenn ich anderer Meinung war, und auch dann nicht, wenn Sie über mich und meine Gedanken schrieben. Das ist Ihre Sicht. Die Leser sollen ruhig auch diese Sicht kennen.

Ich weiß nicht, was daraus wird, aber ich hätte gern, dass die Menschen eine Antwort auf die Frage bekommen, warum und wie sich ein Mensch verändern kann. Was dabei wichtig ist und was weniger wichtig.

Nicht viele werden dieses Buch lesen. Doch auch alle anderen können immerhin handeln. Und es ist gerade dieses Handeln, das am Ende zum Symbol für die Dummheit werden wird – oder für das, was wichtig und notwendig ist.

Aber irgendwer wird das Buch doch lesen? Meine Kinder, meine Enkel, nahe und ferne Freunde zum Beispiel. Sie will ich nicht belügen. Sie sollen wissen, wie es war und wie ich das, was war, erlebt habe.

Auch meine Feinde werden dieses Buch lesen. Sie werden versuchen, es auszunutzen. Und es wäre ärgerlich, wenn ihnen das gelänge. Aber letztlich: Zum Teufel mit ihnen. Sie werden sich sowieso ausdenken, was immer sie wollen. Die Zeit wird es klären.

Michail

# Namenregister

Abba 109
Abramowitsch, Roman 84, 90f., 94, 96f., 168, 196, 258, 260, 319f., 325, 458f., 484, 536f., 558–562, 565, 571–573, 590f., 594
Aeroflot 248, 457
AFB 188
Agentur für Föderale Sicherheit siehe AFB
Alekperow, Wagit 268, 283, 288, 305, 554
Alexanjan, Wassili 11, 16, 84
Alexaschenko, Sergej 317f., 320f.
Alfa Foto (Kooperative) 168
Alfa Group 168
Alfa-Bank 258f., 285, 292, 320, 431, 457
Andersen Consulting 228f., 288
Angarsk Refinery 291
Anissimowa, Tanja 175
Annan, Kofi 509
Antonowa, Galina 397f.
Apatit 210, 239, 269, 275, 278f., 301, 382, 387, 400, 403, 498, 574, 582
Apple 106
Ardsinba, Wladislaw 204
d'Artagnan, Charles de Batz-Castelmore 14
Arthur D. Little 288, 446
Aslamasjan, Manana 470, 473
Åslund, Anders 452f.

Auschew, Ruslan 204
Avisma 301
Awen, Pjotr 306, 457
Awertschenko, Michail 320
Awtowas 28
Axjonenko, Nikolai 27

Bachmina, Swetlana 16, 268, 480f.
Baikalfinansgrup siehe BFG
Baklanow, Oleg 130, 186f.
Bakunin, Michail Alexandrowitsch 611
Banque Indosuez 284
Baturina, Jelena 117
Belan, Kolja 412, 416
Belkowski, Stanislaw 29, 86, 564, 566, 570–573
Belton, Catherine 227, 229
Bendukidse, Kacha 526
Beresowski, Boris 28, 77, 92, 95, 196, 207, 280, 296, 319, 327, 329, 395, 407, 425, 432f., 484f., 525, 626
Berglöf, Erik 34
Besugly, Michail 100
BFG 322f.
Billington, James Hadley Lord 513
Blair, Tony 514
Bogdanow, Wladimir 283, 305, 387, 422, 437
Bolotin, Michail 108
Boney M. 109
BP Amoco 507

BP 98, 317, 505–508
Breshnew, Leonid 106, 138
Browder, William 454f.
Browne, John 98f., 506–508
Brudno, Michail 35, 125, 136, 161–164, 167, 169–175, 183, 226, 229, 231, 234, 237, 239f., 262, 287, 290, 299, 303f., 309f., 317, 383, 386, 402, 404f., 449, 467, 501, 577f., 583f., 587, 590–592
Brudnowa, Irina 162
Bukajew, Gennadi 540
Bulgakow, Michail 109, 166
Bush, George 78

Carnegie-Stiftung 587
Charchardin, Michail 379–381, 387, 390–393, 413
Chasbulatow, Ruslan 200
Chatymow, Radmir 85
Chelsea (Fußballclub) 590
Chevron 87, 90, 94, 96f., 505, 582
ChevronTexaco 590
Chodorkowskaja, Anastassija 15f., 182, 186, 189, 366
Chodorkowskaja, Diana 148
Chodorkowskaja, Inna 15f., 66, 73, 111, 114f., 134, 141f.,

Namenregister

177–182, 185, 191, 236, 261, 266, 350, 361, 365–367, 549, 585, 596
Chodorkowskaja, Lena 148
Chodorkowskaja, Marina 16, 18, 103, 107, 139f., 142–145, 148, 159, 177, 191, 274, 350, 369, 419
Chodorkowski, Boris 16, 103, 107, 112, 139, 140, 142–145
Chodorkowski, Gleb 15f., 366
Chodorkowski, Ilja 15f., 366
Chodorkowski, Pawel 148f., 217, 419, 586
Christenko, Wiktor 40
Chrunitschew (Raumfahrtinstitut) 125
Chruschtschow, Nikita 138
Citigroup 20
Corvalán, Luis 418
Credit Suisse First Boston 316

Danilkin, Wiktor 40, 43, 47
Dart, Kenneth 285, 424
Deng Xiaoping 380
Depp, Johnny 138
Deripaska, Oleg 565
Diskin, Jossif 566
Djatschenko, Tatjana 260, 444, 571
Dmitrienko, Dmitri 320
Drel, Anton 83, 89, 99–101, 585
Dresdner Kleinwort Wasserstein 323
Dubinin, Sergej 431
Dubow, Wladimir 35, 85f., 89–91, 125, 136, 170f. 173, 175–177, 102f., 194, 222–234, 240, 245f., 262, 272, 290, 297f.,

307, 310, 313–315, 324, 326, 374–377, 383–390, 395–397, 400–402, 405–407, 410–413, 446–449, 462f., 481, 501–503, 534, 555, 567, 589f., 593
Dubowa, Olga 182f., 299, 502f., 585
Dudajew, Dschochar 206
Durnew, Artjom 503

Eastern Oil Company *siehe* VNK
Einiges Russland 95, 213, 505, 555, 593, 604
Eriksson, Hugo 425
Exxon 505, 557
ExxonMobil 553, 556, 590

Fargoil 579
Fellini, Federico 138
Filimonow, Leonid 268
Filipenko, Alexander 341–343, 377, 390, 411f.
Föderaler Sicherheitsdienst *siehe* FSB
Föderaler Strafvollzugsdienst (FSIN) 61–63
Föderation Internet-Bildung 24, 440, 463, 467, 471, 513, 526
Forbes 11, 19, 78, 134, 168, 234f., 306, 487, 499
Fouquet, Nicolas 14f.
Fradkow, Michail 540
Fridmann, Michail 168, 196, 258, 407, 554, 565, 626
FSB 78, 81, 83f., 91, 95, 132, 336, 395, 414, 442, 458, 461, 482, 557f.

Gaidar, Jegor 124, 153, 160, 193,f., 200, 219, 244f., 263, 311, 323, 326f., 457
Gazprom 19, 27f., 78, 212, 214, 284, 294, 323, 459, 482f., 493, 521f., 535, 550, 553, 557, 560, 594
Generalow, Serjosha 290, 311f.
Gerastschenko, Wiktor 40, 77, 197, 201, 494
Glagowski, Andrej 287, 290, 310f.
Global Media Management 476
Godard, Jean-Luc 138
Gogh, Vincent van 299
Goldowski, Jakow 27f.
Gololobow & Partners 578
Gololobow, Dmitri 578–580
Golubew, Juri 287, 290, 312
Golubowitsch, Alexej 35f., 128, 136, 172, 237, 240–244, 270–273, 406, 501, 585
Gorbatschow, Michail 20, 49, 118, 138, 155, 160, 165f., 183, 185, 380
Gordejewa, Katja 466
Gosbank 123, 127f., 190, 246f., 262, 267
Goskomzen 122
Gosplan 122, 208, 267
Gossnab 121f., 208, 267
Gostrudnadsor 53
Gref, German 40, 428, 448, 568, 570
Grossman, Wassili 166
Group Menatep Limited 243, 450f., 500
Gurijew, Sergej 503–506

635

# Namenregister

Gussinski, Wladimir 27, 77, 89, 92, 95, 168, 210, 320, 328, 406, 481–483, 485, 514, 521, 558
Hitchcock, Alfred 138
Hochseereederei Murmansk 210, 269
IBM 170
Iljuschin (Flugzeughersteller) 210, 269
Infeks (Kooperative) 168
Inkombank 292, 319–321, 422, 285
Institut für Hochtemperaturen (IWTAN) 121, 170
Institut für Internationale Beziehungen (MGIMO) 222
Institut für Luftfahrttechnologie 125
Institut für Mineraldünger 387
Institut für nationale Strategien 29
Institut für Öl- und Gasgeologie und Geophysik Nowosibirsk 487f.
Institut für Transformationsökonomie 34
Internationaler Währungsfonds siehe IWF
Internews Russia 469, 478
ITAR-TASS 406, 459
Iwan der Schreckliche, Zar 627
Iwanenko, Wiktor 132, 188, 290, 312, 396
Iwanow, Sergej 253
IWF 312, 420, 430, 432

Jabloko 95, 211, 213, 216, 505, 537, 555, 575
Jagodin, Gennadi 109

Jakowlew, Alexander 118
Janajew, Gennadi 184
Jassin, Jewgeni 167
Jatscheistow, Kirill 452
Jawlinski, Grigori 328
Jefimow, Alexander 342
Jelzin, Boris Nikolajewitsch 20–22, 26f., 76, 79, 88, 116, 130, 139, 166, 184f., 187–190, 195f., 199–203, 207, 209, 211, 215f., 260, 283, 291, 305f., 308–310, 323f., 327, 329–331, 334f., 373, 392, 420, 437, 439, 442–445, 455f., 461, 518f., 521, 527, 542, 571
Jelzina, Naina 518
JP Morgan 523
Judin, Wladimir 279, 498
Jugendorganisation der KPdSU siehe Komsomol
Jumaschew, Walentin 260, 443f., 461, 555, 571
Junge Pioniere 104
Jurski, Sergej 44

Kaas, Patricia 109
Kafka, Franz 18, 43
Kagalowski, Konstantin 311, 313, 319, 321
Kalibr 142
Kantorowitsch, Alexej 487, 491, 494
Karassew, Wladimir 342
Karimow, Salawat 27f., 99f.
Kasakow (Manager) 290
Kassjanow, Michail 39, 216, 252, 456, 514–517, 526, 541, 563f., 568–570, 574–577, 589

Kassjanow, Tadeusz 252f.
Katschkajewa, Anna 469–473, 477f.
Kennedy, John f. 138
KGB 21, 78, 80, 131f., 154, 183, 188, 245, 394, 444, 518, 571, 594
KIB NTP (Bank) 127
Kirijenko, Sergej 419, 430f.
Kisseljow, Jewgeni 483–486, 580–586
Kissinger, Henry 509, 513
Kiwilidi, Iwan 280
Koch, Alfred 306, 308f., 311, 315, 317, 320
Kogalymneftegaz 268
Kokoschkin, Wjatscheslaw 409
Komitee für Staatssicherheit siehe KGB
Komsomol 20, 104, 107f., 114–116, 126, 131, 145, 149–151, 155–157, 162f., 165, 167, 177f. 218, 426, 509
Kondaurow, Alexej 394, 406, 414f., 417, 482, 555, 559f., 562, 564, 588f., 593f.
Kondratjew, Nikolai 602
Kondratjuk, Juri 409, 414
Kononow, Nikolai 487, 493, 499
Korshakow, Alexander 202, 209, 211, 308f., 335
Kossjakow, Denis 488–491, 497f.
Kossjanenko, Alexander 253, 264
Kossygin, Alexej 119
KPdSU 106, 109, 118, 144, 150, 154, 167, 187, 191, 201, 245, 251

Namenregister

KPRF (Kommunistische Partei der Russischen Föderation) 202, 216, 505, 554
Kramer, Stanley 138
Kress, Viktor 341
Kroll-Gruppe 144
Kropotkin, Pjotr Alexejewitsch 57
Kruschinskaja, Frau 128
Kudrin, Alexej 40, 428, 448 540, 568
Kurjer (Kooperative) 168
Kusnirowitsch, Michail 108
Kwatschkow, Wladimir 72

Lachtin, Waleri 43, 100, 290f.
Lagutin, Alexander 135
Lambsdorff, Otto Graf 545
Lang, Steve 507
Lantos, Tom 545, 587f.
Latynina, Julia 626
LDPR 537
Lebedew, Platon Leonidowitsch 11, 16, 18f., 28f., 31f., 35-48, 58, 80, 84, 92, 95, 99f., 136, 161, 172, 181, 216, 229, 237-242, 246, 260-262, 272, 279, 287, 290, 309, 318, 321, 325, 387, 403, 417, 450, 469, 476, 498, 501f., 555f., 561, 568, 574-577, 580f., 582, 584, 590, 593, 628
Lebedew, Wjatscheslaw 46
Lenin, Wladimir Iljitsch 144, 232f.
Liberal-Demokratische Partei Russlands siehe LDPR
Liwschitz 305f.

Logowas 196
Lopuchin, Wladimir 193, 287
Ludwig XIV. 14, 15
Lukoil 19, 268, 288, 305, 489, 553, 567, 592
Lushkow, Juri 117, 168, 328, 406-408, 456

Majofis, Arkadi 473-477
Mamardaschwili, Merab 75
Marfin, Mischa 108
Masjlukow, Juri 194, 208, 130
Match, John 447
Matrosskaja Tischina (Haftanstalt) 36f., 43, 58, 67, 99
Mauriat, Paul 109
McKinsey 288, 446
Media Most 410, 522
Medwedew, Dmitri 17, 41, 46, 48f., 67, 138, 198, 252, 259f., 591, 619, 630
Menatep (siehe auch Group Menatep Limited) 23, 35, 85, 94, 168f., 171f., 176f., 196, 203, 218, 222f., 226-228, 230, 237, 239, 241-244, 246-248, 250f., 254, 258, 261-265, 291, 298, 300f., 303, 308, 311, 319-325, 374, 382, 389, 394, 403, 406, 416, 431, 449, 450f., 452, 457, 500f., 503, 505, 584, 593
Menatep-fortune-Gruppe 227
Menatep-Moscow 325
Mendelejew-Institut 148, 151, 157, 181
Metallurgisches Kombinat Lipezk 372
Metapress 248, 251f.

Mezhkombank 303
Michalkow, Nikita 138
Michel, Christian 227-229, 238f.
Michnik, Adam 30
Microsoft 20, 106
MIG (Flugzeughersteller) 125
Mikrodin 196
Millhouse LLC 459
Miloslawski, Leonid 443
Mirimskaja, Olga 271f.
Misamore, Bruce 92, 214
Mizkewitsch, Jura 175
Moissejew, Wladimir 584
Monachow, Sergej 175, 241
Montblanc 322, 325
Moskauer Devisenbörse (MMVB) 592
Most-Bank 291
M-Reestr 574
Mstislawowitsch, Wsewolod, Fürst 90
Murawlenko, Sergej 132, 188, 287, 289f., 305, 311f., 320, 332, 377f., 410, 555
Mutschnik, Julia 472-475, 478
Mutter Teresa 511

Nawalny, Alexej 498
Nefteexport 245
Neftyanaya Finansovaya Kompaniya (NFK) 319
Nemzow, Boris 500
Newslin, Leonid 35, 81, 93, 125, 135-137, 151f., 158f., 161-165, 167, 169-171, 173, 175-177, 180f., 183-185, 187, 189, 194, 218, 228f., 230, 232-234, 237f., 243f., 249f., 253-255, 258f., 265, 272, 281, 287, 290,

637

## Namenregister

300–302, 312, 324f.,
386, 393f., 396, 404,
406f., 409, 415–418,
445, 452f., 457–459,
467–470, 476, 479f.,
482, 500, 502f., 518,
520, 536, 555f., 558,
560–563, 575, 578,
583, 587f., 590–592
Nigma (Kooperative)
125, 128, 167, 169,
171f.
Nizhnevartovskneftegaz
268
NK Yukos *siehe*
YukosSibneft
Norilsk Nickel 210, 308,
372
NTTM (Zentren für
wissenschaftlich-
technisches Schaffen
der Jugend)
114–118, 123–125,
128, 131, 135,
156–158, 160–162,
167f., 191, 218
NTW (TV-Sender) 27,
470, 481–486, 521,
526, 558, 625, 628

Offenes Russland
(Stiftung) 21, 25,
426, 465–481, 504,
562, 577, 626
Olivetti 249f.
Onexim-Bank 221, 325
OPEC 327
Ostrowski, Arkadi
421–425

Parassjuk, Wladimir
275
Pasternak, Boris 166
Patarkazischwili, Badri
319, 425
Patruschew, Nikolai
84, 582
Pawlow, Walentin
118, 219
Peregudow (Geschäfts-
partner) 135, 241,
162

Petuchow, Wladimir
281, 363, 365,
409–418, 421
Pfizer (Pharmakonzern)
20
Pinochet, Augusto 418
Pissarski, 248, 251
Pitschugin, Alexej 22,
30, 80, 281, 416–418,
560f., 575, 577
Ponomarjowa, Xenia
296, 444
Portupejewa (Bank-
direktorin) 221
Potanin, Wladimir 210,
221, 282, 305, 310,
320, 407, 422, 554,
626
Potschinok, Alexander
89, 540
Prichodko (Inhaftierter)
281
Primakow, Jewgeni 194,
197, 208, 455f.
Prochorow, Michail
168, 554
Promstroybank 221,
267
Pronitschew, Wladimir
83
Propow (Inhaftierter)
281
Puschkin, Alexander S.
14
Putin, Wladimir
11, 15, 17, 21, 25–34,
38, 40–42, 49f., 74,
76–80, 84, 86, 88f.,
93f., 96, 98f., 110,
138, 196–198, 202,
215f., 252, 259f.,
281, 298, 323, 330,
373, 416, 425, 427f.,
439, 441f., 444f.,
454–458, 460, 463,
479, 482, 484, 494,
496f., 504f., 507,
515f., 518–521,
523–527, 529,
533–535, 538–541,
546, 554, 556–563,
568, 570–575, 580f.,

583f., 588–591,
593–595, 605f.,
618f., 621, 624,
627–631

Rabinowitz, Laurence
319
Rasnowski, Andrej 100
Rasumowski, Georgi
130, 187
Rat für Menschenrechte
41
Regina (Kooperative)
168
Remarque, Erich Maria
223
Reschetnikow (Inhaf-
tierter) 281
RIA Novosti (Nachrich-
tenagentur) 249
Rockefeller, Familie
420, 511
Rogatschow, Igor 497
Rogow, Kirill 160, 508
Rohrwerk Wolga 301
Romanowa, Olga 327
Roskontrakt 245
Rosneft 32–34, 40f.,
76, 78, 95, 284, 425,
493, 499f., 520, 558,
561, 570, 593f.
Rosprom 229, 238,
264–293, 301, 373f.,
377, 384, 449
Roswoorushenije
(Rüstungsexport-
Unternehmen) 226
Roter Oktober (Süß-
warenfabrik) 302
Rothschild, Jacob
506, 509
RSPP 93, 280, 514, 522,
526, 541, 558, 563f.,
574
Rubin, Trudy 456
Runder Tisch der Unter-
nehmer Russlands
280
Ruschailo, Wladimir
132f., 335, 408
Russian Credit 292,
320, 325

Russische Demokratische Partei
*siehe* Jabloko
Russische Eisenbahn (RZhD) 494
Russischer Verband der Industriellen und Unternehmer *siehe* RSPP
Russki produkt 205
Ruzkoi, Alexander 200
Rybakow, Anatoli 166
Ryshkow, Nikolai 118, 219

Sacharow, Andrej 49, 109, 155, 428, 554
Safra, Edmond 284
Samaraneftegaz 398, 451
Sameko (Aktiengesellschaft) 319
Samussew, Alexander 374
Saostrowzew, Juri 95, 557
Sarubeshgeologia 161, 163
Saweljew, Witali 457
Sberbank 219f., 225, 259, 303
Schachnowski, Wassili 35, 80, 82, 85f., 88, 94, 172, 234, 260, 300, 407–409, 460, 470, 479f., 483, 501, 554f., 566–568, 573, 581–585, 589, 593
Scharanski, Natan 146
Schejndlin, Alexander 121
Schestopalow, Michail 576, 587
Schewzowa, Lilija 587f.
Schlumberger Limited 214, 277, 358f., 446
Schochin, Alexander 39
Schröder, Gerhard 595
Schwidler, Jewgeni 94, 459, 553, 590f.
Selenin, Dimitri 196

Selesnjow, Gennadi 556
Setschin, Igor Iwanowitsch 28f., 32, 34, 40f., 49, 74, 87, 95f., 360, 457, 460f., 493, 499, 523, 526f., 529f., 536, 558, 560f., 570, 573, 593
Severnaya Neft 76, 558, 563, 572f.
Severstal 372
Sewrin, Witali 410
Shilsozbank 127f.
Shukow, Alexander 540
Siberian Far-Eastern Oil Company 315
Siberian Service Company 446
Sibneft 20, 76, 87, 90, 94, 98, 288, 319f., 419, 458f., 506, 516, 537, 549, 550f., 553f., 559–561, 564, 567, 590, 594, 628
Sibur 27f.
Sidanco 315, 317
Sigma 167
Silajew, Iwan 130, 136, 185, 188, 193f., 218, 
Simanowski, Ljonja 415
Simonow, Konstantin 109
Sjuganow, Gennadi 22, 207–210, 308f., 328, 331, 334
Skworzow, Serjosha 483
Slatkis, Bella 431
Smolenski, Alexander 217f., 221f., 225f., 323f., 372f., 407, 626, 628
Sobjanin, Sergej 342
Sobtschak, Anatoli 456f.
Sorokin, Wladimir 470, 627
Sorokina, Sweta 483
Soros, George 207, 328
Soublin, Michel 214

SPS 95, 213, 216, 537, 555, 575
Staatliche Aufsichts- und Kontrollbehörde für die Einhaltung des Arbeitsrechts und der Arbeitsschutzbestimmungen *siehe* Gostrudnadsor
Staatliche Plankommission *siehe* Gosplan
Staatliches Komitee für materiell-technische Versorgung *siehe* Gossnab
Staatliches Komitee für Preise *siehe* Goskomzen
Staatliches Komitee für Wissenschaft und Technologie (GKNT) 131
Staatsbank der UdSSR *siehe* Gosbank
Stalin, Josef 59, 109, 474, 618
Stepaschin, Sergej 455
Sterligow, German 250f.
Stolichny-Bank 218, 221, 291, 323, 418
Stolypin, Pjotr 52
Strojew, Jegor 341
Strugazki, Arkadi 109
Strugazki, Boris 109
Surabow, Michail 432
Surgutneftegaz 387, 422, 437, 493, 499
Surkow, Wladislaw 89, 94, 136, 194, 247–261, 264–266, 459–461, 524, 554–556, 559, 562f., 574, 589, 593f.
Svyazinvest
Swinarenko, Igor 317

Tarassow, Artjom 117, 124, 172
Technika (Kooperative) 117, 124, 172
Teede, Stephen 92

# Namenregister

Texaco 582
Thatcher, Margaret 538
Timerko, Alexander 460
Timofejew, Sergej (»Silvester«) 131
Titow, Konstantin 341
Tjumen 132, 382, 414, 466
TNK-BP 98, 505
TNT (TV-Sender) 483f.
Tolstoj, Alexej 109
Tomskneft 268, 284, 451, 473f.
Topol, Sergej 409, 414
Totem (Kooperative) 125
Traktornye sawody 108
Transneft 42, 338, 486, 494–498, 500, 534, 552, 566
Truschin, Michail 460
Tschaikowski, Peter 184
Tschernomyrdin, Wiktor 132, 194, 288f., 307, 320, 430
Tschubais, Anatoli 72, 197, 210, 219, 297, 306, 313, 315, 328, 362, 383, 400, 428, 431, 457, 458
Tschuwelew, Iwan 248, 250–252
Tulin, Dmitri 262f.
TV-2 473
TV-6 484f.
Tyumen Oil Company 315

UES of Russia 431, 457, 553, 592f.
Ujut (Kooperative) 168
Ulitzkaja, Ljudmila 50, 263, 502
Union der rechten Kräfte *siehe* SPS
United Energy System of Russia *siehe* UES of Russia
United States Agency for International Development *siehe* USAID
Uralkali 593
USAID 469
Ust-Ilimsk (Kombinat) 303, 383
Ustinow, Wladimir 84, 568, 573

Valdes Garcia, Antonio 579
Valmet-Gruppe 227f.
Vneshekonombank 129f., 219, 223, 498
VNK 268, 275, 284, 288, 291, 315, 331, 333, 403–406, 430, 437, 451, 473, 488, 494, 520, 553

Wassilewa, Wera 417
Wawilow, Andrej 324
Weltbank 285, 508, 617
Wenediktow, Alexej 91
Winogradow, Wladimir 221, 321f., 328, 407
Woloschin, Alexander 21f., 87f., 90, 96, 260, 442, 459–461, 484f., 526, 535, 558f., 561–563, 571–574, 580f., 589, 591, 593
Wolski, Arkadi 130, 574
Woroshejkina, Tatjana 25
Wyssozki, Wladimir 147

Yugansk 310f., 314f.
Yuganskneftegaz 32, 41, 275, 291, 322, 332, 372, 398, 410, 420, 423f., 451
Yukos 7, 14, 16, 18–24, 26f., 29, 31–33, 35, 38–41, 47f., 75–78, 80f., 84f., 87–89, 92–98, 130, 132, 149, 161, 163, 169, 188, 192, 206, 210, 212, 214–216, 234, 238f., 243, 252, 260, 264–293, 301, 305, 308–340, 351–354, 363–365, 372–429, 432–434, 437, 439, 445–455, 458–461, 464f., 467f., 470, 473–476, 483, 486–508, 513, 516, 520, 522, 524, 530, 542, 544f., 549–557, 560–595, 622, 625
Yukos EP (Exploration and Production) 446
Yukos Moscow 268, 377, 446, 578
Yukos RM (Refining and Marketing) 268, 446
Yukos-Rosprom 377
YukosSibneft 76, 87, 94, 553, 565f., 591

Zemjanski, Anatoli 247
Zentralbank Russlands 40, 77, 130, 201, 204, 223, 245f., 258, 316f., 320, 375, 431, 491
Zigelnik (Inhaftierter) 281
Zoi, Wiktor 49, 116, 166